O MITO DA DECADÊNCIA DOS ESTADOS UNIDOS

A liderança americana na economia mundial na década de 1990

Henry R. Nau

O MITO DA DECADÊNCIA DOS ESTADOS UNIDOS

A liderança americana na economia mundial na década de 1990

Tradução:
Ruy Jungmann

Jorge Zahar Editor
Rio de Janeiro

Título original:
The Myth of America's Decline
(Leading the World Economy into the 1990s)

Tradução autorizada da primeira edição americana,
publicada em 1990 por Oxford University Press, de Nova York, EUA.

Jorge Zahar Editor Ltda.
rua México 31 sobreloja
20031 Rio de Janeiro, RJ

Editoração eletrônica: Delta Line Composições Ltda.

Impressão: Tavares e Tristão Ltda.

ISBN: 0-19-506001-6 (ed. original)
ISBN: 85-7110-245-7 (JZE, RJ)

CIP-Brasil. Catalogação-na-fonte
Sindicato Nacional dos Editores de Livros, RJ.

Nau, Henry R., 1941 -

N233m O mito da decadência dos Estados Unidos: a liderança americana na economia mundial na década de 1990 / Henry R. Nau: tradução Ruy Jungmann. - Rio de Janeiro: Jorge Zahar Ed., 1992.

Tradução de: The myth of America's decline : (Leading the world Economy into the 1990s)
Apêndice.
Bilbliografia.
Índice
ISBN 85-7110-245-7

1. Estados Unidos - Relações econômicas exteriores. 2. Política econômica. 3. Estados Unidos - Condições econômicas. I. Título.

92-0662 CDD - 337.73
CDU - 338.984.4 (73)

SUMÁRIO

Para minha filha,
Kimberly Alison Nau,
cujo futuro em liberdade
é opção sua.

PREFÁCIO

Este livro trata do papel da América na economia mundial. Difere, no entanto, das perspectivas liberal e neo-realista sobre a economia política internacional. A tese liberal, que identifica liberdade e mercados com a predominância do poder dos Estados Unidos imediatamente após a Segunda Guerra Mundial, prevê a decadência dos valores liberais e dos mercados, à medida que declara o poder dominante americano. Ora, exatamente o oposto é o que vem acontecendo no mundo moderno. O liberalismo político e econômico está em ascensão em toda a comunidade mundial. A arremetida em direção à liberdade e às instituições econômicas competitivas na Europa Oriental, em fins da década de 1989, deixou o mundo sem fôlego e pegou de surpresa grande parte da comunidade intelectual dos Estados Unidos e do Ocidente, que até pouco tempo comemoravam o declínio da influência americana e do Ocidente, embora sem fornecer uma explicação plausível para essa dramática reviravolta.

Este livro oferece um contexto aceitável para explicar a convergência, sem precedentes, que ora se observa no mundo para maior liberdade política e confiança nos mercados competitivos. Sugere que, se, no contexto de ambientes cada vez menos coercitivos (isto é, num meio que não é dominado por um único poder), nações resolvem, com uma freqüência cada vez maior, organizar sua vida econômica e política de acordo com princípios competitivos, essas opções têm que refletir certa ressonância entre valores políticos liberais e preferências humanas na era do pós-guerra e uma experiência de aprendizagem que liga o crescimento econômico no pós-guerra a políticas econômicas mais orientadas para o mercado. Simultaneamente, este estudo não supõe que tais escolhas são inevitáveis, que se seguem a partir de princípios básicos (isto é, ideologias) ou de certas leis da história, e que o aparente triunfo dos valores e instituições do Ocidente assinala o "fim da história".* Ao contrário, as opções que ora modelam a economia política mundial refletem um processo em andamento, no qual seres e sociedades humanas debatem e decidem ininterruptamente sobre a maneira de definir e organizar as instituições políticas e econômicas, e procuram se influenciar reciprocamente com vistas a resolver essas mesmas questões no nível internacional. Na era do pós-guerra, as opções americanas nesse processo foram de importância fundamental e tiveram muito a ver com a disseminação de valores e práticas de mercado liberais

* Francis Fukuyama, "The End of History?" *The National Interest*, nº 16 (verão 1989), p. 3.-19.

na economia mundial. Paradoxalmente, na medida em que seu poder declinava, os objetivos políticos e econômicos da América se espalharam pelo mundo. Não há, no entanto, garantias quanto ao futuro. Justamente porque exerce menos poder, as opções americanas tornam-se de importância ainda mais crucial na década de 1990.

Este estudo é um produto de minhas experiências intelectuais e práticas nos últimos 20 anos. É um casamento de dois mundos — o mundo das idéias, no qual construí um lar como professor e estudioso, e o mundo da realidade e formulação prática de política, no qual passei dois longos períodos no governo americano, em meados da década de 1970 e, mais uma vez, em princípios da década de 1980. Constitui uma tentativa de compreender a maneira como idéias modelam a realidade e como a realidade, por seu lado, profere julgamento sobre o desempenho delas e gera uma busca contínua das mesmas.

Esse casamento de idéias e realidade, ou de teoria e experiência, tem sido, no meu caso, necessário e fecundo. As idéias, estou convencido, de acordo com a tradição de Aristóteles, são parte mais integrante do núcleo daquilo que a política é — na verdade, do que significa ser humano e participar da sociedade humana — do que a modernização ou a criação de instituições. Estas últimas alteram as circunstâncias da motivação e comportamento humanos, mas não as questões e opções eternas que seres humanos têm que tomar sobre a maneira como vão se tratar mutuamente. Há 25 anos, como estudante de graduação, fiquei perplexo com pronunciamentos no sentido de que a modernização engendraria uma convergência da ideologia capitalista e socialista e, realmente, traria consigo o fim da ideologia nos negócios humanos. Hoje, confesso-me igualmente perplexo com declarações que dizem que as ideologias liberais, ocidentais, ganharam a luta histórica travada em torno de valores políticos e humanos básicos e que, efetivamente, decretaram o fim da história nos assuntos humanos.

Ambas as opiniões, segundo penso, são extremadas. As idéias ocidentais estão mais em voga no mundo moderno do que em qualquer outro tempo. Esse é um dos grandes temas deste livro e uma das principais razões para otimismo em relação ao mundo na década de 1990. As idéias ocidentais, no entanto, estão longe de ser incontestadas. O mundo muçulmano procura obter mais voz nos assuntos mundiais. Fatos recentes ocorridos na China mostram a capacidade de recuperação da ideologia comunista. Valores autoritários tradicionais permanecem fortes na Rússia e nas várias repúblicas étnicas soviéticas, bem como em alguns países da Europa Oriental. O Japão exibe uma política interna mais consensual e uma ordem social mais introspectiva do que as democracias agressivamente pluralistas e abertas dos Estados Unidos e de alguns países europeus. A idéias diferem e continuarão a divergir entre si. A história continuará a exigir que se tomem opções. Aquilo em que as pessoas acreditam e que as leva a agir continuará a ser importante, incluindo as crenças extremadas em que ideologia e história terminaram.

Para qualquer analista, estabelecer uma ponte entre o mundo das idéias e a experiência, em vez de declarar que um, ou o outro, ou ainda ambos, acabaram, implica dificuldades e custos. Neste livro, combinei perspectivas intelectuais, que começaram a se desenvolver e a evoluir muito antes de eu ingressar no governo, com introvisões e compromissos pessoais que brotaram da imersão diária em processos decisórios burocráticos e políticos competitivos ao tempo em que eu fazia parte do setor público. Colegas universitários argumentarão, talvez, que minhas idéias perderam parte de sua objetividade, ao passo que ex-colegas do governo, quem sabe, podem pensar que minha experiência se ressente da falta de um senso de lealdade suficiente. Inevitavelmente, suponho, não poderei convencer de todo nenhum desses dois grupos. Viajei, como me disse em carta um colega, "sob uma única bandeira — a minha". Se fui indelicado em minha jornada, lamento muito. Simplesmente segui as idéias e as provas até onde elas me conduziam.

Muito antes de ingressar, pela primeira vez, em 1975, no serviço público, meus trabalhos acadêmicos questionavam o argumento de que forças complexas de interdependência tecnológica e política limitavam as fontes tradicionais da competição ideológica e política, mesmo que essa competição fosse sublimada, pelo menos entre as superpotências, por formas não-violentas de competição diplomática e psicológica, devido à ameaça das armas nucleares. Resisti às conclusões, predominantes na década de 1970, de que idéias que defendiam sociedades livres, crescimento, baixa inflação e iniciativa privada teriam que conviver com novas circunstâncias de poder e inocência americanos perdidos, sociedades cada vez mais litigiosas e ingovernáveis, escassez de recursos mundiais e maiores exigências de bens públicos e, daí, de intervenção do governo. Teimosamente, eu acreditava que essas conclusões eram em si influenciadas por idéias que, por qualquer que fossem as razões, procuravam limitar a faixa de opções políticas e econômicas. Novas idéias, acreditava, poderiam ajudar a aliviar as circunstâncias limitadoras da década de 1970 e abrir oportunidades mais amplas de opção.

No que não é de surpreender, essas predisposições intelectuais ecoavam fortemente com as idéias e programas de Ronald Reagan, que contestavam parte tão grande da sabedoria convencional da década de 1970. Conheci Ronald Reagan pessoalmente em abril de 1980 e fiquei imediatamente impressionado com suas fortes convicções e notável (para pessoas ambiciosas) perspectiva que possuía de si mesmo. (Disse ele brincando que, se perdesse a presidência, não precisava dela realmente na idade em que se encontrava.) Cheguei à conclusão de que ele possuía a personalidade e os princípios necessários para formular um novo conjunto de idéias, para a década de 1980, que poderiam alterar, e não simplesmente acomodar, circunstâncias mais complexas. Reagan acreditava com absoluta pureza que idéias tinham importância e que as idéias gêmeas de liberdade política e oportunidade econômica haviam sido mais firmemente defendidas na história humana do que qualquer conjunto alternativo de idéias políticas ou econômicas.

A despeito da identificação de minhas inclinações intelectuais com as idéias de Reagan, nenhuma ligação tive com seu destino político prévio. Não sou homem de tendências partidárias e, até hoje, nunca me registrei como membro de qualquer partido político. As minhas duas experiências no governo foram mais fortuitas do que premeditadas. Em 1975, candidatei-me e fui contemplado com uma *fellowship* em assuntos internacionais, concedida pelo Council on Foreign Relations, um programa de estudos excepcionalmente valioso, mantido durante muitos anos devido à dedicação de Alton Frye. Esse programa permite a jovens professores universitários obter experiência prática de governo e dá a jovens formuladores de política um ano de licença para pensar e escrever no mundo acadêmico. Durante dois anos, trabalhei no Departamento de Estado como assistente especial, inicialmente, do subsecretário de Estado para Assuntos Econômicos, Charles W. Robinson, e, em seguida, de Frederick Irving, o secretário assistente para Assuntos Oceânicos, Ambientais e Científicos. Em novembro de 1979, conheci por acaso Richard V. Allen, o primeiro assessor de Segurança Nacional do presidente Reagan. Esse encontro teve lugar em uma conferência realizada no Havaí sobre energia nuclear. Uma coisa levou a outra, como dizem por aí e, em abril de 1980, participei da campanha de Reagan, na qualidade de membro do grupo de consultores sobre política externa. Em dezembro de 1980, aceitei um cargo como membro graduado do Conselho de Segurança Nacional, responsável por assuntos econômicos internacionais e reuniões de cúpula.

Essa experiência foi emocionante, tanto pessoal quanto intelectualmente. Desde que deixei o Governo Reagan em julho de 1983, coloquei-me a certa distância dessa experiência, mas, longe de mim fingir que minhas idéias não foram afetadas por ela. Acho que alguns leitores vão criticar este livro, considerando-o como uma tentativa de racionalizar as primeiras políticas do Governo Reagan, nas quais tive participação significativa. Os Capítulos 7 e 8 incluem descrições detalhadas das primeiras reuniões econômicas de cúpula, realizadas de 1981 a 1983. Trabalhei, representando a Casa Branca, como membro da equipe de três pessoas que prepararam essas reuniões. Mas eu pediria a esses colegas que tratassem os argumentos e evidências deste estudo como um todo, e não apenas como exposição de seus motivos como participantes de parte da história que relato nestas páginas.

A evidência mais importante deste estudo teve para mim o caráter de uma surpresa completa. Enquanto lutava para descobrir um padrão empírico que me permitisse avaliar as controvérsias econômicas tempestuosas da década de 1980 e colocá-las na apropriada perspectiva histórica, descobri, atônito, que o consenso em torno da política econômica interna, que havia orientado as campanhas dos Estados Unidos e de outros países ocidentais após 1947-1948, não refletia a extensa intervenção do governo, a fim de obter o pleno emprego e reestruturar ou nacionalizar a indústria interna, que as interpretações do New Deal e do "liberalismo enraizado" desse período enfatizavam. Os dados reunidos inicialmente para este estudo (tabelas detalhadas referentes a 15 países ou grupos de países, em um período de 40 anos, sumariadas nos apêndices a este volume) demonstram que o consenso no início do pós-guerra, em primeiro lugar nos Estados Unidos, embora, em grau menor, também em outros grandes países industrializados, abrangia apenas um papel moderado e, na maior parte, orientado para o mercado dos governos — um compromisso com uma política fiscal ativa a fim de atingir o máximo, embora não necessariamente o pleno emprego, um papel independente para a política monetária, que visava à estabilização dos preços, uma contenção, após 1947, de mais intervenção pelo governo em indústrias ou setores específicos (isto é, a microeconomia), e um compromisso firme, a longo prazo, de reduzir as barreiras ao comércio. Em todos os grandes países industrializados, no período 1947-1967, os déficits fiscais foram marginais, as taxas de crescimento monetário e os preços permaneceram baixos e estáveis, os setores públicos não cresceram absolutamente como parcela do Produto Nacional Bruto, e as barreiras ao comércio foram ininterruptas, embora não dogmaticamente reduzidas. Essas políticas coincidiram com os resultados econômicos mais prósperos da era do pós-guerra, enquanto que políticas mais intervencionistas, implementadas após meados da década de 1960, estiveram associadas a crescimento mais lento.

Por que teria sido essa evidência invariavelmente ignorada pelas interpretações neo-realistas da política econômica externa dos Estados Unidos? Cheguei à conclusão de que idéias não só modelam como dão cor às interpretações dessa história, e que ninguém tem que fazer parte do governo para adquirir tendenciosidades ou motivações que levam a uma linha de indagação e evidência e não a outra.

Receio também que antigos colegas do governo discordem de partes da análise contida neste livro. Não me identifico com quaisquer grupos ideológicos ou dogmas econômicos particulares que inspiraram os que participaram dos primeiros anos de Governo Reagan. Perderá seu tempo quem procurar encontrar nestas páginas um defensor unidimensional ou dogmático anticomunista, libertário, ideólogo do mercado livre, proponente da doutrina econômica da oferta, de um orçamento e contas correntes equilibradas. Na minha opinião, muito longe de qualquer uma dessas perspectivas possuir a chave para o sucesso político ou econômico, esses fatores devem no contexto ser avaliados entre si e em relação a resultados econômicos reais, consignados no registro histórico. Como mostra a descrição constante deste estudo, incentivos fiscais sem preocupação com orçamentos fiscais e moeda sólida (a experiência dos Estados Unidos em meados da década de 1960 e princípios da de 1970) não podem gerar desempenho econômico contínuo, da mesma maneira que déficits orçamentários reduzidos, sem os apropriados incentivos fiscais e mercados flexíveis de trabalho e capital (a experiência do país em princípios da década de 1970) tampouco podem ter êxito.

Embora tenha seguido minha própria bandeira neste estudo, devo muito a numerosas pessoas que me influenciaram ao longo do caminho. Vários colegas da comunidade acadêmica, a maioria dos quais provavelmente tem lealdades políticas diferentes, leram e criticaram o manuscrito no seu todo, talvez porque, de acordo com o melhor espírito da fraternidade acadêmica, esperassem que os provocaria ou incomodaria. Peter Katzenstein, Robert Keohane e Helen Milner foram muito generosos neste particular. Entre outros amigos do meio universitário que leram ou me ajudaram a melhorar, de várias maneiras, o manuscrito, incluo Emmanuel Adler, Hayward Alker, David Baldwin, Benjamin J. Cohen, Stephen D. Cohen, I. M. Destler, Robert Dunn, Barry Kichengreen, Amitai Etzioni, Harvey Feigenbaum, Robert Gilpin, Robert S. Goldfarb, William L. Guttman, Stephan Haggard, Roger Hansen, Oli Havrylyshyn, Jeffrey Henig, Randy Henning, G. John Ikenberry, Bruce W. Jentleson, John Kendrick, Michael Mastanduno, Cynthia McClintock, Richard Rose, John Ruggie, Robert Russel (que ora trabalha no Fundo Monetário Internacional), Simon Serfaty, Gaston Sigur (que foi também meu colega no governo), David Spiro, Susan Tolchin e Robert Wade.

Colegas com quem dividi minhas experiências de governo foram igualmente prestativos. Sinto-me especialmente grato a Marshall Casse, Robert Hormats, Douglas W. McMinn, Robert J. Morris, Clyde Prestowitz, Myer Rashish, Beryl W. Sprinkel e Allen Wallis — com os quais trabalhei no Governo Reagan e todos os quais comentaram inteligentemente o manuscrito. Embora não o tivessem lido ou criticado, tenho uma dívida especial para com Richard V. Allen e o juiz William Clark, os dois primeiros conselheiros de segurança nacional do presidente Reagan. Ambos me concederam a oportunidade de experimentar a formulação da política governamental nos seus níveis mais altos. Sem me conhecer bem pessoalmente, confiaram em mim. Em meio às deploráveis intrigas e insinuações que freqüentemente acompanham os altos cargos, eles revelaram também, em minha opinião, caráter e decência individual incomuns. Os colegas do setor privado que criticaram ou, de outras maneiras, contribuíram para o manuscrito incluem Claude Barfield, G. Stephen Crane, Robert A. Feldman, Ellen Frost, Penny Hartland-Thunderg, Roger Haydon, Pierre Jacquet, Dieter Mahncke, John Tatom, Elke Thiel, Alan Tonelson e John Yochelson.

Uma vez que nenhum desses colegas — na universidade, governo ou setor privado — se ofereceu, sabiamente, no meu entender, para compartilhar comigo da responsabilidade por este livro, só eu sou o responsável por ele. Eles, contudo, merecem muito do mérito que este livro porventura tenha.

Por agradável e valiosa ajuda nas pesquisas, desejo agradecer a Susan Thorton, Constantine Tsatsos-Symeonides, Barbara Balaj, Holly Dobbins e Klaus Deutsch. Audrey Abraham prestou agradáveis e bem-humorados serviços de datilografia, como também Lois Bernaus e Paul McDonnell, especialmente nos gráficos e tabelas constantes deste livro. Meu editor de texto na Oxford University Press, Herbert J. Addison, e sua assistente, Ann Fishman, trabalharam incansavelmente e, às vezes, sem o reconhecimento devido, para me ajudar a apresentar este estudo de uma forma mais eficaz e sucinta. A paciência e boa educação de ambos ainda me deixam espantado. Herb, em especial, desenvolveu um interesse todo especial por todas as fases da publicação do livro. Ron Harris, Steve Bedney, Dan Lundy e Karen Casey, da Oxford, deram também contribuições valiosas.

Mais importante que tudo, desejo agradecer aos colegas que tornaram profissional e financeiramente possível para mim realizar este estudo. A Smith-Richardson Foundation, de Nova York, concedeu-me uma generosa doação que financiou parcialmente minha licença sem vencimentos na The George Washington University, em 1987. Na Fundação, sou especialmente grato a R. Randolph Richardson, Devon Gaffney, Michael S. Greve, Peter Butterfield e Cheryl Keller. O Woodrow Wilson Internacional Center for Scholars, da Smithsonian Institutions, concedeu-me também, em 1987, uma *fellowship* de oito meses, Samuel F. Wells, Jr., vice-diretor, e Robert Litwak, diretor do programa Estudos de Segurança Internacional, tornaram inusitadamente agradável e produtiva minha visita ao Centro. O Foreign Policy Institute, da John Hopkins School of Advanced International Studies, alojou-me nos quatro meses restantes de 1987, tendo seu diretor-executivo, professor Simon Serfaty, se mostrado extremamente prestativo e interessado nos aspectos intelectuais de meu estudo.

Sou grato também a meus colegas Robert J. Myers, presidente do Carnegie Council on Ethics and International Affairs, de Nova York, e Lindley Sloan, diretor-executivo da Japan-U.S. Friendship Commission, que me ajudaram de várias maneiras enquanto trabalhávamos juntos em um projeto denominado Agenda Econômica Estados Unidos-Japão, um empreendimento conjunto da Elliott School of International Affairs, da The George Washington University, e o Carnegie Council. De idêntica maneira, desejo manifestar meus agradecimentos a Edwin J. Feulner, Jr., presidente da Heritage Foundation, pelos valiosos incentivos em momentos críticos, a Larry Mone, do Lehrman Institute, de Nova York, e a Tom Skladony, do American Enterprise Institute, pela ajuda na promoção deste livro.

Por último, manifesto aqui minha mais profunda gratidão aos colegas da The George Washington University, que me concederam uma licença em 1987, a despeito do desejo de que eu assumisse novos deveres administrativos na universidade. Roderick S. French, o vice-presidente para Assuntos Acadêmicos, e Maurice A. East, decano da Elliot School, permitiram-me adiar por um ano meus deveres como decano-adjunto da Elliot School, e em seguida concederam-me uma rara liberdade para passar o tempo nas revisões, correções e promoção deste livro.

Ninguém, porém, contribuiu mais para que este livro viesse à luz que minha mulher e minha filha. Minha mulher, Marion Kay Madej Nau, ou, como a chamo,

Micki, foi a parteira de todos meus trabalhos de parto universitários, retroagindo isso a minha volta à escola de pós-graduação em fins da década de 1960. Ela viu mais horas se passarem nos meus olhos vazios do que qualquer um de nós quer lembrar-se — enquanto nos sentávamos juntos à mesa do jantar, na sala de estar, ou em qualquer outro lugar, e minha mente vagueava novamente para este ou qualquer outro livro. Minha filha, igualmente, perguntou muitas vezes a si mesma por que eu tinha que passar tantas horas intermináveis e, especialmente, os fins de semana, no meu gabinete no porão. Quando lhe disse certa vez que talvez nunca entendesse isso até ter a minha idade, ela, com toda razão, criticou minha observação como sendo uma manifestação de superioridade. Compreendi então que o futuro dela se aproxima muito mais rapidamente do que o meu e que ela já começava a fazer alguma coisa para modelá-lo. Ela e sua geração estão mais do que à altura da tarefa. A ela e ao seu futuro, dedico este livro.

H.R.N.

Washington, D.C.
Janeiro de 1990

INTRODUÇÃO

Liderança ou Decadência? A Opção dos Estados Unidos

Manchetes recentes declaram que a era americana acabou e, com ela, o período econômico internacional mais próspero da história humana. A razão do desaparecimento dessa era, segundo nos dizem, é o declínio do poderio americano. A prosperidade no pós-guerra teria sido conseqüência fortuita da preeminência americana, sem paralelo, após a Segunda Guerra Mundial. Essa preeminência permitira aos Estados Unidos projetar sua ideologia econômica liberal sobre o resto do Mundo Ocidental, integrar os mercados do Ocidente e defender os interesses de sua política externa contra o comunismo mundial. O poderio dos Estados Unidos, no entanto, declinara inevitavelmente e os rivais econômicos haviam se emparelhado com o país (Kennedy, 1987). O Japão, em especial, fora pioneiro de uma Renascença na Ásia e no Pacífico que, aos poucos, eclipsara o mundo eurocêntrico do período do pós-guerra e assumira o papel de paladino de uma nova ideologia econômica, intervencionista, que contestava as políticas liberais da era americana. A competição econômica impunha sérias tensões às alianças militares ocidentais. Com as reformas internas na Europa Oriental e na União Soviética, diminuíra a ameaça comunista. Os Estados Unidos haviam se tornado simultaneamente menos dispostos e menos capazes de conduzir os fardos da liderança global, e a Europa e o Japão hesitavam em assumir papéis planetários. O Mundo Ocidental deixava-se levar na direção do conflito, mas com um objetivo menos unificado e poder mais fragmentado.

A política americana, diziam-nos também, apressara a decadência do poder dos Estados Unidos. Grupos de interesses que procuram redistribuir crescimento, em vez de criá-lo, proliferam à medida que as sociedades evoluem (Olson, 1982). Sob influência desses grupos, o consumo interno supera os investimentos e a produção; os fardos da liderança no exterior, sobretudo os de natureza militar, crescem; e os benefícios da inovação tecnológica se espalham por outras nações (Gilpin, 1981, 1987). Na década de 1980, a política entrou em um período de engarrafamento e a América iniciou uma farra de compras, tomando empréstimos no exterior e se tornando, em 1986, a maior devedora em todo o mundo. Ao ingressar na década de 1990, a América parecia, mais uma vez, ser uma potência igual às outras e, o período do pós-guerra, apenas outro episódio no ciclo eterno de potências dominantes e declinantes, de prosperidade em alta e em queda.

Mas será verdade tudo isso? Acabou a era americana ou teria sido ela simplesmente substituída por uma Era Ocidental, na qual países não-comunistas, ou comunistas que ora passam por reformas, procuram cada vez mais participar dos objetivos americanos ou emular as instituições ocidentais de democracia pluralista e economia de mercado? Além do mais, teria o poderio americano declinado significativamente, quando sua parcela no Produto Nacional Bruto do mundo industrializado é a mesma hoje que na década de 1970 (depois de feitos ajustamentos para levar em conta flutuações na taxa cambial), e quando as políticas econômicas do país na década de 1980 geraram taxas de crescimento e aumentos da produtividade industrial característicos dos anos de grande prosperidade de princípios da recuperação no pós-guerra? Se ou não as políticas correntes poderão manter ou expandir ainda mais o poder americano, não será, por isso mesmo, mais importante debater essas políticas e reconhecer que a América talvez não necessite hoje de tanto poder, em um mundo que compartilha mais de seus objetivos básicos, do que concluir que o poder e a política americanos declinaram irremediavelmente?

Neste livro, argumentamos que a preponderância e as políticas de grupos de interesses explicam menos os altos e baixos da influência americana no período do pós-guerra do que as opções tomadas pelos Estados Unidos quanto a objetivo nacional e política econômica. Na ocasião em que políticas estratégicas e econômicas inspiravam a renovação e reconstrução de sociedade livres na Europa Oriental e no Extremo Oriente na década de 1940, e quando as opções do país contestavam as sociedades totalitárias e aceleravam a mudança tecnológica na década de 1980, a influência americana se espalhou e realmente contribuiu em certo grau para a espetacular reviravolta que ora ocorre no mundo comunista. Em outros períodos, como na década de 1970, quando a América questionou seu próprio valor e decidiu-se por políticas econômicas ineficientes, sua influência diminuiu.

O debate sobre as opções americanas, por conseguinte, é muito mais importante para a influência do país no futuro do que a conclusão histórica de que o poder inevitavelmente muda e gera conflitos. As opções da América podem reconhecer e procurar reforçar a notável convergência, que ora se observa no mundo, para instituições políticas mais livres e instituições econômicas mais competitivas, ou concluir que os Estados Unidos e as novas potências, tais como o Japão e, talvez, uma Alemanha reunificada, têm interesses fundamentalmente diferentes e devem inevitavelmente colidir.

Uma Perspectiva Orientada para a Opção

Com a finalidade de promover o debate sobre o futuro da América, este estudo traça uma perspectiva orientada para a opção dos fatos históricos que destaca o papel do objetivo nacional (ou humano) e de opções de política em assuntos econômicos e de segurança mundiais. Em quatro áreas, essa perspectiva contrasta acentuadamente com as abordagens convencionais, ou aquilo que chamo de estruturalistas, que salientam as limitações dos equilíbrios de poder e grupos de interesse à opção humana. Em primeiro lugar, argumenta que a política e a economia internacionais não constituem apenas ciclos de poder e riqueza, como alegam as teses estruturalistas, mas também a busca de uma comunidade política compartilhada, na qual sociedades humanas, organizadas mais recentemente em unidades nacionais, escolhem livremente formas alternativas de sociedades políticas internas e que, em seguida, concorrem entre si para estabelecer uma comunidade mundial que satisfaça objetivos mais altos de desenvolvimento político e humano. As sociedades nacionais discordam hoje sobre princípios básicos de organização da vida política dos seres humanos. Algumas delas reservam direitos e privilégios significativos a indivíduos privados e tomam decisões públicas na base do sufrágio político amplo; outras controlam a maioria dos aspectos da vida privada e tomam decisões na base de uma elite privilegiada. Essas grandes distinções entre sociedades democráticas e totalitárias motivam as atividades econômicas e de segurança na vida internacional e dão à história e aos ciclos históricos uma dimensão política, ou moral, e não apenas material.

Dessa perspectiva, o período de pós-guerra do poder americano não representa simplesmente outro ciclo na ascensão e queda das grandes potências. Esse período sobressai em especial como uma era de extraordinário desenvolvimento político e econômico, mas de modo algum exclusivamente entre os países ocidentais. Em 1990, todo o mundo industrializado, incluindo as potências fascistas da Segunda Guerra Mundial — Alemanha, Japão, Itália e Espanha — compartilhava, até certo ponto, de valores e instituições democráticos básicos. Além disso, em contraste com períodos anteriores de controle por potência dominante (como, por exemplo, da Holanda no século XVII e da Grã-Bretanha no século XIX), a era americana presenciou a descolonização política e o progresso econômico do mundo em desenvolvimento. Além disso, muitas das nações que haviam obtido recentemente a independência tiveram liberdade, após 1945, de escolher formas não-ocidentais de governo e economia interna, embora, em 1990, um número cada vez maior delas estivesse experimentando, voluntariamente, suas próprias versões de liberalização democrática e econômica.

Nem toda essa convergência de opiniões políticas básicas no mundo do pós-guerra se deveu à liderança americana ou a uma projeção simples da cultura política dos Estados Unidos através de exercício de poder imperial. Mas de fato aconteceu no turno de vigia da América e, a menos que fosse fortuita, tinha algo a ver com o objetivo nacional e as políticas econômicas que o país projetava sobre o mundo. Durante todo o período do pós-guerra, os Estados Unidos, juntamente com seus aliados ocidentais, defenderam os princípios de sociedades livres no país e mercados competitivos no exterior. Esses princípios, corporificados em vários conceitos de objetivo nacional na política americana do pós-guerra, nem todos os quais foram igualmente eficazes, proporcionaram um padrão para organização política e econômica da comunidade mundial no pós-guerra. Em anos recentes, essa comunidade, tem cada vez mais, e espontaneamente, defendido esse padrão, mesmo que tenha declinado, em termos relativos, o poder americano. Neste estudo, desenvolvemos o conceito de objetivo nacional e comunidade política internacional para enfocar esse papel fundamental de padrões humanos e políticos nos fatos econômicos do pós-guerra e para escapar do cinismo material e moral que enfatiza principalmente o poder e a riqueza.

Em segundo, o estudo destaca o papel das opções de política econômica nos resultados que países conseguem em riqueza e poder na esfera internacional. O ciclo de dominação e declínio das grandes potências não é simplesmente conseqüência de padrões desiguais de crescimento e progresso tecnológico, circunstâncias estas que, em si mesmas, não têm explicação (ver, por exemplo, Kennedy, 1987). É também conseqüência de opções de política que estimulam o crescimento, mudam a tecnologia e alteram circunstâncias. Após a Segunda Guerra Mundial, os Estados Unidos e outros países industrializados fizeram opções específicas de política econômica que modificaram radicalmente as circunstâncias que então prevaleciam, de inflação galopante, nacionalização rápida de ativos industriais e comércio administrado bilateralmente. Criaram no pós-guerra o sistema econômico liberal de Bretton Woods, que enfatizava preços estáveis, mercados internos flexíveis e comércio mais livre (permitindo taxas de câmbio flexíveis, que se tornaram elemento característico desse sistema). Sob essas políticas e nas duas décadas seguintes, a produção industrial e o comércio mundiais cresceram mais rápido, diminuindo mais radicalmente as desigualdades entre países industrializados e em desenvolvimento do que em qualquer outro período histórico, desde a Revolução Industrial. Dada a lista de encomendas para entrega futura, criada pela guerra, as circunstâncias eram favoráveis, para sermos exatos, mas não tão favoráveis assim. Ou como conclui um estudo, "era fato sem precedentes para a economia mundial em 1939-45 absorver os custos de uma guerra hegemônica no início de uma alta (econômica) e, em seguida, manter crescimento sustentado por mais duas décadas após a guerra" (Goldstein, 1988, p. 343).

Em fins da década de 1960, a América abandonou essas políticas de Bretton Woods. Bem antes da primeira crise do petróleo, as políticas inflacionárias, o aumento da regulamentação e o protecionismo nascente reduziram o desempenho econômico. As opções de política mudaram novamente em fins da década de 1970 e princípios da de 1980, revertendo-se a inflação e a intervenção, mas exacerbando-se o protecionismo. Em ambas as ocasiões como principal economia do mundo, a América influenciou as opções de outros países, incluindo o número crescente de países em desenvolvimento. Segundo o presente estudo, essas opções de política produziram um impacto muito mais forte sobre o desempenho econômico mundial do que os equilíbrios de poder relativos ou circunstâncias favoráveis ou desfavoráveis não explicadas.

A terceira diferença entre este estudo e as teses convencionais sobre poder, ou estruturalistas, diz respeito aos mecanismos através dos quais políticas alteram circunstâncias na economia mundial. A perspectiva orientada para opções deste estudo destaca o papel de mecanismos competitivos, e não do tipo de barganha, na influência política, tais como os mercados internacionais. Os argumentos estruturalistas, em contraste, enfatizam a barganha e os mecanismos institucionais de mudança, tais como as conferências e organizações internacionais. De acordo com a perspectiva deste nosso estudo, nações agem não só unilateral mas coletivamente, com vistas a influenciar mudanças de política na comunidade mundial. Exercem poder (alavancagem) uma sobre a outra através de medidas independentes em mercados mundiais complexos e interdependentes, bem como mediante decisões coletivas em arenas diplomáticas tradicionais, tais como conferências de cúpula e negociações internacionais.

Como a comunidade mundial tem adquirido caráter mais variado e pluralista, os mercados tornaram-se mecanismos de influência mais importantes e valiosos. Proporcionam maior flexibilidade para estreitar diferenças entre um número crescente de países. Líderes nacionais não têm que negociar e comprometer diretamente interesses internos em conferências de cúpula, sob os olhos dos meios de divulgação de massa, e podem orientar suas políticas mais indiretamente um para o outro como reação a forças de mercado que, podem alegar, estão fora de seu controle ou responsabilidade imediata. Os argumentos estruturalistas, em contraste, despertam expectativas irrealistas de que conferências internacionais ou reuniões de cúpula possam sempre solucionar divergências pendentes. Essa perspectiva, por isso mesmo, freqüentemente contribui para frustração, quando fracassa a cooperação internacional, ou para compromissos frágeis, quando a necessidade de cooperar assume primazia sobre o conteúdo substantivo da política econômica.

Os mercados funcionam como mecanismos para estreitar divergências políticas em uma economia internacional pluralista e complexa, contudo, somente se forem pautados por um amplo consenso entre as nações participantes a fim de mantê-los abertos (isto é, evitar o protecionismo), conservar estáveis os preços internos (ou seja, impedir taxas cambiais loucamente flutuantes) e estimular mercados domésticos flexíveis (ou melhor, realocar recursos a fim de enfrentar a concorrência internacional). Desta maneira, como quarta área de divergência com os argumentos estruturalistas, a perspectiva orientada para as opções deste estudo destaca o papel decisivo de idéias políticas que cruzam fronteiras nacionais, partidos políticos e grupos de interesses especiais que, em última análise, modelam ou deixam de modelar o consenso que cria mercados e instituições internacionais e permitem que eles funcionem eficientemente. Essas idéias têm origem, nas grandes nações participantes, no que chamo neste estudo de casulo de organizações não-governamentais, que cercam os processos decisórios internos burocráticos e institucionais internacionais. Nesse casulo, as idéias concorrem entre si para modelar as opiniões sociais. Essas idéias saturam em seguida, através de coalizões políticas e eleições, processos de formulação de política mais imediatos, tanto no nível doméstico quanto internacional, a fim de influenciar opções sobre objetivos nacionais e eficiência econômica. Esse consenso mais amplo no casulo das organizações não-governamentais permite que funcionem instituições altamente pluralistas e democráticas de formulação de política. Sem ele, a formulação da política internacional, e não apenas da interna, pararia, reduzida a um impasse por rivalidades sem controle e uma perspectiva de grupos de interesses especiais que consideram todos os resultados e opções de política como uma questão de vencedores e perdedores, e não como soluções que servem aos interesses de todos os grupos.

Da perspectiva orientada para as opções, as idéias não surgem em um vácuo. São influenciadas por circunstâncias e interesses e, para influenciar a política, têm que passar por certo teste de aceitação pública e conseguir mobilizar forças políticas e, em última análise, burocráticas. Além disso, traduzidas em políticas, as idéias têm que produzir resultados. Têm que lograr aprovação em certos testes de desempenho, estabelecidos por recursos econômicos limitados e por elementos irredutíveis de poder militar e social. Não obstante, idéias não são simplesmente racionalizações de interesses ou conseqüências de circunstâncias externas. Algumas idéias, no entanto, fazem essa reivindicação. O marxismo, por exemplo, alega que idéias são produtos de interesses de classe. Os argumentos estruturalistas afirmam que certas opções de política são irrealistas ou ideológicas, porquanto colidem com o que se vê que são circunstâncias irreversíveis. Essas alegações, no entanto, são em si argumentos em favor de certas idéias de política. Elas simplesmente interpretam a história de modo a evitar idéias que surgem independentemente de classe ou circunstâncias. Essas alegações têm que ser submetidas criticamente a teste de interpretações alternativas dos fatos históricos e debatidas no casulo das organizações não-governamentais, a fim de modelar o consenso que influenciará a rodada seguinte de formulação da política.

Nesse sentido, este livro, bem como aqueles que adotam argumentos estruturalistas, é parte integral do debate sobre o futuro da América na economia política mundial. As interpretações que este estudo infere do registro histórico levam a recomendações inteiramente diferentes para a política americana na década de 1990. Enquanto as perspectivas que enfatizam o declínio do poder americano e o congestionamento em que se encontra a política do país aconselham a redução de seu papel e responsabilidades na comunidade mundial, a deste livro insiste em um papel mais afirmativo e autoconfiante para os Estados Unidos, que seja reconhecido o interesse geral que os objetivos desta nação despertam hoje no mundo e que abrangem políticas no sentido de continuar a pagar por esse mundo tanto em termos de fornecer segurança aos seus principais aliados, como a Alemanha e o Japão, como de estender o sistema econômico liberal, próspero, do pós-guerra, de modo a incluir os países em desenvolvimento. Os custos desse papel não estão além do poder ou da política americanos. São determinados pelos objetivos e políticas dos Estados Unidos — em suma, pelas opções e prioridades da América.

A História do Pós-Guerra Vista da Perspectiva Orientada para as Opções

As divergências precedentes entre a perspectiva orientada pelas opções e os argumentos estruturalistas mais comuns emergem do exame detalhado feito neste livro da evolução no pós-guerra da política econômica externa americana. Capítulos subseqüentes examinam essa experiência em quatro fases distintas: a primeira fase, de 1942 a 1947, quando os Estados Unidos, a despeito de esforços consideráveis, fracassaram na tentativa de implementar um programa bem-sucedido para reconstruir o mundo do pós-guerra; a segunda, de 1947 a 1967, quando o país, inicialmente através do Plano Marshall, liderou o Mundo Ocidental no caminho de crescimento rápido e estável; a terceira, de 1967 a 1979, quando os objetivos e políticas econômicas fraquejaram, e caíram o crescimento e o comércio mundiais; e a quarta, de 1979 até o presente, quando os objetivos da América tornaram-se mais autoconfiantes e suas políticas econômicas restabeleceram o crescimento não-inflacionário, mas exacerbaram também o protecionismo e o endividamento internacional, deixando o poder americano cada vez mais limitado e sua política em um impasse.

Em todas essas fases, a maneira como a América se autodefinia — isto é, definia seus objetivos nacionais — e definia as opções específicas de política econômica, tiveram mais a ver com as variações dos resultados do que com o declínio do poder americano ou a crescente fragmentação da política do país. Na primeira fase, de 1942 a 1947, o poder da América era mais dominante e sua política mais unificada do que em qualquer fase subseqüente. Ainda assim, seus objetivos e políticas não conseguiram inspirar o fortalecimento de instituições democráticas nem o início da reconstrução econômica na Europa Central. As primeiras idéias americanas sobre comunidade mundial, através de um direito e comércio mundiais corporificados nas instituições das Nações Unidas (ONU), ignoraram diferenças fundamentais, na comunidade política interna, entre sociedades livres e totalitárias, enquanto, ao mesmo tempo, a política econômica acordada na grande conferência econômica patrocinada pela ONU e realizada em Bretton Woods, New Hampshire, em julho de 1944, deixava de prescrever as políticas comerciais liberais ou a política interna flexível, não-intervencionista, necessárias para criar mercados internacionais abertos e eficientes. Como resultado, de 1945 a 1947, o mundo deslizou à deriva para o conflito político e a economia mundial estagnou.

Na segunda fase, de 1947 a 1967, os Estados Unidos adotaram um objetivo mais claro e iniciaram políticas econômicas mais eficientes para implementar a paz e a reconstrução no pós-guerra. Isso aconteceu a despeito da maior divisão na política americana, quando republicanos assumiram o controle de ambas as casas do Congresso em 1946. O novo objetivo americano de contenção reconhecia e reagia à luta que ocorria na Europa Central entre idéias divergentes de comunidade política interna, ao passo que o Plano Marshall estimulava novas políticas econômicas destinadas a integrar e usar os recursos ocidentais de modo mais eficiente, mediante liberalização do comércio, redução da inflação e eliminação de regulamentação interna excessiva, que restringia a livre movimentação de mão-de-obra, capital e produtos nos mercados europeus. Esse período, na verdade, deu origem ao que chamo neste livro de tríade de política de Bretton Woods, de rearmamento econômico no pós-guerra (rotulada de Bretton Woods por causa da associação da tríade com o sistema mais amplo do pós-guerra, e não com os acordos específicos de Bretton Woods, assinados em 1944). Essa tríade consiste em três elementos essenciais, destinados a estabelecer e manter mercados mundiais abertos, estáveis e crescentes:

1. Políticas fiscais e monetárias keynesianas a fim de garantir *preços internos estáveis* e, portanto, preços internacionais ou taxas cambiais estáveis.
2. *Redução das barreiras ao comércio* e cambiais, a fim de promover o livre comércio, as vantagens comparativas e o uso mais eficiente dos recursos internos e internacionais.
3. *Limites à intervenção não-econômica dos governos no funcionamento do mercado interno*, de modo a facilitar a movimentação flexível da mão-de-obra para onde fosse necessária, a circulação de recursos de capital para empresas novas e mais inovadoras e uma corrente de novos produtos não inibidos por regulamentação arbitrária de setores individuais — todos os quais ajudam a controlar desequilíbrios do balanço de pagamentos através de uma realocação dos recursos internos, em vez de através de inflação, mudanças freqüentes nas taxas cambiais, restrições ao comércio e às moedas estrangeiras, ou tomada incondicional de empréstimos no exterior.

Essa tríade emergiu nos Estados Unidos já em 1946 e, subseqüentemente, em todos os demais países industrializados, sob influência dos programas e instituições do Plano Marshall. Da perspectiva deste estudo, a mudança ocorrida nas políticas econômicas do Ocidente depois de 1947 foram decisivas para o impressionante desempenho do sistema econômico inicial de Bretton Woods, de 1947 a 1967.

Na terceira fase da política americana no pós-guerra, de 1967 a 1979, os Estados Unidos e outros países ocidentais abandonaram elementos fundamentais da tríade e os mercados mundiais, em conseqüência, tornaram-se mais instáveis, menos abertos e menos eficientes. Novas idéias sobre *détente* na Europa e o fracasso da contenção no Vietnã desafiaram o senso de objetivo nacional do país e debilitaram a resolução dos Estados Unidos e de outros países ocidentais de seguir políticas econômicas eficientes. Emergiram novas idéias de política econômica que estimularam a adoção de políticas fiscais e monetárias keynesianas mais expansivas, ignorando-se suas conseqüências para a estabilidade dos preços internos e o valor fixo do dólar. Essa orientação sancionou a intervenção do governo em mercados internos individuais a fim de promover a igualdade social, a preservação ambiental e outros objetivos não-econômicos. Políticas fiscais e monetárias descontroladas, controles de preços e protecionismo sorrateiro precederam, em conjunto, a primeira crise do petróleo e contribuíram para os choques e vulnerabilidades que afligiram os Estados Unidos e as economias mundiais na década de 1970. As políticas debilitaram o poder americano, mas a política não constitui uma das causas fundamentais das mudanças de políticas. Ao contrário do que previam as perspectivas dos grupos de interesse, o consenso de Bretton Woods entrou em colapso inicialmente nas áreas das políticas monetária e fiscal, onde os grupos de interesses eram menos ativos, ao passo que persistiu na área do comércio mais livre, onde eles e a fragmentação política eram muito mais fortes.

Na quarta fase da política no pós-guerra, de 1980 até o presente, a América reagiu para desenvolver um renovado senso de valor próprio e reintroduzir políticas mais eficientes, de inflação mais baixa, menos intervenção do governo e comércio mais liberal. A despeito do declínio amplamente alardeado do poder e da política americanos, as políticas do Governo Reagan contribuíram em muito para restabelecer a autoconfiança da política externa e para iniciar uma nova era de inflação baixa e renovada produtividade e crescimento no mundo industrializado. As políticas de Reagan, no entanto, só conseguiram esses resultados ao custo de grandes déficits orçamentários e comerciais e de um dólar fortemente oscilante, que distorceu os mercados financeiros mundiais, sobretudo no caso de países em desenvolvimento fortemente endividados, e sobrecarregou os mercados comerciais mundiais, onde governos ameaçaram cada vez mais restringir e controlar o comércio. O mundo industrializado pareceu prestes a abandonar o último elemento da tríade de política de Bretton Woods — o comércio mais livre — mesmo que os dois primeiros — preços mais estáveis e mercados mais flexíveis e produtivos — estivessem sendo parcialmente restaurados. Os Estados Unidos se transformaram no maior devedor do mundo, reduziram as taxas de juro mundiais e a cotação do dólar para ajustar-se à dívida crescente e às pressões protecionistas, e perderam uma oportunidade de ouro de iniciar reformas de política interna e de comércio exterior orientadas para o mercado, ao continuarem a tolerar déficits orçamentários maciços e ao erguerem no país barreiras ao comércio. Muitos países em desenvolvimento praticamente desapareceram dos mercados mundiais em expansão, sofrendo pela primeira vez, no período do pós-guerra, substanciais perdas em renda real.

No fim, os objetivos e políticas da América ficaram aquém do desejado, não porque o país carecesse de poder ou de uma base política suficientemente unificada, mas porque o presidente Reagan e seu governo fracassaram, em 1985, quando estavam dando as cartas no jogo político, em levar adiante seus objetivos e políticas. Abandonaram a idéia de cortar drasticamente o orçamento, em especial no que ele afetava a classe média e os programas de defesa, mediocremente administrados, e abdicaram da liderança em matéria de orçamento e política comercial para um Congresso mais nacionalista e mais dividido.

Opções para o Futuro

Este curto sumário do argumento desenvolvido no restante deste estudo sugere que a questão fundamental para a América no futuro não é se ou não seu poder declinou, mas que objetivos espera atingir na comunidade mundial e que políticas econômicas específicas tenciona adotar. O debate sobre esses objetivos e políticas é mais importante do que o debate sobre divisão de seu poder e responsabilidades com os aliados. É também mais importante do que os repetidos apelos em prol de reforma da política ou de reorganização burocrática do governo. Nesse sentido, a crise americana contemporânea não é sobre poder e política e nem mesmo sobre instituições e recursos. É sobre a alma intelectual e política da América e o tipo de comunidade política que ela quer no país e no mundo e pela qual está disposta a pagar.

Estudos que focalizam principalmente poder e política exageram os custos da permanência da liderança americana na economia mundial. Esquecem o mundo político mais homogêneo, no qual a América tenta hoje exercer seu poder, e dedicam escassa atenção ao conteúdo de políticas econômicas que podem aumentar o poder do país e aos mecanismos de mercado através dos quais a América pode, menos visivelmente e com menos gastos, afirmar seu poder.

Os objetivos americanos são mais amplamente compartilhados hoje no mundo do que o eram em 1947 ou 1967. Em conseqüência, a fim de influenciar esse mundo, a América não precisa de tanto poder quanto há 20 ou 40 anos. Pode manter sua liderança sendo mais um papa global do que uma potência global, apoiando os valores políticos básicos da liberdade individual e livre iniciativa econômica em todo mundo, não tanto usando suas legiões militares, mas através da diplomacia e do exemplo interno. Neste sentido, é necessário algum ajustamento da presença militar americana na comunidade mundial.

A maneira como a América ajustar seu papel, no entanto, será de importância crucial. Poderá fazê-lo do ponto de vista de um líder global autoconfiante que continua a manifestar uma clara visão de comunidade política compartilhada, ou fazê-lo do ponto de vista de uma sociedade em decadência, que se tornou autocomplacente, preocupada com interesses econômicos estreitos e que insiste em que seus aliados carreguem uma parte maior dos fardos, se não por outra razão, porque o poder da América declinou. Mas ainda que seu poder tenha sido reduzido, a América continua a ser a única superpotência militar e econômica do mundo. Tem uma oportunidade sem paralelo, por conseguinte, e, na verdade, a responsabilidade especial, de continuar a dar o tom político da comunidade mundial, defendendo os valores básicos da liberdade humana e da competição econômica que residem no âmago da sociedade americana e agora, também, de uma parte maior da sociedade mundial. Essa responsabilidade é ainda mais importante numa ocasião em que países da Europa Oriental, a União Soviética e o mundo em desenvolvimento, tentam introduzir reformas. Campanhas recentes para liberalizar os sistemas políticos nesses países tiraram sua inspiração dos valores e experiências ocidentais. Se a América e o Ocidente começarem agora a duvidar de seus próprios valores, o mundo perderá sua âncora política para a mudança pacífica. Isto porque, sem um claro senso da existência de divergências contínuas entre as sociedades do Ocidente e Oriente, o Ocidente nem poderá manter sua própria unidade nem ajudar a inspirar o Oriente a criar uma sociedade política mais humanitária.

A maneira como a América desempenhar seu papel influenciará também seus aliados. Se a América pedir à Europa e ao Japão que compartilhem com ela maiores fardos simplesmente para compensar seu poder declinante, os aliados confiarão cada vez menos no poder americano. Se, por outro lado, apelar para eles no sentido de que ajudem a preservar e tornar possível um mundo mais agradável, um mundo que modesta e prudentemente cultue os valores ocidentais de liberdade e oportunidade econômica também nos países que ora se reformam, os aliados talvez reajam com as melhores tradições e políticas de seus próprios países. Se os cidadãos americanos tendem a reagir mais rapidamente (talvez em excesso) a ameaças políticas (isto é, totalitárias) à sociedade democrática, os cidadãos dos países aliados, particularmente na Europa, talvez sejam mais sensíveis a ameaças econômicas e sociais. Por tudo isso, a Europa e o Japão têm responsabilidades especiais para motivar o mundo industrializado a abrir, cada vez mais, suas sociedades e mercados ao resto do mundo.

A mais importante precondição para uma economia mundial aberta e em crescimento, por conseguinte, é que os Estados Unidos, seus aliados, e um número cada vez maior de países reformistas conservem e desenvolvam um senso de finalidade comum e de comunidade política compartilhada. Isto porque, sem esse senso de finalidade comum, os cidadãos desses países não se sentirão dispostos a aceitar as mudanças internas que serão necessárias para criar e manter mercados econômicos abertos e sistemas políticos transparentes. Em vez disso, concluirão que não se entendem internamente, que na esfera política nada têm em comum e que não conseguem elaborar regras "justas" que pautem economicamente suas relações.

A América precisa, acima de tudo, reconhecer e preservar as políticas que criaram um mundo mais hospitaleiro em fins da década de 1980. Desde 1945, a América tem sido a principal responsável pela segurança da Alemanha e do Japão, enquanto esses países construíam sociedades mais abertas e democráticas. A América deve continuar a prover essa segurança, tanto porque talvez seja menos dispendioso fazê-lo na década de 1990, se as superpotências concordaram em reduzir seus arsenais, quanto porque a Alemanha e o Japão, na qualidade de democracias relativamente jovens, devem ter permissão para decidir, a seu próprio tempo, quando poderão assumir maiores responsabilidades militares, em especial no caso de uma Alemanha reunificada. De outra maneira, a América se retirará desses países, a fim de obter modestas economias orçamentárias, mas apenas para voltar mais tarde a um custo muito maior, quando perturbações, na Alemanha, no Japão ou em suas respectivas regiões, criarem um mundo muito menos propício aos interesses do Ocidente.

Por outro lado, a Europa e o Japão têm obrigações econômicas muito maiores, especialmente no tocante a países que passam por reformas. A Europa precisa ajustar-se internamente (como, por exemplo, na agricultura), de modo a conviver com uma abertura contínua e ainda maior em relação ao mundo externo, cabendo ao Japão utilizar seu poderio econômico e financeiro global na consecução de objetivos sociais e políticos mais explícitos, mas, também, criar internamente uma sociedade mais emancipada e, no exterior, enfatizar padrões de desenvolvimento humano e político que transcendam seus interesses comerciais.

Essas opções no sentido de projetar os objetivos nacionais de países ocidentais livres e abertos, especialmente no tocante a sociedades em processo de reforma, são inteiramente coerentes com opções internas de dar uso mais eficiente aos recursos americanos e ocidentais. O mais importante ajustamento interno nos Estados Unidos consistirá em reduzir o déficit orçamentário, não porque o déficit tenha sido uma calamidade desde o começo, como alegam alguns críticos, mas porque, a aproximadamente 3% do PIB em 1989, ele é injustificável economicamente, à medida que a economia dos Estados Unidos se aproxima do pleno emprego, e porque representa, politicamente, incapacidade de parte do país de liderar outros países na reforma de suas políticas econômicas. A Europa terá que ajustar-se também, reduzindo a regulamentação governamental excessiva nos mercados de trabalho, financeiro e de produtos críticos, tais como os de agricultura e telecomunicações. A Alemanha, em especial uma Alemanha reunificada, terá um papel de vulto a desempenhar. Constitui ela o balancim entre o processo de aprofundamento da integração européia e o desafio de ampliar a integração, de modo a incluir a Europa Oriental. E terá que assegurar que esse desenvolvimento regional não ocorrerá a expensas de seus parceiros americanos, japoneses, ou dos países em desenvolvimento. Por último, o Japão terá que atacar as últimas camadas da política de restrições ao comércio em sua economia, que têm origem em seu sistema de distribuição no varejo, políticas de uso da terra, e outras medidas que limitam excessivamente o consumo interno.

Esses ajustamentos internos de política nos países aliados restabeleceriam por completo a tríade de Bretton Woods, de políticas econômicas sensatas, especialmente de natureza fiscal, que é observada na Europa, mas não nos Estados Unidos; mercados de trabalho, capital e produto (como, por exemplo, na agricultura) mais flexíveis, que existem em maior grau nos Estados Unidos mas que se atrasam na Europa; e comércio mais livre, que continua, ainda que tropeçando, na Europa e nos Estados Unidos, mas permanece sob suspeita no Japão.

A substância desses ajustamentos de política é mais importante do que os mecanismos através dos quais serão implementados. Conforme mostra este estudo, as nações industrializadas não precisam de mecanismos institucionais mais extensos para coordenação da política econômica internacional. A cooperação internacional, sob o fulgor dos holofotes dos meios de divulgação de massa, freqüentemente inibe, ou substitui, em vez de facilitar, medidas internas de política. Processos altamente politizados de coordenação monetária e econômica, tais como as reuniões do Grupo dos Cinco (G-5) e do Grupo dos Sete (G-7) (o G-5 inclui a França, Alemanha, Japão, Reino Unido e Estados Unidos, ao passo que o G-7, além desses, inclui o Canadá e a Itália), iniciados no Plaza Hotel em setembro de 1985, funcionam enquanto a política se focaliza em afrouxar as políticas monetárias e reduzir as taxas de juros. Esses exercícios, por isso mesmo, tendem a inclinar as políticas econômicas mundiais na direção de inflação potencial. Nos casos em que a situação exige política monetária rígida e elevação das taxas de juros, líderes políticos mostram-se em geral menos entusiásticos com processos de coordenação altamente visíveis. Terminam em um bate-boca público, como fizeram os ministros de Finanças dos Estados Unidos e da Alemanha em outubro de 1987, antes do colapso do mercado de capitais, ou minimizam a coordenação pública de políticas, como fez o G-7 em 1988 e 1989.

Medidas decisivas de políticas tomadas no país e projetadas através de mercados internacionais competitivos talvez sejam um mecanismo melhor para estimular a convergência política, especialmente quando os participantes procuram enfatizar a estabilidade dos preços e reformas estruturais e de política comercial de médio prazo. As políticas do Governo Reagan em 1981-1983, para desinflacionar a economia mundial, a decisão da Comunidade Econômica Européia em 1985 de criar um mercado único europeu, e a decisão japonesa em 1987 de reestruturar a economia do país, foram todas medidas unilaterais nacionais ou regionais que contribuíram em muito para ajustamentos reais na economia mundial. Podemos dizer que apenas a reestruturação japonesa nada teve a ver com a coordenação financeira e cambial ativa. Por isso mesmo, este estudo recomenda que a coordenação ativa das políticas cambial e monetária seja desenfatizada no futuro, de modo a que países industrializados e em processo de reforma possam concentrar-se em criar mecanismos mais eficazes para estimular reformas fiscais, microeconômicas e comerciais a médio prazo em torno da tríade de política de Bretton Woods, de políticas fiscal e monetárias rígidas, desregulamentação apropriada dos mercados internos e liberalização incremental do comércio.

Estudos estruturalistas argumentam que a tríade de política e os mecanismos de mercado não são suficientes para estabilizar os mercados mundiais contemporâneos, dadas as novas circunstâncias de fluxos de capital altamente mobilizados e especulativos. Os fluxos de capital, no entanto, muito embora sejam muitas vezes maiores do que os fluxos de comércio, não deixam de ter relação com o desenvolvimento econômico real dos mercados internos. Grande parte da volatilidade dos fluxos de capital nas décadas de 1970 e 1980, pode-se argumentar, deveu-se não a circunstâncias novas, mas às políticas predominantes de desregulamentação dos mercados financeiros, ao mesmo tempo em que se voltava a regulamentar os mercados internos e de comércio internacional. Recursos financeiros mais flexíveis circularam em mercados de produto mais inflexíveis, exacerbando instabilidades, cambiais e de outra natureza. O restabelecimento de mercados internos estáveis e flexíveis, da forma preconizada pela tríade de política de Bretton Woods, poderá contribuir muito para restaurar mercados internacionais estáveis e reduzir os fluxos especulativos de capital.

O Plano do Livro

A perspectiva deste estudo, que destaca as opções de política interna e econômica, é suficientemente nova porque justifica o desenvolvimento conceitual dessas opções e as compara com enfoques estruturalistas da economia política mundial que enfatizam limitações e circunstâncias externas. Por essa razão, os dois capítulos seguintes expõem a base analítica e a justificação deste estudo. O leitor que acredita já ser simpatizante da perspectiva orientada para as opções, ou que a compreende, talvez deseje saltar estes capítulos e passar à interpretação histórica da política econômica externa dos Estados Unidos, que se inicia no Capítulo 3. Por outro lado, o leitor que se sente cético com os argumentos esboçados nesta introdução poderá desejar, quem sabe, ler com cuidado os dois capítulos seguintes.

Os Capítulos 3 e 4 iniciam a análise histórica. O Capítulo 3 analisa as opções de política dos Estados Unidos no período transcorrido de 1941 a 1947, época em que o país resolveu projetar uma visão wilsoniana de objetivo nacional, enfatizando o império do direito e o livre comércio, mas, ainda assim, fez uma acomodação, no que interessava a políticas econômicas eficientes, nos acordos de Bretton Woods e formulou regras econômicas que eram inteiramente incompatíveis com mercados mundiais abertos e estáveis. O Capítulo 4 descreve o esforço americano, a partir de 1947, para redefinir os objetivos nacionais em termos da contenção do comunismo soviético e projetar, através do Plano Marshall, opções de política econômica mais eficientes a fim de integrar os mercados ocidentais, deflagrando o crescimento sem precedentes do produto e comércio mundiais de 1947 a 1967.

Os Capítulos 5 e 6 documentam o esfacelamento do consenso entre os Estados Unidos e seus aliados sobre contenção e mercados eficientes e a mudança na direção da *détente* e políticas econômicas mais inflacionárias e intervencionistas na década de 1970. Os Capítulos 7 a 9 estudam os anos Reagan e a busca às cegas e a tentativa parcial de reinstituir políticas não-inflacionárias e orientadas para o mercado das primeiras décadas do pós-guerra.

O Capítulo 10 examina as opções de política dos Estados Unidos nas relações econômicas Oriente-Ocidente e chama a atenção novamente para o arcabouço subjacente de uma comunidade política compartilhada que, em última análise, motiva e limita as mudanças econômicas. Finalmente, a Conclusão deste estudo trata da questão de se ou não, e como, esse arcabouço de comunidade política comum pode ser preservado e fortalecido entre as nações ocidentais e outras que estão procurando reformar suas instituições políticas e econômicas, e que opções e ajustamentos específicos de política econômica isso exigirá de parte dos países industrializados e em processo de reforma, a fim de preservar mercados mundiais abertos, estáveis e crescentes.

I

Opções Nacionais e Limitações Internacionais na Política Econômica Externa dos Estados Unidos

1

Objetivos, Políticas e Idéias: Um Modelo Orientado para Opções de Política Econômica Externa dos Estados Unidos

Neste capítulo, expomos as idéias básicas de uma metodologia, orientada para opções, no que interessa à política econômica externa dos Estados Unidos. Esse enfoque destaca o papel da política pública na modelação de fatos que ocorrem na economia mundial e estabelece um nítido contraste com a abordagem estruturalista geral, que considera circunstâncias e limitações, que se situam, na maior parte, fora do controle da política pública, como determinantes dos resultados da política.

Modelos conceituais se escondem por trás de todos os debates sobre política. Críticos das políticas econômicas recentes dos Estados Unidos acusaram o Governo Reagan de ideológico e de não levar em conta a mudança estrutural no sistema internacional, sobretudo o declínio do poder americano. Não obstante, esses críticos escondem uma orientação ideológica ou conceitual própria, que concede um destaque todo especial às limitações estruturais em política. Da forma como interpretam a situação, "limitações estabelecidas por restrições internas de recursos, pela distribuição internacional de poder e configurações mundiais de interesses" provocaram, em última análise, o fracasso das políticas de Reagan e fizeram com que eles "revertessem em grande parte os princípios estabelecidos pelos governos de Nixon, Ford e Carter". "De modo geral", concluem eles, "limites externos e processos políticos internos mutilaram o experimento de Reagan" (Oye, Lieber e Rothchild, 1987; citações do Capítulo 1). Segundo essa versão, as opções de política e intenções americanas tiveram que se curvar às restrições de poder e política do mundo real (ver, também, Nye, 1988, que menciona "tendências históricas na política mundial", que teriam empurrado as políticas de Reagan "de volta para o centro").

O enfoque estruturalista é muito popular em debates sobre política americana. Considera ele com simpatia fatos políticos ocorridos na década de 1970 que conformaram os objetivos e conteúdo da política americana ao declínio do poder do país e à fragmentação de sua política. Não enfatiza, como faz o presente estudo, que a política adotada na década de 1970 talvez tenha debilitado o poder do país e introduzido cisões na política; admite apenas que as opções americanas podem ter sido "um pouco pessimistas demais" (Oye, Lieber e Rothchild, 1987, p. 7). Analogamente, a metodologia estruturalista não consegue explicar importantes melhoramentos ocorridos na eficácia da política na década de 1980. Não tem explicação, pelo menos em termos de políticas americanas, do progresso sem precedentes obtido nas negociações sobre controle de armas, da limitação de armas nucleares (limitações ao emprego de armas estratégicas, ou Salt) à sua substancial redução (o acordo sobre as forças nucleares de alcance intermediário, ou INF, e as conversações pendentes sobre redução de armas estratégicas, ou Start). Ignora melhoramentos semelhantes nas políticas econômicas, da reversão da tendência mundial para inflação cada vez mais alta na década de 1970, para a forte recuperação econômica, liderada pelos investimentos, nos Estados Unidos na década de 1980 (especialmente de 1983 a 1985 e, mais uma vez, de 1987 em diante) e a espetacular reviravolta na indústria de transformação, que cresceu a uma taxa sem precedentes de 4,1% ao ano de 1981 a 1987 (ver Capítulo 8). Ignorar esses melhoramentos, por mais parciais que tenham sido, ou atribuí-los a forças seculares insensíveis à influência da política pública, implica abandonar os padrões de responsabilidade pelas opções de política no país.

As políticas dos Estados Unidos na década de 1980 constituíram uma tentativa de consolidar o poder interno, tanto econômico quanto militar, com vistas a alterar estruturas internacionais. Essas políticas tiveram em parte sucesso, conforme documenta este estudo, na área econômica; nas esferas em que falharam, isso ocorreu menos por causa de limitações externas do que pelo fracasso do governo em levá-las adiante, quando possuía o poder e o apoio político necessários (o que certamente ocorreu com o déficit orçamentário em 1985) ou porque não conseguiu vinculá-las a objetivos claros e coerentes que poderiam ter despertado, e mantido, o apoio político necessário e mobilizado mais efetivamente o poder americano — o caso, talvez, com as políticas econômicas internacionais iniciais e com o programa de defesa. As intenções e políticas americanas, em suma, tiveram pelo menos tanto a ver com os resultados efetivos quanto as limitações estruturais de poder e procedimento.

Um Modelo Voluntarista, ou Orientado para Opções

A orientação conceitual deste estudo oferece um contexto alternativo para a crítica das políticas econômicas externas dos Estados Unidos. Formula conceitos internos e internacionais que são mais voluntaristas e confiam menos em determinantes estruturais. Esses conceitos, em particular, são de importância fundamental. Em primeiro lugar, o conceito de intenção nacional define a comunidade política interna que uma nação representa e inevitavelmente se projeta na arena internacional. Tendo por base esses desígnios nacionais, nações competem para estabelecer condições de uma comunidade política comum na sociedade internacional; não procuram simplesmente equilibrar poder ou interesses que, por seu lado, limitam ou definem preferências políticas. O segundo conceito, a política econômica internacional, define o conteúdo específico de quatro políticas econômicas principais, através das quais cada país se relaciona com a economia internacional — política econômica interna, política cambial, política de comércio exterior e políticas financeiras. Cada país decide sobre o conteúdo dessas políticas e, dessa maneira, cria, mantém e destrói as limitações da interdependência econômica, e não simplesmente se ajusta a elas. Finalmente, o terceiro conceito deste estudo é a idéia de um casulo de organizações não-governamentais ou quase-governamentais que envolvem o processo oficial, burocrático, de formulação de política e geram as idéias mais amplas que penetram e, em última análise, aproximam no processo os muitos e variados interesses políticos.

O debate sobre a natureza da comunidade política comum e o conteúdo das políticas econômicas que um país adota ocorre principalmente dentro do casulo das organizações não-governamentais. Neste foro é obtido consenso, conseguindo-se que processos de política pluralistas superem interesses especiais ou conflitos de classe e promovam os interesses comuns de liberdade humana e progresso material. A política, em suma, é muito mais do que os limites estreitos de lutas intestinas burocráticas ou a barganha oficial nas instituições internacionais. É também mais do que certo conceito de Estado, no qual certos funcionários agem independentemente em nome do interesse comum. É, na verdade, o conceito mais amplo entre idéias concorrentes que cruzam fronteiras nacionais, internacionais, burocráticas e sociais e galvanizam e criam coligações sociais e políticas em base principalmente voluntária, com a finalidade de apoiar certas idéias comuns de comunidade política compartilhada e escolher diretrizes gerais para a política econômica internacional.

Os conceitos voluntaristas de intenções, política e idéias enfatizados neste estudo não existem em um vácuo. Desígnios nacionais concorrem entre si para definir a comunidade política internacional e, nesse contexto, o poder internacional é um dos fatos que influenciam a opção de comunidade política comum. As políticas econômicas podem ser mais ou menos eficientes e, nesse sentido, algumas opções econômicas enfrentarão eficazmente a questão de um meio ambiente de recursos escassos, o que não acontecerá com outras. A metodologia conceitual deste estudo não ignora as limitações estruturais (ver Capítulo 2). Em situações extremas, como numa falência, essas limitações tornam-se dominantes. Na maioria das situações, porém, os fatores estruturais são em si sujeitos à mudança.

As divergências entre as visões estruturalista e voluntarista são questões de grau e ênfase. Conforme nota Robert Gilpin, estudos estruturalistas sobre ciclos de potências dominantes ou hegemônicas "subestimaram a importância de ideologias motivadoras e de fatores internos (...)" (1987, p. 91). Paul Kennedy, em seu épico estudo sobre a ascensão e queda das grandes potências, reconhece que minimiza os aspectos pessoais e de liderança da crônica histórica (1987, p. 27, 135, 192 e passim). Essas diferenças de grau, no entanto, são freqüentemente decisivas.

Este estudo conclui, por exemplo, que as políticas de Reagan produziram maior impacto sobre a realidade do que sobre a percepção do que elas eram. As políticas econômicas retroagiram, pelo menos parcialmente, em direção às premissas eficientes da tríade de política de Bretton Woods, de estabilidade de preços, mercados flexíveis e comércio externo mais livre. Essas políticas foram responsáveis por melhor desempenho, especialmente no que interessava à inflação e ao crescimento. As realidades estruturais moveram-se na direção das políticas, em vez de as políticas serem forçadas a recuar na direção das limitações estruturais. Os funcionários do Governo Reagan, porém, jamais compreenderam ou formularam um contexto intelectual mais amplo, dentro do qual se encaixassem as políticas e intenções dos Estados Unidos. Não conseguiram formular um fundamento lógico convincente a fim de mobilizar apoio público contínuo, tanto no país como no exterior. Como resultado, o entendimento não acompanhou o desempenho. Ao fim dos anos Reagan, por exemplo, o público tornou-se consciente da perda de competitividade americana, apesar da produtividade da indústria de transformação do país, que é uma medida primária da capacidade de concorrer de um país, tivesse aumentado mais rapidamente nesse período do que em qualquer outra época desde 1945.

A crítica estruturalista, em contraste, alega que a retórica de Reagan produziu mais impacto do que suas políticas (Schneider, 1987; Gourevitch apresenta argumento semelhante com relação a mudanças na política conservadora de todos os grandes países industrializados, 1986, p. 184). A retórica, argumenta, deu a todos uma boa sensação, ao passo que as políticas eram inviabilizadas por limitações estruturais. O resultado, segundo essa opinião, foi um presidente particularmente popular (a não ser depois do caso Irã-Contras), implementando políticas recuperadas na maior parte, e, necessariamente, da década de 1970.

Os argumentos estruturalistas enfatizam padrões repetitivos do passado (Ikenberry et al., 1988, p. 5). A perspectiva deste livro, no entanto, considera a era pós-Segunda Guerra Mundial como um período realmente notável e talvez excepcional na história humana. O progresso obtido nesse período, tanto nas dimensões políticas quanto econômicas foi muito superior ao de qualquer período histórico precedente. No restante deste capítulo, examinaremos sucintamente o desempenho econômico do sistema de pós-guerra, comparando-o com períodos históricos anteriores, e passaremos em seguida, com mais detalhes, aos conceitos voluntaristas necessários para compreendermos melhor esse período em outros termos que a simples ascensão e declínio da predominância americana.

Atuação no Pós-Guerra

Quando examinamos o período do pós-guerra, descobrimos que ele se diferencia de períodos anteriores de domínio hegemônico pela disseminação, nunca antes vista, de instituições politicamente legítimas e pelo atingimento de padrões mais altos e mais eqüitativos de crescimento econômico.[1] Pode-se alegar, em termos puramente políticos, que o sistema econômico internacional no pós-guerra foi um dos mais legítimos da história documentada. Nesse período, mais de 100 países conquistaram a independência e as instituições democráticas, que exigem legitimação política regular e popular, espalharam-se por todos os países industrializados e muitos em desenvolvimento. Esse resultado contrasta vividamente com a colonização do mundo e a supressão das opções políticas que caracterizaram a hegemonia britânica no século XIX e a holandesa no século XVII.

O que destaca ainda mais o sistema do pós-guerra dos períodos históricos anteriores é que nele ocorreu uma distribuição mais rápida e mais eqüitativa de crescimento. Este último fato surge como uma espécie de surpresa, porquanto se pensa freqüentemente que os sistemas econômicos liberais resultam, pelo menos teoricamente, em maiores desigualdades econômicas. Esse período do pós-guerra, no entanto, mostrou o oposto e talvez sugira que, quando políticas econômicas liberais e processos democráticos de legitimação política se desenvolvem em conjunto, podem ser intensificados o crescimento econômico e a igualdade.

Arthur Lewis identifica na história mundial dois períodos que ele considera como de crescimento extraordinário — 1853-1873 e 1951-1973 (Lewis, 1984, p. 15). Embora os dados relativos aos séculos XVIII e XIX nem sempre sejam fidedignos e as técnicas de medição de crescimento variem e tenham caráter controverso, a Tabela 1-1 mostra várias séries de taxas de crescimento do comércio mundial e da indústria no período de 1705 a 1985.

Em todas as séries, sobressai o período posterior à Segunda Guerra Mundial. As duas séries separadas de produção industrial mundial calculadas por Goldstein (primeira e segunda colunas da Tabela 1-1) mostram taxas de crescimento mais

1 Sobre a importância de legitimidade e de crescimento como critérios de sucesso, ver Katzenstein, 1985, p. 29.

altas no período posterior a 1940 do que em qualquer outro período anterior, com exceção dos anos de 1833 a 1856, para os quais ele calculou duas taxas de crescimento extremamente divergentes (3,1% e 6,9%) com base em conjuntos de dados superpostos. Rostow mostra uma taxa de crescimento industial de 1948 a 1971 (terceira coluna da Tabela 1-1) que é quase 35% mais alta do que a de qualquer período anterior. Outros dados na Tabela 1-1 indicam que a liberalização do comércio contribuiu substancialmente para o recorde de crescimento no pós-guerra. As séries de Rostow sobre comércio (quarta coluna) registram uma taxa anual de crescimento de 7,21% do comércio nas duas primeiras décadas após a Segunda Guerra Mundial, ou 30% mais alta do que em qualquer década anterior. As séries de Katzerestein (quinta coluna) mostram que o comércio na década de 1960 cresceu em valor duas vezes maior do que em qualquer década anterior (133% por década, em comparação com 61-63% na década de 1950, de 1835 a 1845 e de 1890 a 1913), quando o crescimento do comércio é medido em volume e não em valor (sexta coluna da Tabela 1-1).

Nas décadas de 1970 e 1980, a expansão do comércio em volume caiu bruscamente, como aliás ocorreu também com o crescimento econômico. O crescimento do comércio, por conseguinte, correlaciona-se estreitamente com o do produto no período do pós-guerra e é difícil não atribuir parte considerável do resultado de crescimento total à liberalização e expansão do comércio sob os auspícios do sistema de Bretton Woods.

O aspecto mais impressionante do crescimento no pós-guerra assumiu a forma de disseminação de benefícios. Vários autores identificaram há anos os efeitos da disseminação, e também da concentração, associados a políticas econômicas internacionais liberais (Myrdal, 1968; Gilpin, 1975). Ainda assim, persiste a idéia de que os hiatos de renda se aprofundam sob as forças do mercado. Estatísticas do pós-guerra, no entanto, refutam tal idéia. De acordo com estatísticas do Banco Mundial, constantes da Tabela 1-2, o crescimento anual médio do PIB *per capita* (em dólares constantes de 1980) de 1950 a 1980 foi aproximadamente o mesmo em cerca de 60 países em desenvolvimento de renda média (renda *per capita* de mais de US$ 370 em 1979) que nos países industrializados — 3,1% contra 3,2%, respectivamente. Quando se leva em conta o poder aquisitivo comparativo, a renda real *per capita* nos países em desenvolvimento de renda média mostra, na realidade, um crescimento duas vezes mais rápido do que nos países industrializados (Banco Mundial, 1981b, p. 7). Em 1980, o hiato de renda absoluto entre os países de renda média e os industrializados era consideravelmente menor em termos de poder aquisitivo do que em termos reais (US$ 6.270 em comparação com US$ 9.080 — ver, a propósito, números entre parênteses no alto da Tabela 1-2).

Esses resultados dificilmente podem ser considerados triviais e sugerem que o hiato *relativo* entre os países industrializados e os de renda média que então se desenvolviam esteve se estreitando nas três primeiras décadas após a Segunda Guerra Mundial. Surge confusão porque, nos primeiros anos desses ganhos continuou a aumentar o hiato absoluto entre os dois grupos de renda.[2] Esse aumento

2 Em termos absolutos, por exemplo, o PNB *per capita* nos países industrializados cresceu de US$ 4.130 em 1950 para US$ 8.960 em 1980 (em termos de poder aquisitivo), ou um total de US$ 4.830, e, nos países em desenvolvimento de renda média, no mesmo período, em US$ 2.050. Dessa maneira, o hiato absoluto entre os dois grupos aumentou em US$ 2.780.

Tabela 1-1. Indústria Mundial e Taxas de Crescimento Econômico, de Séries Selecionadas, 1705-1985

Goldstein				Rostow				Katzenstein		
Produção Industrial Mundial (percentagem anual média)				Indústria e Comércio Mundiais (percentagem anual média)				Comércio Mundial (crescimento percentual por década)		
Série 1		Série 2		Indústria		Comércio			Valor	Volume
1720-1746	2,7	1732-1746	2,7	1705-1785	1,5	1720-1780	1,10	1750-1825*	10,1	
1747-1761	-0,1	1747-1774	0,9	1780-1830	2,6	1780-1830	1,37	1825-1835	30,2	
1762-1789	2,1	1775-1798	3,2	1820-1840	2,9	1820-1840	2,81	1835-1845	61,5	
1790-1813	2,6	1799-1832	2,8	1840-1860	3,5	1840-1860	4,84	1845-1855	59,8	
1814-1847	3,4	1833-1856	3,1(6,9)	1860-1870	2,9	1860-1870	5,53	1855-1865	52,7	
1848-1871	3,4	1857-1877	3,3	1870-1900	3,7	1870-1900	3,24	1865-1875	53,7	
1872-1892	3,5	1878-1901	3,8	1900-1913	4,2	1900-1913	3,75	1875-1884*	43,4	
1893-1916	3,7	1902-1924	1,8	1913-1929	2,7	1913-1929	0,72	1881/85-1886/90*	42,0	
1917-1939	2,4	1925-1965	3,6	1929-1938	2,0	1929-1938	-1,15	1890-1913*	63,5	
1940-1967	4,0	1966-1975	4,0	1938-1948	4,1	1938-1948	0,00	1928-1938	-55,1	
				1948-1971	5,6	1948-1971	7,21	1951-1960	61,2	66,0
								1961-1970	133,0	100,9
								1971-1980	467,0	26,1
								1981-1985*	-4,2	25,6

Fontes: primeira e segunda colunas: dados selecionados das páginas 212 e 216 de *Long Cycles*, de Joshua S. Goldstein, 1988. Reproduzido com permissão da Yale University Press. As duas séries temporais baseiam-se em diferentes conjuntos de dados relativos aos períodos 1740-1850 e 1850-1975 e representam um esquema de datação de base (primeira coluna) e uma série defasada (segunda coluna). O número entre parênteses na segunda coluna é uma segunda taxa de crescimento para esse período, calculado na base de dados superpostos nos dois conjuntos de dados históricos.

Terceira e quarta colunas: Rostow (1978), p. 67, e Apêndices A e B.

Quinta coluna: Supõe-se que os números relativos a 1750-1938 são números de valor, extraídos de Katzenstein (1975), Tabela 1, p. 1.024.

Quinta e sexta colunas: Os números após 1975 foram calculados com base em vários números de *International Trade*, do GATT.

* No caso de períodos mais curtos ou mais longos do que dez anos, os números por década são computados na base de taxas de crescimento anual ajustadas.

Tabela 1-2. Três Décadas de Progresso: Renda, Saúde, Educação, 1950-1980*

	Países industrializados	Países de renda média	Países de baixa renda	Países fora do mercado
Renda				
PNB por Pessoa (dólares de 1980)				
1950	4.130	640	170	
1980	10.660 (8.960)†	1.580 (2.690)†	250 (730)†	
Taxa de Crescimento Anual Médio do PNB por Pessoa (percentagem)				
1950-1980	3,2	3,1	1,3	
Saúde				
Expectativa de Vida no Nascimento (anos)				
1950	67	48	37	60
1979	74	61	51	72
Educação				
Taxa de Alfabetização de Adultos (percentagem)				
1950	95	48	22	97
1976	99	72	39	99

Fonte: Adaptado de Banco Mundial, *World Development Report 1981* (Nova York: Oxford University Press, 1981), p. 6. Reproduzido com permissão.

* Os números nesta tabela não incluem a China.

† Os números entre parênteses são níveis do PNB por pessoa, baseados em conversão de paridade de poder aquisitivo. No tocante aos países de renda média e baixa, esses números incluem apenas importações de petróleo. Ver Banco Mundial (1981b), p. 17.

inicial, porém, não conta toda a história. Se as taxas diferenciais de crescimento de 1950 a 1980 fossem mantidas, um cálculo rápido mostra que, dentro de mais 70 anos, o hiato de renda *per capita* absoluto entre os dois conjuntos de países desapareceria inteiramente. Partindo de uma base muito limitada, os países de renda média experimentaram hiatos absolutos em crescimento nos primeiros anos e, em seguida, em rápida diminuição em anos posteriores. Dessa maneira, a manutenção do sistema econômico liberal durante mais 70 anos eliminaria inteiramente as diferenças em renda *per capita* real entre cerca de 60 países em desenvolvimento e o mundo industrializado. Esse cálculo supõe, naturalmente, que os diferenciais das taxas de crescimento demográfico permaneceriam os mesmos que antes nos dois grupos de países, suposição esta duvidosa, dada a tendência da população de crescer sempre mais rápido em muitos países de renda média. Não obstante, por quaisquer que forem os padrões, trata-se de um resultado histórico realmente notável.

Os países em desenvolvimento de renda média conseguiram esses ganhos, em boa parte, pelo fato de participarem do sistema econômico internacional liberal do pós-guerra. Os países em desenvolvimento que ingressaram no sistema na década de 1960 — as denominadas economias recém-industrializadas — foram exatamente os países de renda média que cresceram mais rapidamente no período do pós-guerra (Nau, 1985b), e isso explica grande parte dos resultados registrados nos casos dos países de renda média na Tabela 1-2.

Nenhum dos dados precedentes atenua o fato de que a maioria dos países em desenvolvimento, ou cerca de 90 países de baixa renda, com rendas *per capita* de menos de US$ 370 em 1979, não cresceram com a mesma rapidez dos industrializados no períodos de 1950 a 1980. Nesses casos, a renda *per capita* subiu apenas 1,3% ao ano, ou menos da metade da taxa dos países industrializados e de renda média. Mesmo depois de feitos ajustamentos que levem em conta o poder aquisitivo, esses países ainda assim experimentaram declínio relativo.

Não obstante, sob o sistema do pós-guerra, os países de baixa renda obtiveram progresso historicamente sem precedentes no atendimento de necessidades humanas básicas, que constituem precondição para o crescimento econômico moderno — educação, saúde e alimentação. Conforme demonstra a Tabela 1-2, as taxas de alfabetização de adultos nesses países subiram de 22 para 39% no período de 1950 a 1976, e a expectativa de vida elevou-se de 37 para 51 anos no período de 1950 a 1979. As taxas de mortalidade infantil declinaram também no período, de 29 para 19 óbitos por mil na África de baixa renda e de 24 para 12 em países nas mesmas condições na Ásia (Banco Mundial, 1981b, p.108). Importa lembrar ainda que os países de baixa renda, quase sem exceção, optaram por estratégias de desenvolvimento que ignoraram a participação em um sistema econômico internacional eficiente, mesmo depois de alguns de renda média terem nele ingressado na década de 1960. Embora alguns autores talvez desejem se abster de criticar os países de baixa renda por essa opção, ninguém deve culpar o sistema internacional, pelo menos não principal ou exclusivamente, pelos resultados.

Após 1980, os países em desenvolvimento acompanharam, no seu todo, o crescimento da renda real *per capita* nos países industrializados (1,8% ao ano, em comparação com 1,9% anuais nos países industrializados no período 1980-1987; ver Banco Mundial, 1988b, p. 37). A atuação entre os países em desenvolvimento, no entanto, variou muito. Os exportadores de produtos manufaturados cresceram muito mais rapidamente do que os países industrializados, a um ritmo de 4,6% ao ano, ao passo que países altamente endividados (17 no total, segundo a definição do Banco Mundial, principalmente na América Latina) sofreram uma queda na renda real *per capita* de 1,3% ao ano, enquanto os países da África Subsaariana despencavam mais profundamente na pobreza, com um declínio violento de 2,9% ao ano. Esse desempenho reflete por igual o legado de opções de política interna ineficientes feitas pelos países em desenvolvimento (e industrializados) na década de 1970 e as conseqüências externas de ajustamentos vigorosos, ainda que parciais, realizados pelo segundo grupo de países na década de 1980. A despeito dos resultados negativos para certos países, no entanto, as economias em desenvolvimento que se comportaram melhor nesse período — como, por exemplo, China, Coréia, Hong Kong, Cingapura — dependeram principalmente do comércio internacional. Além disso, os países de baixa renda continuaram a obter ganhos em expectativa de vida e taxas de mortalidade infantil (Banco Mundial, 1988b, p. 220). Dessa maneira, a economia internacional aberta, liberal, mesmo em uma década inusitadamente irregular, parecia ainda propícia ao desenvolvimento, enquanto os países industrializados e em desenvolvimento implementavam políticas econômicas internas corretas.

Mas reconhecer os êxitos sem precedentes do sistema industrializado no pós-guerra, segundo critérios históricos, não implica dizer que mais não poderia ter sido realizado ou que não *devia* ter sido realizado. Mas, fazer mais exige que se compreenda o quanto já se realizou. De que modo esses êxitos foram obtidos e de que maneira a taxa de melhoramento poderia ser acelerada no futuro?

Versões que tentam explicar essa extraordinária atuação no pós-guerra em termos de poder americano dominante, no entanto, falham em dois pontos. Não podem explicar a homogeneidade crescente de valores e instituições políticas básicas no mundo não-comunista e, neste momento, também, em alguns países comunistas, que se tornaram mais fortes no período do pós-guerra, enquanto diminuía o poder americano. E não podem explicar a violenta queda no rendimento econômico do sistema do pós-guerra após 1967, quando o poder americano entre os países industrializados declinou apenas modestamente de 1950 a 1965 e, em seguida, não absolutamente de 1965 a 1985 (ver Tabelas 2-1 e 2-2). O conceito de desígnio nacional ajuda-nos a compreender o primeiro ponto e o conceito do casulo de formulação de política, o segundo. Este último explica o processo através do qual o conteúdo da intenção nacional e da política econômica internacional mudou em diferentes períodos da era do pós-guerra, levando a diferentes resultados em matéria de desempenho. No restante deste capítulo, examinaremos em maiores detalhes esses conceitos.

Objetivo Nacional

O conceito de intenção nacional capta a essência de qualquer sociedade política. Diz respeito à maneira como sociedades, incluindo nações e grupos de nações, resolvem (a suposição voluntarista deste estudo) organizar suas relações políticas recíprocas. Essas opções, sobre as quais filósofos discordaram pelo menos desde os tempos de Aristóteles, envolvem duas questões básicas: 1) Que aspectos da vida política em qualquer dado grupo, país ou sistema internacional serão reservados ao processo decisório e à iniciativa privados? 2) Como serão decididos os aspectos que permanecerão públicos? O primeiro problema refere-se à questão fundamental dos direitos humanos e civis na vida política; o segundo envolve a questão de se o direito ao voto, para decisão pelo povo, será concedido a todos, à maioria, ou apenas a uma pequena elite politicamente privilegiada.

Em circunstâncias históricas e condições econômicas diversas, grupos e nações fizeram opções diferentes no tocante a essas questões. O grupo nacional, da forma que o conhecemos hoje no Ocidente, surgiu nos séculos XVI e XVII, principalmente como resultado da decisão de retirar a questão da opção religiosa de alçada da Igreja Católica universal e investi-la nas mãos de soberanos nacionais. Em 1648, a Paz da Westfália marcou o fim da idéia de uma comunidade cristã universal, na qual "o Sacro Imperador Romano tinha primazia sobre a soberania de todos os demais governantes (...)" (Morse, 1976, p. 25). Após esse período, os soberanos adquiriram plena autoridade para resolver as questões básicas de direitos privados e tomar decisões que interessavam a todo o povo, dentro de sua jurisdição territorial, incluindo as preferências religiosas de seus súditos.

Aproximadamente no mesmo período, ocorreu também uma mudança básica na natureza do sufrágio nos Estados ocidentais. Na sociedade medieval, a propriedade era direito exclusivo dos senhores feudais, alegação esta legitimada por costumes religiosos e de outra natureza. Na sociedade moderna que surgiu por volta dos séculos XVI e XVII, a propriedade tornou-se direito exclusivo de soberanos mutuamente independentes. À medida que enfraqueciam costumes religiosos e medievais de outros tipos, os soberanos tiveram que elaborar uma nova base de direitos de propriedade em conjunto com os senhores feudais e a classe emergente de mercadores. Essa crise de legitimação, conforme observa John Ruggie, deu origem às "obras que hoje consideramos como os clássicos modernos da teoria política e do pensamento jurídico internacional" (John Ruggie, 1986, p. 144).

A teoria política e sua implementação subseqüente produziram grande variedade de respostas à questão de como conciliar propriedade privada com autoridade pública. A solução que surgiu em grande parte da Europa e, mais tarde, nos Estados Unidos, foi a noção lockiana de direitos individuais privados naturais, a idéia de que certos direitos, incluindo o de propriedade, existiam antes da sociedade política e que à autoridade pública cabia convalidar esses direitos, e não neles interferir ou confiscá-los. Com o passar do tempo, o processo de defender direitos privados contra a autoridade pública levou à evolução de instituições e processos democráticos, através dos quais não apenas esses direitos foram salvaguardados, mas decisões públicas de todos os tipos eram tomadas por um sufrágio cada vez mais amplo. Dois aspectos cruciais, portanto, vieram a caracterizar o enfoque democrático da sociedade política — a reserva de direitos políticos importantes a pessoas privadas e a tomada de decisões públicas por um processo participativo amplamente representativo.

A moderna nação-estado é, na verdade, a expressão cumulativa de opções que indivíduos e sociedades fizeram ao longo do tempo a respeito dessas questões de direitos públicos e privados e responsabilidades democráticas. Algumas dessas opções refletem centralização incessante de poder nas mãos do Estado; outras, sistemas democráticos ou autoritários em evolução para a democracia; e, ainda outras, reversões de instituições democráticas para sistemas autoritários. Dessas opções surgem as confrontações modernas entre sociedades totalitárias e democráticas. Hoje, a nação-estado é a principal expressão, bem como a defesa, de opções variadas de grupos no tocante à questão imemorial de comunidade política. Os Estados modernos incluem hoje sociedades originárias de tradições tanto ocidentais como não-ocidentais.

Na ausência de acordo geral sobre esses assuntos, nações-estado concorrem entre si para definir a natureza política e a organização da sociedade internacional. Que ações na comunidade mundial devem ser consideradas como domínio soberano dos Estados, que ações requerem tomada de decisão internacional e de que maneira elas podem ser tomadas? Terão os Estados autoridade absoluta e irrestrita sobre seus cidadãos, ou existem, independentemente da sociedade política, tanto nacional como internacional certos direitos humanos universais (como, por exemplo, a proteção mínima da segurança física do ser humano) que devem ser defendidos por essa sociedade? No tocante a questões que se incluem corretamente no domínio das autoridades públicas nacionais ou internacionais, de que modo serão tomadas as decisões públicas — pela lei, pela classe, pelo voto de todos os indivíduos ou apenas de alguns, pela guerra?

A sociedade internacional tem hoje que se debruçar sobre as mesmas questões políticas que sociedades nacionais vêm decidindo há quatro séculos ou mais. Neste sentido, a política internacional não difere da política interna. O conteúdo (direitos humanos) e mecanismos (lei, voto, guerra etc.) da vida política em cada colocação difere apenas em grau, não em espécie. A política é uma teia sem costura, a despeito da idéia, comum em manuais de política internacional, de que a anarquia constitui a característica reveladora da vida internacional (Waltz, 1979). Antes de serem formadas as sociedades nacionais, a anarquia era também a característica marcante da política interna, e volta a sê-lo quando a sociedade nacional se esfacela (isto é, quando eclode a guerra civil). Sociedades internas talvez pareçam mais estáveis, mas isso acontece principalmente porque o colapso da comunidade no meio interno produz menos conseqüências do que o desmoronamento da ordem no sistema internacional.

Neste estudo, a intenção nacional define a maneira como a sociedade aborda as duas questões fundamentais da política internacional — o conteúdo da política *interna* (direitos privados) e os mecanismos *diplomáticos* internacionais (organizações internacionais, protocolos, direito internacional etc.) de que compartilham nações-estado ao se reunirem para formar a sociedade internacional. No período do pós-guerra, a definição que a América deu a desígnio nacional passou por várias fases. Ênfase diferente foi posta no conteúdo interno e diplomático da sociedade internacional.

Os capítulos históricos deste estudo (Capítulos 3-10) descrevem em minúcias a evolução das diferentes concepções americanas de intenção nacional. A Tabela 1-3 sumaria essa evolução. Sob o isolacionismo anterior à Segunda Guerra Mundial, a América colocou forte ênfase no conteúdo interno da política internacional, com exclusão de todo e qualquer papel diplomático ativo. A sua identidade interna repugnava a idéia de qualquer envolvimento diplomático ou relação com a comunidade mundial (Schneider, 1987). Durante e após imediatamente a Segunda Guerra Mundial, passou ao extremo oposto e alimentou uma visão universal-utopista (wilsoniana) de comunidade mundial que dava destaque a relações diplomáticas estruturadas em torno de problemas funcionais comuns (como, por exemplo, alimentos, saúde, moeda, comércio internacional) e ignorava inteiramente divergências políticas internas.

Em 1947, a política de contenção trouxe o pêndulo de volta para a concentração nas divergências internas, mas com diplomacia internacional ativa, a fim de defender e expressar o conceito, da América e do mundo livre, de liberdade política individual em oposição aos dogmas do comunismo. A *détente* levou o trabalho diplomático um passo adiante, com vistas à construção de uma rede global de relações econômicas e políticas de interdependência entre o Oriente e o Ocidente, na qual sociedades que adotavam sistemas políticos fundamentalmente diferentes poderiam coexistir em um mundo nuclear e talvez mesmo, como imaginavam seus defensores wilsonianos, solucionar algumas de suas divergências políticas e desmilitarizar a vida internacional.

Em princípios da década de 1980, as políticas de Reagan enfatizaram, mais uma vez, a competição entre as concepções internas de comunidade política no Leste e Oeste, mas buscaram acomodações diplomáticas que talvez restringissem as rivalidades, principalmente as de natureza militar, sem quaisquer expectativas necessárias de solucionar divergências fundamentais ou desmilitarizar a vida internacional (pelo menos, no caso das armas nucleares, até Reykjavik). Após 1985, as iniciativas sem precedentes de reforma interna deflagradas por Mikhail Gorbachev na União Soviética reergueram a perspectiva wilsoniana, ainda que problemática e de longo prazo, de que a sociedade política nos países comunistas pudesse evoluir o suficiente na direção dos padrões ocidentais para que as tensões militares fossem aliviadas, e organizada a cooperação internacional principalmente em torno de problemas funcionais de relações econômicas.

Tabela 1-3. Definições Variadas do Objetivo Nacional dos EUA

Dimensões da Comunidade Política Internacional	Isolacionismo antes da Segunda Guerra Mundial	Wilsonianismo 1942-1946	Contenção 1947-1967	*Détente* 1967-1979	Políticas de Reagan 1979-1987	Era de Liberalização 1988-?
Conteúdo interno	Excepcionalidade da política americana	Nenhuma diferença básica	Liberdade *versus* comunismo	Coexistência e possível convergência a longo prazo	Liberdade *versus* comunismo	Aprofundamento da liberalização na Europa Ocidental e liberalização inicial das sociedades do Leste em direção a padrões mais pluralistas e competitivos
Construção diplomática	Não-envolvimento	Problemas funcionais	Aliança militar e integração econômica no Ocidente	Rede de interdependência política e econômica, arrematando corrida armamentista e possivelmente desmilitarização das relações internacionais	A força militar e econômica do Ocidente leva a reduções equilibradas de armamentos, incluindo possível desnuclearização das relações Leste-Oeste	Redução de forças militares, incluindo possível desnuclearização da Europa Central e integração dos países do Leste no sistema econômico internacional

As diferentes definições de objetivo nacional forneceram às políticas americanas, em diferentes períodos, motivação tanto em termos militares quanto econômicos. Na perspectiva deste estudo, motivações econômicas e militares seguem uma concepção de comunidade política comum, em vez de liderá-las. A política externa não é apenas uma reação ao poder material ou a interesses de mercado: promove uma concepção de comunidade política, para a qual poder e riqueza são necessários (Krasner, 1978, p. 10). Dessa maneira, o objetivo nacional vai além de conceitos realistas tradicionais de segurança e interesses nacionais, bem como dos conceitos pluralistas de grupos de interesse e política burocrática. Rejeita o determinismo do poder (realista) ou da riqueza (marxismo) bem como o da tecnologia (freqüentemente enfatizado por perspectivas liberais modernas). Insiste em uma dimensão política ou moral na política internacional, tanto em circunstâncias não-ameaçadoras, nas quais perspectivas neo-realistas concedem um papel a influências não-materiais (Krasner, 1978, p. 41), *quanto* em circunstâncias de ameaça e sobrevivência nacional. Dessa perspectiva, a segurança nacional não justifica a sobrevivência de qualquer conjunto de objetivos nacionais. Conforme escreveu Robert Osgood, "a segurança nacional buscada sem relação com metas ideais pode levar ao sacrifício da liberdade individual, das finalidades sociais e outros valores transcendentes que, para começar, tornam a segurança digna de se ter" (1953, p. 444). A questão é sempre saber que objetivos políticos os Estados defendem quando possuem poder suficiente para manobrar livremente ou quando enfrentam teste de conflito e sobrevivência.

O conceito de objetivo nacional põe em pauta uma questão séria para a análise acadêmica. As metodologias estruturalistas tratam-na de várias maneiras. As teorias realistas ou neo-realistas mais puras evitam inteiramente o assunto. Deliberadamente, eliminam os atributos internos dos atores nacionais, tais como valores políticos internos, de seus arcabouços teóricos (Waltz, 1979). Isto é feito no interesse de economia da análise e da teorização na perspectiva de séculos, se não de milênios. Esse enfoque, no entanto, que destaca o fascínio por ciclos a longo prazo de poder e prosperidade internacionais, priva a história humana do conteúdo moral. Todos os Estados têm o direito de se armar e cobrir-se com o manto moral da segurança nacional, brutalize ou não seus cidadãos — isto é, qualquer que seja sua concepção do conteúdo interno da sociedade internacional. A Alemanha de Hitler e o Estado do *apartheid* da África do Sul são tratados da mesma maneira que qualquer outro Estado.

De acordo com essa perspectiva, Estados lutam apenas por questões de poder e riqueza. Se a moralidade entra no quadro, comparece apenas sob a forma de prudência. Enquanto não agredirem, Estados podem tratar seus próprios cidadãos como bem quiserem. Em junho de 1989, a China reprimiu brutalmente demonstrações estudantis na Praça Tiananmen e invocou a doutrina do realismo para dizer à comunidade internacional que o mundo nada tinha a ver com seus atos.

Outros estudos estruturalistas dão atenção às circunstâncias — os custos e benefícios materiais do comportamento racional — e às normas sociais (Gilpin, 1981, p. xii). Como eles próprios reconhecem, esses estudos "fundamentam-se em pessimismo no tocante ao progresso moral e às possibilidades humanas" (Gilpin, 1986, p. 304). "Não tenho nem mesmo certeza", escreve Gilpin, "de que haja progresso nas esferas moral e internacional" (1986, p. 321). Dessa maneira, o desígnio moral sobe e desce nos ciclos históricos da mesma forma que o poder ascende e cai, e uma potência dominante é simplesmente igual a qualquer outra. O pessimismo com o desígnio na política internacional leva à preocupação com o processo. Teóricos de estratégias, por exemplo, que representam mais outro enfoque estruturalista, descrevem as relações internacionais exclusivamente em termos de conflito e estudam as perspectivas de cooperação sem levar em conta o conteúdo substantivo particular de tal cooperação (ver Capítulo 2).

O conceito de propósito nacional deste estudo aproxima-se talvez mais daquele que Ernst Haas tem de nacionalismo. "O nacionalismo," argumenta ele, é "(...) uma religião civil (...) que contém um conjunto de valores básicos que, seja por razões objetivas ou subjetivas, vem a ser aceita pela população de um Estado (...)" e "torna-se a definidora da auto-identidade" desse Estado (1986, p. 709). Essa religião civil, argumenta Haas, racionaliza a vida civil numa dada sociedade, mas abre também uma caixa de Pandora na política internacional porque "chega-se às várias auto-identidades nacionais através de exclusividade mútua e de franca e declarada hostilidade" (1986, p. 711). Acha ele que essa hostilidade internacional tem origem nos dogmas inatos das várias religiões civis, e não na competição inevitável entre elas, para definir os termos políticos da sociedade internacional. Mostra-se, em conseqüência, relutante em considerar como "autêntico", "verdadeiro", ou "legítimo" qualquer um dos conceitos históricos de "auto-identidade" nacional tentados até agora (1986, p. 714). Alimenta a esperança de que todas as nações, quaisquer que sejam suas autoconcepções nacionais, eventualmente "encontrem dificuldades relacionadas com a tecnologia, os compromissos com o bem-estar e a interdependência econômica internacional" (isto é, limitações estruturais) que farão com que autoconcepções nacionais previamente aceitas se deteriorem e permitam que novas opções sejam feitas, baseadas na autarquia, no regionalismo, nos regimes internacionais, na descentralização nacional, ou em uma nova identidade global que envolva classe ou religião (1986, p. 742). Aparentemente, Haas põe suas esperanças nos processos de modernização (tecnologia, interdependência econômica) e em uma benevolente política de socialismo (compromissos com o bem-estar social) a fim de definir as religiões civis no futuro, que não entrarão em conflito entre si e serão capazes de coexistir em níveis historicamente sem precedentes de paz e cooperação.

O conceito de intenção nacional deste estudo compartilha, com a tese de Haas de religião civil, da idéia de que definições de identidade nacional mudam e afetam as perspectivas da comunidade política comum. Mas questiona o motivo pelo qual não é possível fazer agora um julgamento sobre os méritos relativos de antigas opções de "religiões civis" porque elas, no futuro, terão que lutar com os mesmos problemas quanto à maneira como direitos privados e decisões políticas, que foram aplicadas no passado, terão que ser divididos nas sociedades nacional e internacional. Embora este estudo tampouco pretenda conferir a láurea de "correta" a qualquer definição particular de desígnio nacional, argumentará que algumas definições foram melhores do que outras em termos de conseqüências para o progresso humano. Ao rotular velhas concepções de auto-identidade de "nacionalismos", Haas torna fácil rejeitar todas elas, ao mesmo tempo que continua a alimentar a esperança de que o progresso tecnológico e econômico torne "melhores" as futuras definições.

Juízos de valor sobre "religiões civis" nacionais ou sobre intenções são difíceis de fazer, para sermos exatos, e embora este estudo de fato os manifeste, só o faz com grande modéstia. Na era nuclear, a sobrevivência é também um valor moral. Surge tensão entre o valor moral da sobrevivência e os demais valores morais (como, por exemplo, a liberdade) para os quais queremos sobreviver. Charles Krauthammer argumenta que, embora o auto-sacrifício individual seja moralmente justificado, deixa de ter sentido quando feito por toda uma civilização. Concorda com Jonathan Schell de que a sobrevivência tem que assumir precedência, uma vez que a procura por todos os demais valores depende dela (Krauthammer, 1984, p. 17; Schell, 1982). Nesse sentido, uma civilização opta pela sobrevivência a fim de continuar a existir e, no futuro, lutar por outros valores. Essa discussão *in extremis*, contudo, dificilmente significa que nosso contexto analítico, através do qual julgamos acontecimentos mais comuns, deve suspender toda avaliação moral das opções internas que sociedades tomam para definir sua intenção nacional a partir de dentro e que a expressa em relações de política externa. Embora nenhuma sociedade na era nuclear possa dar-se ao luxo de insistir em suas alegações morais a ponto de ameaçar a sobrevivência de outra e, por conseguinte, sua própria sobrevivência, nem por isso as questões morais deixam de existir. Algumas sociedades (como, por exemplo, as que praticam o genocídio humano) não têm um direito *moral* de existir, embora, em um mundo nuclear, outras sociedades talvez não tenham o direito moral de destruí-las. Nossa análise das relações internacionais terá que continuar a tratar das dimensões internas e diplomáticas da sociedade política global — a primeira dizendo respeito à natureza moral dessa sociedade e, a última, à sua sobrevivência na era nuclear.

Neste estudo, por conseguinte, o conceito de intenção nacional abrange as dimensões analítica e prescritiva (como acontece, aliás, com todos os conceitos. Ver, a propósito, Alker e Biersteker, 1984). É utilizado para descrever e diferenciar as várias definições americanas do conteúdo interno e diplomático da política internacional no período do pós-guerra (ver Tabela 1-3) e, em última análise, julgar qual dessas definições parece corresponder melhor ao progresso dos direitos humanos (o componente interno) e aos processos decisórios participativos (o componente diplomático). Vistas dessa perspectiva, as políticas econômica externa e de segurança dos Estados Unidos sempre discriminaram, e terão que continuar a discriminar, entre sociedades liberais e iliberais. A contenção, que em sua forma original projetava a visão de uma comunidade ocidental comum baseada principalmente em fatores políticos e econômicos, mas lastreada por poder militar adequado, constituiu o arcabouço mais bem-sucedido possível para promover os objetivos americanos. A *détente* resgatou o espírito político e econômico da primeira fase da contenção de sua subseqüente e excessiva militarização no Vietnã, mas, nesse processo, deixou também que se atrofiassem os músculos do poder militar americano. As políticas de Reagan restabeleceram a força militar e colocaram a América ao lado da democracia tanto em países de direita (Filipinas, Panamá, Haiti etc.) quanto de esquerda (Nicarágua, Cuba) do Terceiro Mundo. A credibilidade do governo, no entanto, sofreu depois de Reykjavik, quando propôs a eliminação das armas nucleares e, dessa maneira, o sucateamento das existentes estratégias de disuasão para defender o Ocidente e, depois do caso Irã-Contras, quando colaborou com um Estado totalitário e terrorista.

Nem todas as concepções de desígnio nacional se saem tão bem como qualquer outra. Elas têm que se fundir com as realidades internas e diplomáticas dos assuntos mundiais. Se assim não o fizer, o país que projeta sua finalidade nacional descobrirá que ou a estende demais, e provoca oposição política de outras sociedades que adotam concepções diferentes de intenções nacionais, ou que não conseguirá defender-se à altura e sucumbirá aos diferentes desígnios nacionais de outras sociedades. A intenção nacional, em suma, não é o mesmo que ideologia. Trata-se de um conceito que reconhece as realidades do poder, mas não admite que poder seja tudo o que há na política internacional.

Políticas Econômicas Internacionais

A comunidade política comum que surge da inter-relação de intenções nacionais que competem entre si cria o arcabouço dentro do qual ocorrem as atividades econômicas internacionais. Seguem-se quatro questões que influenciam a extensão e eficiência das atividades econômicas nesse contexto: 1) O alcance e seriedade da comunidade política são suficientes para dar respaldo a extenso intercâmbio econômico? 2) A aceitação da comunidade política limita de qualquer maneira a escolha de políticas no sistema econômico? Quais as várias opções de política econômica que as nações têm que fazer a fim de organizar e operar um sistema econômico internacional? Até que ponto são eficientes essas opções e que conseqüências gerarão para o crescimento econômico e a eqüidade?

Contexto Político para o Intercâmbio Econômico

Argumenta este estudo que, de 1945 a 1947, o contexto político para intercâmbios de natureza econômica no pós-guerra foi insuficiente para fornecer respaldo a atividade econômica extensa, fosse entre Leste e Oeste ou dentro do Mundo Ocidental. No inverno de 1947-1948, no entanto, esse contexto emergiu no Ocidente e as opções de políticas econômicas feitas pelos países da região estabeleceram as eficientes premissas de política do sistema de Bretton Woods. Essas opções tiveram algo a ver com o desempenho econômico sem precedentes ocorrido de 1947 a 1967, ao passo que as escolhas de políticas após este último contribuíram para o declínio desse desempenho.

Trocas econômicas exigem certo grau de confiança mútua ou de comunidade política (Etzioni, 1988). Se as sociedades políticas diferem marcadamente, as trocas econômicas são limitadas, como tem sido o caso desde a Segunda Guerra Mundial nas relações Leste-Oeste. O comércio entre as duas zonas tem sido limitado por ênfases diferentes, que os sistemas políticos internos nelas vigentes colocaram em eficiência e crescimento (isto é, mudança), e pelo contexto estratégico, no qual o Ocidente tem confiado em superioridade militar-tecnológica para contrabalançar as vantagens militares convencionais do Leste na Europa Central (ver Capítulo 10).

Mesmo entre os países ocidentais, uma comunidade política comum é necessária para dar suporte a uma extensa interdependência econômica, pelo menos no grau em que essa interdependência existe hoje. No período entre as guerras, não existia essa comunidade e, em 1945, embora os Estados Unidos tenham ajudado a criar o sistema de Bretton Woods, de instituições econômicas globais, o sistema não funcionou porque os aliados não compartilhavam o suficiente de desígnios políticos comuns e os Estados Unidos, em especial, careciam de motivação suficiente para financiá-lo (ver Capítulo 3).

A América foi dominante em ambos os períodos, de modo que poder apenas não pode explicar a presença ou ausência de tais incentivos. A existência de um poder incomum, na verdade, não parece precondição tão importante de uma comunidade econômica comum e, em particular, de uma moeda comum, como a confiança nos propósitos coletivos de tal comunidade. A Comunidade Européia

(CE), por exemplo, busca hoje implementar objetivos e um sistema econômico comuns sem que haja um país que a domine nas áreas econômica e militar.

Após 1947, o dólar tornou-se a principal moeda de reserva do mundo, a despeito do declínio relativo do poder americano, porque os países ocidentais concordaram na ocasião, e continuam a concordar em termos gerais hoje, com as intenções americanas na comunidade mundial. Dessa perspectiva, o ECU (a unidade monetária comum da Comunidade Européia) e o iene tornar-se-ão moedas de reserva na economia mundial apenas na medida em que a CE e o Japão conseguirem definir propósitos políticos mais amplos e que inspirem confiança internacional. Uma moeda de reserva, que serve como guarda e valor para o capital internacional, constitui expressão direta de confiança nas diretrizes políticas e econômicas do país que a emite.

Sistemas Econômicos Competitivos e de Comando

A segunda questão postulada pelo contexto político vigente é se este limita o tipo de sistema econômico que emerge. Em sociedades pré-modernas, a religião e outros costumes sociais restringiam seriamente as trocas econômicas e as limitavam na maior parte a arranjos recíprocos — a troca de presentes e o escambo. A transformação da sociedade medieval nos séculos XVI e XVII introduziu sistemas econômicos alternativos. Sistemas de redistribuição e mobilização organizaram a produção, armazenamento e distribuição de bens através de instituições centrais, em benefício de elites ou do Estado, ao passo que economias de mercado organizavam as trocas econômicas na base da abertura e da concorrência, principalmente no interesse de consumidores individuais (Gilpin, 1977, p. 20-3).

Após a Segunda Guerra Mundial, comunidades políticas diferentes estabelecidas no Leste e no Oeste resultaram em sistemas econômicos diferentes. A União Soviética, dominante na Europa Oriental, criou uma economia de comando que lembrava a de um sistema de redistribuição, ou mobilização. Os Estados Unidos, dominantes no Ocidente, construíram um sistema de economia de mercado. O tipo de sistema político evidentemente limita alguns aspectos do sistema econômico. A economia de comando pode ser eficiente, por exemplo, apenas se conta com apoio incontestado da população, como ocorreu com a Alemanha e o Japão na década de 1930. Esse apoio, contudo, não prevaleceu na União Soviética nem na Europa Oriental desde a Segunda Guerra Mundial.

Alguns autores acreditam que os sistemas competitivo ou de mercado estão ligados historicamente ao aparecimento das sociedades livres. Em sua descrição no *How the West Grew Rich*, Nathan Rosenberg e L. E. Birdzell, Jr., descrevem essa conexão da seguinte maneira:

> Inicialmente, a obtenção de autonomia pelo Ocidente ocorreu com o afrouxamento, ou enfraquecimento, dos controles políticos e religiosos, dando a outros segmentos da vida social a oportunidade de fazer experimentos com a mudança. Claro que o crescimento é uma forma de mudança e ele se torna impossível quando esta não é permitida. E a mudança bem-sucedida requer alto grau de liberdade de experimentar. A concessão desse tipo de liberdade custa aos governantes da sociedade sua sensação de exercer o controle, como se estivessem concedendo a outrem o poder de determinar o futuro da sociedade. A grande maioria das sociedades, no passado e no presente, não permite isso. E tampouco escapa à pobreza (1986, p. 34).

Sistemas políticos e econômicos relativamente competitivos caracterizaram, de fato, os três períodos de crescimento histórico mais rápido, sob os auspícios holandês, britânico e americano (meados do século XVII, meados do século XIX e período que se seguiu imediatamente a 1945. Ver Tabela 1-1). E, quem sabe, podemos nos inclinar a concordar com Rosenberg e Birdzell quando dizem que é duvidoso se uma sociedade não-ocidental "poderia ser tão inovadora como o Ocidente sem usar os principais aspectos substantivos da propriedade privada dos meios de produção e limitar tanto a autoridade central sobre o emprego dos mesmos, de modo a tornar duvidosa a viabilidade do planejamento" (1986, p. 30). Líderes políticos da União Soviética, Europa Oriental e, antes de 1989, da China, podem até concordar com isso, uma vez que eles mesmos realizaram experimentos com incentivos privados e descentralização de mercado para injetar vida em economias estagnadas.

Ainda assim, se atuam como limitações finais às opções e ao crescimento econômico, os sistemas políticos não o fazem mais diretamente do que outros fatores estruturais. Da perspectiva deste estudo, esses fatores estruturais têm menos importância do que as opções políticas. Sociedades não-ocidentais têm liberdade de escolher políticas econômicas competitivas mesmo sob sistemas de propriedade pública dos meios de produção. A mudança para a concorrência de mercado pode acarretar conseqüências políticas, como líderes soviéticos e chineses verificaram em fins da década de 1980. Mas provavelmente induz ao erro argumentar que escolher mercados implica necessariamente escolher liberdade política. Conforme Milton e Rose Friedman observam, e a discussão contida no Capítulo 10 confirma, "a troca voluntária pode impedir que uma economia de comando entre em colapso, pode permitir-lhe arrastar-se ao longo do caminho e mesmo obter algum progresso (...) mas pouco pode fazer para solapar a tirania, sobre a qual repousa a economia predominantemente de comando" (Friedman e Friedman, 1980, p. 11).

Do ponto de vista deste livro, a força das comunidades políticas é mais importante para o crescimento do que sua estrutura inerente (isto é, a definição dos direitos de propriedade). Sistemas totalitários possuem comunidades políticas de grande poder, que lhes permite estabelecer objetivos unidimensionais e mobilizar recursos imensos, tanto através da repressão interna quanto da expansão externa, a fim de realizá-los. A política econômica segundo esse enfoque centralizado pode ser eficiente, enquanto os recursos não constituírem uma limitação e o sistema político conservar sua legitimidade interna.

As democracias industrializadas no Ocidente mobilizam recursos através da concorrência e não de direção centralizada. Os custos de oportunidade constituem o conceito fundamental no modelo competitivo (Rhoads, 1985, Capítulo 2) 1. O uso mais eficiente de recursos é decidido não na base de comando de uma elite nem de tomada de decisão consensual por toda a sociedade (como, por exemplo, o modelo idealizado da firma Japão SA), mas com base em cálculos alternativos de custos e benefícios realizados pelos atores que participam da competição. O cálculo competitivo assegura que o uso de recursos escassos será ótimo, de maneira geral, e não simplesmente dentro de um único objetivo centralmente determinado. Na economia de comando, não há mecanismos através dos quais objetivos alternativos possam ser postulados e avaliados, exceto, talvez, pela burocracia central onisciente. Por conseguinte, economias que operam de acordo com princípios de comando tendem a sentir mais cedo do que as economias competitivas as restrições de recursos, o que, talvez, também contribua para a inclinação desses sistemas a reprimir suas populações ou se expandirem pelo exterior em busca de recursos adicionais.

Nenhuma economia de mercado é puramente competitiva, claro, como também nenhuma economia de comando é inteiramente centralizada. A diferença é uma questão de grau, mas essa diferença é também importante. As primeiras existem em um contexto que reflete numerosas influências — geografia, infra-estrutura, instituições (públicas e privadas) e políticas públicas mais imediatas. Essas influências variam daquelas que são relativamente imunes às políticas públicas (como, por exemplo, a geografia), àquelas que podem ser afetadas pelo que o governo determina durante o período de apenas uma geração ou mais (como, por exemplo, infra-estrutura e instituições), às que são mais imediatamente afetadas (como, por exemplo, as condições macroeconômicas). A Tabela 1-4 mostra quais são essas influências.

Alguns estudos reduzem a nada os vários fatores mencionados na Tabela 1-4 e julgam que os resultados são determinados, na maior parte, por instituições de longa vida e profundamente consolidadas ou por coalizões sociais relativamente imunes à política pública (por exemplo, Hall [1986], que equipara políticas de mercado a instituições, e Ruggie [1986], cujo conceito de finalidade social abarca formações sociais que duram séculos). Este estudo, em contraste, enfatiza o papel de políticas públicas mais imediatas que afetam diretamente o preço de mercadorias e de bens de capital nas trocas internacionais (ver a última coluna da Tabela 1-4), e que impõem amplos limites ao comportamento do governo em áreas em que ocorrem divergências institucionais (ver a terceira coluna da Tabela 1-4, como, por exemplo, limites de subsídios a empresas públicas).

Se as divergências de política ou institucionais se tornam graves demais, elas inibem em muito as trocas econômicas. Se adotam políticas cambiais muito diferentes, por exemplo, como fizeram na década de 1930 e, em menor grau, na década de 1970 e princípios da de 1980, os governos desestimulam fluxos de comércio externo e de investimento estáveis. Ou se países diferem demais em tradições e instituições internas, como aconteceu com os países do Ocidente e Oriente no período do pós-guerra, ou como alguns analistas alegam que os Estados Unidos e o Japão fazem agora, eles, talvez, não possam aceitar regras sobre políticas públicas mais imediatas, como, por exemplo, para manter moedas conversíveis ou liberalizar o comércio externo.

Opções Eficientes de Política em Bretton Woods

Desta maneira, a terceira questão que afeta o caráter da economia internacional que emerge em um dado contexto político diz respeito a que opções econômicas específicas nações fazem no tocante a áreas de política e institucionais, onde a influência dos governos é mais imediata. Essas opções determinam até que ponto será aberta, fechada, e, daí, eficiente, a economia internacional. As opções de política de Bretton Woods, tomadas após 1947, estabeleceram regras para políticas públicas mais imediatas, que estimularam a concorrência internacional e as necessárias políticas econômicas internas para se ajustarem a essa concorrência. As normas de Bretton Woods, cujas origens são examinadas em detalhes nos Capítulos 3 e 4, fixaram as taxas cambiais e pediram a redução das restrições ao comércio internacional, principalmente no que interessava a bens manufaturados. Além disso, criaram recursos financeiros apenas modestos, sob a forma de quotas no Fundo Monetário Internacional (FMI), a fim de financiar déficits nos balanços de pagamento.

Tabela 1-4. Fatores que Afetam a Competição Econômica Internacional

Dotação de recursos	Infra-estrutura	Instituições internas	Políticas governamentais mais imediatas
Recursos naturais População	Transportes Estradas Portos Ferrovias Companhias de aviação	Relações estado/sociedade Papel de atores privados *vs.* públicos em várias atividades Produção P & D Consumo Finanças	Políticas internas Macroeconômicas Fiscais Monetárias Reguladora em geral (como, por exemplo, legislação antitruste) Microeconômicas * Regulamentação do trabalho Políticas específicas a setores (como, por exemplo, agricultura, serviços financeiros etc.) Subsídios à indústria
Clima	Comunicações Telecomunicações		
Terra	Petróleo e energia elétrica	Formulação da política do Estado Grau de governo centralizado *vs.* descentralizado	Políticas de taxa cambial
	Capital humano Alfabetização/Educação Alimentação Saúde	Redes da sociedade Estruturas de mercado (como, por exemplo, competitivas *vs.* oligopolistas) Estruturas corporativistas (como, por exemplo, extensas *vs.* limitadas, relações entre gerência-trabalho-banco etc.)	Políticas comerciais Tarifas Barreiras não-tarifárias (como, por exemplo, padrões de saúde e segurança) Mercado financeiro e políticas oficiais de reservas cambiais

* As políticas microeconômicas são também comumente chamadas de políticas estruturais. Utilizamos as duas expressões neste estudo, mas o termo *estrutural* não deve ser confundido com o termo *estruturalista*, que se refere a amplos enfoques das relações econômicas internacionais. Ver Capítulo 2.

De acordo com essas normas, governos que enfrentavam limitações em sua capacidade de mudar as taxas cambiais, elevar as barreiras ao comércio externo ou tomar empréstimos nos mercados internacionais, eram obrigados a recorrer principalmente a mudanças nas políticas macro e microeconômicas internas a fim de corrigir déficits no balanço de pagamentos. Se tem déficit em suas contas correntes, o país ou está perdendo reservas em moedas estrangeiras ou tomando de empréstimo um volume igual nos mercados internacionais através da conta de capital. O balanço de pagamentos, que inclui as contas correntes e de capital, tem, por definição, que estar em equilíbrio (Tabela 1-5). A menos que as reservas em moeda estrangeira do país sejam maciças ou recursos financeiros (empréstimos bancários, investimentos externos, ajuda etc.) sejam fácil e amplamente acessíveis na economia internacional, o país com déficit nas contas correntes terá eventualmente que ajustar outras políticas econômicas a fim de reduzir o déficit e sua tomada correlata de empréstimos. Uma vez que as normas de Bretton Woods estabeleceram firmes limites ao uso das políticas de taxa cambial e comércio exterior, e os Estados Unidos, que forneceram a maior parte de financiamento ao sistema através do Plano Marshall, condicionaram esse financiamento a mudanças na política interna (ver Capítulo 4), o sistema de pós-guerra após 1947-1948 dependeu principalmente de ajustamentos na política interna de cada país, a fim de corrigir déficits ou superávits no balanço de pagamentos. Países foram solicitados a realocar recursos através de políticas macro e microeconômicas internas, e não através de mudanças na taxa cambial, restrições ao comércio externo, ou tomadas incondicionais de empréstimos no exterior.

O núcleo do sistema de pós-guerra, por conseguinte, não era o financiamento ou mesmo as taxas cambiais fixas, como se supõe geralmente por causa da identidade do sistema com as instituições criadas em Bretton Woods, o FMI e o Banco Mundial. Os financiamentos eram relativamente limitados e condicionais e as taxas de câmbio fixas tornaram-se possíveis apenas por causa de um compromisso mais fundamental, subjacente, com políticas econômicas internas destinadas a estabilizar os preços internos, sobretudo de parte dos Estados Unidos, cuja moeda se tornou o principal ativo de reserva. O âmago do sistema, conforme veremos no Capítulo 4, era constituído de políticas fiscais e monetárias relativamente conservadoras, com a finalidade de preservar a estabilidade interna dos preços, a liberalização incremental do comércio externo, o estímulo à concorrência

Tabela 1-5. Componentes do Balanço de Pagamentos

1. A conta corrente, que inclui:
   a. A conta de comércio de mercadorias (isto é, todo comércio em bens)
   b. A conta de serviços (viagens, atividades bancárias, seguros, transportes, renda de investimentos etc.)
   c. Transferências unilaterais, principalmente remessas privadas e transferências efetuadas pelo governo
2. A conta de capital, que inclui todas as transações envolvendo ativos ou passivos a curto e longo prazo no exterior, tanto de responsabilidade do governo quanto de fontes privadas.*

* Em um sistema de taxa cambial fixa, a conta de capital exclui reservas em divisas, que aparece na conta de liquidações oficiais; em um sistema de taxas flutuantes, as reservas em divisas permanecem constantes e, dessa maneira a conta de capital iguala-se diretamente (com o sinal trocado) à conta corrente.

e a intervenção microeconômica restrita, para permitir que mercados flexíveis de trabalho, capital e produto realocassem recursos da forma necessária para alterar os níveis de poupança ou de investimentos na economia.

Essas três premissas constituem o que chamo neste estudo de tríade de política de Bretton Woods: estabilidade de preços, mercados internos flexíveis e comércio exterior mais livre. A primeira premissa, de manter a estabilidade dos preços e a taxa cambial do dólar, foi um compromisso dos Estados Unidos de trocar dólares por ouro a uma taxa fixa, isto é, de US$ 35 por onça. No entanto, dado os limites inevitáveis à oferta de ouro — até mesmo às maciças reservas americanas do metal após a Segunda Guerra Mundial — constituiu também o compromisso de sustentar o dólar com mercadorias e bens de capital americanos a um preço interno estável. Enquanto os dólares americanos valessem seu valor declarado em termos de ouro ou o equivalente a produtos em preços estáveis, o dólar conservava uma relação fixa com ativos reais. Outros países não assumiram obrigação de lastrear suas moedas com ouro, mas vincularam suas taxas cambiais ao dólar. Essa medida implicava também o compromisso de manter a estabilidade dos preços internos. Se seus preços internos, incluindo os dos preços de mercadorias negociadas internacionalmente, subissem em comparação com os preços americanos, sua competitividade sofreria e eles seriam obrigados, em algum momento, a corrigir o déficit de seu balanço de pagamentos, trazendo de volta seus preços aos níveis dos preços americanos. De acordo com as normas vigentes no pós-guerra, por conseguinte, todos os países assumiam a responsabilidade básica de implementar políticas econômicas internas não-inflacionárias. Esse compromisso assumiu a forma, como veremos adiante, de políticas fiscais e monetárias relativamente conservadoras em todo o Mundo Ocidental no período de 1947 a 1967.

O segundo compromisso, de reduzir as barreiras ao comércio, não teve caráter absoluto (e sequer foi especificado nos acordos de 1944 em Bretton Woods, mas desenvolvido na prática após 1950. Ver Capítulo 4). Era um compromisso de liberalizar o comércio externo às margens, isto é, tomar medidas incrementais para reduzir as barreiras, e não necessariamente para terminar em um comércio inteiramente livre. Teve, também, caráter parcial. Não incluía agricultura, investimentos e fluxos de carteiras de aplicações de capitais. A despeito de todas suas limitações, o compromisso de tornar mais livre o comércio era fundamental para estimular a concorrência. A reconstrução no pós-guerra, vale lembrar, iniciou-se por trás de formidáveis barreiras protecionistas e monopolistas na maioria dos países ocidentais, constituindo isso resíduo das políticas econômicas nacionalistas da década de 1930 e de outras adotadas durante a guerra. Essas barreiras restringiam seriamente a concorrência e impediam o uso eficiente de recursos. Embora o compromisso de removê-las fosse ambíguo quanto à questão de quanto de comércio livre em geral era conveniente, foi inequívoco na convicção de que mais comércio livre era uma boa coisa.

O terceiro compromisso, o de restringir a intervenção do poder público em áreas microeconômicas específicas, tais como a nacionalização da produção ou a concessão de subsídios diretos à indústria, não implicava necessariamente políticas de *laissez-faire*. Implicava apenas que os países conservariam a capacidade, através de mercados flexíveis de trabalho, capital e produtos, de reagir a políticas fiscais e monetárias não-inflacionárias e à crescente concorrência do comércio exterior, realocando recursos de indústrias decadentes para indústrias progressistas. Embora, em fins da década de 1940, quase todos os governos ocidentais tivessem aceito alguma responsabilidade para administrar ativamente a política macroeconômica, eles divergiam em sua inclinação para intervir no nível microeconômico. A França, Alemanha e Japão, por exemplo, haviam herdado, do período anterior à guerra, sistemas que incluíam estruturas industriais administrativas ou corporativistas altamente centralizadas (laços muito estreitos entre governo, bancos e indústria). Embora, conforme vimos acima, esses sistemas econômicos de comando possam ser eficientes, se não são limitados por escassez de recursos ou participam de mercados internacionais competitivos (tendo sido este aparentemente o caso de pequenos Estados europeus no período do pós-guerra [ver Katzenstein, 1985] e de estratégias mais centralmente dirigidas para a promoção do desenvolvimento pelo Japão e as economias que se industrializavam no período), eles também podem ser menos eficientes se os governos cedem à sua grande propensão de buscar atingir objetivos não-econômicos. Indústrias orientadas ou geridas pelo governo podem adiar pagamentos de dívidas porque têm maior acesso a recursos financeiros através dos amplos poderes de taxação e monetários dos governos, ou podem mostrar menos inclinação, por razões políticas, de dispensar trabalhadores e modernizar ou relocalizar instalações industriais. Dessa maneira, quanto mais extensa a intervenção do governo na economia, mais o comportamento desta pode ser determinado por outros fatores que não os sinais de mercados competitivos, e mais inflexível a economia pode tornar-se. As políticas promovidas pelo Plano Marshall reconheceram essa possibilidade e desestimularam ativamente grandes intervenções microeconômicas na Europa (menos no Japão. Ver Capítulo 4).

As opções de política econômica feitas nos termos do sistema de Bretton Woods, da forma como evoluiu de, aproximadamente, 1947 a 1967, foram, portanto, altamente eficientes. A premissa de comércio externo mais livre garantia a concorrência, especialmente no caso dos países menores; a de estabilidade de preços assegurava um ambiente estável para os investimentos internos e taxas cambiais estáveis para expansão do comércio; e a de economias internas flexíveis afiançava ajustamentos, sem demora, a condições mutáveis de mercado e vantagens comparativas. O financiamento facilitava o ajustamento de desequilíbrios no balanço de pagamentos, mas não era tão generoso ou incondicional que o ajustamento pudesse ser injustificavelmente adiado.

Vinculação de Opções de Política Econômica ao Desenvolvimento

A quarta questão ao se avaliarem políticas econômicas internacionais em um dado contexto político consiste em vincular as opções de política, ainda que de alguma maneira aproximada, ao desempenho econômico. Este estudo alega que se pode plausivelmente afirmar que as opções de política feitas no sistema de Bretton Woods, de 1947 a 1967, podem explicar em boa parte o crescimento econômico sem precedentes desse período, e que as mudanças subseqüentes nas opções de política adotadas de inícios da década de 1960 em diante, podem ser também ligadas a um declínio do desempenho econômico na década de 1970. Desde 1979, argumenta o estudo, outras mudanças de políticas restabeleceram algumas das primeiras cláusulas do sistema de Bretton Woods, particularmente nas áreas da política monetária e desregulamentação de alguns mercados de trabalho, capital e produto. As políticas fiscal e de comércio exterior, no entanto, continuaram a se deteriorar, especialmente nos Estados Unidos, e mercados de trabalho e produtos rígidos continuaram a restringir o crescimento e contribuir para alta taxa de desemprego, especialmente na Europa. O retorno parcial a premissas de política eficiente, argumentamos aqui, explica tanto os sucessos quanto os defeitos do período mais recente da formulação da política econômica externa dos Estados Unidos.

A Figura 1-1 oferece um sumário, um instantâneo estatístico da relação, durante os vários períodos da era do pós-guerra, entre opções de política econômica feitas pelos grandes países industrializados e o desempenho econômico dos mesmos. Dados semelhantes sobre outros países, incluindo os em desenvolvimento, constam dos apêndices deste livro. Os Capítulos 3-9 fornecem os detalhes históricos que dão apoio a esses números. É suficiente observar que existe uma associação óbvia entre a tríade de política de Bretton Woods, de políticas macroeconômicas conservadoras, política microeconômica limitada e liberalização incremental do comércio exterior, por um lado, e o desempenho econômico dos principais países industrializados, por outro.

De 1947 a 1967, as políticas macroeconômica e microeconômica nos Estados Unidos (ver I A na Figura 1-1) e dos países do G-4 (França, Alemanha, Japão e Reino Unido — ver, a propósito, o gráfico IIA) foram excepcionalmente restritas, especialmente quando comparadas com períodos posteriores. Medidas por déficits orçamentários como percentagem do PIB, as políticas fiscais foram quase equilibradas (-0,2 e -0,7, respectivamente). O crescimento monetário (M^2 e M^1) foi expansivo nos países do G-4, mas (de acordo com padrões posteriores) inusitadamente alto nos Estados Unidos (2,5% e 5,3% ao ano, respectivamente), que estava fornecendo a moeda de reserva ao sistema e que por isso eram os principais fiadores da estabilidade dos preços. O crescimento do setor público, medido pelos gastos do governo como percentagem do PNB, foi na verdade negativo nos países do G-4 (na base de um ponto percentual de mudança por década). As barreiras ao comércio exterior caíram rapidamente nesse período, sobretudo na Europa, na área de barreiras não-monetárias ou restrições quantitativas (ver IIA, na Figura 1-1). Correspondendo a essas políticas, o crescimento da inflação e o recorde do desemprego no período de 1947 a 1967 serviram de exemplo (ver IB e IIB na Figura 1-1). O crescimento foi mais alto do que em qualquer período subseqüente (exceto no caso dos Estados Unidos, quando atingiu nível mais alto no período 1983-1987), ao passo que a inflação e o desemprego foram mais baixos (exceto no caso da inflação nos países do G-4, onde se mostraram mais baixos ainda no período de 1983 a 1987). De 1968 a 1980, a disciplina fiscal e monetária acabou nos Estados Unidos e nos países do G-4 (ver IA e IIA, na Figura 1-1). Os déficits orçamentários multiplicaram-se por dez nos Estados Unidos e por três nos países do G-4; as taxas de crescimento da base monetária praticamente duplicaram nos Estados Unidos, ao passo que o setor público explodia nos países do G-4, de -0,5 para +6 pontos percentuais por década. Embora as barreiras tarifárias caíssem radicalmente, as não-tarifárias começaram a reemergir, sobretudo sob a forma de restrições voluntárias às exportações. Acompanhando essas tendências, o crescimento acusou um retardamento visível, a inflação mais do que duplicou e o desemprego subiu para as alturas (ver IB e IIB, na Figura 1-1).

Desde 1980, a situação vem se mostrando mais ambígua. As políticas reverteram parcialmente aos aspectos característicos do período inicial do pós-guerra (ver IA e IIA, na Figura 1-1). As de natureza monetária, especialmente em começos da década de 1980, passaram por violenta contração nos Estados Unidos e nos países do G-4, e o crescimento do setor público foi resolutamente invertido, especialmente após 1983. Por outro lado, as políticas fiscais divergiram ainda mais. Aumentando mais cedo, os déficits orçamentários nos países do G-4 come-

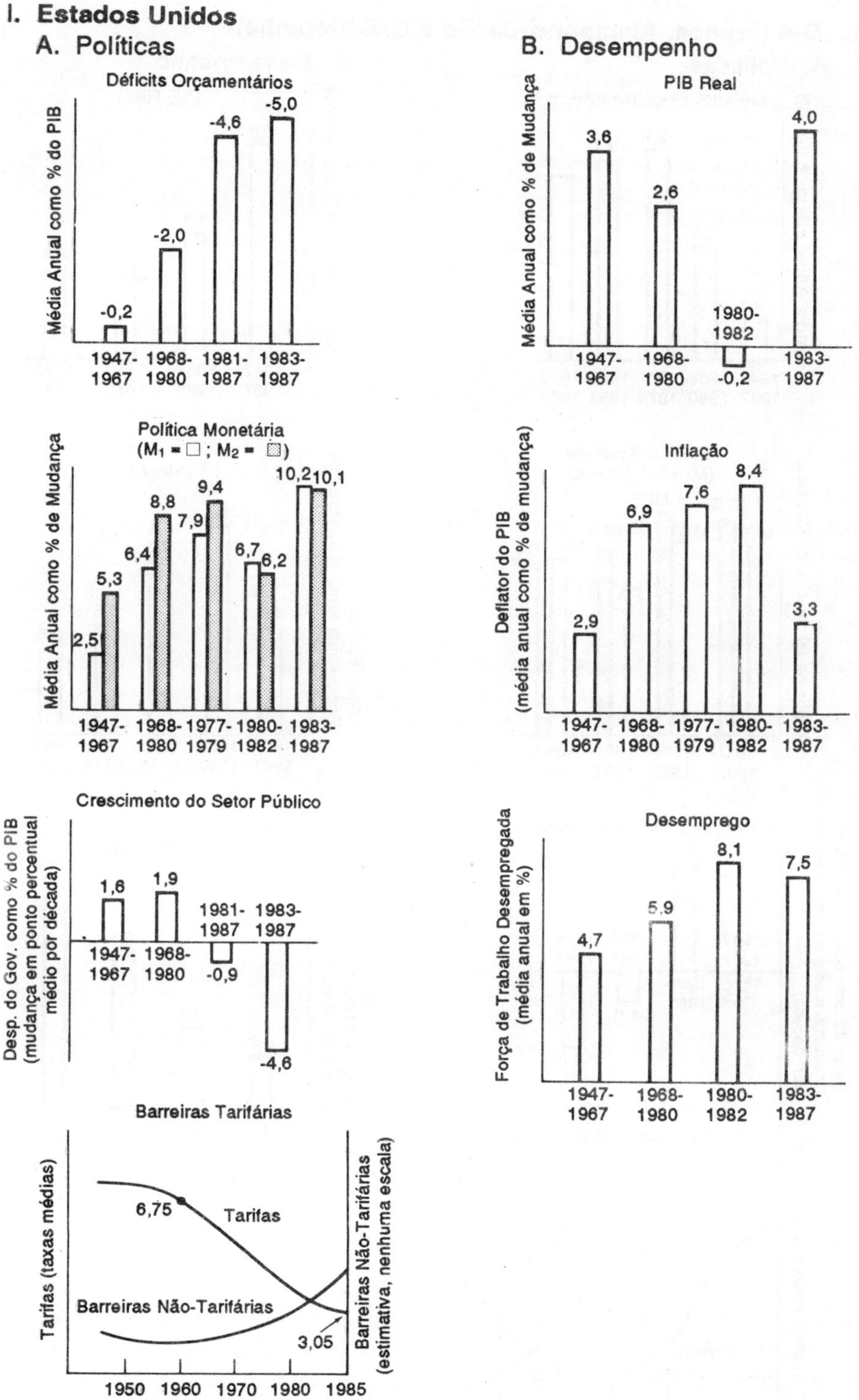

Figura 1-1. Indicadores de política econômica e de desempenho, 1947-1987. (Fontes: Ver Apêndice, Tabelas A-1, A-2, A-3, A-9 e A-10.)

II. G-4 (França, Alemanha, Japão e Grã-Bretanha)

A. Políticas

B. Desempenho

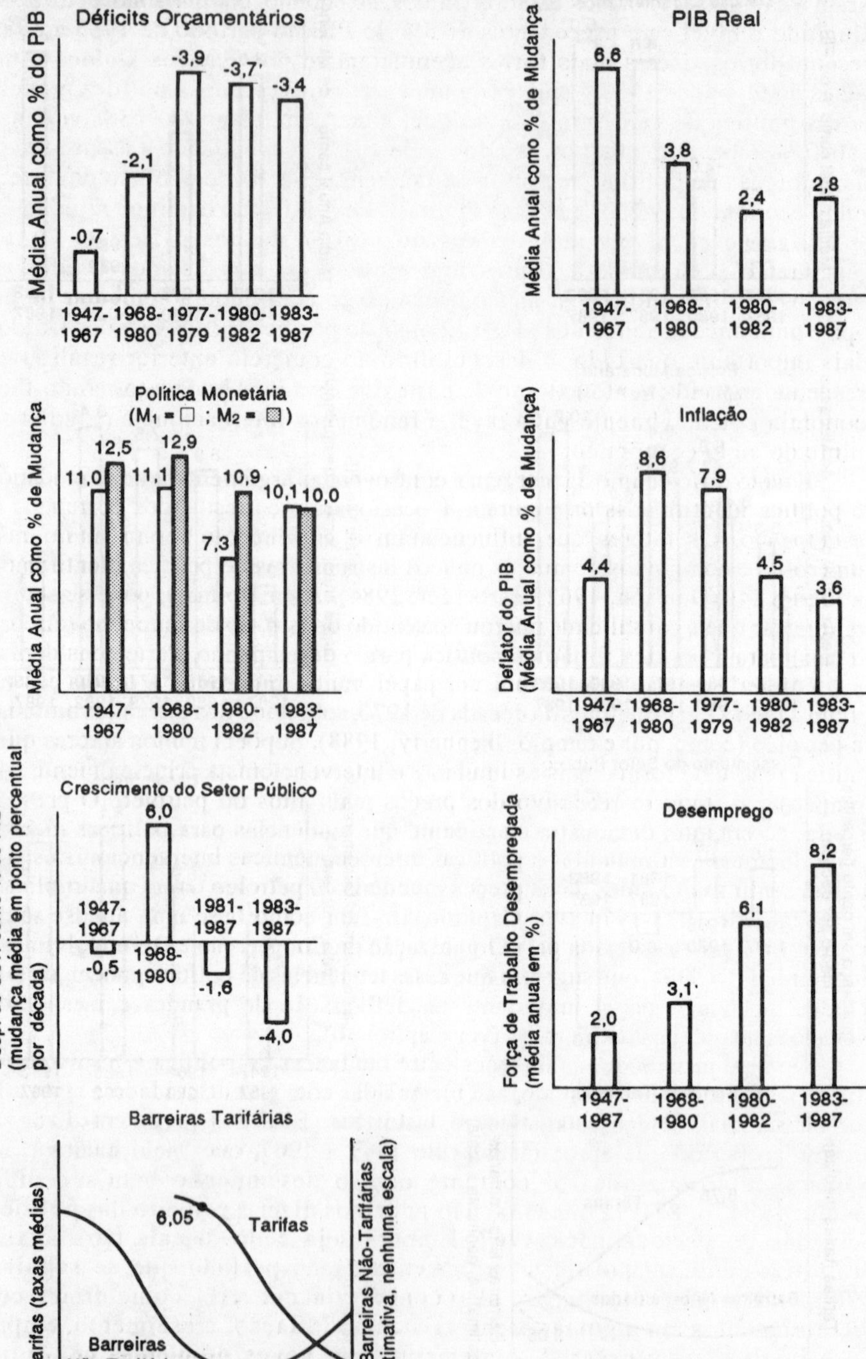

Figura 1-1 (continuação)

çaram a cair após 1980. Nos Estados Unidos, no entanto, continuaram a elevar-se, atingindo o nível sem precedentes de 5% do PIB no período de 1983 a 1987. Desequilíbrios fiscais mais fortes acentuaram-se nos Estados Unidos e nos países do G-4 após 1983 e aplicaram uma pressão crescente à política monetária e à política de comércio externo que, à margem, tornou-se cada vez mais restritiva, especialmente nos Estados Unidos. Correspondendo a essas mudanças ambíguas de política, registrou-se também um recorde confuso no desempenho econômico (ver IB e IIB, na Figura 1-1). A inflação declinou rapidamente, atingindo os níveis mais baixos do pós-guerra nos países do G-4; o crescimento acelerou-se a alturas sem precedentes nos Estados Unidos em períodos não-inflacionários; mas o desemprego continuou a aumentar na Europa e permaneceu acima dos níveis iniciais do pós-guerra nos Estados Unidos. Mais importante que tudo, o desequilíbrio no comércio exterior resultou em crescente endividamento externo de parte dos Estados Unidos, tornando-lhe a economia potencialmente vulnerável a fenômenos internacionais na volta seguinte do ciclo econômico.

É tanto difícil como dá margem a controvérsias argumentar que as mudanças de política identificadas na Figura 1-1 ocasionaram os resultados correlatos de desempenho. Os fatores que influenciaram o crescimento foram muito mais numerosos e complexos do que os poucos instrumentos de política identificados na Figura 1-1 (Denison, 1962, Harberger, 1984). Além do mais, pode-se sempre argumentar que a causalidade operou no sentido oposto, do desempenho (circunstâncias) para a política, e não da política para o desempenho. Parte considerável da literatura especializada atribui um papel muito importante a mudanças nas circunstâncias em princípios da década de 1970, sobretudo nos mercados mundiais de petróleo (como, por exemplo, Ikenberry, 1988). Supõem muitos autores que a política reagiu de forma mais estimulante e intervencionista principalmente para compensar o impacto recessivo dos preços mais altos do petróleo. O presente estudo, no entanto, demonstra claramente que tendências para políticas macroeconômicas mais estimulantes e políticas microeconômicas intervencionistas já se faziam sentir muito antes de os preços mundiais do petróleo terem quadruplicado no inverno de 1973-1974 (ver Capítulo 5). Tem como base uma análise muito profunda e a prova coletada pela Organização de Cooperação e Desenvolvimento Econômico (OCDE), que sugerem que essas tendências de política podem, de fato, ter desempenhado papel importante na deflagração de grandes e inesperadas elevações nos preços do petróleo (ver Capítulo 6).

De qualquer modo, as ligações entre mudanças de política e resultados de atuação, discutidas neste estudo, são formuladas com grande cuidado e lastreadas por substanciais dados estatísticos e históricos. Eles nos permitem dizer, no tocante ao período de aproximadamente 1947 a 1967, que "pelo menos (...) a política então seguida foi coerente com o desempenho bem-sucedido" (Stein, 1984, p. 87). Já o mesmo não podemos dizer a respeito das políticas adotadas no período após 1967. Embora seja cedo demais para avaliar definitivamente as políticas implementadas no período que se seguiu a 1980, um julgamento imparcial reconheceria que elas coincidiram com melhoramentos em algumas áreas, tais como inflação, crescimento, emprego e iniciativa empresarial, juntamente com novos problemas em outras áreas, tais como as de protecionismo e endividamento externo (Huntington, 1988-1989). A perspectiva deste estudo insiste em manter as políticas como responsáveis pelos resultados e não aceita a alternativa de atribuir resultados econômicos exclusivamente ou primariamente a circunstâncias além do controle da política ou simplesmente observar que não há explicação satisfatória para o crescimento econômico (Gilpin, 1987, p. 110).

O Casulo de Formação do Consenso

O argumento contido neste livro é que opções de objetivos nacionais e políticas econômicas eficientes ou ineficientes têm mais a ver com o desempenho na esfera internacional do que poder ou interesses. Essas opções são decididas na base de idéias geradas no casulo de organizações não-governamentais e quase-governamentais que gravitam em torno do processo burocrático de formulação de política. Idéias que sobrevivem à concorrência nesse casulo e conquistam o apoio de uma coalizão política majoritária tornam-se finalmente parte do processo imediato de formulação da política e mobilizam o poder e os interesses do Estado a fim de implementar os objetivos substantivos de política corporificados nessas idéias. Neste sentido, o casulo de formação de consenso ajuda a alimentar o processo político altamente fragmentado e permite que ele se consolide e formule a política com algum grau de competência e coerência. Sem esse casulo envolvente, o processo burocrático degeneraria em um conflito e caos ilimitados.

Concebido dessa maneira, o processo político significa mais do que interesses (sociedade), instituições (Estado), ou interação entre interesses e instituições (Estado e sociedade) (Skocpol, 1985, Ikenberry et al., 1988). Durante um tempo bastante longo, certos estudos têm considerado a política como sendo principalmente uma questão de distribuição: "quem consegue o quê, quando, onde e como." Esta perspectiva focaliza a atenção exclusivamente na localização de atores autônomos, e não na maneira como eles se relacionam com a realidade mais abrangente da comunidade. Desta maneira, tão logo são localizados os atores autônomos, facilmente se conclui que eles expressam apenas seus interesses especiais e que é improvável que representem o interesse comum. A perspectiva, em suma, torna quase impossível reconhecer, e ainda menos investigar, os interesses comuns.

Uma vez que a perspectiva da distribuição, no que interessa à política, minimiza o papel dos interesses comuns, esses estudos tomam atalhos e se esforçam consideravelmente para ressuscitar o conceito de interesses comuns. Teorias sobre bens públicos, que discuto no capítulo seguinte, simplesmente pressupõem interesses comuns ao definir arbitrariamente alguns deles, tal como o ar limpo, como bens a que a sociedade, como um todo, atribui valor (Olson, 1982). Outros estudos buscam encontrar interesses comuns em interesses especiais que persistem por muito tempo (isto é, influenciam seqüencialmente diferentes atores) e conservam certa ordenação de prioridades (Krasner, 1978).

Em contraste, este estudo procura os interesses comuns em um dado lugar e tempo. Identifica-os nas idéias dos atores individuais que abrangem os interesses especiais de outros atores e que obtêm sucesso ao longo do tempo através de debate e de desempenho concreto, ao convencer esses atores que seus interesses especiais podem ser atendidos no contexto comum mais amplo. Idéias, nesse sentido, não são simplesmente produtos de novo conhecimento, mas também manifestações de uma nova inspiração, que tem origem em uma busca humana interminável de uma comunidade política aprimorada — o que

Ernst Haas denomina de evolução da consciência social através da interação do homem político com a natureza (isto é, circunstâncias) e a cultura (isto é, opções) (1983, p. 24-5).

Por conseguinte, as idéias não se apresentam inteiramente separadas de interesses (isto é, classe) ou instituições (autoridade). Mas da mesma maneira que poder e riqueza não são as únicas e nem mesmo as molas principais da motivação na política internacional, eles o são ainda menos na política interna, onde se mostram mais visíveis os interesses comuns. Estes, é bem verdade, só podem ser promovidos por atores específicos, em circunstâncias específicas. Além do mais, eles em geral satisfazem os interesses desses atores específicos. Algumas manifestações de interesses comuns, no entanto, transcendem interesses especiais. O analista pode julgar quais deles o fazem identificando empiricamente, após o fato, que manifestações de interesse comum se revelaram mais convincentes, quais tiveram sucesso em abranger mais ou menos interesses especiais, e quais, na verdade, resultaram ao longo do tempo em benefícios para todos ou a maior parte dos interesses especiais envolvidos. Por esses padrões, a experiência do pós-guerra sugere que interesses comuns definidos em termos de liberdade política individual e iniciativa econômica competitiva tiveram êxito em convencer e beneficiar mais interesses especiais em todo o mundo do que quaisquer outras definições de interesses comuns. Nessa base empírica, pode-se dizer que o período do pós-guerra, sob liderança americana, refletiu idéias políticas que transcendiam os interesses especiais de riqueza e poder de qualquer participante isolado.

Nas sociedades democráticas modernas, competitivas, dos dias atuais, idéias que alegam representar o interesse comum têm que passar pelo teste, cada vez mais rigoroso, de despertar forte apoio e influenciar a formulação da política. Têm que convencer grupos de interesses pluralísticos altamente mobilizados, com maior acesso às informações e aos meios de comunicação do que em qualquer outro tempo, de que essas idéias satisfazem os interesses especiais desses grupos. O imperialismo cultural ou de elite, por conseguinte, é menos provável hoje do que antes. Muito mais provável é que as idéias dos formuladores de política sejam rejeitadas, não porque a política hoje em dia seja menos maleável, mas porque as idéias talvez permaneçam carentes de poder de convencimento ou não sejam comunicadas eficazmente — o caso, poderíamos argumentar, do programa de corte de gastos do Governo Reagan (ver Capítulo 8).

Tal como poder e interesses, o conceito de instituições tem sido explorado demais em estudos sobre a política do pós-guerra. Em 1976, Graham Allison e Peter Szanton argumentaram no livro *Remaking Foreign Policy* que "a organização tem importância — decisivamente em alguns casos, de forma importante em quase todos — e que, a menos que reformas substanciais sejam empreendidas, a nação continuará a descobrir que as engrenagens da maquinaria da política externa não se sincronizarão com os problemas que o mundo externo postula" (1976, p. 211). Identificaram esses autores três defeitos fundamentais no sistema de formulação de política da década de 1970: 1) falta de equilíbrio, devida principalmente ao fracasso em incluir todas as opiniões e órgãos relevantes no processo decisório; 2) falta de competência, que se refletiu na incapacidade de recrutar os necessários conhecimentos especializados a fim de lidar com um mundo de interdependência complexa; e 3) falta de integração da política, com vistas a assegurar uma formulação coerente dos interesses nacionais americanos.

Depois de mais de dez anos e de numerosas outras reformas organizacionais, as mesmas críticas poderiam ser movidas contra a formulação da política externa em fins da década de 1980. O Governo Reagan, através de uma combinação de governo de gabinete e presidente relativamente desligado, comportou-se razoavelmente bem em termos de inclusão de pontos de vista relevantes. Mas agiu mediocremente, se aceitamos a crítica comum dos meios de divulgação de massa, nas esferas de competência e coerência. Em alguns casos famosos, como a controvérsia Irã-Contras, excluiu também pontos de vista essenciais, o que levou críticos a considerarem as conseqüências desastrosas.

Devemos então supor, portanto, que as receitas de Allison e Szanton continuam válidas, mas que simplesmente não foram seguidas? Devemos pôr a culpa em medidas de organização erradas no caso Irã-Contras ou no fracasso do Governo Reagan em levar a cabo o curso de reforma econômica que iniciou em 1981? Devemos acaso propor a solução organizacional e burocrática convencional a fim de melhorar no futuro a formulação da política externa dos Estados Unidos?

Os conceitos expendidos neste estudo dizem que não. A organização importa, para sermos exatos, mas não o suficiente. Além do mais, os padrões de "boa" organização propostos por Allison, Szanton e outros especialistas no ramo produziram "boa" política apenas em circunstâncias muito excepcionais. Incluir todos os pontos de vista relevantes, por exemplo, produziria, na maioria das circunstâncias, apenas demoras ou trocas compensatórias negociadas que poderiam ser consideradas justas, mas não necessariamente competentes ou coerentes. A competência poderia assegurar análises lógicas, mas revelar-se politicamente inaceitável (como, por exemplo, a política inicial de energia do presidente Carter). Já a coerência poderia produzir uma política integrada, mas reduzi-la a generalidades ou excluir qualificações ou incertezas essenciais. Conforme observou certa vez Dean Acheson, "acordo pode ser sempre alcançado aumentando-se a generalidade da conclusão (...) [mas], quando isso é feito, embora a forma seja preservada, cria-se apenas a ilusão de política" (1969, p. 733). Padrões de amplitude, competência e coerência podem garantir boa política apenas se supusermos que todos os pontos de vista relevantes não são antitéticos, que a competência é aplicada em um contexto no qual o consenso político já existe e que a coerência não aliena nenhum ponto de vista particular.

Em suma, a boa organização e a boa política supõem um consenso nascido no casulo que a forma e que define o contexto amplo de política dentro do qual ocorreram seus respectivos processos. Se esse consenso não existe, a competição burocrática não consegue produzir uma política coerente. Os estudos mais limitados do processo burocrático, populares na década de 1970, refletiam em si um consenso específico na época. O estudo de Allison e Szanton, que nasceu do trabalho da Comissão Murphy sobre a Organização do Governo para a Conduta da Política Externa, tratou de questões burocráticas em meados da década de 1970, quando o consenso de política mais amplo do pós-guerra estava se desintegrando sob o impacto do Vietnã (ver Comissão, 1975). Apresentaram eles suas propostas como uma maneira de reconfigurar o governo, a fim de lidar com esse mundo em mutação. O mais interessante, contudo, não foi a proposta de ambos para a reforma organizacional, mas a visão mundial que lhes serviu de lastro. Essa visão descrevia algumas características do mundo sobre as quais havia e, provavelmente, há ainda hoje, um amplo consenso — uma economia global emergente, a interdependência física, a multiplicação dos atores e a multilateralização dos problemas. Continha, no entanto, outros elementos mais controversos e que foram contestados no todo ou em parte na década seguinte — diminuição do uso da força, declínio do poder americano, erosão do consenso da Guerra Fria e perda de confiança no governo. Além do mais, alguns dos elementos sobre os quais havia acordo, tais como a interdependência e a economia mundial, podem estar hoje sob ataque, na medida em que protecionistas defendem políticas que, na verdade, reduziriam os níveis de interdependência física e econômica na esfera mundial.

A fim de resgatar os estudos sobre política da mão de ferro dos interesses e instituições, este estudo procura identificar mudanças importantes nas camadas mais amplas do casulo de formação de consenso que envolve o processo imediato de formulação de política, de modo a incluir atividades de equipes de assessoria de alto nível, comissões públicas e privadas, organizações de cidadãos, institutos universitários, organizações dos meios de divulgação de massa e entidade semelhantes nas arenas internacional ou transnacional. A Tabela 1-6 identifica algumas dessas camadas, as quais sugerem as áreas em que têm origem idéias mais gerais sobre política, como elas despertam a atenção e adquirem legitimidade entre grupos mais amplos, se penetram o suficiente na burocracia através de nomeações e recrutamento, e de que modo servem para harmonizar os interesses burocráticos e as associações de base mais ampla na sociedade. Para sermos exatos, a burocracia

Tabela 1-6. Camadas Seletivas do Casulo de Formação de Consenso

1. *Camada de Discursos*. A maneira como o Governo ou o Congresso comunica a política às várias camadas do casulo, através de discursos, porta-vozes, secretários de imprensa etc. (Os modelos burocráticos do processo decisório ignoram na maior parte essa atividade e pouco se sabe sobre a maneira como formuladores de política altamente eficazes, como o antigo secretário de Estado Henry Kissinger, utilizaram com grande proveito essa camada para influenciar a política).
2. *Camada de Comissão e Comitê Especial.* O emprego de comissões e comitês presidenciais para passar em revista e ajudar a resolver questões de política (além de outras), fora do contexto imediato de política das relações burocráticas. (Os exemplos incluem a Comissão Murphy, mencionada no texto, a Comissão Greenspan sobre Seguridade Social, de 1983, e a Comissão Econômica Nacional que estudou o déficit orçamentário em 1988.)
3. *Camada de Estudos de Política*. Institutos universitários, grupos de alto nível, organizações profissionais (como, por exemplo, a Heritage Foundation, a Brookings Institution, o Conselho de Relações Exteriores) que debatem e estudam os objetivos e programas da política externa americana. Esta camada é muito mais diversificada hoje, refletindo o crescimento de instituições conservadoras na década de 1970, e tornou-se menos efetiva na integração de idéias sobre política do que era na década de 1940 (ver Capítulo 3).
4. *Camada de Mídia e Opinião Pública*. A mídia, os institutos de pesquisa de opiniões pública e o próprio público são hoje atores da mais alta importância no debate da política externa americana.
5. *Camada Internacional.* Estudos de projetos, conferências, organizações, comissões internacionais, e assim por diante, que amarram as várias camadas do casulo de formação de consenso aos de outros países. (Os exemplos incluem a Comissão Trilateral, o Fórum Quadrangular, os Seminários Anuais Davos de Administração etc.)

participa também da geração de novas idéias. E com toda certeza, procura cooptar as idéias mais amplas que servem a seus interesses estreitos. Elas, porém, são apenas a ponta do *iceberg*.

Quase sempre idéias políticas de importância crítica surgem fora do governo. Conquanto a burocracia do Departamento de Estado (especificamente, Cordell Hull) tivesse desempenhado o papel útil de iniciar a política de comércio externo liberal dos Estados Unidos na década de 1930 (Haggard, 1988), o livre comércio obteve legitimidade no consenso econômico mais amplo que emergiu nos Estados Unidos após a Segunda Guerra Mundial em organizações não-governamentais, como a Comissão de Desenvolvimento Econômico e o Conselho de Relações Exteriores. Esse consenso endossou não só o livre comércio, mas as políticas macroeconômicas e microeconômicas moderadas que eram necessárias para estabilizar os preços internos e realocar recursos dentro do país, à medida que crescia a concorrência no comércio exterior (ver Capítulos 3 e 4). E além do mais, quando essas idéias de políticas macroeconômicas e microeconômicas mudaram em princípios da década de 1960, novas idéias surgiram fora do governo. Assessores políticos dos presidentes Kennedy e Johnson trouxeram-nas para o governo e, no fim, convenceram os dois a implementá-las (ver o Capítulo 5). Analogamente, o pensamento das várias escolas de economia que penetraram no governo quando Reagan subiu ao poder em 1981 desenvolveu-se inicialmente fora do âmbito do setor público (ver Capítulo 7). A verdadeira arena da formulação de política, portanto, é muito mais vasta do que a habitual perspectiva burocrática ou entre ramos do governo, que domina a maior parte dos estudos sobre política (Pastor, 1980). Ainda assim, conhecemos relativamente muito pouco sobre essa arena mais ampla.

O conceito de casulo, constante deste estudo, não deve ser considerado simplesmente como igual ao processo político mais amplo que se observa nas sociedades pluralistas. O debate entre idéias de política que ocorre nesse casulo de formação de consenso é captado, até certo ponto, pela competição política mais ampla que alterna partidos no poder em sociedades pluralistas no Ocidente — mas

Tabela 1-7. Governos de Centro-Direita: Percentagem de Tempo no Cargo, 1947-1987*

	1947-1967	1968-1980	1981-1987
Canadá	35	8	50
França	70	42	29
Alemanha	100	8	71
Itália	80	54	43
Japão	96	100	100
Grã-Bretanha	65	33	100
Estados Unidos	40	66	100
Países do G-5	75	50	80
Países do G-7	70	44	70

Fontes: Allen (1977), Banks (1988), Day e Degenhardt (1984).

* No caso de governos de coalizão, incluindo coalizões de minorias, a classificação como centro-direita foi feita com base no partido que liderou a coalizão.

apenas até certo ponto. A Tabela 1-7 mostra os partidos políticos que assumiram o poder nos grandes países industrializados desde 1947. Classifica esses governos em termos de partidos de centro-direita e centro-esquerda e, em seguida, indica a extensão de tempo que cada um deles governou nas três fases do período pós-guerra que coincidiram com a evolução de opções de política econômica.

De 1947 a 1967, governos de centro-direita assumiram o poder em 75% do tempo nos países do G-5 — França, Alemanha, Japão, Reino Unido e Estados Unidos. De 1968 a 1980, ocuparam essa posição em apenas 50% das vezes, embora, de 1981 a 1987, recuperassem novamente o controle em 80% dos casos. Comparando esse padrão com a Figura 1, encontramos alguma base para argumentar que os governos de centro-direita tendem a adotar políticas econômicas mais conservadoras, orientadas para o crescimento, ao passo que os governos de centro-esquerda costumam seguir programas expansionistas de pleno-emprego e administração microeconômica da economia interna.

O padrão, no entanto, desmorona nos casos de países isolados. Na França, os conservadores perderam ininterruptamente poder no período de 40 anos; no Japão, após um curto governo socialista em 1947, eles nunca mais o largaram. A quebra mais séria do padrão ocorreu no caso dos Estados Unidos. Nestes últimos, governos de centro-direita estiveram no poder durante mais tempo na década de 1970 do que na de 1950 ou 1960, embora políticas orientadas para o crescimento fossem adotadas com mais empenho no período anterior. Conforme veremos nos Capítulos 5 e 6, os Governos Nixon-Ford adotaram políticas de estímulo macroeconômico maciço e intervenção microeconômica geral, especialmente nas esferas de salários e controles de preços, com o que os governos expansionistas, de centro-esquerda, dos presidentes Kennedy e Johnson apenas sonharam. Na década de 1970, alguma coisa mais do que idéias estava condicionando a política, além da política partidária. Esse algo mais eram idéias que, em princípios da década de 1970, haviam cruzado as linhas partidárias e capturado amplos segmentos da opinião pública americana, rejeitando a contenção e políticas econômicas keynesianas moderadas e defendendo novas políticas de *détente* e enérgica expansão keynesiana (ver Capítulo 6).

Na década de 1970, novas idéias batalharam para ganhar preeminência. A Comissão sobre Perigo Iminente, um grupo de cidadãos privados, tomou a frente na volta das preocupações com a defesa americana. Na frente econômica, economistas monetaristas que defendiam normas quantitativas para controle dos meios de pagamento reavivaram o respeito pela política monetária e teóricos da economia de oferta chamaram mais uma vez a atenção para os incentivos e a flexibilidade de mercado. O Governo Reagan não conseguiu integrar essas idéias e vinculá-las em todos os casos com um objetivo claro e coerente (ver Capítulos 7-9). Ainda assim, em fins da década de 1980, algumas idéias, tal como uma nova avaliação da defesa e dos mercados, pareceu ter transposto as linhas partidárias e pôde continuar a influenciar a política muito além dos anos desse governo.

Neste estudo, por conseguinte, idéias combinam-se com política e influenciam resultados em uma luta que não é predeterminada por interesses profundos, instituições ou política partidária (isto é, forças estruturais), mas que podem oscilar em ambas as direções, dependendo da competência e tenacidade com que elas são inculcadas e, mais importante que tudo, do desempenho que essas políticas realmente geram. A política não funciona isolada das limitações do mundo real.

Tem que enfrentar a competição movida pelo poder internacional e pelos escassos recursos econômicos nos mercados mundiais. Terá, em última análise, de funcionar com sucesso a fim de defender os interesses nacionais e estimular o crescimento econômico. Esse elo entre opções de política interna e o contexto internacional constituirá o tema do capítulo seguinte deste estudo.

2

Poder, Mercados, Instituições e Sociedade: A Ligação entre Conceitos Orientados para Opções e Limitações Internacionais

Este capítulo vincula os conceitos internos de um modelo orientado para opções da política econômica externa dos Estados Unidos a critérios de desempenho estabelecidos por limitações internacionais de poder, recursos escassos, instituições burocráticas e condições sociais. Ao contrário dos modelos estruturalistas, no entanto, o enfoque voluntarista considera que as circunstâncias limitam diretamente as opções apenas em situações extremas, como acontece quando as políticas econômicas de uma nação ignoram por tanto tempo as restrições impostas pela escassez de recursos que a economia sofre de hiperinflação e entra em falência. Em situações menos extremas, as circunstâncias toleram uma faixa muito mais ampla de opções do que os modelos estruturalistas reconhecem e são em si influenciadas por opções concorrentes que definem configurações de interesses e mutáveis equilíbrios de poder.

O poder, os mercados, as instituições e forças sociais internacionais cercam por todos os lados e influenciam os propósitos, as políticas e o processo (o casulo de formação de consenso) da política econômica externa dos Estados Unidos. Em termos relativos, o poder americano declinou indubitavelmente nos últimos 40 anos; os mercados internacionais expandiram-se, tornaram-se mais interdependentes e complexos (representando, anualmente, quase US$ 4,5 trilhões em bens e serviços — aproximadamente o tamanho do mercado interno americano — e mais de US$ 100 trilhões em transações de capital e moedas); as organizações internacionais proliferaram e incluem hoje mais de 200 instituições governamentais e 2.000 não-governamentais; e a sociedade internacional, pela primeira vez na história, abarca forças culturais e éticas não-ocidentais (como, por exemplo, islâmicas, confucianas), além das ocidentais (judaico-cristãs). Ainda assim, esses fenômenos internacionais, na direção de maior complexidade e difusão de poder e cultura, não foram nem inevitáveis nem irreversíveis (como deixam implícito alguns estudos. Ver, a propósito, Keohane e Nye, 1977; Nye, 1988). No mesmo período de tempo, as configurações de poder, instituições, mercados e sociedade nos países socialistas do Leste permaneceram relativamente estáticas. Os países do Ocidente, em especial os Estados Unidos, criaram as circunstâncias do mundo não-socialista moderno e conservam as opções de preservar, expandir ou destruir esse sistema mundial altamente integrado.

Os Estados Unidos e países de idêntica orientação que ingressaram no Acordo Geral de Tarifas e Comércio (GATT), por exemplo, geraram a moderna economia mundial interdependente ao reduzir sistematicamente as barreiras comerciais ao fluxo internacional de bens manufaturados. Esse sistema, no entanto, não constituiu conseqüência mais inevitável do progresso tecnológico e da modernização do que os desastrosos ciclos de políticas protecionistas no período entre as guerras. Analogamente, o mundo atual de desregulamentação financeira e fluxos maciços de capital não é tanto produto das modernas tecnologias de informação, como resultado de políticas dos países-membros do Fundo Monetário Internacional (FMI), no sentido de eliminar sistematicamente restrições a transações em moedas estrangeiras na década de 1950 e resolver posteriormente, nos Estados Unidos e, no fim, em outros países, permitir que os mercados determinassem as taxas cambiais e procurassem efetuar ajustamentos internos através de outros meios que não restrições a transações financeiras.

Nos casos em que a situação externa é menos permissiva, como acontece hoje, acredita-se que as limitações internacionais têm importância decisiva. Essa suposição, no entanto, decorre apenas da consideração de fatores externos. Estados dominantes, se forem pluralistas e não autoritários, talvez não atuem mais decisivamente em contextos permissivos do que não-permissivos. Após a Segunda Guerra Mundial, os Estados Unidos, a despeito de seu poder preponderante, agiram hesitantemente para implementar o projeto de Bretton Woods, flutuando à deriva em 1945-1946 e, em seguida, em 1947-1948, atuando mais decisivamente. Mesmo então, foram necessários dez anos ou mais para implementar as disposições substantivas do projeto — liberalização das restrições cambiais, desmantelamento do sistema de quotas discriminatórias e reduções de tarifas alfandegárias. Estados pluralistas, por conseguinte, podem agir hesitante e incrementalmente para configurar circunstâncias internacionais, mesmo nos casos em que o contexto externo é permissivo. O fato de esses Estados agirem decisivamente dependerá do sucesso que porventura alcançarem para mobilizar apoio político e material interno para sua ação externa.

A fim de influenciar efetivamente as circunstâncias externas, a atuação do Estado precisa passar por certos testes de desempenho. No primeiro caso, esses testes são criados pelas relações militares, econômicas e políticas vigentes no sistema global. A atuação do Estado deve tratar efetivamente dessas relações, ou será limitada por elas. Se um Estado ignora por um tempo longo demais, por exemplo, as relações de poder militar existentes, ele provavelmente terá que ceder à coerção de outros Estados. Analogamente, se não levar em conta fatores de escassez de recursos, ele se arriscará, em algum ponto, ao declínio econômico e à falência. E se deixar de levar em conta as precondições organizacionais e sociais da ação efetiva, poderá, mais uma vez no caso extremo, ser posto no ostracismo por outros Estados. As limitações, nesse nível do contexto internacional, são exatamente as mesmas enfatizadas por teses estruturalistas sobre políticas econômicas recentes dos Estados Unidos (ver a citação, no início do Capítulo 1, do trabalho de Oye, Lieber e Rothchild).

No presente estudo, no entanto, restrições estruturais não apenas limitam a política, mas podem ser criadas por ela. Deixando de passar com êxito por testes de desempenho, políticas de Estado permitem que pressões externas se acumulem. Essas pressões poderão resultar eventualmente em circunstâncias irresistíveis ou em crises. Neste sentido, políticas estatais criam crises, em vez de simplesmente reagir a elas. A análise histórica contida neste livro oferece numerosos exemplos neste particular. De 1945 a 1947, as políticas americanas exageraram a extensão do consenso social ou de comunidade política comum com a União Soviética no sistema internacional do pós-guerra. Rapidamente, desmobilizaram-se e retiraram-se da Europa, ignorando as divergências existentes entre concepções radicalmente diferentes de comunidade política na Europa Central — democráticas *vs.* comunistas. Essas divergências como que supuraram, até que os Estados Unidos tiveram que escolher: ou aceitar a perda potencial de instituições democráticas na Europa ou reverter suas políticas de indiferença econômica e militar. A Guerra Fria foi uma crise criada tanto pelas políticas americanas de 1945 quanto pelas soviéticas de 1947. Analogamente, as políticas americanas de meados da década de 1960 deixaram de levar em conta os custos econômicos da expansão interna e uma guerra externa e, subseqüentemente, levaram a economia do país à beira da falência. Nesse sentido, as decisões americanas na década de 1960 criaram a doença econômica da década de 1970. Finalmente, em princípios da década de 1980, as políticas americanas minimizaram demais os benefícios sociais e políticos da cooperação econômica internacional, quase precipitando, nesse processo, a rejeição total das políticas do país e a saída, da economia global, de parceiros estrangeiros indispensáveis (como, por exemplo, os países em desenvolvimento pesadamente endividados no verão de 1982 e a França em princípios de 1983. Ver, a propósito, os Capítulos 7 e 8).

Por que políticas estatais não conseguem lidar efetivamente com circunstâncias externas, criando, destarte, a desorientação estrutural que mais tarde lhes tolhe a ação? Na verdade, há um nível mais profundo de interação e desempenho que é ignorado pelo estudos estruturalistas (Ashley, 1984; Rosenau, 1986; Kratochwil e Ruggie, 1986). Esse nível diz respeito não só à maneira como Estados se comportam, mas também ao que eles mesmos são, por que existem e como o próprio sistema de Estados muda, com a possibilidade de que, algum dia, este último possa ser transformado em um mundo em que nações-estados separadas não são mais os principais atores sociais. Esse nível reconhece que o Estado é um ator intencional que configura o contexto em que atua e não simplesmente reage a ele. Ou como diz Alexander Wendt: "As estruturas sociais são resultado de conseqüências internacionais e não-intencionais de ação humana, exatamente como essas ações pressupõem ou são mediadas por um contexto estrutural irredutível" (1987, p. 360). As ações dos Estados e as relações estruturais se influenciam e determinam reciprocamente.

Embora a interação entre Estado e estrutura seja circular e contínua, seu estudo não precisa resultar necessariamente em tautologia ou indeterminação. A tautologia surge da possibilidade de que Estado e estrutura, desde que um determina o outro, se tornem indistinguíveis conceitualmente entre si. Esses conceitos, então, só poderão ser definidos empiricamente em um período histórico específico e, nesse caso, não podem explicar a transição de um período histórico para outro. A fim de evitar tautologia e remover tais conceitos de qualquer contexto histórico, temos que recorrer aos denominados fenômenos não-observados, isto é, fenômenos que se pode dizer que ocorrem, embora não sejam notados, e que explicam efeitos registrados na história (Wendt, 1987, p. 350-5). Vários fenômenos não-observados, mas aventados em hipóteses, podem então ser comparados, em termos de qual entre eles poderá explicar melhor os efeitos consignados na história. A indeterminação postula a questão de se o Estado e seu contexto podem ser diferenciados empiricamente um do outro. Isso pode ser difícil quando os fatos históricos ocorrem simultaneamente. O problema, no entanto, pode ser superado, "isolando-se" a investigação das interações estrutura-estado e examinando-se, em primeiro lugar, as ações do Estado, ao mesmo tempo que se mantém a estrutura constante e, em seguida, invertendo-se o procedimento (Wendt, 1987, p. 364-5).

O conceito de intenção nacional adotado no presente estudo opera nesse nível mais profundo de interação recíproca Estado-estrutura. Conforme sugerido no capítulo anterior, trata as questões de como seres humanos ou grupos de seres humanos se organizam para partilhar os direitos públicos e privados e decidir questões públicas. Recorre a um fenômeno que transcende o contexto histórico e o sistema de Estados — isto é, a busca humana de comunidade política que retroage às comunidades subnacionais, de aldeia, de pequenas e grandes cidades que existiram antes da nação-estado moderna — e que envolve comunidades políticas que podem surgir acima da nação-estado, como a CE, ou voltar novamente aos níveis subnacionais, como os dois Estados alemães após a Segunda Guerra Mundial. Embora esse fenômeno talvez nem sempre seja observável em declarações e motivações específicas de seres humanos (estadistas raramente falam nesses termos), o conceito de objetivo nacional de fato se traduz em manifestações empíricas — como, por exemplo, as dimensões interna e diplomática reconhecidas da comunidade política global (ver Capítulo 1) — e seus efeitos podem ser observados em fatos históricos específicos. Mas ele se refere a uma atividade que não se limita a qualquer período histórico específico.

O atual sistema de Estados, por exemplo, com seus conceitos de soberania no nível diplomático e várias "religiões civis" no nível interno, constitui apenas uma das respostas possíveis às questões imemoriais da comunidade política. O Estado é o grupamento moderno que parece responder mais satisfatoriamente a essas questões, mas talvez não o faça sempre no futuro. O propósito nacional, portanto, mesmo que seja rotulado de *nacional*, a fim de sugerir que os Estados operam *atualmente* como principal agente das intenções humanas na comunidade mundial, identifica um fenômeno que não pode ser reduzido apenas ao período histórico moderno.

Na política internacional, demais disso, um nível final de interação precisa ser levado em conta. Esse nível é ainda mais profundo do que as interações estruturais ou entre agente e estrutura que discutimos acima e diz respeito a limitações *físicas*, ou absolutas, que afetam todos os fenômenos nos mundos natural e social. Essas restrições incluem limites de espaço, tempo e recursos. Até certo ponto, tais restrições físicas são suscetíveis a ação proposital. Recursos e esperança de vida podem ser estendidos graças ao progresso tecnológico e espaço pode ser obtido através de possível ocupação de outros corpos celestes. Esses limites, no entanto, restringem em última análise o comportamento humano, especialmente no sentido de haver recursos suficientes disponíveis para ações de política no lugar certo (espaço) e na ocasião certa. Esses limites físicos conferem especial importância neste estudo à eficiência das políticas econômicas públicas. Uma vez que Estados trabalham sempre em um universo objetivo de recursos escassos (mesmo que os limites sejam ladeados através de inovações, por exemplo), um teste de desempenho é sempre possível em termos de eficiência relativa no uso dos mesmos. Esse teste não é necessariamente mais importante do que o teste, no nível de agente-estrutura, de definição de uma comunidade política aceitável ou aquele no nível puramente estrutural de lidar com sucesso, por exemplo, com o equilíbrio de poder militar. Mas em um mundo de implacável pobreza ele é, pelo menos, igualmente importante.

Toda teorização é em si um exercício político (Alker, Biersteker e Inoguchi, 1985). Estudos estruturais, teorias de agente-estrutura e o enfoque voluntarista deste estudo defendem certas opções políticas e excluem outras. Dando um exemplo, enquanto definem opções de política apenas dentro dos limites irreversíveis da estrutura, os estudos estruturalistas propõem essas opções de política e rejeitam outras que poderiam mudar os limites da estrutura. Conforme observa Robert Cox, esses enfoques "parecem ser, ideologicamente, uma ciência a serviço do gerenciamento, de grande potência, do sistema internacional" (1986, p. 248). Isso é em si muito irônico, uma vez que, conforme vimos acima, numerosos praticantes das metodologias estruturalistas se apresentam como críticos ferrenhos de políticas americanas assertivas.

Por outro lado, metodologias do tipo agente-estrutura, e que reconhecem os papéis de atores intencionais que as modificam, tampouco podem escapar da tendenciosidade política. Fox, por exemplo, defende um "marxismo historicista que rejeita a idéia de leis objetivas de história e focaliza a luta de classe como modelo heurístico para compreensão da mudança estrutural" (1986, p. 248). Ele, no entanto, não consegue explicar as origens e a possível transformação do conceito de classe, da mesma maneira que estruturalistas não conseguem explicar as origens e as possíveis transformações do Estado. Para Cox, o fenômeno não-observado é a classe, embora não reconheça isso.

Analogamente, John Ruggie recorre a um fenômeno não-observado em seu argumento agente-estrutura sobre o liberalismo consolidado (Ruggie, 1983b). Examinado com mais minúcias no decorrer deste capítulo, o argumento de Ruggie trata o aparecimento do sistema econômico liberal no pós-guerra como conseqüência de uma mudança histórica na aplicação de políticas de comércio externo, em troca de generosa intervenção do setor público no país a fim de defender interesses sociais. O novo consenso teria sido criado por um impulso prioritário de seres humanos que buscavam solidariedade social. Da mesma forma que o fenômeno não-observado na tese de Ruggie, esse impulso levou, no decorrer de longos períodos de tempo, à redefinição dos direitos de propriedade, dos tempos feudais aos modernos e, agora, em meados do século XX, das relações sociais pós-modernas (Ruggie, 1986).

O presente estudo vale-se também de fenômeno não-observado e, nesse sentido, tem conseqüências políticas. Esse fenômeno é o conceito de propósito nacional ou, em termos mais gerais, humano, empenhado na busca de uma comunidade política melhor. Pressuponho, como escreveu Aristóteles, que o ser humano é preeminente e "naturalmente um animal político", e que "há (...) em todas as pessoas um impulso natural para associar-se com outras", e que "toda sociedade é criada para alguma boa finalidade, porquanto um bem aparente é a mola de todas as ações humanas" (1912, p. 1-2). O impulso para associar-se é político (não social ou econômico) e visa a definir as esferas dos direitos e obrigações privados e públicos a fim de assegurar a união mais perfeita. Não posso provar que esse impulso para definir a boa vida política é a principal origem da motivação humana, da mesma maneira que outros não podem provar que a cobiça (riqueza), status (classe) e solidariedade social (bem-estar) o são. Tudo que podemos fazer é analisar eventos históricos que são efeitos desses fenômenos não-observados e comparar versões. Nos capítulos históricos deste estudo, reinterpretei fatos do pós-guerra, a partir da perspectiva de propósito nacional, e descobri que têm maior capacidade explicativa do que estudos que focalizam principalmente poder, instituições, mercados, ou forças sociais. Esse resultado, bem como o desejo de acreditar que seres humanos são motivados por algo melhor, e não por instintos baixos, deixa-me inteiramente à vontade com a perspectiva adotada neste estudo.

No restante deste capítulo, descrevo a dinâmica de meu modelo, orientado para opções da política econômica externa dos Estados Unidos, e sugiro em seguida como ela se vale, mas também difere muito, de vários modelos estruturalistas e do enfoque agente-estrutura que dão lastro ao argumento sobre o liberalismo profundo.

Um Modelo Competitivo de Relações Econômicas Internacionais

O modelo orientado para opções, da política econômica externa dos Estados Unidos, concentra-se na competição entre grandes atores nacionais na economia mundial, com vistas a definir o arcabouço político de trocas econômicas e escolher o conteúdo e os mecanismos das relações da política na esfera internacional. Toma como ponto de partida o debate contínuo no casulo de formação de consenso, acima de tudo no nível nacional, que formula os conceitos alternativos de objetivo nacional e política econômica que as sociedades de todos os países tentam promover nas relações internacionais. Esse debate reflete a busca imemorial do objetivo humano de definir uma comunidade política sempre mais perfeita. No estágio atual da história, a nação-estado representa a manifestação mais forte de comunidade política. Dessa maneira, o enfoque orientado para opções confia, principalmente, em que o poder e a autoridade nacional estabeleçam as condições da comunidade política internacional e influenciem o desenvolvimento de mercados e instituições mundiais. Considera esse enfoque mais pragmático, porque as instituições nacionais são mais fortes do que as internacionais (e se as primeiras não conseguirem gerar as ações apropriadas, menos provável ainda é que o façam as de natureza internacional) e mais morais, porque elas são diretamente responsáveis, na maioria dos países do Ocidente, pelo menos, perante parlamentos eleitos pelo povo, ao passo que isso não acontece com as de cunho internacional. Simultaneamente, a perspectiva orientada para opções reconhece que a comunidade política nacional está continuamente mudando e que influencia continuamente, e é influenciada, pela comunidade política comum entre as nações. O debate no casulo de formação de consenso, por conseguinte, diz respeito tanto ao que as comunidades nacional e internacional são *e* aquilo em que podem estar se transformando.

O enfoque orientado para opções não ignora limitações estruturais, nem poder, interdependência e política de grupos de interesses, mas as considera maleáveis sob a influência de várias opções internas de finalidade nacional e política econômica. Nem todas as opções internas de objetivo nacional e política econômica têm igual sucesso ao influenciar fatores estruturais. Conforme já observado, elas têm que passar por certos testes de desempenho. Especificamente, a finalidade nacional precisa avaliar de modo exato a mistura viável dos componentes internos e diplomáticos da realidade política internacional.

Se o objetivo nacional se focaliza de modo exclusivo demais nos componentes internos, enfatizando a excepcionalidade da comunidade política interna de cada país, ele pode levar esse país a retirar-se da comunidade internacional (como os Estados Unidos fizeram antes da Segunda Guerra Mundial) ou estender em excesso sua presença nacional na comunidade mundial (como os Estados Unidos fizeram no Vietnã). Em ambos os casos, as realidades do poder internacional se farão sentir eventualmente e "convidarão" o país em causa a fazer uma correção. (Os estruturalistas diriam "compelirão", mas essa palavra é forte demais para esta perspectiva voluntarista.) Se, por outro lado, o objetivo nacional se focaliza muito exclusivamente nos componentes diplomáticos da comunidade política internacional, enfatizando processo em detrimento de política substantiva, ele pode levar a uma cooperação que supõe um acordo político quando nenhum existe (como aconteceu com as políticas americanas em 1945 em relação à União Soviética) ou a uma cooperação que promove metas antitéticas de política (como talvez os Estados Unidos possam ter feito através de cooperação com a Alemanha na década de 1930 ou com uma União Soviética internamente inalterada no período da *détente* da década de 1970). Em ambos os casos, divergências sociais intervirão eventualmente a fim de convidar a uma correção de rumo. Embora não haja medições quantitativas exatas para julgar o entrelaçamento entre objetivo nacional e realidades internacionais em qualquer dado tempo, o conceito de propósito nacional não é deslocado de seu contexto histórico. Ele pode tanto mudar a mistura existente de realidades internas e diplomáticas, se for exato, como ser mudado (eventualmente) por essas realidades, se errar o alvo.

Analogamente, políticas econômicas têm que ser aprovadas em certo teste de realidade. Nem todas as combinações de políticas interna, de comércio exterior, de taxa cambial e de política financeira são igualmente eficientes. Uma vez que recursos são escassos economicamente (e isso significa, fisicamente, a um dado preço), algumas políticas econômicas se revelarão mais eficientes do que outras. Embora possa ser difícil saber *ex ante* quais delas são mais eficientes (exceto no sentido teórico), é possível estabelecer *ex post* quais parecem correlacionar-se melhor com desempenho mais eficiente.

Os objetivos nacionais concorrem entre si para criar as condições de uma comunidade internacional comum. Essa comunidade tem que exceder certo patamar, a fim de sustentar um sistema econômico internacional. Tem que haver uma razão para a atividade econômica que não a atividade em si. Mercados não definem seu próprio conteúdo. Estudos tradicionais falam sobre esse requisito em termos de um arcabouço político internacional, pelo que geralmente entendem equilíbrio de poder (Carr, 1964). Este estudo, no entanto, vai além do equilíbrio de poder, a fim de definir a comunidade política internacional em termos da maneira como Estados resolvem identificar direitos privados que são protegidos contra a intervenção (pública) do governo e organizar instituições públicas a fim de decidir tudo mais que não se inclua no domínio privado.

O grau de similaridade em concepções nacionais de boa vida política define as fronteiras da comunidade política internacional comum. Se essa similaridade não for percebida com clareza suficiente, como os Estados Unidos deixaram de fazer em suas relações com as sociedades livres da Europa em 1945, ou se não estiver suficientemente presente, como tem acontecido nos conflitos entre Leste e Oeste no tocante a direitos humanos e instituições democráticas, a atividade econômica será limitada. Mais uma vez, é difícil saber quantitativamente onde se situa esse patamar de similaridade suficiente. E uma vez que comunidades políticas nacionais e internacionais comuns mudam continuamente, a atividade econômica pode sempre se descontrolar ou desaparecer em qualquer dada área, em qualquer dado tempo. As comunidades econômicas, no entanto, não surgem em um vácuo. Elas podem ser previstas aproximadamente nos casos em que valores e instituições convergem e crescem, dependendo mais ou menos do ritmo e da extensão em que ocorre essa convergência.

Tão logo passa a existir um nível suficientemente alto de comunidade política comum, participantes colaboram com vistas a decidir o conteúdo das políticas econômicas que adotarão. Essa decisão resulta ou na criação de mercados mundiais ou na barganha direta de todas as trocas econômicas nas instituições internacionais, ou em uma combinação de ambas. Políticas nacionais criam e fecham mercados abertos. Além disso, suas opções revestem-se de conseqüências diferentes para o crescimento e a estabilidade desses mercados. A prova do pós-guerra sugere que políticas inflacionárias, intervenção governamental extensa nos mercados de trabalho, produto e capital e restrições ao comércio externo correlacionam-se com crescimento mais lento e maior instabilidade nesses mercados. Embora não seja possível identificar relações diretas de causa e efeito no tocante a essas interações, é plausível concluir que opções de política podem ter tido pelo menos tanto a ver com o crescimento e a estabilidade no pós-guerra como circunstâncias estruturais exógenas.

O surgimento de acordo inicial sobre a comunidade política e o conteúdo das políticas econômicas não encerra a questão (como supõe o liberalismo profundo). Da perspectiva orientada para opções, o consenso sobre os objetivos e as políticas de cooperação econômica tem que ser continuamente alimentado. Os participantes influenciam o consenso através de instituições e mercados. Esses mecanismos podem reforçar-se mutuamente, como as instituições do Plano Marshall promoveram de fato o crescimento orientado para o mercado em fins da década de 1940 e na de 1950, ou podem operar em choque, como as ações de mercado dos Estados Unidos para realinhar as taxas cambiais em 1971, quando essas medidas subverteram as instituições de Bretton Woods.

O exercício de influência através de mercados ou instituições não está igualmente à disposição de todos os atores na economia mundial contemporânea, nem é sem limites para aqueles que podem exercê-lo. Em um contexto perfeitamente competitivo, conforme nos diz a teoria de mercados, nenhum ator isolado dispõe de poder suficiente para influenciar os demais. No atual ambiente internacional, contudo, vários atores dispõem desse poder e, neste momento, concorrem cada vez mais entre si e proporcionam maiores oportunidades para que outros atores, secundários, obtenham benefícios econômicos e influência política. Os Estados Unidos, o Japão e a Comunidade Européia (supondo que esta última atue de forma unificada) possuem peso suficiente na economia mundial para projetar influências nacionais poderosas sobre os mercados do mundo e para reestruturar os incentivos e opções abertos a outros países. Teoricamente, países com fluxos de comércio externo ou capital que representam uma pequena percentagem do PNB, mas uma grande percentagem do comércio mundial ou dos mercados de capital, dispõem de maior poder econômico (Bergsten, 1975, Capítulo 2).

Tal poder, contudo, mesmo nos casos desses atores, não é ilimitado. Se os Estados Unidos ou a CE atuam de modo a alienar atores menos poderosos, estes últimos podem sempre sair do mercado. Se um número suficiente de participantes se retira, o mercado deixa de existir ou se torna mais fraco e mais imperfeito. Os membros mais poderosos do sistema perdem não só benefícios econômicos ou fechamento e enfraquecimento do mercado, mas, também, um meio indireto de exercer influência sobre outros países. Desta maneira, um pré-requisito para influenciar os fatos econômicos internacionais através dos mercados consiste em manter o grau mínimo de consenso internacional necessário para sustentar um sistema aberto.

A manutenção de um consenso social mínimo é também necessária para dar respaldo às negociações em conferências e instituições internacionais. Nenhum processo de barganha, e ainda menos os acordos que dele emergem, pode ser mantido sem algum grau de consenso e coordenação organizacional. Seja através de instituições ou mercados, por conseguinte, os caminhos para fazer sentir o poder e a política nacional estão inextricavelmente ligados às finalidades nacionais e, daí, à comunidade política comum que a nação promove.

Nesse sentido, muito embora o modelo orientado para opções se concentre nas finalidades, políticas e poder dos grandes atores nacionais na economia mundial, ele não ignora os interesses das pequenas nações nem deixa de impor padrão de responsabilidade internacional aos primeiros. Aceita poder nos casos em que ele existe, mas exige que seja usado para configurar uma comunidade política comum que implique, eventualmente, distribuição mais eqüitativa de poder e de participação na economia mundial.

A perspectiva orientada para opções destaca o papel crescente dos mercados na coordenação da política econômica internacional contemporânea, ao passo que a metodologia estruturalista realça a coordenação através de instituições e negociações diretas (ver a discussão posterior de mercados). Reconhece que, à medida que aumenta o número de participantes nas instituições internacionais, torna-se cada vez mais difícil chegar a acordo através de processos de negociação direta. As vicissitudes de até mesmo pequenos grupos, tal como o G-5 (França, Alemanha, Japão, Reino Unido e Estados Unidos) refletem essa dificuldade. A capacidade de tomar medidas unilaterais no mercado internacional, por conseguinte, pode ajudar a romper impasses em negociações multilaterais. Em princípios da década de 1980, por exemplo, as idéias francesas e americanas sobre níveis aceitáveis de inflação eram tão diferentes que as perspectivas de acordo sobre o conteúdo de políticas econômicas em negociações de cúpula ou internacionais de outros tipos praticamente não existiam (ver Capítulo 7). A existência de mercados altamente interdependentes ofereceu outro meio de reduzir essas divergências. Ações de mercado, claro, precisam ser, em última análise, suplementadas por iniciativas institucionais ou correm o risco de ameaçar a comunidade política comum, sem a qual mercados não podem existir. As medidas tomadas pelos Estados Unidos em princípios da década de 1980 pararam a um passo da destruição de tal comunidade.

Os vários conceitos da alternativa orientada para opções foram reunidos graficamente na Tabela 2-1. As linhas cheias representam as influências indiretas recíprocas de políticas nacionais através dos mercados nacional e internacional. As linhas pontilhadas sugerem influências diretas de negociações entre políticas nacionais em instituições internacionais. As linhas cheias identificam os caminhos de influência mais enfatizados pela perspectiva orientada para opções.

Modelos Estruturalistas de Relações Econômicas Internacionais

Os modelos estruturalistas de relações internacionais na economia mundial focalizam apenas aspectos seletivos dos fatores e relacionamentos identificados na Tabela 2-1. O primeiro grupo de enfoques estruturalistas concentra-se principalmente em capacidade material e relações de equilíbrio de poder (Waltz, 1979). O segundo grupo destaca principalmente interações e processos (interdependência) em uma dada estrutura de poder. Esse grupo enfatiza regimes, instituições e

Tabela 2-1. Modelo Orientado para Opções de Relações Econômicas Internacionais

País A				Outros Países
Objetivo e política nacionais	- - - - - - - -	Conferências, regimes e instituições internacionais	- - - - - - - -	Objetivo e política nacionais
Política e poder	**Equilíbrio de poder**	Consenso e desempenho	**Equilíbrio de poder**	Política e poder
Economia nacional	————	Comércio e mercado de capitais mundiais	————	Economia nacional

Nota: Todas as linhas sugerem influências recíprocas.

mercados que desviam poder através de áreas problemáticas, limitam-no ou mudam-no no tempo (Keohane e Nye, 1977; Keohane, 1984; Krasner, 1983; Gilpin, 1981). O terceiro grupo enfatiza as forças políticas ou sociais, sejam elas relações profundas de Estado-sociedade (Katzenstein, 1977) ou grupos de interesses especiais (Olson, 1982).

Nenhuma dessas abordagens admite ação intencional suficientemente importante para produzir uma transformação básica de estruturas no sistema de Estados. Uma das explicações da segunda categoria desce de fato ao nível da interação agente-estrutura e procura explicar as origens do sistema de Estados, bem como sua possível modificação no presente, em condições de interdependência "intensa". O método de liberalismo profundo de John Ruggie acompanha a transição do mundo centralizado no Estado, dos tempos medievais aos modernos, em termos de mudança básica na definição social de propriedade, e prevê a possível transformação do sistema moderno de Estados em termos de outra dessas mudanças, do liberalismo do *laissez-faire* para o liberalismo profundo (Ruggie, 1983b, 1986). De acordo com esse argumento, a interdependência e as interações no nível de processo, caso se tornem suficientemente intensas, poderão apressar a transformação de objetivos sociais básicos e, nesse sentido, produzir mudanças no nível de sistema.

Todos esses modelos estruturalistas sofrem de importantes limitações. Os modelos de poder e interdependência não podem explicar adequadamente o objetivo ou a oportunidade de ações de política econômica, ao passo que a tese do liberalismo profundo julga que a transformação do sistema ocorre como resultado de conseqüências não-intencionais, e não de ação deliberada, como no enfoque orientado para opções. A explicação do liberalismo profundo abrange, também, períodos tão longos de tempo que esquece numerosas mudanças em finalidades sociais e política econômica, que ocorrem no intervalo, e não parece aplicar testes de desempenho adequado a fim de julgar que finalidades e políticas econômicas lidam eficazmente com circunstâncias estruturais e físicas e quais as que não o fazem (exceto para cultivar uma espécie de historicismo que conclui que o que sobreviveu tinha que sobreviver).

Modelos de Poder

Os modelos de poder prevêem coordenação da política econômica nos casos em que existe uma potência dominante, ou hegemônica, que tem grandes interesses no sistema internacional e está disposta a assumir os custos de lastrear uma ordem econômica liberal, incluindo abrir seu mercado às importações, fornecer capital para investimentos em outros países e permitir que sua moeda sirva como unidade monetária de reserva ao sistema (Kindleberger, 1973). Segundo essa explicação, a América criou e liderou uma ordem econômica mundial aberta após a Segunda Guerra Mundial, enquanto seu poder internacional era desproporcionalmente maior do que o de todos os demais países. Surgindo competidores, no entanto, os Estados Unidos mostraram-se menos dispostos a absorver custos e menos capazes de extrair benefícios de políticas liberais (Keohane, 1980).

A maioria dos analistas que adota essa perspectiva confessa-se perplexa com os motivos por que um sistema econômico aberto continuou a existir, além da data do declínio relativo dos Estados Unidos como potência dominante (ou, por falar nisso, além da data do declínio relativo da Grã-Bretanha em princípios do século XX. Ver Krasner, 1976). Se o sistema persiste apenas por causa de efeitos de inércia, analistas se perguntam se ele tem que degenerar inevitavelmente em uma guerra por hegemonia, que eventualmente gerará uma nova potência dominante (Gilpin, 1981), ou se ação coletiva pode substituir o papel hegemônico e reconstruir o sistema econômico mundial de acordo com princípios liberais ou outros (Keohane, 1984).

O fato é que não apenas os regimes econômicos liberais parecem sobreviver ao declínio relativo da potência dominante, mas esta nem sempre cria regimes liberais. Após a Segunda Guerra Mundial, por exemplo, a União Soviética era a potência dominante na Europa Oriental. Mesmo em 1981, seu PNB representava uma parcela maior do PIB total do bloco socialista do que a parcela dos Estados Unidos entre as nações ocidentais (70% em comparação com 40%). Analogamente, Alemanha e Japão eram claramente as potências dominantes antes da guerra na Europa e na Ásia. Ainda assim, nenhum desses países adotou políticas de comércio liberais. Praticamente a única coisa que a teoria de potências dominantes parece prever é que elas procurarão acesso a Estados subordinados (Hirschman, 1980). Neste sentido, hegemonia prevê a forma, mas não o conteúdo de um regime econômico (Ruggie, 1983b, p. 198). Potências dominantes podem impor políticas orientadas para o comando ou para o mercado. A ordem hegemônica resultante pode ser espoliativa ou benevolente (Snidal, 1985).

Mais recentemente, argumentaram alguns analistas que apenas potências dominantes com altas taxas de produtividade é que preferirão regimes liberais, porque "Se supõe que o livre funcionamento do mercado internacional concentre riqueza nas nações de alta produtividade" (Lake, 1984, p. 149). Com efeito, o poder dominante é redefinido de modo a incluir não apenas o existente, mas também capacidade superior (isto é, alta produtividade) para criar futura riqueza e poder. A ligação entre produtividade relativa e políticas liberais, no entanto, segue-se apenas se supormos que mercados livres concentram desproporcionalmente mais riqueza em nações de alta produtividade. Conforme pode-se observar no capítulo anterior, há alguma razão para duvidar de tal suposição. Mercados relativamente livres não só concentram riqueza, mas a disseminam (Myrdal, 1971). A curto prazo, os efeitos de concentração talvez predominem, mas, em um prazo mais longo, a "taxa de crescimento no núcleo tende a cair e a localização das atividades econômicas apresenta a propensão de difundir-se por novos centros de crescimento de periferia" (Gilpin, 1987, p. 95). Certamente isso aconteceu com a distribuição da riqueza na economia mundial do pós-guerra (ver Tabela 1-2).

Para começar, por conseguinte, a questão consiste em saber por que uma potência dominante preferiria políticas liberais. A curto prazo, ela poderia concebivelmente o mesmo com políticas espoliativas (Conybeare, 1984) e sua posição dominante no começo, na verdade uma posição monopolista, não é fator conducente à operação competitiva e eficiente dos mercados internacionais. Do ponto de vista de considerações puramente econômicas, por conseguinte, políticas liberais não constituem opção óbvia para potências dominantes. Talvez elas as escolham por razões não-econômicas. Neste estudo, argumento que os Estados Unidos escolheram em 1957 um sistema econômico baseado na eficiência principalmente por razões de segurança, como melhor maneira de mobilizar os recursos do sistema para defender a liberdade do Ocidente (ver Capítulo 4). Outros autores encontram motivações semelhantes no comportamento da Grã-Bretanha em meados do século XIX (ver Lawton, 1983, sobre a política britânica no Oriente Médio). Mas se necessidades de segurança fornecem a explicação, por que os soviéticos não optaram, em 1945, por um sistema econômico liberal com a Europa Oriental, ou por que Alemanha e Japão não adotaram tal política com seus aliados antes da guerra? Evidentemente, de suas perspectivas, esses países enfrentavam ameaças à segurança. Políticas de segurança, no entanto, não constituem apenas uma função de imperativos externos. Refletem, também, a maneira como um país se autodefine e, daí, o que está sendo protegido. É duvidoso, por exemplo, que um sistema econômico interno de comando centralizado decida proteger-se seguindo políticas internacionais orientadas para o mercado. Em última análise, o conteúdo das políticas econômica e de segurança é também um reflexo de políticas e instituições internas (Katzenstein, 1977; Comisso e Tyson, 1986).

A tese da hegemonia sofre também porque não nos diz quanto poder é necessário para criar um sistema econômico internacional liberal ou quando esse poder declinou o suficiente para torná-lo insustentável. As mensurações de poder nesse particular são muito fracas (Russett, 1985, p. 213). Além do mais, os critérios de medida existentes pouco nos dizem sobre os motivos por que os Estados Unidos exerceram seu poder após a Segunda Guerra Mundial, e não antes. Da Tabela 2-2 constam duas medidas do poder econômico americano no século XX. Tomando por base essas duas medidas, é difícil compreender por que os Estados Unidos agiram para criar um sistema econômico internacional em 1948, e não em 1928. De acordo com um desses critérios, a participação dos Estados Unidos na produção industrial mundial em 1928 era de 39,3% (Bairoch), e de 42% segundo outro (Rostow). Embora não existam números disponíveis sobre o período que se seguiu imediatamente à guerra, o quinhão dos Estados Unidos em 1953 era de apenas 44,7%. Mesmo que essa parcela fosse ainda mais alta após a guerra, deveremos concluir que 40%, ou por aí, é o patamar mágico que deflagra iniciativas das potências dominantes? Ou, porque a quota dos Estados Unidos no comércio mundial subiu de 14% em 1928 para 16% em 1948 (ver terceira linha da Tabela 2-2), deveremos chegar a 15% ou por aí como o patamar mágico para a hegemonia, em termos de comércio mundial? É claro que, isoladamente, esses dados não revelam coisa alguma.

Ainda mais interessante, os dados contidos nas Tabelas 2-3 e 2-4, bem como na Tabela 2-2, nenhuma forte prova apresentam de que o poder americano declinou tanto assim desde a Segunda Guerra Mundial. De 1950 a 1970, período em que as taxas cambiais foram relativamente constantes e as conversões do PNB em dólares envolviam menos distorções estatísticas, a parcela dos Estados Unidos no PNB total dos países da OCDE declinou apenas modestamente, de 59,2% para 47,6% (primeira coluna da Tabela 2-3). Após 1970, taxas cambiais flutuantes introduziram importantes distorções potenciais nas conversões. Os cálculos da OCDE baseados em paridade de poder aquisitivo das taxas cambiais, destinados a minimizar essas distorções (segunda coluna da Tabela 2-3) ainda demonstram que a participação americana declinou em menos de um ponto percentual de 1970 a 1985. Finalmente, a Tabela 2-4 demonstra que a parcela americana no comércio da OCDE e no comércio total mundial declinou também muito pouco nos 35 anos transcorridos desde 1950 — de 33,63% para 31,22% no tocante ao comércio mundial e de 52,55% para 43,50% no que interessava ao comércio da OCDE. A composição do comércio externo americano mudou radicalmente, de fato, de exportações para importações, o que alguns analistas talvez queiram interpretar como sinal de declínio. A crescente dependência americana de importações, no entanto, refletia também crescente dependência mundial dos mercados dos Estados Unidos. Acrescentando-se a tudo isso o papel do dólar americano, um papel

Tabela 2-2. Poder Econômico dos Estados Unidos no Século XX

	1913	1928	1938	1948	1953	1958	1963	1968	1971	1973	1978	1980	1985
Participação dos Estados Unidos na produção industrial mundial:													
Bairoch	32,0	39,3	31,4		44,7		35,1			33,0		31,5	
Rostow	36,0	42,0	32,0				32,0	34,0		33,0			
Participação dos Estados Unidos no comércio mundial:													
Rostow	11	14	10	16		14	11		13		12,5		14,5

Fonte: Primeira linha, Bairoch (1982) p. 304; segunda linha: Rostow (1978), p. 52; terceira linha: Rostow (1978), p 72-3, em relação a 1913-1971; os dados relativos a 1978 e 1985 foram calculados com base na UNCTAD (1987), p. 2-3

Tabela 2-3. Economia dos Estados Unidos como Parcela da Economia Total da OCDE, 1950-1985

	Parcela Americana do PNB* (a taxas cambiais médias para cada dado ano)	Parcela Americana do PNB† (a taxas cambiais de paridade de poder aquisitivo)
1950	59,2	
1955	56,8	
1960	54,0	
1965	50,1	
1970	47,6	40,47
1975	38,5	39,00
1980	35,3	38,88
1985	45,8‡	39,74

Fontes: Primeira coluna: FMI, *International Financial Statistics: Yearbook*, vários números; segunda coluna: OCDE (1987a), p. 14.

* O PNB de outros países, além do americano, é convertido em dólares na base da taxa cambial média do dólar para a moeda do dado país em cada ano dado.

† Essa série não retroage a antes de 1970.

‡ Não existiam alguns dados sobre o PNB em 1985. Nos casos da França, Luxemburgo, Finlândia e Portugal, usamos, em vez disso, o PIB; no caso da Espanha, o PNB e as taxas cambiais médias são os números do país; no caso da Turquia, utilizamos o PIB, em vez do PNB, e este é relativo, juntamente com a taxa média, a 1984.

que cresceu a despeito das predições, em fins da década de 1960, de que um padrão de dólar puro (isto é, dólar sem lastro de ouro) era insustentável (ver Capítulo 6), é impressionante a prova da continuação do poder econômico dos EUA nos mercados mundiais. Embora as teorias de hegemonia possam ainda estar certas, e o poder americano possa ter que cair mais ainda para submeter a teste o modelo,

Tabela 2-4. Comércio Americano como Percentagem do Comércio Mundial Total e da OCDE, 1950-1985

	Percentagem do Comércio Mundial			Percentagem do Comércio da OCDE		
	Exportações	Importações	Total	Exportações	Importações	Total
1950	17,61	16,02	33,63	28,25	24,30	52,55
1955	17,88	13,59	31,47	26,59	20,21	46,80
1960	17,43	13,20	30,63	24,55	19,16	43,71
1965	16,17	12,94	29,11	21,90	17,68	39,58
1970	15,10	14,21	29,31	19,66	18,81	38,47
1975	13,32	12,81	26,13	19,03	17,97	37,00
1980	11,73	13,47	25,20	17,81	18,77	36,58
1985	11,97	19,25	31,22	16,94	26,56	43,50

Fonte: FMI, *International Financial Statistics: Yearbook*, vários números.

é ainda enigmática, para dizer o mínimo, a maneira como estudos sobre o declínio desse poder conseguiram extrair tanto de tão pouco.

Teoria dos Jogos

Se a tese de potência dominante prevê a possibilidade, mas não o conteúdo, de regimes econômicos internacionais, na ausência de uma potência dominante nem mesmo a possibilidade de tais regimes pode ser prevista. Procurando explicar a possibilidade de cooperação em condições de distribuição relativamente igual de poder, portanto, estudos estruturalistas recorrem a metodologias sobre teoria dos jogos, regimes e enfoques institucionais ou de mercados. Todos esses enfoques destacam interações entre Estados ou processos dentro de uma dada estrutura de metas (resultados), normas, relações de poder e incentivos. Por isso mesmo, nenhum desses enfoques consegue explicar como objetivos ou propósitos mudam e, daí, como instituições e estruturas podem ser transformadas (Axelrod e Keohane, 1986, p. 248-54).

A teoria dos jogos procura explicar a possibilidade de cooperação mesmo na ausência de regimes ou instituições. Em sua forma mais pura, supõe objetivos conflitantes entre os participantes e nenhuma comunicação entre eles (na verdade, a ausência de qualquer regime). Resultados, ou prêmios, são especificados e classificados em ordem de precedência no tocante às várias estratégias de cooperação e desistência. Por exemplo, no jogo "O Dilema do Prisioneiro", a desistência mútua resulta em ambos os prisioneiros receberem penas de prisão mais rigorosas do que aconteceria se cooperassem. Mas ambos recusam-se a cooperar porque, se um o fizer, e o outro não, o que cooperava é contemplado com uma pena de prisão ainda mais pesada (Axelrod, 1984).

Ora, a questão torna-se como induzir cooperação e conseguir resultados mais satisfatórios. Uma das maneiras consiste em alterar a ordenação de precedência dos resultados. Se os benefícios da cooperação mútua puderem ser elevados significativamente, em comparação com os da desistência unilateral, os participantes eventualmente preferirão a primeira à segunda (Oye, 1986). A teoria dos jogos em si, no entanto, pouca introvisão permite da maneira como esses resultados são mudados. As condições dos resultados (prêmios) são dadas. Fazem parte da estrutura dentro da qual ocorre a interação. A teoria dos jogos em sua forma mais pura, portanto, é uma série de situações estáticas, que não podem explicar como os participantes entram em uma dada situação ou passam de uma para outra. E além do mais, poucas situações internacionais, aparentemente, se ajustam às condições estáticas dos vários jogos (Gowa, 1986; Keohane, 1986). Algumas das situações mais interessantes das relações internacionais ocorrem quando convergem auto-interesse e interesse comum (harmonia), como as atividades econômicas baseadas no mercado, ou quando não se percebe a existência de quaisquer interesses comuns (impasse), como em situações de crise com ameaça de guerra.

A fim de tentar salvar-se, a teoria dos jogos é obrigada a recorrer ao desenvolvimento de regimes. Outras maneiras de induzir cooperação são admitir a repetição de jogadas e reduzir o número de participantes. A possibilidade de jogadas repetidas permite que os participantes comecem a prever os movimentos recíprocos e, dessa maneira, desenvolver uma forma primitiva de comunicação através de reações mútuas (a denominada sombra do futuro). Reduzir o número de jogadores facilita essas comunicações, ao permitir o reconhecimento precoce e a retaliação contra os desertores (Oye, 1986). Dessa forma, emergem regimes, definidos como "conjuntos de princípios, normas, regras e procedimentos de tomada de decisões implícitos ou explícitos, em torno dos quais convergem as expectativas dos atores" (Krasner, 1983, p. 2). Esses regimes, argumentam alguns autores, contribuem para aumentar a probabilidade e intensidade das comunicações e interações entre os jogadores ao estabelecerem responsabilidade legal (como, por exemplo, direitos de propriedade), aumentando as informações e reduzindo os custos das transações (Keohane, 1984, Capítulos 5 e 6).

Regimes servem de mediadores entre estrutura e comportamento e, por conseguinte, podem explicar porque este último, assim como as políticas de mercado aberto dos países industrializados no período do pós-guerra, persistem além do declínio das estruturas iniciais, tal como a preponderância do poder americano. De acordo com alguns teóricos, regimes podem também explicar mudanças concretas nas normas e nas próprias estruturas. Isso acontece quando as interações dentro de regimes tornam-se tão intensas que influenciam diretamente os resultados básicos dos mesmos, ocasionando, por exemplo, uma mudança na definição dos direitos de propriedade (Krasner, 1983, p. 362-4; Ruggie, 1986, p. 148-9). Essas mudanças ocorrem espontaneamente, contudo, não como conseqüências de ações intencionais e, por isso mesmo, surgem apenas em áreas controversas em que os interesses dos atores participantes são relativamente pequenos (como, por exemplo, em áreas que não digam respeito à segurança. Krasner, 1983, p. 7-8).

Além dos mais, essa possibilidade de mudança em estruturas básicas depende da visão relativamente benevolente de instituições empregada pelos teóricos dos regimes. Regimes são considerados como "instituições descentralizadas", benignas, e "relativamente eficientes (...) em comparação com a alternativa de se ter uma miríade de acordos sem relações entre si (...)" (Keohane, 1984, p. 97-8). Embora essas instituições possam reduzir os custos de transação e, daí, o impacto das mesmas sobre as estruturas, outras instituições, especialmente as centralizadas, podem fazer justamente o oposto. Instituições ordenam não só hierárquica mas horizontalmente as relações e se facilitam ou não as comunicações depende inteiramente de serem abertas, sensíveis e eficientes em matéria de custos (Williamson, 1975; Lindblom, 1977). Instituições, ou regimes, em suma, podem produzir externalidades, da mesma maneira que ocorre com mercados (Haggard e Simmons, 1987, p. 508). Não dispomos de uma teoria de incentivos burocráticos que nos permita dizer se a intervenção institucional é superior ou não às trocas não-reguladas de mercado (Buchanan, 1985, p. 109-16). Uma vez que instituições e regimes refletem freqüentemente os interesses de potências fortes, eles podem, na verdade, atuar para perpetuar estruturas existentes, e não para mudá-las, através de intensificação das interações (Kratochwil e Ruggie, 1986; Nau, 1979; Rochester, 1986).

Mercados

As abordagens teóricas baseadas na teoria dos jogos aplicam-se a situações nas quais se supõe que haja conflito. O conceito clássico de mercados, em contraste, classifica situações que se supõe estarem em harmonia. Em mercados, a fim de se obterem resultados ótimos, é desnecessária coordenação direta entre os participantes. Todos eles podem atuar sem conhecimento ou previsão das reações dos demais e, ainda assim, conseguir resultados ótimos para todos. Na verdade, no modelo de mercado, tentativas de entrar em comunicação ou conluio com outros participantes são não só desnecessárias mas indesejáveis. Elas distorcem resultados que, de outra maneira, seriam mutuamente benéficos. Os participantes podem agir apenas na base de informações anônimas no mercado, que refletem a soma total dos atos de todos os participantes, e não ação de qualquer um deles.

Não obstante, os modelos de mercados compartilham de certas características com as abordagens de poder e teoria dos jogos. Os mercados pressupõem comportamento racional, baseado em análises de custos-benefícios em um dado conjunto de circunstâncias externas. A diferença é que, ao contrário dos modelos de poder, os enfoques de mercado presumem uma distribuição igualitária de poder (isto é, nenhum único ator pode influenciar o sistema) e, diferentemente das metodologias da teoria dos jogos, supõem indiferença de parte dos atores face a ganhos relativos, em contraste com os absolutos. Esta última condição cancela o emparelhamento de resultados que caracteriza os enfoques dessa teoria (isto é, o que um ator faz é influenciado pelo que o outro faz). Todos os atores concorrem contra um mercado indiferenciado que recompensa a eficiência e penaliza a ineficiência exclusivamente na base do esforço individual. O mercado funciona de acordo com o princípio de custos de oportunidade: os atores realizam avaliações independentes do uso de recursos escassos e a concorrência assegura a sobrevivência de apenas o uso mais perfeito, ótimo, desses recursos (Rhoads, 1985).

Os mercados maximizam eficiência, ao passo que os enfoques de hegemonia e da teoria dos jogos procuram maximizar cooperação e coordenação diretas. Nenhum desses enfoques especifica o *conteúdo* do que está sendo maximizado ou coordenado. Em termos gerais, esses estudos consideram que "mais cooperação é melhor do que menos", ao mesmo tempo reconhecendo que "isso não significa que todas as iniciativas para promover a cooperação internacional produzirão bons resultados" (Axelrod e Keohane, 1986, p. 253-4). Mercados, igualmente, não especificam o conteúdo de ações ou resultados. Embora em geral se suponha que funcionam condicionados por motivos de cobiça material, eles, na verdade, operam apenas na base do *auto*-interesse. Quer isso dizer que eles especificam a localização dos interesses — ou melhor, o ator individual —, mas não necessariamente o conteúdo desses interesses. Ou como escreve Herbert Stein,

> o argumento clássico sobre a superioridade do sistema de mercado livre sustentava apenas que tal sistema satisfaria eficientemente as necessidades da população (...). Não julgava os méritos dessas necessidades, aceitando-as como dadas. O argumento do mercado livre não excluía a legitimidade de uma decisão coletiva para afetar as necessidades a que a economia servia, seja pela educação, seja pela regulamentação ou gastos do governo (1984, p. 93).

Em outras palavras, o conteúdo dos interesses de mercado é função da opção ou soberania do consumidor. Consumidores podem resolver maximizar riqueza, poder, moralidade, bens públicos (tais como educação, meio ambiente etc.), ou quaisquer outros ativos. Na verdade, analistas aplicam modelos de mercado para estudar a riqueza (Smith, 1937), poder burocrático (Buchanan e Tullock, 1962) e outros fenômenos. O critério único de todos esses modelos não é cobiça, mas concorrência na avaliação de usos alternativos de um bem escasso.

Tais como regimes ou instituições, mercados não transcendem o contexto social. O fato de que mercados não possam ser abstraídos do contexto social, contudo, não significa que eles devam estar enterrados nesse contexto. Alguns analistas argumentam que "mercados são em si instituições (...) cujo caráter é historicamente determinado" (Hall, 1986, p. 35). Pela mesma lógica, regimes e instituições teriam que ser equiparados rigidamente às mesmas estruturas existentes de poder. Haveria neste caso menos espaço para manobra ou mudança, fosse através de mercados ou de regimes e instituições.

Um enfoque melhor parece ser o de considerar mercados e regimes como mecanismos alternativos para negociações entre atores estatais, com vistas a decidir os objetivos e a política das atividades econômicas internacionais. Regimes e negociações diretas em instituições internacionais talvez sejam mecanismos mais úteis quando existem conflitos que podem despedaçar mercados e quando regimes e instituições são relativamente abertos, sensíveis, e eficientes em matéria de custos. Os mercados e a barganha indireta através da concorrência podem ser mecanismos mais úteis quando regimes e instituições não funcionam eficientemente e quando se pode presumir que ações unilaterais promovam o bem comum (isto é, quando existe harmonia de interesses). O surpreendente é que praticamente todos os enfoques de regime da economia política internacional ignoram os processos de mercado (por exemplo, Keohane limita explicitamente seu estudo à "coordenação obtida através da barganha" e exclui "os ajustes mútuos que ocorrem sem comunicações diretas entre os participantes". Citação da p. 76, 1984. Ver também p. 52-3). Essa escolha reflete uma tendenciosidade clara na literatura da economia política contra os mercados, igualada apenas por tendenciosidade comparável na literatura sobre mercado livre contra instituições públicas (governamentais).

Ainda assim, pode-se defender, com bons argumentos, a tese de que mercados são hoje mais importantes do que instituições. Na década de 1950, instituições — às vezes com forte organização centralizadora, particularmente no nível regional (como, por exemplo, a CE) — foram úteis para construir mercados. Havendo menos atores e interesses adquiridos, nesse período elas foram também relativamente eficientes. Hoje, contudo, são mais burocráticas e contestadas e mercados interdependentes talvez possam prover uma arena alternativa para a interação flexível e a influência (alavancagem) indireta. Muito embora se diga que regimes são necessários para lidar com a complexidade maior das relações internacionais nos dias que correm, mercados são excepcionalmente apropriados para lidar com mais complexidade ainda. Enquanto forem suficientemente competitivos, eles processam muito mais informações do que as instituições, em especial as que são hierarquicamente organizadas, que podem ter propensão para sobrecarga de informações. Além disso, proporcionam anonimidade aos participantes. Os parâmetros são estabelecidos por processos competitivos na praça do mercado, e não pelos atores dominantes na mesa de negociações. Esse aspecto pode ser especialmente valioso numa comunidade mundial, onde são altas as sensibilidades nacionais e nações resistem a ceder a outras em conferências e instituições visíveis ao público. Por exemplo, como teria sido muito mais difícil do que foi convencer o Japão a reestruturar sua economia interna em fins da década de 1980, se os participantes tivessem sido obrigados a negociar a valorização do iene à plena vista da comunidade internacional, em vez de fazer com que isso parecesse ser, em grande parte, conseqüência de forças anônimas de mercado?

Mercados não apresentam tendências inerentes próprias para expandir-se, inovar ou consumir, como pode ter sido, talvez, deixado implícito por alguns modelos históricos (Gilpin, 1987, Capítulo 3). Eles assim procedem sobretudo como uma das conseqüências de política. Os mercados, por conseguinte, tais como os regimes e instituições, estão sendo constantemente configurados por forças sociais. Considerar mercados e instituições de um ponto de vista mais neutro, como foros alternativos de interação e negociação, não diminui o papel dessas forças sociais, e, na verdade, ajuda a identificá-las com maior clareza. Isto porque o conteúdo da interação em situações de negociação (teoria dos jogos) e não-negociação (mercado) não é, em última análise, nem uma questão de estrutura (poder) nem de processo (interdependência). É uma questão de política interna e interesses sociais.

Política Interna e Interesses Sociais

A análise de forças sociais tem se concentrado em dois níveis muito separados. Um dos níveis refere-se ao que poderíamos chamar de estrutura profunda da sociedade. Marxistas consideram essa estrutura profunda como luta de classes. Outros a vêem nos padrões de redes Estado-sociedade e instituições em vários países (Katzenstein, 1977). Nessas abordagens, o comum é que a mudança ocorra não por desígnio ou intenção, mas através de um processo de contradições, tensões e conflitos no sistema (Katzenstein, 1977, p. 333). Embora os objetivos de atores que atuam deliberadamente, tais como grupos de trabalhadores e empresários, desempenhem um papel nesse processo, eles não mudam, exceto em períodos muito longos de tempo (na verdade, na opinião de Katzenstein, estruturas internas persistem durante séculos), e a mudança no próprio sistema é mais resultado de conseqüências não-intencionais do que de iniciativas deliberadas. Dessa maneira, estrutura profunda implica que as fontes de mudança e continuidade estão profundamente enraizadas na sociedade e não são sujeitas a influências intencionais em qualquer marco imediato de tempo.

O outro nível em que se concentra a análise das forças sociais é o da política burocrática ou dos grupos de interesses. Embora essa literatura retroaja a obras fecundas de ciência política no pós-guerra (Truman, 1951), seu refinamento teórico mais recente coube e um economista, Mancur Olson (1965, 1982). Em *The Logic of Collective Action*, Olson argumentou que grupos que se comportam na base de auto-interesse nacional não cooperam voluntariamente para produzir bens públicos, ou coletivos, a menos que o governo intervenha para organizar benefícios colaterais. Definiu ele os bens públicos como aqueles que são indivisíveis, de modo que seu consumo por uma pessoa não pode reduzir o consumo de outra, e não-exclusivos, de maneira que uma pessoa não pode excluir outra de seu uso. Os exemplos no particular incluem coisas tais como ar limpo, transporte público e segurança nacional. Esses bens públicos talvez sejam necessários para servir de lastro a sistemas que produzem bens na maior parte privados. Mercados, por exemplo, requerem direitos de propriedade claramente definidos e mecanismos para adjudicação de litígios, a fim de funcionarem eficazmente. Pergunta Olson então: "De que maneira, então, são produzidos esses bens?"

As atividades de mercado apenas não conseguem produzi-los porque ganhos com bens públicos não podem ser privatizados. É necessária cooperação da política pública. Nesse momento, porém, surge um paradoxo. Do ponto de vista do auto-interesse nacional, indivíduos não terão interesse em contribuir para bens públicos porque os bens gerados terão que ser divididos com outros e teriam que ser pelo menos iguais ao número de participantes do grupo, multiplicado pelo custo incorrido por qualquer um dos participantes, antes que um único indivíduo pudesse ter certeza de recuperar seus custos. Quanto maior o número de participantes, por conseguinte, menos provável que o bem público seja fornecido. Daí, um pequeno número de participantes, ou mesmo um participante dominante, constitui a melhor situação para fornecimento de bens públicos. Os participantes, nessas circunstâncias, identificam-se mais facilmente com os interesses do sistema e contribuem com sua parcela justa para a criação do bem público.

Mas o que dizer de situações em que proliferam grupos de interesses, que é a situação mais comum nas democracias pluralistas? Neste caso, todos os indivíduos têm tendência de pegar carona. Não sendo capazes de obter ganho privado suficiente para compensar o custo dos bens públicos, indivíduos ou numerosos pequenos grupos de interesses concentram-se em redistribuir os bens públicos já existentes. Isso se aplica particularmente aos bens econômicos. Uma vez que qualquer indivíduo ou grupo teria que reduzir o produto do sistema como um todo por um fator igual ao número total de participantes, antes que indivíduo ou grupo possam esperar perder mais do que poderiam ganhar, eles teriam interesse em redistribuir recursos, e não em criá-los. Dessa maneira, em grupos muito numerosos, a lógica da ação coletiva funciona tanto para desestimular a criação de bens públicos quanto para estimular a redistribuição dos que já existem.

Na base dessa lógica, Olson explicou subseqüentemente a ascensão e queda das nações (*The Rise and Decline of Nations*, 1982). Em sociedades jovens, um pequeno número de grupos tende a dominar e produzir os bens coletivos necessários para crescer; em sociedades mais estáveis, emerge maior número de grupos e formam coalizões que redistribuem os recursos existentes. As sociedades democráticas têm a maior dificuldade em resistir à formação e dominação, ao longo do tempo, dessas coalizões redistributivas.

A única maneira de compensar a lógica da ação coletiva consiste em os governos intervirem e/ou em proporcionar incentivos seletivos a grupos, tais como subsídios, a fim de estimulá-los a contribuir para a produção de bens coletivos ou coagi-los a contribuir através de mecanismos como a tributação compulsória. Nesse momento, porém, a lógica de Olson chega a um impasse. Os governos, também, podemos supor, dependem da lógica da ação coletiva. Podem tomar decisões para criar bens públicos e proporcionar incentivos seletivos apenas em situações em que há um pequeno número de atores no governo. Mas nessas situações, enquanto estivermos falando sobre governos pluralistas e democráticos (isto é, há uma correspondência aproximada entre grupos decisórios na sociedade e grupos decisórios no governo), o número de grupos na sociedade como um todo será pequeno. Nesse conjunto de circunstâncias, a teoria nos diz que a intervenção do governo não é necessária para produzir bens públicos. Dessa maneira, governos democráticos tornam-se ou supérfluos para a produção de bens públicos em situações sociais em que existe um número pequeno de grupos, ou se tornam fatores exógenos em situações sociais em que existe grande número de grupos — exógenos no sentido em que não podemos explicar, nos termos da própria teoria, como governos, nessa situação, chegam a decisões para definir bens públicos, uma vez que seu processo decisório interno está sujeito ao mesmo processo da carona que aflige o processo decisório na sociedade como um todo.

O problema com a teoria de bens coletivos, tal como acontece com a teoria dos jogos, deve-se ao fato de ela concentrar-se apenas em situações de conflito. Olson nota que não é fácil encontrar grupos de interesses especiais que representem os seus e os da sociedade como um todo (1982, p. 46). Nega ele a possibilidade de situações de mercado clássicas, nas quais convergem interesses especiais e coletivos.[1] Ainda assim, curiosa e arbitrariamente, ele admite essa possibilidade no caso de grupos de interesses especiais (como, por exemplo, órgãos do governo) que operem dentro do governo. De repente, esses grupos, embora presumivelmente reflitam a fragmentação de interesses especiais na sociedade em geral, adquirem a capacidade, dentro do governo, de representar interesses comuns e definir bens públicos. Uma vez que a teoria não consegue explicar como isso acontece (e, se fosse possível no governo, seria possível também na sociedade em geral e a teoria não teria mais o problema do carona para resolver), ela, na verdade, toma os bens públicos como axiomáticos.

Bens públicos, no entanto, não o são. O público tem que lhes atribuir valor. O ar, por exemplo, é o bem público clássico. O consumo de ninguém diminui o consumo de outrem e ninguém pode dele ser excluído. O ar *limpo*, no entanto, não é bem público *a priori*. Nem tampouco o transporte público, os parques, ou um regime econômico liberal voltado à proteção dos direitos de propriedade, ou qualquer outro bem público politicamente interessante. Bens públicos precisam ser definidos e, no processo de defini-los, participantes organizam, debatem e eventualmente concordam ou deixam de concordar em designar certos bens como públicos. A lógica dos bens coletivos nada nos diz sobre esse processo político prévio. Da mesma forma que na teoria dos grupos de interesses, por conseguinte, passa por cima da maior e mais interessante atividade coletiva — isto é, a representação e o conflito de grupos de interesses especiais dentro do governo a fim de defini-los. No fim, diz respeito apenas à implementação de política (de que forma fornecer bens públicos), e não à formulação de política (para começar, como defini-los).

A lógica da ação coletiva, por conseguinte, deixa-nos onde começamos neste exame das alternativas estruturalistas a um modelo competitivo, mais orientado para opções, de relações de política econômica internacional. Estamos de volta a situações que partem de uma premissa de conflito, que não oferece mecanismos internamente consistentes para explicar como litígios podem ser solucionados ou estruturas transformadas por outros meios que não a guerra (modelos de poder), a intervenção de regimes e instituições utopistas, ou pelo menos benevolentes (teoria dos jogos), ou a operação de processos competitivos (mercados), cooperativos (bens públicos), ou sociais a longo prazo (estrutura profunda) de interação, destituídos de valores explícitos e de resultados buscados intencionalmente.

Liberalismo Enraizado

Não há como escapar da necessidade de buscar um modelo explicativo dos fatos econômicos internacionais no pós-guerra que transcendam poder, processo e estruturas sociais e interesses internos. Numerosos outros estudos reconhecem esse fato (ver, por exemplo, Gilpin, 1987). Mas pouquíssimos, se é que alguns, elaboraram uma teoria de ação intencional por parte de Estados, especialmente

1 Como conseqüência, a lógica da ação coletiva funciona de maneira exatamente oposta à dos mercados: mais concorrência (isto é, maior número de grupos) gera menos bens públicos ou bem-estar, ao passo que, nos mercados, gera mais; e organizações em número menor ou mais abrangentes geram mais bem-estar, ao passo que, nos mercados, esses oligopólios geram-no menos.

dos Estados Unidos, que enfatizem significativamente a influência da política na alteração de limitações estruturais. As abordagens relativas à hegemonia, teoria dos jogos, mercados e grupos de interesses pegam, sem exceção, sua deixa nas circunstâncias. Carecem de conteúdo, exceto que os teóricos lhes imputam capacidade de definir o que é bom (como, por exemplo, os governos na lógica da ação coletiva) e que não pode ser explicado pelas circunstâncias. Se hegemonia, ideologia liberal e interesses comuns são, sem exceção, pré-requisitos de políticas liberais de mercado, conforme sugerem alguns estudos (Gilpin, 1987, p. 73), o que explica o surgimento de ideologias liberais ou de interesses comuns? Esses estudos nos dizem mais sobre as origens e declínio de poder hegemônico do que sobre as origens e declínio da ideologia ou dos interesses comuns. Por que alguns atores desenvolvem interesses comuns quanto ao bem-estar de outros (empatia), enquanto outros conservam apenas interesses egoístas relativos apenas ao seu próprio bem-estar (Keohane, 1984, p. 125)? O período do pós-guerra, conforme já observado no capítulo anterior, foi marcado principalmente pela predominância de ideologias liberais e a disseminação de instituições e valores democráticos comuns. Serão esses fenômenos acidentes da história ou seu aparecimento e declínio devem ser explicados tanto por nossos modelos conceituais como pela ascensão e queda do poder americano?

Uma tentativa importante de explicar os fatos do pós-guerra em termos que transcendam as limitações estruturais surgiu sob a forma do conceito proposto por John Ruggie, o do liberalismo enraizado (1983b). A tentativa desce ao nível do agente-estrutura de interação e procura explicar a emergência do sistema econômico liberal internacional no pós-guerra em termos de uma fusão de poder estrutural e finalidade social. De acordo com esse argumento, os Estados Unidos e seus aliados construíram o sistema de Bretton Woods, após a Segunda Guerra Mundial, na base de uma acomodação social entre defensores do liberalismo econômico, que procuravam superar o nacionalismo econômico da década de 1930, e paladinos da intervenção interna, que queriam evitar a ruptura social, no país, de sistemas econômicos internacionais anteriores, baseados no ouro e no livre comércio. A acomodação pedia aos governos que reduzissem a intervenção na economia internacional — se abstivessem de introduzir mudanças nas taxas cambiais e revogassem as restrições ao câmbio e ao comércio externo —, mas que a aumentassem na economia interna a fim de manter o pleno emprego e facilitar o ajustamento doméstico à competição internacional. A acomodação representava uma síntese, conforme explica Ruggie, de dois grandes movimentos sociais, o capitalismo e o socialismo —, um dos quais construiu mercados livres sem restrições no século XIX, enquanto outro introduzia técnicas sociais keynesianas para administrar mercados no século XX (ver, também, Maier, 1977 e Hogan, 1987, que identificam as origens dessa síntese no associacionismo dos interesses de empresas e trabalho já na década de 1920, e Gourevitch, 1986).

O argumento do liberalismo enraizado proporciona uma interpretação ampla da evolução no pós-guerra de objetivos sociais internos e estruturas econômicas internacionais. Sugere uma transformação do sistema internacional, do mundo moderno para o "pós-moderno", não muito diferente da transformação ocorrida há quatro séculos, da sociedade medieval para a moderna (Ruggie, 1986, p. 146-8). Devido a seu alcance, no entanto, o argumento do liberalismo enraizado situa-se além de meios práticos que lhe possam testar sua validade. De que modo podemos saber que estamos no mundo pós-moderno? Argumenta Ruggie que o liberalismo enraizado reflete *A Grande Transformação (The Great Transformation*, 1944), da racionalidade do mercado para a regulamentação social descrita por Karl Polanyi. Mas Friedrick Hayek, escrevendo mais ou menos na mesma época no *The Road to Serfdom* (1944), previu um movimento de distanciamento da regulamentação social e a volta aos mercados livres. Desde fins da década de 1970, o mundo parece estar caminhando mais nessa direção do que na do keynesianismo, gerando outro grande divisor de águas histórico — e tudo isso dentro de duas gerações.

O conceito de liberalismo enraizado é elástico demais para ser testado empiricamente (Haggard e Simmons, 1987, p. 494, 510). Abrange praticamente todas as acomodações entre eficiência econômica e regulamentação social. Ruggie argumenta, por exemplo, que essa acomodação persiste mesmo que as diretrizes da política de comércio exterior no pós-guerra tenham se inclinado cada vez mais para o protecionismo. Mas como o próprio Ruggie reconhece em outro contexto (Kratochwil e Ruggie, 1986, p. 769), os compromissos com o livre comércio e a intervenção interna estão, em última análise, em conflito. Formuladores de política não podem dar igual peso a ambos os compromissos e esperar liberalizar dramaticamente o comércio externo, como fizeram nas décadas de 1950 e 1960. Tampouco podem equilibrar exatamente esses compromissos e produzir o resvalamento para o protecionismo que ocorreu nas décadas de 1970 e 1980. Os resultados diferentes nos dois períodos tinham que ser, até certo ponto, conseqüências de ênfases diferentes de política — no primeiro período, para comércio mais livre e, no segundo, para a proteção social.

O liberalismo enraizado precisa ser vinculado a algum padrão de desempenho a fim de se julgar seu conteúdo mutável. De outra forma, ele se torna tudo o que o teórico quer que seja. Isso constitui um perigo, claro, dados todos os conceitos de agente-estrutura que querem transcender o contexto estrutural. O liberalismo enraizado, tal como o marxismo histórico, torna-se um desenrolar inevitável, ao longo do tempo, de um processo social (seja refletindo a intensificação da interdependência ou a luta de classes) que é na maior parte predeterminado. Esse perigo pode ser evitado submetendo-se a teste, de vez em quando, a finalidade e o conteúdo de política do consenso social, em comparação com mudanças nos resultados e desempenho. Supõe essa orientação, em contraste com as abordagens estruturalistas, que ação deliberada ou intencional guarda alguma relação com os resultados concretos e não é dominada por retroalimentação ou conseqüências não-procuradas (isto é, acidentes históricos).

O liberalismo enraizado pode muito bem explicar a mudança, em objetivos sociais e políticas econômicas após a Segunda Guerra Mundial, que deu aos governos um papel ativo na administração da demanda agregada nas economias internas. Nesse sentido, o consenso no pós-guerra repudiou o *laissez-faire* absoluto nos mercados nacionais e internacionais. Mas vai longe demais quando sugere que essa mudança sancionou qualquer que seja o grau de estímulo governamental na política macroeconômica e deu aos governos uma *carte blanche* ainda mais ampla para intervir pesadamente na área microeconômica. Ao deixar de especificar o caráter mais limitado, conservador, do consenso econômico no pós-guerra (ver Capítulos 3 e 4), o liberalismo enraizado supõe que a expansão desse consenso, em meados da década de 1960, a fim de incluir políticas macroeconômicas e microeconômicas mais ativas, foi meramente a continuação da mesma acomodação ocorrida no pós-guerra. Não pode explicar, por conseguinte, pelo menos em termos de política, os resultados muito diferentes de desempenho dos dois períodos do pós-guerra (antes e depois de 1967; ver Figura 1-1) e deixa-nos concluir que essa política pouco teve a ver com os resultados (e que só importa o processo de formulação de política) ou que o conteúdo da política é tão elástico que consegue explicar quaisquer resultados.

Propósito, Política e Performance

O modelo conceitual usado neste estudo, por conseguinte, insiste em que há um elo entre finalidade e conteúdo de medidas de política e os resultados concretos de desempenho, ou performance. Esse elo é forjado em base contínua dentro de um contexto mais amplo de estruturas sociais mais profundas, relações de poder e mecanismos de processos, mas não é determinado por esse contexto. Na verdade, com a passagem do tempo, decisões consistentes de política podem mudar aspectos importantes do contexto mais amplo, isto é, podem alterar estruturas básicas e circunstâncias. A parte seguinte deste estudo (Capítulos 3 e 4) conta-nos a história de como as decisões de política dos Estados Unidos e de outros países industrializados, após a Segunda Guerra Mundial, alteraram finalmente as condições vigentes de inflação, intervencionismo e comércio externo bilateralmente administrado e, em lugar dessas condições, criaram o mundo de Bretton Woods, de preços estáveis, mercados flexíveis e comércio multilateralmente mais livre.

II

Construção do Sistema de Bretton Woods

3

Os Acordos de Bretton Woods: Falta de Objetivos e Política Adequados

Ao contrário do mito de curso geral, o sistema econômico internacional do pós-guerra não começou com os acordos assinados em Bretton Woods, New Hampshire, em julho de 1944. Esses acordos, na verdade, nasceram mortos. As instituições que criaram não representaram nenhum papel significativo nas relações econômicas do pós-guerra até a década de 1950.

Por que teria isso acontecido? O poder americano nunca fora tão grande como em 1944-1945 e a política do país era mais coerente do que seria em 1946-1947, período em que os republicanos assumiram controle do Congresso, enquanto os democratas continuavam a ocupar a Casa Branca. Ainda assim, nem o poder nem a opinião pública americanos foram mobilizados para iniciar a reconstrução econômica do pós-guerra. E a razão foi que nem os propósitos nem a política do país conseguiram sensibilizar o poder e a opinião pública. A América projetava uma visão utopista de comunidade mundial, baseada na lei e no comércio, que confundia importantes diferenças de comunidade política entre as sociedades democráticas e totalitárias da Europa Central. Inspirada nessa visão, a política de segurança americana desmobilizou e retirou as forças militares do exterior, a despeito da posse exclusiva, na ocasião, de armas nucleares. As políticas econômicas procuraram promover o livre comércio externo e interno através de grandes e, em última hipótese, intransponíveis abismos em instituições econômicas internas e políticas entre a economia centralizada, planejada, da União Soviética, por um lado, e a economia competitiva, orientada para o mercado, dos Estados Unidos, por outro. Exceto nos primeiros dias de 1942-1943, época em que o resultado da guerra ainda permanecia em dúvida, as circunstâncias externas exerceram pouquíssimas limitações sobre o poder americano. As razões do comportamento adotado eram internas e tinham a ver com a definição utopista da auto-imagem do país, com a relutância em impor políticas econômicas relativamente competitivas e eficientes, de preferência à política mais intervencionista adotada no exterior, sobretudo na Grã-Bretanha, e com a incapacidade de despertar apoio suficiente no Congresso, e na arena não-governamental mais ampla de formação de consenso, para comprometer os recursos necessários à reconstrução no pós-guerra.

A interpretação contida neste capítulo, portanto, contesta algumas das explicações mais comuns da política dos Estados Unidos nesse período, dando ênfase ao poder do país (Kindleberger, 1981), ao desejo de seus legisladores de impor as políticas intervencionistas do New Deal ao resto do mundo (Block, 1977), ou à influência benigna, nesse período, do crescimento e da produtividade sobre a política nacional (Maier, 1977).

Se fundamental nesse período, o poder americano nem foi militar, dada a retirada das tropas que se encontravam no ultramar, nem econômico, o que teria recomendado financiamento mais agressivo das exportações do que os magros recursos que o Congresso concedeu ao FMI em 1945. Teria sido, quem sabe, o poder político ou ideológico, isto é, a projeção da auto-imagem liberal americana sobre o resto do mundo (Russet, 1985), mas se isso aconteceu, descobriu-se ser insuficiente o poder do país em 1945. A visão universal-utopista que os Estados Unidos propuseram durante as negociações ao tempo da guerra (ver Tabela 1-3) morreram nas Nações Unidas em 1945, a despeito da grande sensibilidade americana aos sentimentos soviéticos após a guerra (Gaddis, 1987; Pollard, 1985).

As opções de política econômica nesse período distanciavam-se muito do "New Deal para a economia mundial" que alguns estudiosos desse período alegaram. O Plano White, elaborado por funcionários do Tesouro em 1942, aproximou-se mais, na verdade, da premissa do padrão-ouro desacreditado do que do intervencionismo do New Deal. Para sermos exatos, o Plano White foi muito prejudicado em 1944 para levar em conta preocupações britânicas, soviéticas e do Congresso, fazendo com que o produto final apresentado em Bretton Woods parecesse mais intervencionista. Essas acomodações, no entanto, roubaram também dos acordos de Bretton Woods sua eficácia econômica e explicam a irrelevância geral dos mesmos nos primeiros anos do pós-guerra. A experiência com empréstimos feitos à Grã-Bretanha em 1946-1947, discutida adiante e neste capítulo, demonstraram que políticas internas altamente intervencionistas eram em geral incompatíveis com políticas externas liberais (como, por exemplo, menores restrições cambiais e nas importações). Em 1947-1948, o Plano Marshall voltou às políticas econômicas mais eficientes das propostas iniciais feitas pelos Estados Unidos durante a guerra (ver Capítulo 4).

Finalmente, seria uma interpretação forçada do período argumentar que o consenso em torno da política econômica interna que finalmente emergiu foi produto de uma grande síntese, a "política de produtividade", na qual as perspectivas de crescimento e aumento da produtividade conseguiram, de alguma forma, superar as diferenças de classe, que de outra maneira seriam irreconciliáveis, entre empresas e trabalho (Maier, 1977). O consenso interno foi, na verdade, produto de intenso debate e luta, nos quais algumas opções de política foram aceitas, enquanto outras eram rejeitadas. O consenso final repeliu a maior parte das opções do New Deal, apoiadas pelos grupos trabalhistas. Abrangeu, conforme escreveu Robert Collins, "a ala direita do espectro keynesiano (...) que optou por uma política monetária ativa e uma política fiscal passiva, por estabilizadores (fiscais) automáticos, de preferência à administração (fiscal) discricionária, pela redução da tributação e aumento dos gastos privados, pelo mínimo de desemprego de preferência a um mínimo de inflação, e pela estabilidade econômica sobre a redistribuição da renda e a realocação de recursos (1981, p. 16-7). Na verdade, o keynesianismo conservador, que dominara o pensamento americano no pós-guerra durante duas décadas, aceitou apenas uma condição do dogma intervencionista, a idéia de que a política fiscal devia ser estabelecida de tal maneira que os déficits aumentassem e atuassem como estabilizadores automáticos em épocas de recessão, mas pequenos superávits resultassem em ocasiões de alta (não plena) taxa de emprego e fossem usados para resgatar a dívida nacional. À parte isso, o consenso do pós-guerra rejeitou a sintonia fina discricionária da política fiscal, declarou-se positivamente a favor de contenção monetária, a fim de manter a estabilidade dos preços, defendeu as reduções dos impostos com vistas a promover incentivos privados e considerou a política microeconômica como meio para fomentar, e não reprimir a concorrência (como, por exemplo, a legislação antitruste tradicional).

E foi esse consenso interno sobre políticas orientadas para o mercado que permitiu a liberalização externa do comércio e, em última análise, abriu as portas à era de produtividade e prosperidade no pós-guerra. O consenso, note-se, não tentou acomodar todas as opções de política, por mais incompatíveis fossem, como os acordos de Bretton Woods procuraram fazer no nível internacional. Mas representou, de fato, um conjunto de idéias que oferecia benefícios a todos os grupos. Nesse sentido, gerou, em vez de derivar dela, a política de produtividade, na medida em que grupos individuais (trabalho, empresas etc.), eram atraídos para o consenso pela promessa de ganhos mútuos.

Comunidade Mundial através do Comércio e da Lei

A definição dominante do objetivo nacional dos Estados Unidos antes da Segunda Guerra Mundial era o isolacionismo. O isolacionismo repudiava as dimensões diplomáticas da política internacional e definia o papel da América no mundo como, essencialmente, de não-envolvimento (ver Tabela 1-3). A Segunda Guerra Mundial mudou tudo isso. Tornou a América autoconsciente no cenário global. Experiência nacional contundente, a guerra debilitou as forças isolacionistas tanto na ala esquerda (New Dealers radicais) quanto na direita (republicanos do Meio-Oeste). A maioria nos Estados Unidos veio a acreditar que o país teria que pôr sua marca no sistema internacional, ou nunca mais poderia sentir-se em segurança.

Logo que a guerra explodiu na Europa, a América começou a planejar o mundo do pós-guerra. Discussões tiveram início fora do governo em vários grupos de trabalho do Conselho de Relações Exteriores já em 1940. No Departamento de Estado, o secretário Cordell Hull ordenou que o planejamento começasse em princípios de 1940 e pressionou Roosevelt, nas discussões sobre a Carta do Atlântico, em agosto de 1941, para obter dos britânicos compromissos com acordos de comércio não-discriminatórios no pós-guerra, isso mesmo antes de os Estados Unidos entrarem na guerra (Eckes, 1975, p. 34-5). Quatro dias após Pearl Harbor, o secretário do Tesouro, Henry Morgenthau, Jr., pediu ao seu secretário-assistente, Harry Dexter White, que preparasse um esboço para o sistema monetário do pós-guerra (Blum, 1967, p. 228-9). Nessa altura, o planejamento era altamente abstrato. Ninguém sabia se a guerra seria ganha, quanto mais o tipo de mundo que ela deixaria em sua esteira.

A irrealidade de tudo isso facilitou o desenho de uma visão integrada e ideal da ordem no pós-guerra. As propostas de segurança (Nações Unidas) e econômicas (Bretton Woods) caminharam lado a lado, "tão interdependentes quanto as lâminas de uma tesoura", como as descreveria depois Morgenthau (Câmara dos Deputados, 1945, p. 4-5). Em conjunto, as propostas americanas projetavam a visão abrangente de uma comunidade política compartilhada no pós-guerra, baseada em valores americanos liberais de liberdade política (lei) e competição econômica (comércio). "A segurança econômica", conforme observa Robert Pollard, significava que "os interesses americanos seriam melhor servidos por um sistema econômico aberto e integrado, em contraste com um grande sistema militar em tempo de paz" (1985, p. 13). Embora fosse além do isolacionismo, a tese jurídico-comercial não era incompatível com a autodefinição americana sob o isolacionismo. Este último rejeitara o envolvimento do país no sistema internacional porque confiava nas políticas militar e de equilíbrio de poder tradicionais. Nesse momento, os Estados Unidos reformariam o sistema em termos de sua própria receita interna para uma comunidade política mundial baseada exclusivamente em relações jurídicas e econômicas.

Hull e Morgenthau tinham muito em comum. Compartilhavam de longevidade no cargo (de 1933 a 1944 e 1945, respectivamente), de experiências comuns na década de 1930, e, acima de tudo, de um conjunto de idéias comuns. Consideravam ambos o conflito econômico como causa principal da guerra (Senado, 1945; Blum, 1967). Hull, que estivera desenvolvendo idéias próprias sobre comércio e paz desde a Primeira Guerra Mundial e que contribuíra com o ponto 3 para os 14 pontos de Wilson, pedindo uma conferência internacional de comércio após a Primeira Guerra Mundial, acreditava que o livre comércio podia não só evitar ciúmes entre as nações, mas também elevar o produto, o emprego e os padrões de vida, ocasionando "o firme estabelecimento de uma base de amizade e confiança sobre a qual paz permanente possa ser construída" (Hull, 1948, v. I, p. 81, 174). Para Hull, que iniciou a política de comércio mais livre do pós-guerra com sua Lei de Acordos Comerciais Recíprocos, de 1934, o importante em tudo isso não era riqueza, mas "a promoção constante das liberdades humanas" (1948, v. I, p. 175). Morgenthau, igualmente, via no comércio uma maneira de banir a política de poder. Mas preocupava-o também o fato de que "a economia do poder pode ser igualmente tão perigosa" (Câmara dos Deputados, 1945, p. 6) e iniciou esforços, já no Acordo Tripartite de 1936 (que incluiu inicialmente a França, Grã-Bretanha e Estados Unidos e, em 1945, nove outros países), para promover a cooperação financeira e evitar "os conflitos econômicos da década de 1930 que produziram os gângsteres que, finalmente, abandonaram o porrete e o soco inglês econômico em troca de tanques que deram um banho de sangue na Europa e na maior parte do mundo" (Senado, 1945, p. 8.)

A tese jurídico-comercial do mundo via uma "reciprocidade idêntica entre interesses nacionais e internacionais" (Blum, 1967, p. 228). A política internacional não dizia respeito ao gerenciamento de interesses internos fundamentais, que se podia supor fossem compartilhados. Relacionava-se apenas com a maneira como as relações diplomáticas podiam ser estruturadas para solucionar problemas funcionais comuns de comércio, moeda, alimentos, saúde, e outras necessidades. Enquanto o isolacionismo negara a dimensão diplomática da política internacional, a tese jurídico-comercial negava a dimensão interna (ver Tabela 1-3). Essa visão, como observa John Gaddis, tentou "construir uma nova ordem econômica mundial sem resolver primeiro as divergências políticas profundas que separavam os Estados Unidos da União Soviética" (1972, p. 23). Embora essa opinião não fosse aceita nesse período por todos os funcionários americanos (ver, por exemplo, a sarcástica descrição de Dean Acheson do planejamento americano nessa época como "o planejamento singularmente estéril (...) platônico, de uma Utopia"; 1989, p. 64, 68), constituiu evidentemente o pensamento dominante por trás das primeiras propostas americanas a destacar soluções técnicas, neoclássicas, para as relações econômicas no pós-guerra.

O Plano White: Nenhum Outro New Deal

O primeiro plano do Tesouro para a economia mundial no pós-guerra — conhecido como Plano White em homenagem a seu principal formulador, Harry Dexter White — constituiu um caso exemplar de livro-texto de políticas econômicas altamente competitivas de comércio externo e políticas internas disciplinadas (ver esboço do plano, datado de 1942, em Horsefield, 1969, v. III, p. 37-83). O plano atribui grande valor a preços internos e internacionais estáveis, especialmente ao preço das moedas nacionais, ou taxas de câmbio. Conforme deixavam claro as notas que acompanhavam o plano, "grandes oscilações nos níveis de preços constituem um dos elementos mais destrutivos do comércio interno e internacional". A estabilização das taxas cambiais reduziria os "custos da conduta do comércio externo" e ofereceria "mais oportunidade de se evitarem os efeitos disruptivos das fugas de capital e da inflação" (Horsefield, 1969, v. III, p. 46, 47). Dessa maneira, o plano obrigava seus membros e não alterarem as taxas cambiais sem o consentimento dos demais, a reduzir as restrições de natureza cambial e a eliminar práticas discriminatórias no câmbio e no comércio externo. Pedia também redução das barreiras ao comércio, com o objetivo de estimular a concorrência. A ênfase em preços estáveis e barreiras comerciais mais baixas, juntamente com os níveis relativamente modestos de financiamento externo que o plano oferecia, a fim de ajudar membros a enfrentar déficits temporários em seu balanço de pagamentos (ver abaixo), assegurava que os estados-membros se ajustariam aos desequilíbrios externos principalmente através de políticas internas macro e microeconômicas. Nesse sentido, o primeiro plano do Tesouro aproximou-se surpreendentemente do desacreditado padrão-ouro da década de 1920.

O objetivo do plano inicial do Tesouro, no entanto, não era o *laissez-faire*. Pretendia, na verdade, prevenir o tipo de concorrência ilimitada do *laissez-faire* entre as nações, que havia culminado na guerra econômica da década de 1930. As normas que foram propostas para impedir esse tipo de concorrência, no entanto, aplicavam-se tanto aos governos quanto aos agentes privados. Morgenthau e Hull queriam os governos sujeitos a um conjunto de regras que conferissem transparência e previsibilidade às forças do mercado e impedissem a manipulação das mesmas pelos governos que Morgenthau chamara, na década de 1930, de "gângsteres". Dessa maneira, o Plano White repudiava o capitalismo nacional da década de 1930, as políticas orientadas por comando de Hjalmar Schacht, presidente do Reichsbank da Alemanha nazista. Pedia intervenção do governo para estabilizar as taxas cambiais, mas criava um processo de consulta internacional sobre outras políticas econômicas nacionais de importância decisiva que, efetivamente, limitava a ingerência do poder público ou exigia que ele promovesse a realocação flexível de recursos, através de políticas internas, se de fato interviessem na economia, e não que restringissem o comércio externo.

O Fundo de Estabilização das Nações Unidas mencionado no Plano White de 1942 (precursor do FMI), fixava taxas cambiais dentro de uma estreita margem que os países poderiam mudar apenas com aprovação de 80% dos filiados ao Fundo. Embora todas as demais votações fossem feitas em base ponderada, recomendou White que, na votação de mudanças nas taxas cambiais, todos os países tivessem apenas um voto, a fim de evitar que as nações mais ricas exercessem autoridade excessiva sobre as mais fracas. Isso significava que os Estados Unidos não poderiam vetar uma decisão dessas com respeito ao dólar, o que era uma inacreditável abdicação de soberania nacional por parte da potência econômica dominante. White reconhecia essa concessão, mas explicava que mudar as taxas cambiais afetaria outros países e que "a menos que nações estejam dispostas a sacrificar parte de seu poder ou iniciar ação unilateral em assuntos de relações econômicas internacionais, pouca esperança haverá de qualquer cooperação internacional significativa" (Horsefield, 1969, v. III, p. 66).

O Plano White, porém, não se esgotava nessas medidas. Exigia que os países-membros: 1) abandonassem todas as restrições e controle das transações em moeda estrangeira dentro de um ano após a data em que se tornassem membros (Seção III-1 do esboço original. O primeiro esboço fixava uma data limite de apenas seis meses. Gardner, 1980, p. 89); 2) não adotassem qualquer medida monetária interna que, na opinião da maioria dos membros do Fundo, levasse a desequilíbrio grave no balanço de pagamentos, se 80% dos membros desaprovassem tal medida (Seção III-5); 3) eliminassem as discriminações em moedas e relações de comércio externo (Seção III-4); e 4) iniciassem a redução gradual das barreiras comerciais vigentes (Seção III-6).

Explicou White que essas condições não se baseavam no credo econômico do século XIX, de que era prejudicial toda e qualquer interferência no comércio e capitais internacionais e nos movimentos do ouro. O plano, na verdade, pedia rigorosos controles governamentais do fluxo de capital privado, destinados principalmente a deter as fugas de capital e a especulação. Além do mais, em outras áreas, a intenção do Plano White não era "proibir instrumentos de controle", mas "promover as medidas (...) que sejam mais eficientes para a consecução dos objetivos de prosperidade mundial sustentada" (Horsefield, 1969, v. III, p. 64). Controles e restrições cambiais poderiam ser usados, por exemplo, mas "quando fossem claramente justificados pelas circunstâncias, e apenas na medida necessária para executar um objetivo que contribua para a prosperidade geral" (p. 64). A diminuição das restrições se concentraria apenas "nas barreiras desnecessárias ao comércio internacional" (p. 48).

O direito do Fundo de desaprovar medidas de política interna, admitia White, constituía o poder mais controvertido, mas também o mais importante da organização porque "haverá condições em que o caso é suficientemente claro e as conseqüências importantes o bastante para justificar o exercício desse poder" (p. 68). O requisito de que a maioria dos membros do Fundo considerasse a medida de política interna suficientemente importante para ocasionar problemas graves de balanço de pagamentos e que 80% dos membros fossem necessários para desaprová-la foram elaborados a fim de assegurar que a organização não utilizaria arbitrariamente esse poder. Não obstante, mesmo com essas ressalvas, o antigo Plano White deixou inequivocamente claro que medidas de políticas internas poderiam, em última análise, colidir com os requisitos de estabilidade dos preços internacionais (taxa cambial) e que, se isso acontecesse, as medidas de política interna teriam que ser mudadas.

As eficientes premissas do Plano White tornam-se ainda mais claras quando examinamos as disposições relativas às finanças. O plano previa apenas um financiamento pequeno e temporário do balanço de pagamentos, US$ 5 bilhões no total, "o suficiente para remediar oscilações no balanço de pagamentos que ocorram dentro de um ano ou dois" (Horsefield, 1969, v. III, p. 50). Dentro de um ou dois anos, em suma, esperava-se que o país que tomava o empréstimo pudesse pôr em ordem sua casa econômica interna. Os recursos do Fundo viriam de subscrições de cotas por cada membro, pagas parcialmente em ouro e o resto em moedas locais, o que os legislativos teriam que aprovar. Enfaticamente, o plano declarava que "a finalidade do Fundo não pode ser a de fornecer um volume ilimitado de moeda estrangeira a qualquer país que talvez não deseje adotar as medidas apropriadas para corrigir um desequilíbrio prolongado em suas transações com países estrangeiros" (p. 50). Dessa maneira, um país poderia retirar até 100% de sua cota inicial, mas, no tocante a volume superior a ela seria necessária a aprovação de 80% da filiação do Fundo, e teria que concordar em "adotar e executar medidas destinadas a corrigir o desequilíbrio no balanço de pagamentos do país, que o Fundo recomendasse (...)" (p. 42). Dados os limites de financiamento, a ênfase, evidentemente, caía em medidas imediatas de ajustamento e, dadas as limitações às políticas de comércio internacional e cambial, o peso do ajustamento cairia sobre as políticas internas (ver Tabela 1-4).

White de fato propôs, juntamente com o Fundo de Estabilização, um Banco Mundial para a reconstrução no pós-guerra, que disporia de recursos substancialmente mais amplos (US$ 10 bilhões). O Banco teria ainda competência para levantar recursos adicionais nos mercados privados de capital e tomar medidas anticíclicas de estabilização. A idéia do Banco Mundial, no entanto, nunca foi levada muito a sério pelos funcionários do Tesouro nas primeiras deliberações. E quando se resolveu, em 1942, dar prioridade ao Fundo de Estabilização (Oliver, 1975, p. 138), os funcionários do Tesouro não reuniram o volume necessário que deveria ser fornecido ao Fundo, mesmo que outros órgãos executivos advertissem que os recursos planejados seriam extremamente insuficientes (Gardner, 1980, p. 75). O próprio White considerava os empréstimos diretos do Banco como muito menos importantes do que o aval a empréstimos privados, que a instituição forneceria (Blum, 1967, p. 256).

Rever os detalhes do Plano White inicial torna difícil aceitar algumas interpretações da política americana nesse período. Fred Block, por exemplo, argumenta que "a preocupação de White era criar uma ordem monetária internacional, na qual países poderiam implementar sistematicamente políticas de pleno emprego, sem o perigo de esgotar suas reservas internacionais" e que, embora o Fundo e o Banco adquirissem "uma grande influência sobre políticas econômicas internas (...) essa influência deveria ser usada para coagir as nações-membros a adotar políticas compatíveis com o pleno emprego global" (1977, p. 44-5). Alega Richard Gardner que "o principal objetivo dos planejadores do Tesouro não era restabelecer o regime de livre empresa, mas criar um clima de expansão mundial compatível com os objetivos sociais e econômicos do New Deal" (Gardner, 1980, p. 76).

Essas idéias parecem ir muito além da prova existente sobre esse período. "De modo geral", escreve Robert Pollard, "os planejadores americanos ao tempo da guerra preferiam a iniciativa privada à propriedade pública dos meios de produção e o comércio através de canais privados ao comércio estatizado" (1985, p. 8). E além disso, pesquisa recente feita em arquivos por G. William Domhoff e outros autores mostra que White e, especialmente, Morgenthau, nem eram os keynesianos radicais ou os New Dealers que ocasionalmente se presume que foram, nem se chocavam nesse período com a elite internacionalista capitalista que havia no Departamento de Estado (Domhoff, 1980; Eckes, 1975). De acordo com essa pesquisa, as primeiras idéias de White para o sistema monetário no pós-guerra foram discutidas já no outono de 1941 por membros do Grupo Econômico e Financeiro, dos grupos de estudo do Conselho de Relações Exteriores na

Guerra e na Paz. O Grupo Econômico e Financeiro era dirigido pelo professor Alvin Hansen, de Harvard, um keynesiano de quatro costados, e pelo professor Jacob Viner, da Universidade de Chicago, um economista de mercado mais tradicional. Viner, aparentemente, exerceu substancial influência na redação do esboço do Plano White, e, de acordo com os diários de Morgenthau (transcrições de suas conversas telefônicas e de gabinete), ele e Viner subscreviam idéias econômicas muito mais conservadoras do que as de White (Domhoff, 1990, Capítulo 6). White, tal como Hansen, preferia maior autonomia dos estados-membros a fim de implementar políticas internas expansionistas, mas, como nota Alfred Eckes, "não há prova (...) de que White considerasse a autarquia como a segunda melhor alternativa aceitável ao multilateralismo" (1975, p. 46). Além do mais, o biógrafo de White, David Rees, descreve-o como um "keynesiano moderado" e nota que "políticas comerciais liberais, envolvendo redução das barreiras ao comércio, constituíam claramente um corolário do novo mundo do pós-guerra imaginado no Plano White" (1973, p. 66, 139). Uma vez que, conforme constatamos acima, políticas de comércio liberais, juntamente com taxas cambiais fixas e financiamento limitado, impunham certas restrições a políticas econômicas internas expansivas, White e outros funcionários americanos tinham, sem dúvida, idéias confusas (Pollard, 1985, p. 7). O Plano White de 1942, porém, evidentemente solucionou esses conflitos em favor do comércio mais livre e políticas econômicas internas mais conservadoras.

Por um lado, portanto, o Plano White representou um rompimento com o *laissez-faire* sem limites da década de 1930. Sancionava a intervenção governamental nas taxas cambiais e fluxos de capital. Por outro, contudo, disciplinava cuidadosamente essa intervenção e procurava colocar a autoridade para intervir e as restrições à intervenção sob controles internacionais. Exigia dos seus membros que "se despedissem de um grau considerável de soberania econômica" (Gardner, 1980, p. 74) e que assim dessem ao Fundo, nas palavras de Richard Cooper, o "caráter de um ministério econômico em um governo mundial" (1968, p. 33). Ao estabelecer condições rigorosas à mudança nas taxas cambiais (voto majoritário sem direito de veto a qualquer país), à tomada de empréstimos (aprovação por 80% dos membros do fundo para sacar além das cotas iniciais relativamente pequenas), e restrições ao comércio (embora permitindo barreiras comerciais "necessárias"), o plano garantia que as políticas internas teriam que absorver o maior peso do ajustamento. Não era um novo padrão-ouro, mas diferia do velho padrão, mais porque eliminava o automatismo do mesmo e confiava no julgamento e boa-fé dos legisladores nacionais e internacionais do que por abandonar-lhe as prioridades de política. (Friedrich Hayek notou esse fato ao comparar o Plano White com os subseqüentes e muito mais frouxos acordos de Bretton Woods. Câmara dos Deputados, 1945, p. 849).

Por que, então, caberia perguntar, o Departamento do Tesouro jamais propôs esse sistema econômico politicamente rigoroso? Duas respostas parecem as mais plausíveis: porque o sistema derivava da então dominante definição wilsoniana de objetivo nacional americano, destacava soluções técnicas, jurídicas e comerciais para os problemas mundiais e ainda porque o planejamento inicial para o pós-guerra ocorreu em um contexto altamente abstrato, no qual as realidades políticas não interferiam muito. Ao passar essas realidades políticas ao primeiro plano nas negociações com a Grã-Bretanha, a União Soviética e o Congresso americano, o Plano White teve que ser profundamente emendado.

O Plano Keynes: Mais Expansão Interna

A proposta britânica formulada em 1941-1942 por John Maynard Keynes, figura já bem conhecida por suas políticas econômicas intervencionistas, pedia financiamento internacional mais generoso do que o Plano White (ver cópia do esboço de 1942. Horsefield, 1969, v. III, p. 3-19). Previa uma União de Compensação com direitos de saque a descoberto em uma nova moeda de reserva internacional, conhecida como *bancors*. Esses direitos de saque a descoberto seriam estabelecidos na base da cota do país no comércio internacional durante um período representativo antes da guerra. Nenhum limite era imposto a esses direitos, embora Keynes previsse discussões entre credores e a União de Compensação tão logo os devedores atingissem certo nível de endividamento e, mais tarde, impôs cobrança de juros simétricos aos saldos de credores e devedores. O plano permitia também maior flexibilidade cambial, até 5% ao ano, sem aprovação do Fundo, e um período de transição de cinco anos ou mais, durante o qual restrições cambiais poderiam ser mantidas. Em todos os casos, incluindo mudanças nas taxas cambiais além de 5%, a Grã-Bretanha e os Estados Unidos controlariam a maioria dos votos.

Além disso, a proposta britânica permitia medidas discriminatórias de comércio e, em contraste com o Plano White, não mencionava explicitamente a redução de barreiras tarifárias, embora manifestasse a esperança de que, com o amplo financiamento mencionado na proposta, os membros "se sentissem suficientemente livres de ansiedade para pensar na eliminação final das formas mais diretamente perturbadoras de proteção e discriminação e (...) a proibição, desde o começo, de algumas dessas piores formas" (Horsefield, 1969, v. III, p. 8). Conforme escreve Roy Harrod, Keynes estava irremediavelmente descrente do comércio externo livre e imaginava (de maneira inteiramente errada, como se viu nas décadas de 1950 e 1960), um futuro de comércio entre Estados, cartéis internacionais e cotas (1971, p. 568).

O plano britânico, portanto, permitia financiamento mais liberal e mais ajustamento através de restrições ao comércio e mudanças nas taxas cambiais, deixando maior espaço à expansão interna inflacionária. Após as desastrosas conseqüências internas da tentativa de retorno ao padrão-ouro na década de 1920, e alimentando Keynes a esperança de, após a guerra, aplicar seu programa econômico expansionista na Grã-Bretanha, as autoridades britânicas inclinaram-se para a expansão interna, de preferência à estabilidade externa.

Mesmo então, contudo, seria errôneo concluir que o planejamento britânico procurava preservar flexibilidade nacional ilimitada a expensas da estabilidade internacional. Versões anteriores do Plano Keynes (houve três delas antes da versão de fevereiro de 1942, publicada no volume de Horsefield) impunham disciplina mais rígida às políticas de ajustamento. As versões elaboradas no outono de 1941, por exemplo, davam à União de Compensação autoridade para exigir de um país que depreciasse ou valorizasse sua moeda (e não apenas autoridade para aprovar uma mudança solicitada), se o país em causa excedesse certo nível de crédito ou débito em seus balanços com a União. A União, além disso, tinha também o direito de transferir, ao fim de cada ano, contas superavitárias dos países credores para um fundo de reserva que seria usado por organismos supranacionais a fim de prover ajuda e preservar a paz (Van Dormael, 1978, p. 34-5). A versão de fevereiro de 1942 abandonou essas cláusulas. Explicou Keynes que elas haviam sido criticadas por serem dependentes demais de regras e não permitir discrição suficiente à autoridade administrativa. A quarta versão, disse ele, fora nesse momento deliberadamente propensa à discrição porque "talvez seja melhor não tentar resolver coisas demais de antemão" (Horsefield, 1969, v. III, p. 6). Não obstante, inicialmente, Keynes previu também limitações importantes à soberania nacional, ainda que com menos ênfase na estabilidade dos preços internos, comércio liberalizado e taxas cambiais rígidas.

A diferença real entre os primeiros planos britânico e americano não residiu tanto no grau de discrição interna *versus* estabilidade externa, mas na questão de quais países deviam assumir primeiramente responsabilidade por essa estabilidade, se os países credores ou devedores. Os planejadores americanos tentaram impor responsabilidades importantes aos países devedores, mostrando-se dispostos a aceitar rigorosas limitações às políticas internas desses países, uma vez que os Estados Unidos jamais esperavam passar à situação de devedores. Os britânicos, por outro lado, esperavam ser devedores durante algum tempo após a guerra e queriam, por isso mesmo, sobrecarregar os credores com importantes responsabilidades pelo ajustamento, de modo que eles não pudessem acumular reservas internacionais, como Keynes acreditava que os Estados Unidos haviam feito entre as guerras, e impor políticas deflacionárias ao restante da economia mundial.

Os credores, esperava Keynes, teriam que ou emprestar suas reservas excedentes, o que seria feito automaticamente pelas cláusulas de saque a descoberto da União de Compensação, e aumentar as importações, ou aceitar discriminação contra suas exportações. Os Estados Unidos, no fim, aceitaram esta última possibilidade na denominada cláusula de moeda escassa do FMI. Essa cláusula permitia que uma moeda que estava sendo entesourada por um país superavitário fosse declarada escassa e, por conseguinte, efetivamente racionada, a fim de reduzir as importações dos países em déficit das exportações do país em causa. Desta maneira, o país superavitário não poderia continuar a acumular receitas de exportação e teria que ou emprestar mais ou importar mais, se quisesse continuar a exportar.

Keynes, em suma, queria ver a estabilidade externa tender para níveis mais altos de expansão interna, mesmo com o risco de inflação mais alta, ao passo que o Plano White original preferia estabilidade externa baseada em níveis mais moderados de expansão interna, a fim de garantir preços estáveis. Por sorte para a economia mundial no início do pós-guerra, o sistema, da forma aplicada após 1947, tendeu para a baixa inflação. O mundo aprendeu muito mais tarde, na década de 1970, que mais emprego não poderia ser necessariamente obtido com níveis mais altos de inflação (ver Capítulo 6).

Bretton Woods: Acomodação sem Objetivo

A acomodação que emergiu de Bretton Woods envolveu uma troca compensatória entre financiamento e flexibilidade. Os britânicos aceitaram muito menos financiamento do que queriam inicialmente (US$ 8,8 bilhões em recursos totais do FMI, em comparação com os US$ 26 bilhões previstos na União de Compensação), ao passo que os americanos aceitaram menos disciplina e jurisdição internacional sobre as políticas de ajustamento (taxa cambial, políticas de comércio interno e externo) do que desejavam inicialmente (pelo menos da forma exposta nas cláusulas do Plano White, de 1942). O acordo final do FMI permitia uma mudança única de 10% na taxa cambial de um membro, sem aprovação do Fundo, e em seguida apenas para corrigir os denominados desequilíbrios fundamentais no balanço de pagamentos. O que se qualificava como "fundamental" foi deixado ambíguo, criando uma escapatória que os críticos do Fundo atacaram furiosamente. Além disso, ao aprovar ou desaprovar uma mudança na taxa cambial, o Fundo era proibido de levar em conta quaisquer políticas de natureza social ou estritamente política. Isso significava, como explicou um dos críticos dos acordos de Bretton Woods, que

> essas cláusulas parecem escancarar a porta para que qualquer estado-membro (...) avilte sua unidade monetária, reduza sua paridade com o ouro (...) porque é exatamente por motivo de dispendiosas políticas sociais ou estritamente políticas internas que as nações geralmente gastam além de seus meios, incorrem em altos déficits orçamentários, tomam empréstimos em excesso, inflacionam suas moedas e, finalmente, reconhecem a inflação como um *fait accompli*, aviltando formalmente sua unidade monetária (Câmara dos Deputados, 1945, p. 833).

Os Estados Unidos conseguiram, de fato, reinserir nos acordos de Bretton Woods autoridade necessária para que o Fundo comunicasse suas opiniões aos estados-membros no tocante a qualquer assunto que surgisse no contexto do acordo. Por uma votação de dois terços, o Fundo poderia publicar um relatório "a respeito das condições e fenômenos monetários ou econômicos de um dado país que tendam a produzir diretamente um sério desequilíbrio nos balanços de pagamentos internacionais" (Artigo XII, Seção 8). Essa cláusula deixava claro que as políticas internas não eram inteiramente imunes à crítica do Fundo (Gardner, 1980, p. 115-6). O próprio Keynes, ao explicar seu plano inicial, reconheceu que a autoridade internacional tinha o direito de ser um pouco, mas não demais, a "vovó bondosa" (Gardner, 1980, p. 88).

A acomodação, conforme explicaram mais tarde funcionários americanos, levou a um sistema de taxas cambiais "estável, ainda que *moderadamente* flexível (White, 1945, p. 199, grifos nossos). White comparou a flexibilidade do sistema de taxas cambiais à oscilação do Empire State Building (Câmara dos Deputados, 1945, p. 235). Enquanto essa flexibilidade fosse inerente ao desenho do sistema, ela não o destruiria. A idéia era impedir manipulações ou mudanças arbitrárias nas taxas cambiais, e não ditar políticas econômicas ou sociais internas específicas, que davam sustentação às instituições básicas de um país. "Os arquitetos de Bretton Woods", conclui Richard Gardner, "aparentemente alimentavam a esperança de que, com ajuda dos recursos do Fundo, podia-se confiar em que países deficitários e superavitários restabelecessem o equilíbrio em um período relativamente curto, adotando *políticas internas razoáveis* e mudanças ocasionais nas taxas cambiais, a fim de corrigir o "desequilíbrio fundamental" (Gardner, 1980, p. xi, grifos nossos).

O acordo do Fundo permitia um período de transição de duração indefinida, durante o qual restrições cambiais poderiam ser mantidas. Após cinco anos, a manutenção das restrições exigiria aprovação do Fundo, mas nenhuma data predeterminada de término era mencionada. Mas porque permitia também restrições a transações de capital, havia grande dúvida se o Fundo poderia distinguir entre restrições ao capital e contas correntes e reduzir as restrições ao comércio externo. Além do mais, o acordo nada disse explicitamente sobre a necessidade de terminar a discriminação e liberalizar as barreiras comerciais (uma grande concessão ao Plano Keynes, de preferência ao que estatuía o Plano White). A cláusula de moeda escassa sancionava, na realidade, restrições às exportações de um país credor. Por outro lado, a cláusula encerrava também o potencial de liberar as políticas de importação nos países credores. Se o país credor queria evitar discriminação contra suas exportações, mas não queria emprestar mais recursos ao Fundo, poderia concordar em aceitar mais importações. Como o senador Fulbright observou, no que interessava aos Estados Unidos "a operação bem-sucedida desse fundo seria incompatível com a manutenção de uma política exclusiva de altas tarifas de parte deste país" (Senado, 1945, p. 111).

Esse compromisso com o comércio mais livre atrasou-se muito em relação aos demais acordos em Bretton Woods. Os Estados Unidos atacaram continuamente a discriminação, isto é, a aplicação diferenciada de barreiras ao comércio entre parceiros comerciais, mas se mostraram ambivalentes ou, na melhor das hipóteses, "seletivos, recíprocos e moderados" no tocante ao compromisso de reduzirem, eles mesmos, as barreiras ao comércio (Gardner, 1980, p. 22). A partir da Conferência de Londres em 1933 até as discussões sobre a Carta do Atlântico e o Artigo 7, e os debates sobre a Lei de Empréstimos e Arrendamentos durante toda a guerra, Cordell Hull esforçou-se incansavelmente para quebrar o sistema de preferências imperiais da Grã-Bretanha, que davam às exportações acesso preferencial aos mercados dos países da Commonwealth. Os britânicos, no entanto, pouco concederam até 1949 tanto no tocante à discriminação quanto às restrições quantitativas (ver discussão no Capítulo 4). Entrementes, foi também lento o progresso inicial para reduzir as barreiras tarifárias. Em 1945, os Estados Unidos haviam negociado 32 acordos recíprocos de comércio com 27 países que concediam reduções tarifárias a 64% de todas as importações sujeitas a direitos aduaneiros e reduzido as tarifas em uma média de 44% (Destler, 1986, p. 10). O comércio com esses países estava crescendo mais rápido do que com outros (Hull, 1948, v. I, p. 746). A defesa do comércio mais livre estava sendo feita pelos resultados. As atitudes, porém, mudavam lentamente. A votação mais apertada para prorrogar a vigência da Lei de Acordos Comerciais Recíprocos ocorreu em 1940 (42-37 no Senado e 218-168 na Câmara). As margens em 1945 foram melhores (54-21 no Senado e 239-153 na Câmara), mas ainda assim não uma maioria esmagadora (Congressional Record, 1940, 1945).

Os acordos de Bretton Woods não criaram uma moeda internacional de reserva, por maiores que fossem as esperanças de Keynes nesse particular. White era simpático à idéia, tendo acrescentado e, em seguida, retirado de seu plano uma unidade monetária que seria conhecida como *unitas*. White reconheceu, no entanto, como indicou em suas primeiras versões dos acordos de Bretton Woods, que "a adoção de uma moeda comum por vários países só será possível se eles renunciarem à soberania separada em políticas monetárias e creditícias, em favor de soberania exercida por um sobre todos, ou por uma organização internacional (Horsefield, 1969, v. III, p. 80). White sabia que o Congresso jamais aceitaria a abdicação da autoridade monetária e a criação de uma "novíssima moeda internacional" (Van Dormael, 1978, p. 110), ao passo que Keynes tinha esperança de evitar um padrão-ouro ou padrão-dólar, embora reconhecesse que os Estados Unidos tinham os trunfos na mão em ambos os casos.

O elemento decisivo para a implantação de uma moeda internacional de reserva, conforme disse em depoimento John H. Williams, na ocasião vice-presidente do Banco da Reserva Federal de Nova York, era a confiança no país ou autoridade emitente (Senado, 1945, p. 337). Essa confiança dependia de fatores políticos e, embora o dólar fosse a única moeda internacional usável após a guerra, os Estados Unidos, em 1944-1945, não tinham razões políticas fortes para fornecê-lo. Em 1945, o país estava abdicando às suas responsabilidades mundiais e defendendo um conceito de comunidade política comum, ou compartilhada, com a União Soviética que não sugeria nenhuma urgência em iniciar a reconstrução econômica no pós-guerra. Os acordos de Bretton Woods estabeleceram apenas o contexto, ou processo, de cooperação econômica internacional, enquanto seus principais signatários, os Estados Unidos e a Grã-Bretanha, passavam a tratar de suas prioridades individuais no pós-guerra no próprio país ou tratavam de seus problemas internacionais através de acordos bilaterais mais limitados (como, por exemplo, o empréstimo à Grã-Bretanha. Ver a seção sobre esse assunto mais adiante). Além disso, as acomodações feitas em Bretton Woods haviam introduzido tantas ambigüidades, e mesmo contradições, no conteúdo das políticas econômicas (como, por exemplo, a contradição entre políticas inflacionárias internas e taxas cambiais estáveis ou entre restrições discriminatórias ao comércio e a livre conversibilidade das moedas) que os acordos não ofereciam orientação lá muito eficaz para organizar a reconstrução no pós-guerra, tendo em vista os recursos e a capacidade produtiva seriamente limitados.

A conferência de Bretton Woods, mais tarde mitificada como maneira ideal de resolver divergências em políticas conflitantes e traçar um grande desenho para a economia mundial (ver Capítulos 8 e 9), na verdade proporcionou pouquíssimo impulso econômico ou político ao mundo do pós-guerra. Criou, de fato, algumas instituições que implantaram o hábito de consultas e simbolizaram um compromisso de agir de boa-fé. Esses fatores, na verdade, não deixaram de produzir efeitos sobre decisões posteriores de cooperar mais substantivamente (ver Capítulo 4). Mas a boa-fé, tanto naquela época como agora, seria, como se viu mais tarde, insuficiente sem incentivos políticos mais fortes e políticas econômicas mais coerentes.

O Fracasso de Bretton Woods

Os acordos de Bretton Woods foram aprovados com margens substanciais pelo Congresso em 1945. O Congresso, no entanto, aprovou apenas US$ 2,75 bilhões como contribuição dos Estados Unidos ao FMI. Além disso, em agosto de 1945, suspendeu a ajuda bilateral nos termos do programa de empréstimos e arrendamentos, através do qual os Estados Unidos haviam financiado vendas de material de guerra a seus aliados. Os Estados Unidos elaboraram um grande desenho para a paz e a reconstrução no pós-guerra e, em seguida, deixaram de financiá-lo.

Poder preponderante não foi suficiente para ativar a política americana. Conforme escreve John Gaddis, "no fim, descobriu-se que a onipotência americana era uma ilusão, uma vez que os formuladores de política de Washington deixaram de elaborar estratégias para aplicar efetivamente, na diplomacia prática, o poder recém-adquirido" (1972, p. 356). Não bastavam motivos econômicos. Estudos eruditos recentes questionaram frontalmente as descrições da política econômica externa dos Estados Unidos que salientaram a necessidade que o país tinha de mercados de exportação (no tocante às versões revisionistas, ver Kolko e Kolko, 1972, e Williams, 1962. No que diz respeito a críticas às mesmas, ver Pollard, 1985, e Gaddis, 1987). Se motivações de exportação houvessem sido fundamentais, os formuladores de política teriam certamente financiado mais generosamente os acordos de Bretton Woods ou acelerado a assistência bilateral, uma vez que países assolados pela guerra só poderiam comprar produtos americanos se pudessem tomar empréstimos em dólares.

Ora, aconteceu que as exportações de mercadorias, como parcela do PIB, foram menores pela metade em 1946 — 5,5% — ao que haviam sido em 1916 — 12% (ERP, 1988, p. 248, 364; Frieden, 1988, p. 70). Volumes consideráveis (mais de 30%) de produtos agrícolas foram exportados (algodão, tabaco e arroz), e indivíduos ligados a essas atividades, como o secretário-assistente de Estado William Clayton, um ex-executivo da indústria algodoeira, deram destaque às oportunidades de exportação quando prestaram depoimentos defendendo os acordos de Bretton Woods (Câmara dos Deputados, 1945, p. 275). As exportações de produtos manufaturados, no entanto, foram muito menos importantes, e estudos das origens do movimento pelo livre comércio nos Estados Unidos mostram que a iniciativa coube principalmente "não ao setor privado, nem à Casa Branca, mas aos defensores no Departamento de Estado do comércio mais livre" (Haggard, 1988, p. 118). Nem naquela ocasião nem agora o Departamento de Estado foi ou é considerado o bastião mais provável do capitalismo americano.

A ideologia predominante no país constituiu um fator importante na motivação da política americana nesse período (Russett, 1985, p. 228-31; Keohane, 1984, p. 136-7. Ver também Gilpin, 1977, p. 73, e Krasner, 1978, p. 337- 42). Mas esse não era um liberalismo americano indiferenciado, e muito menos anticomunismo virulento, conforme geralmente sugerem referências à ideologia. Constituía uma definição específica do objetivo nacional da América, a visão jurídico-comercial, que buscava extensa cooperação com a União Soviética. Essa tese diferia muito da tese da contenção, que emergiu em 1947-1948, ou das subseqüentes definições do objetivo americano que tiveram curso na década de 1960. O objetivo americano, da forma utilizada neste estudo, não é uma constante que deriva de uma cultura política imutável ou que não guarda relações com fatores estruturais e físicos reais e mutáveis no ambiente externo (ver Capítulo 2). Em conseqüência, pouco teve em comum com aquilo que outros estudos chamam de ideologia ou de liberalismo americano geral.

O desenho de Bretton Woods em 1944-1945 refletiu uma formulação específica, voluntarista, das finalidades americanas que não focalizava bem nem as realidades internas nem as externas da época e, por isso mesmo, não as afetou muito. No país, funcionários americanos mobilizaram apoio público para os acordos de Bretton Woods, muito embora a conscientização desses acordos entre o público geral, sobretudo em comparação com as propostas do Plano Marshall, apresentadas mais tarde, no outono-inverno de 1947 (ver Capítulo 4), fosse relativamente fraca. Uma pesquisa de opinião pública do Instituto Gallup mostrou que apenas 23% dos respondentes podiam mesmo relacionar Bretton Woods com os assuntos mundiais (Eckes, 1975, p. 196). No fim, as idéias de Bretton Woods falharam em convencer um grande espectro de interesses especiais no país, ou em qualquer outra parte, de que eles seriam servidos por tais acordos. Talvez isso acontecesse porque não se percebia em 1945 nenhuma ameaça à segurança dos Estados Unidos ou porque nenhuma tática de incitação de medo (isto é, o anticomunismo) foi usada pelos proponentes de Bretton Woods. Mas talvez isso tenha acontecido também porque as idéias de Bretton Woods simplesmente não correspondiam o suficiente à realidade e, portanto, não tinham credibilidade para um número suficientemente grande de cidadãos americanos. Conforme se viu mais tarde, as idéias de Bretton Woods exageravam demais a extensão dos interesses políticos internos comuns entre os Estados Unidos e a União Soviética e esticavam de forma tão pronunciada os processos de cooperação econômica internacional entre esses países que a política econômica perdeu todo conteúdo coerente.

John Williams, vice-presidente do Banco da Reserva Federal de Nova York e crítico dos acordos de Bretton Woods na ocasião, chamou a atenção para o fato de que comércio livre era, em última análise, incompatível com economias dirigidas. "Em um mundo que compreende uma economia inteiramente dirigida como a da Rússia e uma economia centralmente planejada na Inglaterra, se alguma coisa como o modelo Beveridge for adotada, e algum tipo de sistema de livre iniciativa modificado nos Estados Unidos", advertiu ele, "haverá razão de sobra para dúvida honesta se será viável um sistema de comércio multilateral e de livre troca" (Senado, 1945, p. 323). Williams e outros críticos tinham razão ao observar que os acordos de Bretton Woods sofreram acomodações que os colocavam além de qualquer eficiência econômica. Mas erraram em acreditar, como acreditaram, que o processo multilateral dos arranjos de Bretton Woods poderia ser substituído por outros, bilaterais. A experiência do empréstimo à Grã-Bretanha provaria que a cooperação multilateral era necessária até mesmo para que tivessem sucesso os arranjos bilaterais mais limitados.

A Experiência do Empréstimo à Grã-Bretanha

Após suspender o programa de empréstimos e arrendamentos em agosto, os Estados Unidos concederam, em dezembro de 1945, um empréstimo à Grã-Bretanha, o preço que alguns analistas dizem que teve que ser pago para conseguir a aceitação pelos britânicos dos acordos de Bretton Woods (aprovados pelo Parlamento em fins de dezembro. Ver Gardner, 1980, p. 224). No debate travado sobre esse empréstimo, e que durou seis meses, o Congresso começou a reconhecer as grandes incoerências entre as cláusulas de política dos acordos de Bretton Woods e os requisitos internos de cooperação econômica internacional efetiva. Percebeu a necessidade de os britânicos exercerem mais disciplina na política interna e pôr fim às práticas discriminatórias e de comércio estatal (Gardner, 1980, p. 198). No fim, contudo, aprovou o empréstimo sem condições, principalmente, conforme nota Richard Gardner, por causa da deterioração das relações entre os Estados Unidos e a União Soviética (1980, p. 249-52. Ver também Pollard, p. 66-73).

O empréstimo à Grã-Bretanha, portanto, tornou-se um caso-teste das cláusulas de políticas, frouxas e confusas, dos acordos de Bretton Woods. No que não foi surpresa, fracassou. Quando os britânicos voltaram à plena conversibilidade um ano mais tarde, a libra ficou sob imediata e intensa pressão e, dentro de um mês, o país tornou a suspender a conversibilidade.

A experiência do empréstimo, no entanto, trouxe algumas úteis lições de política. Em primeiro lugar, Congresso, funcionários americanos e dignitários de outros países passaram a compreender melhor que políticas internas eram, em última análise, mais importantes para o restabelecimento da estabilidade da taxa cambial do que o volume de financiamento internacional que poderia ser fornecido. O empréstimo à Grã-Bretanha alcançou US$ 3,75 bilhões, ou US$ 1 bilhão a mais do que toda a contribuição dos Estados Unidos ao Fundo. Ainda assim, não foi suficiente e espalhou-se a impressão de que o fracasso se devia principalmente às políticas internas britânicas de pleno emprego, crédito fácil e serviços sociais abrangentes (Gardner, 1980, p. 311). Conforme notaram Margaret de Vries e outros autores, funcionários do Fundo e de outras agências tornaram-se mais conscientes nessa época da importância fundamental de políticas nacionais (de Vries, 1986, p. 32; Van der Wee, 1986, p. 437). Na medida em que operou nesse período, o Fundo tornou mais rigorosas suas condições. Mais importante que tudo, a ajuda do Plano Marshall foi subseqüentemente muito mais vinculada aos resultados da política interna (ver Capítulo 4).

Em segundo lugar, o empréstimo à Grã-Bretanha sugeriu a importância suprema de objetivos de segurança, ou de um conceito convincente de objetivo nacional, a fim de persuadir o Congresso e o povo americano a fornecerem recursos substanciais para a reconstrução no pós-guerra. Dadas as divergências nacionais, eram vagas demais abordagens e organizações universais. A experiência com organizações funcionais, como a Agência de Ajuda e Reabilitação das Nações Unidas (UNRRA) havia demonstrado que elas careciam de direção competente e de responsabilidade perante alguém e que os Estados Unidos não eram informados o suficiente sobre o destino dado aos recursos que fornecia (Castle, 1957). Conforme escreveu Seymour Harris em 1948, "a UNRRA ensinou às autoridades americanas que dólares poderiam ser usados por uma organização internacional para ajudar economias que conflitavam politicamente com os Estados Unidos (Harris, 1948, p. 24). O subseqüente Programa de Recuperação, Europeu, observa ele, refletia a "determinação de vincular verbas ao controle de seu uso pelos Estados Unidos" (1948, p. 25).

Em terceiro, o empréstimo demonstrou que arranjos bilaterais, que haviam sido defendidos pelos críticos de Bretton Woods (tal como John Williams, ver acima), eram também inadequados para tratar eficazmente da reconstrução econômica no pós-guerra. O empréstimo fracassou em parte porque os britânicos pagavam por sua importações com libras esterlinas, que seus fornecedores podiam converter imediatamente em dólares, ao passo que recebiam pagamento por exportações em moedas que eram freqüentemente inconversíveis. Desta maneira, a menos que todos os países adotassem simultaneamente a conversibilidade, nenhum único país poderia fazê-lo por muito tempo. Essa experiência foi um fator importante que afetou a criação da subseqüente União Européia de Pagamentos (ver Capítulo 4).

Políticas Internas de Liberalismo no Pós-Guerra

As políticas interna e burocrática oferecem explicações muito medíocres dos motivos por que os Estados Unidos agiram de forma indecisa de 1942 a 1945. Nesse período, as relações entre o Departamento de Estado e o Tesouro, embora ocasionalmente irascíveis, permaneceram relativamente harmoniosas enquanto Hull e Morgenthau continuaram nos cargos. Em contraste, entre 1945 e 1947, quando os Estados Unidos, de fato, mobilizaram-se para agir, três secretários de Estado e dois de Tesouro ocuparam esses cargos. Analogamente, a coalizão do New Deal chegou ao auge em 1943 e, em 1947, os democratas perderam inteiramente o Congresso para os republicanos. Desta maneira, os Estados Unidos não agiram eficientemente de 1942 a 1945, época em que as relações entre as burocracias e o Congresso foram relativamente coerentes, mas, de fato, assim atuaram em 1947, ocasião em que as relações políticas internas estavam mais divididas. Da perspectiva deste estudo, esse algo mais foi o debate importante que ocorria nas áreas não-governamentais mais amplas, ou no que denominamos de casulo de formação de consenso e que envolveu o processo imediato de formulação da política (ver Capítulo 1).

Após 1943, um grupo mais pragmático, internacionalmente orientado, de líderes dos negócios, trabalho e profissionais liberais, começou a emergir como força influente à margem do processo oficial de formulação da política. Os grandes bancos de investimento e empresas multinacionais intensivas em capital, com aliados nos sindicatos, comunidade agrícola, círculos universitários e fundações privadas, tomaram a frente desse grupo. A guerra aumentou-lhes a influência. Em 1945-1946, no entanto, o grupo continuava ainda a exercer maior influência fora dos canais da política oficial do que no processo formulador da mesma. O Congresso dos Estados Unidos não possuía ainda uma mentalidade suficientemente internacional. Conforme vimos acima, o enfoque universal, jurídico-comercial, promovido nas Nações Unidas implicava apenas um tipo limitado e, por sorte, pouco dispendioso de intervenção internacional por parte dos Estados Unidos. Como outro lado do isolacionismo — isto é, partindo da tese de que o sistema americano era excepcional para a tese de que o sistema americano era envolvido por todo o mundo — esse enfoque não exigia esforços intensos para configurar políticas ou a maneira de entender países estrangeiros. Por isso mesmo, o novo grupo de internacionalistas exercia influência principalmente através de organizações não-governamentais, tais como o Conselho de Relações Exteriores e a Comissão de Desenvolvimento Econômico (no tocante a mais detalhes sobre o consenso, no que interessava à política de segurança, ver o Capítulo 4).

Em 1945-1946, o consenso sobre política econômica interna começou a penetrar no setor não-governamental. Embora Congresso e Governo continuassem a flertar com as políticas econômicas incoerentes de Bretton Woods e a discutir o empréstimo à Grã-Bretanha, as opiniões da comunidade dos negócios começaram a convergir para três assuntos de importância fundamental — uma versão conservadora da teoria macroeconômica keynesiana, uma parceria trabalho-empresas que vinculava ganhos econômicos dos trabalhadores a aumento de produtividade, e um compromisso mais firme com o multilateralismo e a organização intergovernamental da economia mundial que combinava ação do poder público com empresas privadas e mercados livres (Hogan, 1987, p. 14-8). O fundamental para esse consenso era o reconhecimento de que a prosperidade interna e internacional requeria alguma disciplina sobre a política macroeconômica e alguma restrição à política microeconômica.

É necessário tratar com mais detalhes as diferentes idéias propostas nesse debate sobre política econômica interna e identificar as opções de política que prevaleceram e as que foram rejeitadas, uma vez que argumentos subseqüentes sobre liberalismo enraizado e políticas internas de produtividade não conseguiram estabelecer distinções adequadas entre as várias opções de política fiscal, monetária e microeconômica então disponíveis. Os estudos mais cuidadosos desse período foram feitos por Robert Collins e Herbert Stein (1981 e 1984, respectivamente. Para um estudo mais concentrado sobre a CDE, ver Schriftgiesser, 1960). Stein era um dos economistas da Comissão de Desenvolvimento Econômico, que Collins identifica como a principal organização na criação do consenso empresas-trabalho no pós-guerra (1981, p. 129). Segundo Stein, quatro escolas de pensamento econômico tomaram parte no debate de 1945-1946: reformadores e planejadores, keynesianos rigorosos e exclusivos, macroeconomistas conservadores e conservadores convencionais (sobre a discussão que se seguiu, ver 1984, p. 71-5).

Os reformadores e planejadores adotaram as receitas macroeconômicas keynesianas de pleno emprego, mas não achavam que elas fossem suficientes e, por conseguinte, defendiam também intervenção governamental mais detalhada para se conseguir salários mais altos, promover o desenvolvimento industrial e expandir os benefícios de bem-estar social, tais como a construção de moradias e programas de saúde.

O segundo grupo, de keynesianos rigorosos e exclusivos, interessava-se principalmente pela implantação do pleno emprego através do uso de política fiscal e não se preocupava tanto com inflação, intervenção microeconômica, ou regulamentação extensa, embora este grupo não fosse contrário aos controles de preços, se necessários para combater a inflação. (Refiro-me mais adiante a esse grupo como keynesianos "tradicionais", uma vez que adotavam com mais entusiasmo a idéia de intervenção microeconômica para controlar os preços e reestruturar a indústria.) Os keynesianos rigorosos consideravam a política monetária ineficaz, ou eficaz apenas para limitar, mas não para estimular a demanda.

A terceira escola de macroeconomistas conservadores concordava com a administração da demanda agregada através de política macroeconômica, mas buscava alta taxa, não necessariamente plena, de emprego e mostrava-se mais cética a respeito da sintonia fina da política fiscal para atingir essas metas. Preocupava-se mais com a inflação e entrevia um papel mais importante para a política monetária. Com efeito, logo que a política fiscal fosse estabelecida para atingir alta taxa de emprego, achava que a política monetária era o principal instrumento da estabilização macroeconômica. Opunha-se a qualquer intervenção posterior em assuntos microeconômicos através de subsídios, regulamentos ou controles de preços, embora apoiasse pequenas obras públicas, tal como a conservação de estradas (ver Yntema et al., 1946).

Finalmente, a quarta escola, de conservadores convencionais, rejeitava toda e qualquer manipulação keynesiana da economia e era favorável a impostos mais baixos para as empresas e menor poder aos sindicatos. (Collins identifica os mesmos quatro grupos, embora divida os reformadores e planejadores em dois grupos — os gastadores compensatórios, que consideravam o capitalismo como capaz apenas de curtos períodos de estabilidade, e os intervencionistas, ou estagnacionistas, que julgavam o capitalismo incapaz de recuperação (1981, p. 9-10.)

O consenso que se formou na época rejeitou claramente as opções de política defendidas pelos reformadores e planejadores e pelos conservadores convencionais. O debate interessante e decisivo, conforme registra Stein, ocorreu entre os keynesianos estritos e exclusivos, por um lado, e os macroeconomistas conservadores, por outro (para a discussão que se seguiu, ver 1984, p. 76-87). As duas teses entraram em choque no debate legislativo sobre a Lei do Emprego, de 1946. Os quatro assuntos principais eram os seguintes:

- Implicaria o pleno emprego uma meta tão ambiciosa que só poderia ser atingida por rigorosos controles governamentais ou pela inflação?
- Quanta ênfase devia ser dada à manipulação do orçamento, especialmente ao déficit, a fim de chegar ao pleno emprego?
- A fim de atingir o pleno emprego, poderia o governo dirigir ou suprimir a economia privada?
- Devia a legislação conceder a autoridade executora aos economistas keynesianos da Divisão do Orçamento, ou a um conselho externo, não-governamental?

"Sobre todas essas questões controvertidas", escreve Stein, "acomodações foram alcançadas, mas na direção conservadora." Após um grande debate nacional, o Congresso retirou do projeto de lei a expressão "pleno emprego" e substituiu-a pela meta de "emprego, produção e poder aquisitivo máximos". "Rejeitou uma definição excessivamente ambiciosa, inflacionária, dessa meta e a dependência exclusiva sobre o financiamento da economia através de déficits orçamentários como meio de atingi-la e reafirmou a dedicação ao sistema de iniciativa privada." Criou também o Conselho de Assessores Econômicos, que, embora funcionasse na estrutura do governo, servia também como contrapeso à Divisão do Orçamento, que se julgava inclinada para políticas keynesianas mais ambiciosas. Quando os republicanos assumiram o controle de ambas as Casas do Congresso em 1947, a coalizão econômica conservadora passou a "domesticar" o keynesianismo exclusivo, propondo uma política fiscal padrão de orçamentos equilibrados ou ligeiramente superavitários em ocasiões de alto emprego (em vez de déficits fiscais em qualquer volume para atingir o pleno emprego), utilizando a política monetária para suplementar a demanda e conter a inflação e declarando uma "trégua" em mais intervenção microeconômica. Conforme observa Stein, "explícita ou implicitamente isso se tornou o enfoque padrão da política fiscal nos anos Truman e Eisenhower e chegou aos anos Kennedy" (Stein, 1984, p. 80).

Vários pontos sobre o padrão conservador de política precisam ser salientados. Em primeiro lugar, o CDE, que estava na vanguarda do processo de consenso, era o mais "liberal" dos grupos empresariais. A Câmara de Comércio e a Associação Nacional da Indústria Manufatureira só apoiavam com a maior relutância até mesmo os elementos mais conservadores do keynesianismo (Collins, 1981, Capítulo 4). Conforme observa Collins, o consenso abrangia a "ala direita" do keynesianismo, do alto emprego, e não a ala do pleno emprego. A formulação básica da política nacional era que as alíquotas de impostos deviam ser estabelecidas "a fim de equilibrar o orçamento e criar *um superávit para o resgate da dívida* a um acordado *alto nível de emprego* e renda nacional" (Collins, 1981, p. 133, grifos nossos). Além disso, "as alíquotas dos impostos, tendo sido estabelecidas para produzir um superávit em clima de alto emprego, seria deixada intocada, excluindo alguma grande mudança na política nacional ou na situação da vida nacional" (Collins, 1981, p. 133). Os macroeconomistas conservadores, em suma, estavam interessados em equilibrar os orçamentos em um nível de alto emprego (embora aceitassem déficits orçamentários em tempos de recessão), e se opunham à sintonia fina de natureza fiscal.

Ainda mais importante, os macroeconomistas conservadores entreviam um papel fundamental para a política monetária que, conforme observa Collins, "é muito mais conservadora em suas implicações do que as alternativas fiscais" (1981, p. 9). Em fins da década de 1940, a Junta da Reserva Federal ainda "servia como apêndice do Tesouro", vinculando as taxas de juros às apólices e bônus do Tesouro, a fim de absorver a grande dívida em que incorrera o governo federal durante a guerra (Melton, 1985, p. 20). Em 1948, o presidente Truman nomeou Thomas McCabe, membro do CDE e proponente do consenso de política macroeconômica conservadora, para dirigir a Junta da Reserva Federal. McCabe tornou-se "uma figura importante na tentativa do Fed de libertar-se da dominação do Departamento do Tesouro" (Collins, 1981, p. 148). Eventualmente, em 1951, a Junta da Reserva Federal (Fed) obteve sua independência no famoso "Acordo de Março", entre o Tesouro e a Reserva Federal. Os macroeconomistas conservadores não eram monetaristas, enfatizando a norma quantitativa de criação de moeda.

Esperavam que a Fed usasse de discrição, mas também que desse prioridade à estabilidade dos preços e não ao financiamento de déficits fiscais.

Finalmente, o consenso de política econômica conservadora evitava enfaticamente a intervenção microeconômica. Os intervencionistas agressivos, ou estagnacionistas, como Collins os chamava, situavam-se à esquerda do espectro keynesiano. O consenso do pós-guerra "derrotou (...) os liberais de esquerda, cujos prognósticos sombrios de estagnação econômica os haviam levado a exigir mais planejamento centralizado, mais direção do governo na economia e um programa permanente de obras públicas" (Hogan, 1987, p. 14). "A aceitação de um papel keynesiano para o governo federal e da sabedoria de gastos em déficit ocasionais", escreve Collins, "não significou (...) a adoção da postura liberal, estagnacionista" (1981, p. 86). Durante esse período, por exemplo, o governo dos Estados Unidos repeliu uma "ofensiva do New Deal" para nacionalizar o controle das reservas de petróleo americanas na Arábia Saudita e, quando isso fracassou, para negociar com a Grã-Bretanha, após a guerra, um cartel bilateral governamental de petróleo (Keohane, 1984, p. 151-9; Krasner, 1978). As idéias do New Deal primitivo e a administração centralizada do tempo de guerra não triunfaram no rescaldo do conflito. Foram redondamente rejeitadas. Explicações evolutivas de ciclos longo da política econômica dos Estados Unidos no pós-guerra ignoram essas distinções fundamentais de política quando equiparam as políticas no pós-guerra com o New Deal.

O que explica o aparecimento desse consenso de política econômica conservadora, "a despeito do que parecia, ao fim da guerra, uma larga faixa de opiniões sobre a política econômica nacional" (Stein, 1984, p. 74)? De acordo com o argumento deste livro, o consenso emergiu de uma competição entre idéias inicialmente ventiladas fora da arena governamental (como, por exemplo, no Conselho de Relações Exteriores e na CDE) e que se focalizou em seguida em legislação específica do Congresso na Lei do Emprego, de 1946. Essa competição não foi predeterminada e embora alguns elementos do consenso resultante possam ter tido raízes em fatos anteriores, tais como as associações empresas-trabalho sob Herbert Hoover ou a intervenção governamental extensa nos primeiros dias do New Deal e durante a guerra, induz ao erro concluir que o consenso no pós-guerra constituiu descendente direto do planejamento intervencionista. Charles Maier, por exemplo, argumentou que a experiência do tempo de guerra e as condições econômicas favoráveis depois dela promoveram uma "política de produtividade", na qual empresas e grupos trabalhistas puderam romper o impasse que o New Deal encontrara em fins da década de 1930 e forjar um "novo consenso sobre planejamento intervencionista" a fim de elevar a eficiência produtiva (Maier, 1977, p. 613-4). Esses grupos, de acordo com Maier, abordaram "a transição para uma sociedade de abundância como um problema de engenharia, não de política". Para eles, a "missão de planejar tornou-se a de expandir o desempenho econômico agregado e eliminar a pobreza enriquecendo todo mundo, e não de restabelecer o equilíbrio entre as classes econômicas ou partidos políticos" (Maier, 1977, p. 615).

Há várias razões para duvidar desse argumento. Em primeiro lugar, sua lógica parece fora de seqüência. Normalmente, o enfoque da busca da eficiência, enfatize ela a concorrência de mercado ou o planejamento, como sendo um problema de engenharia, que Maier parece ter em mente, supõe um consenso preexistente. Esse consenso é necessário para motivar políticas econômicas eficientes (ver a discussão sobre a finalidade nacional no Capítulo 1) e para estimular classes liderantes ou potências hegemônicas a absorver os custos de um sistema aberto de mercado (Kindleberger, 1973). O mesmo consenso é também necessário, em um enfoque de economia planejada, para criar e manter a legitimidade das instituições centralizadas e do planejamento, sem o qual tal abordagem não pode ser produtiva. Ora, onde surgiu de repente esse consenso no período do pós-guerra? Argumenta Maier, por um lado, que um "associacionalismo" (isto é, cooperação) entre empresas, trabalho e outros grupos criaram a base para o consenso; por outro, defende a tese de que o processo produtivo em si é "apolítico" e fornece à sociedade meios de superar os conflitos de classe que têm origem na escassez. O raciocínio é circular. Se, para começar, por que grupos trabalhistas e empresariais, que estavam radicalmente divididos por conflitos de classe, julgaram mais fácil concordar sobre políticas produtivas do que sobre menos produtivas, especialmente quando muitos acreditavam na época que políticas eficientes poderiam realmente exacerbar divergências distributivas e, por isso mesmo, de classe? Além do mais, se a intervenção governamental no estilo New Deal e o planejamento assegurassem distribuição mais eqüitativa de benefícios, o que garantiria que essa intervenção seria também eficiente e compatível com produtividade e crescimento? É pelo menos possível que, em favor da eqüidade, essa intervenção debilitasse a eficiência. E se a intervenção não fosse eficiente, o crescimento diminuiria e o conflito de classes não seria aliviado e poderia mesmo agravar-se.

Em segundo, o argumento exagera demais o grau em que o consenso no pós-guerra adotou o intervencionismo. Maier reconhece que o planejamento governamental "foi aceito apenas em um sentido restrito" e que se aplicava mais a assuntos regionais do que nacionais (como, por exemplo, no caso da TVA) (1977, p. 604). Mas tende a considerar o associacionalismo de Hoover, a altamente intervencionista Administração de Recuperação Nacional, do governo Roosevelt, o planejamento centralizado durante a guerra e a política de produtividade no pós-guerra como um único longo ciclo evolutivo de crescente intervenção do governo e transformação social interna. Esse argumento ignora todas as diferenças de política e atuação (desempenho) durante o ciclo, especialmente no período do pós-guerra, que este estudo identifica e procura explicar. Segundo a maioria das versões, por exemplo, a política de produtividade, que lubrifica o conflito social com a riqueza material, devia ter elevado a inflação na primeira ou segunda décadas após a Segunda Guerra Mundial (para uma explicação do motivo por que isso deveria acontecer, ver Zysman, 1983, p. 138-44). Ora, aconteceu exatamente o oposto, conforme vimos no Capítulo 1 (Figura 1-1). A inflação nos países do G-5 (França, Alemanha, Japão, Reino Unido e Estados Unidos), e na verdade em todo o mundo industrializado, foi extremamente baixa de 1947 a 1967, especialmente em comparação com a década após 1968.

O consenso do pós-guerra nos Estados Unidos sobre políticas econômicas relativamente conservadoras, eficientes, não emergiu em um vácuo interno ou internacional ou misteriosamente se materializou vindo de conflitos de classe não-resolvidos. Surgiu de uma luta intensa entre idéias concorrentes. (Ver Collins, 1981, Capítulo 6, para uma excelente descrição de como a CDE e outras organizações participaram desse intercâmbio de idéias a fim de estabelecer a ascendência do keynesianismo moderado.) No fim, a luta foi decidida por energia e compromissos humanos, por opções de política que levaram em conta circunstâncias relevantes (como, por exemplo, oportunidades de crescimento), mas que procuraram também alterá-las (como, por exemplo, reverter a propensão do tempo da guerra para intervenção em áreas como controle de preços). O consenso tampouco foi ditado pela Guerra Fria. Já estava firmemente instalado em 1946, antes do início da Guerra Fria entre a União Soviética e os Estados Unidos.

Para sermos exatos, a Guerra Fria reforçou o consenso. Na verdade, o que pode ter selado o destino dos planejadores tradicionais e keynesianos exclusivos foi o gradual endurecimento das condições externas em 1946-1947. As condições haviam se deteriorado sob políticas americanas ineficazes em 1945 e, nesse momento, atribuía-se maior importância a políticas mais eficientes para reconstruir política e economicamente a Europa. Sem o reconhecimento crescente, no inverno de 1946-1947, de que uma luta estava ocorrendo na Europa Central sobre os termos da comunidade política e que algo mais eficiente do que as políticas do acordo para o empréstimo à Grã-Bretanha era necessário para ajudar a reconstruir a Europa e, destarte, consolidar e defender as liberdades do Ocidente, é pelo menos defensável dizer que os objetivos nacionais e as políticas econômicas dos Estados Unidos teriam continuado à deriva. A Guerra Fria intrometeu-se com maior força nesse momento e levou a uma redefinição dos objetivos nacionais sob a perspectiva da contenção e a uma internacionalização dos padrões da política econômica conservadora através dos programas do Plano Marshall.

4

O Plano Marshall: Objetivos e Política para a Prosperidade

A política de contenção com vistas a defender o Mundo Ocidental do expansionismo soviético admitiu os limites da comunidade política compartilhada no mundo do pós-guerra. Reconheceu que os Estados Unidos e a União Soviética defendiam concepções diferentes de sociedade política na Europa Central e que os primeiros não podiam supor que seus valores wilsonianos de liberdade individual e competição econômica seriam preservados, e muito menos promovidos, no mundo do pós-guerra, sem um comprometimento do poder americano. Inicialmente, contudo, os Estados Unidos alimentaram a esperança de exercer esse poder principalmente através de meios políticos e econômicos, mantendo sua rejeição histórica por equilíbrios militares. No Plano Marshall, a contenção reteve a ênfase no império da lei e no comércio embora, nesse momento, aplicasse esses princípios à Europa Central e ao Mundo Ocidental, e não às relações globais como um todo. De acordo com os valores que defendia, o Plano Marshall não podia incluir a União Soviética, da mesma forma que a tese universal wilsoniana não podia. E quando a União Soviética chegou à conclusão de que o Plano Marshall não podia incluir também os países da Europa Oriental, caiu a Cortina de Ferro. Posteriormente, quando a União Soviética ameaçou, em 1948, cortar o acesso a Berlim e apoiou a invasão da Coréia do Sul pela Coréia do Norte em 1950, a contenção tornou-se militarizada.

Em 1947, a contenção trouxe clareza prática ao objetivo nacional americano, da mesma maneira que a visão universal-utopista proporcionara clareza teórica em 1942. Contribuiu com a seriedade, embora não necessariamente com o conteúdo, para a comunidade econômica internacional que então emergiu. A contenção tornou imperativa a necessidade de reconstruir a Europa Ocidental, e de fazê-lo tão eficientemente quanto possível, dada as severas limitações aos recursos econômicos. No que não é de surpreender, a contenção e sua nave capitânia, o Plano Marshall, recuperaram parte das políticas econômicas eficientes que haviam influenciado o planejamento do Departamento do Tesouro em 1942 e que retornaram em 1946 sob a forma da tríade de política de estabilidade de preços, comércio mais livre e flexibilidade dos mercados de trabalho, capital e produtos que caracterizaram o consenso keynesiano conservador sobre políticas econômicas e sociais nos Estados Unidos. As instituições do Plano Marshall projetaram esse consenso no cenário internacional. Conforme veremos neste capítulo, as políticas nacionais dos principais países da Europa Ocidental e, em menor grau, do Japão, evoluíram gradualmente depois de 1947 para políticas macroeconômicas mais conservadoras, intervenção microeconômica mais moderada e comércio externo mais liberal.

O conteúdo do sistema econômico no pós-guerra, no entanto, não era axiomático. A escolha de políticas econômicas e sociais de modo algum pode ser compreendida principalmente em termos de evolução de longo ciclo de ideologias sociais (enfatizadas, por exemplo, pelo argumento do liberalismo enraizado), nem por um processo político interno de crescimento (isto é, a política de produtividade). Ela reflete a luta incessante entre concepções diferentes de objetivos nacionais e opções diversas de políticas econômicas que ocorreu em cada um dos países ocidentais e entre eles. A luta podia ter-se decidido de qualquer uma das maneiras. O primeiro governo alemão no pós-guerra assumiu o poder em 1949 pela margem de um voto. A política nos Estados Unidos atravessava uma fase inusitadamente turbulenta. Pela primeira vez no período do pós-guerra, ambas as Casas do Congresso mudaram de mãos duas vezes nos Estados Unidos em dois anos (passando para os republicanos em 1946 e voltando aos democratas em 1948). Além do mais, a burocracia estava dividida. Quando os Estados Unidos resolveram, no inverno de 1946-1947, iniciar o Plano Marshall, não possuíam um processo de formulação de política unificado. O Conselho de Segurança Nacional só faria seu aparecimento em 1947. Ainda assim, nesse período, a política americana integrou melhor interesses de segurança e econômicos do que em qualquer período subseqüente do pós-guerra.

O consenso que emergiu em 1947-1948 não constituiu produto direto de história política (isto é, a culminação do New Deal), da política de crescimento, ou de uma burocracia coesa. Foi, sim, resultado de discussões sérias de idéias alternativas, debatidas em grande parte fora do processo oficial de formulação de política, no que chamamos de casulo de formação de consenso. Nesse casulo, organizações como o Conselho de Relações Exteriores e a Comissão de Desenvolvimento Econômico trabalharam para configurar o consenso em torno da contenção e de políticas econômicas eficientes que definissem as estruturas da política internacional nas duas décadas seguintes.

Instituições internacionais desempenharam papel de vulto nesse período, não as instituições globais de Bretton Woods, cujos objetivos e políticas permaneceram confusos, mas as de natureza institucional do Plano Marshall, inspiradas pela contenção e pela tríade econômica de estabilidade de preços, mercados flexíveis e comércio externo mais livre. Essas instituições — a Administração de Cooperação Econômica (Economic Cooperation Administration — ECA), a Organização de Cooperação Econômica Européia (Organization for European Economic Cooperation — OEEC), a União Européia de Pagamentos (European Payments Union — EPU), e as das Comunidades Européias (Comunidade de Carvão e Aço, Mercado Comum e Comissão de Energia Atômica) — "combinaram ação governamental (...) com iniciativa privada" a fim de construir os mercados mundiais vastos, altamente interdependentes, que emergiram nas décadas de 1950 e 1960 (Hogan, 1987, p. 18). Essas instituições representaram papel mais dominante nesse período do que o fariam depois (ver Capítulo 6), porque os mercados praticamente não existiam em 1947 e a negociação direta entre governos era a única maneira de remover obstáculos à criação de mercados internacionais. As instituições governamentais, no entanto, jamais se tornaram excessivamente dominantes. Nesse período, muitas delas realmente desapareceram logo que concluíram seu trabalho (a ECA, a EPU e, em sua forma original, a OEEC). Analogamente, políticas de mercado jamais se tornaram dogmáticas demais. A meta ambiciosa a longo prazo de dirigir as economias ocidentais para mercados mais competitivos e não-inflacionários combinou-se com acomodações práticas de necessidades políticas e econômicas de curto prazo.

Esse período encerra fortes lições para os estudiosos de cooperação econômica internacional, tanto para os que acreditam que instituições constituem a única resposta para ela, quanto para os que pensam que mercados sem controle constroem por si mesmos comunidades estáveis. As instituições internacionais nem obstruíram nem substituíram os mercados internacionais, mas desempenharam um papel fundamental para criá-los. Simultaneamente, forças de mercado não dispararam à frente com tanta rapidez que ameaçassem o senso de comunidade política e social entre os países participantes. Durante todo tempo, os Estados Unidos ocuparam um lugar central no palco. Inculcaram nas instituições regionais ocidentais um claro sentido de finalidade e direção política. E não se abstiveram de defender ardorosamente suas próprias preferências, em especial a tríade de política de baixa inflação, mercados flexíveis e comércio externo mais livre. Ainda assim, agiram sem arrogância (Hogan, 1987, p. 443) ou mesmo sem oposição a valores europeus, com os quais líderes americanos nesse período tinham uma grande afinidade (Isaacson e Thomas, 1986, p. 32-3). A contenção e o Plano Marshall levaram em conta as estruturas políticas e econômicas mesmo quando as conduziram da política e mercados divididos da Europa em 1947 para as democracias e relações econômicas mais homogêneas do Mundo Ocidental na década de 1960.

A Configuração da Tríade de Política no Pós-Guerra: 1947-1958

Contenção: Limites da Comunidade

A contenção dissipou a idéia de que a paz dependia principalmente da maneira como as relações internacionais eram estruturadas, e não dos valores fundamentais e interesses dos participantes. Deu nova vida à dimensão interna da política internacional e reduziu o escopo da dimensão diplomática, da concentração global do wilsonianismo para iniciativas mais regionais na área da Europa e do Atlântico (ver Capítulo 1). De acordo com a perspectiva da contenção, a União Soviética comportava-se da maneira como o fazia não apenas porque se considerasse "externamente insegura", a explicação popular em 1945-1946, mas porque era "internamente totalitária" (Gaddis, 1987, p. 34-40). Ela e os Estados Unidos, portanto, não podiam cooperar extensamente, dado o abismo entre seus objetivos, políticas e instituições internas (para maiores detalhes sobre este ponto, ver Capítulo 10). Cada um deles adotava políticas externas cujo conteúdo básico estava estreitamente vinculado às opções de política e arranjos institucionais de seus próprios sistemas internos. Se essas opções diferiam — as primeiras valorizando a liberdade individual e os mercados, as outras preferindo sociedade totalitária e planejamento centralizado — suas políticas internacionais divergiam também.

A contenção, portanto, ao contrário do universalismo wilsoniano, não supunha identidade de interesses nacionais e internacionais. Percebia ameaças imediatas e potenciais aos interesses nacionais. Em 1947, funcionários americanos não temiam mais rivalidades econômicas que descambassem em guerra, como na década de 1930, mas, sim, perda de liberdades políticas internas e instituições democráticas na Europa Ocidental. A ameaça era a instabilidade política interna, não as rivalidades militares ou mesmo econômicas. E, na raiz dessa instabilidade, havia o caos econômico e a desorientação que as Nações Unidas e os acordos de Bretton Woods pouco haviam feito para evitar. A diplomacia, nessa ocasião, tinha que cuidar das condições econômicas internas para evitar resultados políticos que pudessem torná-la tão ineficaz entre os países ocidentais como se tornara entre os Estados Unidos e a União Soviética.

Os planejadores do Plano Marshall estavam ansiosos para evitar a impressão de que a América reagia em termos militares tradicionais. A Doutrina Truman, anunciada em março de 1947, prometera ajuda americana às forças que combatiam o comunismo. Essa Doutrina, porém, como frisou um importante memorando do Departamento de Estado na época, não implicava que "o enfoque americano dos problemas mundiais fosse uma reação defensiva a pressões comunistas e que o esforço para restabelecer sólidas condições econômicas constituísse um subproduto dessa reação, e não algo em que estaríamos interessados em fazer se não houvesse qualquer ameaça comunista". Nem representa, declarava o memorando, "um cheque em branco de ajuda econômica e militar a qualquer área do mundo onde os comunistas dêem sinais de estarem tendo êxito" (Price, 1955, p. 23). A diplomacia americana em relação à Europa visava "não combater o comunismo, mas o desajustamento econômico, que torna a sociedade européia vulnerável à exploração por qualquer um e todos os movimentos totalitários e que o comunismo russo está agora explorando" (Price, 1955, p. 22). Os Estados Unidos procuraram enfatizar metas positivas, especialmente as virtudes do progresso econômico, e preferiam soluções de longo prazo, de autoconfiança, para os problemas europeus através de políticas orientadas para o mercado, e não de paliativos de curto prazo através de ajuda (Pogue, 1987, p. 209-10).

O general Marshall frisou esses pontos em seu famoso pronunciamento de 5 de junho sobre o plano:

> Nossa política não é dirigida contra qualquer país ou doutrina, mas contra a fome, a pobreza, o desespero e o caos (...). Qualquer ajuda que este governo possa prestar no futuro deve fornecer a cura, e não um mero paliativo (...). Antes que os Estados Unidos possam ir muito mais além em seus esforços (...) deve haver algum acordo entre os países da Europa quanto às necessidades da situação e o papel que esses próprios países desempenharão (...). A iniciativa, acho eu, deve vir da Europa (Departamento de Estado, 1947).

Marshall sabia, como aliás reconheceu posteriormente, que "qualquer proposta de mais recursos (...) seria impiedosamente rejeitada" pelo Congresso (Price, 1955, p. 25). e Acheson acreditava que o general acrescentara o apelo a Europa para que assumisse a iniciativa a fim de garantir ao Congresso que qualquer ajuda seria estreitamente vinculada a políticas de auto-ajuda na Europa (Acheson, 1969, p. 233-4. Para outras opiniões bem informadas sobre os antecedentes da iniciativa de Marshall, ver Kindleberger, 1987, p. 25-33). Dessa maneira, a tendência do liberalismo americano nesse período, de encarar o mundo em termos políticos e econômicos, e não militares, e procurar soluções diplomáticas com o menor custo, explicam em boa parte a ênfase relativa dos programas do Plano Marshall nas políticas de ajustamento interno, e não na ajuda internacional.

Por que teria a Europa se mostrado receptiva a um plano que oferecia tão pouca ajuda econômica e prometia medidas de ajustamento tão rigorosas? A resposta é encontrada na percepção comum do perigo político e no processo de consultas e cooperação econômica que Estados Unidos e Europa haviam iniciado em Bretton Woods em 1944. Elementos majoritários da sociedade européia compartilhavam dos valores liberais americanos. Logo que os Estados Unidos os manifestaram pragmaticamente, focalizando-se nas condições econômicas e políticas específicas da Europa Ocidental em 1946-1947, e não em aspirações idealistas abarcando todo o mundo (a visão universal-utopista anterior), a Europa respondeu. A reação da Europa, de acordo com alguns estudos, poderia ter sido a mesma na ausência da iniciativa americana (Milward, 1984). Embora essa idéia vá, provavelmente, longe demais, ela, de fato, sugere que a América não impôs seus valores à Europa após 1947 (conclusão esta a que chegou também Pollard, 1985, p. 156-61). Os Estados Unidos e seus parceiros europeus compartilhavam de conceitos comuns de comunidade política interna e haviam também iniciado em 1947 a prática de cooperação sobre a política econômica no pós-guerra. Nesse sentido, as instituições de Bretton Woods, embora desempenhassem papel secundário para definir as políticas econômicas após 1944, foram importantes para assegurar o processo de cooperação em 1947.

Sem a experiência de perigo comum e cooperação econômica, o Plano Marshall poderia ter caído em terreno estéril. Ora, aconteceu que os europeus aceitaram a idéia mesmo sem perguntar o que os Estados Unidos queriam (Acheson, 1969, p. 234). Em princípios de julho, Bevin, da Grã-Bretanha, Bidault, da França, e Molotov, da União Soviética, encontraram-se para uma reunião. Embora este último a abandonasse imediatamente, Bevin e Bidault voltaram a se encontrar em Paris dentro de um mês e convenceram um grupo de 16 nações européias, que posteriormente elaboraram um plano de assistência econômica e cooperação de quatro anos e o apresentaram ao governo dos Estados Unidos em setembro.

As origens do Plano Marshall sugerem a busca às cegas que caracterizou a política americana em 1947. Nos casos da Doutrina Truman, anunciada em março, e do Plano Marshall, divulgado em junho, os Estados Unidos sabiam que tinham que agir, mas continuavam a definir a ameaça em termos econômicos "soft" — isso a ponto de os europeus incluírem a União Soviética nas reações iniciais ao plano americano — e procederam com cautela, dada a existência de um Congresso que era nesse momento controlado por republicanos mais conservadores. Governo e líderes privados colaboraram através de organizações como o Conselho de Relações Exteriores, cuja revista publicou, em abril de 1947, o influente artigo sobre a contenção escrito por George Kennan (sob o pseudônimo X), um dos auxiliares mais chegados a Marshall no Departamento de Estado. Mais trabalho, no entanto, teria que ser realizado no ano seguinte para lançar os alicerces no Congresso, e na arena não-governamental mais ampla, de um programa de reconstrução de grande vulto.

No fim, medidas agressivas dos soviéticos em Berlim e, mais tarde, na Coréia, reforçaram os passos exploratórios do Plano Marshall inicial, aumentando, em especial, a urgência de se resolver a questão alemã. A política dos Estados Unidos mudou gradualmente para reações políticas e militares e mesmo comprometeu por uma década ou mais seu desejo econômico de livre comércio entre os aliados ocidentais, ao aceitar discriminação contra suas exportações na Europa e Japão, em troca de apoio aliado às suas forças militares na Europa e Ásia (Gilpin, 1972, p. 63-7). A liberalização econômica, no entanto, prosseguiu na Europa. E as medidas de rearmamento, conforme diz Hogan, representaram apenas "reversões temporárias" do processo de reduzir restrições de natureza cambial, restabelecer a conversibilidade das moedas e criar um mercado comum na Europa Ocidental (Hogan, 1987, p. 430-1). A batalha para equiparar integração regional à liberalização global e acabar com a discriminação contra as exportações americanas seria travada mais tarde, na maior parte com sucesso na Europa (as rodadas Dillon e Kennedy), mas com resultados muito mais ambíguos no Japão e outros países asiáticos.

O Plano Marshall: Políticas Internas Conservadoras

O Plano Marshall projetou na economia internacional o consenso de política econômica interna conservadora que emergiu em 1946 nos Estados Unidos na legislação sobre o emprego (Ver Capítulo 3). Fez isso, em grande parte, cooptando as pessoas e as idéias organizacionais associadas ao consenso no país.

Desde o início, as discussões sobre o Plano Marshall enfatizaram a necessidade de combater a inflação, retomar os investimentos e a produção internos, e estabelecer cooperação em comércio externo, transportes e outras áreas fundamentais das relações econômicas internacionais (na verdade, a tríade de política que caracterizou o subseqüente sistema de Bretton Woods). Colaborando com assessores americanos, os 16 países europeus que se reuniram em Paris em julho e agosto de 1947 identificaram quatro principais áreas de ação: o restabelecimento da estabilidade financeira interna, o lançamento de uma forte campanha de produção, a criação de organizações permanentes com o objetivo de estimular a cooperação na produção, recursos, comércio externo e movimento de pessoas, e finalmente a solução da questão do déficit em dólar (Price, 1955, p. 37).

A Comissão de Ajuda ao Exterior, subordinada ao presidente, sob a direção de W. Averell Harriman, que Truman criara em 1947 a fim de minorar as dúvidas do Congresso sobre o programa de ajuda Marshall, elogiou imediatamente o relatório imediatamente o relatório europeu por enfatizar que "a produção européia pode expandir-se apenas na medida em que as moedas e taxas cambiais forem estabilizadas, os orçamentos entrarem em equilíbrio e as barreiras ao comércio externo forem reduzidas". O Relatório Harriman pedia também que "o capital privado fosse trabalhar na Europa". Isso implicava, observava o documento, "a redução de restrições e regulamentação intermináveis e movimento mais livre de pessoas e moeda" (Comissão de Ajuda, 1947, p. 5, 97). Em depoimentos no Congresso, defensores e críticos do Plano Marshall "compartilhavam da convicção de que a política de recuperação devia reanimar a indústria, liberar os arranjos comerciais e monetários e estimular a integração" (Hogan, 1987, p. 108). A legislação relativa ao Programa de Recuperação Européia, aprovada pelo Congresso em abril de 1948, não só incorporou esses objetivos, mas ordenou que programas específicos em cada país contemplado os realizassem (Wexler, 1983, p. 5).

Os indivíduos e organizações chamados a gerir o Plano Marshall refletiam a política orientada para o mercado e as convicções organizacionais do consenso de política econômica interna conservadora vigente nos Estados Unidos. Aproximadamente metade dos 19 membros da Comissão Harriman, que segundo um estudo "exerceu a influência isolada mais coesa" sobre a legislação do Plano Marshall (Wexler, 1983, p. 27), eram também membros da Comissão de Desenvolvimento Econômico (CDE), do Conselho Consultivo sobre Negócios do Departamento de Comércio (BAC), e da Associação Nacional de Planejamento (NPA) — todas elas entidades que haviam sido muito úteis para a formação do consenso nos Estados Unidos sobre políticas econômicas conservadoras (ver

Capítulo 3). Entre os membros da Comissão Harriman figurava Paul G. Hoffman, presidente da Studebaker Corporation e ex-primeiro presidente da CED, e que Truman "obrigara" a dirigir a Administração de Cooperação Econômica (ECA), a agência destinada a implementar o Plano Marshall (anunciando publicamente a nomeação antes que Hoffman a tivesse aceito. Price, 1955, p. 68, 72). O próprio Harriman passou a ocupar o cargo de representante especial na Europa do Plano Marshall, o que colocou um democrata (o próprio Harriman) e um republicano (Hoffman) nos mais altos cargos do programa americano. No conjunto, o Plano Marshall tornou-se, conforme nota um observador, "alguma coisa como uma campanha coordenada por uma diretoria entrelaçada de figuras públicas e privadas", a fim de implementar o consenso da política interna do país (Hogan, 1987, p. 88-101, citação da p. 98).

A ECA, criada para administrar o Plano Marshall, era uma agência independente servida por talento administrativo recrutado principalmente no setor privado e ligado a grupos empresariais e trabalhistas através de uma rede de comissões consultivas. Esse arranjo fora recomendado por um estudo da Brookings Institution solicitado pelo senador Vandenberg, que desconfiava da mentalidade de ajuda e planejamento do Departamento de Estado (Vandenberg, 1952, p. 388; Arkes, 1972, p. 84-5). O Congresso queria uma vigorosa administração empresarial do programa e relaxou as cláusulas administrativas a fim de permitir o pagamento de salários mais altos e, dessa maneira, recrutar os melhores cérebros do setor privado.

O modelo da ECA influenciou a estrutura das organizações regionais na Europa. Conforme observa Hogan, "os planejadores do Plano Marshall (...) instaram com os países participantes para que adotassem o mesmo sistema administrativo". O resultado foi uma "série de parcerias que combinavam poder público e privado. É muito provável que os planejadores do Plano Marshall tentassem fundir forças do mercado livre com coordenadores institucionais, a fim de remover os obstáculos a um mercado único na Europa Ocidental." "Essa estratégia", continua Hogan, "inspirou o plano de criação da união européia de pagamentos, através da qual uma junta supervisora de especialistas deveria usar controles administrativos e incentivos de mercado para ajustar as políticas nacionais monetárias e fiscais no interesse da estabilização e integração européias." E deu "também respaldo ao esforços para transformar a Organização de Cooperação Econômica Européia em um órgão corporativo dotado de pessoal competente e autoridade limitada para coordenar os programas de recuperação nacional" (Hogan, 1987, p. 19-20. Sobre o entrelaçamento de mercados e instituições, ver também Gordon, 1984, p. 53-9).

As políticas e organizações do Plano Marshall, portanto, eram inteiramente coerentes. As políticas de mercado foram implementadas principalmente por líderes do setor privado que agiam através de instituições públicas que eram responsáveis perante o Congresso e os parlamentos das demais nações participantes. O Congresso não se absteve necessariamente da microadministração de numerosos aspectos da política do Plano Marshall. Embora Truman houvesse pedido inicialmente uma autorização válida por quatro anos, o Congresso autorizou verbas para o Plano apenas em base anual, reduzindo-lhes ininterruptamente o volume no período de quatro anos. Quando o Congresso resolveu determinar um corte de 25% no segundo ano, os administradores da ECA utilizaram-no para aumentar os incentivos ao ajustamento nos países contemplados (Price, 1955, p. 128). Os líderes do setor privado compreenderam a oportunidade que menos financiamentos oferecia à implementação de políticas de ajustamento mais imaginativas.

Em 1948, os planejadores americanos da ECA "deram muito mais ênfase do que a OEEC a um rápido aumento da produção" (Price, 1955, p. 92). A fim de atingir esse objetivo, agiram para restringir a demanda, amortecer a inflação (e, dessa maneira, elevar a poupança e os investimentos) e convencer o trabalho da necessidade de modernizar as instalações de produção. A reforma monetária enxugou o excesso de liquidez e restabeleceu a confiança financeira. A ajuda do Plano Marshall, que gerava os denominados fundos de contrapartida quando os países que compravam nos Estados Unidos pagavam por esses bens em moedas locais, foi usada para reconstruir a infra-estrutura — energia elétrica, sistemas de abastecimento de água, estradas e assim por diante — e para influenciar as políticas macroeconômicas. Ao contrário da separação entre programa e assistência a projetos que mais tarde caracterizou as atividades do FMI e do Banco Mundial, os formuladores do Plano Marshall utilizaram os fundos de contrapartida para suplementar a formação de capital e reduzir a tomada de empréstimos pelos governos (como, por exemplo, a França), contrabalançar o impacto deflacionário de políticas macroeconômicas sobre moradias e emprego (como, por exemplo, na Itália), e estabilizar moedas e estimular políticas de comércio exterior mais liberais (como, por exemplo, na Grã-Bretanha. Ver o aprofundamento dessa discussão ainda neste capítulo).

Os programas do Plano Marshall lançaram ainda uma ampla campanha para educar as administrações de empresa e trabalho na Europa sobre os segredos da produtividade americana. Esses programas criaram conselhos bilaterais de produtividade, estimularam centenas de visitas a fábricas americanas e defenderam um padrão mais cooperativo de relações trabalho-empresas na indústria européia. O objetivo era romper as regras de trabalho arcaicas dos sindicatos europeus e encorajar restrição voluntária nas reivindicações salariais, criando, dessa maneira, maior flexibilidade no movimento da mão-de-obra e a adoção de novas técnicas de produção. Os formuladores do Plano Marshall insistiram em estreita colaboração dos sindicatos tanto na ECA quanto na OCDE, criando ligações especiais com o trabalho que sobrevivem até hoje no Departamento de Estado e na OCDE (a entidade que substituiu a OEEC).

Na primavera de 1949, a ênfase no combate à inflação e na reativação da produção começou a produzir resultados. A inflação estava sendo posta sob controle na maior parte da Europa Ocidental e a produção industrial subira 18% mais na OEEC do que fora em 1938 (Price, 1955, p. 100; Hogan, 1987, p. 189). Progressivamente, o foco foi mudado para a terceira perna do tripé de recuperação no pós-guerra — a liberalização do comércio externo. Conforme escreve Hogan, "a recuperação dos níveis de produção de antes da guerra e os crescentes sinais de estabilidade financeira (...) levaram inevitavelmente (...) a pressões para a desvalorização de moedas, a liberalização do comércio e a formação de uma união européia de pagamentos" (1987, p. 191).

O Plano Marshall: Liberalização do Comércio Externo

O consenso em torno da liberalização do comércio externo atrasou-se em relação ao consenso sobre política interna. A prioridade era dada à reativação da produção interna, mas, desde o começo, os formuladores da política americana convergiram para "os conceitos gêmeos de produção e integração (...) segundo os quais aumentos de produção deviam ser acompanhados por maior esforço europeu para estabilizar as finanças e multilateralizar o comércio intra-europeu" (Hogan, 1987, p. 87). O impulso para a integração ganhou forças após a crise de Berlim em 1948, à medida que a necessidade de atender os requisitos de rearmamento e recuperação colocava ainda mais ênfase no uso eficiente de recursos escassos entre os países aliados.

A organização preconizada em Bretton Woods para promover a liberalização do comércio, a Organização Internacional de Comércio Externo (International Trade Organization — ITO), jamais foi criada (Wilcox, 1949; Brown, 1950). Em 1945, o Congresso insistira em uma isenção para a agricultura. Em 1948, inseriu a cláusula do ponto de perigo na legislação sobre Acordos Comerciais Recíprocos, determinando que a Comissão de Tarifas estimasse o ponto abaixo do qual as reduções de direitos aduaneiros colocariam em "perigo" as indústrias americanas. Em 1949, o Congresso recusou-se a ratificar a ITO. Com a ITO, faleceram também os compromissos do Capítulo II de sua Carta de fundação com o pleno emprego, e do Capítulo III, com estratégias industriais microeconômicas. Esses compromissos estavam em descompasso com o consenso político cada vez maior no pós-guerra, que restringia as intervenções macro e microeconômicas. Não obstante, sobreviveu a parte da ITO que tratava do comércio de produtos manufaturados. O Acordo Geral sobre Tarifas e Comércio (GATT) realizou suas primeiras negociações multilaterais de comércio em 1946-1947, durante as quais 23 nações assinaram 123 acordos reduzindo tarifas, no caso americano em 18,9% (Evans, 1971, p. 11, Van der Wee, 1986, p. 349).

Fatos ocorridos no inverno de 1948-1949 reforçaram a defesa do comércio mais livre. Na Grã-Bretanha, a crise de Berlim dissipou no Partido Trabalhista a esperança de que o país pudesse alinhar-se com a Europa Ocidental como terceira força entre os Estados Unidos e a União Soviética, e consolidou o pensamento de que a Grã-Bretanha poderia alinhar-se com os Estados Unidos, mas exercer um "terceiro papel" entre estes e o continente europeu, valendo-se de sua influência na Commonwealth. A França ficou alarmada com essa perspectiva de abandono, pela Grã-Bretanha, do continente europeu e começou não só a pensar em união econômica com a Itália e os países do Benelux (conhecidos como Fritalux ou Finebel), mas também a levar em conta a inclusão da reconstruída Alemanha Ocidental. Desta maneira, no verão de 1949, os países ocidentais estavam à espera de decisões que alinhariam mais estreitamente os interesses britânicos e americanos e os lançariam, ainda que, no caso britânico, de má vontade, por trás da integração franco-alemã no continente (Hogan, 1987, Capítulo 3).

No verão de 1949, a economia britânica atravessava fase de grande prosperidade, ao passo que a americana resvalava para recessão. Os Estados Unidos, preocupados com mais superávits do país no comércio atlântico, insistiram na desvalorização da libra e em liberalização mais rápida do comércio na Europa. A Grã-Bretanha, procurando reter um papel distinto daquele do continente, procurou apoio americano para sustentar suas obrigações em esterlinos e manter suas exportações para os países da Commonwealth. No fim, um meio termo foi alcançado, comprometendo a Grã-Bretanha com maior liberalização do comércio, os Estados Unidos com uma relação especial com a Grã-Bretanha (e apoio transitório à libra esterlina) e a França com integração econômica com a Alemanha. Dessas decisões surgiu a desvalorização da libra esterlina e o amplo realinhamento de outras moedas européias em setembro de 1949, o aumento dos compromissos na OEEC em novembro de 1949, para revogar as restrições comerciais quantitativas, os planos de princípios de 1950 para a criação de uma união de pagamentos multilateral européia, que entrou em vigor em 1º julho de 1950, e a proposta francesa, de maio de 1950, de um mercado comum de carvão e aço com a Alemanha e outros países da Europa.

O irrompimento da Guerra da Coréia em junho de 1950 reforçou o fundamento lógico da integração (isto é, financiar a campanha de rearmamento), mas também ocasionou escassez temporária de matérias-primas e inflação mais alta, o que retardou o processo de liberalização (ver a discussão adiante sobre a Alemanha). O ritmo da integração variava nesse momento em níveis diferentes. Entre os seis países que participavam da integração econômica européia, a liberalização passou rapidamente para a eliminação de cotas e abaixamento das tarifas internas. Na OEEC e EPU, ela continuou pausadamente na direção da eliminação das restrições quantitativas, mas atrasou-se na área das reduções tarifárias. A Grã-Bretanha continuou a mostrar-se ambivalente no tocante às restrições tarifárias com o continente, bem como com os Estados Unidos. Nos Estados Unidos, certos elementos, em particular no Departamento do Tesouro, achavam, preocupados, que a integração econômica na Europa poderia acontecer com uma rapidez grande demais e, no fim, prejudicar a integração global, criando um bloco permanentemente discriminatório na Europa.

O desenvolvimento da liberalização do comércio nesse período constitui uma história fascinante. Lenta mas ininterruptamente, a liberalização regional do comércio continuou e, finalmente, fundiu-se com a liberalização global no GATT. O que teria sido responsável por esse resultado? Dois fatores imediatos aparentemente sobressaem. Em primeiro lugar, os princípios da liberalização do comércio nunca se renderam às exceções. Conforme nota Gardner Patterson, "o compromisso geral nos Artigos do Acordo (do Fundo) e no Acordo Geral (GATT) de não discriminar, a despeito de todas as exceções foi levado de fato a sério" (Patterson, 1966, p. 63). Os proponentes da não-discriminação não eram dogmáticos, mas, como observa Patterson, "acreditavam que o 'tom geral' das conclusões da doutrina clássica para a política era mais convincente do que tudo mais que haviam conhecido" (1966, p. 108). Reconheciam que "todos os estágios do processo de liberalização requereriam ajustamentos dolorosos e oposição certa de grande variedade de interesses adquiridos" (Hogan, 1987, p. 325). Mas agiram pragmaticamente, eliminando a discriminação ao facilitar, em primeiro lugar, a compensação bilateral e, em seguida, multilateral dos pagamentos dentro da OEEC e EPU, inicialmente com disposições especiais a fim de proteger a libra esterlina e, mais tarde, cancelando todas as restrições quantitativas ao comércio e às moedas estrangeiras, levando isso à conversibilidade plena de todas elas, incluindo a da libra.

Em segundo, o financiamento da liberalização do comércio nesse período nunca foi eliminado dos ajustamentos da política econômica interna necessários para permitir a redução das restrições ao comércio. A EPU forjou o elo entre financiamento e ajustamento ao aumentar gradualmente o volume de crédito que um país deficitário teria que resgatar em dólares ou ouro. Uma vez que dólares e ouro eram escassos, essa medida teve o efeito de aumentar a pressão sobre os países deficitários, a fim de que reduzissem seus déficits em conta corrente através de outros meios políticos, principalmente de reformas de política de natureza macroeconômica, e estrutural (isto é, microeconômicas). Reduzir os déficits em conta corrente, por outro lado, produzia o efeito de reduzir a demanda de exportações dos países credores por parte dos deficitários dentro da EPU. Entrementes, a capacidade de exportar estava sendo aumentada pela eliminação de restrições sob a forma de cotas dentro da OEEC. Os países credores, por conseguinte, tinham mais capacidade de exportar para áreas do dólar, gradualmente reduzindo, para começar, o hiato total de dólar da EPU e eliminando a razão para a existência de um bloco de comércio discriminatório. Os arranjos patrocinados pela EPU e OEEC funcionaram em suma, para reduzir os desequilíbrios de comércio intra-europeus e os desequilíbrios externos da Europa com os Estados Unidos (quanto às atividades da EPU, ver especialmente Triffin, 1957).

Nesse período, considerações de segurança e econômicas facilitaram a liberalização. Inicialmente, na década de 1950, os Estados Unidos tinham considerações de segurança para estimular a liberalização e, em seguida, econômicas, como país credor mais forte, para pôr um fim à discriminação praticada na Europa contra seus produtos, utilizando para isso as negociações comerciais multilaterais das rodadas Dillon e Kennedy na década de 1960 (sobre este último ponto, ver Patterson, 1966, p. 107). Ambos os incentivos produziram mais efeito na Europa do que no Japão. Em 1949, a necessidade de superar a agitação política interna e a crise de Berlim haviam empurrado a produção industrial na Europa para os níveis de antes da guerra. Em contraste, a produção industrial do Japão em 1950, onde a ameaça à segurança não surgiu tão claramente até a revolução na China em outubro de 1949 e a invasão da Coréia do Sul em junho de 1950, era de apenas um terço dos níveis de antes da guerra (Yamamura, 1967, p. 39). A Guerra da Coréia mudou tudo isso. Mas, sem outros grandes aliados na Ásia e dada a relutância da Europa em importar do Japão, os laços comerciais com este último país adquiriram caráter bilateral. Os Estados Unidos viam com prazer essas exportações como meio de reorientá-las firmemente para o Ocidente (Nau, 1981a), mas considerava a discriminação contra suas exportações para o Japão como ameaça muito menos grave do que a restrição ao comércio pelo Mercado Comum Europeu. O legado de protecionismo, que persiste até hoje, contra suas exportações para o Japão constitui um dos resultados.

No contexto dessas amplas considerações, a liberalização funcionou porque tinha por premissas eficientes políticas internas de ajustamento. A parte isso, as economias do pós-guerra na Europa e no Japão, expandindo-se fortemente em 1947 com a demanda reprimida de uma década ou mais de privações durante a guerra, jamais teria sido capaz de absorver a crescente concorrência internacional. As políticas de ajustamento concederam um prêmio à poupança e aos investimentos, e não ao consumo, e, dessa maneira, permitiram a necessária realocação de trabalho e recursos de capital para usos mais eficientes.

A Configuração do Consenso Interno

O que distingue o período de 1947 a 1951 de outros posteriores na formulação da política econômica externa dos Estados Unidos não é a ausência de parceiros privados múltiplos e um Congresso que se intrometia no processo político interno, mas o cultivo ativo e bem-sucedido de apoio ao Plano Marshall em áreas maiores das organizações não-governamentais e quase-governamentais que denominamos de casulo de formação de consenso. Além da Comissão Harriman, o governo criou comissões no setor privado sob supervisão do secretário do Interior, Julius A. Krug, e do presidente do recém-criado Conselho de Assessores Econômicos, Edwin G. Nourse, para tratar das preocupações provocadas pelos ônus econômicos internos do Plano Marshall. A Câmara dos Deputados enviou uma delegação à

Europa (conhecida como Comissão Herter, em homenagem a seu vice-presidente, Christian A. Herter) a fim de educar deputados relutantes sobre as sombrias realidades daquela parte do mundo. Dean Acheson, a quem Harriman concedeu o crédito pela idéia inicial da Comissão Harriman (Isaacson e Thomas, 1986, p. 425) voltou à vida privada em 1947 e imediatamente criou a Comissão de Cidadãos para o Plano Marshall, que atraiu mais de 300 importantes cidadãos privados de todas as esferas da vida nacional, com o objetivo de lançar uma grande campanha de promoção do Plano. No todo, da forma como Acheson a descreve, os "esforços de centenas, talvez milhares (...) de oradores e outros voluntários (...) atingiram a mente, ou pelo menos despertaram a atenção, de inumeráveis outras pessoas" e, no fim, configuraram o apoio necessário para que fosse lançado o Plano Marshall (Acheson, 1969. Ver também Pollard, 1985, p. 145-53. Para um excelente sumário das atividades desenvolvidas nesse período, ver Van Hoozer, 1988).

Foi absolutamente espantoso o resultado alcançado em 1947-1948 por esse esforço extraordinário nas arenas não-governamental e quase-governamental mais amplas. Em princípios de outubro de 1947, apenas 49% do público americano jamais ouvira falar no Plano Marshall e 60% achavam que os europeus não faziam o suficiente por sua própria recuperação (*Public Opinion Quarterly*, 1947-1948, p. 675; Wexler, 1983, p. 26). Em fevereiro de 1948, 71% dos americanos tinham ouvido falar no Plano e 50% concordavam em que ele era necessário para ajudar a Europa. Em contraste, apenas 8% entendiam sua finalidade como sendo a de deter a marcha do comunismo (*Public Opinion Quarterly*, verão de 1948, p. 366). Esse resultado, vale notar, foi registrado antes do golpe de estado comunista na Tcheco-Eslováquia. Dessa maneira, parece difícil argumentar que o compromisso inicial e as reações ao Plano Marshall fossem uma resposta ideológica ao comunismo ou uma reação inevitável à crise. Elas constituíram, muito mais do que isso, uma manifestação voluntarista de valores americanos básicos, mobilizados por uma liderança responsável e enérgica na ocasião, tanto no governo quanto no setor privado. Examinando esses dados, Charles Mee conclui que "no outono de 1947, os americanos constituíam, de modo geral, ainda um povo espantosamente generoso (...) disposto a apoiar o Plano Marshall e fazer isso principalmente por razões humanitárias" (1984, p. 241).

A Disseminação da Tríade de Política do Pós-Guerra: 1947-1958

Sem dúvida nenhuma, no clima em que foram recebidas as políticas econômicas conservadoras nos Estados Unidos em princípios da década de 1980, os formuladores do Plano Marshall de fins da década de 1940 teriam sido acusados de exportar a "americonomia". Funcionários do governo, pretensiosamente, defendiam um conjunto de preferências de política orientadas para o mercado, que acreditavam ser essenciais para o crescimento econômico, mas faziam isso através de forte cooperação internacional (em contraste com princípios da década de 1980, ver Capítulos 7 e 8), e em um espírito que foi refletido com a maior perfeição no relatório da Comissão Harriman. "Muito embora a Comissão acredite sinceramente", dizia o relatório, "que o sistema americano de livre empresa é o melhor método para se obter alta produtividade, não acredita que qualquer programa de ajuda externa deva ser usado como meio de exigir que outros países o adotem" (Price, 1955, p. 44).

A influência americana nem revolucionou as políticas e instituições econômicas na Europa e no Japão nem as deixou intactas. (Ela foi indubitavelmente mais revolucionária em conexão com mudanças políticas na Alemanha e Japão.) Todos os países ocidentais começaram com instituições econômicas e tradições políticas diferentes (ver Tabela 1-4). Nos Estados Unidos e na Grã-Bretanha, eram mais pluralistas as relações entre os atores públicos e privados; no Japão e França elas eram mais estatistas ou centralizadas, ao passo que na Alemanha e nos pequenos Estados europeus vigoravam relações mais corporativistas, implicando estreita associação entre empresas, bancos e classe trabalhadora (Katzenstein, 1977, 1985). O Plano Marshall, note-se, não mudou essas enraizadas relações ou estruturas. Por outro lado, essas estruturas tampouco determinaram o conteúdo da política do pós-guerra em cada um desses países. Diferenças estruturais internas informam-nos como países se alinham, no tocante às relações entre si, de acordo com critérios comparativos comuns, mas não nos dizem como a política em países isolados se desenvolve à margem ou, na verdade, se as políticas de todos os países envolvidos podem estar ou não evoluindo numa direção comum, orientadas para uma ou outra extremidade do espectro.

O argumento aqui desenvolvido é que as políticas de todos os países ocidentais mudaram relativamente, no período de 1947 a 1958, para uma orientação fiscal e monetária mais conservadora, mercados de trabalho internos mais flexíveis e competitivos, e normas de comércio externo mais liberais. Essa mudança foi, talvez, menos pronunciada no Japão, mas nele tornou-se também evidente, sobretudo quando comparada com o país de antes da guerra. As políticas ocidentais mudaram novamente na década de 1960, em direção a padrões menos conservadores ou eficientes. Na década de 1980, ocorreu outra mudança, de volta a padrões mais conservadores. Essas mudanças de política, embora marginais, quando se espalham e se mantêm podem afetar o desempenho. Ocorrem sob influência de idéias de política econômica que concorrem entre si e podem orientar-se ou para a direção conservadora e dirigida para o mercado ou para a liberal e intervencionista. Essa possibilidade de mudanças de política, que se relaciona de forma importante com o desempenho, distingue o argumento contido neste livro do que é defendido pelo liberalismo enraizado, que tende a ver a política movendo-se apenas em uma direção (isto é, intervenção do poder público para assegurar proteção social), e dos argumentos estruturalistas tradicionais, que consideram mudanças marginais na política como, na maior parte, irrelevantes.

As políticas do Plano Marshall aceitaram a necessidade de administração da demanda na economia, mas rejeitaram as metas sociais mais ambiciosas de pleno emprego e programas de bem-estar social em grande escala. Enfatizaram também a produtividade e flexibilidade dos mercados de trabalho, mas repeliram os cortes fiscais e outras reformas estruturais de vulto na economia de oferta, tal como a privatização, que mais tarde caracterizaram as políticas dos Estados Unidos e de outros países ocidentais na década de 1980. Conforme veremos na discussão subseqüente, os administradores do Plano Marshall tiraram a Alemanha do que consideravam como políticas excessivamente livres orientadas para o mercado, da mesma maneira que resgataram a Grã-Bretanha, França e Itália de políticas keynesianas mais radicais. O consenso do Plano Marshall seguiu uma fina linha entre políticas orientadas para o mercado e responsabilidades do poder público. Não adotou a abordagem keynesiana exclusiva, e muito menos a tradicional, que se tornou importante apenas em fins das décadas de 1960 e na de 1970 (ver Capítulos 5 e 6) e tampouco as reformas radicais da economia de oferta que se tornaram populares na década de 1980 e cuja origem alguns defensores dessa orientação viam nas políticas alemãs da década de 1950 (ver Capítulos 7 e 8; Wanniski, 1978, p. 194; Stockman, 1986, p. 39).

Às margens, por conseguinte, é razoável argumentar que os programas do Plano Marshall mudaram o equilíbrio entre política e recursos na Europa e, em menor grau, no Japão. Segundo conclui Stephen A. Schuker, os programas do Plano Marshall proporcionaram a "margem crucial" que tornou possível a auto-ajuda e a autotransformação européia após a guerra (1981). Conforme veremos na discussão a seguir, esses programas evidentemente mudaram a ênfase em cada país para a eficiente tríade de política, de estabilidade de preços, mercados flexíveis e comércio externo mais livre.

Grã-Bretanha

Emergindo da guerra, a Grã-Bretanha pareceu estar se encaminhando para um paroxismo de nacionalização e planejamento. Assumindo o governo na primavera de 1945, o Partido Trabalhista rapidamente nacionalizou as indústrias de carvão, aço, eletricidade e transporte, bem como o Banco da Inglaterra. Lord Beveridge lançou o plano *Pleno Emprego numa Sociedade Livre* (1945), estabelecendo as ambiciosas metas do pleno emprego (não mais de 3% de desemprego) e expansão em grande escala dos serviços sociais (educação, construção de moradias etc.). A política britânica parecia bem adiantada em seu caminho de planejamento profundo e déficits orçamentários keynesianos sem limites.

Não obstante, conforme observa Stephen Blank, os "debates sobre a nacionalização foram (...) na maior parte simbólicos" (1977, p. 685). Logo que baixou a febre de mobilização do tempo de guerra e de controles diretos, a política britânica passou a adotar instrumentos de administração econômica mais indiretos, abrangentes. De 1947 até o fim da década de 1950, "os planejadores oficiais, bem como líderes das empresas e trabalho, procuraram (...) minimizar o papel do governo em toda a faixa de decisões que afetavam os investimentos, fixação de salários, determinação de condições de trabalho, e relações industriais (...) e tentaram limitar os instrumentos de política econômica do poder público a mecanismos globais que minimizariam a discrição administrativa" (1977, p. 685). Conforme explica John Zysman, "o período de controles governamentais mais diretos foi o de 1945-1947. De 1947 em diante e até que os conservadores assumissem o poder, eles foram muito mais limitados" (1983, p. 183).

Nada disso aconteceu automática ou inevitavelmente. Durante todo o período, houve uma luta constante entre os Partidos Trabalhista e Conservador e dentro deste último. No período anterior à guerra, até mesmo os conservadores haviam adotado fórmulas intervencionistas. A volta a estratégias neoliberais, segundo John Zysman, "ocorreu entre 1947 e 1949". Se Jean Monnet e seu grupo de planejadores centrais indicativos (ver a discussão posterior sobre a França) haviam sido o modelo para os conservadores britânicos em 1947, Ludwig Erhard e seus defensores do mercado livre (ver a discussão adiante sobre a Alemanha) tinham se tornado os modelos em 1949. Dessa maneira, quando voltaram ao poder em 1951, "os conservadores estavam mais comprometidos com a doutrina liberal (isto é, orientada para o mercado) do que em qualquer outra época desde a década de 1920" (Zysman, 1983, p. 189).

Zysman concede crédito à política americana, através das negociações para concessão do empréstimo à Grã-Bretanha e subseqüentes recursos do Plano Marshall, por ter produzido essa mudança no pós-guerra nos Partidos Trabalhista e Conservador. "Na verdade", observa ele, dentro do Partido Trabalhista "a conexão americana pode ter ajudado a consolidar a vitória dos 'morrisonianos' sobre a esquerda." Lorde Herbert Morrison, ministro do governo trabalhista, pregava controle menos direto da economia e das empresas públicas. Sua influência foi muito útil para a "vitória da teoria keynesiana dos chefes do Partido Trabalhista sobre os ideais socialistas da esquerda trabalhista". E "essa vitória", pensa Zysman, "pavimentou o caminho para que os conservadores estabelecessem um consenso em favor de políticas de controle da demanda", rejeitando o planejamento detalhado e a intervenção (1983, p. 183, 185).

Em 1951, por conseguinte, ambos os partidos "eram keynesianos em sua maneira de abordar a política macroeconômica". Suas divergências se "situavam no micronível da política setorial e industrial". Os conservadores "enfatizavam políticas que reforçavam a relação à distância entre empresas e Estado (...) abolindo os controles administrativos restantes (em especial o racionamento de alimentos), rejeitando o planejamento que se tornara associado ao emprego desses controles diretos e a desnacionalização da indústria do aço" (Zysman, 1983, p. 187). E além do mais, conforme observa Stephen Blank, "os conservadores, após 1951, tentaram valer-se exclusivamente de formas globais de regulamentação econômica e enfatizaram, em particular, políticas monetárias como controle principal do nível da atividade econômica" (1977, p. 686). O Estado britânico, para sermos exatos, continuou a ser muito mais intervencionista do que o americano, e as políticas macroeconômicas permaneceram, conforme se pode demonstrar, mais expansionistas do que as que eram adotadas nos Estados Unidos. Mas o consenso que emergiu sobre a política econômica interna na Grã-Bretanha em fins da década de 1940 e na de 1950 evoluiu visivelmente na direção de todas as plataformas de consenso keynesiano conservador nos Estados Unidos — nada de planejamento geral, menos intervenção direta, política fiscal temperada pela preocupação com a inflação e papel importante atribuído à política monetária.

Já no tocante ao comércio externo e política cambial, os britânicos só com muito maior lentidão se encaminharam para o consenso do pós-guerra, uma vez que o desejo de continuar a desempenhar um papel global dava prioridade à libra esterlina. Muito embora essa preocupação com o valor e o papel do esterlino fosse um dos fatores que aconselhavam políticas econômicas internas mais conservadoras, constituiu também um fator que militava contra a liberalização do comércio externo e as restrições cambiais. Essas restrições protegiam o esterlino, particularmente em face de políticas internas expansionistas. Os saldos bloqueados em esterlinos constituíam outro problema. Eram receitas em esterlinos de países da Commonwealth por exportações feitas para a Grã-Bretanha durante a guerra, que eles só podiam usar para comprar produtos na área do esterlino, particularmente na Grã-Bretanha. Se esses saldos fossem desbloqueados, como aprendeu a Grã-Bretanha na malograda tentativa de restabelecer a conversibilidade em 1947, os países da Commonwealth poderiam resgatar esses créditos em outras moedas, especialmente em dólares, e importar de outros países, a despeito das preferências comerciais com a Grã-Bretanha. Essa eventualidade não só ameaçaria imediatamente o esterlino, mas também, a longo prazo, as exportações britânicas. Os britânicos, por isso mesmo, aferraram-se tenazmente às restrições cambiais e preferências comerciais. Essas práticas, naturalmente, constituíam verdadeiros anátemas para os formuladores americanos da política comercial no pós-guerra.

O momento decisivo ocorreu, conforme observado acima, em fins de 1949. Os britânicos entenderam a recessão nos Estados Unidos como confirmação de seus temores no pós-guerra, de que países credores, especialmente os Estados Unidos, não iriam evitar as políticas deflacionárias que haviam mutilado o sistema de comércio livre na década de 1930. Simultaneamente, a crise de Berlim convencera-os de que não poderiam servir sozinhos como terceira força entre a União Soviética e os Estados Unidos. Em vista disso, prepararam-se para transigir. Se pudessem conseguir que os americanos dessem um apoio especial à libra na área do esterlino, concordariam em desvalorizar a moeda e apoiar o multilateralismo e a não-discriminação. Por sua parte, os americanos concordaram em fornecer mais ajuda ao Plano Marshall e proteger a libra, estabelecendo um limite sobre o volume que países deficitários poderiam converter em dólares e permitindo que países superavitários aceitassem esterlinos em pagamento, juntamente com dólares e ouro (Hogan, 1987, p. 320-1). Mais uma vez, as prioridades do Plano Marshall podem ter inclinado a balança na reversão da política de discriminação no comércio, que a Grã-Bretanha vinha adotando há décadas.

A acomodação, no entanto, não resolveu todos os problemas. Os britânicos continuaram a descumprir sua promessa de apoiar a integração na Europa. Após 1949, contudo, começaram a desmantelar suas restrições de cotas através da OEEC e as restrições cambiais por intermédio da EPU, aceitando como inevitável o retorno eventual à plena conversibilidade da libra. Os britânicos ainda consideravam a liberalização do comércio, como Stafford Cripps, o chanceler do Erário do governo trabalhista disse a seus colegas americanos, como "um programa para 50 anos", mas não mais se opunham a ela em princípio, em favor de acordos de preferência bilaterais (Hogan, 1987, p. 291).

O endurecimento da política interna britânica na década de 1950 fez-se acompanhar desse programa de liberalização do comércio e do câmbio. Não havia outra maneira de fazer com que o esterlino voltasse à plena conversibilidade. Se ou não "a cruz do esterlino" foi a causa do crescimento relativamente lento do país na década de 1950, em comparação com os demais países da Europa, é outra questão. Argumentam alguns autores que, nesse período, os britânicos tentaram defender uma libra supervalorizada (Blank, 1977). A Grã-Bretanha, no entanto, desvalorizou-a em 1949, juntamente com outros países, alguns dos quais se tornaram tão competitivos que foram acusados de manter moedas subvalorizadas (como, por exemplo, a Alemanha). Desse modo, políticas macroeconômicas conservadoras não foram necessariamente um fardo mais pesado para a Grã-Bretanha do que para outros países. A diferença poderia estar na flexibilidade das políticas econômicas internas de cada país, a fim de ajustar-se aos estímulos macroeconômicos. A Alemanha, conforme mostraremos adiante, iniciou nesse período um grande trabalho para tornar a economia mais flexível. Os britânicos começaram com uma economia altamente regulamentada. Os governos conservadores, na década de 1950, embora não aumentassem a intervenção microeconômica, relutaram também em revogá-la (Ashford, 1981, p. 99-105). A rigidez estrutural, portanto, constituiu provavelmente um importante fator contribuinte para o desempenho relativamente lento da economia britânica na década de 1950.

França

A França saiu da guerra resolvida a superar os tradicionais pequenos interesses empresariais e agrários que lhe haviam mantido a economia atrasada e relativamente imobilizada. Simultaneamente, desconfiava dos métodos econômicos totalitários que haviam caracterizado os regimes nazista e de Vichy. Da mesma forma que ocorrera na Grã-Bretanha, no entanto, os primeiros passos deram ênfase ao planejamento e à intervenção estatal. O governo empossado em 1944, e que incluía os Partidos Comunista e Socialista, criou um novo Ministério de Planejamento Nacional e lhe atribuiu, sob a chefia de Pierre Méndes-France, a direção geral da economia. Cabia ao órgão a tarefa de preparar e implementar um plano nacional e orientar e controlar as medidas de outros ministérios, encarregados da produção industrial, abastecimento de alimentos, reconstrução, e outros órgãos do domínio econômico (Cohen, 1977, p. 37-8). Dava-se dessa maneira um passo claro na direção do planejamento global da esquerda extremada. Além disso, de 1944 a 1946, o governo nacionalizou as indústrias de carvão, eletricidade, gás, a Air France, a Renault, o Banco da França, os quatro maiores bancos de depósitos e 32 companhias de seguro.

Não obstante, o experimento de Méndes-France logo malogrou. Ele mesmo deixara o governo em abril de 1945, tendo sido seu lugar ocupado por Jean Monnet e um grupo de tecnocratas que defendiam uma forma muito mais frouxa de planejamento nacional voluntário, conhecido como planejamento indicativo. Esse grupo estava disposto, acima de tudo, a modernizar a indústria, através de uma forma "soft", ou seja, o estabelecimento de metas de investimento e inovação tecnológica em um pequeno grupo de setores industriais. Esse enfoque nem era excessivamente rígido nem dependente demais de controle e supervisão rigorosos de outros ministérios. Na verdade, o *Comissariat du Plan*, dirigido por Monnet, desfrutava um status independente no governo. No fim, aliou-se com o *Trésor*, do Ministério das Finanças, e concentrou-se na alocação de crédito para implementar seus planos (Zysman, 1983, p. 106-8). Simultaneamente, excluiu-se de uma larga faixa de outras políticas econômicas do governo, deixando a de natureza macroeconômica nas mãos dos ministérios tradicionais que dela tratavam.

Aparentemente, o Plano Marshall produziu um efeito importante tanto na consolidação da influência dos modernizadores de Monnet como na pressão sobre os ministérios tradicionais para que adotassem políticas macroeconômicas mais conservadoras. Conforme observa Zysman, "o Plano Marshall contribuiu para solidificar o elo entre o Planejamento e o *Trésor*" e, ao que tudo indica, constituiu um fator útil para levar o maior sindicato comunista, a CGT, a retirar-se do plano francês, levando consigo a ênfase no planejamento global. Nessa altura, segundo nota Stephen Cohen, "o apoio mais forte aos planejadores de Monnet, em sua luta para manter os programas de investimentos, veio de estrangeiros, dos administradores do Plano Marshall" (Cohen, 1977, p. 101).

O apoio dos formuladores do Plano Marshall foi vital não só como reforço à ideologia de investimento e crescimento dos modernizadores, mas também para ajudá-los a enfrentar as desastrosas condições macroeconômicas da França no pós-guerra. De 1945 a 1948, a inflação aumentou à taxa de mais de 50% ao ano (Lieberman, 1977, p. 7). Nesse clima, nenhuma indústria podia ser convencida a iniciar dispendiosos investimentos a longo prazo. O Plano Marshall gerou a necessária pressão a fim de convencer os funcionários do Ministério de Finanças a controlar a inflação. Recursos de contrapartida foram oferecidos para financiar os investimentos do Plano Monnet e, dessa forma, aliviar mais demandas de financiamento ao já esticado demais orçamento público. Mas, em troca, os administradores do Marshall "pediram aos franceses que controlassem o crédito, arrochassem salários e preços, reduzissem as tomadas de empréstimo pelo governo e colocassem as empresas públicas na base de auto-sustento" (Hogan, 1987, p. 155).

O resultado, diz François Caron, foi que o ano de 1948 tornou-se o "ponto de reversão decisivo da história da inflação na França". Nesse ano, René Mayer, o ministro das Finanças, lançou o plano que conseguiu pôr a inflação sob controle. Segundo Caron, o plano

> utilizou a taxação para reduzir a liquidez e, acima de tudo, procurou acabar com a rigidez do sistema de fixação de preços. Manteve a política que abolia os subsídios que começara na primavera (de 1947) e permitiu que as leis do mercado operassem. Essas medidas encorajaram os preços a se tornarem mais estáveis e as carências começaram a desaparecer (Caron, 1979, p. 275).

Em conseqüência, a elevação anual média dos preços a varejo na França declinou de 33% de 1939 a 1948 para 12% de 1948 a 1951. De 1950 a 1957, o índice de preços ao consumidor cresceu a uma taxa anual de apenas 5,3% e, nos quatro últimos anos de 1954-1957, a uma taxa anual de menos de 1,5% (Lieberman, 1977, p. 7; Zysman, 1983, p. 321). Simultaneamente, o produto subiu de 1954 a 1957 a uma taxa média de mais de 5% ao ano. De acordo com padrões franceses, e por falar nisso, com quaisquer padrões, o crescimento na década após 1947 refletiu políticas macroeconômicas não-inflacionárias exemplares.

Após 1947, a política evoluiu também progressivamente para maior liberalização do comércio externo e, finalmente, para a integração com a Alemanha, e outros países, na Comunidade Européia de Carvão e Aço e no Mercado Comum. Inicialmente, após a guerra, o país tentou exercer controles diretos sobre a Alemanha, seu principal rival econômico, a fim de proteger as metas de produto do plano francês. Tão logo se tornou claro que os planos americanos incluíam a reconstrução industrial da Alemanha, a França começou a discutir planos de união econômica — com a Grã-Bretanha, Itália e outros países do continente (Milward, 1984, Capítulo VII).

Embora os franceses talvez nem tenham se decidido voluntariamente pelo comércio externo mais livre como método preferido de modernização, o incentivo à concorrência assim proporcionado foi bem recebido pelos modernizadores. Como explica John Zysman, eles procuravam "impor a concorrência dentro do mercado interno e solapar as normas restritivas auto-regulamentadoras dos negócios franceses tradicionais" (Zysman, 1983, p. 137). Os modernizadores, aliás, já haviam tentado, em 1947, obter aprovação do Parlamento para uma união aduaneira franco-alemã. Embora amargassem um fracasso, tiveram outra oportunidade no inverno de 1949-1950. O Plano Schuman para criar a Comunidade de Carvão e Aço, que fora apresentado em maio de 1950, e o Plano Monnet, que visava ao estabelecimento do Mercado Comum, e que se seguiu, foram em todos os aspectos as meninas dos olhos dos modernizadores franceses. Eles aceitaram, no entanto, a proteção à agricultura dentro do Mercado Comum como o preço a pagar aos interesses tradicionais a fim de conseguir a integração industrial. Mas no todo, como Zysman continua a explicar, os tratados do Carvão e Aço e do Mercado Comum

> romperam o isolamento da economia francesa e forçaram as empresas a competir, inicialmente na Europa e mais tarde nos mercados mundiais. A presença de concorrentes externos tornou mais difícil para as empresas francesas manipular mercados, isto é, estabelecer preços ou produção por acordo. Firmas que haviam antes procurado proteção e aval do Estado para arranjos privados, a fim de controlar os mercados internos, nesse momento passaram a pedir

ajuda para efetuar ajustamentos competitivos. Os modernizadores haviam criado forças de mercado que podiam empurrar a economia na direção que preferiam (1983, p. 137).

Ainda assim, a economia francesa, tal como a britânica, reteve seu caráter excepcional. O *dirigisme*, ou direção centralizada da política, está muito mais enraizado na França do que na Grã-Bretanha ou nos Estados Unidos. Alguns controles jamais foram eliminados na França, mesmo nos casos em que não têm sido usados (como, por exemplo, os controles de preços). Mas, em comparação com a França de antes da guerra e depois de 1958 sob de Gaulle, a economia, de 1947 a 1958, evoluiu ininterruptamente na direção de maior competição de mercado. Os modernizadores estavam resolvidos a utilizar as forças de mercado, não obstruí-las. A chuva fria da concorrência industrial no Mercado Comum provavelmente fez mais do que qualquer outra coisa para estimular o grande desempenho econômico do país, maior do que o da Grã-Bretanha, que permaneceu longe das reduções de tarifas no continente europeu, mesmo que eliminasse cotas discriminatórias. Por outro lado, o crescimento francês ainda se atrasava em comparação com o rendimento excepcional de outros países, tais como a Alemanha e o Japão, o que sugere que a intervenção do governo na França nem sempre se fez inteiramente no lado de políticas econômicas eficientes.

Alemanha

Na Alemanha, o desafio a um consenso de política econômica keynesiana conservadora após a guerra veio da direita, não da esquerda. Em 1945, as potências ocupantes adotaram políticas destinadas a democratizar a economia do país e a desmontar os grupos bancários e industriais concentrados que haviam alimentado a máquina de guerra nazista. Juntamente com as reparações, essas políticas prejudicaram a recuperação industrial, e mercadorias, principalmente importadas nos termos de programas de emergência, substituíram o papel-moeda no que se tornara basicamente uma economia de escambo. A ameaça externa crescente, conforme já observamos acima, acabou por deflagrar uma reforma monetária em junho de 1948, que por seu lado precipitou o bloqueio de Berlim e a integração final das zonas unificadas da Alemanha na Europa Ocidental.

As políticas de democratização dos aliados e a forte reação a políticas econômicas nazistas fortaleceram a influência dos defensores do livre mercado convencional na Alemanha do pós-guerra, apoiados intelectualmente pela Escola de *soziale Markwirtschaft* da Universidade de Freiburg (uma equivalente aproximada da Escola de Chicago, de economia mais livre nos Estados Unidos). Dirigida politicamente pelo primeiro ministro das Finanças da Alemanha no pós-guerra, Ludwig Erhard, esses defensores rejeitaram o planejamento abrangente da esquerda mais radical, as políticas fiscais para promover o pleno emprego dos keynesianos exclusivos, e mesmo o programa fiscal e não-monetário discricionário dos keynesianos conservadores. A única intervenção do governo que esse grupo aceitava era a destinada a "prevenir a formação de monopólios e garantir a competição". Muito embora reconhecesse um papel para estabilizadores anticíclicos no orçamento federal, esse enfoque insistia em que "essas medidas estabilizadoras fossem tão automáticas quanto possível, a fim de evitar intervenção arbitrária" (Wallich, 1955, p. 115).

Na prática, nunca foram tão puras assim as políticas da coalizão conservadora que assumiu o governo nacional em setembro de 1949. O consenso do mercado social alemão e as tradições corporativistas reivindicaram concessões na intervenção na política macroeconômica, nas relações industriais e na política social (em todas elas, ver Katzenstein, 1987, p. 87, 132, e 176). Não obstante, mais do que outros países ocidentais nesse período, e mais do que a política alemã em períodos subseqüentes (perspectiva esta que parece confirmada por Katzenstein, que observa que a agenda do bem-estar social só se expandiu novamente em fins da década de 1950; 1987, p. 180 e segs.), a política econômica focalizou mais, em princípios da década de 1950, a produção e o lado da oferta (isto é, incentivos fiscais), do que considerações de demanda agregada que influenciaram o pensamento econômico de outros países (o que, observou Wallich na época, "era difícil de entender para os economistas americanos", 1955, p. 110).

As características das políticas alemãs na década de 1950 foram moeda escassa e restrições cambiais. Após a reforma monetária de junho de 1948, os dignitários alemães insistiram inflexivelmente em manter uma moeda sólida, o que, conforme nota Henry Wallich, "significava dar prioridade à moeda estável e ao balanço de pagamentos internacional, de preferência à expansão da demanda interna e pleno emprego". A política fiscal, na maior parte, ocupou o papel de comparsa da política monetária. Não operou em base anticíclica. Depois de terem as autoridades de ocupação elevado os impostos a níveis exorbitantes em 1946, as autoridades alemãs, sistematicamente, reduziram-nos, e também os patamares das alíquotas do imposto de renda. Esses cortes foram considerados como estruturais (isto é, microeconômicos) e não medidas cíclicas (ou macroeconômicas). Segundo Wallich, "de acordo com a opinião do Ministério das Finanças (alemão), o importante efeito de um corte de impostos gerador de déficit não consistia em elevar o poder aquisitivo dos consumidores... mas no maior incentivo que dava aos produtores que, nesse momento, podiam conservar uma parte mais substancial de sua renda" (1985, p. 110). A política fiscal do país após a guerra parecia-se muito mais com as políticas tributárias do lado da oferta da década de 1980 do que com as políticas keynesianas conservadoras que prevaleceram na década de 1950.

Em várias ocasiões, surgiram pressões internas para que fossem adotadas políticas mais expansivas — durante o retardo do crescimento e déficit comercial de fins de 1949 e no decorrer da situação econômica relativamente estagnada de 1951 a 1952. Administradores do Plano Marshall, na verdade, encorajaram uma expansão mais moderada em 1949 e, conforme nota Michael Hogan, "os americanos despejaram uma torrente incessante de críticas sobre as estratégias de *laissez-faire* do governo de Bonn" (Hogan, 1987, p. 356). As autoridades militares americanas na Alemanha, que já haviam pressionado pedindo mais intervenção na reconstrução econômica do país, defendiam, sem dúvida nenhuma, políticas mais agressivas (Hogan, 1987, p. 197. Ver também Katzenstein, 1987, p. 87). Não obstante, "não há prova", como diz Henry Wallich, "de que outros órgãos do governo dos estados deram apoio a planos expansivos agressivos" (1955, p. 84).

Em vez disso, a política americana, nesse período, deu destaque à liberalização do comércio externo (Hogan, 1987, p. 357). Embora recordações de dois períodos de hiperinflação levassem os funcionários alemães para políticas macroeconômicas conservadoras, não havia recordações que os encaminhassem para o comércio livre. As políticas comerciais do país na década de 1930, que haviam enfatizado acordos bilaterais de comércio e haviam tido grande sucesso econômico, adotaram um enfoque inteiramente contrário. Os impulsos iniciais na direção da liberalização, por conseguinte, foram dados pela ECA (Wallich, 1955, p. 372). O auge de exportações e subseqüente identificação do crescimento do país como liderado pelas exportações e comércio mais livre ocorreram principalmente como conseqüência das políticas macroeconômicas então adotadas. Essas políticas desestimulavam o consumo e as importações e, ao mesmo tempo, encorajavam os investimentos e as exportações. Dadas as restrições ao consumo interno e as altas taxas de investimento de capital, o resultado tinha que ser, necessariamente, grandes excedentes para exportação.

Ao deteriorar-se o balanço de pagamento, como aconteceu em fins de 1949, as autoridades resistiram a combater o declínio das exportações mediante estímulo da demanda interna e desvio de recursos das exportações para as importações. Prepararam um programa de expansão, mas não tiveram pressa em implementá-lo. Finalmente, a demanda de exportações criada pela Guerra da Coréia salvou-os. Em fins de 1950, a demanda externa era tão grande que a economia alemã se tornara superaquecida. Os preços subiram e a balança comercial deteriorou-se mais uma vez. Dessa feita, as autoridades resolveram suspender os compromissos com a liberalização assumidos sob os auspícios da OEEC. Durante um ano, o país voltou aos controles administrativos das importações. Em princípios de 1952, no entanto, reiniciou o processo de liberalização, alimentado pela EPU e pelo emergente processo de integração européia. Sem esses arranjos regionais, os alemães "poderiam ter confiado menos em medidas antiinflacionárias para corrigir o déficit e mais em elevar as barreiras às importações", tão forte era a relutância em adotar políticas keynesianas de expansão da demanda (Patterson, 1966, p. 92).

Japão

Da mesma forma que na Alemanha, as primeiras políticas do pós-guerra no Japão concentraram-se no desmantelamento das estruturas industrial e bancária altamente integradas e na democratização, em termos mais gerais, da vida agrícola e econômica do país. O desafio, no entanto, era ainda maior do que na Alemanha. O país não tinha nenhuma tradição ou filosofia de mercados separados ou de comércio livre. A modernização industrial fora controlada desde a Restauração Meiji por um punhado de grandes empresas, de propriedade familiar, conhecidas como *zaibatsu*, que organizavam verticalmente as maiores companhias industriais, bancárias e comerciais em conglomerados gigantescos. Os primeiros planos do pós-guerra desmontaram os *zaibatsu*, dissolvendo os conglomerados em firmas menores, proibindo o uso dos nomes e marcas tradicionais das companhias, determinando a venda de ações a cidadãos japoneses e impedindo (através de duras leis antimonopólio) toda e qualquer reintegração futura desses grupos. Além disso, foi modernizada a agricultura, vendendo-se a terra, em pequenos lotes, aos agricultores, mais de dois terços dos quais ainda eram meeiros em 1945 (Yamamura, 1967). No todo, as reformas foram radicais e de altas conseqüências. Se tivessem sido mantidas, o Japão seria hoje muito diferente e, provavelmente, muito mais acessível às importações e aos capitais ocidentais.

As reformas, no entanto, não chegaram até o fim. Inicialmente, entravaram a recuperação, como, aliás, políticas semelhantes fizeram na Alemanha. Em seguida, em 1948, quando as autoridades relaxaram a campanha para descentralizar a indústria e forneceram mais recursos para investimento através do Banco de Financiamento da Reconstrução, a inflação disparou. Começou o pânico da estabilização. E as autoridades de ocupação traçaram a denominada

Linha Dodge, que exigia políticas fiscais e monetárias ortodoxas para combatê-la. Essas políticas, subseqüentemente, estrangularam a recuperação. De 1945 a 1949, por conseguinte, a política americana vacilou e pouco contribuiu para a recuperação.

Mesmo assim, as reformas empurraram indubitavelmente o Japão para longe da economia totalitária, de comando, que houvera antes da guerra. Nesse sentido, o movimento do Japão depois da guerra, embora o país continuasse a ser, de longe, a mais intervencionista das economias ocidentais, ainda foi na direção de políticas menos intervencionistas.

Em fins de 1949 e 1950, os comunistas assumiram o controle da China. O irrompimento da Guerra da Coréia provocou uma reavaliação das políticas dos Estados Unidos em relação ao Japão. Quase três anos depois de ameaças externas na Europa terem estimulado os esforços do Plano Marshall para reconstruir a Alemanha, ameaças do mesmo tipo mudaram a política dos Estados Unidos, desviando-a da democratização da economia e da sociedade japonesa para a reconstrução, a fim de dar-lhe respaldo para as operações de segurança na Coréia. As políticas destinadas a quebrar os *zaibatsu* foram praticamente abandonadas e as burocracias japonesas começaram a exercer crescente influência sobre a reconstrução. A fim de prover o capital de investimento necessário para atender encomendas americanas cada vez maiores, as autoridades financeiras japonesas conceberam uma estrutura em dois degraus de empréstimos bancários que se tornou a base da política monetária do país durante o período do pós-guerra (Johnson, 1982, p. 200 e segs.). No primeiro nível, o banco central, ou Banco do Japão, fazia empréstimos aos bancos comerciais, os denominados bancos urbanos, que por seu turno repassavam-nos à indústria. No outro, o governo criou novas instituições, tal como o Banco de Desenvolvimento do Japão, que emprestavam diretamente à indústria. Tornando-se mais frouxa a aplicação da lei de descentralização da indústria, empresas desenvolveram, mais uma vez, estreitas relações de trabalho com determinados bancos, de forma algo parecida com o velho sistema *zaibatsu*, embora chamadas nesse momento de *keiretsu*. Esse sistema não diferia muito do modelo alemão de entrelaçar diretorias entre bancos e executivos da indústria. No caso do Japão, contudo, o governo exercia controle muito mais forte sobre essas relações, usando-as eventualmente não só para administrar o meio circulante, mas também para orientar o desenvolvimento da indústria em setores específicos. No fim, os empréstimos bancários no Japão do pós-guerra vieram a representar nada menos que 80% de todo capital da indústria, em comparação com menos de 30% antes da guerra.

O modelo de crescimento "vertiginoso" do Japão não surgiu de repente e suas origens sugerem que teve raízes no mesmo consenso de política econômica conservadora que dominou os Estados Unidos e a Europa (Pempel, 1982, p. 52). Mas tratava-se nesse momento de políticas keynesianas conservadoras aplicadas segundo o estilo japonês. Implicava conservantismo fiscal e monetário exercido através de uma comunidade bancária e industrial altamente concentrada, ou corporativista, e dava destaque à concorrência controlada no mercado interno e "acirrada" nos mercados de exportação (Borrus e Zysman, 1986). O modelo de desenvolvimento japonês não teria funcionado sem políticas fiscais que estimulavam uma poupança enorme, políticas monetárias e cambiais que encorajavam a estabilidade, e mercados abertos no exterior, sobretudo nos Estados Unidos, que receberam de braços abertos as exportações japonesas. O experimento envolveu instrumentos diferentes, mas não critérios políticos diferentes dos que eram praticados em outros países ocidentais na década de 1950. A única premissa da tríade de política de Bretton Woods que o país não aceitou inicialmente foi a abertura de seu próprio mercado, a fim de aumentar as importações para consumo e bem-estar.

O modelo, por conseguinte, não foi expansionista ou fechado no sentido defendido pelos keynesianos exclusivos ou pelos planejadores abrangentes (ver Capítulo 3). Como diz Chalmers Johnson, as políticas monetária e fiscal na década de 1950 foram sumamente rígidas. Ichimada Naoto, que dirigiu o Banco do Japão de 1946 a 1954, "veio a significar uma política fiscal deflacionária, de orçamento equilibrado, e uma política monetária levemente expansionista" (Johnson, 1982, p. 202). No mínimo, o enfoque de Ichimada refletia maior conservantismo do que o consenso keynesiano na Europa do pós-guerra, confiando mais, como no caso da Alemanha, na política monetária e menos na fiscal como instrumento de administração da demanda cíclica. O debate, no Japão, travou-se sobre o maior ou menor rigor da política monetária, e não sobre o volume de déficits fiscais ou desemprego. Alguns dignitários, como Ikeda Hayato, ministro das Finanças de 1949 a 1952 e, em seguida, titular do Ministério da Indústria e Comércio Internacional (MITI) e outros órgãos antes de tornar-se primeiro-ministro no fim da década, defendiam um conceito de "finança positiva", segundo o qual o governo expandiria de forma mais agressiva o meio circulante. Outros, como Ichimada, resistiam a essa abordagem. Ichimada venceu a questão em princípios da década de 1950, mas, no processo, deixou uma abertura que o MITI explorou para tornar-se a principal força propulsora do desenvolvimento, em princípios da década de 1960.

Contrário à expansão enérgica dos empréstimos bancários à indústria — o que se tornou conhecido como hiperempréstimos e que levou, por seu lado, ao hiperinvestimento, hipercapacidade e, daí, à campanha de exportação acelerada — Ichimada recorreu cada vez mais a diretrizes traçadas pelo MITI para especificar o volume de empréstimos destinados às várias indústrias. Essas diretrizes, embora apenas administrativas, assumiram maior importância quando o MITI relaxou a aplicação das leis antimonopólio do período de ocupação, e os bancos urbanos e as empresas começaram a se reunir novamente no *keiretsu*. No fim, os estreitos laços entre o sistema bancário, o MITI e a indústria criaram a estrutura intervencionista através da qual o Japão forçou o crescimento econômico no pós-guerra.

Curiosamente, uma crise no comércio externo em 1953 ateou fogo ao modelo de desenvolvimento. Uma vez que nem as instituições financeiras nem a indústria tinham inclinação histórica para "mercado aberto" ou para "livre comércio" (Pempel, 1977, p. 742), a concorrência estrangeira teve que fornecer a fagulha para iniciar o desenvolvimento do país. Dessa maneira, sem o incentivo de mercados internacionais, o experimento de crescimento talvez jamais tivesse se iniciado. E sem acesso a esses mercados, claro, não poderia ter logrado sucesso.

Os japoneses fixaram o valor do iene em 360 por dólar apenas algumas semanas antes de os britânicos desvalorizarem sua moeda, em setembro de 1949. Ao não desvalorizar na mesma ocasião que as moedas européias, por conseguinte, o Japão provavelmente iniciou a década de 1950 com uma taxa cambial supervalorizada. Esse fato, juntamente com a grande alta das importações deflagrada pelas necessidades da Guerra da Coréia, levou a balança comercial a um grande déficit em fins da década de 1953. Parte da reação do país foi de natureza tradicional. O

Ministério das Finanças e o Banco do Japão cortaram as despesas do governo e o crédito. A reação do MITI, no entanto, nada teve de convencional. Reduziu drasticamente as importações e iniciou o processo de estabelecer metas de exportação que deveria caracterizar a política de comércio do país nas quatro décadas seguintes. Esse enfoque contrastava vivamente com o de liberalização que, nesse momento, tinha curso na Europa Ocidental e ocasionaria problemas de longo prazo para as relações comerciais do país com a Europa e os Estados Unidos e que continuam até hoje.

A Lei de Capitais Externos de 1950 deu ao MITI controle do câmbio. Usando essa competência, reduziu violentamente, em 1953, as importações de alimentos, produtos químicos, remédios e têxteis — tão drasticamente, explica Johnson, que "provocou o fechamento de centenas de lojas na área de Tóquio que vendiam bens de consumo e levou ao reaparecimento do mercado negro" (Johnson, 1982, p. 228). Mais importante ainda, contudo, Okano Kiyohide, na ocasião titular do MITI, apresentou o Plano Okano, que "refletia a opinião dentro do MITI de que a única maneira de libertar-se das inevitáveis restrições do balanço de pagamentos seria através de concentração 'na indústria pesada e química' ". O plano preconizava a "construção de uma estrutura industrial cujos produtos de exportação teriam uma elasticidade de renda de demanda muito mais alta (isto é, a demanda pelos produtos aumentaria mais rapidamente à medida que subisse a renda externa) do que as indústrias leves tradicionais do país (...) mesmo que (tal estrutura) afrontasse as vantagens comparativas do país (principalmente, uma grande e barata oferta de mão-de-obra) (...)" (Johnson, 1982, p. 228). O plano não "pegou" imediatamente, mas, como observa Johnson, foi aplicado com vigor após 1955, sobretudo por Ikeda, o apóstolo do denominado financiamento positivo, ou hiperempréstimos, que mais uma vez se tornara ministro das Finanças em fins da década de 1950. Esse método tinha como ponto de partida a competitividade nas exportações. E o elemento decisivo para isso era, por seu lado, a redução de custos e, fundamental para isso, uma produção interna ampliada e o que Michael Borrus e John Zysman chamam de "concorrência controlada" no mercado interno, a fim de se obterem economias de escala competitivas, isto é, uma produção suficientemente grande no mercado interno para gerar custos mais baixos e, assim, permitir que se exportasse competitivamente (Borrus e Zysman, 1986, p. 118).

Em fins da década de 1950, por conseguinte, o sistema de alto crescimento do Japão ficou instalado. Por mais diferentes que fossem as políticas seguidas na Europa e nos Estados Unidos, o sistema, apesar disso, compartilhava de duas características de importância decisiva. Baseava-se em políticas fiscais e monetárias que encorajavam relativamente a poupança e desencorajavam o consumo, e usava a concorrência nos mercados internacionais para orientar a realocação de recursos. O modelo japonês, no entanto, não foi construído sobre uma revolução na demanda de consumo, tal como a que era defendida por keynesianos moderados e exclusivos no Ocidente. (Neste particular, divirjo de Johnson, que identifica uma revolução de consumidores como aspecto fundamental do desenvolvimento do Japão no pós-guerra; 1982, p. 230.) Ainda menos, com certeza, foi o experimento baseado em grandes serviços sociais, especialmente em contraste com a Europa (ver Pempel, 1977, p. 754-9). Os hiperempréstimos para a produção interna eram uma política motivada pela economia de oferta, ligada desde cedo à proteção contra as importações e promoção das exportações. Enfrentar a concorrência nos mercados de exportação era o requisito básico, não o bem-estar do consumidor e o padrão de vida mais alto no mercado interno. O desenvolvimento japonês teve êxito porque se beneficiou com um grande mercado interno, no qual podia forçar o ritmo do desenvolvimento industrial para produtos mais sofisticados e porque não tinha que abri-lo para obter acesso aos mercados estrangeiros (ver o debate sobre o desenvolvimento japonês em Borrus e Zysman, 1986, e Nau, 1986).

Essa orientação resultou em parte de preocupações nacionais excepcionais com a vulnerabilidade da economia insular do país e até certo ponto porque não havia contrapressões para liberalizar as importações, tal como o grande processo de integração regional do comércio que nesse momento ocorria na Europa. Os Estados Unidos abriram unilateralmente seu mercado interno ao Japão e não exigiram até muito depois, na década de 1960, e com toda seriedade provavelmente só na década de 1970 e princípios da de 1980, acesso recíproco ao mercado japonês. Após a guerra, as exportações japonesas mudaram radicalmente, dos mercados tradicionais na China e Ásia para os Estados Unidos (Nau, 1981a), ao passo que as importações japonesas, principalmente de manufaturados, permaneceram pequenas e estáticas. Os Estados Unidos utilizaram seu mercado para reorientar o Japão, tanto política quanto economicamente, para o Ocidente.

Em retrospecto, a política americana em relação ao Japão constituiu um enorme sucesso. O Japão de hoje, se não é inteiramente democrático, é pelo menos muito diferente da sociedade totalitária de um passado relativamente recente. A reestruturação política, no entanto, ocorreu com um custo econômico muito grande para os Estados Unidos. E não tinha que ser assim, claro. A insistência dos Estados Unidos em democratizar a economia japonesa, em princípios da década de 1950, poderia ter produzido um mercado mais aberto e acessível muito mais cedo do que, talvez, esteja acontecendo hoje, mas tarde demais, quem sabe, para salvar o sistema liberal de comércio (ver a Conclusão deste estudo). Não obstante, a política externa americana nas décadas de 1950 e 1960, particularmente na Ásia, dava prioridade a considerações políticas e militares (ver Capítulo 5). Permitiu que o modelo de crescimento japonês explorasse um sistema de comércio internacional aberto, mesmo que o modelo de proteção do mercado interno, especialmente se imitado por outros países, constituísse uma ameaça a esse sistema. Com todos os países dirigindo sua competitividade para os mercados de exportação, enquanto protegem seus mercados internos, os mercados internacionais, que são simplesmente os mercados internos de outros países, desaparecem. A concorrência e políticas econômicas eficientes são substituídas pelo protecionismo e pelas barganhas políticas.

Itália

A Itália saiu da guerra com um governo de coalizão que, da mesma forma que na França, incluía inicialmente comunistas e socialistas. As políticas implementadas durante esse período resultaram em grandes aumentos salariais, despesas em déficit do governo subindo para as alturas (que mais do que triplicaram de 1943 a 1947) e excesso de liquidez proporcionada pelo Banco da Itália. Conforme observa Bruno Foa, "não é de surpreender que o preço de tal política econômica (...) fosse pago pela nação sob a forma de mais inflação" (1949, p. 30).

Já na primavera de 1947, porém, a política começou a mudar, a fim de controlar a inflação. Alcide de Gasperi, o cristão-democrata que dirigiu a coalizão do pós-guerra, reorganizou o governo e expurgou-o dos membros comunistas. Nomeou o professor Luigi Einaudi, Jr., para o cargo de ministro do Orçamento e vice-primeiro-ministro. Imediatamente, Einaudi aplicou uma "vigorosa e impiedosa dose de controles de crédito", criando um sistema de reservas obrigatórias dos bancos (Foa, 1949, p. 104). Além disso, limitou os empréstimos que o Tesouro podia tomar ao Banco Central. Certa vez, ouvindo de keynesianos entusiásticos receitas sobre como reduzir o desemprego, replicou que o desemprego era estrutural, não cíclico (Kindleberger, 1984, p. 11). Dessa maneira, confiando em reformas microeconômicas para criar novos empregos e em restrições ao crédito para estabilizar os preços, o "governo conseguiu deter a inflação sem recorrer à reforma monetária". "Nos 13 anos seguintes", como observa Sima Lieberman, "a Itália desfrutaria estabilidade de preços" (1977, p. 103).

Esses fatos refletiam a luta que nesse momento ocorria na liderança italiana entre representantes das escolas conservadoras e mais radicais de pensamento econômico. Os cristãos-democratas (CDU) detinham a chave do equilíbrio nesse particular e pouca dúvida há na mente de um observador dessa época que o Plano Marshall desempenhou papel importante para consolidar a posição do CDU e reorientar as políticas econômicas italianas para a tríade de política conservadora da recuperação do pós-guerra. Escrevendo no verão de 1948, Bruno Foa conclui que:

> O discurso de Harvard e as decisões subseqüentes reforçaram em muito as mãos do *premier* de Gasperi, que acabara justamente de reorganizar o governo e expulsar dele os comunistas (...) promoveram o começo de uma renovada amizade entre a França e a Itália e a abertura de negociações para a formação de uma União Aduaneira entre os dois países. Finalmente, não se pode duvidar que o Plano Marshall, mesmo muito antes de ser posto em prática, decidiu o resultado das eleições de 18-19 de abril de 1948, nas quais a Frente Popular liderada pelos comunistas conseguiu apenas 31% dos votos nacionais (1949, p. 120).

As eleições de 1948 deram ao CDU sua única maioria absoluta no período do pós-guerra nas duas Casas do parlamento italiano. De 1948 a 1953, por conseguinte, o CDU dominou a política econômica italiana e, com a ajuda do Plano Marshall, colocou as políticas econômicas italianas no pós-guerra solidamente no caminho de políticas monetárias e fiscais restritivas e comércio mais livre. Os italianos iniciaram, em 1947, discussões com a França para a criação da União Aduaneira e apoiaram fortemente a estratégia liderada pelas exportações da integração européia (Milward, 1984, p. 233). Os resultados foram surpreendentes para alguns analistas, que evidentemente preferiam um enfoque de planejamento mais exclusivamente keynesiano e abrangente.

> O auge econômico italiano do período de 1948 a 1955 foi muito surpreendente, uma vez que se caracterizou por rápido crescimento econômico concomitante com grande desemprego, sem planejamento e sem nacionalização (...) A primeira década do pós-guerra presenciou na Itália, como aliás também na França, a debilitação gradual do entusiasmo pela reforma econômica e social que fora desenvolvida pela Resistência durante os anos de luta. A ajuda do Plano Marshall fortaleceu a voz do conservantismo em ambos os países (França e Itália) e, nos dois, o Partido Comunista começou a perder terreno político e econômico depois de 1947 (Lieberman, 1977, p. 109 e 117).

Essas decisões macroeconômicas e sobre política de comércio externo, porém, não acabaram com as tradições e instituições econômicas básicas da Itália. A indústria do país já era concentrada até certo ponto. O consórcio industrial IRI fora criado na década de 1930 a fim de consolidar várias operações bancárias, tendo sido convertido progressivamente, a começar de princípios da década de 1950, em uma companhia de *holding* para financiar e dirigir um número crescente de indústrias de transformação. Além disso, em 1953, o governo do CDU criou o consórcio de energia, o ENI, para ampliar o controle público direto das indústrias de energia e produtos químicos.

Essas operações, no entanto, não foram tão longe como o *keiretsu* no Japão ou a expansão do emprego nas companhias estatais e nas atividades que ocorreram mais tarde na própria Itália nas décadas de 1960 e 1970. O Banco da Itália permaneceu, até certo ponto, em sadia competição com os bancos do IRI (ao contrário da relação íntima no Japão que vinculava o Banco do Japão, através da estrutura bancária em dois degraus e orientação administrativa do MITI, ao *keiretsu*). E o governo do CDU "manifestou a determinação de (...) dirigir as empresas públicas de acordo com sólidas práticas empresariais (...)" (Posner, 1977, p. 816). Só em fins da década de 1950, quando o governo do CDU se debilitou e preparou-se para fazer "uma abertura para a esquerda" e negociar uma coalizão com os partidos sociais-democratas, o que ocorreu em princípios da década de 1960, é que emergiram as divergências crescentes entre a comunidade empresarial conservadora da Itália (Fiat, Pirelli, Olivetti etc.) e um governo mais intervencionista. Durante toda a década de 1950, contudo, conclui Alan Posner, os "objetivos da política monetária e (...) da política econômica em geral (...) foram traçados de modo a fomentar um clima favorável aos negócios e à expansão das exportações" (Posner, 1977, p. 819).

O Benelux e os Países Europeus Menores

Nesse período, o Benelux e os demais países europeus menores combinaram políticas macroeconômicas, motivadas mais pelo lado do consumo do que da produção, com políticas de comércio externo inspiradas tanto pela necessidade de importar bens manufaturados quanto pelo desejo de exportar. O planejamento era popular em muitas esferas da comunidade política desses países, embora seu pequeno tamanho e a necessidade de comércio externo limitassem as ambições dos planejadores (Katzenstein, 1985, p. 63). Por outro lado, a pequenez de seus mercados internos significava que eles não podiam evitar inteiramente um papel forte do governo no ajustamento. Em conseqüência, "deram mais atenção à política industrial, mas evitaram o tipo de reorientação sistemática, em grande escala, de setores industriais específicos que se tornou a marca distintiva das estratégias estatistas do Japão e da França" (Katzenstein, 1985, p. 64). No caso da Holanda, por exemplo, as políticas macroeconômicas globais, a despeito de mecanismos mais altamente desenvolvidos de intervenção microeconômica, desempenharam o papel mais importante, em 1951, no ajustamento aos déficits no balanço de pagamentos provocados pelo auge deflagrado pela Guerra da Coréia. De modo geral, observa James Abert, "devido às mutáveis condições econômicas e sociais de 1950 a 1965, o governo holandês mudou, de forte dependência da política salarial (um instrumento microeconômico) para emprego mais amplo das políticas fiscal e monetária" (Abert, 1969, p. 12-3).

As estruturas e políticas mais intervencionistas dos pequenos países não contradizem a tendência do período de 1947 a 1958, de políticas mais orientadas para o mercado em todas as nações ocidentais. A intervenção do governo foi deliberadamente submetida no período a uma concorrência internacional cada vez maior, através da integração dos mercados. Conforme observamos acima, a França, e em menor grau o Japão, beneficiaram-se com a maior concorrência internacional, que compensou suas estruturas internas mais intervencionistas. A diferença foi que o Japão adotou a concorrência internacional no lado das exportações, mas substituiu, no lado das importações, a concorrência externa pela "concorrência interna controlada". Conseguiu safar-se com essa política, sem o alto custo habitual da substituição de importações, porque possuía um mercado interno enorme e um sistema ainda ativo de concorrência interna feudalística. Os pequenos Estados europeus, e mesmo os maiores, não poderiam ter se dado ao luxo de tal política e ainda crescido tão rápida e eficientemente como aconteceu nas primeiras décadas do pós-guerra. Além do mais, se todos os países tivessem imitado o Japão nesse primeiro período, como alguns analistas defendem hoje, não teria havido mercados internacionais crescentes e o próprio experimento nipônico teria fracassado. É essencial não perder de vista o papel preponderante que a crescente concorrência de mercado desempenhou no rápido crescimento das décadas de 1940 e 1950.

Países em Desenvolvimento

No período posterior a 1947, as estratégias de crescimento no mundo em desenvolvimento refletiram um modelo muito diferente. Em vez de aumentar a concorrência, as estratégias produziram o efeito de aumentar o protecionismo. A maioria dos países em desenvolvimento optou por políticas de industrialização através da substituição de importações. Essas políticas preconizavam a substituição do mercado interno de importações pela proteção de indústrias nacionais que podiam produzir os mesmos bens. Muito embora respaldadas pelos argumentos de indústria nascente, essas políticas foram aplicadas, na maioria dos países, de forma geral, através de todo o espectro de setores manufatureiros considerados importantes para o desenvolvimento.

Além do mais, fizeram-se acompanhar por uma atitude de pessimismo em relação às exportações, atitude essa defendida por especialistas em desenvolvimento desses países, tal como Raul Prebisch, que dirigia na ocasião a Comissão Econômica das Nações Unidas para a América Latina (Cepal). Esse pessimismo aconselhava a que não se confiasse em exportações no tocante a crescimento porque as relações de troca para os produtos dos países em desenvolvimento — principalmente matérias-primas e produtos agrícolas — se deterioravam, à medida que o crescimento da renda nos países industrializados mudava a demanda dos alimentos e produtos baseados em matérias-primas, que os países em desenvolvimento exportavam, para produtos manufaturados e serviços de valor mais alto, que eles na maior parte importavam. Em vez disso, os países em desenvolvimento deviam confiar em seus próprios mercados e procurar estabelecer cooperação regional com outros que se encontravam na mesma situação.

Havia compreensíveis razões políticas e psicológicas para essas políticas. Esses países estavam se tornando independentes e naturalmente colocavam as necessidades de construção da nação acima das do crescimento econômico (Rothstein, 1977, sobretudo o Capítulo 3). Não obstante, elas se revelaram menos do que bem-sucedidas economicamente e geraram um legado de suspeita e desinteresse em relação ao sistema econômico internacional que prejudica até hoje a adoção de políticas econômicas mais eficientes. Embora alguns desses países — as denominadas economias recém-industrializadas, como Coréia, Formosa e Brasil — rompessem com as políticas de substituição de importações na década de 1960, os que a adotaram tenderam a imitar o modelo japonês, passando à concorrência nos mercados externos, enquanto protegiam os mercados internos (Nau, 1985b). Sem um mercado interno do tamanho do japonês ou o grau de coesão interna que o sistema nipônico possui, de orientar eficientemente o ajustamento da política industrial na direção da concorrência nos mercados externos, esses países pagaram um alto preço por esse desenvolvimento "protegido". Logo que a crise do petróleo começou, esse preço se mostrou na acumulação dos fardos do endividamento da década de 1970.

É interessante mas inútil especular sobre o que poderia ter acontecido depois da guerra se os Estados Unidos houvessem prestado mais atenção às políticas dos países em desenvolvimento, como fez com as políticas aplicáveis à Europa sob o Plano Marshall. Embora Estados Unidos e Grã-Bretanha se consultassem com alguns países em desenvolvimento nas deliberações de Bretton Woods em 1943-1945 (Blum, 1967, p. 234), Richard Gardner tem indubitavelmente razão quando observa que os delegados à conferência "pouca atenção deram ao impacto potencial do Fundo sobre os países menos desenvolvidos" (Gardner, 1980, p. xxi). Pressões globais desviaram demais a atenção dos Estados Unidos para a Europa e, nos próprios países em desenvolvimento, outras pressões os levaram a ignorar as oportunidades internacionais. Só em princípios da década de 1960 é que o Banco Mundial passou a tratar com interesse as questões do Terceiro Mundo. Ainda assim, a negligência observada nesse período, no que interessava às políticas do Terceiro Mundo, e não menos que descaso semelhante pelas políticas de comércio exterior do Japão, deixaram grandes e prejudiciais legados, que a ordem econômica internacional liberal tem lutado para eliminar desde então.

Conclusões

Desde fins da década de 1940 até meados da década de 1950, os Estados Unidos implementaram internamente e, através do Plano Marshall, na arena internacional, a tríade de política de estabilidade de preços, mercados flexíveis e comércio externo mais livre que veio a caracterizar o que denominamos neste estudo de sistema Bretton Woods do pós-guerra (embora esse rótulo seja um tanto forçado, uma vez que a conferência de Bretton Woods em 1944 e as instituições subseqüentes que criou desempenhassem papel apenas secundário no período). A tríade de política de Bretton Woods, conforme sugere a Figura 1-1, coincidiu historicamente com um desempenho econômico sem precedentes. Crescimento e produtividade aumentaram rápida e continuamente (com recessões relativamente pequenas). Foram desmanteladas restrições ao comércio externo e ao câmbio. Mercados floresceram.

Em 1960, as instituições criadas por Bretton Woods puderam assumir um papel mais importante. O FMI expandiu grandemente seus empréstimos, de 4 bilhões de SDRs (Direitos Especiais de Saque — uma unidade de contabilidade criada pelo FMI) de 1953 a 1963, para 18 bilhões de SDRs de 1963 a 1973 (de Vries, 1986, p. 85). Na década de 1960, o GATT iniciou sua primeira grande série global de rodadas de negociações sobre comércio externo, ao passo que o Banco Mundial mudava a atenção da reconstrução para o desenvolvimento, abrindo uma janela de empréstimos em condições suaves, a Associação de

Desenvolvimento Internacional (International Development Association — IDA), a fim de ajudar os países em desenvolvimento.

Embora fossem complexas as razões de segurança e econômicas do denominado sistema de Bretton Woods, a descrição contida neste capítulo sugere que o sistema ficou morto, até que os Estados Unidos e seus aliados europeus configurassem uma definição compartilhada de comunidade política que reconhecesse as dimensões internas da política internacional (isto é, a diferença entre definições democráticas e totalitárias de direitos privados e processos públicos de tomada de decisões) e organizassem a dimensão diplomática a fim de enfatizar o uso eficiente de recursos econômicos para defender as liberdades do Ocidente. A escolha de políticas econômicas relativamente conservadoras e eficientes que se seguiu não foi ditada principalmente nem pela ideologia e estruturas sociais nem por circunstâncias ligadas a crises externas. Dentro de amplas limitações, a escolha foi, em vez disso, produto de um debate voluntarista em cada país e dentro das instituições regionais do Plano Marshall que, no fim, levaram gradualmente as políticas de todos esses países para padrões mais orientados para os mercados. Essas políticas, em seguida, operaram para eliminar as limitações da divergência política e restrições econômicas que afligiam a Europa em 1947.

O consenso de política de fins da década de 1940 não foi nem automático nem inevitável. É fácil demais, especialmente em retrospecto, simplificar a política desse período. Conforme observou Dean Acheson, um participante ilustre, esse período foi de "grande obscuridade". "A importância dos fatos", observou, "era amortalhada pela ambigüidade" (1969, p. 313).

É também fácil ficar sentimental a respeito do período, considerando-o como a "idade de ouro" da política econômica externa dos Estados Unidos. As vitórias obtidas nesse período foram ganhas às margens, frágeis e sempre reversíveis. Os desafios à contenção e às políticas keynesianas conservadoras começaram a surgir já em meados da década de 1950. A competição para modelar uma sociedade política mais perfeita continuou e finalmente produziu, em fins da década de 1960, mudanças importantes nas políticas de segurança e econômicas que puseram um fim ao sistema de Bretton Woods. O esfacelamento do sistema de Bretton Woods constitui a história da parte seguinte deste estudo.

III

A Demolição de Bretton Woods

5

A Culpa de Bretton Woods: Colapso dos Objetivos e da Política

Neste capítulo, argumentamos que não houve, no sistema de Bretton Woods, falhas inerentes que lhe provocassem o colapso após meados da década de 1960. Muito ao contrário, opções deliberadas feitas pelos Estados Unidos e seus principais aliados debilitaram o consenso da política externa sobre a contenção e debilitaram o arcabouço político que lhe apoiava o sistema econômico. E mais, opções de política alteraram radicalmente as prioridades econômicas internas, acelerando a inflação e a intervenção, e tornando impossível manter o valor do dólar e o sistema de taxas cambiais fixas.

A partir de meados da década de 1960, começaram a mudar as idéias que configuravam o objetivo político e o conteúdo econômico do sistema econômico internacional do pós-guerra. Sob a bandeira da *détente*, a França de de Gaulle e, em seguida, a Europa de forma mais geral, questionaram o conceito de contenção nas relações americano-soviéticas. Aprofundaram-se as divergências entre os Estados Unidos e seus aliados à medida que a contenção se tornava não só crescentemente militarizada, mas se estendia também aos pântanos do Vietnã. O consenso sobre política externa que se despedaçava abriu logo fissuras no sistema monetário internacional. De Gaulle atacou o papel do dólar como moeda de reserva. Em seguida, os próprios Estados Unidos desencantaram-se com o sistema de taxas cambiais fixas e acusaram seus aliados de protegerem moedas subvalorizadas.

Simultaneamente, rachou o consenso sobre o conteúdo das políticas internas americanas. A alternativa keynesiana moderada do pós-guerra cedeu lugar a soluções keynesianas mais ambiciosas, exclusivas, ou "profundas", implicando uma arremetida na direção do pleno emprego e doses substanciais de intervenção microeconômica (como, por exemplo, na política de rendas, na regulamentação da indústria etc.). Fraturaram-se duas das pernas da tríade de política do pós-guerra — a estabilidade dos preços e os mercados flexíveis. A terceira perna — o comércio externo mais livre — prosseguiu nos termos das rodadas Dillon e Kennedy, embora nesse momento ameaçada por crescentes crises cambiais e rigidez estrutural, que alimentavam as estratégias protecionistas.

Nenhuma das mudanças ocorridas nas políticas americanas pode ser facilmente explicada pela política interna. Interesses especiais dominavam a política de comércio externo, e não a taxa cambial ou a política macroeconômica. Ainda assim, o consenso do pós-guerra continuou no comércio externo, mas entrou em colapso nas áreas monetária e financeira. Idéias, não interesses, estavam dirigindo a política americana.

Em meados de 1960, não era mais permissivo o contexto da política econômica externa dos Estados Unidos. Europa e Japão cresciam mais rápidos do que os Estados Unidos e a primeira se tornava crescentemente assertiva na aliança. Após ter desafiado com sucesso o poder americano em Cuba, a União Soviética iniciou um grande programa de fortalecimento militar, a fim de obter paridade estratégica com os Estados Unidos. A integração e a interdependência econômica na Europa, apesar disso, haviam avançado muito além das expectativas iniciais, tanto na Comunidade Econômica Européia, quanto, através da OCDE e GATT, na Comunidade Atlântica e ocidental como um todo. Sociedades democráticas cheias de energia, mobilizadas, haviam emergido na Alemanha e no Japão e floresciam em outros países industrializados, disseminando contatos transnacionais variados entre grupos industriais, trabalhistas, religiosos, estudantis e de outra natureza. O mundo não estava mais sujeito apenas ao poder dos governos, para nada dizer do poder de um único governo, tal como o dos Estados Unidos em 1945.

Não obstante, seria errôneo concluir que circunstâncias ou fatores estruturais deflagraram as mudanças de política que ocorreram na década de 1960. Conforme observamos no capítulo anterior, opções de política em fins da década de 1940 construíram as estruturas do sistema econômico no pós-guerra. E seriam o debate e as opções políticas que as solapariam. Os formuladores da política americana acabaram por se convencer que o sistema do pós-guerra estava cheio de defeitos. Em primeiro lugar, argumentaram, o sistema monetário era insustentável porque dependia de os Estados Unidos lhe forneceram liquidez através de déficits no balanço de pagamentos que, ao longo do tempo, teriam que corroer o dólar — o denominado Dilema Triffin. Em segundo, o sistema cambial era assimétrico, tendendo em favor dos países superavitários da Europa e contra os Estados Unidos, cuja moeda era fixada em termos de ouro e servia como principal moeda internacional de reserva. Em terceiro, o sistema de comércio internacional era injusto, refletindo uma discriminação residual contra produtos manufaturados americanos, sobretudo no Japão, e discriminação sistemática contra a agricultura, principalmente na Política Agrícola Comum (Common Agricultural Policy — CAP) da Comunidade Européia.

Todos esses argumentos continham certa dose de verdade, muito embora, como digo neste capítulo, eles servissem principalmente como racionalizações de opções de política interna nesse período que eram incompatíveis com o sistema vigente e, na verdade, contribuíram para provocar-lhe os alegados defeitos. A despeito de repetidas condenações desses defeitos, a diplomacia americana nunca utilizou seriamente o poder do país para remediar problemas de liquidez ou cambiais do sistema. Os presidentes Johnson e Nixon delegaram a gestão da política econômica externa a funcionários de segundo escalão do Tesouro e da Casa Branca. Os Estados Unidos hesitavam em agir, não porque lhes faltasse poder, mas porque estavam cada vez mais divididos internamente e dentro da aliança, quanto aos objetivos e políticas que deviam ser empregados pelo poder americano. E quando finalmente agiu em altos níveis em agosto de 1971, fê-lo sem objetivos e com políticas altamente inflacionárias e intervencionistas que, em última análise, contribuíram para solapar-lhe o poder.

A diplomacia econômica internacional americana nesse período, portanto, vacilou entre instituições, mercados e poder unilateral. Dissolveu-se o intrincado equilíbrio de cooperação institucional, políticas orientadas para o mercado e ajuda americana que havia caracterizado o Plano Marshall. De 1961 a 1968, os Estados

Unidos tentaram administrar o sistema através de negociações multilaterais destinadas a aumentar a liquidez, inicialmente através das chamadas medidas de apoio periférico ao dólar e, em seguida, através de discussão no FMI com o objetivo de criar uma nova moeda de reserva, o SDR. Sem um forte senso de comunidade política compartilhada (que nesse momento se debilitava), a meta de um sistema econômico internacional plenamente multilateral, com a finalidade de incluir uma unidade monetária realmente internacional, era simplesmente tão utópica em meados da década de 1960 como fora em meados da de 1940 (quando Keynes propôs a criação do bancor) e os Estados Unidos, de qualquer maneira, nunca aplicaram o poder necessário para concretizar um objetivo tão ambicioso.

Após 1968 e até princípios de 1971, os Estados Unidos abstiveram-se de iniciativas multilaterais e voltaram-se, pela primeira vez no período do pós-guerra (costume este que se tornaria muito freqüente nas décadas de 1970 e 1980), para os mercados mundiais a fim de implementar seu objetivo — o de benévolo desinteresse. Os multilateralistas, pouco dispostos a tomar medidas decisivas para realizar seus objetivos internacionais, alimentaram a esperança de que as forças do mercado realinhariam as taxas cambiais — seja forçando outros países a revalorizar ou, como último recurso, obrigando os Estados Unidos a suspender a conversibilidade ou, quem sabe, desvalorizar diretamente. Fracassando a política de desinteresse benevolente, o país utilizou finalmente todo seu poder em 1971, mas um poder inteiramente desligado de instituições internacionais ou padrões de mercado. Agiu unilateralmente para desprender o dólar do ouro, impor sobretaxas às importações e instituir controles internos de preços e salários.

As opções de política interna afetaram as de outros países, principalmente através dos mercados altamente interdependentes que existiam na década de 1960, à medida que as autoridades americanas desenfatizavam e, finalmente, em 1971, ignoravam as instituições internacionais. Políticas fiscais e monetárias expansionistas em fins da década de 1960 criaram, no sistema de taxas cambiais fixas, um dólar supervalorizado que estimulou as importações do país e contribuiu para elevações de preços no exterior. Declinou o superávit do comércio externo e aumentaram as pressões protecionistas. Além disso, à medida que as barreiras tarifárias continuavam a cair na Rodada Kennedy (discutida adiante), o aumento da intervenção interna, a fim de controlar preços e subsidiar a produção, erigiu novas barreiras não-tarifárias ao comércio e enfraqueceu o apoio ao sistema de livre comércio, em especial porque o Japão, o mais intervencionista dos governos presentes a Bretton Woods (ver Capítulo 4), tornou-se parceiro comercial mais importante. Pressões de mercado nos sistemas cambial e de comércio externo começaram a substituir, em grau considerável, as negociações institucionais destinadas a alocar os custos de ajustamento.

A Figura 5-1 mostra a mudança nas políticas econômicas internas desse período na direção de outras, fiscais e monetárias, mais expansionistas nos Estados Unidos, e de mais intervenção microeconômica na Europa (ver IA e IIA na Figura 5-1). Em comparação com o período de 1947 a 1967, os déficits fiscais anuais médios nos Estados Unidos quintuplicaram de 1968 a 1974, enquanto mais do que duplicavam as taxas de crescimento monetário (M_1). Embora tivesse sido a mais disciplinada entre os países industrializados no período de 1947 a 1967 (ver Capítulo 1), a política macroeconômica dos Estados Unidos tornou-se nesse momento a mais indisciplinada. Os déficits orçamentários e as taxas de crescimen-

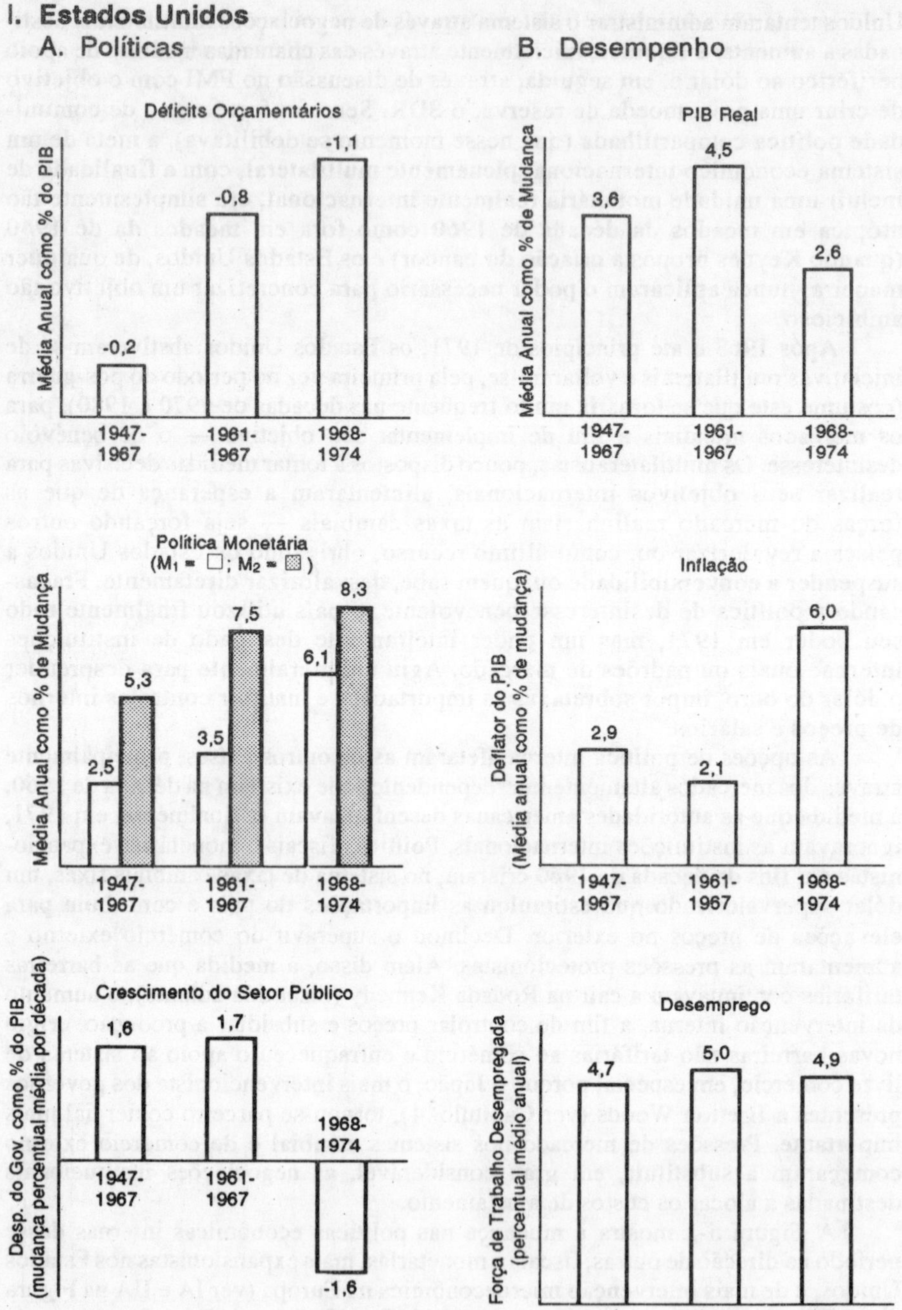

Figura 5-1. Mudanças de política econômica e desempenho após 1967. (Fontes: Ver Apêndice, Tabelas A-1, A-3 e A-5.)

II. G-4 (França, Alemanha, Japão e Grã-Bretanha)

A. Políticas B. Desempenho

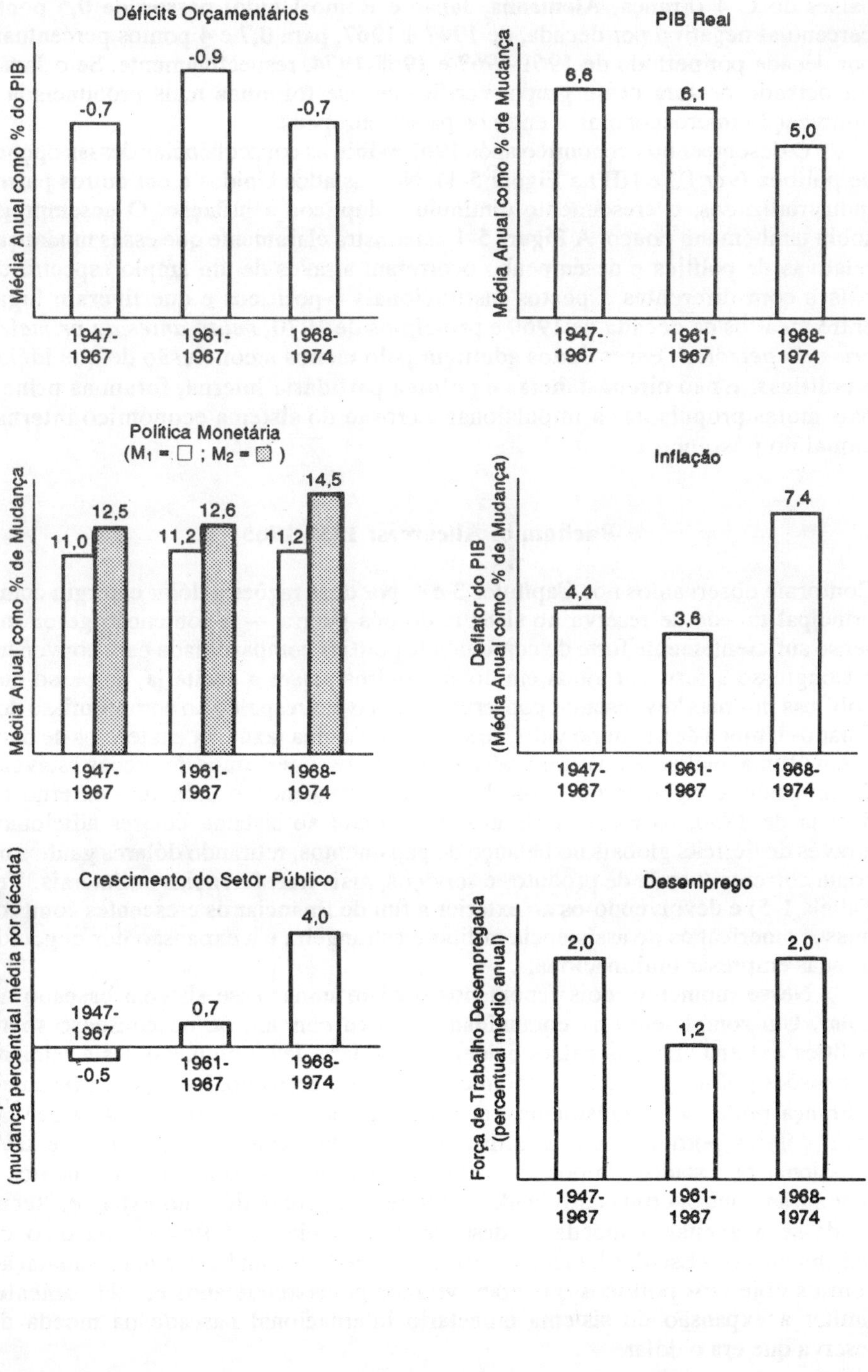

to monetário na Europa, que já estavam em níveis mais altos na década de 1950 e princípios da de 1960, continuaram altas. Além disso, a intervenção microeconômica na Europa deslanchou. Após 1967, a taxa de expansão do setor público nos países do G-4 (França, Alemanha, Japão e Reino Unido) passou de 0,5 ponto percentual negativo por década, de 1947 a 1967, para 0,7 e 4 pontos percentuais por década por período de 1961-1967 e 1968-1974, respectivamente. Se o Japão for deixado de fora desse grupo, verifica-se que foi ainda mais pronunciada a intervenção microeconômica entre os países europeus.

O desempenho econômico após 1967 exibiu as conseqüências dessas opções de política (ver IB e IIB na Figura 5-1). Nos Estados Unidos e em outros países industrializados, o crescimento diminuiu e duplicou a inflação. O desemprego subiu também um pouco. A Figura 5-1 demonstra claramente que essas mudanças relativas de política e desempenho ocorreram através de um amplo espectro de países com diferentes aspectos institucionais e políticos e que tiveram lugar entre meados da década de 1960 e princípios de 1970, *muito antes da primeira crise do petróleo*. Esses dados admitem pelo menos a conclusão de que idéias e políticas, e não circunstâncias e política partidária interna, foram as principais molas propulsoras a impulsionar a erosão do sistema econômico internacional do pós-guerra.

Racham os Alicerces: 1958-1965

Conforme observamos nos Capítulos 3 e 4, por duas razões o dólar emergiu como principal moeda de reserva no sistema do pós-guerra — a contenção gerou um senso suficientemente forte de comunidade política compartilhada para convencer o Congresso a fornecer ajuda em dólar e outros países a aceitá-la, ao passo que políticas internas keynesianas conservadoras davam respaldo ao compromisso dos Estados Unidos de manter o valor de sua moeda a uma taxa fixa em termos de ouro e, em última análise, se o ouro acabasse, de ativos americanos de preços estáveis. Terminando a vigência do Plano Marshall e crescendo o comércio externo na década de 1950, os Estados Unidos forneceram ao sistema dólares adicionais através de déficits globais no balanço de pagamentos, retirando dólares ganhos na conta corrente (venda de produtos e serviços, mais transferências unilaterais. Ver Tabela 1-5) e devolvendo-os ao exterior a fim de financiar os crescentes compromissos americanos de assistência militar e estrangeira e a expansão dos negócios de suas empresas multinacionais.

Nesse momento, dois fenômenos podiam minar esse sistema baseado no dólar. Um rompimento na comunidade política comum, ou no consenso sobre política externa entre os países ocidentais, poderia levar alguns deles a rejeitar, por razões políticas, ou não-econômicas, o dólar americano. Isto é, um país como a França podia deliberadamente trocar dólares por ouro ou recusar-se a aceitar mais dólares porque discordava das políticas americanas no mundo e tentava pressionar os Estados Unidos a corrigir seu déficit no balanço de pagamentos e reduzir as controvertidas atividades militares ou econômicas no exterior. Recusando-se a aceitar a moeda e, destarte, a financiar o déficit do balanço de pagamentos dos Estados Unidos, outros países podiam manifestar sua insatisfação com os objetivos políticos que eram visados pelos americanos e, efetivamente, limitar a expansão do sistema monetário internacional baseado na moeda de reserva que era o dólar.

Já era de natureza econômica o segundo fenômeno que podia solapar o sistema. A confiança em uma moeda forte depende de três aspectos econômicos: seu índice de liquidez, a situação da conta corrente (ver Tabela 1-5) e as políticas econômicas internas (Bergsten, 1975; Triffin, 1960). O índice de liquidez refere-se à posição de reservas líquidas do país da moeda-chave (isto é, a razão entre suas reservas de ouro e seu passivo a curto prazo em poder de estrangeiros). Em um sistema de moeda-chave, essa razão deve declinar à medida que estrangeiros a acumulam e aumentam seus direitos a curto prazo sobre os ativos em ouro das reservas do país.[1] Declinando a taxa de liquidez, a confiança pode diminuir enquanto os detentores da moeda de reserva especulam se haverá ouro suficiente para honrar seus direitos futuros ao metal.

Não obstante, dois outros fatores poderiam continuar a manter a confiança na moeda de reserva, mesmo diante de uma taxa de liquidez declinante. Em primeiro lugar, uma posição competitiva da conta corrente do país com reserva de moeda poderia sinalizar sua capacidade de redimir direitos estrangeiros não apenas em ouro, mas também em bens e serviços a preços competitivos. Nesse sentido, toda a economia do país com reserva de moeda poderia dar respaldo a sua moeda. E, segundo, as políticas internas do país poderiam sinalizar seu compromisso de manter bens e ativos em preços competitivos. Se essas políticas fomentassem o crescimento e a estabilidade de preços — crescimento para evitar produtividade em atraso e pressões eventuais para desvalorizar a moeda, e estabilidade de preços para promover a competitividade nas exportações e preservar a moeda de reserva como guarda de valor — outros países poderiam ter certeza que comprariam bens e ativos desse país a preços competitivos e, portanto, pouca razão teriam para não conservar a moeda de reserva. Dessa maneira, "o teste fundamental do status da moeda-chave de qualquer moeda nacional", conclui Fred Bergsten, "é o grau de confiança externa e interna em sua futura estabilidade de preços, em relação a ativos concorrentes" (1975, p. 172-73).

De fins da década de 1950 até fins da década de 1960, desfez-se o consenso do apoio, na política externa e política econômica interna, ao sistema de moeda-chave baseado no dólar. Já em fins da década de 1950, a França atacara, por razões políticas, o sistema do dólar. Autoridades da política externa dos Estados Unidos tentaram segurar o consenso de política externa e proteger o papel do dólar, embora especialistas econômicos argumentassem que o problema se devia a falhas técnicas fundamentais no sistema de moeda-chave. Robert Triffin formulou o denominado Dilema Triffin, que focalizava a atenção no índice de liquidez americano — o índice declinante das reservas de ouro em relação ao passivo em dólar. Achava ele que o sistema levaria inevitavelmente a uma crise de confiança no dólar. Triffin, em conseqüência, pediu uma nova moeda internacional que o substituísse e, juntamente com uma nova geração de economistas keynesianos mais ambiciosos, pressionou por políticas internas mais estimulantes nos Estados Unidos. Não desempenhando mais o dólar o papel de moeda-chave, acreditavam esses economistas que as políticas internas do país tinham condições de assumir um risco inflacionário maior.

1 De outra maneira, os direitos estrangeiros se acumulariam apenas com a mesma rapidez que a produção de ouro e não haveria vantagem em um sistema de moeda-chave, de preferência a um padrão de ouro puro, no qual o ouro é o único meio de troca amplamente usado.

A preocupação com o Dilema Triffin, portanto, desviou a atenção da necessidade de políticas disciplinadas e mercados flexíveis para expectativas de financiamento mais fácil e aumento de liquidez. Na Europa e no Japão, as políticas internas já eram mais expansionistas. Inflação mais alta, mercados de capital e trabalho mais regulamentados e discriminação residual no comércio externo contra as exportações americanas geraram poderosas pressões contra a realocação oportuna de recursos. No fim, as políticas internas dos Estados Unidos tornaram-se também mais expansionistas. De meados da década de 1960 em diante, soluções keynesianas exclusivas, ou "profundas", ganharam terreno entre os formuladores da política americana (ver o Capítulo 3 para essas definições) e finalmente anularam a capacidade do país dc manter o valor do dólar ou a competitividade de seus bens e serviços reais.

De acordo com a interpretação do presente estudo, não houve falhas técnicas no sistema de Bretton Woods. Se os Estados Unidos tivessem podido manter a confiança dos aliados em suas políticas de segurança nacional e econômica interna, o sistema monetário poderia ter sido ajustado suavemente em algum ponto do espectro, do padrão-ouro para o padrão dólar-puro. A condição de converter dólares em ouro poderia ter sido abandonada sem qualquer mudança básica no sistema de taxas cambiais de paridade ou no papel de moeda de reserva do dólar. Essa transição, no entanto, só seria possível se prevalecesse consenso sobre as metas da política externa e estabilidade dos preços internos. Quando os Estados Unidos agiram em 1968 e 1971 para pôr fim à conversibilidade, a aliança já havia sido profundamente enfraquecida e opções de política interna já haviam sido feitas, de abandonar a estabilidade dos preços internos e a realocação oportuna de recursos (isto é, mercados flexíveis), tanto na Europa como nos Estados Unidos.

Problemas de Liquidez: Um Falso Caminho

Em princípios da década de 1960, no entanto, não era muito fácil prever a durabilidade do papel do dólar ou identificar claramente os alinhamentos internos e internacionais que davam apoio decisivo a esse papel. Os déficits crônicos no balanço de pagamentos constituíam um problema novo para os Estados Unidos. Era natural que as autoridades americanas supusessem que esses déficits tinham que ser corrigidos e que teria que ser criada uma nova fonte de liquidez internacional, além do dólar. Essas condições se tornaram cada vez mais imperativas à medida que o país enfrentava concorrência comercial mais acirrada na Europa e, um pouco mais tarde, no Japão. Triffin chamou a atenção para a deterioração da conta corrente americana, especialmente em relação à Europa, e culpou por isso a "inflação sorrateira" nos Estados Unidos, a falta de "investimentos apropriados em pesquisa e tecnologia", e a existência de "discriminação remanescente a bens em dólar e a [necessidade de] mais redução de outros obstáculos ao comércio externo e aos pagamentos por países estrangeiros e, em especial, pela próspera Europa" (1960, p. 7). A Europa contribuiu para essa linha de raciocínio argumentando que os déficits do balanço de pagamentos dos Estados Unidos alimentavam sua própria inflação e, porque europeus estavam dispostos a manter dólares, isso criava um excesso de liquidez que financiava investimentos diretos americanos cada vez maiores nos países do Mercado Comum (Calleo e Rowland, 1973; Morse, 1973, p. 216-19).

Grande parte dessa preocupação, em fins da década de 1950 e princípios da de 1960, com o excesso de liquidez, era mal colocada. A maioria dos analistas concordou na ocasião, e concorda agora, que os déficits do balanço de pagamentos dos Estados Unidos e, daí, a expansão da liquidez no período, não foram excessivos (Solomon, 1982, p. 28 e 31; Bergsten, 1975, p. 161). Na verdade, há prova indicando que a liquidez nesse período foi realmente insuficiente e não acompanhou a expansão do comércio externo (Odell, 1982, p. 134-5). Triffin calculou o aumento dos haveres de reserva totais em ouro e dólar em toda a década de 1949 a 1959 e em menos de US$ 5 bilhões (de US$ 36,9 bilhões para US$ 41,96 bilhões; 1960, p. 5). No todo, de 1945 a 1965, o total oficial das reservas aumentou em apenas 50%, ao passo que o comércio externo crescia em quase 300% (Cooper, 1968, p. 51, 60). A prova sugere, conforme mencionado nos Capítulos 3 e 4, que o sistema de Bretton Woods do pós-guerra inclinava-se com toda clareza para um ajustamento relativamente rápido das políticas internas, e não para os financiamentos generosos ou para a liquidez que encorajavam políticas inflacionárias ou intervencionistas.

Analogamente, os argumentos europeus sobre a exportação da inflação e investimentos diretos americanos, em princípios da década de 1960, deixaram confusos na ocasião os especialistas (Cooper, 1968, p. ix). A inflação, nesse período, era praticamente inexistente; em contraste, a européia era muito mais alta. De 1961 a 1967, por exemplo, a inflação medida pela CPI chegou a 3,8% em média nos países do G-4 (França, Alemanha, Japão e Grã-Bretanha), em comparação com apenas 1,7% nos Estados Unidos. Além disso, os capitais americanos estavam sendo atraídos para a Europa principalmente por políticas monetárias de moeda escassa e taxas mais altas de juros, que eram a conseqüência da acumulação de excedentes de reservas. Recusando-se a expandir a oferta de moeda em conjunto com a acumulação de reservas, as autoridades monetárias européias estavam, na verdade, emprestando a curto prazo aos Estados Unidos; estes, por seu lado, emprestavam a longo prazo através da expansão de seus investimentos diretos. Dadas as restrições que pesavam sobre os mercados de capital europeus e à maior preferência pela poupança na Europa, os mercados financeiros de Nova York estavam desempenhando um papel vital de intermediários para a Europa, aceitando depósitos em eurodólares a curto prazo e convertendo-os em investimentos industriais a longo prazo na Europa (Cooper, 1968, p. 133-4). As restrições na Europa a importações procedentes dos Estados Unidos, sob a forma de políticas de demanda restritivas e da perspectiva de desvio de comércio da integração regional no Mercado Comum, multiplicaram esses fluxos financeiros (como, por exemplo, encorajando investimentos diretos a fim de substituir as exportações).

Os verdadeiros problemas econômicos desse período, portanto, foram acumulações de reservas, políticas macroeconômicas mais rigorosas e comércio e mercados de capital relativamente restringidos na Europa (e no Japão), e não a inflação nos Estados Unidos ou abuso da posição de moeda de reserva através de investimentos diretos na Europa. O fato de a Europa estar experimentando inflação mais alta do que os Estados Unidos, a despeito de políticas monetárias relativamente mais estritas sugere que vários tipos de rigidez microeconômica ou estrutural, tais como regulamentação dos mercados de trabalho e capital, e políticas intervencionistas na agricultura, transportes e outros setores, podem ter sido causas importantes da inflação que lá ocorria. Nessa altura, era a Europa, e não os Estados Unidos, que precisava efetuar ajustamentos e estes tinham que implicar não só estímulos macroeconômicos, mas também, para que a inflação não subisse ainda mais, liberalização estrutural. Infelizmente, ao permitir que o problema desse período fosse diagnosticado como problema de liquidez, focalizando os déficits do seu balanço de pagamentos, e não como um problema de ajustamento das políticas econômicas interna e cambial da Europa, os Estados Unidos acabaram fazendo o jogo da Europa.[2]

Ao definir incorretamente o problema, as reações americanas foram incorretas, pelo menos do ponto de vista de fomentar o desenvolvimento posterior de um sistema econômico internacional aberto, eficiente. Em vez de estimular a Europa a liberalizar os mercados financeiros, por exemplo, os Estados Unidos restringiram progressivamente os seus. A Operação Twist, lançada em princípio da década de 1960, procurou elevar as taxas de juros a curto prazo e deter a saída de capital de curto prazo com destino a Europa, reduzindo ao mesmo tempo as taxas a longo prazo e incentivando mais investimentos de capital no país. O Imposto de Equalização de Juros, de 1963, desencorajou simultaneamente a tomada de empréstimos de longo prazo de estrangeiros nos mercados de capital americanos. De meados para fins da década de 1960, os Estados Unidos aplicaram controles quantitativos, inicialmente voluntários e em seguida obrigatórios, para estancar a hemorragia de capitais que saíam do país. Se essas medidas tivessem logrado sucesso, os resultados, ironicamente, teriam sido de reduzir a liquidez disponível para os financiamentos internacionais, exatamente no momento em que o problema estava sendo definido como necessidade de mais liquidez. Em outro sentido, naturalmente, a redução da saída de dólares teria acelerado pressões para criar mais liquidez sob a forma de SDRs.

Verificou-se mais tarde que os controles de capital não funcionaram. As transações bancárias americanas simplesmente transferiram-se, e mercados de eurodólares floresceram durante toda a década de 1960. A liquidez aumentou o suficiente, enquanto se acumulavam pressões em prol de ajustamento, especialmente no sistema de taxas cambiais. O que se perdeu foi a oportunidade de tratar cedo dos problemas de ajustamento da política interna, que continuavam, do sistema do pós-guerra, sobretudo dos ajustamentos estruturais, tais como a liberalização dos mercados de trabalho e capital na Europa, ou, em outro contexto, de liberalizar os mercados financeiro e de importações do Japão. Essas manifestações de rigidez estrutural nos mercados de trabalho e capital, aliás, haviam sido os principais alvos dos programas do Plano Marshall em princípios da década de 1950. Mas nas décadas de 1960 e 70 elas desapareceram da agenda de prioridades econômicas internacionais. Ao ser redescoberta na década de 1980, a expansão do papel do governo nas áreas microeconômicas, que ocorrera no intervalo, tornou muito mais difícil superá-la (ver Capítulo 6).

O Conflito de Política Externa Debilita o Consenso Monetário

Ao contrário dos argumentos postulados pelo Dilema Triffin, portanto, o ataque ao dólar em fins da década de 1950 e princípios da de 1960 não teve origens em fatores econômicos. As reservas líquidas dos Estados Unidos ainda eram mais do que suficientes (as reservas em ouro igualavam aproximadamente o passivo em dólares em 1959 — de mais ou menos US$ 20 bilhões cada). A posição na conta corrente, que se deteriorava, era visivelmente mais conseqüência de barreiras residuais às importações no Japão e políticas microeco-

2 Conforme observa Richard Cooper, os argumentos conflitantes acima mencionados "não podem ser distinguidos facilmente de forma empírica", embora a prova indireta pareça refutar o argumento europeu (1968, p. 134-6).

nômicas inflexíveis na Europa do que de inflação relativa de preços no país. E suas políticas econômicas internas, particularmente a flexibilidade muito maior de seus mercados de trabalho e capital, eram exemplares, sobretudo se comparadas com os mercados de trabalho da Europa e os financeiros do Japão. O ataque ao dólar teve origem, sim, no esfacelamento do consenso político internacional implícito, que dava respaldo aos objetivos mais amplos do sistema do dólar. A Europa e em especial a França começaram a se livrar de dólares por razões não-econômicas.

Logo que subiu ao poder em 1958, Charles de Gaulle agiu para acabar com a situação privilegiada do dólar. Desvalorizou o franco e começou a culpar a entrada de dólares, e não as políticas econômicas internas francesas, pelo aumento da inflação no país. Subjacente a seus atos havia uma velha insatisfação contra a dominação anglo-americana do sistema econômico no pós-guerra. Seus assessores econômicos, principalmente Jacques Rueff, haviam-no convencido de que "os Estados Unidos (...) estavam se beneficiando com o padrão cambial do dólar ao ficarem isentos das regras do câmbio internacional" (Morse, 1973, p. 217). Ao contrário de outros países que tinham que pagar em moedas estrangeiras ou ouro pelos déficits em seus balanços de pagamento, os Estados Unidos podiam simplesmente imprimir mais moeda para cobrir dívidas externas. Esse privilégio dava-lhes capacidade de financiar quaisquer atividades de política externa que quisessem, abafando nesse processo as objeções políticas de outros países e exportando o excesso de dólares indesejados e, daí, a inflação, também para esses países. "Ao retornar ao padrão-ouro", acreditava de Gaulle, "os Estados Unidos seriam impedidos de desfrutar essa posição excepcional, e a França e outros países europeus ganhariam se pudessem manter superávits em seus balanços de pagamento" (Morse, 1973, p. 217).

Essa, então, foi a justificativa das políticas econômicas de superávits, ou mercantilistas, que a França e outros países europeus começaram a implementar em fins da década de 1950 (e, claro, o Japão adotou por outras razões). A Europa acumulou superávits em dólares e, em vez de investir essas reservas na reestruturação e expansão interna, começou a resgatá-las em ouro americano. De 1949 a 1957, as reservas americanas em dólares haviam declinado em apenas US$ 1,7 bilhão, ou 5% do total. De 1958 a 1960, no entanto, caíram em US$ 5,1 bilhões, e nada menos que US$ 2,3 bilhões apenas em 1958. Não eram evidentes por si mesmas as razões dessa drenagem. Conforme observa Robert Solomon, pode ter acontecido um ajustamento para baixo na demanda européia de bens americanos, debilitando a conta corrente do país. Mas ele prossegue e conclui que,

> deve ter havido um elemento político na nova atitude em relação ao dólar. Com seu poder e auto-respeito restaurados, era mais do que natural que os europeus continentais reagissem a sua posição anterior de debilidade e subserviência à América toda poderosa, descobrindo defeitos na moeda americana. O recuperado poder trouxe consigo o desejo de maior simetria nos arranjos monetários internacionais (Solomon, 1982, p. 28-9).

Essas divergências políticas entre os aliados alargaram-se durante toda a primeira metade da década de 1960, inicialmente com disputa franco-americana sobre o ingresso britânico no Mercado Comum e, em seguida, com o desafio de de Gaulle a toda a estrutura das relações da Guerra Fria e Aliança Ocidental, que frustraram as medidas americanas para conseguir uma expansão ordenada das reservas internacionais.

Em princípios da década de 1960, autoridades americanas, incluindo o presidente Kennedy, estavam ainda firmemente comprometidas com o papel do dólar. Essas autoridades — lideradas por C. Douglas Dillon, secretário do Tesouro, Robert Roosa, subsecretário, e George Ball, subsecretário de Estado — tentaram preservar o papel do dólar obtendo consenso aliado para aumentar os empréstimos a curto prazo aos Estados Unidos através de uma cesta de ouro, *swaps*, garantias em dólar e outros mecanismos que Robert Roosa chamou de "apoio periférico" (Odell, 1982, p. 102). Os aliados juntaram suas reservas em ouro a fim de combater aumentos especulativos no preço do metal que, momentaneamente, em outubro de 1960, rompeu a faixa de US$ 35 e chegou a nada menos que US$ 40 por onça, antes de recuar. Intervieram também, pela primeira vez desde a guerra, a fim de influenciar os mercados cambiais, negociaram uma rede de acordos bilaterais de *swap*, segundo os quais bancos centrais criavam créditos recíprocos de curto prazo para lastrear intervenções no mercado cambial, refinanciaram esses créditos a curto prazo, quando necessário, através de títulos a curto prazo do Tesouro, com denominação em moedas estrangeiras (os chamados títulos Roosa), aumentaram os empréstimos do FMI através dos Acordos Gerais de Empréstimo (GAB) e tentaram emitir dólares futuros com base em uma cesta, ou "buquê", de moedas estrangeiras em poder dos Estados Unidos. Com o passar do tempo, as autoridades americanas esperavam dividir com outros países de moeda forte as responsabilidades de administrar o sistema mundial de reserva (Odell, 1982, p. 104).

A França e a Europa, no entanto, queriam controle mais imediato e direto. Insistiram em um veto a empréstimos feitos nos termos dos GAB. Em 1963, o governo francês propôs uma nova moeda de reserva internacional a fim de substituir o dólar, a Unidade Composta de Reserva (Composite Reserve Unit — CRU). Ela seria distribuída na base dos existentes haveres em ouro e, dessa maneira, acabaria com a posição privilegiada dos Estados Unidos na criação de nova liquidez.

Em 1965, a Europa passou de críticas simples aos objetivos e políticas americanas, que davam respaldo ao sistema monetário, à formulação de um conjunto alternativo de metas que colidiam com os objetivos dos Estados Unidos. Esse conflito dividia-se em três partes. Em primeiro lugar, dizia respeito à fórmula de comunidade política compartilhada na Europa Central. De Gaulle, e os europeus de forma mais geral, jamais haviam aceito inteiramente a política de contenção nas relações Leste-Oeste, que separava os sistemas políticos na Europa Central. Mais perto historicamente da Europa Oriental e da União Soviética, davam menos ênfase à dimensão interna das relações Leste-Oeste — o papel de valores fundamentais no conflito entre Estados — e mais à dimensão histórica e diplomática (ver Tabela 1-3).

A *détente*, ao emergir na Europa, repôs a ênfase na maneira como eram estruturadas as relações na política internacional, e não em diferenças em valores básicos entre nações isoladas. Na sua forma mais extremada, a *détente* representava um retorno à tese jurídico-comercial de Cordell Hull e Henry Morgenthau. Se relações pudessem ser estruturadas em torno de atividades econômicas e políticas, a paz se seguiria. Na versão mais prática, atribuía papel muito mais importante à diplomacia e à negociação ativa a fim de ligar fenômenos econômicos e políticos à solução gradual do conflito básico. A paz, no entanto, não se seguia automaticamente ao encorajamento da cooperação econômica e política. Em vez disso, promovia a construção da paz. Da forma que foi mais tarde adotada por

Henry Kissinger, a *détente* não acabou com o conflito geopolítico entre os Estados Unidos e a União Soviética, mas deu menos importância à dimensão interna e concentrou a diplomacia na administração das divergências americano-soviéticas, envolvendo-as em uma "teia de interdependência" e restrições sistêmicas (Kissinger, 1979, Capítulo V, e 1982, Capítulo VII).

O segundo aspecto do conflito da aliança sobre as relações Leste-Oeste dizia respeito à extensão em que os interesses de segurança do Ocidente estavam em perigo no Terceiro Mundo. Seria a paz indivisível? Ameaçaria a agressão patrocinada pelos soviéticos nos países em desenvolvimento, especialmente através de guerras nacionais de libertação lideradas por guerrilheiros, o equilíbrio fundamental na Europa? Na década de 1950, o ataque à Coréia do Sul fora interpretado pela aliança como ameaça potencial à Europa Ocidental. Na década de 1960, no entanto, a Guerra do Vietnã mostrou ser um caso diferente. Os europeus viriam a pensar que a contenção fora da Europa debilitava, em última análise, as bases da contenção nela mesma. Veriam, por conseguinte, um papel muito menor para o poder convencional ou mesmo militar dos guerrilheiros do Terceiro Mundo e outro, muito maior, para a ajuda econômica e o atendimento de necessidades humanas básicas (alimentos, saúde etc.). Se os problemas econômicos pudessem ser resolvidos nos países pobres, seguir-se-iam a paz e o desenvolvimento político. Logo que de Gaulle conseguiu desvencilhar a França da Argélia em 1962, tornaram-se cada vez mais visíveis as divergências com os Estados Unidos sobre os aspectos militares e econômicos das políticas relativas ao Terceiro Mundo.

Por último, e relacionado com o segundo aspecto, a aliança se dividia quanto à questão de se o Ocidente devia ou não apoiar, se os interesses de política externa assim exigissem, qualquer tipo de governo no Terceiro Mundo, ou apenas alguns. Os europeus, com partidos socialistas mais fortes e, em alguns países, comunistas, envolvidos em seus próprios assuntos internos, não compartilhavam da aversão americana aos governos de esquerda no Terceiro Mundo nem aceitavam a afinidade ocasional dos Estados Unidos com governos de direita. Inevitavelmente, os governos europeus viam as guerras de libertação mais como lutas para vencer a pobreza e a opressão em sociedades autoritárias, ao passo que os Estados Unidos as entendiam como revoluções inspiradas pelos comunistas e ameaças totalitárias aos valores das socidades livres do Ocidente. Essas divergências no tocante às questões do Terceiro Mundo repetiam outras a respeito das relações americano-soviéticas. A Europa via, como causas principais do conflito, problemas econômicos e sociais não resolvidos e relações diplomáticas; os Estados Unidos atribuíam-nas a valores internos mais fundamentais. No fim, a diplomacia, na Europa, obscureceu as divergências que permaneciam nos valores internos entre Leste e Oeste, ao mesmo tempo que a política americana no Vietnã reduzia a atração dos valores ocidentais ante a militarização excessiva do conflito, e ao apoiar uma sociedade totalitária, o Vietnã do Sul, na defesa contra outra, o Vietnã do Norte.

Dessa maneira, o conflito de política externa que rompeu de um lado a outro a aliança em meados e fins da década de 1960 começou, na realidade, em princípios da mesma. Esse conflito em si poderia ter levado eventualmente outros países a rejeitar o papel de moeda de reserva do dólar. O poder de de Gaulle, no entanto, chegou ao auge em 1968, se é que não um ou dois anos antes, e daí em diante as pressões econômicas sobre o dólar tornaram-se mais importantes do que as políticas. A inflação subiu de forma dramática nos

Estados Unidos em 1965 e, em última análise, corroeu a confiança não só no lastro de ouro do dólar, mas também no lastro provido por bens, serviços e ativos de capital americanos competitivos em preços. Essas pressões econômicas tinham raízes na erosão do consenso de política econômica interna no país para a preservação da estabilidade dos preços. O consenso, igualmente, começou a fragmentar-se já em 1960.

A Ambição Solapa a Estabilidade dos Preços

Conforme vimos nos Capítulos 3 e 4, o consenso que finalmente dominou a política econômica dos Estados Unidos e do Ocidente nas décadas de 1940 e 1950 estabeleceu metas moderadas de emprego e política fiscal. Preconizava o emprego máximo, não pleno, propunha superávit orçamentário em clima de amplo emprego a fim de resgatar a dívida nacional, não aceitava qualquer déficit necessário para promover o pleno emprego, e esperava que a política monetária mantivesse a demanda compatível com a estabilidade dos preços. Encarava também ceticamente qualquer nova ampliação da intervenção do poder público nas áreas microeconômicas.

Em fins da década de 1950, no entanto, o pensamento sobre política econômica tornou-se mais ambicioso. Embora os Estados Unidos crescessem mais rapidamente na década de 1950 do que o fizera no passado, e as três recessões da década fossem mais curtas e mais suaves do que as anteriores, a Europa e o Japão estavam crescendo mais rapidamente. Pensavam alguns que os Estados Unidos estavam pagando um preço interno sob a forma de crescimento mais lento a fim de representar o papel de banqueiro central internacional. A manutenção da confiança no dólar, achavam algumas pessoas, "ocasionava, ou pelo menos reforçava, políticas de moeda escassa e restrições fiscais (...) custando, talvez, dezenas de bilhões de dólares em crescimento perdido" (Gardner, 1980, p. xxxvii. Ver também Van der Wee, 1986, p. 67-8). As novas idéias que emergiram em princípios da década de 1960 estavam muito menos dispostas a aceitar esses identificados custos internos para preservar o papel do dólar.

O novo pensamento econômico surgiu nas universidades e nas camadas de elite de formulação de política da arena não-governamental que denominei de casulo de formação de consenso. Herbert Stein descreve as origens desse novo pensamento:

> Eram dois os elementos da base intelectual do novo liberalismo. O primeiro, basicamente keynesiano, refletia o que por essa altura era a corrente principal da economia acadêmica. Em 1960, os jovens economistas que haviam sido hipnotizados por Keynes ao tempo de estudantes em fins da década de 1930, já eram suficientemente maduros para ser conselheiros de presidentes e mestres para a nação. Eles incluíam pessoas como Paul Samuelson, Walter Heller e James Tobin (...). Consideravam eles o consenso do pós-guerra (...) como progresso, mas ainda muito longe do verdadeiro evangelho. Entreviam metas muito mais ambiciosas para o desemprego (...), tinham muito mais confiança em sua capacidade de prever e gerenciar a economia e estavam também prontos e ansiosos para pôr em prática o estereótipo da política macroeconômica keynesiana (...) Walter Heller inventou mais tarde um nome para isso (...) "sintonia fina".
>
> A segunda corrente (...) era o que poderíamos chamar de galbraithianismo (...). A tese galbraithiana (...) pouca importância dava à "soberania do consumidor" — um lugar-comum da economia de livre mercado (...) [e] zombava da idéia de que

> a economia americana era governada pela concorrência, que produzia um alto grau de eficiência (...). De modo que [os galbraithianos] estavam dispostos a aceitar, e mesmo ansiosos por isso, um alto grau de regulamentação da economia e distribuição da renda pelo governo (Stein, 1984, p. 95-7).

As novas idéias representavam uma mudança, do keynesianismo conservador para o exclusivo e da atitude de ceticismo com relação à intervenção microeconômica para uma preferência do planejador pela mesma (ver definições no Capítulo 3). A combinação tornou-se o que, neste estudo, denominamos de keynesianismo "profundo".

Os assessores de Kennedy perceberam o conflito existente nas dimensões do New Deal clássico. Uma força-tarefa organizada durante o período de transição e presidida por George Ball, nomeado posteriormente subsecretário de Estado no Governo Kennedy, concluiu que banqueiros europeus conservadores estavam utilizando as compras de ouro aos Estados Unidos para combater a perspectiva de mais política interna expansionista na Europa, destinada a reduzir o desemprego e pôr novamente a economia em movimento (Odell, 1982, p. 106). Eles eram os mesmos banqueiros centrais que Keynes temia que estrangulassem a reconstrução e a expansão no pós-guerra. Os entusiastas do "novo" New Deal queriam máxima liberdade para erradicar o desemprego interno e a pobreza. Não consideravam um mal a inflação. Na verdade, suas análises, baseadas na curva de Phillips, que previa certa troca compensatória entre inflação e desemprego, levavam-nos a esperar mais inflação, à medida que caísse o desemprego. Podia-se escolher o equilíbrio desejado, e os economistas de Kennedy não deixavam dúvidas de que davam prioridade à redução do desemprego. No fim, se fosse necessário, a inflação podia ser administrada pela política de rendas e intervenção mais direta e específica do governo para controlar preços e salários.

O desejo de atingir metas internas mais ambiciosas deu origem a apreensões sobre o papel do dólar como moeda de reserva. A preocupação de Robert Triffin, de que a confiança no dólar cairia inevitavelmente, originava-se em parte de seu interesse por expansão interna mais vigorosa. Em depoimento perante o Congresso, demonstrou inquietação sobre a experiência britânica da década de 1920, durante a qual a expansão interna fora refém da libra esterlina. "Se e quando nos sentirmos tranqüilos com nossos preços internos e tendências dos custos", declarou, "podemos desejar facilitar o crédito e reduzir as taxas de juros, a fim de estimular nossa preguiçosa taxa de crescimento econômico, em comparação não apenas com a da Rússia, mas também com a da Europa." Mas quando fizermos isso, aborrecia-se ele, "poderemos ser capturados (...) exatamente como foram os britânicos na década de 1920, entre esses objetivos legítimos e essenciais e a necessidade de reter recursos a curto prazo a fim de evitar perdas excessivas de ouro" e manter o valor do dólar (1960, p. 10).

Conforme observamos antes neste capítulo, manter o valor do dólar exigia, acima de tudo, estabilidade dos preços, embora, em princípios da década de 1960, os sentimentos estivessem claramente mudando em favor de mais crescimento e emprego, mesmo que isso significasse inflação, baseada na curva de Phillip. Richard Cooper, que fez parte do Conselho de Assessores Econômicos em princípios da década de 1960, fez menção mais tarde que as necessidades do balanço de pagamentos na década de 1950 e princípios da de 1960 "inibiam o emprego de políticas fiscais e monetárias expansionistas que, apenas por razões internas, teriam sido desejáveis antes de 1965" (Cooper,

1968, p. 42). As "razões internas" estavam nesse momento ganhando das obrigações internacionais como padrão das políticas internas americanas. Tornando-se isso evidente, embora fosse pouca a inflação real em princípios da década de 1960, os mercados financeiros começaram a prever o enfraquecimento do dólar. Essas foram algumas das correntes psicológicas que assombraram os mercados na eleição de 1960 (Odell, 1982, p.87) e que prejudicaram os esforços americanos, em princípios da década de 1960, para reforçar o "apoio periférico" ao dólar. A confiança no compromisso americano com a estabilidade de preços foi o primeiro dos fatores econômicos de apoio ao dólar a ser posto em dúvida.

Inicialmente, Kennedy permaneceu ambivalente sobre as novas idéias de seus assessores. Tendia a concordar com membros do sistema de política externa do pós-guerra, tais como Dillon e Roosa, no Tesouro, que defendiam o papel do dólar (Collins, 1981, p. 178). Certa vez, ele juntou a desvalorização do dólar e a guerra nuclear como os dois fatos que mais o assustavam (Odell, 1982, p. 108). Ainda assim, ele representava também a "Nova Fronteira", e seus assessores econômicos estavam ansiosos para cruzar uma nova linha na política econômica interna. Defendiam um grande programa de corte de impostos, a fim de estimular a economia, o tipo de reforma fiscal concernente à oferta que ocorrera na Alemanha em princípios da década de 1950, mas que havia sido em geral desprezada pelas outras economias industrializadas. Walter Heller, em especial, iniciou um maciço trabalho educacional a fim de atrair Kennedy para uma versão mais profunda do keynesianismo. Em 34 meses, o Conselho de Assessores Econômicos de Heller despachou mais de 300 memorandos a fim de convencer o presidente de que um corte nos impostos era necessário e que não prejudicaria o balanço de pagamento (Kettl, 1986, p. 97).

Kennedy cedeu em janeiro de 1963, embora não vivesse o suficiente para ver a execução de seu programa tributário. Johnson, em princípios de 1964, conseguiu aprovação do projeto de lei sobre impostos e prosseguiu instituindo novos e vastos programas sociais com o objetivo de enfrentar os problemas da pobreza, analfabetismo, doenças e necessidades dos idosos — os programas da Grande Sociedade. Os resultados iniciais aparentemente provaram que os "novos" New Dealers tinham razão. Os anos de 1964 e 1965 foram de resultados notáveis para a economia. Na verdade, um keynesianismo mais ambicioso, juntamente com uma gota de intervenção microeconômica para erradicar a pobreza, "desfrutaram sua mais bela hora — em termos de autoconfiança e aceitação popular, e também de resultados — no ano de 1965" (Stein, 1984, p. 27). O desemprego caiu em 4% em dezembro de 1965 e o superávit americano no comércio externo foi o maior desde 1947, ao passo que a inflação continuava abaixo de 1% ao ano.

Em 1965, no entanto, o programa econômico interno mais ambicioso fundiu-se com a decisão americana simultânea de escalar a guerra no Vietnã. Essa decisão acrescentou novos e imensos gastos de defesa a um orçamento já sobrecarregado e aguçou os conflitos sobre política externa com os aliados, debilitando o senso de comunidade política compartilhada que lastreava o papel do dólar. Decidindo Johnson não financiar a guerra e os programas da Grande Sociedade através de novos aumentos de impostos, por temer que o Congresso modificasse suas políticas interna e quanto ao Vietnã, o palco ficou armado para o choque final entre os programas internos e o valor fixo do dólar em termos de ouro.

Idéias, Não Políticas, Impulsionam a Mudança

O que aconteceu após 1965 pode ser considerado, em retrospecto e um tanto irreverentemente, como uma tentativa maciça de auto-ilusão e racionalização acadêmica, a fim de disfarçar a incompatibilidade fundamental entre as políticas orçamentárias seguidas pelos Estados Unidos e o papel do dólar no sistema econômico internacional de Bretton Woods. Os dilemas que os Estados Unidos enfrentaram nos anos que se seguiram a 1965 não foram conseqüência de um defeituoso sistema de Bretton Woods, seja nas áreas de liquidez, ajustamento da taxa cambial ou comércio externo (e, na verdade, foram formuladas teorias para identificar defeitos técnicos no sistema em todas essas áreas — ver a discussão posterior). Eles foram resultado das políticas econômica interna e de segurança externa, que enfraqueceram o balanço de pagamentos do país e reduziram a vontade entre os aliados de cooperar sobre objetivos políticos compartilhados.

As forças por trás da mudança ocorrida nos Estados Unidos em princípios da década de 1960 não foram circunstâncias urgentes ou políticas pluralistas, mas idéias. Emergiram novas idéias que contestaram os objetivos e políticas do sistema de pós-guerra e finalmente forjaram novos alinhamentos políticos para apoiar políticas diferentes. (A análise de Odell apóia fortemente esta ênfase no papel das idéias, 1982, p. 124-30.) Charles de Gaulle não subiu ao poder na crista de um vagalhão de sentimento antiamericano na Europa. Na verdade, fez muito para criá-lo. Kennedy, tampouco, fora eleito na base das idéias mais ambiciosas de seus assessores. Conforme observa Stein, não havia problemas econômicos maciços em 1960, em comparação com os de 1932. Kennedy e Johnson tiveram que "identificar seus problemas e convencer o povo americano da gravidade dos mesmos" (Stein, 1984, p. 89).

O ambiente era relativamente permissivo. A política monetária internacional e a macroeconômica interna não eram áreas de debate partidário visível ou divisivo nos Estados Unidos, como a macroeconômica se tornaria em fins da década de 1970 ou as questões monetárias internacionais na de 1980. O impulso para mudança vinha de um número relativamente pequeno de especialistas em política externa e economia e refletia idéias geradas principalmente em círculos não-governamentais ou quase-governamentais das universidades e grupos de peritos. Em suma, as bases do sistema monetário internacional racharam por causa das novas idéias geradas por de Gaulle e seus conselheiros acadêmicos na Europa e por Kennedy e seus assessores nos Estados Unidos. Isso tudo constitui uma poderosa confirmação do papel fundamental das idéias políticas, debate intelectual e liderança na formação de resultados de política econômica externa, em contraste com a simples influência de forças estruturais ou políticas.

A política de comércio externo constituiu um dos palcos em que interesses especiais começaram, de fato, a exercer um papel mais importante em princípios da década de 1960. Ironicamente, no entanto, a política nessa arena não mudou muito, principalmente por causa da força persistente de idéias básicas associadas às vantagens comparativas e ao livre comércio. Aumentando as importações, começando com a compra de têxteis no Japão em fins da década de 1950, deputados e senadores americanos começaram a demonstrar mais sensibilidade com os grupos internos de interesses que eram afetados. Quando o Governo Kennedy procurou, em 1962, obter legislação para lançar a Rodada Kennedy (a Lei de Expansão do Comércio), o Congresso determinou que um novo controle da política de comércio externo fosse criado no Gabinete Executivo do Presidente (EOP), o cargo de Representante Especial para o Comércio Externo. O Congresso procurava vincular mais estreitamente a política de comércio externo aos interesses políticos internos, embora não a separando inteiramente das preocupações com o livre comércio e a política externa. A Casa Branca, acreditava o Congresso, poderia representar melhor os grupos internos de interesse do que o Departamento de Estado e ainda continuar a promover energicamente os objetivos do livre comércio. Nessa base, aprovou as metas americanas e a participação na Rodada Kennedy, o trabalho mais ambicioso até essa data para fomentar o comércio externo multilateral mais livre. Dessa maneira, o compromisso com as vantagens comparativas e um sistema de comércio externo não-discriminatório recebeu novo impulso, a despeito do aumento das pressões dos grupos de interesses nessa área. Entrementes, o compromisso com o regime monetário internacional enfraquecia, mesmo que houvesse relativamente poucas pressões de grupos de interesses nessa esfera.

Balança a Superestrutura: 1965-1971

De 1965 a 1971, a diplomacia econômica internacional dos Estados Unidos tentou segurar e mesmo reforçar a superestrutura do sistema monetário de Bretton Woods, cujas fundações se desintegravam progressivamente. De 1965 a 1968, autoridades americanas negociaram a fim de instalar o teto em arco de um verdadeiro sistema bancário internacional, completo com uma unidade de reserva monetária não-nacional, o SDR. O alicerce fragmentado, contudo, só conseguiu agüentar a mais fina das camadas de novas emissões de SDR. Daí em diante, autoridades americanas alimentaram a esperança de que pressões estruturais crescentes provocassem um realinhamento espontâneo das relações monetárias e cambiais. O que a arquitetura diplomática não pôde conseguir por intenção, o "descaso benevolente" realizou por omissão.

As opções de política nesse período, porém, jamais foram suficientemente estáveis para definir um conjunto previsível de relações cambiais. Nos Estados Unidos, a política macroeconômica estava numa montanha-russa, passando de estímulo em 1965-1969 para enxugamento em 1968-69, voltando ao estímulo mais uma vez em 1970-1971. Inflação e desemprego aumentaram simultaneamente e a intervenção microeconômica — controles de salários e preços — transformou-se na maneira preferida de lidar com a inflação prevista na curva de Phillip.

Dizia-se então que novas circunstâncias justificavam novas políticas. Sem querer reconhecer que a origem da instabilidade estava na política interna, os Estados Unidos culparam o sistema internacional. Defeitos graves foram encontrados nos sistemas cambial e comercial externo, além dos já identificados no sistema monetário (isto é, o Dilema de Triffin). Ainda assim, surpreendentemente, os Estados Unidos pouquíssimas tentativas sérias fizeram para corrigir esses defeitos. Aparentemente, reconheciam no íntimo que enfrentá-los exigiria nova disciplina nas políticas internas.

O SDR: Diplomacia Fina como Papel

Em 1965, estavam exaustos os defensores do papel do dólar no sistema de Bretton

Woods. O ataque dos triffinitas, que exigiam uma nova moeda mundial que substituísse o dólar, penetrara finalmente no Departamento do Tesouro. (A discussão que se segue baseia-se extensamente em Odell, 1982, Capítulo 3.) O secretário Dillon e o subsecretário Roosa haviam deixado o Departamento, frustrados pela crescente resistência européia a medidas de "apoio periférico" ao dólar. Os europeus, especialmente de Gaulle, continuavam a insistir em ajustamento da demanda nos Estados Unidos, instando por cortes nos gastos internos e externos do país. Relutantes em assim agirem, os Estados Unidos tinham duas opções: suspender a conversibilidade e/ou desvalorizar o dólar, ou criar uma nova unidade de reserva para substituí-lo.

O apoio ao sistema multilateral, ainda que não ao papel específico do dólar, continuava forte. Taxas cambiais flutuantes eram consideradas iguais a isolacionismo e era ainda muito limitada a aceitação das mesmas nos círculos acadêmicos. Daí, medidas para suspender a conversibilidade ou desvalorizar o dólar não eram, nessa altura dos acontecimentos, opções reais, especialmente porque, para ter êxito, a suspensão e a desvalorização precisariam de cooperação dos europeus. Suspensão sem desvalorização significaria passar para um padrão de dólar puro, no qual os Estados Unidos poderiam ter déficits no balanço de pagamentos e emitir dólares, livres de quaisquer restrições em termos de ouro ou qualquer outro padrão. A menos que concordassem com essa medida, os europeus poderiam simplesmente recusar aceitar novos dólares, obrigando os Estados Unidos a restringir seus gastos no exterior ou desvalorizar. A desvalorização, por outro lado, com ou sem suspensão, poderia ser contrabalançada por desvalorizações competitivas dos países europeus. De modo que, nesse momento, mudanças fundamentais no sistema cambial pareciam complicadas demais. Dado o desejo de continuar a trabalhar através do sistema — isto é, multilateralmente — era mais fácil criar uma nova unidade de reserva do que ajustar as taxas cambiais.

Essa opção foi facilitada pelo fato de que Henry Fowler, o novo secretário do Tesouro, era um triffinita, como também Francis Bator, o novo assessor econômico do presidente Johnson na Casa Branca. Na primavera de 1965, os dois deram ao presidente Johnson uma aula sobre o dólar. Posteriormente, em junho, Johnson enviou a Fowler um memorando sigiloso ordenando-lhe que descobrisse uma nova maneira de criar liquidez. O que gostaríamos de saber é se a decisão de escalar a guerra no Vietnã não teria desempenhado um papel subconsciente nessa deliberação. McGeorge Bundy, Conselheiro de Segurança Nacional do presidente, comentara em fins de 1964 que se a guerra o exigisse, a desvalorização do dólar poderia ser cogitada (Odell, 1982, p. 141). A desvalorização, contudo, conforme foi mostrado antes, era complicada demais. Talvez o mesmo espaço de manobra pudesse ser obtido para o balanço de pagamentos com a criação de uma nova moeda internacional de reserva.

No fim, é duvidoso que esse raciocínio tenha desempenhado um papel importante. Se tivesse, o presidente Johnson teria demonstrado maior interesse pelo assunto e assegurado que influência suficiente fosse aplicada para convencer os europeus a aceitar a generosa criação de nova liquidez. No fim, as conversações para criar o SDR arrastaram-se preguiçosamente durante dois anos e meio. Foram conduzidas na maior parte por funcionários de baixo escalão sob a direção geral do secretário do Tesouro. Não há prova de que o presidente Johnson tenha se interessado por essas deliberações até que a desvalorização do esterlino em novembro de 1967 precipitou uma corrida de vendas de ouro e levou finalmente, em março de 1968, ao fechamento do mercado de ouro para vendas privadas. Daí em diante, abstendo-se o governo de comprar ou vender ouro no mercado privado, as reservas oficiais do metal foram, para todos os efeitos, congeladas. Nenhuma nova liquidez não-dólar podia entrar no sistema, exceto através da criação de uma nova moeda de reserva.

Simultaneamente, por conseguinte, os grandes países industrializados, agindo através do Grupo dos 10, menos a França,[3] concordaram, em março de 1968, em criar uma nova unidade, denominada SDR. A decisão, embora aplaudida pelo presidente Johnson como "o maior passo à frente na cooperação financeira mundial nos 20 anos transcorridos desde a fundação do FMI", acabou por demonstrar que era, na melhor das hipóteses, um passo muito curto (Solomon, 1982, p. 143). Os europeus esforçaram-se para dificultar a criação da nova liquidez e, destarte, manter os Estados Unidos no fogo, para que reduzisse seus gastos no exterior. Insistiram em um veto coletivo dos países europeus à emissão de SDRs e no requisito de que os mutuários devolvessem 30% de quaisquer saques (tendo os Estados Unidos se oposto a essa obrigação). A França não compareceu às reuniões que fecharam a janela do ouro porque se recusava a participar de decisões que enfraquecessem o papel do metal, que considerava como a última sanção à estroinice interna e externa americana. A primeira emissão de SDRs, acordada em 1969, importou em uns meros US$ 9,5 bilhões no período de três anos de 1970 a 1972. O mundo mal notou esse acréscimo ao que se tornou uma maciça nova liquidez na década de 1970, criada pela inflação e pela crise do petróleo.

Enquanto acrescentavam essa modesta peça de superestrutura ao sistema de Bretton Woods, os Estados Unidos viam suas políticas internas se deteriorarem rapidamente. A redução de impostos de 1964 e grandes e novos programas sociais e militares iniciados em 1965 aplicaram um poderoso choque fiscal na economia. Tornou-se severa a pressão sobre a política monetária. William McChesney Martin, presidente da Junta de Reserva Federal, era o último reduto da velha escola a resistir ao triffinismo. Preocupava-se com a inflação e o destino do dólar. Em dezembro de 1965, sugeriu a Johnson uma elevação na taxa de desconto. Mas, como nota Donald Kettl,

> Johnson não estava em estado de espírito de desacelerar a economia. Fora conquistado pela tese dos benefícios de gastos federais estimulantes e, mesmo com o agravamento da Guerra do Vietnã, não queria pôr em risco seus programas para a Grande Sociedade. Eles eram seus "filhos", seus "bebês", como costumava descrevê-los (Kettl, 1986, p. 106).

A divergência foi conciliada, mas o Fed continuou a "remar contra o vento" através da primavera e verão de 1966. Finalmente, em fins de 1966, Martin concordou em aliviar a política monetária quando Johnson anunciou a intenção de propor uma sobretaxa ao imposto de renda. Esta última, porém, só entrou em vigor em 1968, ocasião em que a economia já estava superaquecida. Nesse ambiente, verificou-se que a sobretaxa era um freio insuficiente. A economia dirigia-se para águas não mapeadas, onde a contenção monetária e fiscal nunca

3 O Grupo dos 10 incluía a Bélgica, Canadá, Alemanha, França, Itália, Japão, Holanda, Suécia, Grã-Bretanha e Estados Unidos. Posteriormente, a Suíça associou-se ao Grupo, completando 11 membros, embora permanecesse o nome Grupo dos 10.

foi suficiente ou mantida por tempo suficiente para deter os aumentos dos preços. No fim, o presidente seguinte do Fed, Arthur Burns, tornar-se-ia convencido que novos remédios microeconômicos — controles de salários e preços — eram necessários para curar a inflação resultante.

Descaso Benevolente: Tremores de Terra no Mercado

As políticas macroeconômicas postas em prática de 1965 a 1968 previsivelmente debilitaram o balanço de pagamentos americano. O superávit no comércio externo de bens, que se nivelara em torno de US$ 5 bilhões de 1960 a 1965, caiu ininterruptamente após 1965 para o nível irrisório de US$ 600 milhões em 1968 e 1969. Ao mesmo tempo, as saídas líquidas de capital duplicaram, de US$ 5,7 bilhões em 1965 para US$ 11 bilhões em 1968 e US$ 11,6 bilhões em 1969 (ERP, 1976, p. 366-7). Se os Estados Unidos tivessem controlado a inflação nesse período, é possível que os problemas do balanço de pagamentos tivessem se corrigido por si mesmos. Um estudo realizado pela Brookings Institution em 1965 incluiu a projeção de que a inflação subiria mais rápido na Europa do que nos Estados Unidos e que, nessas circunstâncias, o déficit básico do balanço de pagamentos americano desapareceria, às então prevalecentes taxas cambiais, por volta de 1968 (Odell, 1982, p. 146). O requisito crucial era, e sempre fora, que fosse mantida a estabilidade dos preços na economia americana.

Ao crescer as dúvidas sobre o compromisso com a estabilidade interna dos preços, no entanto, o esforço para enfrentar a crise no balanço de pagamentos mudou progressivamente dos inúteis controles de capital de princípios e meados da década de 1960 (ver a discussão anterior sobre esse assunto) para ajustamentos da taxa cambial e possíveis restrições ao comércio externo (sendo essas quatro medidas as únicas opções de política imediatamente disponíveis ao governo. Ver Tabela 1-4). Aumentava o número de defensores das restrições ao comércio, muito embora economistas recomendassem essa opção apenas com a maior relutância (ver, por exemplo, Cooper, 1968, p. 273). A teoria da vantagem comparativa ainda tinha poder e os economistas esperariam até a década de 1980 antes de propor teorias de comércio interno que justificassem políticas restritivas (Helpman e Krugman, 1985).

O sistema de taxa cambial fixa, no entanto, era menos sacrossanto. Apresentaram nessa ocasião alguns autores o argumento de que o processo de ajustamento, bem como os arranjos de liquidez, do sistema de Bretton Woods, eram defeituosos. O processo de ajustamento era assimétrico. Aplicava grande pressão nos países deficitários para que procedessem a ajustamentos porque sua capacidade de tomar empréstimos era, no fim, limitada (e até mesmo a capacidade dos Estados Unidos de fazer o mesmo, se fosse aceito o argumento de Triffin sobre uma inevitável perda de confiança no dólar). Mas aplicava muito pouca ou nenhuma pressão sobre os países superavitários para que realizassem ajustamentos. Eles podiam manter as taxas cambiais vigentes, que se tornavam crescentemente subvalorizadas, e continuar a acumular reservas. Se essas reservas fossem esterilizadas (isto é, países compensavam a venda de suas moedas através de outras operações monetárias para absorver o excesso de liquidez), os países superavitários poderiam evitar a expansão da economia interna, ao mesmo tempo mantendo os mercados de exportação, e, assim, manter indefinidamente os superávits. Dessa maneira, argumentavam, Bretton Woods estimulava políticas mercantilistas. A velha cláusula de moeda escassa de Bretton Woods não ajudava muito nesse particular (ver Capítulo 3). Permitia discriminação contra a moeda escassa, mas isso, nesse momento, implicava restrições do comércio externo americano contra a Europa e o Japão. A aplicação dessa cláusula teria arruinado o sistema de livre comércio e ninguém ainda estava pronto para isso.

A questão não era apenas como fazer com que países superavitários inflacionassem ou revalorizassem suas moedas. Os principais países deficitários relutavam também em mudar suas taxas cambiais — sendo testemunha disso a atitude desafiadora do Partido Trabalhista britânico para sustentar o esterlino de 1964 a 1967, o que os Estados Unidos estimularam por causa das temidas conseqüências da desvalorização da libra sobre o dólar. Além do mais, quando os países deficitários realmente fizeram ajustamentos, acreditou-se em geral que o fizeram em excesso (Solomon, 1982; Bergsten, 1975). Dessa maneira, com o passar do tempo, países deficitários ficavam com moedas subvalorizadas, da mesma maneira que aconteceria com os superavitários.

Ora, continuava o argumento, os Estados Unidos eram o único país do sistema que não podia mudar a taxa cambial. À medida que outros países adotavam taxas cambiais subvalorizadas, a moeda americana tornava-se progressivamente supervalorizada. O preço dos produtos estrangeiros desbancava os preços americanos nos mercados mundiais e o balanço de pagamento do país, e em particular seu superávit comercial, continuava a deteriorar-se. Dessa maneira, prosseguia o argumento, embora não por culpa sua mas por causa das falhas que se multiplicavam do sistema de Bretton Woods, os Estados Unidos não podiam corrigir as contas no balanço de pagamento.

O que marca essa argumentação como racionalização é a completa falta de convicção com que foi aplicada. De 1968 até as dramáticas medidas unilaterais tomadas pelo país em 1971, o Governo Nixon nenhuma tentativa diplomática importante fez para negociar um realinhamento das taxas cambiais ou propor novas regras para procedimentos de ajustamento mais equilibrados entre países credores e devedores, tais como os que incluiu em seus planos de reforma monetária internacional em setembro de 1972 (ver a discussão que se segue). Por que, se o sistema era tão defeituoso, não mereceu pelo menos uma tentativa, mesmo que tíbia, para mudá-lo? Nada foi tentado, nem mesmo um esforço comparável com o insignificante trabalho feito para criar a nova unidade de moeda de reserva conhecida como SDR.

Em vez disso, os Estados Unidos seguiram nesse período uma política concertada de retirar-se de iniciativas diplomáticas multilaterais. O país reagiu defensivamente a uma série de ajustamentos cambiais, deflagrados inicialmente pela Grã-Bretanha em novembro de 1967, e em seguida pela França e Alemanha em outubro de 1969, respectivamente, e finalmente pelo Canadá em maio de 1970. (O Canadá, na verdade, adotou o sistema de taxas flutuantes.) Os Estados Unidos adotaram uma política deliberada do que veio a ser conhecido como descaso benevolente, a política de permitir que as forças internacionais de mercado pressionassem os países superavitários a revalorizar. As principais forças de mercado em ação, claro, eram as políticas internas inflacionárias dos Estados Unidos. Sob o sistema de taxas cambiais fixas, a aceleração da inflação americana no período que se seguiu a 1965 aplicou pressão nos países superavitários para inflacionar ou revalorizar. Se desejavam evitar revalorizar, tinham que vender sua moeda para obter dólares, aumentando o meio circulante interno e arriscando-se à inflação potencial. Os Estados Unidos tinham a esperança de que preferissem revalorizar, mas, exceto por uma modesta revalorização na Alemanha em outubro de 1969 (4,3% em termos de produtos negociados; Solomon, 1982, p. 164), outros países se recusaram a fazer o mesmo. Em vez disso, os principais países industrializados resolveram, nesse período, arriscar-se à inflação.

Não apenas o Governo Nixon demonstrou pouco entusiasmo diplomático para realinhar as taxas cambiais, mas não é absolutamente claro que as condições reais de mercado no período de 1947-1967 exigissem isso. Da mesma forma que aconteceu no caso do Dilema Triffin, o sistema de taxas cambiais talvez não tenha sido tecnicamente defeituoso.

Alinhamentos de taxa cambial têm a ver, entre outras coisas (como, por exemplo, condições de oferta), com tolerâncias diferentes ao desemprego e inflação nos vários países. O que parece ter acontecido em meados da década de 1960 é que as preferências dos Estados Unidos mudaram muito mais rapidamente, da ênfase no controle da inflação para a eliminação do desemprego, do que preferências semelhantes em outros países, mesmo na Grã-Bretanha, onde, conforme observamos anteriormente, um governo trabalhista manteve medidas internas relativamente severas de 1964 a 1967 a fim de sustentar o esterlino. Essa mudança relativa teria, sob um sistema mais flexível de taxas cambiais, levado a um valor mais baixo do dólar, em comparação com as moedas de outros países. Em outras palavras, o dólar, ao permanecer fixo, tornou-se supervalorizado. Mas isso não é a mesma coisa que argumentar que o dólar já estava supervalorizado antes de deslanchar a inflação dos Estados Unidos. Isso dependeria do que estava acontecendo nos Estados Unidos e em outros países antes de 1968.

Dados do FMI indicam que, de 1948 a 1967, os preços nos Estados Unidos aumentaram em um fator de 1,4. Em 18 outros países industrializados, os preços se elevaram no mesmo período em um fator de 1,4-2,0, ou pouco mais do que nos Estados Unidos. Ora, utilizando-se um cálculo de paridade estrita de poder aquisitivo das taxas cambiais, alguma desvalorização real das moedas desses 18 países em relação ao dólar se justificava porque eles haviam experimentado inflação mais alta. A questão é quanta desvalorização realmente ocorreu. Uma vez que as desvalorizações nominais nos outros países industrializados nesse período foram em média menores do que a inflação interna de preços (desvalorização cumulativa de aproximadamente 40%, em comparação com uma inflação de preços de 100-200%), é razoável concluir que a desvalorização real das outras moedas frente ao dólar não foi excessiva (para dados relativos a esta seção, ver de Vries, 1986, p. 59, 62-5).

Com base nessa prova, não se pode dizer que o dólar estava supervalorizado demais, como alegaram alguns economistas em princípios da década de 1960 (ver Odell, 1982, p. 91). Uma vez que os cálculos precedentes cobriram, em média, grande número de países, eles não evitam a grande supervalorização do dólar com relação a moedas individuais, tais como o marco alemão ou o iene. E não levam em conta produtividade e outras mudanças na situação econômica real entre esses países.[4] Não obstante, o argumento em fins da década de 1960 era sobre uma tendenciosidade geral no sistema de taxas cambiais como um todo. O argumento

4 Na base dos aumentos de produtividade, que foram em geral mais altos na Europa do que nos Estados Unidos nesse período, as moedas européias deveriam ter sido revalorizadas. O fato de não terem sido reforça o argumento de que estavam subvalorizadas em relação ao dólar.

mencionava as desvalorizações excessivas, diretas, em 1949 e em seguida um processo de ajustamento, que estudamos acima, no qual países superavitários e deficitários desvalorizavam sistematicamente suas moedas frente ao dólar. Os dados não parecem confirmar esse argumento.

O dólar americano, por conseguinte, talvez não tenha estado em uma posição desvantajosa até que as políticas inflacionárias do país, em fins da década de 1960, assim o situaram. Em suma, os dilemas do dólar eram resultado da política interna do país, não culpa de um sistema tendencioso, de taxas cambiais fixas (Bergsten, 1975). As taxas cambiais mudaram muito pouco no período de 1948 a 1967 porque as taxas de inflação nos grandes países industrializados foram relativamente uniformes e baixas durante todo o período (ver Figura 5-1). O desempenho dos Estados Unidos em matéria de inflação, em especial, foi exemplar e sem dúvida nenhuma sustentou uma inflação relativamente baixa em todo o sistema (com exceção, naturalmente, de alguns países em desenvolvimento, onde a inflação foi excessiva e as desvalorizações nominais foram muitas vezes maiores do que as taxas internas de inflação. Ver de Vries, 1986, p. 63-4). Não há dúvida de que, nesse período, não era absolutamente fácil introduzir mudanças nas taxas cambiais, o Sistema Monetário Europeu (European Monetary System — EMS) não existia para facilitar os realinhamentos entre o franco francês e o marco alemão, e o FMI possuía então uma maquinaria inadequada para vigilância das taxas cambiais. O sistema de taxas cambiais, porém, não era tão defeituoso ou desorganizado em 1967 que ajustamentos relativamente menores não pudessem ter sido suficientes para aprimorá-lo o bastante. Ajustamentos internos e na política cambial em princípios da década de 1960 teriam sido extremamente oportunos. Mas esse foi exatamente o momento em que os ajustamentos desapareceram da agenda econômica internacional dos Estados Unidos não apenas na política cambial, mas, ainda mais importante, nas políticas macro e microeconômicas internas.

A Criação do Dilema do Dólar: Opções de Política Interna, 1969-1971

Colocar em perspectiva esses argumentos sobre restrições sistêmicas ajuda a focalizar a atenção sobre decisivas opções de política interna que os Estados Unidos fizeram no período de 1969 a 1971. Em 1969, o Governo Nixon adotou políticas clássicas de ajustamento a fim de controlar a economia superaquecida. Endureceu as políticas macroeconômicas, tanto monetária quanto fiscal (mantendo a sobretaxa promulgada pelo Governo Johnson no verão de 1968) e revogou os controles de capital que o presidente anterior impusera a fim de deter a sangria de dólares. Em suma, a equipe de Nixon tomou as medidas de política exigidas pelo consenso econômico interno de princípios do período do pós-guerra sob Truman e Eisenhower, mas pareceu agir assim mais por instinto do que por convicção e sem um claro mapa rodoviário de onde queria ir internacionalmente. Na verdade, estava se retirando da arena internacional e depositando sua confiança exclusivamente nas forças do mercado, incluindo mais e mais conversas sobre taxas cambiais flexíveis. Logo que os mercados impusessem custos políticos, a equipe de Nixon recuaria de políticas macroeconômicas mais rigorosas e adotaria algumas das políticas internas e internacionais mais intervencionistas do período do pós-guerra, incluindo restrições ao comércio externo e implantação de controles de preços e salários como parte das decisões de 1971. Em certo sentido, como argumenta David Calleo, "os dois primeiros anos de Nixon no cargo presenciaram, na verdade, o último ato da política econômica Kennedy-Johnson" (1982, p.5).

O desemprego registrou uma nova baixa, de 3,3% em 1969, mas a verdade é que as políticas macroeconômicas moderadas adotadas em 1969 acabaram por levar o país para uma leve recessão em 1970, o primeiro desses reveses desde 1959. O desemprego subiu para 5%, com 5% de inflação. O público reagiu de forma muito irritada. Tendo se acostumado na década de 1960 à mais longa expansão desde a Segunda Guerra Mundial, os eleitores não perdoaram. Os republicanos perderam terreno nas eleições de 1970. Nixon resolveu que a experiência de 1960, quando Kennedy o derrotara, baseando-se em parte na promessa de uma economia interna em expansão mais rápida, não se repetiria em 1972. Conforme observa Stein, Nixon estava "sintonizado com a sabedoria convencional, de que o país dava mais valor ao crescimento contínuo do nível de emprego do que à estabilidade dos preços" (1984, p. 135). Em dezembro de 1970, nomeou John Connally para o cargo de secretário do Tesouro, e começaram a tomar formas os delineamentos de um novo enfoque, dando destaque à intervenção na economia interna e internacional.

Arthur Burns assumira a direção do Fed em janeiro de 1970. As notas de John Ehrlichman sobre esse período refletem claramente os sentimentos, se não as instruções, com que Richard Nixon o nomeou. Em uma reunião na Sala Oval pouco depois da nomeação, Nixon disse a Burns: "Dê um jeito: nada de recessão." Mais tarde, ele reiterou a Ehrlichman e Bob Haldeman: "O Fed *tem* que afrouxar — tem que arriscar-se à inflação" (Kettl, 1986, p. 120-1, destaque nas notas originais). Os estreitos laços entre Burns e Nixon, na Casa Branca, geraram posteriormente um bocado de histórias sobre manipulação do meio circulante. Essas histórias são, com toda probabilidade, vagas demais para merecerem o cunho de autênticas e não há prova convincente para corroborá-las (Kettl, 1986, p. 114; Woolley, 1984, p. 155. Ver também Hibbs, 1987a, 1987b). Não obstante, a história da política monetária no período iniciado em 1970 é de submissão relutante, mas contínua, a uma política fiscal inflexível e irrestrita (uma história que pode ser repetida em princípios da década de 1990. Ver Capítulo 9). Depois de obter e compartilhar de um papel igual com a política fiscal nas décadas de 1950 e 1960, a política monetária tornou-se claramente o sócio menor e acomodado na década de 1970. O keynesianismo exclusivo, conforme notamos no Capítulo 3, minimizava o papel da política monetária. Seria preciso uma mudança radical para a direita, para o monetarismo, em fins da década de 1970, para recuperar e dar um papel à política monetária. E, em princípios da década de 1980, a política monetária passaria a dominar a política interna, elevando as taxas de juros a alturas sem precedentes, enquanto a política fiscal adernava ainda mais, fora de controle.

Na primeira reunião da Comissão Federal sobre o Mercado Aberto, em princípios de 1970, Burns optou por uma política mais frouxa (Kettl, 1986, p. 120). Tal como a maioria dos economistas do período, ele tivera a esperança de que 12 meses de restrições monetárias estrangulassem a inflação. Como isso não aconteceu, concluiu que as circunstâncias haviam mudado e que a política monetária não era mais o instrumento apropriado para controlar a inflação. Já em maio de 1970, começou a pregar uma nova política de controle de preços e salários. Acreditava que o estímulo keynesiano excessivo, iniciado em 1964-1965, enraizara tão profundamente a inflação na economia que não mais funcionavam os remédios keynesianos normais (Burns, 1978, p. 55). A inflação era ocasionada por pressões de aumentos de custos, e não por fenômenos monetários (Burns, 1978, p. 144). Os salários subiam acelerados, mesmo enquanto aumentava o desemprego. O que se precisava era de uma política de rendas que "pudesse mudar o clima psicológico, ajudasse a controlar a espiral de aumento dos salários, extraísse das taxas de juros parte do bônus da inflação, e melhorasse o suficiente o estado de confiança para levar consumidores e empresas a gastar mais livremente a renda, poupança e créditos disponíveis" (Burns, 1978, p. 131).

Nixon não gostava da política de rendas de Burns nem do que considerava como continuação das restrições do Fed ao meio circulante. Os dois se digladiaram durante todo o ano de 1970. O desemprego subiu. Aumentou a insatisfação do público e apenas 19% das pessoas esperavam um ano próspero (Odell, 1982, p. 126). O Congresso desafiou o presidente a ser mais enérgico, tendo aprovado, em agosto de 1970, a Lei de Estabilização Econômica, que dava ao primeiro mandatário autoridade para baixar controles de preços e salários. As empresas apoiavam cada vez mais esses controles. No fim, conforme explica Donald Kettl, o "alto desemprego, pressões da Casa Branca e o Congresso, queixas de estranhos como (Walter) Heller e ameaças de controle do crédito convenceram Burns e seus colegas a empurrar para segundo plano seus receios sobre agravamento da inflação e a aumentar os meios de pagamento" (1986, p. 126). Em princípios de 1971, por conseguinte, mesmo que o desemprego tivesse se nivelado e a inflação começasse a declinar, o Fed abriu novamente a torneira da moeda. De janeiro a agosto de 1971, o M1, o agregado monetário que inclui moeda mais depósitos à vista, cresceu a uma taxa anual de 10,8%, em comparação com 5,2% em todo o ano anterior.

Verificou-se que essa decisão foi fatal para a economia e o dólar. Embora seja difícil identificar o ponto sem volta no rompimento americano com Bretton Woods, os inícios de 1971 parecem ser tão bons como qualquer outro. Conforme diz Herbert Stein, a "recessão de 1970 não foi muito profunda". Ao fim do ano, "já havia sinais de recuperação" (1984, p. 157). O desemprego estava se estabilizando e a inflação, embora flutuasse, caíra de 6% para 5,5% em 1970 e deveria descer para 3,7% nos primeiros oito meses de 1971 (Schultz e Dam, 1977, p. 68). Mas a evidência de recuperação era ambígua, como sempre. Constitui porém "um julgamento razoável dessa política", concluiu Stein, dizer que "ela estava funcionando no sentido de estar reduzindo a inflação ao custo de uma recessão que, pelo menos por padrões posteriores, parecia moderada" (1984, p. 158).

Infelizmente, isso não era suficiente para satisfazer as expectativas crescentes do público e do Congresso. Além do mais, o tempo político estava se esgotando. Aproximando-se as eleições e na ausência de convicções profundas como as que mantiveram Ronald Reagan no curso em 1982, e a despeito de pressões semelhantes de eleições para o Congresso (ver Capítulos 8 e 9), o Governo Nixon jogou a cautela para o alto e inflou velas das políticas monetária e fiscal.

Ao iniciar com confiança nos mercados, a equipe de Nixon terminou viciando-os de uma maneira que nem mesmo os economistas de Johnson teriam imaginado. Os custos do ajustamento interno foram simplesmente considerados como altos demais. Um bom exemplo de análise econômica confirma essa opinião. C. Fred Bergsten, que serviu no primeiro Governo Nixon como membro do quadro do Conselho de Segurança Nacional, preparava nessa ocasião uma análise detalhada, demonstrando que para um país como os Estados Unidos, como um setor internacional relativamente pequeno, mas ainda um papel absoluto amplo nos mercados mundiais, o ajustamento interno era, de longe, o caminho mais dispendioso para restabelecer o equilíbrio do balanço de pagamentos (Bergsten, 1975). A análise confirmava o que fora suposto por um número crescente de economistas e formuladores de política desde as recomendações dos primeiros assessores de Kennedy, isto é, que os Estados Unidos não deviam aceitar restrições internacionais à política interna a fim de instaurar o pleno emprego. O fato de essa opinião ser aceita de modo tão geral e sincero em 1971, dez anos depois de a mais longa expansão em termos de paz desde o fim da guerra ter reduzido o desemprego apenas de 5,4% em 1960 para 3,4% em 1969 (e voltando a 4,8% em 1970) confirma o fervor quase ideológico com que os proponentes do keynesianismo exclusivo se apegavam às suas teses econômicas. Seria preciso outra década para expurgar dessa escola de pensamento a suposição de que inflação era a conseqüência aceitável, e não a inimiga, do nível de emprego mais elevado. E não é de surpreender que, em 1981, esses mesmos indivíduos fossem os críticos mais desbocados do Governo Reagan, quando o mesmo aceitou os custos do ajustamento interno para reduzir a inflação, e temporariamente pelo menos (porque não conseguiu completar o curso. Ver Capítulos 8 e 9), restabeleceu o valor do dólar (Bergsten, 1981). Esses críticos formulariam o argumento de que "todos os governos americanos no pós-guerra" haviam endossado, e implementado, as metas de política de Bretton Woods, de inflação baixa, incentivos ao mercado e comércio externo mais livre (Bergsten, 1985, p. 140). Mas o conteúdo diferente das políticas macro e microeconômicas seguidas em fins da década de 1960 e na de 1970, comparado com as que foram seguidas nas décadas de 1940 e 1950, tornam difícil aceitar esse argumento.

Conclusões

A verdadeira tragédia do período de meados da década de 1960 até 1971 foi que, embora os Estados Unidos conservassem os instintos internacionais do sistema de Bretton Woods e ainda tivessem o poder de transformá-los em realidade, seus objetivos e políticas mudaram e o país deixou de agir. Esse fiasco, conforme se viu, segundo John Odell, "foi um dos erros de cálculo mais críticos de toda a década" (Odell, 1982, p. 241). E aconteceu porque os Estados Unidos perderam seu senso de objetivo nacional em política externa e exacerbaram conflitos com seus aliados no Vietnã que debilitaram o consenso subjacente ao sistema cambial baseado no dólar. A obsessão com o desemprego no país continuou também a cortar as amarras econômicas internas.

Quando de fato agiram no verão de 1971, os Estados Unidos fizeram-no sem objetivo ou política, exceto a de procurar autonomia nacional, livrar-se de compromissos internacionais (Gowa, 1983). Conforme diz Robert Solomon, o secretário do Tesouro, John Connally, que foi o responsável pela decisão de agosto de 1971 de acabar com a conversibilidade do dólar em ouro e que simbolizou a nova atitude americana em relação ao sistema econômico internacional, não tinha nenhuma "visão de como melhorar o bem-estar econômico de seu próprio país ou do mundo" (Solomon, 1982, p. 191). No dia seguinte à divulgação das novas medidas, em 15 de agosto, ele perguntou a seus assessores: "E agora, o que é que nós fazemos?" (Odell, 1982, p. 262). A falta de visão e conteúdo das políticas americanas em 1971 tiveram muito a ver com a erosão subseqüente do poder do país. Conforme observou Robert Keohane, o "colapso dos arranjos internacionais de estabilização (...) não foram tanto resultado de um declínio *natural* do poder americano como conseqüências de políticas que rápida e desnecessariamente o reduziram" (Keohane, 1982, p. 11.). A política dos Estados Unidos fechara o círculo. De planos globais para a ordem econômica mundial em 1945, sem comprometimento de poder para aplicá-los, os Estados Unidos comprometeram seu poder em 1971 sem planos para onde queria ir. O divórcio entre o poder e as metas continuaria a caracterizar a política do país durante toda a década de 1970.

6

O Fim de Bretton Woods: Cooperação sem Conteúdo

A década de 1970 presenciou uma verdadeira explosão de interdependência econômica internacional e cooperação institucional. As crises do petróleo desencadearam uma maciça mobilização e integração dos mercados financeiros, bem como uma rodada interminável de conferências de cúpula e outras patrocinadas pelas Nações Unidas. Ainda assim, este capítulo demonstra que essa atividade internacional foi crescentemente instável e vazia. Expandindo-se para incluir o Norte e o Sul, bem como o Leste e o Oeste, a comunidade internacional perdeu o senso de objetivo político compartilhado e abandonou o consenso mínimo em matéria de política interna que era necessário para sustentar uma economia mundial aberta, estável, eficiente. Sem direção ou conteúdo por todos aceitos, a economia mundial andou à deriva, o crescimento econômico e o comércio externo caíram de ritmo e as conferências e instituições internacionais tornaram-se cada vez mais irrelevantes para as forças econômicas reais da inflação e da inflexibilidade microeconômica que prejudicavam os mercados mundiais.

Na década de 1970, os Estados Unidos adotaram políticas econômicas internas que invariavelmente lhes debilitavam o poder e políticas de segurança externas que levavam em conta a resultante difusão de poder. Emergiu um mundo de numerosas potências, não apenas o mundo de cinco potências com que a década começara — Estados Unidos, União Soviética, China, Japão e Comunidade Européia — mas também, no transcurso da década, a Organização dos Países Exportadores de Petróleo (OPEP) e os fundamentalistas islâmicos do Irã e Oriente Médio. Talvez pela primeira vez na história, a comunidade política mundial tornou-se realmente global. Com as crises do petróleo, a economia mundial expandiu-se também. A receita excedente dos países da OPEP tornou-se financiadora importante do comércio e dos investimentos mundiais e reciclou os petrodólares que alimentaram a crescente interdependência econômica entre o Norte e o Sul, à medida que os países em desenvolvimento mais progressistas — conhecidos como PRIs (países recém-industrializados) — tomavam empréstimos cada vez maiores de capital e expandiam as exportações de produtos manufaturados para os mercados do Norte.

Politicamente, o mundo se parecia mais com a comunidade universalista diversificada imaginada em 1945; economicamente, tornara-se mais complexo, com comércio e mercados financeiros altamente integrados. Nas relações Norte-Sul, as relações de interdependência econômica pareceram expandir-se mais rapidamente do que o senso de comunidade política compartilhada, comum, disto resultando violentos choques sobre a necessidade de uma nova ordem econômica internacional (NOEI) e um processo de *détente* que pareceu deixar para trás as oportunidades econômicas viáveis de comércio entre o Leste e o Oeste. Mais do que nunca, a comunidade mundial precisava de diretrizes firmes que pudessem manter certa proporção entre aspirações políticas e realidades econômicas.

Nesse ambiente, não mais tão permissivo como o de 1945, mas igualmente obscuro, a política americana perdeu suas amarras. Em princípios da década de 1970, políticas externas de *détente* e corte de despesas eliminaram deliberadamente a dimensão moral, ou ideológica (e política interna) da política internacional, em favor de uma visão puramente geopolítica de grandes equilíbrios de poder. Ainda assim, essas mesmas políticas reduziram simultaneamente o poder militar dos Estados Unidos, tão essencial para o exercício tradicional do equilíbrio geopolítico. Destituída a política externa americana de uma dimensão assertiva moral ou militar, a diplomacia econômica e de controle de armas preencheu o vácuo. Em meados da década, a diplomacia política e econômica mostrava-se mais ativa do que em qualquer outra ocasião desde os dias do Plano Marshall. O entusiasmo pela cooperação internacional, no entanto, em contraste com os dias do Plano Marshall, não incluía nesse momento uma definição igualmente clara e inspiradora dos objetivos nacionais do país e cada vez mais discrepava das políticas econômicas internas. O objetivo nacional americano definia um mundo de diplomacia e interdependência tão complexas que o público geral tornou-se crescentemente desencantado, ao passo que as políticas econômicas internas subvertiam mercados mundiais complexos e interdependentes, isso de tal maneira que tornou cada vez mais difícil uma cooperação internacional sólida.

Como resultado, a cooperação internacional nesse período pouco mais fez do que conciliar divergências políticas e econômicas sempre maiores. O sistema monetário internacional foi manipulado para absorver as conseqüências de uma grande mudança nas políticas econômicas internas, não apenas nos Estados Unidos, mas, em parte devido ao exemplo americano, em outros países industrializados. Praticamente todos os países mudaram para maior estímulo macroeconômico e intervenção microeconômica, a fim de realizar os objetivos gêmeos de pleno emprego e melhor qualidade de vida. As normas internacionais que restringiam o emprego de taxas cambiais e limitações ao comércio externo tiveram que ser relaxadas e a liquidez internacional explodiu, principalmente depois da crise do petróleo de fins de 1973.

Em contraste com os padrões de Bretton Woods, a ênfase mudou decisivamente, de ajustamento para finanças. Acumularam-se os problemas de ajustamento. Em fins da década, o resultado era menos emprego, inflação galopante e uma filosofia intervencionista, sem crescimento, que pôs em risco o próprio sistema econômico internacional livre. As políticas intervencionistas nas economias internas deflagraram um novo debate sobre a política de comércio externo, que se focalizou em subsídios às exportações e em barreiras não-tarifárias. O debate colocou no centro do palco um novo modelo de política de comércio externo — o modelo japonês —, segundo o qual os mercados internos eram protegidos e, ao mesmo tempo, explorados os mercados externos. Generalizado, esse modelo significava, naturalmente, o fim do sistema de comércio externo multilateral livre.

As instituições internacionais não conseguiram suportar as tensões. A despeito de uma década de intensa diplomacia internacional — conferências especiais das Nações Unidas, reuniões de cúpula de países industrializados e conclaves Norte-Sul — o progresso foi mínimo. A cooperação carecia de conteúdo. Com efeito, a cooperação internacional era muitas vezes usada exatamente para conciliar a ausência de padrões comuns. Elogiava-se o sistema de taxas cambiais flutuantes porque ele relaxava as restrições internacionais e dava mais espaço a preferências e a atuações econômicas nacionais diferentes no tocante à inflação, intervenção governamental e substituição de importações. Era menor a necessidade, argumentava-se, de padrões comuns para orientar o ajustamento mútuo de políticas internas. Os acordos do FMI negociados na Jamaica em 1976 pouco fizeram para instituir um mecanismo sério de vigilância da política interna dos países industrializados e o único assunto vetado no diálogo Norte-Sul da década de 1970 foi a política interna dos países em desenvolvimento. Dessa maneira, as nações do mundo discutiam para criar arranjos externos comuns na mesma ocasião em que reconheciam que compartilhavam de cada vez menos padrões comuns para a administração de suas políticas em casa (Calleo, 1982).

Destruição de Bretton Woods: 1971-1973

Não há dúvida de que a causa principal, bem como a mais próxima, das decisões tomadas pelos Estados Unidos em agosto de 1971, de suspender a conversibilidade do dólar em ouro, foi a incompatibilidade entre o novo e profundo consenso keynesiano sobre política econômica interna e o papel do dólar como sustentáculo do sistema de taxas cambiais fixas. Este sistema não podia transigir com uma política de aviltamento interminável do valor do dólar. A confiança teria que declinar em algum ponto, fosse ou não a liquidez considerada excessiva em termos de ouro. Na verdade, em fins da década de 1960, ela não constituía problema. Os haveres em dólar no exterior em 1969 eram apenas US$ 300 milhões mais altos do que cinco anos antes. "A despeito da inflação interna e da erosão de seu superávit no comércio externo", conclui Robert Solomon, "os Estados Unidos haviam deixado de aumentar, através de seus balanços de pagamentos, as reservas mundiais" (1982, p.106). A confiança no dólar dependia nesse momento das políticas econômicas internas do país e, por boas razões, essa confiança declinou cada vez mais.

O consenso de política econômica nos Estados Unidos excluía ajustamentos internos a fim de preservar o valor do dólar, mas não determinou se ou não recorreria à suspensão e desvalorização da moeda, a uma série de controles do comércio interno e externo, ou a ambos os conjuntos de medidas. Poderia ter, simplesmente, deixado o dólar flutuar. Esse foi, na verdade, o resultado final das políticas que adotaram de 1971 a 1973. Mas a impressão que se tinha era que devia ser feita uma demonstração de disciplina de política interna, isto no exato momento em que a disciplina estava sendo irrevogavelmente posta de lado. "O fim da conversibilidade do ouro teria sido mais bem aceito", observou Herbert Stein, "se tivesse feito parte de uma política econômica positiva, independente (...) que parecesse fortemente antiinflacionária" (1984, p.166). O resultado foi a instituição de extensos controles de salários e preços. No fim, o país impôs também controle ao comércio externo. Atacar práticas desleais de comércio por parte de países estrangeiros era uma maneira conveniente de demonstrar que a culpa era do sistema de comércio internacional e das políticas de outros países, e não das políticas internas americanas.

Ironicamente, os Estados Unidos acabaram com a era de Bretton Woods pondo-a de cabeça para baixo. As políticas internas e de comércio externo foram tornadas menos livres, ao passo que as taxas cambiais e, em última análise, os fluxos de capital tornavam-se mais livres. A intervenção invadiu a economia real e os mercados livres assumiram o controle da economia financeira.

Os Unilateralistas Assumem o Controle

John Connally, secretário do Tesouro, e Peter Peterson, principal assessor sobre assuntos econômicos internacionais do presidente na Casa Branca, foram nomeados em princípios de 1971. Eram ambos fortes defensores de ações restritivas no comércio externo. Peterson dirigia o recém-criado Conselho de Política Econômica Internacional. Em um dos primeiros atos do Conselho, ele publicou um relatório abrangente que enfatizava o declínio do poder econômico americano e catalogava as queixas do país contra seus vários parceiros comerciais (Peterson, 1971). Em seguida ao fim da Rodada Kennedy, em 1967, as questões de comércio externo haviam deixado a agenda, à medida que o país lutava com problemas de liquidez e taxas cambiais (ver Capítulo 5). Entrementes, as políticas internas haviam transferido os maiores ônus do ajustamento para o setor de comércio externo (como voltariam a fazer mais uma vez em princípios da década de 1980. Ver Capítulo 7). A inflação tornava mais interessante importar e menos fácil exportar. O superávit no comércio externo desapareceu em 1971, pela primeira vez neste século. Nesse ano, o projeto de lei protecionista Burke-Hartke foi apresentado no Congresso. Apoiado pelo trabalho, pedia tetos sobre quase todas as importações, baseado em seu nível médio nos quatro anos anteriores (Destler, 1986, p.114).

As autoridades americanas não estavam querendo reconhecer que o protecionismo crescente tinha raízes na política interna. Em vez disso, o Japão transformou-se no símbolo do que era errado no comércio externo (como voltaria a acontecer na década de 1980). Dando cumprimento a promessas da campanha eleitoral, Nixon agiu contra os produtos têxteis japoneses. As longas e azedas negociações terminaram com um acordo de restrição voluntária e ampliação de acordos de comercialização multilaterais que tratavam de produtos têxteis (Destler et. al., 1979; Aggarwal, 1985). Essas negociações mostraram bem cedo a feia face das disputas bilaterais de comércio e do uso das denominadas medidas da área cinzenta fora do GATT, a fim de impor ajuda discriminatória ao comércio externo (ladeando o Artigo XIX do GATT, que determinava a aplicação multilateral das medidas de ajuda). Puseram também em destaque a crescente identificação e preocupação com barreiras não-tarifárias. O Japão era considerado um país cheio de restrições sutis e ocultas, além de subsídios, ao comércio externo. Essas restrições, pensava-se, tornavam uma piada a liberalização do comércio externo através de redução das tarifas. Os Estados Unidos, dado o distanciamento entre governo e empresas, teriam poucas defesas contra penetração no mercado logo que as tarifas fossem reduzidas. Em contraste, argumentava-se, o Japão simplesmente adotava uma defesa, em muitas camadas, de barreiras não-tarifárias, ao mesmo tempo em que subsidiava ainda mais vigorosamente as exportações a fim de capturar uma fatia de mercado nos Estados Unidos.

Havia muita verdade nesse argumento, mas o Japão podia ter dito a mesma coisa contra os efeitos perturbadores para o comércio das políticas intervencionistas e inflacionárias que então dominavam os Estados Unidos. A redução das tarifas e a mudança do consenso sobre política econômica interna, para o estímulo macroeconômico excessivo e a intervenção microeconômica, estavam começando a revelar a incompatibilidade entre mercados internacionais liberais e políticas econômicas internas altamente intervencionistas. O consenso inicial do pós-guerra impusera claros limites às políticas econômicas internas, de maneira a garantir a estabilidade das taxas cambiais e a liberalização do comércio externo. Nesse momento, a mudança no consenso ameaçava a estabilidade e a abertura dos mercados internacionais.

O vozerio constante das queixas nos Estados Unidos contra países estrangeiros consumaram a rejeição intelectual de Bretton Woods. Conforme argumenta John Odell, o fator mais decisivo a explicar a política americana em 1971 foi "o desaparecimento das velhas atitudes em relação ao sistema de Bretton Woods" (Odell, 1982, p. 240). Os sentimentos de cooperação que haviam estimulado os Estados Unidos a manter em 1965-1968 o enfoque multilateral dos problemas de liquidez e confiar nas forças de mercado, e não em medidas unilaterais para revalorizar moedas em 1968-1971, estava sendo nesse momento substituído pelo senso de que o país fora traído por aliados ingratos, que haviam explorado um sistema de comércio externo e relações monetárias fortemente assimétricos contra os interesses americanos. Sob o estilo agressivo e sem rodeios de John Connally, a caldeira estava acumulando vapor para um revide aos aliados. "Nem pensar que seremos fodidos pelos estrangeiros", disse Connally; "Nosso trabalho é fodê-los antes" (Odell, 1982, p. 263).

Mas havia ainda relutância em suspender a conversibilidade do dólar ou desvalorizá-lo. Arthur Burns, como bom banqueiro central, lutou até o fim para não fazer nenhuma das duas coisas. Propôs medidas enérgicas internamente, incluindo controles de salários e preços, mas nenhuma internacional, exceto suspender a conversibilidade como medida de último recurso, se o pacote interno não conseguisse reverter as expectativas do mercado (Odell, 1982, p. 259). Paul Volcker, na ocasião subsecretário do Tesouro, relutantemente aceitava a não-conversibilidade, mas esperava uma desvalorização do dólar, o que tinha esperança de negociar imediatamente como parte de um realinhamento geral das taxas cambiais. Ironicamente, e talvez indicativo da perda de direção a longo prazo nesse período, ninguém previu que as taxas cambiais acabariam flutuando. A idéia de taxas flutuantes, embora cada vez mais aceita nos círculos acadêmicos, onde as idéias de Milton Friedman começavam a substituir as de Robert Triffin, ainda era considerada arriscada demais. Mas Connally Peterson e, inicialmente, Nixon, nenhuma pressa tinham em realinhar as taxas. Queriam que os aliados compreendessem que uma nova era começara, na qual eles teriam que arcar com uma parcela maior da liquidez, do ajustamento e dos ânus do comércio de um sistema econômico internacional remodelado. Se pôr as taxas a flutuar ajudasse nesse particular, os líderes americanos estavam prontos para fazer isso, pelo menos temporariamente.

Suspender a conversibilidade do dólar sem desvalorizar era ainda uma possibilidade. A despeito da situação financeira incerta de janeiro até meados de agosto de 1971, as saídas de ouro americano totalizaram apenas US$ 845 milhões. No fim, outros países "abstiveram-se de tentar empurrar os Estados Unidos para longe do ouro" (Odell, 1982, p. 216). A confiança declinante no dólar era muito mais função da elevação constante dos preços dos bens e ativos americanos do que do desaparecimento das reservas de ouro. A política americana, no entanto, não deixava dúvidas nesse momento de que os preços internos subiriam ainda mais.

O Pacote de Camp David: Uma Bomba-Relógio

O pacote econômico interno amarrado em Camp David em agosto de 1971 continha uma bomba-relógio. Reagindo à prioridade geral de redução do desemprego, o pacote pedia rápidos aumentos dos gastos do governo em 1972, com restrições em 1973. Os fundamentos lógicos do pacote eram keynesianismo puro. Ou como explica Herbert Stein:

> O déficit do ano fiscal de 1972 ia, de qualquer modo, ser grande, e não haveria queixa em torná-lo ainda maior, desde que o orçamento do ano fiscal seguinte, 1973, ficasse equilibrado, pelo menos tendo como base um elevado nível de emprego. Havia aí um dos velhos macetes de FDR, o de combinar expansão com aparência de prudência fiscal, tornando o déficit deste ano tão grande que, em contraste, os déficits futuros pareceriam moderados (1984, p. 183).

Convenientemente, claro, 1972 era ano de eleição. A alegria da injeção monetária, portanto, podia ser desfrutada durante a campanha eleitoral, ao passo que a dor do ajustamento só viria mais tarde. Como, então, evitar um embaraçoso aviltamento do dólar? Um pacote de estímulo interno encorajaria mais as importações do que as exportações e provocaria ainda mais pressão sobre o dólar. Se a conversibilidade fosse suspensa, o dólar provavelmente declinaria. O declínio do dólar, por conseguinte, exacerbaria a inflação, já espicaçada pelo estímulo orçamentário. Além disso, as cogitadas restrições ao comércio externo elevariam os preços. Infelizmente, a maneira de conter essas pressões sobre os preços eram os controles de preços e salários. A solução para o estímulo macroeconômico excessivo era a intervenção microeconômica. Uma "política de rendas" demonstraria o necessário compromisso com a disciplina interna e combateria a especulação contra o dólar. Ironicamente, pensou-se que essa política não só combateria os efeitos do estímulo, mas também o permitiria. Conforme observa Stein, "nesse momento em que iam impor controles, pensaram que tinham mais espaço para mais estímulo" (1984, p. 178).

Ora, verificou-se que o déficit orçamentário no ano fiscal de 1971, que terminara em junho desse mesmo ano, saltou de US$ 2,8 bilhões em 1970, para US$ 23 bilhões. O déficit do ano fiscal de 1972 foi quase igual, de US$ 23,4 bilhões (*ERP*, 1976, p. 339). Esses dois orçamentos registravam os maiores déficits desde 1945, com exceção do ano de 1968, que estourou todos os limites (US$ 25,2 bilhões). Entrementes, o meio circulante cresceu mais rapidamente de 1970 a 1973 do que em qualquer período de cinco anos desde o fim da Segunda Guerra Mundial (Kettl, 1986, p. 114). A combinação de estímulo interno sem precedentes com controles gerais de salários e preços preparou o dispositivo de disparo da bomba-relógio e a explosão final dos preços e colapso do dólar tão logo foram eliminados os controles. Os Estados Unidos haviam sucumbido ao elixir econômico clássico, pelo qual criticara antes outros países e, mais tarde, criticaria muito mais (como, por exemplo, o Brasil, em 1986). Nesse momento era apenas uma questão de tempo quando a bomba explodiria.

Enquanto os controles continuaram, a economia parecia ir às mil maravilhas. O ano de 1972 registrou grande atividade econômica. O PNB cresceu a uma taxa anual de 5,7% e a inflação em apenas 3,3%. A reeleição de Nixon estava garantida. Eufórico com a vitória, Nixon suspendeu os controles em janeiro de 1973. A bomba explodiu em março. A inflação disparou para 8,8% em 1973 e 12,2% em 1974, enquanto o desemprego permanecia estabilizado em torno de 5%. "Em meados de 1973 no máximo e, possivelmente, mais cedo", segundo Herbert Stein, "os Estados Unidos estavam nas garras de uma clássica inflação de demanda, contra a qual os controles (que Nixon tentou reintroduzir em junho de 1973 e ampliou após a crise do petróleo em outubro de 1973) revelaram-se impotentes"

(1984, p. 185). O dólar flutuou, como aconteceu, aliás, com as demais principais moedas, e o mundo ingressou em uma nova era de mercados internacionais altamente instáveis e cada vez mais protegidos. Tudo isso aconteceu, vale lembrar, antes da crise do petróleo de outubro de 1973.

A Espástica Diplomacia Monetária dos Estados Unidos

A situação econômica deteriorante colocou, nesse período, a diplomacia americana na devida perspectiva. Ela se tornou mais ativa após agosto de 1971, pondo fim à política de descaso benevolente adotada de 1968 a 1971. Tal como uma galinha recém-decapitada, a diplomacia americana esperneava sem a cabeça, tendo cortado todos os laços entre as iniciativas internacionais e as necessárias reformas de política interna no país. Sem essas reformas, nenhuma possibilidade havia de salvar o sistema de taxas cambiais fixas, quanto mais de negociar um novo acordo multilateral dispondo sobre maior simetria de responsabilidades de ajustamento entre nações superavitárias e deficitárias. Os Estados Unidos tentaram as duas iniciativas, sem dúvida com sinceridade e entusiasmo. Mas elas eram vazias. O epicentro do tremor de terra que sacudiu o sistema econômico mundial após 1971 situava-se nos Estados Unidos, e não no exterior. Racionalizações, claro, continuaram a obscurecer esse fato. Em 1972-1973, a doutrina friedmanita de taxas flutuantes adquiriu o mesmo status nobre da doutrina triffinita de inconversibilidade final do dólar. As taxas flutuantes, pensava-se, resgatariam a autonomia nacional, o que não faria uma nova moeda de reserva (como, por exemplo, o SDR). As nações poderiam adotar quaisquer políticas internas que desejassem e as taxas cambiais flutuariam para equilibrar as contas externas. Analistas previram o fim do papel do dólar e um sistema "muito mais semelhante a um sistema de reserva de múltiplas moedas" (Bergsten, 1975, p. 401).

Além disso, a velha Nêmese do período do pós-guerra voltou e reforçou a justificação das taxas flutuantes — sob a forma de especuladores e administradores de moedas. As atividades bancárias fora do país haviam crescido muito em fins da década de 1960 e princípios da de 1970 e, em 1969, o governo Nixon suspendeu os controles sobre capitais. Não obstante, dados os mercados de capital da Europa e Japão, que ainda eram relativamente restritos, e a intervenção do governo na economia real, que aumentava em todo o mundo industrializado, as perspectivas de investimentos de longo prazo declinaram e os movimentos de capitais a curto prazo tornaram-se cada vez mais importantes e perturbadores. No fim, formuladores de política convenceram-se, como permanecem convencidos até hoje, que os "capitais especulativos", o chamado "dinheiro quente", impedem a manutenção de taxas cambiais estáveis, relativamente fixas. Taxas fixas, é bem verdade, não podem ser mantidas sem uma estrutura internacional de normas. Mas, como argumenta John Odell, "se tal estrutura tivesse existido e o governo lhe houvesse cumprido as normas, os maciços movimentos de capital em princípios de 1973 teriam sido menos prováveis" (1982, p. 302).

A cooperação internacional nesse período, por conseguinte, foi um espetáculo secundário — mas não para quem lesse os jornais ou escutasse o que diziam as autoridades americanas. Entre as paredes veneráveis, sagradas, da Smithsonian Institution, o presidente Nixon proclamou que o novo acordo acertado em dezembro de 1971, que realinhava mais uma vez as taxas cambiais fixas, fora "o mais importante acordo monetário da história do mundo" (*New York Times*, 19 de dezembro de 1971). Na realidade, acabou se verificando que o acordo era sem conseqüências, tal como o que fora acertado sobre o SDR em

1968. O realinhamento acordado na Smithsonian durou menos de 15 meses e pouco mais foi do que uma intrusão momentânea da política de grandes potências no mundo tedioso de finança internacional. Henry Kissinger, que estava preocupado com estratégias globais e objetivos políticos, convenceu-se em fins de 1971 de que a maneira de Connally de encarar o assunto era ameaçadora para a aliança. Conseguiu convencer Nixon, que se encontrou com o presidente francês, Georges Pompidou, em meados de dezembro, a apaziguar a divergência sobre a taxa cambial.

O acordo da Smithsonian desvalorizou o dólar em 10% em relação aos grandes países industrializados (Solomon, 1982, p. 209). Embora os Estados Unidos tivessem pretendido uma desvalorização de 12-15% e alegassem mais tarde que uma segunda desvalorização se justificava a fim de atingir essa meta, os números não tinham essa importância toda. O país não estava querendo ou não podia suportar as novas taxas. Na Smithsonian, os Estados Unidos resolveram que não restabeleceriam a conversibilidade do dólar (o que colocava, na verdade, o mundo em um padrão de dólar puro), ao passo que suas políticas internas inflacionárias garantiam que nada menos que um dólar em depreciação contínua seria insuficiente para estancar a hemorragia do balanço de pagamentos, sobretudo depois que foram suspensos os controles de salários e preços.

Em 1972, Nixon e Kissinger voltaram à diplomacia de grande potência, ao passo que Connally retornava à vida privada. Substituindo Connally, George P. Shultz tornou-se rapidamente o czar econômico do Governo Nixon, sendo nomeado assistente do presidente em dezembro de 1972, sem prejuízo de seu posto no gabinete — o papel equivalente na política econômica interna e internacional ao que Kissinger desfrutara de 1973 a 1975 na política externa. Shultz era mais multilateralista do que Connally e mais interessado no conteúdo da política interna. Não gostava de controles de salários e preços e de modo geral inclinava-se para soluções de mercado para problemas internos e cambiais (Shultz e Dam, 1977). Ele, por conseguinte, era puxado em direções diferentes por suas predileções. Queria manter cooperação com os aliados, mas não aceitava a insistência dos mesmos, principalmente dos franceses, na manutenção de um sistema de taxas fixas. Shultz, na verdade, queria cooperação para não cooperar.

O posterior ataque de indecisão da diplomacia americana revelou a contradição de tal fórmula. Em setembro de 1972, os Estados Unidos apresentaram uma exaustiva proposta de reforma do sistema monetário internacional e iniciaram um processo de negociações de dois anos, dentro do FMI, para conseguir acordo sobre a reforma. As propostas previam maior emprego dos SDRs como ativos internacionais de reserva e limites superiores e inferiores de totais de reservas cambiais estrangeiras como indicadores da necessidade de países superavitários e deficitários procederem a ajustamentos (Solomon, 1982, p. 243). O desejo de que os SDRs desempenhassem um papel mais atuante era coerente com o desejo de reduzir o papel do dólar, mas toda a concentração em reservas como indicadoras das necessidades de ajustamento (em contraste com as variáveis de política interna que emergiram mais tarde, experimentalmente, nos Acordos da Jamaica de 1976, patrocinados pelo FMI e em seguida com mais força em meados da década de 1980. Ver Capítulos 7 e 9) parecia incompatível com a preferência de pelo menos alguns importantes formuladores de políticas, como Shultz, para evoluir na direção de mudanças mais freqüentes e, em última análise, flexíveis, das taxas cambiais. As reservas eram menos importantes em um sistema de taxas flutuantes porque impunham menos disciplina a países superavitários e deficitários, enquanto eles estivessem dispostos a aceitar, respectivamente, valorização ou depreciação de suas moedas. Os europeus provavelmente sentiram que a questão das reservas era uma manobra diversiva. Eles continuaram a insistir que os ajustamentos dos Estados Unidos se dessem através de medidas de política interna. Preferiam manter taxas fixas e estavam eles mesmos evoluindo para estabelecer taxas fixas dentro da Comunidade Européia, que deu início, em março de 1972, a um arranjo conhecido como "serpente no túnel", pelo qual as moedas européias eram mantidas dentro de uma faixa mais estreita entre si do que com o dólar americano.

As conversações sobre a reforma do FMI arrastaram-se de 1972 a 1974, sem qualquer resultado importante. A única conseqüência foi a de perpetuar o próprio processo de reforma através da criação do Comitê Temporário do FMI. Entrementes, as taxas de crescimento dos meios de pagamento expandiam-se mais rapidamente nesse período do que antes ou depois (Keohane, 1982, p. 13). O processo de cooperação monetária internacional estava sendo roubado progressivamente de quaisquer resultados significativos pela deterioração ininterrupta das políticas econômicas internas.

O fim chegou de tropelada. Logo que os controles de salários e preços foram suspensos em princípios de 1973, a especulação disparou, enquanto os mercados previam inflação mais alta. Em preparação para a segunda desvalorização, os Estados Unidos iniciaram outra série atabalhoada de iniciativas diplomáticas, embora, desta vez, com multilateralistas como Shultz e Volcker resolvidos a não repetir o estilo arrogante, de nada de consultas, da desvalorização promovida por Connally. Volcker viajou a todos os países aliados em fevereiro e negociou novos alinhamentos das taxas cambiais. O dólar foi desvalorizado em mais 8%. Essa nova medida, no entanto, pouca importância teve. As novas taxas cambiais resistiram menos de três semanas. Reunindo-se em Paris no dia 16 de março, os principais países industrializados declararam finalmente o fim do que racionalizaram como o sistema "com propensão para crises" das taxas cambiais fixas.

As condições econômicas eram, nessa época, muito pouco favoráveis a uma nova iniciativa no comércio externo. As taxas cambiais flutuantes e a inflação interna haviam desestimulado o comércio. Não obstante, fatores de segurança empurraram a legislação sobre comércio externo para o alto da agenda do segundo mandato de Nixon e contribuíram para o lançamento de uma nova rodada de negociações de comércio multilateral conhecida como a Rodada de Tóquio. Segundo George Shultz, Nixon foi influenciado em fevereiro de 1973 por conselhos de Edward Heath, na ocasião primeiro-ministro do governo conservador da Grã-Bretanha, que defendeu uma nova iniciativa no comércio externo a fim de salvar a cooperação da aliança (Shultz e Dam, 1977, p. 138). Tendo negligenciado os aliados em seu primeiro mandato, em favor de diplomacia triangular com a União Soviética e a China, Nixon, nesse momento, lançou seu "Ano da Europa". A legislação sobre o comércio externo tornou-se prioridade máxima no calendário legislativo da Casa Branca. Com grande dispêndio do minguante capital político de um governo debilitado pelo escândalo Watergate, o novo projeto de lei foi aprovado em 1974 (Pastor, 1980). Embora iniciada a Rodada de Tóquio, políticas macroeconômicas transitórias e novos problemas microeconômicos (como, por exemplo, as barreiras não-tarifárias) ofereciam perspectivas apenas medíocres de resultados rápidos ou importantes.

Objetivos Internos e Mudança de Política: Pluralismo e Setor Público em Expansão

O poder dos Estados Unidos declinara em princípios da década de 1970. A interpretação contida neste estudo não nega esse fato. O mundo era mais competitivo e complexo. Já na década de 1960, a Europa e o Japão haviam desafiado certos aspectos dos objetivos e políticas da América para a economia mundial. Na década de 1970, no entanto, o poder americano ainda era enorme, sobretudo entre os países industrializados (47,6% do PNB da OCDE. Ver Tabela 2-3), e o poder que perdera para o mundo como um todo (de 39,3% do PNB mundial em 1950 para 30,2%, em 1970; ver Peterson, 1971, v. II, Gráfico 1) recuperara em parte através do politicamente mais homogêneo (isto é, o fortalecimento da democracia na Alemanha e no Japão) e economicamente mais interdependente mundo industrializado existente em 1970. O declínio do poder americano não constitui explicação suficiente dos fatos da década de 1970. Mais importante foi, aparentemente, a perda de legitimidade e eficácia desse poder. E essa perda teve muito a ver com a crise ocorrida nos objetivos nacionais em seguida ao Vietnã e com a escolha persistente de políticas econômicas internas inflacionárias e intervencionistas incompatíveis com a abertura e a estabilidade dos mercados internacionais.

O Pluralismo Substitui os Objetivos

Em 1973, embora tenha se desembaraçado do Vietnã, os Estados Unidos iniciaram a longa e triste descida para os miasmas de Watergate, que castrariam a liderança do país durante o resto da década. A América contraiu uma crise de identidade. Suas políticas de segurança no Vietnã haviam, em última análise, repudiado os ideais internos de liberdade política e competição econômica que o país procurava defender. A dimensão interna da política de contenção, argumentava-se, fizera com que a América se desencaminhasse e ela teria nesse momento que aceitar as ambigüidades morais da tradicional diplomacia das grandes potências. Nixon e Kissinger eram praticantes entusiásticos da diplomacia de grande potência e procuravam lastrear-lhe o emprego nas necessidades materiais da paz, e não nas necessidades morais da liberdade. Esse curso era ainda mais necessário, acreditavam eles, em um mundo de crescente paridade nuclear entre os Estados Unidos e a União Soviética, no qual a opinião pública estava se tornando crescentemente consciente das premissas intoleráveis do equilíbrio de terror nuclear.

Aconselhar a América a tornar-se uma potência comum tinha seus custos. O próprio Kissinger reconhecia e era simpático à idéia de que a América não podia manter uma presença deliberada no mundo apenas para conservar o equilíbrio de poder, da mesma maneira que não podia sustentar essa presença em uma cruzada moral pela liberdade (Kissinger, 1982, p. 242). Além do mais, o mundo estava nesse momento profundamente dividido entre culturas políticas e morais fundamentalmente diferentes (judaico-cristã, islâmica, confuciana), isto de uma maneira que não se aplicava ao balanço de poder tradicional na Europa. Em certo sentido, o mundo precisava de uma paz que permitisse um debate entre os variados objetivos nacionais, não uma paz que supusesse que esses objetivos diversos não tinham importância. De qualquer modo, enquanto Nixon e Kissinger tentavam salvar a América de um tipo de moralismo, o da contenção militar, o país sucumbia a outro, o da *détente* desmilitarizada.

A *détente* dava nova atenção à reestruturação das relações diplomáticas a fim de superar, ou pelo menos tornar menos perigosas, as divergências políticas internas. Concedia prioridade ao controle de armas e à interdependência econômica. No Congresso, levou rapidamente à redução dos gastos com a defesa. De 1967 a 1974, as despesas totais do governo permaneceram quase constantes a 20,5%-20,9% do PNB, enquanto os gastos com a defesa despencavam de 9% para 5,4% do PNB, ao passo que os gastos não ligados à defesa subiam de 11,5% para 15,5% do PNB (*ERP*, 1987, p. 337). Os dividendos da paz foram, na verdade, usados para financiar os programas da Grande Sociedade. Durante o resto da década seria debatido se essa realocação de recursos era uma reação razoável ao fim da guerra do Vietnã e à aparente obtenção de um equilíbrio nuclear mais estável através da limitação das armas estratégicas. O importante para nossa história é que a redução dos gastos com a defesa coincidiu, em meados da década, com uma visão mundial que tendia a minimizar o papel do poder militar e celebrar a crescente diversidade política e econômica. Essa visão enfatizava a fragmentação e a divisão de interesses que tornavam cada vez mais difícil aos governos nacionais influenciar os fatos da política ou manter a confiança ou a lealdade de seus cidadãos.

A nova definição dos objetivos nacionais americanos que surgiu nos primeiros anos no Governo Carter davam destaque a seis "aparentes" tendências que, juntas, descreviam um mundo fisicamente unificado, embora politicamente pluralista:

1. Uma emergente economia global cuja administração dependia do fortalecimento da cooperação institucional, reconhecendo o obscurecimento das distinções tradicionais entre interesses externos e internos e tratando problemas de maneira fragmentada e separada.
2. Crescente interdependência física, refletindo o sistema fechado de recursos, população, geografia mundial (oceanos, atmosfera, espaço exterior) e sociedade (terrorismo, proliferação nuclear etc.).
3. Poder americano declinante.
4. A multiplicação de atores importantes, incluindo elites transnacionais e transgovernamentais, além dos tradicionais líderes estatais.
5. A utilidade decrescente da força militar.
6. A perda do consenso público e da confiança nos governos.

Essa visão foi descrita na época como "muito convencional" e "não sujeita a dúvidas sérias" (ver Allison e Szanton, 1976, p. 45). Sua importância consistia em tratar separada e cooperativamente problemas, mais ou menos da mesma forma que a perspectiva jurídico-comercial procurara fazer em 1944-1945 no tocante aos problemas entre a União Soviética e os Estados Unidos. Além disso, contudo, a nova visão estimulava a participação máxima de grupos de interesses políticos e de países, bem como de peritos. Embora considerasse os governos nacionais como cada vez mais incapazes de conciliar interesses divergentes, ela esperava, um tanto ingenuamente, que as instituições internacionais e a perícia técnica facilitassem as trocas compensatórias e as acomodações (Allison e Szanton, 1976, p. 47-8, 52-4).

Sob a influência dessa visão mundial, instituições proliferaram na década de 1970, tanto no nível nacional quanto no internacional. Nos Estados Unidos, a política econômica externa ganhou seu Conselho de Política Econômica Internacional (CIEP), liderado pelo próprio presidente, e que colocou na Casa Branca os assuntos econômicos externos no mesmo nível que as questões de segurança nacional, que eram tratadas pelo Conselho de Segurança Nacional (NSC), também chefiado pelo presidente. Reuniões econômicas de cúpula começaram a ser realizadas entre chefes de Estado e governos dos principais países industrializados, no mesmo nível que as reuniões de segurança da OTAN. E numerosas sessões e conferências especiais das Nações Unidas trataram de problemas globais como alimentos, água, desertificação, ciência e tecnologia, além dos problemas da "nova ordem econômica internacional" (NIEO).

Embora se dissesse que toda essa atividade refletia a nova importância das questões globais e econômicas, refletia também a perda de importância e de prioridade desses problemas. Se a política econômica externa tivesse sido de importância fundamental para os Estados Unidos em 1971, ela teria permanecido ligada a interesses de segurança e política externa, como em fins da década de 1940, ou teria sido subordinada a política econômica interna, como aconteceu em princípios da década de 1980. Em vez disso, ao ser separada das preocupações de política externa e dos interesses econômicos internos, a política econômica externa perdeu ininterruptamente terreno nas trocas compensatórias entre segurança e política econômica interna. Nem se beneficiou com a motivação de comunidade política compartilhada, que os interesses de segurança poderiam ter fornecido, nem ligou iniciativas de cooperação em política econômica internacional às necessárias reformas da política econômica interna, sem as quais tais iniciativas não poderiam ter êxito.

Vacila a Política Econômica

O keynesianismo esgotou-se no decorrer da década de 1970, mas nada apareceu para substituí-lo. Houve uma tendência esporádica durante toda a década de uma volta à extremidade conservadora do espectro de política econômica, mas nenhum consenso sobre o que poderia ser a nova cesta de políticas mais eficientes. O Governo Ford agiu em 1974 para reverter a mais alta taxa de inflação da história dos Estados Unidos desde 1919 e invocou mais uma vez o dogma antiquíssimo de "dinheiro escasso, restrições fiscais, e ajuda cuidadosamente orientada para os que mais sofriam com a recessão" (Kettl, 1986, p. 135). A esperança aparente era a de restabelecer a premissa de rigor da política fiscal e monetária, ao mesmo tempo aceitando um papel mais amplo do governo para amortecer os efeitos da recessão sobre os pobres. O Governo Ford, no entanto, pouco esforço fez para implantar na mente nacional quaisquer princípios gerais de política que impedissem a volta da inflação (Stein, 1984, p. 215). Congresso e público recuperaram o apetite por mais expansão e intervenção do governo logo que a inflação diminuiu — de 12,2% em 1974 para 7% em 1975 e 4,8% em 1976. Dessa maneira, tivesse sido Ford reeleito ou não, a "base para manutenção de tal curso (não-inflacionário) não fora lançada" (Stein, 1984, p. 215).

O presidente Carter, mais uma vez, tornou o desemprego a peça central da política econômica interna. A política fiscal adquiriu caráter altamente estimulante em 1977 e a política monetária seguiu-lhe de perto as pegadas, desempenhando o papel, nesse momento subordinado, de absorver a expansão doméstica a expensas da estabilidade interna e externa dos preços. No período de três anos transcorrido de 1977 a 1979, o agregado econômico mais comumente observado, M_1, cresceu mais rapidamente do que em qualquer período anterior de três anos da era do pós-guerra, superando a expansão de 1970 a 1973 (Stein, 1984, p. 218). O dólar caiu rapidamente no transcorrer de 1978, precipitando uma série de operações de salvamento da moeda. Inicialmente, Carter também levou adiante o tema de intervenção governamental. A intervenção microeconômica atingiu novas alturas (ou profundidades) no Plano Nacional de Energia, do presidente Carter, através do qual, disseram críticos posteriores, os formuladores da política americana procuraram "regulamentar cada BTU que fluía através da economia" (Stockman, 1986, p. 38). A tendência crescente para regulamentar expressava a teologia neomalthusiana de "limites ao crescimento": O que não podia mais crescer tinha que ser realocado.

Em retrospecto, segundo conclui Herbert Stein, a política americana de 1974 a 1979 "recaiu na forma da sintonia fina pragmática, convencional, *ad hoc* (1984, p. 210). Não possuía mais o entusiasmo ideológico do keynesianismo profundo de princípios da década de 1970, embora lhe conservasse a direção geral. A política econômica refletia a incerteza crescente na teoria econômica que, em fins da década de 1970, "mergulhou em um nevoeiro de confusão intelectual mais espesso do que antes" (Odell, 1982, p. 328).

Durante toda a década de 1970, portanto, a economia americana conseguiu o pior dos dois mundos da administração contracíclica da demanda e intervenção microeconômica. A política econômica visava ao prêmio de baixo desemprego e baixos preços (especialmente, os preços da energia), na mesma ocasião em que as tendências demográficas engrossavam a força de trabalho com novos ingressos (mulheres e grupos minoritários juntando-se à força de trabalho em números imprevistos) e o adiamento de ajustamentos na política interna tornava a economia menos capaz de absorver novos empregos sem inflação cada vez mais alta.

Metástase: O Keynesianismo Profundo no Exterior

É tão fácil subestimar como superestimar o impacto da política interna americana nesse período sobre o resto do mundo. Por um lado, os Estados Unidos continuavam a ser o maior mercado e a mais observada (isto é, respeitada e criticada) sociedade do Mundo Ocidental. Eram ainda os pioneiros das idéias de política econômica e dos fenômenos econômicos que ocorriam na comunidade mundial. Por outro, não determinavam o curso dos fatos em outros países em fins da década de 1960 e princípios da de 1970, como não fizera também em fins da década de 1940. Sua influência neste último período fora muito mais indireta, principalmente através dos mercados e das forças da interdependência, e não através de instituições internacionais, negociações diretas ou ajuda externa. Ainda assim, desempenhavam um papel de importância fundamental na legitimação de tendências de política em todo o mundo. A Europa e o Japão, conforme observamos no Capítulo 4, iniciaram o período do pós-guerra com políticas e instituições mais fortes favoráveis às intervenções macro e microeconômicas na economia interna. Teriam persistido no emprego desses instrumentos excepcionais qualquer que fosse a influência americana. Mas, às margens, a política dos Estados Unidos sob o Plano Marshall orientava-se claramente contra essas tendências. Tivesse essa política continuado nessa direção na década de 1960, mais mudanças estruturais teriam, sem dúvida nenhuma, ocorrido na Europa e começado pelo menos uma década mais cedo no Japão. Em fins da década de 1960, no entanto, a política virou para uma direção exatamente oposta. Fortaleceu o pensamento que enfatizava a sintonia fina da política macroeconômica e programas setoriais de desenvolvimento industrial e regulamentação. Ao assim agir, levou a Europa, o Japão e grande parte do mundo em desenvolvimento para uma década de mudanças de política não orientadas para o mercado e, com freqüência, adiou os ajustamentos estruturais.

É implausível atribuir os fatos ocorridos após 1973 principalmente às complexidades sistêmicas e às crises do petróleo. Esse raciocínio reflete a tentativa de desculpar a política interna pela configuração dos eventos internacionais. Conforme concluiu um importante estudo da OCDE realizado em 1977, erros da política interna contribuíram em muito para os resultados internacionais observados nesse período. "O maior erro de política", de acordo com o estudo, "foi a política abertamente expansiva adotada em inícios da década de 1970, especialmente a política monetária." Os autores desse estudo, dirigidos por Paul McCracken, ex-presidente do Conselho de Assessores Econômicos do governo Nixon, estavam tão convencidos pela prova que reuniram que acrescentaram: "Não acreditamos que se possa discutir que o aumento maciço dos agregados monetários iniciados em 1970 contribuiu em muito para a velocidade excessiva do *boom* de 1972-1973, para o reforço das pressões inflacionárias e para as teimosas expectativas de mais inflação" (OCDE, 1977, p. 102).

O mesmo estudo observou também o acentuado aumento da intervenção microeconômica dos governos antes da crise do petróleo, com os gastos públicos subindo a uma taxa de quatro pontos percentuais completos nos países da OCDE como um todo, em comparação com a década anterior a 1974 (OCDE, 1977, p. 210). Embora tal expansão do setor público contasse com apoio político, ela elevou significativamente os custos econômicos. "A alocação eficiente de recursos no setor público", observa o estudo, "implica sempre problemas especiais devido à ausência da disciplina de mercado e de concorrência", e, "além de certo patamar, um aumento extra-rápido dos gastos públicos pode de tal maneira açambarcar os recursos, desviando-os de outros usos, incluindo os investimentos, que produzirá efeito prejudicial sobre o crescimento econômico, e concomitantemente essa competição por recursos pode vir a ser uma fonte de pressão inflacionária" (OCDE, 1977, p. 168).

Conforme argumenta este livro, políticas têm algo a ver com a criação de circunstâncias, e as políticas macro e microeconômicas do OCDE antes da crise do petróleo certamente ajudaram a formar as condições de oferta e demanda, em princípios da década de 1970, que os países da OPEP exploraram para quadruplicar os preços do combustível.

As mudanças gerais que ocorreram nas políticas internas de todos os países da OCDE aparecem nas Figuras 1-1 e 5-1 deste estudo. Elas, no entanto, tiveram origens diferentes em diferentes países. Já em 1961, a Grã-Bretanha realizara experimentos com o Conselho Nacional de Desenvolvimento Econômico (National Economic Development Council — NEDC, ou Neddy), dando "os primeiros passos hesitantes em direção a políticas intervencionistas que levariam o governo a ingerência detalhada nos assuntos de setores específicos e companhias individuais nas décadas de 1960 e 1970" (Zysman, 1983, p. 179). O Neddy previa planejamento voluntário tripartite (trabalho, governo e empresas) a fim de estimular o crescimento econômico, embora, até 1967, apoiasse os esforços do governo trabalhista para sustentar o esterlino. Em 1967, no entanto, o governo trabalhista abandonou a tradicional confiança em políticas macroeconômicas globais e na "neutralidade" do governo e partiu para "institucionalizar uma política de preços e renda como elemento integral de sua estratégia econômica" (Blank, 1977, p. 707). Em 1970, para resumir um novo governo, conservador, tentou reverter esse curso — opondo-se às políticas de renda, ao planejamento tripartite e à ingerência nas empresas do novo Ministério da Tecnologia, criado em 1968. Mas, da mesma forma que acontecia nos Estados Unidos, não era muito profundo o compromisso do governo conservador com as políticas keynesianas moderadas da década de 1950. Em 1972, o governo conservador e, em 1974, o novo governo trabalhista pisaram novamente no acelerador geminado do estímulo e da intervenção. Conforme diz Douglas Ashford, os britânicos se juntaram, na década de 1970, aos "grandes gastadores" entre os Estados de bem-estar social (1981, p. 97).

O planejamento foi elemento importante da política econômica francesa em fins da década de 1940 e na de 1950. Os modernizadores de Monnet, no entanto, haviam usado o processo de planejamento para levar a indústria francesa para as águas revigorantes da concorrência internacional, sobretudo através do movimento europeu de integração. De Gaulle, no entanto, temia que a indústria do país não estivesse à altura de tal competição. De 1958 a 1968, em conseqüência, "confiou cada vez mais em controles e instrumentos do setor público" a fim de consolidar a indústria e criar "campeões nacionais" em setores-chaves, tais como os de eletrônica e computadores (Ashford, 1982, p. 153). As estratégias orientadoras do país, no entanto, revelaram-se muito menos bem-sucedidas do que as adotadas no Japão. "Os burocratas" segundo John Zysman, "passaram a confiar menos em sua presciência e começaram a se dar conta de que a intervenção freqüentemente criava novos problemas sem resolver os antigos" (1983, p. 149). Após 1968 e especialmente após 1974, a França moveu-se cautelosamente em direção a políticas menos *dirigiste*. Nesse momento, o país estava mais ou menos fora de sincronia com o resto dos membros da OCDE, como aconteceria novamente em princípios da década de 1980, quando voltou ao intervencionismo. Não obstante, as políticas adotadas na década de 1970 "não desengajaram o Estado de proceder a intervenções específicas, mudando apenas as prioridades e técnicas da política estatal" (Zysman, 1983, p. 151).

Se as políticas francesas após meados da década de 1950 moveram-se mais cedo para práticas intervencionistas do que as de outros países industrializados (com a exceção, talvez, do Japão), as alemãs fizeram a mesma coisa mais tarde. Até a década de 1970, a Alemanha resistiu a extensos subsídios à indústria (Zysman, 1983, p. 257). Ainda assim, o abrandamento da legislação anticartéis já em 1957 fomentou a criação de uma estrutura industrial corporativista que, privadamente, alocava créditos às indústrias do país. Em 1966, quando o Partido Social Democrata (SPD) ingressou no governo, a economia de mercado do país superara também sua relutância em empregar políticas keynesianas tradicionais de administração da demanda. Além disso, os programas sociais alemães já eram os mais amplos entre os países industrializados. Dessa maneira paradoxalmente, a política alemã adotou políticas micro e macroeconômicas relativamente moderadas à superfície, ao mesmo tempo em que preservava e ampliava as estruturas comunitárias na sociedade subjacente. Após a primeira crise do petróleo, as políticas econômica e industrial tornaram-se mais agressivas, embora o papel do Estado, em comparação com o de outros países industrializados, permanecesse modesto (Katzenstein, 1987). O maior sucesso da Alemanha na administração do crescimento e da inflação, em comparação, por exemplo, com o da França gaullista, pode ter sido uma função da preponderância que foi mantida da propriedade privada na indústria e nas finanças (o que criava custos mais imediatos para os fracassos nos negócios e, daí, ajustamento mais rápido) e do respeito mais consistente pelos padrões de mercado nas políticas de intervenção do governo.

Embora tenha sido sempre a nação industrializada mais intervencionista, o Japão após 1960, agiu gradualmente para implementar estratégias explícitas de alvos industriais, concorrência interna protegida e fomento das exportações. A Itália começou a resvalar para mais intervencionismo em princípios da década de 1960. A "abertura para a esquerda", em 1962, tornou a coalizão governamental mais simpática às reivindicações do trabalho, à ampliação dos serviços sociais e à intervenção do Estado na indústria (Posner, 1977, p. 817). Para começar, os pequenos Estados da Europa foram também mais intervencionistas e "concederam (nas décadas de 1960 e 1970), em termos relativos, mais ou menos duas vezes mais subsídios públicos a empresas que os grandes países industrializados" (Katzenstein, 1985, p. 65).

Forças comuns atuaram em todos os países industrializados em meados da década de 1960 e é tentador concluir que circunstâncias estruturais — o desaparecimento de condições favoráveis no pós-guerra para o crescimento — ou grandes tendências históricas para ideologias mais socialistas, estavam empurrando as políticas dos governos para maior intervenção. Essa conclusão, no entanto, oculta preferências ideológicas. Recorre à estrutura ou à história para solucionar divergências que são, na verdade, uma questão de luta contínua entre diferentes escolas de pensamento que tentam levar as idéias de política numa ou noutra direção. As mudanças para políticas mais intervencionistas em fins da década de 1960 foram experimentais, especialmente na Grã-Bretanha e na Alemanha. Tivessem os Estados Unidos combatido essas mudanças com a manutenção de políticas macroeconômicas razoáveis e evitado os controles de salários e preços, é concebível que os países da OCDE não teriam resvalado tanto quanto o fizeram na década de 1970 para a inflação e a intervenção. Na verdade, graças a medidas positivas para combater os excessos de inflação e intervenção após 1979, a Grã-Bretanha e os Estados Unidos ainda puderam, na década de 1980, fazer com que os países da OCDE retornassem para a desinflação e a desregulamentação gerais. Por tudo isso, é absurdo argumentar que as opções da política americana em fins da década de 1960 e, por falar nisso, opções semelhantes em outros países industrializados, nada tiveram a ver com os resultados da década de 1970.

O que aconteceu após meados da década de 1960, de acordo com a interpretação deste estudo, é que novas idéias surgiram nos Estados Unidos e em outros países industrializados sobre a maneira de alcançar uma qualidade mais elevada de vida através de intervenção mais enérgica do poder público e de planejamento mais abrangente. Fatores estruturais podem ter tornado possíveis essas idéias, mas não as fez necessárias. Ou como explica Herman Van der Wee,

> Na década de 1960, a sólida confiança no crescimento operacional da economia mista levou a maioria dos políticos e economistas a julgar que o problema das crises econômicas fora na maior parte solucionado e que a atenção devia ser voltada para o problema do bem-estar social e econômico. A aplicação de princípios macroeconômicos keynesianos (...) o planejamento e instrumentos de política associados pareciam garantir um clima de crescimento econômico a longo prazo. De modo que a consolidação do moderno Estado de Bem-Estar Social tornou-se a plataforma central da política pública.
>
> Essa mudança de ênfase teve o efeito de transferir a atenção criativa do conceito de eficiência tecnológica para o de eficiência social (1986, p. 79).

A mudança da eficiência econômica para a social foi estimulada pelo declínio dos grandes objetivos entre os países ocidentais que justificavam a ênfase no crescimento. A necessidade de usar eficientemente recursos escassos para rearmar-se e reconstruir o Ocidente, que incentivara as políticas de crescimento e liberalização do comércio externo em princípios da década de 1950, parecia nesse momento menos urgente. A *détente* e o colapso da liderança americana no Vietnã trouxeram novos participantes para a comunidade política comum que lastreava a economia mundial, ao mesmo tempo que novos fatos roubavam essa comunidade de seus valores comuns e, daí, de sua densidade política.

O primeiro choque do petróleo reforçou, mas não ocasionou esses fatos. Se políticas monetárias expansionistas precederam e contribuíram muito para o choque do petróleo (ver discussão anterior), elas foram seguidas por políticas fiscais expansionistas e por intervenção microeconômica, especialmente na Europa (a política fiscal americana se expandira espetacularmente muito antes do primeiro choque do petróleo. Ver Figura 5-1). Entre 1973 e 1975, a participação do governo nas despesas totais dos países da OCDE subiu em média em seis pontos percentuais. "Não acompanhada por uma expansão semelhante na receita", conforme observa um estudo da OCDE, "foi principalmente nesse período, imediatamente depois do primeiro choque do petróleo, que começou (...) a tendência geral para déficits orçamentários (...)" (OCDE, 1985b, p. 31). Essa tendência, porém, não era cíclica, uma conseqüência da recessão de 1974-1975, mas secular, equivalendo a um movimento de pinça da política pública que, cada vez mais, estimulava a demanda no nível macroeconômico, ao mesmo tempo em que intervinha na economia e tornava-a menos flexível no nível microeconômico. O estímulo macroeconômico chocou-se com mercados de trabalho e capital menos flexíveis e empurrou para cima os preços. Mesmo nos casos em que foi exercida contenção macroeconômica, fatores microeconômicos impediram que os preços declinassem. O efeito de catraca ascendente da inflação convenceu os formuladores de política, como convencera Arthur Burns nos Estados Unidos (ver Capítulo 5), que as circunstâncias haviam mudado, que as economias modernas não mais respondiam aos sinais de mercado. Eles agiram para ampliar ainda mais a intervenção, com energia e mais controles gerais de preços e salários. Nesse processo, apenas agravaram a rigidez de mercado e a inflação.

Invasão do Governo nos Mercados Internos

Vale a pena reservar um momento para investigar um pouco mais o papel crescente do governo na década de 1970, sobretudo na intervenção microeconômica. Este estudo argumenta que esse papel retardou o crescimento, não necessariamente por que os governos estavam intervindo mas porque freqüentemente davam prioridade a metas não-econômicas e, dessa maneira, tornavam os mercados de trabalho e capital menos sensíveis aos sinais de mercado. A OCDE compilou prova convincente de que o comportamento do governo nesse período desviou-se das premissas econômicas que fomentavam incentivos e flexibilidade nos mercados de trabalho e capital nas décadas de 1950 e 1960. Nas décadas de 1950 e 1960, conforme nota a OCDE, "os investimentos, produto e emprego reagiram tão fortemente aos sinais de mercado emitidos pela demanda interna e internacional (...) porque a capacidade produtiva (...) podia ser mobilizada através dos mercados de fatores (trabalho e capital) que eram visivelmente mais eficientes do que em anos anteriores". Na década de 1970, no entanto, tanto no mercado de fatores como de produto, "instituiu-se uma larga faixa de políticas microeconômicas (...) a fim de reduzir a eficiência de mercados individuais — e retardar a recuperação depois de choques internos e externos" (OCDE, 1988, p. 18-33, citações das p. 20 e 25, respectivamente).

A Tabela 6-1 mostra a expansão do setor público nesse período. De 1968 a 1980, o setor público cresceu em 16 pontos na Bélgica, 8 no Canadá e França, 21 na Dinamarca, 15 na Alemanha, 13 na Itália e Japão, 18 na Holanda, 12 na Noruega, 22 na Suécia, 7 na Grã-Bretanha e 4 nos Estados Unidos. Em todos os casos, exceto nos Estados Unidos, esse crescimento foi mais rápido — na maioria dos casos, muito mais rápido — do que nos 12 anos precedentes de 1956 a 1968 (ver a primeira e segunda colunas da Tabela 6-1). O setor público da Alemanha, por exemplo, cresceu cinco vezes mais rápido no último período; o da Itália, duas vezes. Só o setor público do Canadá cresceu aproximadamente no mesmo ritmo que no período anterior. Com exceção dos Estados Unidos, por conseguinte, os dados demonstram claramente que o final da década de 1960 foi um divisor de águas no aumento da intervenção governamental. Além do mais, o Japão aderiu à tendência. Seu setor público foi o que se expandiu mais, proporcionalmente, aumentando em dois terços em comparação com o nível de 1968. Ao fim da década, Japão e Estados Unidos possuíam setores públicos que compreendiam um terço do PNB, ao passo que, na Europa, essa proporção variava de 45 a 60%.

Não apenas o tamanho, mas a composição dos gastos públicos mudaram depois de 1968. A Tabela 6-2 mostra o crescimento dos gastos do setor público por categoria no período de 1955 a 1982. Após 1968, os maiores aumentos nessas despesas ocorreram, de longe, na categoria de transferências e subsídios (T & S na Tabela 6-2), principalmente através de pagamentos a famílias para manutenção

Tabela 6-1. Despesas do Governo como Percentagem do PIB, 1955-1982

	1955-1957*	1967-1969*	1974-1976*	1978-1982†
Bélgica		35,6	43,0	52,0
Canadá	25,1	33,0	39,4	41,3
Dinamarca	25,5	35,5	46,4	56,3
França	33,5	39,4	41,6	47,8
Alemanha	30,2	33,1	44,0	48,8
Itália	28,1	35,5	43,1	48,6
Japão		19,2	25,1	32,8
Holanda	31,1	42,6	53,9	60,3
Noruega	27,0	37,9	46,6	50,3
Suécia		41,3	51,7	63,8
Suíça		25,0	33,5	
Grã-Bretanha	32,3	38,5	44,5	45,8
Estados Unidos	25,9	31,7	35,1	35,3
OCDE (média) ‡	28,5	35,5	41,1	45,3

Fontes: OCDE (1978), p. 14-5, relativo a 1955-1957, 1967-1969 e 1974-1976.
OCDE (1985b), p. 41-2, para 1978-1982.

* Médias trienais.

† Médias qüinqüenais.

‡ Não ponderado e, no tocante a 1955-1976, exclui Grécia, Irlanda, Nova Zelândia, Espanha e Suíça.

Tabela 6-2. Despesas do Governo, por Categoria, como Percentagem do PIB, 1955-1982

	1955-1957*			1967-1969*			1974-1976*			1978-1982†		
	C	T&S	I	C	T&S	I	C	T&S	I	C	T&S	I
Bélgica	11,5	10,5	—	13,8	15,1	3,3	16,2	19,3	3,3	18,5	25,3	2,5
Canadá	13,2	6,2	3,3	17,2	8,2	4,1	19,7	11,8	3,6	20,2	18,5	2,9
Dinamarca	12,6	7,4	2,9	17,2	11,8	4,9	24,0	15,8	4,4	27,2	25,6	4,2
França	14,1	15,0	2,3	13,7	19,2	3,9	14,4	21,9	3,7	15,5	28,8	3,5
Alemanha	12,5	12,5	2,7	14,4	13,2	3,5	20,3	16,9	3,9	19,9	23,3	5,1
Itália	11,9	10,9	3,2	13,5	17,1	2,8	13,7	21,5	3,6	17,4	26,8	4,6
Japão	9,7	4,0	—	8,4	5,2	5,0	10,7	8,4	6,0	10,0	15,3	7,5
Holanda	15,1	9,3	3,5	16,0	18,1	5,0	18,0	27,3	4,0	18,0	37,0	5,0
Noruega	11,3	11,1	3,1	15,4	16,0	4,5	16,7	22,3	4,7	19,4	26,6	4,2
Suécia	15,6	8,2	—	20,2	12,3	6,1	24,8	19,3	4,4	29,2	29,8	5,3
Suiça	9,4	6,0	—	10,3	8,8	4,5	12,1	13,6	5,0	12,2	16,3	—
Grã-Bretanha	16,6	7,9	3,5	17,7	11,3	6,1	21,5	14,7	4,8	21,2	20,5	3,5
Estados Unidos	16,7	4,5	2,1	19,2	7,1	2,8	18,8	11,2	2,1	18,4	14,8	1,3
Média da OCDE‡	13,0	8,8	4,0	15,3	12,2	4,7	18,0	16,1	4,5	17,7	22,3	4,5

Fontes: OCDE (1978), p. 14-5, relativo a 1955-1957, 1967-1969 e 1974-1976.
OCDE (1985b), p. 41-2, relativo a 1978-1982.

* Médias trienais.

† Média qüinqüenal.

‡ Não ponderado e, no tocante a 1955-1976, exclui Grécia, Irlanda, Nova Zelândia, Espanha e Suiça.

Nota: C=consumo; T&S=transferências e subsídios; I=investimentos.

de renda, saúde pública e gastos com educação. De 1968 a 1980 (dados relativos a 1967-1969 e 1978-1982 na Tabela 6-2), essa participação aumentou no mínimo em sete pontos percentuais em todos os países (incluindo os Estados Unidos) e em até 18 pontos em alguns outros (Holanda e Suécia). Calculadas em uma base de crescimento percentual, essas elevações representaram saltos de mais de 50% para todos os países e até 100-200% para outros (Canadá, Dinamarca, Japão, Holanda, Suécia e Estados Unidos). Em comparação, nos 12 anos anteriores a 1968 (dados relativos a 1955-1957 e 1967-1969 na Tabela 6-2), as parcelas que se encaminharam para transferências e subsídios aumentaram, nos países listados, de um baixo 0,7% ponto no caso da Alemanha para uns altos 8,8 pontos no caso da Holanda. Mesmo que essa expansão tenha ocorrido em base inicial menor, o crescimento das parcelas nesse período, em base percentual, em nenhum caso excedeu 100% e, na maioria, ficou em menos de 50%.

As parcelas dos gastos públicos em consumo após 1968 (C na Tabela 6-2) aumentaram muito menos do que as que se destinaram a transferências e subsídios. Não obstante, com exceção dos Estados Unidos e da Noruega, esse crescimento foi muito maior do que no período de 12 anos precedente (no caso da Dinamarca, por exemplo, dez pontos percentuais após 1968, em comparação com 4,6 pontos percentuais antes de 1968). Enquanto isso, declinavam em geral as parcelas reservadas aos investimentos após 1968 (I na Tabela 6-2) — no caso dos países da OCDE como um todo, de 4,7% para 4,5% dos gastos públicos, depois de terem subido de 4% para 4,7% nos anos anteriores a 1968. As únicas exceções foram Alemanha, Itália e Japão.

Após 1968, por conseguinte, os gastos dos governos não só aumentaram rapidamente em comparação com o período anterior a 1968, mas mudaram também decisivamente de investimentos para transferências e subsídios e, um pouco menos, para consumo. Em termos reais, isso significou que a parcela dos governos nos investimentos fixos brutos nas economias da OCDE caiu de 16% em 1960 para 15,8% em 1970 e para 13,9% em 1982, declinando ininterruptamente após 1965 (OCDE, 1985b, p. 62). O governo estava gastando menos, em investimentos, de uma participação crescente do setor público na economia, que se poderia esperar que incentivassem a produção, e mais em transferências e subsídios, que era de esperar que reforçassem o consumo. Mas ainda assim, as transferências e subsídios contribuíram menos para o consumo do que outras compras dos governos. Conforme observam George Shultz e Kenneth Dam, "embora as estimativas difiram quanto ao grau de estímulo dos dois tipos de gastos, compras são consideravelmente mais estimulantes do que pagamentos de transferências" (1977, p. 34). Os gastos dos governos após 1968, portanto, estavam não apenas comprando menos investimentos, mas podem ter estado comprando menos consumo. Embora seja difícil saber exatamente quais as conseqüências de tais mudanças para o produto econômico, seria absurdo argumentar que não as houve.

A expansão dos gastos dos governos, claro, tinha que ser paga com elevação de impostos. Embora, após 1968, a receita, de modo geral, não acompanhasse os gastos, gerando déficits orçamentários cada vez maiores, o total dos impostos como parcela do PNB aumentou violentamente. De 1967-1969 para 1978-1982, os impostos como parcela do PNB nos países da OCDE como um todo subiram de 30,1% para 40,6%. Esse aumento foi cerca de 100% maior do que o do período precedente de 12 anos, de 1955-1957 para 1967-1969 (OCDE, 1978, p. 42; OCDE, 1985b, p. 44). Na Europa apenas, a receita tributária subiu de aproximadamente um terço do PNB em princípios da década de 1960 para 38% em princípios da de 1970 e para 45% no início da de 1980 (Drouin et al., 1985, Cap. 6, p. 9). Embora os impostos indiretos nos países da OCDE aumentassem apenas modestamente, os diretos e de seguridade social subiram rapidamente. Os diretos elevaram-se de 8,9% do PNB em 1955-1957 para 10,4% em 1967-1969 e, em seguida, para 13,8% no período após 1968, aumento este em todo o período de 24 anos de quase 200% (OCDE, 1978, p. 42). A maior mordida dos impostos ocorreu principalmente nas pessoas físicas (imposto de renda e contribuições para a seguridade social), embora um relatório da OCDE de 1978 observasse que "a tributação das pessoas jurídicas como proporção dos lucros empresariais vem aumentando na maioria dos países" (OCDE, 1978, p. 47).

A prova compilada pela OCDE não acusa o crescimento do setor público em si. Nem tampouco o argumento contido neste estudo. Mas tanto a prova da OCDE como este estudo acusam, de fato, o grau e o tipo de intervenção do setor público que caracterizaram a década de 1970. No mínimo, essa prova subestima o grau de intervenção ocorrida, porque exclui custos que foram impostos indiretamente aos consumidores e indústrias através de garantia de preços e regulamentação, e não por aumentos dos gastos do governo e dos impostos. O exemplo mais notável desses custos indiretos ocorreu na agricultura. Os programas de preços mínimos na Europa e Japão acrescentaram custos substanciais ao preço dos alimentos. A OCDE estima que, no período 1979-1981, os consumidores pagaram US$ 35 bilhões de um total de US$ 56,9 bilhões dos custos agrícolas na Europa e US$ 16,7 bilhões de um total de US$ 26,9 bilhões no Japão (ao passo que os consumidores nos Estados Unidos, que dependem menos de programas gerais de garantia de preços, pagaram US$ 7 bilhões de um total de US$ 26,4 bilhões em custos agrícolas. OCDE, 1988, p. 189). Os custos indiretos devido à regulamentação também se aceleraram no setor industrial. A OCDE menciona três fatos em particular que distorceram os mercados de trabalho: 1) "uma compressão bem geral de diferenciais salariais ocupacionais e industriais que ocorreu como resultado de negociações coletivas e política do governo" e que reduziu os incentivos para mudar recursos de trabalho de setores declinantes para progressistas (a compressão de diferenciais salariais ocorreu muito menos nos Estados Unidos do que na Europa e provavelmente explica o desempenho no emprego muito melhor nos Estados Unidos nas décadas de 1970 e 1980); 2) "restrições legislativas e regulamentadoras" que proibiram, na verdade, a dispensa de trabalhadores, principalmente nas maiores firmas; e 3) "práticas restritivas de trabalho" que tornaram difícil redistribuir, até mesmo internamente, a mão-de-obra nas indústrias" (OCDE, 1988, p. 23-4).

Por quaisquer padrões razoáveis, a prova sugere que a expansão do setor público na década de 1970 foi longe demais. Na ocasião, era grande a relutância em reconhecer esse fato. Provas e dados de estudos da OCDE, tais como o Relatório McCracken de 1977 (ver a discussão anterior contida neste capítulo), foram ignorados como sendo ideologia conservadora e medíocre ciência política (Keohane, 1978). Seriam necessárias a experiência e a perspectiva da década de 1980 para mostrar que resultados econômicos não são simplesmente conseqüências de circunstâncias fora do controle da política (os choques do petróleo da década de 1970, por exemplo), ou da tomada de decisões de política partidária, que servem a estreitos interesses ideológicos ou sociais. Conforme argumenta este estudo, resultados são também conseqüências de opções de política econômica, algumas das quais são mais eficientes do que outras. As opções da década de 1970, que ignoraram a inflação e estimularam a intervenção do poder público para regulamentar trabalho, produto e outros mercados econômicos, acabaram por se revelar altamente dispendiosas em termos de eficiência econômica, especialmente às margens. Conforme observou um estudo da OCDE em 1988, "os custos do aumento do tamanho do setor público, bem como os ganhos com sua redução, são significativamente maiores do que o custo econômico médio dos gastos do setor público" (OCDE, 1988, p. 364). Dessa maneira, o aumento marginal dos gastos do governo nos países da OCDE após 1968, consignado nas Tabelas 6-1 e 6-2, devem ter sido particularmente onerosos em termos de emprego e produto econômico, especialmente na Europa. Até mesmo estudos que dedicam menos atenção a esses dados comparativos sobre gastos do setor público antes e depois de 1968, e dão mais ênfase aos choques da década de 1970 como causa de perdas do emprego e produto, não podem evitar a conclusão de que a "rigidez estrutural crescente nos mercados de trabalho da Europa (...)" constituiu um fator de importância na redução do desempenho econômico na década de 1970 (Lawrence e Schultze, 1987, p. 42).

O Processo Internacional Compensa: Mercados e Instituições Não se Entendem

Diz o argumento convencional que as circunstâncias mudaram na década de 1970, os mercados tornaram-se menos eficientes e os governos intervieram interna e internacionalmente para corrigir imperfeições de mercado. Nosso argumento é que mudaram os objetivos e as políticas dos governos, desestabilizando os mercados internacionais e impedindo cada vez mais que instituições nacionais ou internacionais influenciassem os fatos econômicos. Novos objetivos, enfatizando o pluralismo e a participação, estimularam uma diplomacia econômica internacional mais ativista do que nunca (às vezes, como substituta da diplomacia militar tradicional), ao mesmo tempo que novas políticas que reforçavam o papel dos governos na economia interna faziam a diplomacia cada vez menos eficiente para restabelecer o crescimento não-inflacionário. Este argumento não é contrário às instituições internacionais em si ou à cooperação entre países, como não é contra a intervenção governamental em si. Àcontece simplesmente que a cooperação internacional não consegue sustentar mercados mundiais razoavelmente estáveis e em expansão, se os objetivos e políticas internas aceitam cada vez mais conceitos conflitantes de comunidade política compartilhada (como os acordos de Bretton Woods de 1944-1945, por exemplo, tentaram fazer entre os Estados Unidos e a União Soviética) e qualquer grau ou tipo de intervenção do poder público (como, novamente, os acordos de Bretton Woods pretenderam fazer entre os Estados Unidos e a Grã-Bretanha). A atração pluralista para a participação (como, por exemplo, Leste-Oeste, Norte-Sul) não é suficiente e a preferência obstinada pelo controle público da economia interna é demais para manter mercados internacionais ou escaparão sempre de influência internacional eficaz ou fecharão à medida que instituições nacionais reafirmam seu controle. A década de 1970 presenciou os dois fatos — o fracasso visível, ou, na melhor das hipóteses, a influência apenas marginal de uma conferência internacional após outra e o surgimento do protecionismo sorrateiro.

Comércio Externo e Finanças da Década de 1970

Os mercados internacionais continuaram a crescer na década de 1970, embora sobre fundações de política interna cada vez mais fracas. O volume cresceu a uma taxa de apenas um quarto da obtida na década precedente (ver sexta coluna da Tabela 1-1), a despeito da expansão imensa das finanças internacionais. O comércio entre os países da OCDE era cada vez mais espremido entre a inconstância dos preços internos e internacionais (isto é, das taxas cambiais), impulsionada pelo estímulo macroeconômico e a rigidez de mercados de trabalho e capital, exacerbada pela intervenção microeconômica cada vez mais geral. O Japão e alguns países em desenvolvimento, os PEDs, aproveitaram a deterioração das condições competitivas na Europa e América do Norte para expandir suas exportações para esses mercados, especialmente em produtos intensivos em trabalho e, em seguida, intermediários — têxteis, calçados, bens eletrônicos de consumo, aço, automóveis, e assim por diante. Os Estados Unidos e a Europa responderam com maiores barreiras às importações, sobretudo na forma de restrições voluntárias às exportações e acordos organizados de comercialização. Segundo uma estimativa, os países da OCDE intensificaram alguma forma de controle extramercado sobre o comércio, de 36,3% de todos os bens negociados em 1974 para 44,3% em 1980. O número relativo apenas a produtos manufaturados quadruplicou de 4% para 17,4% (Anjaria et al., 1985, p. 22, 102. Ver também os indicadores de política comercial na Tabela A-2). As restrições quantitativas voltaram a reaparecer nos mercados internacionais, depois de terem sido virtualmente eliminadas na Europa e na América do Norte em fins da década de 1950.

Entrementes, o Japão e os países em desenvolvimento fizeram muito menos para liberalizar as importações e/ou contribuíram para o crescimento dos mercados internacionais, no caso do primeiro, ou reduziram os custos das importações e aumentaram a eficiência das exportações, no caso dos segundos. Muito embora alguns PEDs tivessem liberalizado as importações a partir de meados da década de 1960 até o primeiro choque do petróleo, essa liberalização ou se nivelou (como, por exemplo, na Coréia) ou declinou após o início da década de 1970 (exemplos, Brasil, Cingapura, Filipinas, Argentina e Indonésia. Ver o índice geral de liberalização em Banco Mundial, 1987b, p. 96-7). Os países em desenvolvimento, em termos mais gerais, mantiveram ou mesmo intensificaram as políticas tradicionais de substituição de importações, controles de preços e grandes empresas públicas. Por volta de 1983, as tarifas nos países em desenvolvimento eram em média quatro vezes mais altas do que as dos países industrializados, enquanto as barreiras não-tarifárias eram quase três vezes mais altas. (As medições das barreiras não-tarifárias são, claro, apenas aproximadas. Ver Laird e Finger, 1986.)

Os setores públicos nos países em desenvolvimento expandiram-se também com grande rapidez. Os gastos dos governos centrais apenas (incluindo despesas dos governos locais (municipais)) subiram em 60 países em desenvolvimento de renda média, de 18% do PNB em 1970 para 26% em 1980, ou um crescimento de 44% em comparação com um aumento de 29% em índices de despesas semelhantes nos países industrializados (Banco Mundial, 1983b, p. 47). As empresas públicas (EPs) proliferaram. Durante a década, a contribuição das EPs para o PNB nos países em desenvolvimento cresceu de 7 para 10%, ao passo que esse número nos mercados industrializados subiu apenas de 9 para 10%. O crescimento em números foi ainda mais revelador. De 1960 a 1980, as EPs expandiram-se no Brasil de pouco mais de 100 empresas para quase 500; no México, de menos de 200 para mais de 500; na Tanzânia, de menos de 100 (1967) para 400; na Índia, de umas 40 para 180; no Paquistão, de 50 para 175, e assim por diante (Banco Mundial, 1983b, p. 76). Embora, na teoria, as empresas públicas pudessem ter operado eficientemente, na prática isso geralmente não aconteceu. Um estudo do Banco Mundial chamou a atenção para o conflito entre imperativos políticos e econômicos:

> Como entidades comerciais, as EPs vendem no mercado. Como instituições públicas, são-lhes determinados outros objetivos e elas ficam expostas à pressão de interesses setoriais politicamente poderosos. As EPs são também freqüentemente administradas por burocracias públicas, com mais atenção a procedimentos do que a resultados. Além disso, o fácil acesso a subsídios pode corroer o incentivo dos administradores para minimizar custos (Banco Mundial, 1983b, p. 50).

As políticas macroeconômicas adotadas pelos países em desenvolvimento na década de 1970 agravaram a ineficiência. Os órgãos de planejamento criados após a guerra "deixaram em geral de corresponder às grandes esperanças neles depositadas nas décadas de 1950 e 1960 e, com freqüência, se limitavam a montar programas de investimentos públicos com laços muito fracos com os orçamentos e o processo decisório " (Banco Mundial, 1983b, p. 64). Tampouco existiam ou eram fracos demais órgãos orçamentários centralizadores para controlar as despesas. "Abundaram exemplos", como diz o Banco Mundial, "de despesas públicas fugindo ao controle porque as autoridades centrais desconheciam os programas de gastos de outros órgãos públicos" (Banco Mundial, 1983b, p. 71). Ministros da Fazenda controlavam em geral os bancos centrais e a política monetária era dominada por questões de curto prazo de liquidez financeira, e não pelos objetivos de desenvolvimento a prazo mais longo.

Com o crescimento mais lento dos mercados externos, que se tornavam mais competitivos enquanto os internos ficavam cada vez mais rígidos e ineficientes, um novo modelo de política de comércio exterior emergiu na década de 1970, simbolizado pelo Japão e pelos países recém-industrializados. Baseava-se não em comércio mais livre reciprocamente negociado, mas em comércio específico unilateralmente iniciado. Previa a proteção dos mercados internos através de tarifas e, especialmente, de barreiras não-tarifárias, a fim de se obterem experiência de produção e economias de escala para exportação. E estabelecia também mercados de exportação intencionalmente escolhidos, altamente subsidiados. O modelo supunha que a competitividade não era mais função de fatores relativamente fixos, tradicionais, de vantagens comparativas, tais como terra, trabalho e capital, mas, cada vez mais, conseqüência de tecnologia altamente móvel. Ao passo que governos só podiam fazer relativamente muito pouco, exceto em períodos de tempo mais longos, para influenciar as vantagens comparativas tradicionais, podiam promover o avanço rápido da tecnologia em períodos relativamente curtos e, dessa maneira, "criar" vantagens comparativas. A política de comércio externo não era mais uma questão de reduzir a intervenção do governo e permitir que atuassem as forças competitivas de mercado. Era, nesse momento, questão de intervenção pública cada vez maior para forçar a criação de mercados competitivos. O novo modelo de política ajustava-se como uma luva à ideologia intervencionista da década de 1970. (Para discussão e crítica desse modelo, ver Rushing e Brown, 1986, e especialmente meu artigo no volume organizado por ambos, Nau, 1986).

O novo modelo de política comercial era considerado, como é ainda hoje por numerosos autores (ver a Conclusão deste estudo), como uma resposta eficiente a novas circunstâncias, especialmente à maior concorrência nas exportações e à exaustão da lista acumulada de inovações tecnológicas no pós-guerra. O argumento que defendemos aqui, contudo, é que essas novas circunstâncias foram em si criadas por políticas públicas e que as de natureza comercial com subsídios figuraram entre os fatores, na década de 1970, que minaram os mercados internacionais e retardaram a inovação tecnológica. Mudanças nas políticas internas, conforme vimos acima, criaram condições macroeconômicas mais inconstantes e intervenção microeconômica e protecionismo mais gerais nos mercados mundiais. Crescimento e comércio caíram de ritmo, reduzindo os incentivos de mercado à inovação tecnológica. Métodos de política comercial com subsídios agravaram essas tendências ao intensificar a concorrência pelos mercados de exportação, ao mesmo tempo que contribuíam pouco para a expansão dos mercados de importação. Esses métodos funcionavam apenas enquanto *algum* mercado estrangeiro permanecia aberto (isto é, nem todos os países adotavam o novo modelo), e os mercados internos no país que adotava a política de subsídio às exportações permaneciam razoavelmente eficientes a despeito do protecionismo (o caso, por exemplo, do grande e competitivo mercado interno do Japão). Dívidas que se acumulavam e, finalmente, a crise de endividamento foram em parte consideráveis reflexos, e não causas, de oportunidades declinantes de exportação e da escalada dos custos da proteção nas importações e da política de intervenção interna.

Desta maneira, a explosão dos mercados financeiros na década de 1970 e a inevitável crise de endividamento da década de 1980 foram, de acordo com o argumento deste estudo, conseqüências, em parte consideráveis, da implosão dos mercados reais, isto é, da deterioração das políticas macroeconômicas, microeconômicas e de comércio externo nos países industrializados e em desenvolvimento que, na verdade, revogaram a tríade de política do pós-guerra, de estabilidade dos preços, mercados flexíveis e comércio mais livre. A crise do petróleo de 1973, conforme já observamos, não teria ocorrido de maneira súbita e violenta se não tivesse havido deterioração anterior da estabilidade dos preços nos países da OCDE. Os aumentos seguidos do preço do petróleo, por seu lado, geraram imensas receitas em petrodólares que, posteriormente, alimentaram a expansão dos empréstimos bancários internacionais. Não por acidente, esses empréstimos ladearam a condicionalidade dos programas de ajustamento do FMI. Na década de 1970, ninguém queria concentrar-se em ajustamento da política interna (ver a seção seguinte). As condições internas, em conseqüência, ajustaram-se com grande lentidão, se é que o fizeram, aos efeitos dos aumentos do preço do petróleo sobre a economia real. A ausência de ajustamentos caracterizou tanto prestamistas como mutuários. Nos Estados Unidos, por exemplo, os controles de preços estimularam o consumo de petróleo e desestimularam a produção interna do produto, levando a importações cada vez maiores de 1974 a 1978 e preparando os mercados mundiais para o segundo choque em 1979 (Nau, 1981b).

Por um lado, por conseguinte, o choque do petróleo intensificou as pressões para o ajustamento nas economias internas, que já sofriam com condições de política em deterioração. Por outro, gerou a liquidez internacional que permitiu que esse ajustamento fosse adiado. Mas isso não quer dizer que algum ajustamento e crescimento não tenham ocorrido na década de 1970, especialmente no Japão e nos PEDs. O forte crescimento liderado pelas exportações dos PEDs foi particularmente estimulante. Grande parte do sucesso do sistema de pós-guerra na redistribuição da renda mundial (ver discussão no Capítulo 1) deveu-se à aceleração das exportações e ao crescimento nesses países, bem como a um grupo de novos países exportadores de segunda etapa, incluindo o Chile, Colômbia, Peru,

Tailândia, Malásia, Filipinas e Paquistão (Havrylyshyn e Alikani, 1982). Tal crescimento, no entanto, não era sustentável, dadas as condições econômicas reais no mundo industrializado e nos próprios países em desenvolvimento de renda média. Em certo sentido, crescimento e comércio externo foram tão longe como aconteceu na década de 1970 apenas porque foram impelidos pela enorme expansão da liquidez.

Nem a OPEP nem os países em desenvolvimento importadores de petróleo que tomavam empréstimos podem ser culpados pelas tendências de mercado da década de 1970. A principal responsabilidade coube aos países industrializados, especialmente aos Estados Unidos. Esses países estabeleceram também o modelo no tocante à cooperação internacional nesse período, mas, nesse particular, os países em desenvolvimento tiveram um papel mais agressivo, embora nem sempre em sua própria vantagem.

Instituições Internacionais: Conferências de Cúpula e Diálogo Norte-Sul

A década de 1970 foi mais proveitosa do que teria sido sem a cooperação internacional que ocorreu. Durante algum tempo, pelo menos, o diálogo internacional pode manter uma comunidade coesa politicamente, mesmo quando essa comunidade está em declínio econômico. Mas, de muitas maneiras, a cooperação internacional foi, nesse período, prejudicial. Ignorou deliberadamente as causas fundamentais da instabilidade econômica dos mercados mundiais, isto é, políticas de comércio externo e internas menos eficientes, e promoveu soluções internacionais que tentaram regulamentar mercados na suposição de que eles, nesse momento, eram complexos demais para ser eficientes. Essas atividades, em suma, serviram, com uma freqüência grande demais, como desculpa de intervenção internacional. Ao contrário das instituições do Plano Marshall, que funcionaram para estimular ligações de mercados, as internacionais da década de 1970 agiram em sentido contrário aos mercados. Havia disposição de reconhecer que a interdependência entre eles requeria coordenação de políticas internas, mas recusa em reconhecer que as tendências das que estavam em vigor, de estímulo e intervenção, eram incompatíveis com a crescente interdependência dos mercados.

A incompatibilidade entre a intervenção interna e a interdependência dos mercados tornou-se mais evidente do que nunca nas negociações de comércio externo da década de 1970. A Rodada de Tóquio, a sétima rodada de negociações multilaterais de comércio, conseguiu reduzir ainda mais os níveis de tarifas entre os países industrializados, mas teve muito menos sucesso em tratar das barreiras não-tarifárias (subsídios internos, políticas de compra, padrões de saúde e segurança etc.) que estava rapidamente se transformando na grande causa dos conflitos comerciais nos mercados mundiais (Winston, 1986). Elas se tornaram um problema, em parte, por causa do sucesso das negociações do pós-guerra para reduzir as barreiras tarifárias. Ou como explica Mac Destler:

> Enquanto a política de comércio externo envolvesse tarifas — um instrumento distinto, separável —, nações podiam conciliar sua redução com políticas ativistas no país. Podiam ser "liberais" em transações através de fronteiras e intervencionistas no mercado interno. Essas medidas econômicas "internas", no entanto, produziam impacto considerável sobre o comércio externo e a redução das tarifas tornava esse impacto mais visível. Inevitavelmente, produtores ame-

> ricanos começaram a focalizar menos as tarifas e mais as medidas internas de outras nações: os subsídios que beneficiavam as companhias de aço européias de propriedade estatal ou as políticas de "compre produtos japoneses" adotadas pelo órgão de telecomunicações de Tóquio (1986, p. 34).

Dessa maneira, a crescente importância das medidas de política interna na competição do comércio mundial tornar-se-ia, de qualquer maneira, um problema, exigindo algum acordo sobre os limites da intervenção interna, caso se quisesse que fossem preservadas normas de comércio "livres e justas". As barreiras não-tarifárias tornaram-se um problema mais imediato e grave, contudo, porque o consenso da década de 1970 sancionava as políticas intervencionistas, ao contrário do consenso das décadas de 1950 e 1960, que as restringiam, pelo menos às margens. Tornando-se a intervenção do governo cada vez mais importante para muitos aspectos da competição comercial, parecia natural regulamentar o comércio externo através de negociações mais diretas entre governos. Em fins da década de 1970, a despeito do progresso parcial da Rodada de Tóquio ao negociar uma série de códigos de barreiras não-tarifárias — afetando subsídios e direitos aduaneiros compensatórios, políticas de compra, valorização aduaneira, licenciamentos e padrões técnicos —, os países participantes pareciam estar se afastando na direção de maior administração governamental do comércio internacional.

Os países em desenvolvimento, que eram os que tinham mais a ganhar com mercados mundiais abertos e em expansão, cooperaram e mesmo acolheram de bom grado essa tendência para maior intervenção e comércio externo politicamente dirigido. No diálogo Norte-Sul gerado pela crise do petróleo, eles apelaram para o estabelecimento de uma nova ordem econômica internacional (NOEI), ou um conjunto de instituições integradas, com a missão de dirigir internacionalmente, na base de uma nação, um voto, o comércio externo e os mercados financeiros. Suas prioridades exigiam a cartelização dos mercados de produtos básicos (como, por exemplo, o programa integrado de produtos básicos da UNCTAD), com obtenção de tratamento especial e diferencial para suas exportações de produtos manufaturados (como, por exemplo, o Sistema Generalizado de Preferências (SGP)), declaração de moratória do pagamento de obrigações da dívida externa e organização de grandes transferências internacionais de tecnologia e outros recursos econômicos.

Era compreensível a preferência desses países pela redistribuição, e não pelo crescimento, dos recursos, e pelo controle, e não pela participação, em mercados abertos (Krasner, 1985). Mas era também improvável que tivessem êxito ou beneficiassem o resto do mundo e, no intervalo, os países recém-industrializados e outros em desenvolvimento, com crescente influência nos mercados mundiais, prejudicaram sua capacidade de influir para manter abertos os mercados ao negociar para obter acesso recíproco em produtos manufaturados ou ao pressionar pela liberalização de novos setores, tais como a agricultura, onde eles teriam muito a ganhar com a modificação da prática dos países industrializados, de fazer *dumping* do excesso de alimentos gerado por políticas protecionistas nos mercados de exportação.

As discussões Norte-Sul na década de 1970 foram na maior parte irrelevantes, pelo menos no sentido econômico. As áreas de maior dinamismo desse período — o comércio de produtos manufaturados e os empréstimos comerciais bancários — permaneceram fora da influência do diálogo Norte-Sul. E as políticas internas dos países em desenvolvimento e industrializados estavam explicitamente fora de discussão. Dessa maneira, embora a retórica das discussões Norte-Sul enfatizasse abordagens gerais, integradas, do desenvolvimento, culminando em um apelo pelo fim da década das Negociações Globais — a conferência final para integrar todos assuntos (ver capítulo 7) —, as políticas econômicas e os fatos mais importantes da economia real foram na maior parte ignorados ou tratados de maneira fragmentária.

Os programas do Banco Mundial nesse período exemplificam bem o tratamento fragmentário. Escolhendo a pobreza, especialmente a pobreza rural, o Banco expandiu dramaticamente sua ajuda (em 11 vezes) no curso da década, a fim de financiar milhares de projetos isolados, destinados a atender necessidades humanas básicas nos países mais pobres — saúde, alfabetização e programas de alimentação de crianças (Ayres, 1983). Embora esses programas dificilmente possam ser considerados irrelevantes e, de fato, tenham contribuído para os sólidos melhoramentos no atendimento de necessidades humanas básicas dos países de baixa renda no pós-guerra (ver Capítulo 1), desenvolveram-se também isolados das condições da política macroeconômica geral e da política de comércio externo do período, tanto nos países em desenvolvimento quanto nos industrializados. Ao fim da década, a despeito do bom trabalho (sendo seu enfoque intervencionista justificado pelo combate à grande pobreza, mas, apesar disso, tendo contribuído para tendências extramercados na década de 1970), o Banco Mundial foi na maior parte irrelevante para a crise de endividamento que crescia e passou a primeira metade da década de 1980 enlanguescendo à sombra de sua instituição irmã, o FMI (ver Capítulo 9).

Os países industrializados intensificaram também o processo de cooperação econômica, embora, mais uma vez, sem conseqüências importantes para os fatos econômicos reais. A primeira conferência de cúpula entre os cinco maiores países industrializados, realizada em Rambouillet, França, em novembro de 1975, confirmou o novo sistema de taxas cambiais flexíveis, mas não chegou a acordo sobre quaisquer normas significativas para pautar as relações entre as políticas econômicas internas. O acordo a que se chegou dois meses depois, na reunião do FMI na Jamaica, acabou, para todas as finalidades práticas, com os compromissos de defesa das taxas cambiais, exceto em circunstâncias extremas de "condições desordenadas de mercado". Uma vez que as taxas cambiais, que são preços internacionais, só podem ser defendidas em base permanente defendendo-se também a estabilidade interna dos preços, particularmente no país da moeda-chave (isto é, os Estados Unidos), o Acordo da Jamaica, na verdade, jogou fora qualquer regra que pautasse preços internos — a terceira perna da tríade de política do pós-guerra. Taxas cambiais flexíveis, pensou-se, compensariam preços divergentes e em geral em alta. A depreciação ininterrupta do dólar durante toda a década de 1970 era uma conseqüência lógica desse abandono da estabilidade dos preços internos.

As conferências econômicas de cúpula da década de 1970 trouxeram para a economia mundial uma orientação que dava prioridade ao processo e à participação, e não ao consenso sobre necessidades substantivas de política de mercados internacionais abertos, estáveis e eficientes (ver de Menil e Solomon, 1983; Henning, 1985; Putnam e Bayne, 1984). A coordenação internacional era necessária não para se chegar a um consenso sobre política interna, mas para enfrentar três mudanças processuais que haviam ocorrido no sistema internacional. Essas mudanças incluíam:

1. O crescente entrelaçamento de políticas externa e interna ocasionado pela interdependência econômica.
2. O ocaso da hegemonia americana, que sustentara o longo período de prosperidade no pós-guerra.
3. A burocratização das relações internacionais, tendência esta que alguns líderes políticos julgavam sumamente frustradora.

As conferências de cúpula ofereciam uma maneira de lidar com essas mudanças processuais — de "conciliar economia internacional com políticas internas, suplementar e, talvez, suplantar a estabilidade hegemônica pela administração coletiva, e restabelecer a autoridade política sobre a fragmentação e a irresponsabilidade burocrática" (Putnam e Bayne, 1984, p. 8). Segundo essa interpretação, as conferências de cúpula constituíam uma resposta institucional, ou de regime, a novos fatores estruturais, em particular ao declínio do poder americano e à crescente pluralização das políticas interna e internacional.

A contra-interpretação das conferências de cúpula exposta neste estudo não nega a necessidade de enfrentar as complexidades processuais da coordenação internacional, logo que a abertura e interdependência dos mercados se tornam extensas e bem enraizadas. Mas não considera essas realidades processuais como independentes de opções importantes de política interna e de comércio externo. As estruturas da interdependência dos mercados na década de 1970 foram, conforme foi mostrado no Capítulo 4, criadas em boa parte por opções de política interna nas décadas de 1940 e 1950 que enfatizavam critérios substantivos específicos para moderar as políticas macroeconômicas, restringir as microeconômicas e aceitar comércio mais livre. A instabilidade nessas estruturas na década de 1970 constituiu, ao contrário, conseqüência de opções substantivas de política significativamente diferentes, tomadas após meados da década de 1960. Dessa maneira, o conteúdo substantivo das políticas internas é de importância fundamental para a criação e manutenção de mercados internacionais abertos, estáveis e em crescimento.

O processo, ou a perspectiva processual sobre as conferências de cúpula, alega que "a coordenação de políticas não significa necessariamente a adoção de políticas idênticas ou mesmo semelhantes, mas, sim, a adoção de políticas que mutuamente se reforçam, ou pelo menos que se evitem políticas mutuamente incompatíveis" (Putnam e Bayne, 1984, p. 2). Ainda assim, poder-se-ia perguntar: mutuamente reforçadoras ou pelo menos não mutuamente incompatíveis a respeito de que metas substantivas? Não se pode esperar estabilidade se nações visam a metas de desemprego e inflação muito diferentes (como, por exemplo, a França aceitando um nível de inflação mais alto do que a Alemanha). E não se pode esperar práticas leais se governos têm permissão para intervir nos assuntos internos sem que haja limites comuns, tal como ocorre quando o Japão promove exportações subsidiadas e não comércio mais livre. E, sem estabilidade e lealdade, cresce a dúvida se os mercados podem ou devem ser mantidos abertos.

Dessa maneira, alguma comunalidade de prioridades de política interna é absolutamente essencial para manter abertos e eficientes os mercados. Teoricamente, as prioridades poderiam convergir em torno de altas taxas de inflação, mercados de trabalho e capital mais rígidos e métodos de política de comércio externo com subsídios às exportações. Mas se tal fosse o caso, o sistema, embora aberto e estável, seria muito menos eficiente. E se é, cabe perguntar por que mantê-lo aberto? Poderia haver razões políticas para isso, mas a principal justificativa econômica de mercados abertos, isto é, maior concorrência e eficiência, não mais se aplicaria.

A história das conferências de cúpula na década de 1970 revelou, em última análise, a contradição entre mercados internacionais abertos, estáveis e eficientes, por um lado, e políticas internas inflacionárias e intervencionistas, por outro. A Conferência de Cúpula de Bonn, em 1978, que, segundo se argumenta, "representou um caso raro, talvez único, de coordenação abrangente de política entre as sete maiores economias do mundo", demonstrou os riscos de se tentar convencer todos os países a aceitarem níveis mais altos de inflação (Putnam e Henning, 1989). Os alemães concordaram na conferência em aceitar uma dose maior de estímulo fiscal, embora, posteriormente, lamentassem a decisão quando a segunda crise do petróleo reforçou as pressões inflacionárias em todo o Ocidente. Argumentar que a decisão alemã foi boa, exceto pela ocorrência da segunda crise do petróleo, é muito parecido com argumentar que as decisões americanas em 1971 foram boas, exceto pela ocorrência da primeira crise do petróleo. O fato é que o Governo Nixon em 1972-1973 e o Governo Carter em 1977-1978 estavam resolvidos a estimular a demanda interna e internacional, quaisquer que fossem as conseqüências a curto prazo para os preços. As decisões alemãs de 1978, portanto, enfraqueceram muito as defesas da economia mundial contra o impacto inflacionário da segunda crise do petróleo, da mesma maneira que as decisões americanas o haviam feito antes da primeira, em 1972.

A orientação peculiar das conferências de cúpula na década de 1970 pode, na verdade, ter contido um viés inerente para a inflação e a intervenção. É difícil conceber reuniões desse tipo onde são tomadas decisões coletivas duras para controlar a inflação ou restringir a intervenção do poder público. Essas conferências tendem em geral a tratar de políticas monetárias e cambiais e normalmente levam-nas a posturas mais acomodatícias e, destarte, a taxas de juros mais baixas e inflação potencialmente mais alta (o que aconteceu em 1977-1978 e mais uma vez de 1985 a 1987). Na verdade, a intervenção coordenada no mercado cambial pode ser especialmente útil para pressionar bancos centrais, que são relativamente independentes nos Estados Unidos e na Alemanha, a adotar políticas monetárias um pouco mais frouxas do que poderiam preferir, ou pelo menos abster-se de endurecê-las, quando poderiam desejar fazê-lo (Funabashi, 1988. Ver também o Capítulo 9 deste estudo).

Ao mesmo tempo, as questões de política fiscal e estrutural desempenham um papel um pouco mais secundário nas modernas conferências de cúpula e, quando isso acontece, a ação é, mais uma vez e de modo geral, na direção de estímulo e intervenção. Em Bonn, em 1978, os alemães concordaram em estimular a economia em troca de compromisso americano de deixar de controlar os preços da energia (Putnam e Henning, 1989). Este último foi um caso raro de conferência de cúpula reduzindo políticas intervencionistas, embora medidas posteriores do Governo Reagan para acelerar o fim do controle desses preços tenham demonstrado que acordos internacionais podem ser necessários para empreender reformas microeconômicas. De modo mais geral, medidas para restringir o estímulo fiscal ou promover mudança estrutural foram excluídas dos processos de cúpula porque grupos de interesse altamente mobilizados e divididos no país geralmente se opõem a abrir mão, em negociações, aos benefícios dos gastos e da intervenção interna (Aho e Levinson, 1988, p. 57-8). Nunca é claro por que os defensores das conferências de cúpula, da forma praticada na década de 1970 e novamente em meados da de 1980, supõem que reuniões e instituições internacionais contribuirão para romper impasses internos quando instituições internas mais fortes fracassaram. Com muito mais freqüência, reuniões internacionais simplesmente acrescentam as divergências mundiais às internas e se tornam fatos de noticiário altamente visíveis para jogo de arquibancada dentro do país.

Mais eficazes do que esse tipo de conferências internacionais talvez sejam medidas de políticas decisivas, destinadas, em primeiro lugar, a eliminar impasses e desacordos econômicos em casa e, em seguida, influenciar as políticas e instituições no exterior através de resultados competitivos de desempenho nos mercados mundiais (ver Capítulo 2). Foi esse o tipo de cooperação internacional para o qual se voltaram o Governo Reagan e alguns outros países que participaram de tais conferências (como, por exemplo, a Grã-Bretanha) em princípios da década de 1980.

Conclusão

Novas idéias de política se consolidaram na década de 1970 em torno de perspectivas políticas pluralistas e econômicas keynesianas profundas. Essas idéias encorajaram o processo de cooperação internacional mesmo quando introduziam conteúdos de política que tornavam os mercados internacionais mais instáveis e a cooperação entre países menos eficaz. O crescimento e o comércio internacional tiveram uma redução, enquanto se expandiam as finanças e o endividamento. Somas imensas de dinheiro, circulando em uma economia mundial real que cada vez se tornava menos aberta e mais rígida, deram origem a taxas cambiais mais instáveis e a mercados de capital mais orientados para o curto prazo. As instituições internacionais, ignorando as raízes da instabilidade na economia interna real, tentaram valentemente preservar mercados abertos e estáveis através da coordenação a curto prazo das taxas cambiais e políticas monetárias. A comunidade mundial segurava pela cauda um tigre que corria para o dia inevitável do ajuste de contas, quando a liquidez internacional se nivelaria e o ajustamento interno teria que começar.

IV

Reativação de Bretton Woods?

IV

Reinvenção de Bretton Woods?

7

Recessão, 1979-1982: Ajustamento de Política Interna e Conflito Internacional

Neste capítulo, estudamos as primeiras tentativas do Governo Reagan no sentido de redirecionar a diplomacia econômica internacional, trocando a abordagem de processo e voltada para instituições da década de 1970 por um enfoque mais orientado para a política interna e opções, que procurou reativar a tríade de política do sistema de Bretton Woods nos seus primeiros dias — estabilidade de preços, mercados flexíveis e comércio externo mais livre. Em fins da década de 1970, os Estados Unidos iniciaram esforços com vistas a redefinir os objetivos e política do país e fechar a brecha entre diplomacia e poder. A invasão do Afeganistão pelos soviéticos em dezembro de 1979 e a nomeação de Paul Volcker como presidente da Junta de Reserva Federal em outubro de 1979 constituíram pontos decisivos nas políticas de segurança e econômica do país. Daí em diante, a começar de 1981, o Governo Reagan impulsionou a nação em novas direções, revitalizando o senso de orgulho e finalidade da democracia americana e propondo um vasto programa de reforma econômica.

Em esboço teórico, as iniciativas de Reagan traçaram um caminho para o aumento da segurança dos Estados Unidos e do Ocidente e formularam políticas econômicas mais eficientes para reforçá-la — isto é, a tríade de política de Bretton Woods. Nesse sentido, ofereceram a perspectiva de restabelecer os elementos essenciais da paz e prosperidade do pós-guerra e adaptá-los a uma comunidade mundial mais pluralista e interdependente. Após uma tumultuosa estréia na política externa e uma recessão penosa, as políticas americanas orientaram efetivamente as circunstâncias nessa direção. Expandiu-se o poder do país. As defesas foram reforçadas, a inflação caiu, os investimentos se aceleraram e a produtividade industrial voltou com grande energia. A diplomacia tornou-se mais autoconfiante. A aliança ocidental instalou novas armas nucleares e Estados Unidos e União Soviética iniciaram negociações sem precedentes de controle de armamentos, a fim de reduzir o grande número de artefatos atômicos.

Na prática, contudo, as políticas econômica interna e de segurança externa permaneceram ambas incompletas e carentes de integração. Embora se estreitasse a brecha entre os objetivos e o poder americano, nunca se materializaram políticas coerentes para fechar esse vazio e fomentar um novo consenso político em torno de objetivos comuns econômicos e de segurança. Instintos, e não doutrina, orientaram as relações dos Estados Unidos com a União Soviética e o trabalho para restabelecer uma ordem econômica eficiente no país e no mundo. Em um número grande demais de casos, a ideologia — anticomunismo e mercados livres — substituiu a liderança intelectual. A América se movia, mas não estava claro em que direção. Melhoramentos observados em desempenho careciam de contexto e explicação. Nem inspiravam a criação de novos adeptos nem integravam apoio entre os existentes. Atribuía-se o progresso obtido "à sorte do Presidente" ou à sua popularidade pessoal, e não às políticas que defendia (Mandelbaum, 1985)

A revolução econômica emperrou. Cortes maciços de impostos não podiam ser equilibrados por cortes proporcionais nos gastos. A política fiscal caiu num impasse e acumularam-se níveis sem precedentes de endividamento federal. A política monetária teve que compensar a deficiência, promovendo forte arrocho em princípios da década de 1980, para acabar com a inflação, e em seguida expandindo-se após 1985 para provocar a queda do valor do dólar, voltando a apertar em 1987 para estabilizar a moeda e flutuando daí em diante a fim de evitar a recessão e a inflação. Os desequilíbrios fiscais transferiram pressões enormes para os setores comercial e financeiro, alimentando o protecionismo e agravando a crise internacional de endividamento. A própria América se tornara o maior país devedor, cada vez mais dependente do ingresso de capitais estrangeiros. Os mercados financeiros mundiais tornaram-se instáveis e, em outubro de 1987, despencaram as Bolsas de Valores em todo o mundo. A economia mundial parecia equilibrada no gume de uma faca, vacilando, insegura, de expectativas de recessão em fins de 1987 para renovado crescimento e temores de inflação em 1988 e de volta a preocupações com crescimento mais lento em fins de 1989. Ironicamente, após um Governo Reagan que defendia o livre mercado, os Estados Unidos enfrentavam circunstâncias que auguravam menos comércio livre, mais regulamentação dos mercados, preços potencialmente mais altos e menos crescimento. A tentativa instintiva de reativar a tríade de política de Bretton Woods aparentemente chegara ao fim.

A diplomacia econômica do país refletia os fados instáveis da política interna. Em fins da década de 1970 e princípios da de 1980, a diplomacia espelhava as profundas divergências em prioridades de política interna entre os países, dando alguns deles prioridade à redução do desemprego (como, por exemplo, a França) e outros à redução da inflação (servindo de exemplo neste particular a Grã-Bretanha e os Estados Unidos). Após 1983, convergiram as prioridades da política interna entre os principais países industrializados, muito embora os formuladores da política americana nunca iniciassem uma vigorosa e coerente diplomacia econômica internacional. No caso americano, ela permaneceu fraca numa ocasião em que reformas na política interna acenavam com vigorosas e, no conjunto, úteis influências, através dos mercados internacionais para desinflacionar a economia mundial e restabelecer incentivos ao mercado e crescimento (Marris, 1985, p. 74). Embora a diplomacia americana dedicasse mais atenção às reformas microeconômica interna e do comércio internacional, minimizando a forte ênfase da política, na década de 1970, na taxa cambial e na coordenação da política monetária, não conseguiu gerar um senso de comunidade na economia mundial, em um período de difícil transição econômica, nem traduzir pacientemente suas ambições internas em um desenho largamente aceito para uma reforma econômica internacional. No vazio que se abriu, a política americana adquiriu um caráter unilateral e ideológico.

Em 1985, a diplomacia tornou-se mais ativa, embora começasse a perder contato com suas raízes internas. As iniciativas americanas para reduzir o valor do dólar, administrar a crise de endividamento e estimular maior crescimento internacional substituíram, em vez de complementar, o trabalho para corrigir os desequilíbrios internos. O Governo abandonou na maior parte o esforço para reduzir o déficit orçamentário e tomar a iniciativa na elaboração de nova legislação sobre comércio externo, medidas estas que poderiam ter aliviado as pressões crescentes sobre a política monetária e o sentimento protecionista no Congresso. Em vez disso, colocou todas suas fichas na coordenação das taxas cambiais, a fim de reduzir o valor do dólar, e em uma reforma fiscal neutra no que interessava à receita sustentar a recuperação.

A diplomacia, baseando-se em estímulo fiscal maciço e política monetária precária, começou a parecer-se cada vez mais com a fracassada diplomacia da década de 1970. Teve mais credibilidade inicial e menos impactos adversos imediatos porque começou em uma situação mundial de baixa inflação e alto desemprego, ao contrário dos *booms* sincronizados de princípios da década de 1970. Mas suas direções foram inconfundivelmente semelhantes e o mundo, em 1988-1989, parecia cada vez mais nervoso, enquanto os Estados Unidos e outras economias aproximavam-se de níveis de pleno emprego e enfrentavam ou crescimento mais lento ou preços potencialmente mais altos, quando não ambas as possibilidades.

Mudanças de Objetivos e de Política nos Estados Unidos

Em 1979, chegou ao auge o interlúdio com o pluralismo político (*détente*) e as políticas keynesianas extremadas. Os Estados Unidos e seus aliados começaram a se reagrupar a fim de enfrentar novas ameaças externas soviéticas e atacar as raízes internas da estagflação. A decisão quanto a duas alternativas da Otan em 1979, a impossibilidade de se ratificar a SALT II após a invasão pelos soviéticos do Afeganistão em dezembro de 1979 e até mesmo a azarada tentativa de resgatar os reféns presos no Irã, em abril de 1980, refletiram um redespertar da política americana para as realidades do poder e da competição militar em um mundo de divergências políticas fundamentais. Analogamente, o recuo do Governo Carter da política econômica de pare-siga de 1977-1978 e sua tardia preocupação com a estabilidade dos preços e o valor do dólar assinalaram uma renovada conscientização do elo entre disciplina interna e estabilidade externa.

Para sermos exatos, foram de natureza experimental os passos iniciais para reverter as políticas econômica e de segurança. Esta última foi tema de debates intensos e às vezes violentos na campanha eleitoral de 1980. A inflação continuou a subir, de 11,3% em 1979 para 13,5% em 1980, e o desemprego, em 1980, ainda se situava em 7%, maior do que em todos os anos, menos dois anos (1975-1976) desde 1947. O sentimento público, no entanto, estava claramente mudando. Ou como disse William Schneider, "em princípios da década de 1980, o grosso do sentimento público em relação à União Soviética era negativo mais uma vez, embora não tão negativo como fora na década de 1950" (1987, p. 50). Além disso, a preocupação pública com os problemas econômicos internos, que havia dominado todas as eleições posteriores a 1972, subiu para um novo pico no pós-guerra em 1979-1980 (Hibbs, 1987a, p. 128).

Abria-se ao Governo Reagan uma oportunidade sem par de exercer a liderança. Oferecia ele uma visão mais realista da cooperação que poderia ser estabelecida entre sociedades totalitárias e democráticas. E relembrava as virtudes de um enfoque mais cauteloso, a prazo mais longo, da prosperidade econômica, baseado na estabilidade dos preços e na competição orientada para o mercado, e não nas políticas mais radicais de maciços investimentos governamentais e de intervenção das décadas de 1960 e 1970.

Um Novo Realismo

A definição predominante do objetivo nacional americano mudou de duas maneiras após 1979. Vozes realistas no Governo Carter tornaram-se mais fortes e injetaram uma nítida dimensão de direitos humanos (internamente) e uma dimensão militar, ou geopolítica, mais fortes na política do país em relação à União Soviética (Brzezinski, 1983, especialmente o Capítulo 9). No verão de 1978, os Estados Unidos protestaram contra o tratamento dado a ativistas de direitos políticos na União Soviética e, no fim, conseguiram a libertação de vários dissidentes ilustres. Essas *démarches* coincidiram com um aperto modesto das políticas econômicas do governo no que interessava à União Soviética, tornando toda exportação de equipamento para exploração de petróleo e gás sujeita à licença prévia (ao passo que, antes, o governo defendera a cooperação em matéria de energia com o mesmo país. Ver Capítulo 10).

Mais importante, os Estados Unidos agiram, após a invasão soviética do Afeganistão em dezembro de 1979, para reforçar a dimensão militar de sua diplomacia. Embora as despesas reais com a defesa começassem a crescer novamente no ano fiscal de 1976, o Governo Carter tomou certo número de decisões, altamente divulgadas, para cancelar ou retardar grandes programas de armamentos (como, por exemplo, o bombardeiro B-1, o míssil MX, a bomba de nêutrons) e se cindiu internamente entre o enfoque comercial-jurídico da política externa, reminiscente do wilsonianismo, e o enfoque geomilitar mais tradicional. A invasão do Afeganistão resolveu finalmente a questão em favor de uma postura militar mais assertiva, o que se refletiu na fracassada missão de resgate de reféns no Irã e no pedido de demissão do secretário de Estado, Cyrus Vance, o principal corifeu do enfoque comercial-jurídico (Vance, 1983). Se a contenção fora longe demais na militarização da política de segurança americana, reconhecia-se nesse momento que a *détente* fora longe demais para desmilitarizá-la.

O Governo Reagan reforçou as tendências que defendiam o fortalecimento das dimensões morais e militares da política externa. O objetivo nacional incluía nesse instante um novo senso de orgulho da liberdade americana e ocidental e maior vontade de usar a força militar para consolidá-la e defendê-la. O Governo Reagan subordinou as relações Estados Unidos-União Soviética às iniciativas de defesa e às alianças (isto é, ao fortalecimento da decisão de dupla opção da Otan) e lançou políticas mais afirmativas a fim de promover a democracia no Terceiro Mundo, incluindo o emprego de forças militares americanas ou apoiadas pelos Estados Unidos (a Doutrina Reagan).

Com o passar da década, as políticas de Reagan produziram dividendos iniciais em acordos de redução de armas, sem precedentes, com a União Soviética e em atitudes mais imparciais em relação a governos totalitários, tanto da direita (Filipinas, Panamá, por exemplo) quando da esquerda (Nicarágua, Cuba). Simultaneamente, os Estados Unidos evitaram os excessos morais e militares do Vietnã — isto é, apoiar um regime totalitário para derrubar outro (embora muitos americanos questionassem a sinceridade democrática dos Contras da Nicarágua) e usar força militar de maneira a emaranhar-se em conflitos militares demorados e insolúveis. A substância moral mais forte e o estilo militante da política americana definiam uma comunidade política compartilhada com países que pensavam de idêntica maneira, incluindo nesse momento um número crescente de países em desenvolvimento democraticamente orientados, que potencialmente ofereciam motivações mais claras a políticas econômicas internacionais eficientes — tanto para atrair candidatos à liberdade no Terceiro Mundo (como a contenção convocara candidatos à liberdade na Europa Ocidental do pós-guerra) quanto para usar mais eficientemente os recursos para fins de defesa (como a Guerra da Coréia estimulara políticas de comércio externo liberais na década de 1950).

Nada obstante, a definição de objetivo nacional pelo Governo Reagan nunca adquiriu uma coerência ou contexto que pudessem inspirar um consenso mais amplo e sustentado nos Estados Unidos, no Ocidente e no Terceiro Mundo. Em princípios da década de 1980, as iniciativas do governo vacilavam freqüentemente entre beligerância ideológica e militar, incluindo a instalação de armas nucleares, por um lado, e uma visível indiferença pela política externa, quando parecia que ela colidia com prioridades internas, por outro. Em meados da década de 1980, o reforço da defesa continuava carente de um fundamento lógico estratégico amplamente reconhecido e aceito. Embora houvesse um pouco mais de apoio bipartidário para a idéia de negociação de acordos de controle de armas, a partir de uma posição de força e influência, esse apoio debilitou-se mais em 1988 quando estourou um grande escândalo nas compras para as Forças Armadas. O caso Irã-Contras desacreditou também grande parte da liderança do governo contra o terrorismo e o totalitarismo no Terceiro Mundo.

A despeito de suas numerosas falhas, contudo, o conceito de objetivo nacional esposado por Reagan forneceu uma nova direção. Nem despedaçava o senso de comunidade política compartilhada no Ocidente, como fizera a contenção militarizada no Vietnã, nem o dissipava em excesso por nações com sistemas internos fundamentalmente diferentes, como haviam feito algumas versões do pluralismo e da *détente*. Havia uma base comum para uma comunidade revitalizada no Ocidente, como sugeriam as fortes relações de segurança dos Estados Unidos com a França. Na verdade, amigos europeus e do Terceiro Mundo queixaram-se menos na década de 1980 do senso de objetivo nacional da América do que das políticas econômicas que o governo escolheu para implementá-lo. Essas políticas foram mais responsáveis pelo fortalecimento e o solapamento das perspectivas de nova prosperidade e estabilidade na economia mundial do que as políticas de segurança, ou militares, do país.

A Mudança Experimental de Carter

Em agosto de 1979, Carter nomeou Paul Volcker para o cargo de presidente da Junta da Reserva Federal (Fed). Fê-lo com relutância, tendo oferecido inicialmente a posição a Tom Clausen, na ocasião presidente do Bank of America e que era considerado mais como homem de equipe (Greider, 1987, p. 22, 45-6). Não obstante, Carter concordou quando, em outubro de 1979, Volcker elaborou as mudanças técnicas que permitiram que as taxas de juros subissem e que finalmente domaram a inflação (Greider, 1987, p. 121). A política monetária voltou a libertar-se, como acontecera em princípios da década de 1950, das muletas da política fiscal e da administração de curto prazo da taxa de juros. Os resultados foram previsíveis. A taxa dos títulos federais, a taxa de juros do *overnight* nos empréstimos interbancários, dispararam de 12% em 1979 para 18% em março de 1980. A taxa preferencial de juros, que os bancos cobram de seus melhores clientes por empréstimos de curto prazo, bateu nos 20%.

O orçamento de Carter, no entanto, permaneceu estimulador e continuaram a aumentar a disponibilidade de crédito e a inflação. Pretendendo concorrer à reeleição, Carter invocou a pouco conhecida Lei de Controle de Crédito, de 1969, a fim de restringi-lo. O ritmo da economia caiu bruscamente, despencando o PNB em 9,6% no segundo trimestre de 1980. Em junho, os controles do crédito haviam sido removidos e a Reserva Federal estimulou fortemente o crescimento das reservas bancárias. "No outono", conforme observa David Calleo, "o meio circulante em rápido crescimento estava forçando o Fed a voltar a adotar uma política monetária rigorosa, a despeito da eleição, da alta taxa de desemprego e da queda nos lucros das empresas" (1982, p. 149). Quando o Fed de fato apertou as cravelhas em outubro, Carter, na ocasião em campanha eleitoral, criticou-o abertamente (Kettl, 1986, p. 179).

A meia-volta econômica ocorrida em 1979-1980 teve caráter altamente experimental. Embora o Governo Carter receba o crédito pela nomeação de Volcker, era suspeito seu compromisso com a desinflação (McKinnon, 1984, p. 48; Melton, 1985, p. 61-2). Ou como conclui Herbert Stein: "A política Carter-Volcker em 1979-1980 constituiu uma tentativa de, às apalpadelas, encontrar um caminho através das dificuldades da transição para um mundo menos inflacionário, tomando medidas extremamente cautelosas, experimentais e reversíveis (...). Mas a política nem era aceitável nem merecia crédito, especialmente para pessoas que se consideravam conservadoras" (1984, p. 229-32). O Governo Reagan forneceria a coalizão política conservadora e a política persistente que tornariam viável o programa de Volcker. A desinflação tornar-se-ia um de seus maiores êxitos, não tanto em virtude da existência de políticas integradas e coerentemente implementadas como pela observância de prioridades claras e imutáveis.

Reaganomia: Dissensão no Casulo

Enquanto, sob o Governo Carter, continuavam as políticas inflacionária e intervencionista, as idéias na arena não-governamental (o caso de formação de consenso. Ver Capítulo 1), tomavam novas direções. As novas idéias davam destaque à velha tríade de política, de estabilidade de preços, mercados flexíveis e comércio mais livre, mas eram formuladas de forma fragmentária e não integrada. Os monetaristas viam na estabilidade dos preços o fator isolado mais importante para promover a prosperidade, os defensores da economia de oferta enfatizavam as reduções dos impostos, os propugnadores do orçamento equilibrado aconselhavam reduzir a esfera de ação do estado de bem-estar social, e os adeptos do *laissez-faire* batalhavam pelo comércio externo mais livre. As peças nunca foram integradas, como havia acontecido em 1946-1947, e as políticas de Reagan refletiam campos intelectuais em guerra, dentro e fora do governo, na arena mais ampla das relações não-governamentais.

Em fins da década de 1970, a política econômica keynesiana tradicionalista estava em plena retirada nos Estados Unidos. Membros da corrente principal do pensamento econômico haviam abandonado a convicção de que o emprego era mais importante do que a estabilidade de preços e que mais empregos podiam ser criados com uma inflação cada vez maior. O país parecia estar-se dirigindo "de volta para o futuro", a fim de recapturar alguns dos temas econômicos básicos que haviam caracterizado os fins da década de 1940 e a década de 1950. Ou como explica Herbert Stein:

> Em 1979, quando o país se preparou para a eleição presidencial, o palco estava armado para uma mudança na política econômica. E era clara a direção da mudança. Haveria uma alteração nas prioridades nacionais — para maior estabilidade de preços, crescimento mais rápido e maior liberdade ao indivíduo no uso de seu próprio dinheiro e na administração de seus próprios negócios, e abandono da política de crescimento do nível de emprego, redistribuição da renda e promoção de certas indústrias particulares e usos da renda nacional como principais objetivos (1984, p. 226-7).

A escola monetarista de política econômica cerrou fileiras em torno dos trabalhos de Milton Friedman e outros economistas que tinham suas bases nas Universidades de Chicago, Rochester, Califórnia, em Los Angeles, em Miami, na Texas A e M e no Virginia Polytechnic Institute. Os monetaristas convenceram um número cada vez maior de deputados que a demanda de moeda ao longo do tempo era relativamente estável e que o controle dos agregados monetários constituía a melhor maneira de influenciar a demanda agregada e o emprego do que as políticas keynesianas de estímulo fiscal e acomodação da política monetária. Em 1975, o Congresso aprovou uma resolução pedindo mais atenção para os agregados monetários. Em 1978, aprovou a Lei Humphrey-Hawkins (Lei de Pleno Emprego e Crescimento Equilibrado), estabelecendo metas anuais para a moeda e o crédito, bem como relatórios semestrais do Fed ao Congresso sobre o progresso ocorrido na direção desses alvos. Os monetaristas obtiveram outra aparente vitória na mudança da política do Fed em outubro de 1979. Essa mudança selecionava um dos elementos das reservas bancárias, conhecido como reservas próprias, como meio de influenciar as que eram captadas e, daí, as taxas de juros a curto prazo. Os monetaristas, para sermos exatos, defendiam a esterilização das reservas totais e rejeitavam qualquer função às taxas de juros (Melton, 1985, p. 47-57). Não obstante, a mudança na orientação do Fed representou, de fato, um movimento parcial, ainda que temporário, na direção do monetarismo.

Defensores da política de estímulo à oferta, e que queriam redução dos impostos, operavam a partir de bases diferentes na arena não-governamental. Gozavam de apoio apenas restrito na comunidade acadêmica (como, por exemplo, de Robert A. Mundell, da Columbia University, e Arthur B. Laffer, da University of Southern California), mas conseguiram mais apoio, após meados da década de 1970, de Wall Street e de um bando pequeno mas crescente de membros do Congresso dos Estados Unidos (como, por exemplo, Jack Kemp, William Roth, e Phil Gramm) (Wanniski, 1978; Roberts, 1984). O principal interesse dessa gente era a redução da taxa de juros, a fim de aumentar os incentivos ao trabalho, à poupança e aos investimentos. E foram os responsáveis pela preparação do projeto de lei Kemp-Roth, apresentado inicialmente ao Congresso em 1977. O projeto Kemp-Roth tornou-se eventualmente a peça principal do programa econômico de Reagan.

Outras perspectivas compareciam também ao debate cada vez mais acirrado sobre a política econômica. Os economistas keynesianos conservadores tradicionais, tais como Herbert Stein e Alan Greenspan, ainda estavam na liça, embora estivessem comprometidos demais com o namoro republicano com o keynesianismo profundo em princípios da década de 1970 para exercer uma influência importante. Uma nova geração de conservadores fiscais compartilhava da preocupação dos tradicionalistas com o controle orçamentário, embora pensasse que o mesmo devia ser realizado em níveis muito mais baixos de envolvimento do governo, isto é, níveis mais baixos de impostos e gastos. Essa geração, ao contrário da precedente, não queria conviver com os programas sociais intervencionistas das décadas de 1960 e 1970, e, como disse David Stockman, nem "tornar-se coletor de imposto para o estado de bem-estar social" (1986, p. 53). Seus compromissos com a redução dos gastos, contudo, juntamente com o compromisso dos monetaristas com o dinheiro caro, fizeram com que o programa de Reagan se parecesse demais com a economia do "canal básico" do governo republicano conservador. Dessa maneira, a nova geração de conservadores fiscais aceitou de boa vontade a lógica da economia da oferta, de que cortes simultâneos dos impostos incentivariam os investimentos, o crescimento e o aumento das receitas (Anderson, 1988, p. 116). Se aceitavam plenamente ou não as alegações extremas dos economistas da oferta, de que aumentos de receita decorrentes de crescimento maior mais do que compensariam perdas de receita com impostos mais baixos é um assunto que não vem ao caso. (Todos eles, com exceção de Don Regan, 1988, p. 174, negaram veementemente que tenham aceito essas alegações; Anderson, 1988, p. 140-63; Stockman, 1986, p. 10-11. Ver também Roberts, 1984, p. 40.) Seu compromisso com cortes nos impostos e gastos tornavam-nos dependentes de um ato político de equilíbrio extremamente difícil, isto é, se os gastos e impostos deviam ser reduzidos simultaneamente, ou suscetíveis a argumentos econômicos e políticos mais extremos, caso as despesas não pudessem ser reduzidas paralelamente com os impostos.

As posições adotadas por Stockman refletiam bem esse dilema. Inicialmente, foi identificado com os economistas de oferta e suas expectativas extremas no tocante ao crescimento da receita. Mas logo que o orçamento apresentou grande déficit, ele formulou a opinião, já propagada em 1983 por seu antigo mentor, o senador Daniel Moynihan, de que os déficits eram políticos, deliberadamente buscados para maximizar pressões no Congresso que minimizariam o estado de bem-estar social (Greider, 1981; Moynihan, 1983, 1988a, e 1988b). De qualquer modo, Stockman e os novos conservadores fiscais foram considerados como extremistas. Sua única escapatória seria fazer com que parte das reduções de impostos dependesse de cortes dos gastos (Niskanen, 1988, p. 27). Mas, nesse caso, teriam acabado tendo nas mãos políticas que pareceriam exatamente iguais às políticas fiscais dos tradicionalistas (isto é, controle orçamentário mas níveis mais altos de gastos sociais).

Tomadas em conjunto, as novas idéias sobre política representavam uma luta para o retorno à extremidade mais conservadora do espectro de política econômica. O desejo de um enfoque menos cíclico da política fiscal, um papel mais forte para a política monetária e a necessidade de restringir, se não reduzir, os níveis de intervenção do governo e gastos sociais, eram elementos, sem exceção, do keynesianismo moderado de fins da década de 1940 e da de 1950 (ver Capítulos 3 e 4). O problema em 1980 era que o setor público se tornara nesse momento muito maior do que em fins da década de 1940. Ao contrário dos keynesianos moderados de fins da década de 1940 e da de 1950, os novos conservadores não queriam se contentar com o mero nivelamento da expansão da intervenção microeconômica: procuravam inverter o legado intervencionista das décadas de 1960 e 1970. Por isso mesmo, estavam mais dispostos a correr riscos, até mesmo o risco de desequilíbrio fiscal. Fizeram experimentos com uma alternativa ainda mais conservadora, tal como aquela que inspirou as políticas de Ludwig Erhard em fins da década de 1940 — impostos muito mais baixos, desregulamentação radical do comércio e controle draconiano do meio circulante (Stockman, 1986, p. 39).

Em teoria, o monetarismo e a economia de oferta permaneceram complementares (Niskanen, 1988, p. 19), embora, na prática, cada escola estivesse disposta, se necessário, a dispensar a outra. Os economistas de oferta falavam sobre as restrições da política monetária e um deles, o deputado Jack Kemp, patrocinou mesmo um projeto de lei de retorno ao ouro ou a um padrão de volume fixo de moeda. Mas, em contraste com os monetaristas, eles raramente pediam uma contração do meio circulante. Em 1981, por exemplo, "não queriam qualquer política de dinheiro caro antes da redução dos impostos" porque achavam que a antecipação dos cortes fiscais e, daí, o adiamento da renda para o futuro, quando os impostos seriam mais baixos, já começariam a reduzir o ritmo da economia (Roberts, 1984, p. 118). E "depois que as reduções de impostos tivessem aumentado a lucratividade do trabalho e dos investimentos", os economistas de oferta acreditavam que "a economia exigiria uma criação mais rápida de moeda devido ao crescimento real mais rápido dos bens e serviços" (Roberts, 1984, p. 142). Em algum ponto no intervalo, os economistas de oferta poderiam ter aceito as restrições monetárias. (Roberts era favorável a dinheiro mais caro em abril de 1981, quando se julgou que uma política monetária instável estava elevando as taxas de juros; 1984, p. 140-1.) Mas, como eram os mais otimistas, julgando que a desinflação poderia ser realizada sem qualquer aumento do desemprego, eles claramente rejeitavam as restrições monetaristas, se fosse associada, em qualquer ponto, a um aumento do desemprego. No fim, os economistas de oferta da direita não diferiam dos keynesianos exclusivistas da esquerda. Para ambas as facções, a política monetária tinha que admitir a expansão, mesmo que defendessem medidas fiscais muito diferentes para consegui-la.

Oa monetaristas, em contraste, preocupavam-se mais com a inflação do que com o crescimento. Encaravam com menos otimismo a idéia de que o combate à inflação poderia ocorrer sem elevação do nível de desemprego. Mas, para se despirem de sua imagem de banqueiros, estavam dispostos a cooperar com a lógica da economia de oferta. Defendiam uma redução gradual do meio circulante — 50% em seis anos — e criticaram subseqüentemente o Fed por proceder a 75% dessa redução logo no primeiro ano. Não obstante, quando tiveram que escolher entre maior crescimento monetário e PNB mais baixo, escolheram este último. Em junho de 1981, o Governo Reagan deu-se conta de que suas previsões de crescimento nominal eram altas demais, considerando as projetadas reduções no meio circulante e os dados históricos sobre a velocidade de demanda de moeda. Queriam o rebaixamento das previsões de crescimento; os economistas de oferta optavam por crescimento monetário mais alto. Esse conflito, mesmo antes de iniciar-se a recessão, sugeria a tensão que existia entre as duas escolas e que condenaria ao fracasso qualquer perspectiva de restabelecimento, no Governo Reagan, do consenso keynesiano moderado de fins da década de 1940.

As diferenças entre essas várias perspectivas econômicas dentro do governo, e externamente ao processo oficial de formulação da política, no que chamamos de casulo de formação do consenso, tornavam certo que, mesmo que o programa Reagan tivesse sucesso, não haveria uma explicação coerente para o mesmo. A reaganomia era um mosaico moderno que poderia significar qualquer coisa para cada pessoa em particular e nada para todos em geral. Era possível, no entanto, uma integração mais sensata dos grandes elementos do programa Reagan. Ela teria exigido a volta às políticas de moeda estável da década de 1950 e princípios da década de 1960 por quaisquer meios técnicos que o Fed pudesse julgar apropriados. O Fed não utilizou nenhuma regra monetária rígida no início do período ("curvar-se contra o vento", como foi chamada) e agiu muito bem para manter a estabilidade dos preços. A nova integração teria defendido também a redução dos impostos a fim de revitalizar a formação de capital a longo prazo nas empresas americanas e a promoção da poupança entre os consumidores. Teria pressionado por desregulamentação com vistas a tornar os mercados de trabalho e capital mais flexíveis, após a expansão dos serviços públicos e da regulamentação na década de 1970 (ver Capítulo 6). E teria propugnado por uma regra para a política fiscal, situada em algum ponto entre déficits crônicos e vultuosos (que, em última análise, solapam a formação de capital ao desviar ininterruptamente do setor privado uma parcela maior dos investimentos) e o orçamento equilibrado exigido pela Constituição. Em suma, não era inevitável em 1981, da mesma forma que não é na década de 1990, que nenhum consenso pudesse ser alcançado sobre a política econômica interna. No curto prazo, como sugere a experiência de 1981, tal consenso talvez não fosse necessário para implementar medidas importantes e úteis a fim de melhorar a economia. No longo prazo, no entanto, o consenso era essencial para completar, consolidar e sustentar esses melhoramentos. O Governo Reagan não conseguiu gerar consenso em 1981 nem depois.

Como resultado, o governo tornou-se particularmente vulnerável aos ataques de forças políticas em 1981. Essas forças, tanto dentro quanto fora do governo, acabaram por transformar o programa Reagan, de um programa que defendia novos limites à política econômica interna, naquilo que Herbert Stein chamou posteriormente de "a economia da alegria" (1984, Capítulo 7). O programa de redução de impostos tornou-se um almoço gratuito para a indústria e outros segmentos, a nova política monetária foi aplicada com tal entusiasmo que facilitou a pior recessão do período do pós-guerra, e o programa de redução de despesas desintegrou-se rapidamente em meio às reivindicações concorrentes da defesa, do bem-estar social e dos programas de ampliação de direitos sociais. Mas seria um erro considerar esses resultados apenas ou principalmente como conseqüências da ação de interesses especiais ou da política burocrática. O programa Reagan, a despeito de sua falta de integração intelectual, continha todos os elementos de um ataque coerente e abrangente às grandes condições econômicas que retardavam o crescimento em princípios da década de 1980. Interesses especiais desviaram o programa aqui e ali (os excessos da proposta orçamentária de 1981, que foram corrigidos em grande parte em 1982, e as revisões fiscais de 1984) e em última análise contribuíram para o impasse na área do orçamento. O presidente e o governo, como este capítulo e o seguinte deixam claro, tiveram uma oportunidade de levar o programa a bom termo. Fracassaram não por causa da política, mas porque não enfrentaram a necessidade de construir um fundamento lógico coerente e consistente para o programa, que poderia ter integrado os elementos separados e configurado uma coalizão política mais ampla para apoiá-lo.

As Opções do Presidente

O programa inicial de Reagan propunha quatro elementos, ou pilares, básicos de reforma econômica interna:

1) Um plano de reforma orçamentária com vistas a reduzir a taxa de crescimento dos gastos federais.

2) Uma série de propostas a fim de reduzir as alíquotas do imposto de renda de pessoa física em 10% ao ano no prazo de três anos e para criar empregos mediante aceleração da taxa de depreciação dos investimentos das empresas em fábricas e equipamentos.

3) Um programa a longo prazo de isenções fiscais normativas.

4) E, em cooperação com a Junta de Reserva Federal, um novo compromisso com a política monetária que restabeleceria uma moeda estável e mercados financeiros sadios (EOP, 1981).

O programa não mencionava a política de comércio externo e silenciava sobre outros aspectos da política econômica internacional. Nesse ponto, os economistas de oferta, os monetaristas e os novos conservadores fiscais concordavam sem discrepância que a reforma interna tinha prioridade. Todos achavam que o que fosse bom para a América seria bom para o resto do mundo e, em retrospecto, grande parte da reforma da política interna empreendida em 1981-1982, ao contrário de medidas nesse mesmo campo tomadas em princípios da década de 1970, foram benéficas para o resto do mundo após 1982 (ver discussão no Capítulo 8). Os objetivos internacionais e as conseqüências das reformas internas, no entanto, foram apenas debilmente esboçados e explicados no primeiro ano do novo governo.

Os projetos de lei sobre gastos e despesas destinados a implementar o programa do governo foram aprovados pelo Congresso no verão de 1981. Eles, no entanto, deixaram uma enorme brecha entre receita e despesa. O orçamento escapou inteiramente ao controle e permaneceu assim durante o restante da década. As receitas nivelaram-se em torno de 20% do PIB, enquanto as despesas disparavam para nada menos que 25,8% (FMIc, 1988). Déficits federais crônicos elevaram a dívida interna bruta federal de 33,5% do PNB no ano fiscal de 1980 para 53,5% no ano fiscal de 1988 (*ERP*, 1988, p. 338-9, 248; OMB, 1989).

Entrementes, a política monetária tornou-se radicalmente recessiva. Embora os agregados monetários maiores, tais como M_2 e M_3, crescessem acima de suas faixas estabelecidas em 1981, provocando algumas dúvidas sobre a escassez geral de moeda (Melton, 1985, p. 62), os agregados limitados, tal como M_1, sofreram uma desaceleração dramática (para zero em outubro de 1981; *ERP*, 1982, p. 303). Além do mais, o crescimento nominal do PNB sugeria arrocho, desacelerando de 20,5% no primeiro trimestre de 1981 para -1,4% no primeiro trimestre de 1982 (*ERP*, 1984, p. 221). No tocante a 1982 como um todo, o PNB real caiu 2,5%. A inflação desceu da taxa anual de 13,5% em 1980 para 10,4% em 1981 e para 6,1% em 1982 (*ERP*, 1988, p. 316)

O que teria acontecido? Os defensores de cada um dos elementos do programa Reagan têm seus bodes expiatórios preferidos. Os monetaristas criticaram a moeda excessivamente escassa e volátil; os economistas de oferta mencionaram a redução e demora nos cortes de impostos. (A redução de 30% em três anos, a começar de 1º de janeiro de 1981, fora cortada para 25% a começar de 1º de outubro de 1981.) Os conservadores fiscais atribuíram a culpa à política. Conforme explicou David Stockman, a "política de cozinha" no Congresso, envolvendo descaradas trocas de favores, "fez com que o pacote de cortes orçamentários se reduzisse e se expandisse o pacote de corte dos impostos", deixando um abismo escancarado entre receitas e despesas (1986, p. 251). No fim, os novos conservadores fiscais, tal como Stockman, vieram a concordar com os conservadores fiscais tradicionais, como Stein. O envolvimento do governo nisso não pode ser reduzido. O estado de bem-estar social existe porque a democracia o quer. Tudo o que resta é fazer com que a democracia pague por ele (Stockman, 1986, p. 391-2).

Foi divertida, mas não esclarecedora, a busca intramuros de culpados entre os vários teólogos econômicos que faziam parte do governo. A reaganomia nem fracassou inteiramente como um pacote de ideologias não-integradas, como alegaram alguns críticos (como, por exemplo, Stockman, 1986), nem teria obtido mais sucesso se apenas uma das ideologias houvesse dominado. Reduções de impostos sem dinheiro caro teriam provavelmente deflagrado uma hiperinflação; dinheiro escasso sem reduções de impostos teriam precipitado uma recessão ainda mais profunda; e um orçamento equilibrado sem reforma fiscal ou disciplina monetária teria perpetuado a estagflação. As partes separadas do programa precisavam umas das outras. Mas como não haviam sido integradas intelectual ou politicamente, o próprio presidente teve, em última análise, de lhes atribuir prioridades. Sem nada para orientá-lo entre as ideologias econômicas, por um lado, e os pragmatistas políticos, por outro, ele formulou o programa louvando-se em seus próprios instintos. Neste sentido o programa teve um nome apropriado. A reaganomia foi em grande parte um programa pessoal do presidente. A opinião de que ele não mantinha contato com os fatos (Stockman, 1986, p. 375) ou que "o próprio presidente teve muito pouco a ver com a invenção ou implementação das políticas e mecanismos que estimularam o notável aumento da riqueza da nação e bem-estar geral" (Regan, 1988, p. 143) simplesmente não convence. No fim, Ronald Reagan conseguiu exatamente o que queria de seu programa econômico.

E o que ele queria acima de tudo era a redução de impostos. Até mesmo Stockman reconhece isso (1986, p. 229). E foi o único elemento do programa ao qual o presidente estabeleceu metas. Em uma reunião decisiva realizada em princípios de maio, Reagan traçou a linha em 25% de sua redução de impostos de três anos (Stockman, 1986, p. 239). Ele não aceitaria nada menos. E nunca estabeleceu alvos comparáveis para os cortes de despesas. E além do mais, vetou, anteriormente, cortes importantes nos programas de distribuição e internos que compreendiam cerca de 40% do orçamento interno (Stockman, 1986, p. 130-1). Juntamente com a defesa, que sempre ficou além de limites, o presidente excluiu mais de dois terços de todo orçamento dos cortes nas despesas.

Ronald Reagan acreditava em muita coisa no estado de bem-estar social. Opunha-se aos programas da Grande Sociedade, mas o velho democrata do New Deal que nele havia nunca questionou seriamente, a despeito de toda retórica, os programas de criação de novos direitos, especialmente a Seguridade Social. Na primavera de 1981, aceitando os veementes conselhos de Jim Baker, o chefe de sua Casa Civil, e de Dick Darman, assistente de Baker, negou seu apoio a cortes durante muitos anos de cerca de 150 bilhões de dólares, no programa de Seguridade Social (Stockman, 1986, p. 181-91; Niskanen, 1988, p. 36-40). Essa decisão, juntamente com o erro de Stockman em fevereiro, baseando o crescimento das despesas de defesa no novo orçamento de Reagan, de 222 bilhões de dólares, e não no velho orçamento de defesa de 1980, de 146 bilhões, foram responsáveis por quase todos os déficits orçamentários em anos subseqüentes.

Em setembro de 1981, Reagan remeteu a questão da Seguridade Social a uma comissão bipartidária presidida por Alan Greenspan. No fim, a comissão anunciou um pacote fiscal de 160 bilhões de dólares que atendia a três quartas partes das necessidades financeiras da Seguridade Social com aumentos de impostos e receita fiscal geral e apenas um quarto com cortes nos benefícios (Roberts, 1984, p. 280). Juntamente com os aumentos de impostos que haviam sido votados em 1977, para entrar em vigor na década de 1980, as contribuições para a Seguridade Social subiram continuamente durante o Governo Reagan, contrabalançando consideravelmente as reduções no imposto de renda. Stockman argumenta que Reagan estava "mais do que disposto a lutar" pelos cortes nos benefícios da Seguridade Social, mas que seus "administradores", presumivelmente Baker e Darman, "pediram uma trégua e o mantiveram no escuro" (1986, p. 191-2). Esse argumento não se sustenta. Reagan recebeu o mesmo tipo de conselho dos mesmos "administradores" sobre cortes nos impostos e o rejeitou (Stockman, 1986, p. 239, 313). O presidente, simplesmente, não temia tanto o déficit orçamentário como Stockman e os novos e tradicionais conservadores fiscais. Conforme diz triunfantemente Roberts, o programa do presidente nunca estabeleceu um orçamento equilibrado como *meta*, mas apenas como um *resultado* almejado (1984, p. 105).

Se os cortes de impostos constituíram a prioridade máxima de Reagan, a redução da inflação e o dinheiro escasso vieram em um segundo lugar bem próximo. Ao contrário de Carter, Reagan não tornou o emprego a qualquer custo o elemento principal de seu programa. Neste particular, decepcionou os economistas unilaterais da tese de oferta, que queriam a expansão acima de tudo e que acreditavam que Volcker estava sabotando deliberadamente o programa fiscal (Roberts, 1984, p. 114). Reagan tinha encontros regulares com Volcker e nunca lhe pediu em 1981 que apertasse ou afrouxasse o meio circulante (Anderson, 1988, p. 249-53) e jamais criticou publicamente o Fed, mesmo no auge da recessão em 1982, quando os republicanos perderam 26 cadeiras na Câmara dos Deputados. Reagan, porém, de fato colocava a política monetária antes dos cortes fiscais, e os grandes déficits orçamentários esperados que resultaram desses cortes podem ter posto Volcker sob pressão no inverno de 1981-1982 para apertar ainda mais a cravelha, mesmo que a velocidade da moeda começasse a cair nesse período. Volcker pode ter concluído que o consenso sobre desinflação não duraria muito, dadas as pressões sobre a política monetária dos grandes déficits fiscais, e que a inflação teria que ser dominada com tanta rapidez quanto possível (Niskanen, 1988, p. 168-9). No fim, ele teve que afrouxar bastante a política monetária em fins do verão de 1982, a fim de aliviar as tensões financeiras no país e no exterior. As políticas fiscal e monetária de Reagan tomadas em conjunto, portanto, tornaram sem dúvida nenhuma mais difícil o trabalho de Volcker, muito embora, especialmente em 1982, tornassem politicamente possível o sucesso do chefe do Fed. Segundo conclui Stockman, "pouca dúvida há (...) de que a façanha de Volcker não teria sido possível sem o apoio inalterável de Reagan durante os sombrios dias de 1982" (1986, p. 378).

Depois de tudo dito e feito, por conseguinte, o presidente conseguiu exatamente o que queria e se agarrou a esse resultado. Aceitou modestos aumentos dos impostos em 1982 e 1984, mas ganhou a reeleição neste último ano na base de uma promessa firme de não elevá-los mais. Conforme vimos, ele nunca demonstrou o mesmo ardor no tocante a cortes nas despesas e recuou ainda mais após derrotas eleitorais em 1982 e a espetacular recuperação econômica em 1983 e 1984. Transformou-se no maior destruidor de orçamento da história, quase triplicando a dívida pública federal, de um trilhão no ano fiscal de 1981 para 2,6 trilhões de dólares no ano fiscal de 1988 (*ERP*, 1989, p. 399). Aceitou as conseqüências políticas da política de dinheiro escasso em 1981-1982 e voltou a nomear Paul Volcker em 1983.

Seu programa foi sempre o mesmo — cortes nos impostos, déficits orçamentários e baixa inflação. Não foi nem um programa keynesiano exclusivo, que vedava qualquer papel à política monetária, nem um programa keynesiano conservador, que impunha limites aos déficits orçamentários. Foi, na maior parte, economia convencional de mercado livre, com aceitação emocional, embora não financeira, de elementos do New Deal, como a Seguridade Social (ver o Capítulo 3 para definições de keynesianismo exclusivo e conservador, bem como das políticas econômicas convencionais de mercado livre). Suas premissas, bem como seus resultados, que examinaremos adiante, não se enquadram em quaisquer fáceis categorias descritivas. Sob a bandeira da reaganomia, os Estados Unidos obtiveram considerável progresso durante a década de 1980, tanto no país como no exterior, embora, simultaneamente, o programa encerrasse inevitáveis contradições a longo prazo. Em algum ponto, quando acabasse a tomada de empréstimos no exterior, os déficits orçamentário e no comércio externo teriam que ser pagos pela mobilização dos recursos internos, fosse através de impostos ou de inflação. Mas isso é assunto para o Capítulo 9. Passaremos agora à diplomacia econômica internacional no início do Governo Reagan, que tornou a reforma da política interna, mais uma vez, o tema principal das discussões econômicas mundiais.

Conflito Internacional

Se oferecia explicação pouco coerente da economia interna, a reaganomia praticamente nada dizia sobre a economia internacional. Em 1981, o governo estava quase que inteiramente absorvido na reforma interna, tanto militar quanto econômica. Não obstante, a reforma interna, sobretudo a estabilidade dos preços e os mercados flexíveis, que o Governo Reagan tentava restabelecer, era elemento essencial para a restauração da estabilidade dos mercados internacionais e de seu crescimento. Alguns dos primeiros críticos das políticas de Reagan ignoraram esse fato, como aliás alguns haviam feito também como formuladores da política na década de 1970 (Bergsten, 1981; Oye, Lieber e Rothchild, 1983). Além do mais, o Governo Reagan tinha razão em atribuir pouca importância à forma da cooperação internacional que caracterizara a década de 1970. Conforme foi observado no Capítulo 6, essa cooperação sacrificou freqüentemente a reforma interna, em especial a fiscal e microeconômica de médio prazo, em benefício da coordenação internacional de políticas cambiais e monetárias de curto prazo. É improvável, por exemplo, que os Estados Unidos pudessem ter negociado um acordo na mesa da Conferência de Cúpula, especialmente com a França, de mentalidade expansionista, para tornar rígida a política monetária e desinflacionar a economia mundial. Em contraste com 1947, quando dominavam a mesa de conferência e não existiam ainda grandes mercados internacionais, os Estados Unidos, em 1981, exerciam menos influência direta no mercado mundial vasto e altamente interdependente que nesse momento existia. Dessa maneira, a decisão tomada em princípios de 1981, de suspender a intervenção extensiva nos mercados cambiais internacionais, foi inteiramente coerente com o desejo do governo de defender seu programa de desinflação, especialmente contra os programas expansionistas de outros países, bem como com sua disposição de usar forças do mercado para pressionar outros países a se moverem na mesma direção.

O desnecessário em 1981-1982, no entanto, foi que o Governo Reagan parecesse dar a impressão de rejeitar inteiramente o conceito de cooperação intergovernamental. Havia um papel que governos podiam desempenhar na política internacional, sobretudo o de estabilizar os mercados financeiros e promover uma política de comércio externo liberal (a função das instituições de Bretton Woods). O presidente, na verdade, apoiou o papel do FMI e do Banco Mundial em discursos pronunciados nessas instituições no outono de 1981 e o governo realmente implementou uma política econômica internacional muito mais ativa no inverno de 1981-1982, em preparação para a Conferência de Cúpula de Versalhes. Esse esforço, no entanto, foi feito apenas depois de criada a impressão de que os Estados Unidos não se importavam com o impacto de sua política sobre outros países.

Em certo sentido, o governo deveria ter reforçado a retórica da cooperação internacional em princípios de 1981, mesmo na ocasião em que suas políticas internas começavam a projetar influências poderosas e necessariamente disruptivas (como, por exemplo, reduzir a inflação) no mercado internacional. Mas carecia da confiança para assim proceder, especialmente porque suas políticas geraram uma recessão inesperadamente rigorosa no outono de 1981. Ao ganhar o governo confiança com a recuperação de 1983-1984, suas políticas anteriores já haviam produzido tantos estragos na comunidade internacional que a cooperação, nessa esfera, nunca atingiu o potencial que poderia ter desenvolvido para dar respaldo a um método diferente, baseado em opções, de focalizar as relações de política econômica internacional (ver Capítulo 2).

A Conferência de Cúpula de Ottawa

Na Conferência de Cúpula de Ottawa ocorreu a confrontação de enfoques diametralmente opostos de política interna no que interessava ao crescimento e à economia mundial. Ronald Reagan e Margaret Thatcher, da Grã-Bretanha, pregavam a desinflação, reformas fundamentais de política fiscal e uma redução geral do papel do governo, enquanto François Mitterrand, da França, defendia planejamento e incentivos econômicos. A confrontação, lançando as extremidades mais radicais do espectro político uma contra a outra — mercado livre e políticas de *laissez-faire* contra políticas keynesianas profundas — assinalou o resultado natural de um processo de cooperação na década de 1970 que ou ignorou as diferenças em políticas internas ou procurou reconciliá-las em níveis cada vez mais altos de inflação. A Conferência de Cúpula de Ottawa teria enfrentado grandes dificuldades para resolver essas divergências mesmo que tivesse havido tempo suficiente para preparar-se. O novo governo dos Estados Unidos estava no poder havia apenas seis meses, ao passo que o novo governo francês assumira apenas seis semanas antes da Conferência. Além do mais, os Estados Unidos opunham-se ao tipo de processo de cúpula que evoluíra na década de 1970 e que fora simbolizado pela Conferência de Cúpula de Bonn, em 1978, na qual foram realizadas negociações detalhadas e alcançados acordos específicos. Ou como explicou Myer Rashish, subsecretário de Estado para Assuntos Econômicos e representante pessoal de Reagan em Ottawa:

> Deliberadamente, esta conferência de cúpula será diferente. Enquanto as últimas tenderam a produzir acordos sobre pontos específicos — esta não fará isso. Será

muito mais valioso utilizar o limite de tempo disponível (...) para realizar uma discussão completa dos principais tópicos (*NYT*, 5 de julho de 1981).

Os pontos controversos foram nitidamente delineados. Os interesses imediatos eram as taxas de juros nos Estados Unidos e o alto preço do dólar. A questão principal em Ottawa, sobre as quais as divergências foram igualmente muito claras, tomou a forma do tópico relativamente limitado das relações Norte-Sul e Negociações Globais, assunto este remanescente da Conferência de Cúpula de Veneza, em 1980, que fora realizada sob a nuvem da segunda crise do petróleo. Os negociadores dos Estados Unidos trabalharam para expandir a agenda. As questões comerciais Leste-Oeste e Oeste-Oeste foram eventualmente acrescentadas, muito embora tivessem menos prioridade para outros países e não a mais alta para os Estados Unidos (ver discussões posteriores sobre o comércio externo Oeste-Oeste neste capítulo e sobre Leste-Oeste no Capítulo 10). Por último, os tópicos políticos revestiram-se de interesse considerável. A França acabara justamente de aceitar comunistas no novo governo e não estava claro para que lado penderia em questões de importância fundamental da aliança. As divergências entre os Estados Unidos e a França sobre questões políticas do Terceiro Mundo (como, por exemplo, sobre a Nicarágua) já eram bem conhecidas.

As políticas fiscal e monetária de Reagan, por qualquer que tenha sido o mecanismo específico responsável (como, por exemplo, maiores déficits orçamentários, dinheiro escasso ou retornos mais altos dos investimentos após a dedução dos impostos) haviam mandado para as alturas as taxas de juros e a cotação do dólar. De janeiro a julho de 1981, as taxas de juros a longo prazo subiram 171 pontos básicos (embora as taxas de juros a curto prazo aumentassem apenas marginalmente), ao passo que, do quarto trimestre de 1980 para o terceiro trimestre de 1981, o valor real, ponderado pelo comércio externo, do dólar americano se valorizava em 25% (*ERP*, 1982, p. 311, 345). Em Ottawa, líderes europeus queixaram-se amargamente desses fatos. Helmut Schmidt, da Alemanha, disse violentamente que as políticas americanas haviam precipitado "as mais altas taxas de juros na Alemanha (...) desde o nascimento de Cristo, no que interessa às taxas de juros reais" (*NYT*, 21 de julho de 1981). As altas taxas de juros reais, alegou, dificultavam os investimentos e o crescimento e, desta maneira, exacerbavam sérios problemas de desemprego na Europa. Mitterrand avisou a Reagan que "o desemprego na França, na Alemanha e em outros países da Europa está se aproximando do ponto de ignição, um ponto onde poderá deflagrar sublevação social" (*NYT*, 21 de julho de 1981).

Schmidt e outras autoridades européias recomendaram uma diferente mistura de política para os Estados Unidos (*NYT*, 22 de julho de 1981). Queriam que os Estados Unidos adotassem uma política fiscal mais apertada e uma política monetária mais frouxa. Os grandes aliados, excluindo a França, estavam implementando políticas fiscais restritivas, procurando reparar o dano orçamentário dos programas expansionistas da década de 1970, sobretudo depois do primeiro choque do petróleo (Henning, 1987, p. 15). Alimentavam a esperança de usar a política monetária para estimular suas economias, ao passo que a mistura americana de política monetária apertada e política fiscal frouxa, elevando as taxas de juros americanas, impedia-os de assim agir, a menos que estivessem dispostos a aceitar a depreciação de suas moedas.

Na ocasião, os Estados Unidos tinham um argumento mais forte, muito embora os negociadores de Reagan não tivessem conseguido torná-lo convincente para os aliados ou para a mídia. Caso tivessem os Estados Unidos aliviado a política monetária, permitindo que seus aliados agissem do mesmo modo, é concebível que a inflação não teria caído de maneira tão geral e rápida como ocorreu nos Estados Unidos e no mundo industrializado em princípios da década de 1980. Sem dúvida nenhuma, o processo de reverter as políticas expansionistas na França e em outros países (como, por exemplo, na Itália) teria demorado muito mais tempo. E se os Estados Unidos tivessem enrijecido a política fiscal, juntamente com todos os outros países, o mundo como um todo teria provavelmente experimentado o tipo de crescimento anêmico dos mercados internos por que a Europa e o Japão passaram na primeira metade da década de 1980. Todos teriam dependido, em matéria de crescimento, dos mercados externos e estes não teriam crescido. A Europa, com exceção da Grã-Bretanha, pretendia continuar com políticas de dinheiro fácil, crescimento liderado pelas exportações e estabilização fiscal em altos níveis de impostos e gastos, ao passo que os Estados Unidos experimentavam um novo enfoque.

A questão que refletia essas prioridades econômicas diferentes, e que veio a simbolizar o desacordo entre os aliados, foi a intervenção no mercado cambial. O Governo Reagan acreditava que divergências entre políticas econômicas internas básicas, diferenciais de inflação muito altos e voláteis, eram os que exerciam a principal influência sobre as oscilações da taxa cambial (Sprinkel, 1981). Não achava que a especulação desempenhasse um papel importante, exceto em mercados altamente distorcidos. Daí, aceitava a intervenção apenas para combater mercados desorganizados (o que ocorreu três vezes no período 1981-1982). Os governos europeus, por outro lado, eram favoráveis a intervenções mais freqüentes, a fim de combater a especulação e estabilizar as taxas cambiais. Possuíam setores internacionais mais amplos e sofriam mais com oscilações disruptivas das taxas cambiais. Preferiam taxas cambiais mais administradas, particularmente dentro do Sistema Monetário Europeu (SME), criado em 1978 a fim de proteger as moedas européias contra a flutuação do dólar.

Se quisesse retardar ou reverter a elevação do dólar, o Governo Reagan teria que aliviar a política monetária (ou, para ser mais exato, pressionar Volcker para que assim fizesse) ou renunciar aos cortes fiscais. Não querendo transigir com a inflação ou com altos impostos, o governo recusou-se a controlar a elevação do dólar mediante intervenção nos mercados cambiais. Embora intervenções para atingir objetivos de curto prazo tivessem sido compatíveis com sua política, o governo temeu que ela diluísse sua meta de longo prazo de estimular a desinflação na Europa. (Ver comentários nesse sentido do subsecretário Beryl Sprinkel, na *Business Week* de 21 de junho de 1982, p. 37.)

Autoridades européias queixaram-se violentamente da decisão americana de suspender a intervenção no mercado cambial. Mas, em retrospecto, como observou Karl Otto Poehl, que mais tarde se tornou presidente do Bundesbank alemão, com "uma taxa cambial fixa entre o dólar americano e as principais moedas, a inflação de dois dígitos da década de 1970 teria, com toda probabilidade, se acelerado durante a década de 1980 (1987, p. 26). Além do mais, abria-se às autoridades européias uma opção. Poderiam ter aceito uma depreciação mais acentuada de suas moedas e alimentado a expansão através de estímulos fiscais modestos (Krugman, 1985, p. 44-5). A França assim agiu durante algum tempo, mas não conseguiu convencer a Alemanha ou a Grã-Bretanha a acompanhá-la nessa orientação expansionista. Recusando-se a tomar esse caminho, as autoridades alemãs optaram pelas prioridades americanas para reduzir a inflação, ao mesmo tempo que utilizavam as políticas dos Estados Unidos como bode expiatório conveniente, em parte para disfarçar suas próprias divergências com a França (que, em 1981, tal como a Alemanha, tinha um governo socialista).

Em Ottawa, os problemas das relações Norte-Sul provocaram também dissenções. Essas questões eram consideradas de prioridade máxima para o hospedeiro da conferência, o primeiro-ministro Pierre Trudeau. Em contraste com as questões macroeconômicas, Trudeau tinha esperança de conseguir alguma coisa específica na esfera Norte-Sul, isto é, um compromisso dos governos ali reunidos de endossar a imediata convocação de Negociações Globais, uma conferência de todos os membros da ONU (mais de 160) para estudar, em todos os seus aspectos, os problemas econômicos internacionais, surgidos na esteira da segunda crise do petróleo (*NYT*, 16 de julho de 1981). O novo governo americano já concordara em março de 1981 em comparecer a uma conferência Norte-Sul menos numerosa (apenas 21 países) a realizar-se em Cancun, México, em março daquele ano. Trudeau tinha esperança de conseguir também o compromisso americano para a convocação de Negociações Globais. (As negociações globais, conhecidas também como NGs, sempre eram mencionadas em maiúsculas a fim de designar uma conferência específica da ONU, e não um processo geral de negociações. Ver discussão adiante.)

As divergências entre o novo governo americano e os outros países participantes da cúpula sobre os problemas Norte-Sul, contudo, eram enormes. Essas divergências emergiram em toda sua nudez no trabalho conjunto que os representantes dos líderes da cúpula (conhecidos como *sherpas*, numa referência aos nativos nepaleses que ajudam os alpinistas a escalar os picos do Himalaia) redigiram em preparação para Ottawa. Esse trabalho, encomendado inicialmente na Conferência de Cúpula de Veneza, realizada em 1980, devia focalizar exclusivamente as políticas de ajuda e o diálogo político Norte-Sul. Para o novo Governo Reagan, no entanto, a ajuda e as discussões políticas no seio da ONU eram os aspectos menos importantes do problema do desenvolvimento. Acreditava o novo governo que o desenvolvimento era muito mais questão de fenômenos econômicos concretos, especialmente de políticas internas e de comércio externo nos próprios países emergentes. Coerente com o enfoque que adotava no país, os Estados Unidos queriam pôr a reforma da política interna no alto da agenda Norte-Sul. Buscava estimular os países em desenvolvimento a reconsiderar as políticas de intervenção microeconômica dos governos, que vinham sendo praticadas há muito tempo, e a substituição de importações (que implicava protecionismo no comércio externo) e dar maior ênfase à disciplina monetária, à reforma fiscal e reguladora, à formação de capital no setor privado e ao espírito empresarial. Insistia ainda na liberalização progressiva do comércio externo e da política de investimentos e convidava os países em desenvolvimento a aderirem com entusiasmo à nova rodada de negociações comerciais que seria lançada por uma projetada reunião ministerial dos países do GATT em novembro de 1982.

Europa e Japão entendiam as prioridades em uma ordem exatamente oposta. O diálogo político era importante demais para ser ignorado, argumentavam. A unidade política do Sul, em grupos semelhantes ao G-77 (o bloco dos países em desenvolvimento nas Nações Unidas), constituía expressão natural da experiência anticolonial comum dos países em desenvolvimento e de suas recém-conquistadas soberania e independência. O respeito por essa unidade e independência exigia que o Norte negociasse diretamente com o Sul e impedia qualquer discussão internacional de políticas delicadas e de soberania. Além do mais, a ajuda era fundamental nessa discussão, uma vez que expressava o compromisso político do Norte com o Sul. A Europa, naturalmente, vinculava a ajuda à exportação de produtos manufaturados europeus para o Sul ou a acordos de produtos básicos destinados a estabilizar os preços de importação de matérias-primas compradas no Sul. A ajuda, portanto, fazia bom sentido econômico, dados os padrões de comércio da Europa com o Sul (na maior parte, importação de matérias-primas e exportação de produtos manufaturados). Da forma como a Europa entendia o assunto, políticas liberais de comércio externo eram primariamente um Cavalo de Tróia, com vistas a introduzir exportações de manufaturados americanos e capital multinacional nos mercados dos países em desenvolvimento.

A elaboração desse trabalho conjunto constituiu um exercício difícil, ainda que útil, uma vez que iniciou o processo de transferir a atenção dos aliados e do mundo dos enfoques intervencionistas da década de 1970 para o enfoque orientado para o mercado que cada vez mais caracterizava a década de 1980. Em Ottawa, no entanto, o foco continuou a ser posto nas Negociações Globais e em uma nova instituição de ajuda do Banco Mundial, conhecida como Filial de Energia. Tão logo a delegação americana chegou a Ottawa, o primeiro-ministro Trudeau fez um apelo urgente para que os líderes aprovassem publicamente as Negociações Globais, antes mesmo de iniciadas as conversações de cúpula. Esse problema dominou as negociações de bastidores durante toda a cúpula e foi finalmente suavizado com o hábil fraseado de um comunicado, que declarou que os países reunidos na conferência "estavam prontos para participar de preparativos para um processo de negociação global mutuamente aceitável, em circunstâncias que oferecessem perspectiva de progresso substancial" (para o texto do Comunicado de Ottawa, ver o *NYT*, 22 de julho de 1981). No que interessava à delegação americana, esse fraseado permitia pelo menos quatro paradas entre a declaração de Ottawa e a convocação concreta de Negociações Globais: 1) os países reunidos na cúpula concordavam em participar apenas dos preparativos, não das próprias negociações; 2) as próprias Negociações Globais eram mencionadas como um processo (daí, em letras minúsculas), e não como um foro específico das Nações Unidas, abrindo a possibilidade de que outros foros menores, mais controláveis, substituíssem o da ONU; 3) o processo que porventura emergisse teria que ser "mutuamente aceitável"; e 4) o processo teria que encerrar as perspectivas de progresso "substancial". Do ponto de vista dos aliados, a declaração, a despeito dessas ressalvas, poderia ser apresentada como mais um passo na direção da inevitabilidade das Negociações Globais, e se apressaram em tranqüilizar os países em desenvolvimento, dizendo que convenceriam os americanos a dar total endosso às NGs na reunião de cúpula de Cancun, que teria lugar em outubro no México.

Embora não produzisse decisões importantes, a cúpula de Ottawa não foi apenas um jogo para as arquibancadas, conforme foi dito na época. Nos bastidores, como disse um dignitário francês, as discussões foram "algumas vezes, brutais" (*NYT*, 22 de julho de 1981. Ver também Putnam e Bayne, 1984, p. 156; Regan, 1988, p. 258-9). Até certo ponto, os Estados Unidos obscureceram o caráter sério das discussões com sua própria *blitz* de relações públicas. Ansiosos para tornar um sucesso o primeiro encontro diplomático do presidente, os auxiliares de Reagan alugaram um conjunto de mansões de veraneio nas colinas em volta do local da conferência de cúpula, em Montebello, e passaram a fornecer informações quase diárias sobre as contribuições do primeiro mandatário americano. Essa atividade torpedeou o objetivo da realização do encontro em Montebello — uma cabana de caça rústica situada a uns 80km de Ottawa —, enquanto os principais elementos profissionais da mídia permaneciam em Ottawa. Antagonizou também os aliados e despertou uma má vontade que se estendeu até a Conferência de Cúpula de Versalhes, no ano seguinte. Ainda assim, é preciso dizer que o confronto de relações públicas ocorrido em Ottawa não foi enxertado na situação. Aconteceu em parte porque os participantes levaram a sério demais os problemas, em especial as divergências sobre política interna, e não porque os tratassem com pouco caso. O fato de o mundo e a mídia esperarem mais de Ottawa, dadas as divergências sérias sobre os problemas, refletia a extensão em que o mundo fora agarrado, da década de 1970 em diante, por um processo de cooperação internacional que produzia acordos sem consenso sobre problemas substanciais de política interna.

Cancun e a Iniciativa da Bacia do Caribe (IBC)

Desde o início, o novo governo deu prioridade às relações regionais com países em desenvolvimento, particularmente na América do Norte. Ao anunciar sua candidatura em novembro de 1979, o presidente Reagan falou de uma Área Econômica Norte-Americana, que incluiria o México, o Canadá e os países do Caribe. Durante a campanha, em outubro de 1980, prometeu: "Iniciaremos um programa de intenso desenvolvimento no Caribe com países que queiram cooperar" (1980). Esse conceito de cooperação regional, inspirado por preocupações de segurança na América Central e pelo desejo de badalar um enfoque mais orientado para o mercado do desenvolvimento, deu origem, sem demora, a encontros entre o presidente Reagan e o presidente Lopez-Portillo, do México (em janeiro, antes da posse do presidente americano) e o primeiro-ministro Edward Seaga, da Jamaica. E levou também o presidente Reagan a aceitar, em março, o convite do presidente Lopez-Portillo para comparecer à Conferência de Cúpula Norte-Sul em Cancun, México, em outubro de 1981.

A Cúpula de Cancun notabilizou-se como uma das poucas ocasiões no sistema econômico mundial nos tempos modernos em que chefes de estado e governo de países industrializados e em desenvolvimento se reuniram para discutir problemas comuns. Existia a possibilidade de que o foro de Cancun perpetuasse esse tipo de foro menor Norte-Sul, muito embora se desconfiasse que ele fosse uma tentativa para confundir e ladear a proposta de Negociações Globais. Nesse espírito, a realização de outubro focalizou-se nas Negociações Globais, uma proposta que nascera morta, enquanto um foro novo e potencialmente útil, que poderia aproximar mais países industrializados e em desenvolvimento, foi posto à margem.

A Cúpula de Cancun deu oportunidade ao Governo Reagan de desenvolver sua argumentação em favor de um enfoque do desenvolvimento mais orientado para o mercado. Na reunião do FMI-Banco Mundial em setembro, o presidente Reagan enfatizara a importância de "uma visão comum de crescimento e desenvolvimento através de liberdade política e oportunidade econômica", tendo elogiado as instituições de Bretton Woods por terem trabalhado "incansavelmente para preservar a estrutura da cooperação econômica internacional e para gerar confiança e competição na economia mundial" (1981a). Duas semanas depois, em Filadélfia, destacou as reformas internas. Falando inicialmente sobre os Estados Unidos, observou que a redução da inflação e das taxas de juros em um ponto percentual nos Estados Unidos beneficiaria em um bilhão de dólares os países em desenvolvimento. "Pondo nossa própria casa econômica em ordem", proclamou, "nós ganhamos, eles ganham, todos nós ganhamos." Analogamente, prosseguiu, temos

> que examinar em cooperação os obstáculos que as políticas dos países em desenvolvimento colocam ao próprio desenvolvimento e como podem ser removidos. Por exemplo: há qualquer desequilíbrio entre as atividades dos setores público e privado? Estarão os impostos sufocando os incentivos e impedindo o crescimento da poupança pessoal e do capital de investimento? (1981b)

Ao equacionar delicadamente, sob a forma de perguntas, essas questões internas fundamentais, o presidente sugeria como o enfoque americano divergia ainda do adotado por outros países (Lubar, 1981). Quatro anos depois, o diálogo do desenvolvimento, sob o impacto da agenda Reagan, formulada inicialmente em Cancun, incluiria as idéias outrora radicais de reforma monetária interna e da política fiscal, a desregulamentação, a privatização, e políticas de comércio externo mais liberais. Em 1981, no entanto, as questões controversas preponderantes ainda eram de processo, e não de substância. O que fazer a respeito das Negociações Globais?

A delegação americana não era unânime em suas idéias. Autoridades de política externa, incluindo o secretário de Estado Alexander Haig e a embaixadora nas Nações Unidas, Jeane Kirkpatrick, preocupavam-se com o custo político de um repúdio das Negociações Globais. O secretário do Tesouro e os principais assessores da Casa Branca, por outro lado, preocupavam-se com a diluição da agenda interna e das prioridades do presidente. Acima de tudo, não podiam admitir o presidente endossando um processo das Nações Unidas que representava o pior tipo de burocracia e manobras políticas, que o Governo tinha o compromisso de combater no país e no exterior. Nenhum dos grupos queria ver o presidente isolado em Cancun.

Em Cancun, os Estados Unidos aceitaram um meio-termo para que as Negociações Globais dessem mais um passo, proposta essa que acabou por ser rejeitada. Elaborado pelo Canadá, Áustria e México, e apoiado pela Iugoslávia, Índia e Nigéria, o meio-termo estabelecia que os dois co-presidentes da reunião de Cancun (a Áustria e o México), juntamente com o secretário-geral das Nações Unidas, reunissem nas Nações Unidas, em fins de 1981, um grupo informal, composto principalmente de países que haviam comparecido a Cancun, a fim de "discutir os preparativos de um processo mutuamente aceitável de negociações globais em circunstâncias que oferecessem a perspectiva de progresso substancial" (adotando o fraseado do Comunicado de Ottawa). Esse acordo reconhecia o papel das Nações Unidas, "ao mesmo tempo enfatizando a competência, as funções e independência dos órgãos especializados, da forma definida nos Acordos da Associação". Salvaguardava, por conseguinte, o FMI e o Banco Mundial, cuja autoridade e procedimentos de votação, com peso ponderado, os países em desenvolvimento tinham esperança de subordinar às Negociações Globais como parte de sua campanha para reestruturar e democratizar as instituições econômicas internacionais.

Os Estados Unidos aceitaram relutantes esse meio-termo. Estavam procurando uma maneira, como disse o presidente em Cancun, de "implementar o compromisso assumido na Declaração da Conferência de Cúpula de Ottawa de conduzir um diálogo mais formal — bilateralmente, com grupos regionais, nas Nações Unidas e nas agências internacionais especializadas" (1981c). Consideravam as reuniões menores do tipo Cancun como mais aceitáveis do que as Negociações Globais e chegaram mesmo a cogitar da idéia de uma Conferência das Nações Unidas sobre Crescimento Econômico, plenária mas única (originariamente sugerida pelo subsecretário de Estado Myer Rashish) se continuasse a aumentar a pressão para que se realizassem as Negociações Globais.

No último minuto em Cancun, no entanto, o acordo de conciliação foi rejeitado. A Venezuela e a Argélia, duas antigas defensoras de uma nova ordem econômica internacional, viam nisso uma maneira de ladear as Negociações Globais. Apoiadas pela Tanzânia e pela Guiana, elas preferiam a volta à arena das Nações Unidas a fim de trabalhar pela idéia inicial das Negociações Globais. A partir de novembro e até a primavera seguinte, por conseguinte, a questão voltou às Nações Unidas e recomeçou o processo já conhecido e infrutífero de "elaboração" de novas resoluções.

Em novembro, o G-77 apresentou um novo projeto de resolução em Nova York. Em uma reunião do Conselho de Segurança Nacional em princípios de dezembro, autoridades americanas concordaram em fazer uma contraproposta. A questão principal a essa altura era se os Estados Unidos deviam concordar em convocar primeiro as Negociações Globais e, em seguida, estudar, em uma fase preliminar, as questões de procedimentos, agenda e programação (especificamente, as questões fundamentais, se as Negociações Globais teriam jurisdição sobre as áreas funcionais abrangidas pelas agências especializadas, tais como o Banco Mundial e o FMI) ou se deviam concordar apenas em convocar uma conferência preliminar para estudar essas questões (o compromisso assumido pelos Estados Unidos em Ottawa). Haig, Kirkpatrick e o vice-presidente George Bush achavam que os Estados Unidos deviam convocar inicialmente as Negociações Globais. Pensavam que os Estados Unidos estavam isolados e, de qualquer modo, duvidavam que a resolução do G-77 fosse adotada. A embaixatriz Kirkpatrick acreditava que era tempo de jogar alguma política no problema do desenvolvimento. As NGs haviam se transformado no teste decisivo de boa vontade e os Estados Unidos, acreditava ela, podiam se dar ao luxo de participar da "dança dos sete véus" sem, na realidade, conceder coisa alguma. O secretário do Tesouro, Regan, e os assessores mais graduados na Casa Branca opunham-se à idéia de convocar as Negociações Globais antes de serem resolvidos os pontos controversos. Achavam que os Estados Unidos estavam resvalando para algo que não podiam controlar. Assessores da Casa Branca leram partes da resolução 34/138 das Nações Unidas, que constituía a base das Negociações Globais, a fim de demonstrar como esse foro divergia da filosofia econômica do presidente. O presidente, também, temia entrar, um passo relutante após outro, nas Negociações Globais e resolveu aceitar apenas uma conferência preliminar. Queria desviar a atenção para questões substantivas e determinou que a Agência de Desenvolvimento dos Estados Unidos acelerasse o envio de forças-tarefas de alto nível aos países em desenvolvimento, que mandara organizar a partir de Cancun.

Previsivelmente, o G-77 reunido em Nova York rejeitou emendas dispondo apenas sobre uma conferência "preliminar". O assunto permaneceu em ponto morto até março, quando o novo presidente do comitê informal de negociações apresentou em Nova York outro esboço de resolução. Nessa altura, a fim de prevenir o processo de isolamento progressivo dos Estados Unidos em Nova York, um jogo que seus aliados europeus praticavam com todo entusiasmo, os Estados Unidos resolveram usar os preparativos para a Conferência de Cúpula de Versalhes, em junho de 1982, para elaborar um acordo com seus aliados que os vincularia aos Estados Unidos, sem renunciar a qualquer uma das condições essenciais que estabelecia para realização das conversações. Se essa estratégia funcionasse, os países em desenvolvimento rejeitariam o acordo aliado, selando o destino final das NGs, mas os Estados Unidos não seriam identificados como o país que as assassinara. A idéia era evitar tanto as conseqüências econômicas de convocação das NGs quanto os custos políticos de não convocá-las. Conforme veremos logo adiante, a estratégia surtiu efeito.

Enquanto prosseguiam em Nova York as estéreis deliberações sobre o diálogo do desenvolvimento, os Estados Unidos passaram a tratar da formulação de um programa substantivo para o desenvolvimento econômico regional. A Iniciativa da Bacia do Caribe (IBC), anunciada em fevereiro de 1982, refletia as novas prioridades para o comércio externo, os investimentos privados e a reforma de política interna que o governo frisara em Ottawa e Cancun. Consumindo quase um ano de preparativos, a IBC representava um desvio histórico da política de comércio externo dos Estados Unidos no pós-guerra. Pela primeira vez, defendiam eles uma zona de preferência regional, uma zona de comércio livre unilateral que oferecia acesso isento de tarifas às exportações do Caribe para os Estados Unidos, em um período de 12 anos. Embora a maioria das exportações dessa zona já entrasse sem ônus alfandegário, isso acontecia sob o Sistema Generalizado de Preferências, um acordo global que incluía a maioria dos países em desenvolvimento, e de acordo com o qual o acesso isento de direitos alfandegários tinha que ser renovado todos os anos. O acesso mais garantido, a prazo mais longo, ao mercado americano foi elaborado para estimular investimentos privados no Caribe e reformas de política interna correlatas, orientadas para o mercado.

O plano dispunha inicialmente que as empresas americanas que investissem no Caribe teriam direito a uma dedução cedular de 10% e que, na ocasião, só se aplicava a investimentos nos Estados Unidos. Essa disposição, no entanto, teve que ser retirada devido à pressão do Congresso, preocupado com a perda de empregos no país. As disposições sobre comércio foram também muito enfraquecidas pela exclusão de produtos suscetíveis como têxteis, artigos de couro e açúcar. No caso do açúcar, os Estados Unidos, na verdade, tornaram mais rigorosas as cotas de importação em 1981, principalmente para conseguir votos para seu programa orçamentário interno, num claro exemplo da prioridade que objetivos internos impunham a iniciativas sobre política externa nesse ano (Niskanen, 1988, p. 45). Desenvolvendo-se a IBC, a ajuda tornou-se parte maior do pacote do que fora inicialmente projetado, às vezes nada mais fazendo do que substituir os benefícios comerciais que estavam sendo negados.

A guerra na América Central distorceu ainda mais o programa. Em janeiro de 1982, o governo debateu se a ênfase devia ser dada à segurança e aos aspectos econômicos da IBC. Os órgãos de política externa insistiam em forte destaque às ameaças geopolíticas e de segurança no Caribe, ao passo que os assessores da Casa Branca preferiam uma abordagem mais suave, mais economicamente orientada. O discurso do presidente Reagan na OEA, em fevereiro de 1982, pôs a questão de segurança em primeiro plano, mas equilibrou a iniciativa com fortes propostas econômicas. Com o passar do tempo, porém, dominaram os aspectos de segurança. Com o relatório da Comissão Kissinger sobre a América Central, o conteúdo econômico do programa mudou também para um enfoque mais tradicional de ajuda ao desenvolvimento (Kissinger, 1984).

A Conferência de Cúpula de Versalhes

O inverno de 1981-1982 foi época de avaliação para a equipe de política econômica externa do Governo Reagan. A recessão estava em pleno desenvolvimento.

O desemprego atingiu o auge de 10% nos Estados Unidos e chegou a nada menos de 16% em alguns países europeus. Após ter aumentado em 25% no ano anterior, o valor do dólar ponderado pelo comércio nivelou-se em termos nominais, embora continuasse a subir em termos reais. Subiu também violentamente em relação ao franco francês e ininterruptamente no tocante ao iene japonês (*ERP*, 1982, p. 345; *ERP*, 1984, p. 331). As políticas macroeconômicas dos Estados Unidos não eram mais abstrações: estavam produzindo dolorosos resultados. E pareciam cada vez mais com a economia de canal do conservantismo tradicional, e não com a terra prometida da economia de oferta.

Ao falar em Londres em outubro de 1981, George Shultz, na ocasião presidente do grupo Bechtel, desafiou os Estados Unidos e outros países ocidentais a se tornarem mais enérgicos na política econômica internacional. "Poderemos aspirar a objetivos grandiosos", perguntou ele, "a criar uma Bretton Woods II, na verdade, uma nova Constituição Econômica Internacional?" Aplaudindo a ênfase dada a reformas internas orientadas para o mercado, ele, ainda assim, pediu uma nova "ofensiva" internacional no comércio externo, nos investimentos estrangeiros, no desenvolvimento econômico e nas questões de política econômica (Shultz, 1981).

Um trabalho bem ponderado, que circulou entre autoridades de política econômica externa dos Estados Unidos em janeiro de 1982, pedia mais. "Estará faltando alguma coisa na política econômica externa dos Estados Unidos?", perguntava o documento. A ênfase em reformas de política interna orientadas para o mercado, observava o trabalho, já vinha tarde demais e "proporcionava um corretivo urgentemente necessário à antiga ênfase dada a ações do setor público e de instituições". Mas mesmo na política interna, observava o trabalho, o governo aceitava para si mesmo um papel importante. "A rede de segurança social reflete as responsabilidades internas do governo com educação, saúde, infra-estrutura agrícola e industrial e manutenção de um padrão de vida decente para os idosos, os desprivilegiados e os desempregados." "Haverá um conceito comparável", perguntava, "para as responsabilidades econômicas internacionais do governo, da forma entendida por esse governo?" "Se há", concluía o documento, "então deveremos desenvolver e enfatizar mais esse conceito, uma vez que o sistema internacional é variado e o papel do governo é mais importante em praticamente todos os países aliados do que nos Estados Unidos."

O trabalho continuava, criticando os conceitos predominantes de cooperação internacional que enfatizavam a interdependência e a nova ordem econômica internacional (NOEI). Esses conceitos, argumentava, atribuíam atenção demais ou a reações a curto prazo à interdependência econômica ou a necessidades a longo prazo de mudança institucional internacional. Introduzir sintonia fina na economia mundial era ao mesmo tempo economicamente indesejável e politicamente irrealista, ao mesmo tempo que era desnecessária a reestruturação das instituições internacionais. Ainda assim, era preciso haver "alguma cola conceitual", raciocinava o documento, "a fim de diminuir as divergências em política e visões econômicas entre os países, aumentar a conscientização dos líderes sobre os efeitos de suas políticas sobre os demais e para manter e realçar um senso de comunidade e confiança entre os países industrializados e, em termos mais gerais, entre os países em desenvolvimento".

O documento apoiava-se em conceitos de sistema, a fim de enfatizar resultados econômicos a médio prazo e duradouros, e de comunidade, a fim de dar destaque a objetivos políticos comuns. A idéia de comunidade, explicava, é menos precisa em termos econômicos, mas vai mais longe para reconhecer responsabilidades humanas e morais comuns no nível internacional (salientadas pelo presidente Reagan em Filadélfia) e não apenas a necessidade de criar mais riqueza. Simultaneamente, permite mais pluralismo e autonomia do que o conceito *dirigiste* de interdependência ou o conceito autoritário de uma nova ordem internacional.

Nos termos dos conceitos de sistema e comunidade, o documento pedia uma "análise comum dos problemas econômicos internacionais (...) para levar as políticas econômicas internas em direções menos divergentes" e para estudar "as conseqüências para o capital e a taxa cambial de políticas macroeconômicas divergentes, e também as conseqüências econômicas internas de uma volta a um sistema de taxas cambiais menos flexível". Essas idéias tornaram-se a base das iniciativas do Governo Reagan na Conferência de Cúpula de Versalhes, realizada em junho de 1982, com vistas a criar um novo processo de convergência ou supervisão multilateral entre os principais países industrializados e para empreender um estudo conjunto das conseqüências de intervenção no mercado cambial.

Em uma reunião preparatória realizada em Celle St. Cloud, nos arredores de Paris, em fevereiro de 1982, a equipe americana apresentou propostas para um novo foro dos ministros da fazenda do G-5 e que incluiria o diretor-gerente do FMI. O foro realizaria "supervisão multilateral" das inter-relações das políticas econômicas internas entre os principais países industrializados. A idéia, conforme explicou mais tarde Beryl Sprinkel, subsecretário do Tesouro para Assuntos Monetários Internacionais e um dos principais formuladores da proposta, era criar um "mecanismo pequeno, concentrado e confidencial, através do qual os ministros da Fazenda e os diretores de Bancos Centrais, com a assistência do diretor-gerente do FMI, poderiam estudar suas divergências e tentar chegar a idéias comuns que promovessem a convergência de desempenho econômico" (1984). Desde a primeira Conferência de Cúpula, realizada em Rambouillet, França, em 1975, e dos subseqüentes Acordos da Jamaica, em 1976, o FMI realizara apenas, separadamente, supervisão bilateral das políticas econômicas e cambial de cada país-membro. A proposta de convergência acrescentava nesse momento um processo multilateral complementar ao bilateral e, embora não oficialmente sob os auspícios do FMI, o processo multilateral envolveria um papel importante para seu diretor (ver a discussão seguinte) e, como mecanismo de cúpula, operaria diretamente sob a égide dos chefes de estado e governos.

A proposta para que se estudasse a intervenção do mercado cambial estava vinculada ao conceito de convergência. Em Ottawa, os auxiliares de Reagan haviam esnobado a intervenção no mercado de câmbio porque as prioridades de política interna entre os países ali reunidos divergiam radicalmente e esses assessores temiam que a intervenção pusesse em risco seu compromisso a longo prazo de convergência da política em torno de baixa inflação e mercados mais flexíveis. Argumentaram que a convergência de política, e não a intervenção no mercado cambial, estabilizaria as taxas cambiais (ver os comentários de Regan, *IHT*, 18 de maio de 1982). Taxas cambiais instáveis surgiram em princípios da década de 1970, como resultado da perda de compromissos comuns com a política interna, e não de grandes e integrados mercados de capital que operavam principalmente na base de motivos especulativos. A intervenção poderia conter perturbações de curto prazo no mercado, mas não afetar a estabilidade a longo prazo da taxa cambial, sem uma convergência sobre prioridades fundamentais de política interna em torno de indicadores comuns de rendimento. Autoridades americanas confiavam em que o estudo da intervenção confirmaria essa tese. Entrementes, a supervisão multilateral recolocaria as disciplinas de política interna comuns no centro da diplomacia econômica internacional.

Os aliados receberam bem a proposta americana, especialmente a flexibilidade que viam na política dos Estados Unidos no tocante à intervenção no mercado de câmbio. Mais tarde, eles explorariam a extensão em que as atitudes americanas haviam mudado a intervenção no mercado cambial, precipitando uma acre discussão entre autoridades americanas e francesas após a conferência de cúpula (ver Capítulo 10). Em Celle St. Cloud, porém, os *sherpas* discutiram tranqüilamente os objetivos de convergência da política econômica e monetária de curto prazo, que apareceriam subseqüentemente no anexo do Comunicado de Versalhes. (Para uma cópia do comunicado e do anexo, ver *The Times*, Londres, 7 de junho de 1982.) A questão mais cabulosa era de natureza processual: quem deveria participar do exercício de supervisão multilateral? Essa questão só foi resolvida na reunião preparatória seguinte, realizada em Rambouillet em abril (Putnam e Bayne, 1984, p. 160). Os britânicos, com apoio americano, propuseram que o exercício fosse limitado aos países cujas moedas constituíssem a cesta dos direitos especiais de saque do FMI (DESs), ou basicamente os países do G-5. Tecnicamente, a sugestão fazia sentido e, no fim, prevaleceu. Politicamente, no entanto, o Canadá e a Itália objetaram, mas, como o exercício de convergência devia ser confidencial, finalmente retiraram suas objeções. Vários anos depois, quando os Estados Unidos lançaram um exercício de supervisão muito mais dramático no Plaza Hotel, em Nova York, em 1985, e o ampliaram na Conferência de Cúpula de Tóquio, em 1986, considerações políticas forçaram a inclusão do Canadá e da Itália (ver Capítulo 9).

A supervisão multilateral diferia da coordenação econômica internacional anterior em três aspectos (Nau, 1984, p. 18-26). Focalizava-se nas conseqüências ou no desempenho das políticas econômicas internas, e não nos ajustamentos diretos, negociados, dessas políticas em si, tal como enfatizara a Conferência de Cúpula de Bonn. Dava pouca importância a arranjos formais, institucionais, preferindo discussões privadas abertas sem posições previamente assentadas, entre autoridades de alto nível, a acordos públicos de cumprimento compulsório que freqüentemente criavam expectativas e não podiam ser implementados. E concentrava-se em reformas políticas de médio prazo, estruturais (isto é, microeconômicas) para reduzir a inflação e liberalizar os mercados de mão-de-obra, capital e produtos. Dessa maneira, a supervisão multilateral expandia o escopo da coordenação da política econômica internacional da forma praticada na década de 1970 — incluindo objetivos macroeconômicos e estruturais de médio prazo, e não apenas a coordenação de curto prazo das taxas cambiais e da política monetária — ao mesmo tempo em que moderava a intensidade dessa coordenação, ao pôr mais ênfase em objetivos firmes, coerentes, e não em ajustes de políticas econômicas freqüentemente negociados.

As questões Norte-Sul tiveram também intensos preparativos para a Conferência de Cúpula de Versalhes. Um novo projeto do G-77 para Negociações Globais, apresentado em Nova York em março, continha quatro áreas de desacordos persistentes: 1) como referenciar a resolução inicial da ONU, de número 34/138, que os assessores de Reagan haviam achado estranha à filosofia econômica do presidente; 2) a velha questão de convocar primeiro as Negociações Globais ou resolver antes os assuntos fundamentais antes de convocá-las; 3) a jurisdição das NGs sobre as agências especializadas; e 4) a autoridade das NGs para criar grupos paralelos, *ad hoc*, em áreas de competência de instituições existentes, tais como assuntos monetários, no caso do FMI. O documento do G-77 pedia que as Negociações Globais fossem convocadas em primeiro lugar, "de acordo com" a Resolução 34/138 da ONU e que fosse respeitada a jurisdição das agências especializadas, mas passava em seguida a autorizar as Negociações Globais a criar grupos *ad hoc* e a "divulgar os apropriados objetivos e diretrizes" a esses grupos, bem como às agências especializadas. Os Estados Unidos e, até certo ponto, a Grã-Bretanha, temiam que esses grupos *ad hoc* pudessem pôr em risco a independência das agências especializadas. Os aliados julgavam que a linguagem era suficientemente ambígua para proteger as agências especializadas.

Um membro da comissão americana encarregada de preparar a Conferência de Cúpula encontrou-se com líderes da CE em Paris um mês antes da reunião a fim de propor um meio-termo. Os Estados Unidos tinham esperança de atrair seus aliados para um acordo que pusesse fim às manobras intermináveis em Nova York. Disseram que concordariam com uma linguagem relativa à convocação das Negociações Globais em primeiro lugar, se seus aliados na cúpula concordassem com os Estados Unidos em uma linguagem vasada em termos rígidos no resto da resolução, com vistas a proteger as agências especializadas. A proposta foi aceita. Na conferência, por conseguinte, criou-se um grupo de trabalho a fim de negociar a linguagem detalhada que seria usada nos termos do acordo.

O grupo de trabalho funcionava na base de várias premissas de importância crítica, que foram especificadas por escrito: 1) que o grupo proporia emendas ao esboço apresentado pelo G-77 que tivessem "boa possibilidade de serem aceitas pelo Grupo dos 77"; 2) que o governo canadense apresentaria as emendas em Nova York em nome dos países representados na Conferência de Cúpula; e 3) que os líderes da cúpula não se afastariam da linguagem comum com que concordassem em Versalhes, a menos que por "consentimento unânime". A premissa inicial era a garantia dos aliados de que os Estados Unidos negociariam para valer. A terceira era a garantia americana de que os aliados não mais divergiriam dos negociadores americanos em Nova York, sem submeter antes o assunto a seus chefes de estado. A delegação americana estava convencida de que os chefes de estado não desejariam tratar novamente desse assunto, logo que um acordo formal fosse alcançado em Versalhes.

Na base dessas premissas, o grupo de trabalho concordou com emendas específicas ao projeto do G-77. A primeira emenda aceitava a convocação, em primeiro lugar, das Negociações Globais, mas obrigava essa conferência a chegar a um "consenso" sobre assuntos processuais antes de passar à fase substantiva das deliberações. A segunda emenda acrescentava um fraseado específico ao projeto do G-77, de que as agências especializadas seriam respeitadas "pela conferência", e a terceira impedia a criação de grupos *ad hoc* que duplicassem "existentes foros apropriados". Este último fraseado era especioso, para dizer o mínimo. No que interessava aos americanos, significava que, no tocante a tópicos como dinheiro, as agências especializadas (no caso de dinheiro, o FMI) seriam sempre consideradas o foro existente "apropriado" e, por conseguinte, não poderia ser duplicado. Para os aliados (e para os países em desenvolvimento pelos quais na verdade negociavam), significava que as agências especializadas, embora existentes, talvez não fossem consideradas apropriadas e, por conseguinte, grupos *ad hoc* poderiam ser criados para duplicar o trabalho das mesmas. Finalmente, o acordo na cúpula obrigava a que o projeto do G-77 "lembrasse" a resolução 34/138 da ONU, em vez de sugerir ação "de acordo com" essa resolução.

Na base desse acordo, os Estados Unidos aceitaram a linguagem do comunicado de Versalhes, que declarava que "há atualmente boa perspectiva para o breve lançamento e sucesso de negociações globais, contanto que a independência das agências especializadas seja garantida". Em suma, nas discussões finais realizadas na Conferência de Cúpula no domingo, 6 de junho, a questão Norte-Sul tornou-se refém da disputa Leste-Oeste. Com a questão dos créditos Leste-Oeste ainda a ser posta em pauta, o presidente Reagan adiou a aprovação da linguagem do comunicado Norte-Sul. O que se seguiu foi uma discussão animada e às vezes confusa da linguagem do comunicado sobre os créditos Leste-Oeste (ver Capítulo 10). No fim, depois de mais de três horas, o assunto foi resolvido — ou pareceu ter sido — e os líderes da cúpula voltaram à questão Norte-Sul. Explicitamente, notaram eles que as emendas detalhadas ao projeto do G-77 foram negociadas entre seus representantes no grupo de trabalho e que, ao assim fazerem, davam ao documento não publicado do grupo a mesma força de acordo que à linguagem Norte-Sul no comunicado. Esse fato foi confirmado por comunicações subseqüentes entre os aliados, imediatamente após a conferência. Isso constituiu um ponto importante conquistado pela delegação dos Estados Unidos, porquanto significava que o acordo aliado sobre as emendas específicas ao projeto do G-77 não podia ser modificado sem consentimento explícito dos líderes da Conferência de Cúpula. Havia esperança de que essa fosse a última rodada das manobras dos aliados a respeito das Negociações Globais.

No fim, o acordo alcançado na conferência foi a última rodada das Negociações Globais. Os canadenses apresentaram, em fins de junho, as emendas em Nova York. Os Estados Unidos continuaram a insistir, como sua interpretação do documento do grupo de trabalho lhe permitia, que nenhum grupo *ad hoc* poderia ser criado, exceto em áreas tais como energia, onde não existiam agências especializadas apropriadas. Os países da OPEP não queriam um grupo *ad hoc* em matéria de energia e, no fim, países como a Venezuela e a Argélia conseguiram convencer o G-77 a rejeitar as propostas aliadas. As Negociações Globais saíram rapidamente do palco. Depois de Versalhes, até o primeiro-ministro Trudeau lavou as mãos quanto ao assunto.

A Conferência de Cúpula de Versalhes, embora diferente em enfoque e substância de todas as anteriores, como a de Bonn, em 1978, foi em todos os sentidos tão séria e ambiciosa. A "jóia da coroa" da reunião foi o acordo de supervisão multilateral. Da forma praticada nos anos subseqüentes, ele implicava discussões dos países do G-5 antes de sessões regulares dos mesmos (geralmente realizadas antes das reuniões do Comitê Provisório do FMI), nas quais o diretor-gerente do Fundo apresentava críticas francas e duras às políticas dos Estados Unidos e de outros países e pedia discussão séria entre os ministros da Fazenda a respeito dos relacionamentos entre suas políticas (Henning, 1987, p. 19-20). Nessa forma, a supervisão multilateral sumariava o novo enfoque orientado para opções da diplomacia econômica internacional que o governo seguira de 1982 a 1985. O caráter confidencial desse processo, contudo, juntamente com as mais divulgadas disputas em Versalhes sobre intervenções no mercado cambial e questões de comércio Leste-Oeste (ver Capítulo 10) obscureciam-lhe a importância. Não obstante, o acordo de convergência alcançado em Versalhes constituiu o passo mais importante na cooperação da política econômica internacional desde a Conferência de Cúpula de Rambouillet em 1975 e, como dois estudiosos do processo de conferências observaram, "Versalhes viria a ser um sucesso substantivo, ainda que um fracasso processual " (Putnam e Bayne, 1984, p. 170).

Crises de Comércio e Endividamento

A Conferência de Cúpula de Versalhes mal terminara quando a aliança e a economia mundial, por falar nisso, começaram a cair aos pedaços. Em junho e julho de 1982, a aliança foi atingida por um choque triplo de comércio — a confusão do oleoduto Leste-Oeste, uma disputa sobre o comércio de aço e a briga que continuava contra as altas taxas de juros e o alto valor do dólar. Pouco depois, deflagrava a crise de endividamento. Em agosto, o México anunciou que teria que suspender os pagamentos dos juros de sua dívida de 80 bilhões de dólares. No outono, Brasil e Argentina anunciaram a mesma coisa. A Reunião Ministerial do GATT em novembro de 1982 adicionou um quarto ponto de séria dissensão internacional — a explosiva disputa agrícola entre os Estados Unidos e a Europa. Em certo sentido, o colapso das relações econômicas internacionais não surpreendia. Há vários anos, as políticas econômicas internas dos Estados Unidos, de alguns países europeus e países do Terceiro Mundo vinham se movendo em direções opostas. A falha tectônica cada vez maior nas prioridades das políticas internas enviou inevitavelmente ondas de choque através dos sistemas comercial e financeiro. A Conferência de Cúpula de Versalhes tratara da necessidade de iniciar a convergência das prioridades de política interna, mas não podia deter as conseqüências de prioridades divergentes nos anos anteriores.

As primeiras prioridades do Governo Reagan eram de reformas da política interna — estabilidade dos preços e mercados flexíveis — e negligenciaram relativamente o comércio externo e as iniciativas financeiras. Dessa maneira, a crise financeira de agosto de 1982 chegou como uma surpresa não só para o governo, mas também para a Junta da Reserva Federal. Na verdade, o Fed pode ter tido involuntariamente a maior responsabilidade pela precipitação da crise. O mundo estava experimentando, pela primeira vez, a desinflação em condições dramaticamente novas de comércio mundial e de mercados fortemente integrados. A pressa do Fed em desinflacionar a economia americana, e o jogo do governo com novas e ousadas iniciativas fiscais, evidentemente sobrecarregaram os mercados mundiais e, no outono e inverno de 1981-1982, quase lhes provocava o colapso.

Não obstante, as políticas dos Estados Unidos não causaram a crise de endividamento. As causas eram a tomada excessiva de empréstimos no país e no exterior, desacompanhada de ajustamentos suficientes na economia real (ver Capítulo 6). As políticas do governo e do Fed levaram o problema da dívida para a superfície mais cedo do que poderia ter acontecido, e, até o verão de 1982, proporcionaram pouquíssima compreensão conceitual ou liderança generosa para "sustentar a barra" da comunidade mundial, enquanto esta passava por um doloroso e difícil processo de desinflação. Mas a desinflação em si era inevitável. Conforme observou na ocasião o Banco de Pagamentos Internacionais, a acumulação da dívida em fins da década de 1970 "teria sido insustentável mesmo que a demanda mundial (...) tivesse continuado a crescer a um ritmo rápido e as taxas de juros permanecido em níveis baixos" (Banco de Pagamentos Internacionais, 1983, p. 6).

Ao estourar a crise da dívida, o governo e a Junta da Reserva Federal elaboraram um enfoque dos problemas individuais de países endividados que confiava fortemente no FMI para promover a reforma de política interna e de comércio externo nesses países. O governo delineou cinco medidas destinadas a enfrentar a crise:

1. Empréstimos de ponte para impedir o colapso imediato.
2. Um pacote de estabilização negociado pelo FMI a fim de facilitar a reforma da política macroeconômica.
3. Reescalonamento e, talvez, alguns novos financiamentos comerciais.
4. Reformas estruturais de longo prazo nos países em desenvolvimento.
5. Reativação do crescimento econômico no mundo industrializado.

O Governo enfatizava o financiamento de transição, mas não grandes e novas transferências de recursos para os países endividados. Em 1981, o governo se opusera a um aumento das cotas do FMI, e, na reunião do FMI em Helsinque em maio de 1982, antes da crise de endividamento, sinalizara sua disposição de aprovar "um ligeiro aumento". Ao se espalhar, no outono de 1982, o problema de endividamento, o governo finalmente aprovou um aumento de 47,5% nas cotas. Esse volume, no entanto, era ainda menos do que a metade do que era defendido por outros países, alguns dos quais pediam aumentos de 200-300%. Coerente com o enfoque do desenvolvimento esboçado em Ottawa e Cancun, dava prioridade a reformas de política econômica interna e no comércio externo, e não a generosas transferências financeiras.

O ponto em que a política de endividamento do governo ficou aquém do necessário, e assim continuaria até 1985 (Plano Baker, ver Capítulo 9) foi na propositura de um enfoque a prazo mais longo, mais abrangente, das reformas estruturais nos países em desenvolvimento. Embora este fosse o quarto ponto no plano de cinco pontos do governo, ele nunca ganhou substância. A suposição era que o aperto financeiro apenas levaria os países em desenvolvimento na direção da necessária revisão de suas economias altamente protegidas, dominadas pelo setor público. Tal como no caso do Plano Marshall em fins da década de 1940, contudo, era necessário haver liderança internacional para estabelecer as largas premissas da reforma e proporcionar assistência de longo prazo ao desenvolvimento, vinculada diretamente às reformas (ver Capítulo 4). O Governo falava esperançosamente em integração mais estreita dos países em desenvolvimento na economia mundial e o próprio presidente Reagan visitou o Brasil e outros países latino-americanos, em novembro de 1982, a fim de demonstrar seu interesse pessoal pelos países altamente endividados. O governo, no entanto, não conseguiu mobilizar o Banco Mundial ou o GATT para tratar das reformas microeconômica interna e de comércio externo. Uma parte excessiva do fardo coube ao FMI, que tinha apenas objetivos de curto prazo de estabilização macroeconômica e não podia realmente monitorar as reformas na política de comércio externo.

Como resultado, o ajustamento que ocorreu nos países em desenvolvimento após 1982, especialmente na América Latina, ocorreu principalmente através de restrições às importações e subsídios às exportações (ver Capítulo 9 para dados e detalhes). Desapareceram os mercados dos Estados Unidos na América Latina, e as indústrias americanas que competiam nas importações, já combalidas com o alto preço do dólar, sentiram pressões adicionais, nos mercados americanos, das exportações altamente subsidiadas dos países em desenvolvimento. A crise de endividamento, portanto, agravou os problemas já sérios nos Estados Unidos e no sistema comercial mundial. O comércio mundial em 1981 declinara em valor pela primeira vez desde 1945 e, em 1982, declinou realmente em 2,5% em volume (GATT, 1985-1986).

A política de comércio externo sempre foi o calcanhar de Aquiles do programa de recuperação do governo. Pela lógica, o comércio externo devia ter sido a ponta-de-lança da estratégia econômica internacional do governo, sendo considerado no enfoque orientado para opções como muito mais importante do que a ajuda ou a coordenação das taxas cambiais. Ainda assim, tanto por negligência quanto como conseqüência das políticas macroeconômicas, a política de comércio externo enlanguesceu. Conforme observado anteriormente neste capítulo, ela sequer foi mencionada no primeiro programa econômico do governo. Em abril de 1981, o governo convenceu o Japão a impor restrições voluntárias às exportações de automóveis, mesmo que a Comissão de Comércio Internacional tivesse rejeitado antes argumentos econômicos nesse sentido. O governo divulgou uma declaração sobre política comercial em julho de 1981, mas, na verdade, esse documento foi um estudo de caráter ambivalente, pedindo simultaneamente comércio livre e leal reciprocidade bilateral, bem como iniciativas regionais e bilaterais. Mais importante ainda, as políticas macroeconômicas do governo e o resultante alto preço do dólar (encorajando as importações e desestimulando as exportações) transferiram pressões enormes para o setor comercial, aumentando os pedidos de protecionismo, manipulação da taxa cambial e subsídios às exportações.

O documento de alto gabarito que circulou no Governo Reagan em janeiro de 1982 notou a ambivalência. O enfoque de reciprocidade, observou, "implica a meta de mercados abertos, mas está pronto para impor o oposto". Além do mais, se é um "instrumento de barganha" abrir mercados, "para onde queremos levar o sistema de comércio multilateral através de barganhas duras, na base da reciprocidade?" Realmente, "o que entendemos por abrir mercados", perguntava o documento, "quando interpretamos de forma tão ampla os subsídios ou medidas que distorcem o comércio, para atingir o núcleo das políticas econômicas internas (se é que não, valores culturais) em alguns países, em especial aqueles que (Japão) são setorialmente centralizados e nos quais o governo desempenha um papel forte?"

Se ambivalente, a política comercial dos Estados Unidos tampouco era menos ambiciosa — muito embora em várias direções ao mesmo tempo e sem o mais alto nível de apoio dentro do governo. Enquanto trabalhava para obter aprovação do Congresso à IBC, o governo formulava ao mesmo tempo objetivos de grande alcance para a Reunião Ministerial do GATT, que deveria realizar-se em novembro de 1982. Incluíam eles o combate ao protecionismo, o fortalecimento das salvaguardas e mecanismos de solução de disputas do GATT, a liberalização dos mercados na agricultura, serviços, setores de alta tecnologia e áreas de investimentos relacionadas com o comércio e a integração mais eficaz dos países em desenvolvimento através da rodada de comércio Norte-Sul do GATT. Para um mundo que estava mergulhado na recessão e nas dívidas, o programa americano era excessivo. Mesmo para o Governo dos Estados Unidos, era demais. Solicitado a pronunciar um discurso sobre o comércio na Reunião Ministerial do GATT, o presidente preferiu um discurso de cinco minutos pelo rádio. Substantivamente sobrecarregada e politicamente subapoiada, a reunião do GATT quase acabou numa explosão. As relações entre os Estados Unidos e a Europa azedaram ainda mais por causa da questão agrícola, e os americanos chocaram-se violentamente com a Índia e outros países em desenvolvimento no tocante ao comércio em serviços e outras questões.

A Reunião Ministerial do GATT, no entanto, influenciaria muito a política de comércio externo dos Estados Unidos nos três anos seguintes. Em retrospecto, o momento do encontro foi desastrosamente mal escolhido. Tivesse ocorrido um ano depois, à medida que a recuperação mundial ganhava alento, poderia ter deflagrado novos movimentos no sistema de comércio multilateral. Da forma que aconteceu, produziu o efeito oposto. Tirou o valor dos multilateralistas no governo americano e inclinou a balança em favor dos unilateralistas, que queriam leis comerciais mais estritas, e dos "advogados da reciprocidade", que exigiam retaliação contra práticas comerciais desleais. Embora a economia se recuperasse em princípios de 1983, isso nunca aconteceu com a política comercial. O governo continuou a pressionar por consenso internacional em torno de uma rodada de comércio multilateral, especialmente nas conferências econômicas mundiais de cúpula. Mas, nesse momento, aplicava cada vez mais seu poder de mercado para iniciar discussões de livre comércio bilaterais e discriminatórias com vários países, tais como Canadá, Israel e a Associação das Nações do Sudeste da Ásia (Ansa).

O emprego pelos Estados Unidos de poder de mercado em política de comércio externo não diferia do uso do mesmo poder em política macroeconômica, a fim de reduzir a inflação e reativar os incentivos aos investimentos na economia mundial. O uso de tal poder era apropriado, enquanto o objetivo multilateral, que essa tática tinha intenção de servir, fosse mantido em vista. Na verdade, contudo, o bilateralismo começou a concorrer com o multilateralismo, e não a suplementá-lo. O governo absteve-se de fazer outro esforço resoluto para lançar uma rodada de comércio multilateral até fins de 1985 e, nessa ocasião, através de um novo representante. Por essa altura, um déficit comercial cada vez maior tornava politicamente impossível visar a objetivos multilaterais sem ações bilaterais cada vez mais duras (301 ações, por exemplo) que solaparam gravemente a credibilidade da liderança americana na arena multilateral.

Reavaliação da Diplomacia Econômica Voltada para as Opções

Em suma, 1982 foi um ano tumultuoso para o novo governo americano e seu revolucionário programa de revitalização econômica no país e no mundo. Em vez de revitalizar o poder econômico americano, essas políticas mergulharam o país e a economia mundial na pior recessão do período do pós-guerra. O notável em tudo isso é que o Governo Reagan, a despeito desses reveses, apegou-se a seu programa. Ao contrário dos governos da década de 1970, não sucumbiu a revisões trimestrais de seus planos econômicos. Em retrospecto, essa obstinação serviu-o bem. Ao manter o curso, o Governo Reagan criou a oportunidade para que autênticas mudanças estruturais acontecessem nas condições e políticas econômicas internacionais. Um ano depois, os preços estavam caindo em praticamente todos os países da OCDE e se consolidando mudanças de mercado em países industrializados e em desenvolvimento, com vistas a reduzir o ônus fiscal e a privatizar atividades do setor público. O ponto em que o governo acabou, em última análise, de sair da linha foi na incapacidade de explorar a forte recuperação de 1983-1985 para completar seu programa e reduzir os déficits orçamentário e comercial. Eventualmente, a teimosia inabalável acabou por se tornar contraproducente, e não menos do que haviam sido as políticas do pare-siga da década de 1970. O governo teve razão em não mudar de curso em 1982, apenas seis meses depois da implementação de um programa novo, ainda que incompleto. Mas errou em assim não proceder por mais seis anos.

Como resultado, a diplomacia americana permaneceu comprometida e débil. Uma diplomacia ambiciosa que procurara, em 1982, criar um novo processo de supervisão multilateral, administrar a crise de endividamento e lançar novas negociações multilaterais para liberalizar o comércio, caiu num impasse porque o poder e a credibilidade americanas permaneciam fracos. Ironicamente, ao voltarem o poder e o prestígio em 1983-1984, na base de uma rápida recuperação impulsionada por investimentos, a diplomacia americana debilitou-se, à medida que a prosperidade parecia eliminar a necessidade de alimentar e manter o novo estilo de diplomacia econômica internacional voltada para as opções.

8

Recuperação, 1983-1985: Oportunidade Perdida de Cooperação Internacional

Uma perspectiva orientada para opções revela por igual o potencial e os problemas da diplomacia econômica americana no período de 1983 a 1985. Atuando decisivamente em casa, os Estados Unidos reverteram décadas de velhas políticas internas de inflação e intervenção e iniciaram uma recuperação em que os investimentos desempenharam um papel de maior vulto do que em qualquer outro período de recuperação no pós-guerra. No exterior, o país tentou uma nova diplomacia a médio prazo, baseada na convergência de desempenho econômico entre os grandes países industrializados em torno de baixa inflação, renovados incentivos ao mercado e revitalização do comércio mundial e dos elos financeiros entre os países industrializados e em desenvolvimento. No fim, porém, a nova diplomacia orientada para opções fracassou porque o Governo Reagan carecia de uma compreensão completa, integrada, intelectual de seus programas e, em última análise, não conseguiu gerar a vontade política e o apoio necessários para levar a cabo seus programas, especialmente os destinados a reduzir os gastos do governo e liberalizar o comércio mundial.

As políticas do Governo Reagan tiveram sucesso em 1983 e 1984. A decisão de resistir às tendências do pare-siga da década de 1970, e de manter o programa básico em 1981-1982, a despeito de desequilíbrios gerados por crescimento relativamente alto e volátil da base monetária e maciços déficits orçamentários, produziu significativos resultados. O PNB real nos Estados Unidos recuperou-se em 1983 e 1984 em 3,6% e 6,8%, respectivamente. A inflação desceu para 3,2% e 4,3%, respectivamente, o desemprego caiu de 9,7% em 1982 para 7,2% em 1985 (*ERP*, 1988, p. 251, 293, 317).

Quando o presidente Reagan recebeu como hospedeiro os demais países industrializados na Conferência Econômica Anual de Cúpula, em Williamsburg, Virgínia, a economia americana estava no caminho de recuperação. A declaração da conferência pareceu até um reconhecimento por escrito da filosofia econômica de Reagan. E além disso, espalhou-se a influência da reaganomia. A inflação caiu em todo o mundo industrializado, ficando em meados de 1985, em 4,5% nesses países, em comparação com 13% em meados de 1980. Expandiu-se o crescimento no exterior, incentivado pelas importações americanas. De 1983 a 1985, o crescimento do PNB real nos países da OCDE foi em média de 3,6% ao ano (OCDE, 1987b). Mais importante ainda, a magia de mercado de Reagan começou a ser imitada em todo o mundo. Espalhou-se a idéia de tornar os mercados mais flexíveis e competitivos. Gradualmente, a filosofia do estatismo, que dominara a década anterior, começou a bater em retirada. O ajustamento estrutural, a desregulamentação dos mercados de trabalho, transporte, capital e comunicações tornou-se a nova sabedoria comum para obter maior concorrência, maior crescimento e produtividade acelerada.

Lamentavelmente, o governo não conseguiu explorar vigorosamente a oportunidade oferecida pela nova popularidade de suas políticas. Não tomou nenhuma nova iniciativa para impor sua filosofia econômica à economia internacional — no FMI, no Banco Mundial, no GATT, nas Nações Unidas ou em qualquer outro foro internacional. Evoluiu incrementalmente nas conferências econômicas de cúpula de Williamsburg, Londres e Bonn, de 1983 a 1985, mas ainda não estava inteiramente seguro de si mesmo em Williamsburg, não teve interesse em virar o barco em Londres, antes da eleição presidencial, e passava pelos primeiros estágios de uma mudança do pessoal econômico especializado em assuntos estrangeiros e em política durante o interregno de Bonn. Talvez o governo não tenha tomado iniciativas internacionais mais vigorosas porque nunca teve certeza de como seu programa interno se engendrava com as necessidades internacionais ou porque sentia certa vulnerabilidade enquanto se recusava a completar a reforma de suas próprias políticas econômicas internas. Qualquer que fosse a razão, satisfez-se principalmente com retórica.

Persistiam os desequilíbrios internos herdados de 1981 a 1982. Embora o governo aceitasse algumas elevações de imposto em 1982 e 1984 (e, em 1983, no caso da Seguridade Social), elas eram incompatíveis com o programa e deixou de implementar vigorosos cortes orçamentários que eram consistentes com o programa. Não tratou dos dois principais problemas do orçamento — a ampliação dos direitos sociais e um uso mais eficiente dos gastos cada vez maiores com a defesa. Entrementes, a política monetária continuava inconstante, mais frouxa após o verão de 1982, embora enrijecesse novamente de agosto de 1983 até fins de 1984. As taxas de juros reais permaneceram altas e, em certa medida, retardaram a disseminação da recuperação ao mundo em desenvolvimento, profundamente endividado. O dólar subiu, de princípios de 1983 até fins de 1984, em mais 20% em termos reais ponderados pelo comércio. E o déficit do país em conta corrente disparou de 2,3 bilhões de dólares no primeiro trimestre de 1983 para 31,8 bilhões no quarto trimestre de 1984 (*ERP*, 1985, p. 351; *ERP*, 1986, p. 366.)

Recuperação Econômica

O desempenho da economia americana em 1983-1984 foi nada menos que espetacular. As previsões do governo em princípios de 1983, deliberadamente cautelosas como antídoto aos "cenários cor-de-rosa" de 1981 e 1982, enganaram-se redondamente mais uma vez, desta vez para baixo. Na verdade, as autoridades econômicas do governo não tinham uma explicação comum para a reversão súbita e dramática. Os economistas de oferta atribuíram o crescimento aos cortes fiscais finalmente implementados no outono de 1981. Os monetaristas viam-no como resultado do relaxamento da política monetária em fins do verão de 1982. O novo presidente do Conselho de Assessores Econômicos, Martin Feldstein, duvidava das explicações monetaristas e da economia de oferta, mas tampouco tinha uma explicação própria, clara. Estava mais preocupado com o déficit orçamentário e pressionou para um imposto de contingência no orçamento de 1983. Para ele, os déficits não eram o estímulo à recuperação em que acreditavam os keynesianos, mas a causa principal das altas taxas de juros, que por seu turno elevavam o valor do dólar. As altas taxas de juros e o valor alto do dólar expulsavam os investimentos internos e arrochavam o setor comercial, tanto os exportadores quanto os importadores de produtos manufaturados que concorriam com os produtos americanos (*ERP*, 1984, p. 38-40).

Dessa maneira, eram oferecidas três amplas e concorrentes explicações para a recuperação econômica após 1982 — a keynesiana, baseada em grandes déficits orçamentários, a monetarista, baseada em dinheiro mais fácil, e a dos economistas de oferta, baseada nos retornos mais altos, após a dedução dos impostos, dos investimentos decorrentes dos cortes fiscais em 1981. Essas explicações diferentes correspondiam aproximadamente às várias escolas de pensamento econômico representadas no Governo Reagan. Qual delas é a correta continua a ser matéria de controvérsia ainda hoje, não apenas no meio profissional mas também entre o público geral. (Para opiniões que atribuem a recuperação à política monetária, à política fiscal e aos déficits orçamentários, ver, respectivamente, Stein, 1984, Capítulo 8; Tatom, 1986, 1987; e Stockman, 1986).

Forte Recuperação Liderada pelos Investimentos

Minha finalidade aqui não é classificar essas variadas alegações, mas salvar do debate o que parece constituir uma diferença importante de desempenho entre a recuperação Reagan e as anteriores. A de Reagan, em 1983-1984, foi uma forte recuperação liderada pelos investimentos, e maior do que quaisquer outras anteriores no período do pós-guerra (excluindo a recuperação de 1949). Essa diferença escapou da atenção da maior parte da mídia na ocasião e permanece obscurecida ainda hoje no debate confuso sobre o declínio da competitividade e o poder americano. Em meio a toda preocupação com a dívida interna e externa do país, poucos comentaristas notaram a explosão de investimentos na indústria manufatureira e na produtividade, que ocorreu desde 1981. A menos que essa explosão tenha sido mero acidente ou pura sorte (explicações estas às vezes preferidas pelos argumentos estruturalistas. Ver Capítulos 1 e 2), ela deve ter tido alguma coisa a ver com opções de política em princípios da década de 1980, mesmo que economistas de ordens monásticas conflitantes talvez nunca concordem sobre o elo causal exato entre suas opções de política e os resultados econômicos.

A Figura 8-1 mostra as contribuições dos vários setores ao crescimento do PNB real nos primeiros oito trimestres da expansão em 1983-1984. Enquanto a contribuição dos gastos com consumo pessoal permaneceu praticamente a mesma na recuperação corrente, em comparação com a recuperação típica do pós-guerra (3,3% contra 3,2%), a contribuição dos investimentos não-residenciais fixos (fábricas e equipamentos) e, particularmente, de equipamentos duráveis de produtores, foi três vezes maior (de 1,8% para 1,5%, respectivamente, em comparação com 0,6% e 0,5%). Esses dados de fontes do governo são confirmados por estudos privados. A Figura 8-2 mostra, no mesmo período de oito trimestres, que o consumo pessoal subiu 5% ao ano na recuperação de 1983-1984 — em comparação com 5,1% ao ano nas recuperações anteriores e 6% ao ano na recuperação prévia mais forte em 1970 — e que os demais investimentos fixos e duráveis de produtor subiram a taxas de 15% e 18,6% ao ano, respectivamente, na recuperação corrente, em comparação com 6,9% e 9,4% ao ano nas recuperações anteriores, e 7,4% e 10,7% ao ano na recuperação anterior mais forte, em 1970.

A recuperação corrente reduziu-se visivelmente após meados de 1984. Ainda assim, se ampliamos os dados para cobrir mais quatro trimestres (isto é, os

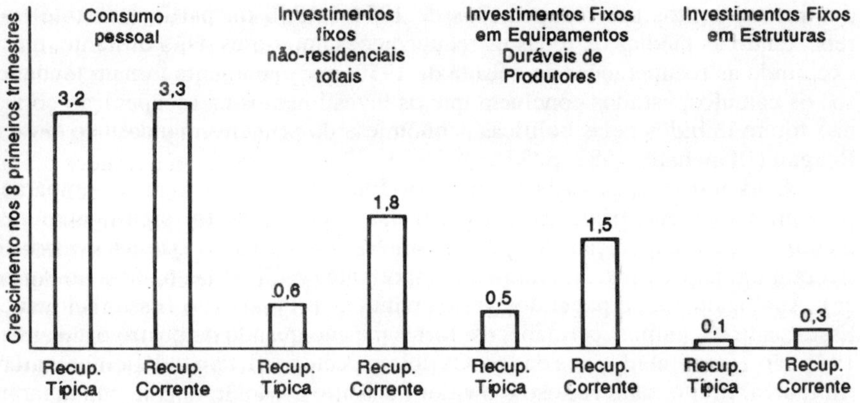

Figura 8-1. Contribuição por setor ao crescimento do PNB: recuperação corrente *vs*. típica. (Fonte: *ERP*, 1985, p. 30. Ver Apêndice, Tabela A-6, para detalhes.)

primeiros três anos da recuperação até 1985), a recuperação corrente continua a superar em desempenho as recuperações anteriores em termos de investimentos fixos não-residenciais, e em especial de equipamentos duráveis de produtores. A Figura 8-3 mostra que, nesse período o consumo pessoal contribuiu na verdade ligeiramente menos para a recuperação corrente do que para as anteriores, ao passo que os investimentos fixos não-residenciais, e especificamente os duráveis de produtores, contribuíram com quase duas vezes mais. Esses dados excluem a recuperação de 1958, que não durou três anos. E se a recuperação de 1954 é também excluída, o desempenho dos investimentos na recuperação corrente assume um padrão mais típico (Blanchard, 1987, p. 32). Aparentemente, o desempenho

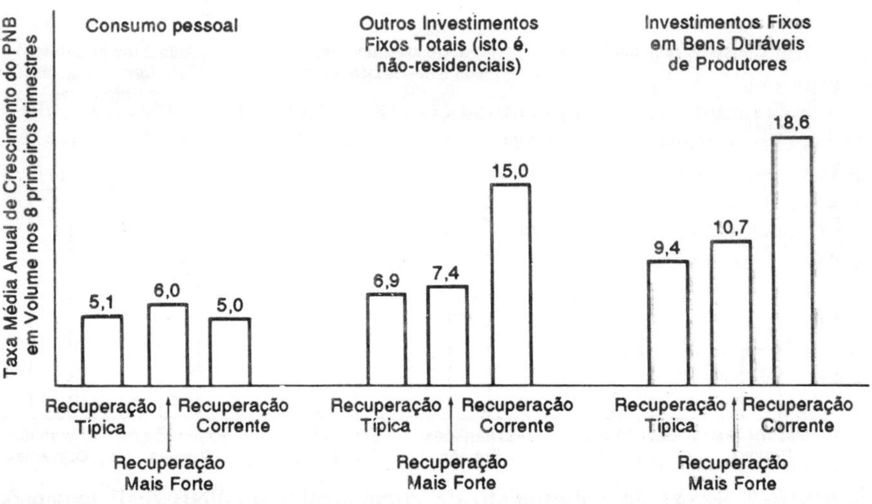

Figura 8-2. Recuperação em 1983-1984 *vs*. recuperações passadas. (Fonte: Marris, 1985, p. 43. Ver Apêndice, tabela A-7, para detalhes).

dos investimentos nas recuperações de 1954 e 1958 foi particularmente fraco, rebaixando as médias de todas as recuperações anteriores. Não obstante, mesmo excluindo as recuperações da década de 1950, que claramente tornam tendenciosos os cálculos, estudos concluem que os investimentos na recuperação corrente não foram inibidos pelas políticas econômicas do primeiro mandato do Governo Reagan (Blanchard, 1987, p. 33).

Dois outros aspectos da expansão de 1983-1984 sobressaem na comparação. Nos primeiros oito trimestres, o papel das exportações foi significativamente menor nessa recuperação do que nas anteriores, ao passo que as importações tiveram um papel consideravelmente importante (ver Tabelas 6, 7 e 8 no Apêndice). Analogamente, o papel dos gastos públicos foi mais alto nessa recuperação. Esses padrões, ambos, permanecem fortes mesmo quando os quatro trimestres de 1985 são acrescentados aos dados. Os dois aspectos refletem o déficit orçamentário federal muito mais vultoso e o valor mais alto do dólar, que acompanharam a recuperação de 1983-1985.

Embora os déficits orçamentário e no comércio externo, por conseguinte, constituam aspectos característicos dessa recuperação, em comparação com as anteriores, não foram associados exclusiva ou mesmo principalmente a uma farra de consumo pessoal ou do setor público nos Estados Unidos, pelo menos não até fins de 1985. Nesse período poder-se-ia dizer que os Estados Unidos estavam se comportando como um mutuário esperto. Tomavam empréstimos no exterior para financiar grandes déficits orçamentário e no comércio externo. Mas, em comparação com as recuperações anteriores, o setor privado estava aplicando esse dinheiro, bem como a poupança interna, mais em investimentos e menos em consumo. Remodelava as fábricas e equipamento, e os sistemas de administração e inventários de estoque com novos equipamentos de computador e comunicações. E embora o setor público estivesse gastando mais, esse gasto não estava se encaminhando, proporcionalmente, mais para defesa e indústrias relacionadas com a defesa e menos para transferências e consumo (embora alguns subsídios,

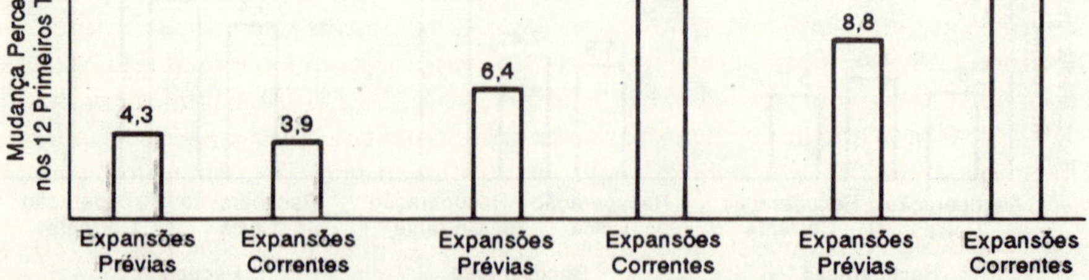

Figura 8-3. Taxas de crescimento de componentes do PNB real: expansões correntes *vs.* prévias. (Fonte: *ERP*, 1986, p. 39. Ver Apêndice, Tabela A-8, para detalhes.)

especialmente à agricultura, estivessem em alta). Uma vez que os gastos com defesa tendem a contribuir mais para o produto do que para o consumo, os gastos do setor público estavam contribuindo mais também para investimentos mais altos. A América instalava a capacidade produtiva com que resgataria sua dívida externa.

Todo esse investimento reforçou em muito a produtividade da indústria de transformação e aumentou também a produtividade geral, embora não chegando aos níveis anteriores a 1973. A produtividade no setor empresarial como um todo elevou-se em 1,4% ao ano de 1979 a 1986, em comparação com 0,6% ao ano de 1973 a 1979 e 2,8% de 1948 a 1973. A produtividade da indústria de transformação, no entanto, subiu em 3,5% ao ano de 1979 a 1986, em comparação com 1,4% de 1973 a 1979 e 2,8% de 1948 a 1973. De 1981 a 1987, cresceu a um ritmo ainda mais forte de 4,1% ao ano, superando em 50% o crescimento da produtividade anual nos anos excepcionais de 1948-1973. Os melhoramentos foram mais fortes nos segmentos de maquinaria elétrica e não-elétrica, instrumentos, alimentos, borracha, têxteis e produtos manufaturados diversos (para dados neste particular, ver Kendrick, 1989; Dertouzos et al., 1989, p. 28, e *ERP*, 1989, p. 67).

Alguns estudos identificaram na ocasião esses fatos. Uma análise realizada em 1984 demonstrou que as dificuldades da indústria de transformação de 1980 a 1982, conforme refletidas na balança comercial, relacionavam-se quase inteiramente com circunstâncias macroeconômicas, e não com fatores de competitividade. Entre 1979 e 1983, segundo esse estudo, "o desempenho no setor da indústria de transformação sugere que a elevação nas compras para a defesa e o forte crescimento dos investimentos internos contrabalançaram os efeitos negativos do comércio externo" (Lawrence, 1984, p. 8). "Se nos próximos anos", concluía o estudo, "a política americana puder reduzir o déficit público sem reduzir os incentivos aos investimentos, a combinação de forte demanda interna e taxa cambial declinante poderão resultar em extraordinária prosperidade para a indústria do país" (Lawrence, 1984, p. 145).

Constitui outra questão se os cortes fiscais de Reagan em 1981 foram os que tiveram mais a ver com esse forte desempenho dos investimentos. Alguns estudos sugerem que, em termos de custo de capital, os cortes fiscais foram provavelmente contrabalançados pelo aumento das taxas de juros reais (Blanchard, 1987, p. 23) ou que os investimentos foram mais altos em setores não afetados especialmente pelas reduções dos impostos (Bosworth, 1984) e podem ter sido mais influenciados por um declínio nos preços reais dos produtos, tais como automóveis e computadores (Niskanen, 1988, p. 234). Um estudo concluiu, no entanto, que as mudanças fiscais "podem muito bem ter desempenhado um papel em 1982-1984 porque envolveram uma mudança muito *súbita* na tributação da pessoa jurídica nos Estados Unidos e porque ocorreram numa ocasião em que havia ampla oferta de poupança excedente no resto do mundo" (Marris, 1985, p. 50; ver também Boskin, 1987, p. 60). O que houve de estranho na recuperação de 1983-1984, segundo esse mesmo estudo, "foi a *velocidade* no recrudescimento dos investimentos, e não no nível que alcançaram" (Marris, 1985, p. 43).

O nível dos investimentos nos Estados Unidos na década de 1980, no entanto, pode ter sido incomum, o que fornece uma prova ainda mais forte de que os cortes fiscais podem ter sido importantes. Embora os investimentos privados brutos após 1982 não tenham sido mais altos em termos nominais do que níveis anteriores, eles foram consideravelmente mais altos em termos reais. A Figura 8-4 mostra os investimentos fixos reais não-residenciais como percentagem do PNB real em todos os anos desde 1929. Esse índice alcançou um pico no pós-guerra em 1985, excedendo os níveis de fins da década de 1970 e sugerindo que a forte atividade de investimentos, em começos da década de 1980, não foi apenas uma conseqüência do pior período de recessão no pós-guerra, em 1981-1982.[1] O índice declinou após 1985, coincidindo com mudanças na lei fiscal, que rescindiram as deduções de 1981 para a indústria, mas aumentou novamente em fins de 1987 e prosseguiu até princípios de 1989, quando surtiram efeito os benefícios a longo prazo das reformas fiscais de 1986 (ver Capítulo 9).

O efeito positivo específico das mudanças fiscais sobre os investimentos não tem que ser decidido aqui, contudo, nem confundido com o efeito da reforma fiscal sobre a poupança nacional ou a arrecadação de impostos, que foi negativo, para concluirmos que o programa Reagan, da forma implementada em 1983-1984, produziu muitas conseqüências positivas e nada teve da calamidade que seus críticos proclamaram em 1981-1982 e que voltariam a repisar em 1986-1987, quando o crescimento diminuiu e a dívida externa aumentou (Friedman, 1988). As reduções de impostos deram claramente alguma contribuição para os níveis mais altos de investimentos nessa recuperação, em comparação com as anteriores. E os cortes orçamentários e a desregulamentação reduziram o desperdício e a ineficiên-

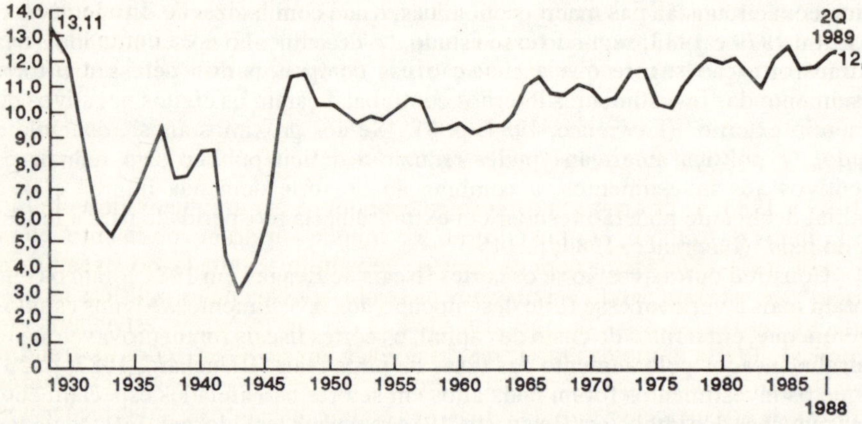

Figura 8-4. Investimentos fixos não-residenciais reais (percentagens do PNB real). (Fonte: Banco da Reserva Federal de St. Louis, obtida por gentileza de John Tatom, vice-presidente assistente.)

1 Os investimentos reais *líquidos* foram também mais altos do que reconheceram os críticos dos cortes fiscais (como, por exemplo, Altman, 1989). Essa medida leva em conta o tempo de vida mais curto de investimentos em equipamentos, em comparação com os feitos em fábricas e estruturas. A baixa utilização da capacidade instalada em princípios da década de 1980 aumentou o incentivo para investir em equipamento, em comparação com estruturas. Quando ajustados para levar em conta as taxas mais baixas de utilização da capacidade, os investimentos líquidos reais médios, como percentagem do PNB real, foram muito mais altos em 1981 e 1984-1985 do que a média dos melhores anos anteriores, de 1956 a 1979 (Tatom, 1989).

cia na economia. Além disso, as despesas do governo que permaneceram foram defensavelmente mais produtivas, envolvendo pagamentos de transferência reduzidos, que tendem a transferir renda dos investimentos para o consumo, e aumentaram os investimentos em defesa, que tendem a incentivar o produto (mesmo que os investimentos diretos do governo na indústria civil, supondo que o governo tenha tomado as decisões de mercado certas, pudessem ter sido ainda mais produtivos).

É realmente incompreensível por que poucos desses aspectos positivos foram devidamente enfatizados pelo governo ou divulgados pela mídia. Mais incompreensível ainda é como o país e o governo terminaram, em fins da década de 1980, empenhados em um debate de competitividade que apresentava a indústria de transformação americana às beiras da catástrofe (Cohen e Zysman, 1987). O partidarismo e a desorganização que persistiam na teoria econômica desempenharam um papel nesse particular. No fim, porém, a culpa foi do próprio governo, que não estimulou a conceituação de suas políticas e desempenho mesmo *post facto*. Abrigou poucos acadêmicos no gabinete ou círculo interno e os poucos que participavam pareciam muito embaraçados com as políticas e inteiramente perdidos para explicá-las. O governo continuou a contentar-se com relações públicas e perdeu uma oportunidade de ouro de vincular o recrudescimento do poder americano a objetivos mais claros e políticas mais geralmente convincentes. Dessa maneira, os melhores anos para a diplomacia econômica internacional de Reagan passaram sem a necessária mobilização intelectual e política de apoio público, seja no país seja no exterior, a fim de completar-lhe o programa e efetivamente restaurar a tríade de política do velho sistema de Bretton Woods.

A Tríade de Política Voa para o Exterior

De 1979 a 1983, as prioridades da política econômica deram uma reviravolta no mundo industrializado e, em menor grau, no mundo em desenvolvimento. Nem toda essa meia-volta, para sermos exatos, constituiu resultado do exemplo e pressões que estavam sendo geradas nos mercados globais pelas políticas americanas. Na verdade, a cesta de políticas adotada em outros países, especialmente no começo, diferia muito da americana. Mas, cada vez mais, em todos os grandes países industrializados, os objetivos tornaram-se os mesmos — desinflação, maior flexibilidade dos mercados e, enquanto houve grande demanda de importações nos Estados Unidos, comércio externo mais livre. A liderança dos Estados Unidos em 1981-1982, resistindo a transigir com a inflação e os cortes nos impostos, foi claramente importante, talvez mesmo de importância fundamental, na obtenção desse resultado.

Na Grã-Bretanha, Margaret Thatcher, dois anos antes de Ronald Reagan, foi a pioneira da "renascença" econômica conservadora (Walters, 1985). E fez isso com uma cesta de políticas inteiramente diferente. De 1979 a 1982, Thatcher deu prioridade à política monetária (que, na Grã-Bretanha é controlada pelo Tesouro) e ao combate à inflação. Nesse período, a despeito da recessão, a Grã-Bretanha elevou os impostos para reduzir o déficit orçamentário e reforçar a credibilidade da política monetária. O programa inspirado pela economia de oferta — a redução do poder dos sindicatos, a privatização e a desregulamentação e a redução e reforma dos impostos e benefícios de seguridade social — só surgiram na segunda metade de 1982. Mesmo nessa ocasião, as mudanças fiscais ocorridas na Grã-Bretanha foram mais modestas do que nos Estados

Unidos. As altas alíquotas sobre os impostos de pessoa jurídica foram reduzidas de 83% e 98% de renda derivada de prestação de serviços e posse de capital, respectivamente, para 60% e, de pessoa jurídica, de 52% para 35% (Matthews e Minford, 1987, p. 70-3). O resultado disso foi que a Grã-Bretanha não enfrentou graves problemas fiscais, em comparação com os Estados Unidos, muito embora apresentasse uma taxa de desemprego quase duas vezes maior do que a americana (Krieger, 1986).

A política econômica na Alemanha mudou um pouco mais tarde, no outono de 1982. De 1980 a 1982, travou-se na Alemanha um aceso debate entre uma revitalizada escola de economia de oferta, representada pelos institutos econômicos e o Bundesbank, e uma escola keynesiana de defensores do lado da demanda, nos sindicatos. Após 1980, o governo socialista de Helmut Schmidt aderiu à escola da oferta, pedindo moderação nas reivindicações salariais, desregulamentação e consolidação fiscal e monetária. Mas, sem apoio político suficiente no Partido Socialista e com a economia nas garras de uma recessão, a política de Schmidt não obteve credibilidade. No outono de 1982, o pequeno Partido Democrático Livre (FDP) abandonou a coalizão liderada pelos socialistas e formou um novo governo com os Cristãos-Democratas (CDU). Confirmada nas eleições de março de 1983, a coalizão CDU-FDP, sob a liderança de Helmut Kohl, agiu mais sistematicamente para reduzir à metade o déficit orçamentário, de 4,1% do PNB para 1,9%, em 1986 e iniciar modestas reformas fiscais e de desregulamentação (Hellwig e Neumann, 1987, p. 132-5). A política alemã, no entanto, evoluiu muito mais lentamente no tocante a mudanças estruturais (como, por exemplo, no enfrentamento da rigidez do mercado de trabalho) do que a britânica ou a americana.

A reviravolta foi talvez mais espetacular na França. Em 1981, o novo governo socialista de François Mitterrand "iniciara um ambicioso programa de 'keynesianismo redistributivo'" (Hall, 1986, p. 194). O déficit orçamentário saltou de zero em 1980 para 3,2% do PNB em 1983, mesmo que os impostos tivessem sido aumentados para os empregadores e grupos de renda alta. O setor público, após uma onda de nacionalização, expandiu-se de 46,4% do PNB em 1980 para 52% em 1983. A inflação permaneceu nos 13,4% em 1981 em 11,8% e 9,6% em 1982 e 1983. O déficit comercial disparou e o franco despencou. A despeito de todos os estímulos, o desemprego continuou a subir, de 7,4% da força de trabalho em 1981 para 8,3% em 1983 (dados da OCDE, 1987b, tabelas).

As políticas francesas estavam inteiramente desalinhadas com as políticas mais conservadoras, mais orientadas para a produção, de outros países. No fim, o Governo Mitterrand teve que proceder a ajustamentos, no início experimentalmente em junho de 1982 e depois decisivamente em março de 1983. Nesta última data, dispunha de apenas duas opções para salvar o franco: abandonar o Sistema Monetário Europeu (SME) e colocar a França por trás de muralhas protecionistas ou adotar políticas mais conservadoras para reduzir o consumo, a inflação e os desincentivos que prejudicavam os investimentos e encorajavam a fuga de capitais. Foram importantes as limitações externas impostas à França pelas mudanças de política ocorridas nos Estados Unidos, Grã-Bretanha e Alemanha. Por sorte para a França e o mundo industrializado, Mitterrand resolveu permanecer na economia do mundo livre e alterar o curso de sua política interna. Daí em diante, as políticas francesas reproduziram as prioridades de desinflação, desregulamentação e, em 1985-1986, as reduções de impostos e as reformas adotadas nos outros grandes países (Hall, 1987, p. 55-8).

A reviravolta econômica ocorrida em princípios da década de 1980 tornou-se também evidente, em graus variáveis, em outros países, no mesmo período, tanto nos países industrializados (como, por exemplo, na Itália e no Japão), como, após a crise de endividamento de 1982, em alguns países em desenvolvimento. Conforme comunicou em 1988 a OCDE, "quase todos os países-membros da OCDE começaram a se retirar em certos números de frentes de intervenção", incluindo subsídios e estruturas institucionais e regulamentadoras para controle da indústria pelo governo (1988, p. 232). Estudos do Banco Mundial documentaram um repensamento semelhante em países em desenvolvimento (Banco Mundial, 1986b, 1988b). Se ou não toda essa mudança foi profunda o suficiente ou permanente o suficiente para fazer uma diferença é assunto que pode ser questionado e as mudanças "não provaram ainda ser suficientes para justificar ou facilitar uma reversão real do protecionismo comercial nos países desenvolvidos ou em desenvolvimento (OCDE, 1988, p. 232). Mas os modelos eram autênticos.

A Figura 8-5 contém alguns indicadores agregados das mudanças de política ocorridas nesse período. Em todos os grupos de países desenvolvidos (G-5, G-7 e em todos os países industrializados), o crescimento dos agregados monetários (M_1 e M_2) caiu decisivamente após 1980, em comparação com o período 1977-1979 e antes, especialmente nos primeiros três anos da década de 1980. A expansão do setor público declinou também após 1980 e o setor, realmente, diminuiu após 1983 em todos os países, encolhendo a uma taxa de 3 a 4 pontos percentuais por década. Os déficits orçamentários foram os únicos indicadores de política que mostraram continuidade das tendências de década de 1970. Mas esses números são distorcidos pela presença dos Estados Unidos. Se estes forem excluídos, os déficits orçamentários nos outros países do G-5 não cresceram nesse período (sendo em média de 3,5% do PIB de 1974 a 1980 e de 3,6% de 1981 a 1987). Na Alemanha, Grã-Bretanha e Japão apenas, os déficits fiscais caíram realmente de 1980 a 1985 em um total de 4% do PNB, ao passo que o déficit americano subiu às alturas em um volume igual a 3% do PNB (Henning, 1987, p. 10).

É tentador atribuir mais uma vez essas mudanças gerais a circunstâncias comuns ou a fatores externos, tais como a criação do SME na Europa ou a redução do preço do petróleo após 1981. Um exame atento, no entanto, não justifica essas conclusões. O SME dificilmente era uma zona de estabilidade monetária em princípios da década de 1980, tendo passado por vários realinhamentos nos seus primeiros quatro anos (1979-1983). As taxas cambiais tornaram-se mais estáveis na Europa apenas depois que as políticas internas convergiram, e permanecem estáveis hoje apenas porque as autoridades monetárias dos países do SME estão dispostas a alinhar suas políticas, no momento, com as do Bundesbank alemão, muito sensível à inflação. Analogamente, os preços para os usuários finais do petróleo declinaram após 1981, mas não voltaram aos seus níveis de antes de 1979 até depois de 1985 (OCDE, 1988, p. 156). Além do mais, as desvalorizações de moedas na Europa elevaram realmente o preço do petróleo importado na maioria dos países em princípios da década de 1980 (o denominado terceiro choque do petróleo).

O fator decisivo nesse período, por conseguinte, não foram as circunstâncias favoráveis nem a boa sorte, mas mudanças de política provocadas por novas idéias (como, por exemplo, desregulamentação dos preços da energia nos Estados Unidos, que contribuiu para reduzir o consumo do petróleo e, subseqüentemente, reduzir-lhe os preços). A concorrência entre idéias derrubara dogmas políticos

I. G-5 (França, Alemanha, Japão, Grã-Bretanha e Estados Unidos)

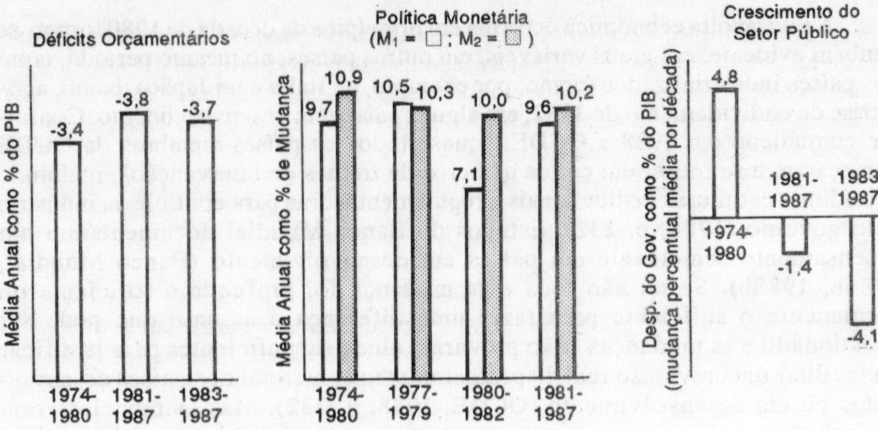

II. G-7 (G-5 mais Canadá e Itália)

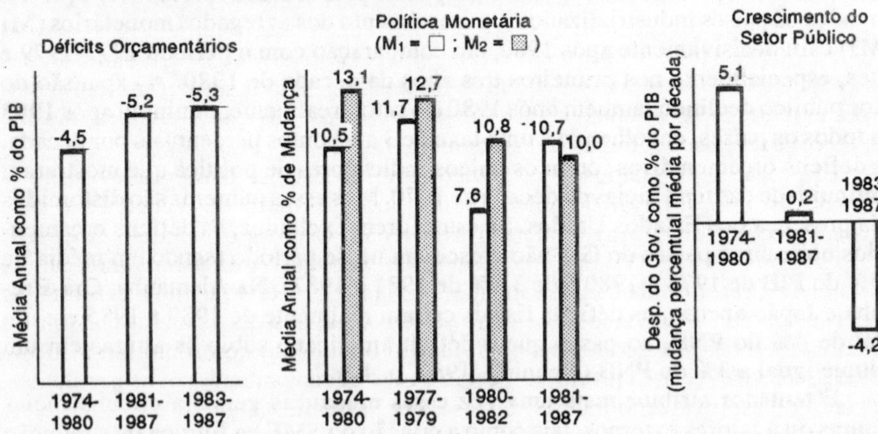

III. Todos os Países Industrializados

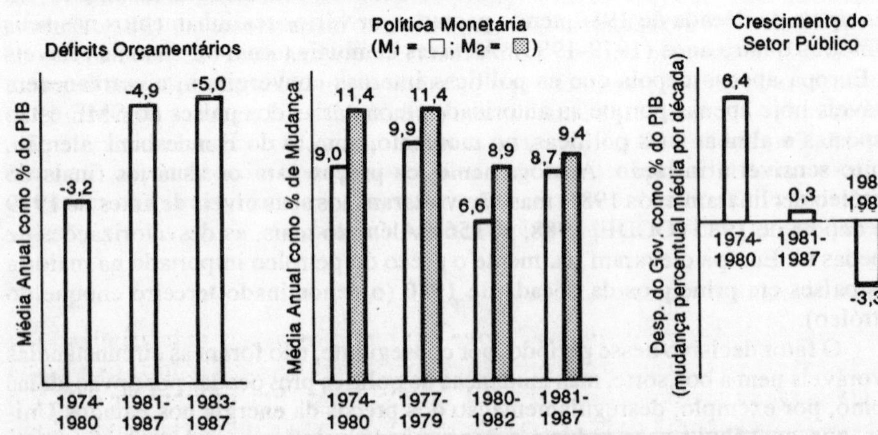

Figura 8-5. Mudanças na Política Econômica após 1979-1980. (Fonte: Ver Apêndice, Tabela A-9.)

(como, por exemplo, a conversão dos socialistas na França) e tradições nacionais (uma vez que diferenças em instituições básicas e costumes persistiam entre os países da OCDE) para inclinar as vantagens, mais uma vez, para políticas moderadas, orientadas para o mercado, revertendo à margem as tendências inflacionárias e intervencionistas da década de 1970.

Diplomacia Hesitante

Os Estados Unidos tiveram uma oportunidade sem precedentes de explorar a recuperação econômica que ora emergia a fim de reforçar e confirmar as mudanças de política de inícios da década de 1980. A Conferência Econômica Anual de Cúpula de 1983 foi marcada para acontecer nos Estados Unidos, em Williamsburg, Virgínia, no mês de maio. A reunião oferecia uma oportunidade ideal para fortalecer ainda mais o processo de supervisão multilateral, sinalizar a possibilidade de que as taxas cambiais poderiam se tornar mais estáveis no futuro, à medida que convergissem mais as políticas internas, estudar vigorosa e inter-relacionadamente as crises do comércio externo e o endividamento, e curar velhas feridas abertas em Versalhes pelas questões comerciais Leste-Oeste. Na verdade, alguns desses objetivos foram atingidos em Williamsburg. Ainda assim, um tanto surpreendentemente, Williamsburg foi menos ambiciosa do que Versalhes, mesmo que as condições econômicas tivessem melhorado.

Era como se os aliados e, particularmente, os Estados Unidos houvessem se esgotado no ano anterior durante o conflituoso encontro de Versalhes e suas conseqüências. Houve uma tendência para recuo. O próprio processo de cúpula sofreu severas críticas. O presidente Reagan tentaria em Williamsburg uma cúpula muito menos estruturada e mais espontânea. Não estava claro como a conferência se desenvolveria e havia o desejo de adotar uma postura cautelosa a fim de solucionar problemas pendentes, sobretudo o barulhento confronto Leste-Oeste do verão de 1982 (ver Capítulo 10), e não atacar decisivamente novos problemas. O estado de espírito, embora esperançoso, era hesitante.

Em retrospecto, 1983 foi provavelmente o melhor ano para o governo adotar uma política econômica internacional mais agressiva. O ano seguinte era de eleição. E, 1985, o ano após a reeleição, era bom para focalizar mais uma vez os desequilíbrios internos pendentes (como fora feito inicialmente em 1981). Embora movendo-se na direção correta, a diplomacia americana em 1983 ficou aquém do que poderia ter feito. Foram menos propícias oportunidades subseqüentes de impor uma agenda orientada pela política interna nas cúpulas de Londres e Bonn em 1984 e 1985. Em fins de 1985, a diplomacia americana voltara-se mais uma vez para direções que lembravam a década de 1970, estimulando a coordenação das taxas de câmbio e da política monetária, enquanto, relativamente, ignorava o orçamento interno e as reformas na política de comércio externo.

Desescalando o Processo de Cúpula

As crises de comércio e financeira que atingiram os países industrializados e em desenvolvimento no outono de 1982 submeteram a teste a própria existência da cooperação na economia mundial do Ocidente. Em outubro de 1982, o presidente Mitterrand considerou as reuniões de cúpula industriais como "praticamente inúteis" (*NYT*, 12 de outubro de 1982) e, na primavera de 1983, a França pensou realmente em deixar por completo a economia do mundo livre.

Grandes países em desenvolvimento — Brasil, México e Argentina — enfrentaram problemas sem precedentes de endividamento internacional, numa ocasião em que o diálogo Norte-Sul — pelo menos, da forma representada pelas Negociações Globais e pela diplomacia estilo década de 1970 — parecia ter acabado. O estado de espírito cada vez mais azedo levou o secretário do Tesouro dos Estados Unidos, Donald Regan, a propor, em dezembro de 1982, uma nova Conferência de Bretton Woods. Embora essa idéia fosse uma improvisação e não tivesse contado com apoio do governo americano, refletia a preocupação de que o processo, para não dizer a substância, da cooperação internacional estivesse prestes a desintegrar-se.

Questões processuais, portanto, dominaram o início do planejamento americano para a Cúpula de Williamsburg (à parte as questões comerciais Leste-Oeste, que estavam sendo intensamente negociadas no outono de 1982. Ver Capítulo 10). A própria data da conferência, embora anunciada pelos Estados Unidos em outubro, não foi aceita pelos franceses até a primeira reunião preparatória para a cúpula, em Celle St. Cloud, na França, no mês de dezembro.

Em comunicado enviado em outubro a outros líderes mundiais, o presidente Reagan mencionou duas outras questões processuais que deveriam ser tratadas em Williamsburg — de que maneira tornar a conferência de cúpula menos formal e como transmitir ao público a verdadeira natureza dessas reuniões, como foros para discussão, e não de tomada de decisões, mas sem fazer com que elas parecessem inúteis. As duas questões eram inter-relacionadas. Uma cúpula menos formal não poderia aspirar a tratar de assuntos específicos e de negociações. Ainda assim, a imprensa, esperando que essas reuniões tratassem dessas questões, divulgariam que as sessões haviam sido inúteis. Os líderes ficavam presos nas extremidades de um dilema. Tanto a cúpula "estruturalista" de Bonn quanto a "orientada para opções" de Versalhes haviam envolvido preparativos e negociações detalhados. Ao forçar a necessidade de serem alcançados acordos, contudo, ambas as reuniões haviam criado mal-entendidos e má vontade — a de Versalhes mais prontamente do que a de Bonn. Além disso, os líderes preferiam reuniões relativamente privadas, informais, como fora a intenção inicial das conferências de cúpula. O presidente Reagan e os demais líderes, portanto, aspiravam a trazer as cúpulas de volta às suas origens, por mais difícil e temporário que esse esforço acabasse por se tornar.

O desafio inerente à tarefa logo se tornou evidente. Visitas iniciais bilaterais trocadas entre *sherpas* europeus e americanos, dirigidos estes pelo novo subsecretário de Estado para Assuntos Econômicos, Allen Wallis (o terceiro representante pessoal de Reagan nas cúpulas), constataram acordo geral sobre a necessidade de encontros menores, em escala mais modesta, mas também dúvida geral de que isso pudesse ser conseguido. A redução da escala implicava certo número de possíveis modificações das reuniões: redução do número de ministros e auxiliares que compareceriam, redução da cobertura e das expectativas da imprensa, eliminação de um comunicado formal e realização de menos reuniões preparatórias de modo que as discussões na cúpula pudessem ser mais espontâneas e relevantes.

A redução do número de ministros era difícil. Países que possuíam governos de coalizão queriam freqüentemente aumentá-lo. Em Williamsburg, os alemães queriam o comparecimento de três ministros, em vez dos dois habituais (os ministros do Exterior e da Fazenda), porque, neste caso, eles eram de partidos diferentes. Uma maneira de ladear esse problema consistia em criar mais oportunidades para que os chefes de estado e governo se reunissem sozinhos, desacompanhados de ministros. Nas oito cúpulas anteriores, os chefes só se reuniram para almoços e jantares. Embora o primeiro-ministro Trudeau tivesse tentado organizar, e fracassado, mais sessões em Ottawa, o presidente Reagan conseguiu organizar uma delas na primeira manhã em Williamsburg. Até mesmo os intérpretes ficariam fora da sala, a tradução sendo feita por equipamento audiovisual. Essas sessões se revelaram extraordinariamente úteis e foram copiadas em cúpulas futuras.

Era igualmente difícil a redução da cobertura e de expectativas da imprensa. Alguns governos, com controle direto maior de sua imprensa, queriam proibir contatos com ela durante a cúpula e até a entrevista coletiva final. Isso era inteiramente impraticável nos Estados Unidos. Outra possibilidade era minimizar a importância da cúpula. Em fins de outubro de 1982, autoridades pensavam no modelo bem-sucedido da reunião informal da OTAN em La Sapinière, no Canadá, que iniciara o processo de reduzir as divergências sobre as questões do comércio Leste-Oeste (ver Capítulo 10).

La Sapinière tampouco emitira um comunicado formal, e trabalhara de acordo com o princípio de nenhum comunicado, sugerindo isso a possibilidade de que as cúpulas também pudessem dispensá-lo. O presidente Reagan achava sinceramente que comunicados pré-negociados mais limitavam do que facilitavam as discussões entre os líderes. Outros chefes de estado concordaram, mas, à medida que se aproximava a data da conferência, pressões políticas começaram a surgir. Sem um comunicado pré-negociado, os líderes não podiam prever surpresas e possíveis embargos na conferência.

Em uma tensa reunião preparatória realizada em Williamsburg em abril de 1983, a delegação dos Estados Unidos sugeriu uma alternativa ao comunicado pré-negociado. Na primeira sessão preparatória em San Diego, o grupo americano iniciara um "rascunho de documento" a partir das discussões dos *sherpas* sob a forma de esboços sumários. Nesse momento, o grupo americano sugeria que esses esboços fossem transformados em "documento temático". Esse documento formularia posições amplas, mas ficaria aquém da linguagem formal dos comunicados. Sugeriu ainda que o documento fosse discutido individualmente com cada país durante visitas à Europa, em princípios de maio, e em seguida aprovado na última reunião preparatória, que seria realizada em La Celle St. Cloud em meados de maio.

O documento temático dizia a cada líder o que esperar na cúpula, mas não continha linguagem formal (como era costume em comunicados pré-negociados). Era considerado como um documento comum de fornecimento de dados a cada líder, contendo uma descrição do problema e um ponto de partida para a própria discussão na cúpula. No fim, alguns trechos decisivos foram omitidos do documento temático e reservados para o comunicado final (como, por exemplo, a linguagem veementemente contestada sobre uma conferência monetária internacional; ver discussão posterior). Mas, no todo, o Comunicado de Williamsburg teve apenas um quinto da extensão do documento temático, o tom e a ênfase foram inspirados diretamente pelas discussões realizadas na cúpula e nenhum esboço do mesmo foi discutido entre os *sherpas* até o fim do primeiro dia completo das discussões entre os líderes.

A Conferência de Cúpula de Williamsburg, portanto, foi tão longe quanto qualquer outra para dar aos líderes a oportunidade de discussões sérias e espontâneas. Os próprios chefes de Estado negociaram o comunicado econômico e a declaração política sobre as Forças Nucleares Intermediárias (liberado no primeiro dia). Em várias ocasiões, eles retardaram ou interromperam sessões formais para se levantarem ou se sentarem em pequenos grupos para elaborar a linguagem seca e concisa que distinguiu a Declaração de Williamsburg da verborréia mais demorada e torturada dos comunicados prévios.

O formato de Williamsburg foi útil, claro, principalmente para tratar de grandes temas. Não poderia ter dado conta do tipo complicado de negociações de pacotes, como em Bonn ou Veneza (1980). Em parte, talvez, o procedimento adotado explica o fracasso de Williamsburg em promulgar um programa econômico internacional mais agressivo. Como alguém que participou de todos os preparativos, contudo, não acredito que a culpa tenha sido do formato. Os tipos de decisões que poderiam ter dado a Williamsburg um autêntico caráter de "Bretton Woods II" (ver discussão mais adiante) seriam de grandes conseqüências. Poderiam ter sido tomadas facilmente dentro do formato de Williamsburg e, na verdade, em alguns casos foram realmente iniciadas nos preparativos, mas não levadas a cabo na cúpula (tal como a iniciativa de uma reunião de ministros de Comércio e Finanças. Ver a discussão posterior).

Embora reduzida em proporções, Williamsburg não foi um "fracasso" (*WP*, 3 de março de 1983). Os preparativos não foram menos intensos do que os que precederam as cúpulas de Bonn em 1978 e Versalhes em 1982. Mas tiveram caráter diferente. Foram conduzidos principalmente em níveis mais altos e concentraram-se em amplas inter-relações, e não em questões fragmentadas. O presidente Reagan, por exemplo, realizou quatro rodadas de correspondência pessoal com todos seus colegas e várias outras com o presidente francês sobre o comércio Leste-Oeste e questões ligadas ao crédito (ver Capítulo 10). Reagan esteve profunda e pessoalmente envolvido em todas as fases dos preparativos para a cúpula, tendo, em certa ocasião, admoestado severamente sua equipe para não se deixar atrair para uma negociação sobre a linguagem do comunicado (sobre o envolvimento de Reagan, ver *NYT*, 26 de maio de 1983). Após a cúpula, o primeiro-ministro Trudeau prestou uma homenagem pública ao presidente Reagan por ter organizado uma reunião importante, ainda que espontânea:

> O presidente arriscou muito para que pudéssemos ter uma conferência de cúpula não-estruturada, mas que, ainda assim, produzisse resultados. Considero um dever congratular-me com ele por ter ganho esse jogo (*NYT*, 31 de maio de 1983).

Williamsburg sobressai, por conseguinte, como modelo de um enfoque orientado para opções em conferências de cúpula que busca algum resultado entre o exercício de relações públicas de uma cúpula de Ottawa, por um lado, e as sérias e não raro violentas negociações detalhadas de Bonn (1978) ou Versalhes, por outro. Williamsburg combinou direções temáticas e detalhes técnicos (como, por exemplo, o anexo monetário), não produzindo nem resultados políticos vazios nem acordos torturantes complexos, sujeitos a mal-entendidos. Ficou aquém do esperado em matéria de ambição e de acompanhamento. Lamentavelmente, os acordos alcançados em Williamsburg foram acompanhados com menos intensidade do que os desacordos em Versalhes. O motivo por que isso aconteceu tornar-se-á mais claro quando examinarmos as questões substantivos e os resultados alcançados em Williamsburg.

Estratégia para Williamsburg

O desejo de tratar de grandes tópicos colocou a ênfase, nos preparativos para Williamsburg, nas inter-relações das questões econômicas. À parte a ligação entre relações econômicas e segurança do Ocidente (ver Capítulo 10), eram de caráter duplo as principais inter-relações: 1) a existente entre recuperação interna e relações internacionais, particularmente os alinhamentos das taxas cambiais, e 2) entre relações de comércio externo e finanças.

Na primeira sessão preparatória importante, realizada em San Diego em meados de março, os *sherpas* americanos apresentaram duas propostas para tratar dessas inter-relações. A primeira baseava-se no processo de supervisão multilateral, criado em Versalhes, e procurava elaborar diretrizes de política mais específicas a fim de implementar os padrões de desempenho, em especial inflação mais baixa, citados na declaração monetária de Versalhes. Os Estados Unidos consideravam o aprofundamento do processo de supervisão como de especial importância porque a ênfase mudava, nesse momento, da luta contra a inflação, que dominara as reuniões de Ottawa e Versalhes, para a luta contra o desemprego, que subira nos 15 grandes países da OCDE, de 5,8% em 1980 para 8,7% em 1983 (OCDE, 1984, p. 163). Os Estados Unidos, embora não resistissem a essa mudança, para redução do desemprego, procuraram discipliná-la (*NYT*, de 15 de maio de 1983). Além do mais, queriam manter a iniciativa de supervisão multilateral aproximadamente equilibrada com as discussões que ora eram travadas sobre intervenção nos mercados cambiais.

O estudo sobre a intervenção, encomendado em Versalhes, estava progredindo. Em março, compreendia cerca de 6.000 páginas, incluindo detalhados estudos de casos de experiências anteriores com intervenção. Os franceses sempre haviam deixado claro que a questão era prioritária para eles. Os Estados Unidos, por outro lado, temiam que o reflexo para intervir, o mais desenvolvido de todos os reflexos de política econômica internacional (um legado da década de 1970), tomasse a frente do ritmo da convergência de políticas, que enfatizavam. Se isso acontecesse, essa intervenção debilitaria os incentivos para a convergência de políticas.

A segunda iniciativa americana era uma novidade. Pedia uma reunião conjunta dos ministros de Comércio e Finanças para tratar dos assuntos relacionados ao protecionismo e ao endividamento. A esperança era usar a crise de endividamento para deflagrar novas iniciativas que fortalecessem o sistema de comércio externo e pusessem os países em desenvolvimento, especialmente os de renda média, altamente endividados, no centro de uma nova rodada multilateral de comércio. Potencialmente, o elo comércio-finanças era a iniciativa que podia ter detonado a revitalização plena da tríade de política de Bretton Woods. Em Ottawa e Versalhes, a diplomacia americana dera destaque à estabilidade dos preços e a mercados flexíveis. Nesse momento, enfatizava o comércio, tanto para contrabalançar a ênfase crescente sobre a dívida e as finanças quanto para incentivar as exportações como única maneira viável de resgatar a dívida.

No fim, as iniciativas americanas sobre supervisão multilateral e elo comércio/finanças produziram apenas resultados parciais. A principal responsabilidade pela falta de progresso teve que ficar com os Estados Unidos, embora o país recebesse um bocado de ajuda dos aliados.

Um dos primeiros memorandos sobre estratégia relativos a Williamsburg postulou três opções para a política americana: 1) continuar as estratégias básicas, internamente orientadas, adotadas em Ottawa e Versalhes, 2) procurar soluções internacionais e pedir uma nova Bretton Woods para reformar os sistemas comercial e financeiro internacionais, e 3) adotar uma série de iniciativas internacionais graduais compatíveis com os temas de Ottawa e Versalhes. A segunda opção, pensava-se, acarretaria um número excessivo de riscos, especialmente depois dos mal-entendidos de Versalhes e porque poderia reativar a perspectiva de uma conferência monetária internacional e despertar mais uma vez o interesse pelas Negociações Globais.

Uma estratégia ambiciosa poderia ser também mal interpretada, temia-se, como reversão da política econômica internacional dos Estados Unidos. Velhos hábitos de cooperação internacional, no entanto, só morrem lentamente. Um ilustre grupo de economistas internacionais reunidos em Washington em dezembro de 1982, por exemplo, fez um apelo por medidas reflacionárias, observando que o declínio da inflação oferecia "espaço para que a política fosse mudada para uma direção expansiva, de modo a promover a recuperação" (IIE, 1982, p. 1). Analogamente, o pessoal da OCDE pediu, em princípios de 1983, um enfoque diferenciado da recuperação econômica, um nome para o velho método segundo o qual alguns países atuavam como locomotivas do crescimento econômico. Uma estratégia mais agressiva, portanto, poderia ser explorada por aqueles que sempre demonstraram grande tolerância em relação à inflação. Concebivelmente, se a conferência de cúpula tivesse sido realizada no segundo semestre de 1983, como os franceses haviam inicialmente defendido na primeira discussão sobre as datas das cúpulas, a recuperação poderia ter progredido mais e os Estados Unidos, bem como a Europa e o Japão, poderiam ter sido capazes de agir com maior confiança e risco.

Em princípios de 1983, contudo, os aliados tampouco se encontravam em situação de agir ousadamente. O presidente Mitterrand, que fez uso da idéia de uma nova Bretton Woods e apresentou-a veemente na reunião da OCDE em maio de 1983 (*NYT*, 10 de maio de 1983), encontrava-se no meio de uma angustiante crise econômica. A questão estava sendo resolvida em meados de março, exatamente no momento em que a primeira reunião importante para a organização do evento de Williamsburg aconteceu em San Diego. Por causa da crise, nem os *sherpas* franceses nem os alemães compareceram a San Diego. Não estava ainda claro até que ponto seria agressivo o novo governo alemão, especialmente em seus negócios com a França, ao passo que os britânicos se mostravam extraordinariamente cautelosos, tendo em vista as eleições em junho.

Desta maneira, nem política nem economia eram os foros certos para ação ousada em princípios de 1983. Isto não constitui uma desculpa por Williamsburg, mas uma explicação. Os Estados Unidos foram em frente com suas iniciativas de convergência e comércio-endividamento, mas faltava a visão ampla, e os europeus, especialmente os franceses, sentiam-se amuados — o que se tornara por essa altura a postura característica — com novas iniciativas até que fossem rebaixadas as taxas de juro e o valor do dólar.

Fortalecimento da Supervisão Multilateral

As reuniões de supervisão multilateral, acertadas em Versalhes, eram confidenciais e não recebiam nenhuma publicidade. Em contraste, o estudo da intervenção, também encomendado em Versalhes, estava logrando generosa cobertura da imprensa. Os Estados Unidos preocupavam-se com a possibilidade de que o foco da diplomacia econômica internacional resvalasse, mais uma vez, para a coordenação das taxas cambiais e das políticas monetárias. Dispuseram-se, por conseguinte, a fortalecer o processo de supervisão sem lhe pôr em risco o caráter confidencial. Os riscos, aliás, eram consideráveis, como demonstrava a experiência dos Estados Unidos após 1985, quando um processo muito mais político de coordenação de políticas resultou em um drama altamente emocional e brigas irritadas entre ministros de Fazenda que contribuíram, no fim, para a crise mundial nas Bolsas de Valores e centros financeiros no outono de 1987.

Em março, em San Diego, a delegação americana delineou quatro critérios específicos de política para orientar o processo de supervisão: 1) crescimento monetário estável e taxas moderadas; 2) controle dos gastos do governo, particularmente no tocante aos pagamentos de transferências; 3) reforma fiscal e regulamentadora com vistas a aumentar a flexibilidade e o papel dos sinais de mercado no crescimento; e 4) políticas de transferência e comércio externo mais livre para estimular a concorrência. Essas políticas não eram de austeridade monetária (por exemplo, ver Putnam e Bayne, 1984, p. 185). Constituíam, na verdade, as políticas fundamentais do sistema original de Bretton Woods, da forma que funciona após 1947. Eram políticas a longo prazo, para sermos exatos, e sem dúvida mais difíceis de implementar politicamente porque envolviam reformas estruturais básicas (como, por exemplo, microeconômicas) e não remendos macroeconômicos rápidos. Mas, não menos que propostas para a reflação, constituíam um programa para crescimento mais intenso.

Além do mais, os critérios defendidos pelos Estados Unidos não eram insensíveis a limites temporais. Medidas específicas foram propostas para avaliar, em base incremental, o processo conseguido. Essas medidas incluíam as taxas de juros e a inflação, o crescimento dos agregados e da base monetária, o tamanho relativo e a direção de mudanças nos gastos orçamentários do governo e do déficit, taxas de desemprego, crescimento da produtividade, desempenho do PNB real, fenômenos do balanço de pagamentos, mudanças regulamentadoras e medição da extensão e direção da mudança no comércio externo e nas restrições à movimentação de capitais. Essas medidas acrescentavam indicadores de curto prazo, de política e desempenho, que acompanhariam as metas de política de longo prazo — baixa inflação, maior nível de emprego e reativação do crescimento — enumeradas na iniciativa monetária de Versalhes.

Nessa altura, o Governo Reagan acreditava que quanto mais progresso pudesse ser obtido na convergência, menos necessidade haveria de intervenção no mercado cambial e, mais importante, seria menor o dano que tal intervenção poderia provocar no compromisso básico de disciplinar as políticas econômicas internas com vistas a atingir metas fundamentais comuns, como uma inflação baixa. O objetivo era manter paralelos os compromissos com a convergência e a intervenção. Em Williamsburg, por conseguinte, os Estados Unidos estavam dispostos a aceitar algumas diretrizes mínimas para a intervenção se os aliados aceitassem algumas diretrizes comparáveis para coordenação da política nas áreas de inflação e outros indicadores de desempenho. Se os demais fracassassem em seu desempenho em matéria de inflação, os Estados Unidos não se sentiriam obrigados a intervir nos mercados cambiais. (Para comentários sobre um memorando relativo à estratégia dos Estados Unidos na ocasião, ver *NYT*, 15 de maio de 1983).

O problema para os auxiliares de Reagan nunca foi a intervenção em si, mas a crença geral de que ela era a panacéia para os problemas da taxa cambial e de natureza macroeconômica. O grupo americano tinha esperança de que essa crença fosse convincentemente refutada pelo estudo sobre intervenção que estava em andamento. Depois de exaustivas pesquisas, esse estudo concluiu que "a intervenção tem sido com freqüência eficaz para atingir objetivos de curto prazo (...) como reação a desordens no mercado cambial, como situações não-solucionadas de comércio externo ou eventos inesperados de natureza essencialmente não-econômica", e poderiam ser também "úteis", embora ocasionalmente "contraproducentes", para outras finalidades a curto prazo, tais como tranqüilizar participantes no mercado ou enviar aos mercados sinais de determinação. Mas, no que interessava a ajustamentos a longo prazo das taxas cambiais, descobriu o estudo, a intervenção "não parece ter constituído instrumento eficaz diante de pressões persistentes de mercado", a menos que se permitisse que "ela produzisse um impacto direto sobre as responsabilidades das autoridades monetárias", isto é, a menos que as autoridades permitissem que as compras ou vendas da moeda local para estabilizar a taxa cambial alterassem o meio circulante e não compensassem imediatamente as compras e vendas (isto é, esterilizassem) através de operações de mercado aberto. A intervenção eficaz no prazo mais longo, por conseguinte, exigia "ajustamentos internos auxiliares, especialmente no campo da política monetária". A intervenção poderia "ganhar tempo (...) se seguida das apropriadas mudanças de política. Ganhar tempo, no entanto, fora ocasionalmente inútil ou mesmo contraproducente na ausência de apropriadas mudanças de política". (Ver o estudo do Grupo de Trabalho sobre Intervenção no Mercado Cambial, divulgado em 29 de abril de 1983.)

O relatório confirmava tanto a opinião americana sobre os efeitos a longo prazo da intervenção quanto a opinião européia sobre os efeitos a curto prazo. O estudo oferecia uma sólida base analítica para o fortalecimento do processo de convergência a médio prazo e para intervenção algo mais freqüente *na direção desse objetivo* a curto prazo. Os ministros de Fazenda, ao aprovarem o relatório em fins de abril, pareceram concordar com essa ligação. O comunicado que divulgaram dizia em partes importantes o seguinte:

> A intervenção será normalmente útil apenas quando complementar e apoiar outras políticas. Concordamos sobre a necessidade de consultas mais profundas sobre políticas e condições de mercado (...) e (...) estamos dispostos a empreender a intervenção coordenada em casos em que se concorde que tal intervenção seria útil (Declaração divulgada conjuntamente com o estudo sobre intervenção, 29 de abril de 1983.)

O comunicado dizia especificamente em que casos a intervenção poderia ser útil:

> A intervenção poderá ser útil para conter condições desordenadas de mercados e para expressar uma atitude em relação aos mercados cambiais (Declaração divulgada conjuntamente com o estudo sobre intervenção, 29 de abril de 1983.)

Acordos paralelos sobre diretrizes para a intervenção e a convergência não seriam alcançados, contudo. Na reunião preparatória para a cúpula, realizada em Williamsburg em meados de abril, os franceses, apoiados pelos italianos e canadenses, recusaram-se a elaborar indicadores de política e de desempenho para o exercício de convergência. Embora a Itália e o Canadá tivessem razões políticas para objetar, uma vez que não foram incluídos no exercício de convergência, todos os três países tinham também motivos ponderáveis para recusar. Nessa altura, eram países de alta inflação. Suas moedas estavam sendo pressionadas para baixo nos mercados cambiais (a moeda canadense menos porque era vinculada ao dólar americano). Queriam intervenção coordenada a fim de sustentar suas moedas. Da forma como encaravam o problema, a intervenção, sem dúvida nenhuma, justificava-se para que pudessem comprar tempo. A França iniciara em março mudanças fundamentais de política; Itália e Canadá haviam feito o mesmo em meados de 1982. Mas não estavam dispostos a se comprometer com alvos mais específicos de política e desempenho no exercício de convergência. Os franceses, em particular, temiam resultados em Williamsburg que lhes identificassem as novas políticas com as dos governos conservadores dominantes no cenário da cúpula. A substância da convergência estava presente nas políticas francesas, mas isso não podia ser reconhecido no processo de convergência na cúpula. Uma vez que as mudanças na política francesa eram relativamente recentes, os Estados Unidos não estavam ainda convencidos que essa substância realmente existisse.

Em conseqüência, os Estados Unidos resolveram não alterar sua política de intervenção. Estavam convencidos de que ela se encontrava no caminho certo e que maior convergência simplesmente exigia mais tempo. As taxas de inflação haviam caído espetacularmente em outros países representados na cúpula e, com elas, as de juros. Nos Estados Unidos, as taxas de curto prazo haviam sido reduzidas à metade desde janeiro de 1981, de 18% para 9%. Analogamente, as taxas no Reino Unido, Alemanha e Japão tinham descido de 2 a 6 pontos percentuais (dados do Tesouro, 31 de março de 1983). O argumento de que as altas taxas de juros nos Estados Unidos estavam no âmago dos problemas europeus pareceu menos convincente. As taxas de juros reais nos Estados Unidos permaneceram altas, se medidas em termos de inflação corrente, mas não anormalmente altas em termos da inflação esperada. Os mercados precisavam ainda ser convencidos de que as melhorias no combate à inflação seriam mantidas no futuro. Intervenção mais ativa nos mercados de câmbio teriam enviado exatamente o sinal errado aos mercados, sobretudo se ela fosse desacompanhada de demonstração convincente na cúpula de que ajustamentos internos firmes estavam sendo feitos.

O Governo Reagan também não tinha nessa altura forte intenção ou planos para reduzir seu próprio déficit orçamentário. Presumivelmente, a recuperação ajudaria a conseguir isso, mas o governo ficara enfraquecido politicamente nas eleições de 1982 para o Congresso e sentia-se menos confiante do que antes de que poderia conseguir mais cortes orçamentários. Indubitavelmente, essas limitações internas reduziram também o entusiasmo do governo pelas suas próprias propostas de convergência. Dessa maneira, deixou de ser plenamente explorada a possibilidade de se obterem importantes progressos paralelos nas questões da convergência e da intervenção.

A Conferência de Cúpula de Williamsburg aprovou um anexo ao comunicado, intitulado "Fortalecimento da Cooperação Econômica para o Crescimento e a Estabilidade". O anexo detalhava medidas de política mais específicas, de prazo mais curto, para orientar o processo de convergência no médio prazo. Em muitos aspectos, lembrava um catálogo do novo consenso de política econômica conservadora para promover o crescimento não-inflacionário:

> *Política Monetária.* Crescimento disciplinado, não-inflacionário, dos agregados econômicos, e taxas de juros apropriadas, a fim de evitar o ressurgimento subseqüente da inflação e nova elevação das taxas de juros, criando, dessa maneira, espaço para crescimento sustentável.
>
> *Política Fiscal.* Procuraremos, preferivelmente através de disciplina dos gastos do governo, reduzir o déficit estrutural do orçamento e levar em conta as conseqüências da política fiscal para as taxas de juros e o crescimento.
>
> *Política de Taxa Cambial.* Melhoraremos as consultas, a convergência de políticas e a cooperação internacional a fim de ajudar a estabilizar os mercados cambiais, levando em conta nossas conclusões no Estudo sobre Intervenção no Mercado Cambial.

Políticas de Produtividade e Emprego. Embora confiando nos sinais de mercado como guia de decisões econômicas eficientes, tomaremos medidas para melhorar o treinamento e a mobilidade de nossa força de trabalho, com particular interesse pelo problema do desemprego de jovens e promoveremos ajustamentos estruturais contínuos, especialmente através de

- aumento da flexibilidade e transparência das economias e mercados financeiros.
- estímulo à pesquisa e ao desenvolvimento, bem como à rentabilidade e aos investimentos produtivos.
- continuação dos esforços em cada país e aprimoramento da cooperação internacional, nos casos apropriados, sobre medidas de ajustamento estrutural (como, por exemplo, através de políticas regionais, setoriais e de energia). (Para o texto do Comunicado de Williamsburg, ver *NYT*, 31 de maio de 1983.)

Esses compromissos contrariavam as receitas a curto prazo, de sintonia fina, impostas aos líderes da cúpula por outros especialistas durante a primavera de 1983. Mas não eram suficientes para elevar o exercício de convergência a novos níveis de eficácia, em termos de compromisso político ou de apoio público. O exercício continuou, porém, e a convergência, em termos de resultados políticos, realmente se acelerou de 1983 a 1985, como até mesmo os críticos reconheceram (Bergsten, 1985). O exercício, no entanto, não poderia suportar um adiamento infinito do compromisso da América de reduzir seu déficit orçamentário. No fim, após 1985, o exercício transformou-se em outro, mais convencional, de taxa cambial e política monetária (ver Capítulo 9).

A Iniciativa Comércio Externo-Finanças

A iniciativa americana de vincular comércio externo e endividamento e revigorar as instituições internacionais teve resultados ainda mais decepcionantes em Williamsburg do que a iniciativa da convergência. A Reunião Ministerial do GATT havia desfechado um sério golpe nas propostas americanas de uma rodada antecipada de negociações sobre comércio. Em princípios de 1983, no entanto, autoridades americanas viram uma pequena abertura para explorar a crise de endividamento e a recuperação que começava, a fim de atacar de outros ângulos o problema do comércio externo. Em vez de atacar de frente questões difíceis como a da agricultura e outras que provocavam sérias divergências entre os países industrializados, apelaria aos países reunidos na cúpula para que acabassem com o protecionismo e iniciassem uma nova fase de liberalização do comércio *em benefício dos países em desenvolvimento*, em especial dos que estavam profundamente endividados. Com esse fim em vista, autoridades americanas propuseram em San Diego uma série de reuniões conjuntas de ministros de Comércio e Fazenda, inicialmente entre os países industrializados, mas incluindo finalmente também países em desenvolvimento selecionados. Essas reuniões tratariam de interações importantes entre comércio, finanças e iniciativas processuais a fim de revitalizar a cooperação entre as instituições de Bretton Woods, sobretudo o GATT, o FMI e o Banco Mundial. O esforço americano era sincero e, caso tivesse logrado êxito, os resultados teriam sido bons para o mundo. Mas fracassou devido a grandes diferenças de interesses e falta de boa vontade de parte dos aliados.

A iniciativa de comércio Norte-Sul tratava mais dos interesses americanos do que dos de seus aliados. Embora as exportações de produtos manufaturados pelos países em desenvolvimento tivesse duplicado na década de 1970 como percentagem do consumo de bens manufaturados em todos os países industrializados, esse índice mais do que duplicara nos Estados Unidos, de 1,1% em 1973 para 3% em 1983 (Brock, 1984, p. 1.039; Balassa et al., 1986, p. 160). Em 1981, os Estados Unidos absorveram 52% de todos os bens manufaturados exportados pelos países em desenvolvimento, percentagem esta que cresceu em 1986 para 68% (Nau, 1988a). A maior parte dessas exportações procedia de alguns países, principalmente dos que haviam se industrializado recentemente na América Latina (Brasil, Argentina e México) e do Extremo Oriente (Coréia, Formosa, Cingapura e Hong Kong). Analogamente, os Estados Unidos vendiam uma parte desproporcionalmente grande de seus produtos manufaturados aos países em desenvolvimento. As exportações de todos os países industrializados para o Terceiro Mundo subiram de 23% das exportações totais em 1973 para 28% em 1980. No caso dos Estados Unidos, porém, as exportações de manufaturados para os países em desenvolvimento elevaram-se, em 1980, para 40% das exportações totais e excederam as que se encaminhavam para mercados tradicionais, como a Europa e o Japão (Brock, 1984, p. 1.039).

O comércio da Europa e Japão com os países em desenvolvimento não só crescia mais lentamente, mas era também de caráter diferente. Em 1980, a Comunidade Européia importou de países em desenvolvimento não produtores de petróleo mais ou menos o mesmo valor em bens que os Estados Unidos — cerca de 45-50 bilhões de dólares —, embora fossem radicalmente diferentes a composição e as origens dessas importações. A Europa importou duas vezes mais alimentos que os Estados Unidos e três vezes mais matérias-primas. E embora Europa e Estados Unidos importassem volumes semelhantes dos países do sudeste da Ásia e, até 1980, da América Latina, a Europa importou da África seis vezes mais do que os Estados Unidos. Proporcionalmente, o Japão importou ainda mais alimentos e matérias-primas do que a Europa, e seu comércio era o mais concentrado de todos os países industrializados, principalmente na Ásia. Dessa região, o Japão importou mais ou menos os mesmos volumes absolutos de produtos não-ligados à energia que os Estados Unidos, embora, da América Latina, importasse menos do que um quarto do que fizeram os Estados Unidos e a Europa, e da África mais ou menos os mesmos volumes insignificantes que os Estados Unidos importaram. As exportações européias e japonesas para o mundo em desenvolvimento eram também menos significativas do que as dos Estados Unidos. Para a Europa, as exportações para os países em desenvolvimento eram menos importantes do que o comércio dentro da Comunidade e, no caso do Japão, eram dominantes as exportações que efetuava para os Estados Unidos.

A crise de endividamento, por conseguinte, produzia um impacto muito diferente sobre os interesses comerciais dos países reunidos na cúpula. Os Estados Unidos, negociando principalmente com a América Latina e os países recém-industrializados da Ásia, os países mais fortemente endividados, eram os que mais sofriam. Suas exportações para esses países caíram dramaticamente. De 1981 a 1984, os países fortemente endividados cortaram as importações num total de 43 bilhões de dólares, cabendo 40% desse valor, ou 16 bilhões de dólares, apenas aos Estados Unidos. Entrementes, os países endividados aceleraram as exportações para os Estados Unidos. As exportações brasileiras cresceram em 3,5 bilhões de dólares, ou em 85%; as da Coréia em 5 bilhões, ou 90%; e as do Chile em 450 milhões, ou 75% (Nau, 1988a).

A recuperação não conseguiu revitalizar as exportações americanas para os países endividados. Embora os acordos do FMI tentassem em geral incentivar os países devedores a liberalizar as importações, eles freqüentemente descobriam que podiam atingir as metas de balanço de pagamento do FMI restringindo as importações e subvencionando as exportações (ver Capítulo 9). E além disso, quando países em desenvolvimento liberalizaram de fato, nos termos de acordos com o FMI, como aconteceu, por exemplo, com a Coréia do Sul e o México, eles nada conseguiram em troca dos países industrializados. Concessões recíprocas de comércio só podiam ser obtidas no GATT, mas a verdade era que poucos países em desenvolvimento participavam do processo de negociação multilateral de comércio.

Para os Estados Unidos, portanto, uma rodada Norte-Sul no GATT oferecia uma maneira de permitir aos países devedores que liberalizassem, ao mesmo tempo em que mantinham abertos seus mercados. Em 1983, o Governo Reagan lutava com a renovação do Sistema Generalizado de Preferências (SGP). Programa de preferências datado da década de 1970 que oferecia acesso isento de tarifas às importações procedentes dos países em desenvolvimento, esse acordo tornara-se cada vez mais impopular no Capitólio, particularmente no tocante aos países recém-industrializados. O Congresso achava que esses países deviam superar o comércio tipo ajuda, tal como o que era previsto no SGP. Sob pressão do Congresso, o governo estava inserindo um elemento de negociação do SGP, no sentido do que os países recém-industrializados poderiam conservar alguns benefícios do SGP apenas se começassem a pagar na mesma moeda, com maior acesso das exportações dos Estados Unidos e de outros países industrializados aos seus próprios mercados. Por que não generalizar no GATT esse processo de negociações recíprocas? Uma rodada Norte-Sul conseguiria isso. Além do mais, da perspectiva dos Estados Unidos, a expansão do comércio com os países em desenvolvimento era, segundo explicou o representante americano para o comércio, William Brock, "a única maneira, a longo prazo, de superar a situação de endividamento" (1984, p. 1.041).

A estratégia dos Estados Unidos, até essa altura, sobre o endividamento, enfatizava os programas de ajustamento de curto prazo do FMI, reescalonamento dos empréstimos comerciais bancários e modestos volumes de dinheiro novo (isto presumivelmente estimulado pela aprovação do FMI aos programas saneadores dos países em débito). A estratégia, no entanto, precisava de incentivo e mecanismo a prazo mais longo para o ajustamento. Em princípios de 1983, os Estados Unidos consideravam o comércio externo como sendo esse mecanismo. O comércio levaria, e a finança coonestaria, a uma expansão dos fluxos de bens reais e serviços entre os países industrializados e em desenvolvimento. A iniciativa de convocar uma reunião conjunta de ministros de Comércio e Fazenda reforçaria essa ligação. Era uma estratégia válida. Em 1985, nos termos do Plano Baker, a ênfase mudaria para as finanças e o comércio cairia vítima do déficit comercial e de uma onda de protecionismo no Congresso. Infelizmente, em 1983, as propostas de uma rodada de comércio e de ligação comércio-finanças acabariam por se mostrar excessivas para a Europa e o Japão, que continuavam a se opor a uma nova rodada, e também para os Estados Unidos, que não conseguiram mobilizar apoio interno suficiente para a rodada de comércio nem sugerir novos incentivos financeiros para tornar possível a liberalização do comércio, especialmente nos já fortemente endividados países em desenvolvimento.

Os aliados europeus e japoneses encaravam o caso de maneira inteiramente diferente. Dependiam menos dos países em desenvolvimento como mercados de exportação e seus bancos haviam agido muito antes dos congêneres americanos para criar reservas contra as perdas que poderiam resultar da crise de endividamento. Para eles, por conseguinte, era menos urgente expandir o comércio com os países em desenvolvimento. Além do mais, julgavam que a manutenção de altas taxas de juros e alta cotação do dólar nos Estados Unidos, bem como as perspectivas incertas de recuperação econômica em outros países industrializados, eram mais prejudiciais aos países em desenvolvimento do que a falta de novas iniciativas sobre comércio e finanças. Os franceses, em particular, não viam qualquer mudança no interesse dos países em desenvolvimento por uma rodada de comércio desde a Reunião Ministerial do GATT em 1982, e eles, bem como o governo conservador alemão (cujo parceiro na coalizão, o FDP, tinha algumas das mesmas opiniões dos socialistas franceses sobre o Terceiro Mundo), queriam mais ênfase na dimensão política das relações Norte-Sul, e não apenas nos inter-relacionados aspectos econômicos. Juntamente com os canadenses e italianos, queriam que a Conferência de Cúpula de Williamsburg respondesse positivamente a UNCTAD VI (Conferência de Comércio e Desenvolvimento das Nações Unidas), marcada para Belgrado em junho de 1983. Importando mais matérias-primas e alimentos dos países em desenvolvimento, em especial dos países pobres da África, os aliados europeus preferiam acordos sobre produtos básicos e ajuda, dimensões estas que eram enfatizadas pelos programas da UNCTAD.

A Tabela 8-1, que foi preparada para a delegação americana a Williamsburg, mostra a diferença entre Europa e Estados Unidos no tocante aos aspectos de comércio e ajuda do desenvolvimento. Em 1981, a CE fornecera duas vezes mais ajuda aos países em desenvolvimento do que os Estados Unidos, medida esta como percentagem do PNB, ao passo que os Estados Unidos contribuíram com quase 50% a mais em termos de comércio e 20-25% a mais em termos de investimento externo direto. As contribuições totais de cada lado eram aproximadamente as mesmas. A ajuda da CE, fornecida principalmente nos termos da Convenção de Lomé, assinada em 1975 e renovada em 1980, encaminhava-se principalmente para a estabilização dos preços dos produtos básicos importados dos países em desenvolvimento. A ajuda do Japão concentrava-se principalmente no financiamento de suas exportações para os países em desenvolvimento. Na medida em que queriam novas iniciativas, Europa e Japão, por conseguinte, pleiteavam maiores cotas no FMI, recursos mais substanciais para a IDA, a filial do Banco Mundial a

Tabela 8-1. Contribuições Comparativas dos EUA-CE para o Desenvolvimento, 1981*

	EUA	CE†
Assistência oficial de desenvolvimento aos PEDs	0,20	0,51
Investimentos estrangeiros diretos nos PEDs	0,22	0,18
Importações de produtos manufaturados dos PEDs‡	1,20	0,88
Total	1,62	1,57

Fontes: OCDE, GATT e Representante Americano para o Comércio.

* Os totais refletem percentagens do PNB.

† Exclui Grécia e Irlanda.

‡ Exclui SITC 68, metais não-ferrosos.

cargo de empréstimos a juros baixos e, no caso dos franceses e canadenses, planos ainda mais radicais para alívio em grande escala da dívida. Estes eram exatamente os tipos de iniciativas financeiras, na ausência de profundas reformas internas ou na política comercial, a que se opunham os Estados Unidos. Se ou não um conjunto paralelo de medidas incrementais destinadas a expandir o comércio e os financiamentos poderia ter sido possível, tal como o progresso paralelo buscado entre convergência e intervenção nos mercados cambiais, é difícil de dizer. Fortes interesses erguiam-se como obstáculos, mas, como no caso da convergência-intervenção, o mesmo acontecia com a falta de boa vontade.

A falta de boa vontade transpareceu mais claramente no caso da proposta de uma reunião conjunta dos ministros de Comércio e Fazenda. Diziam as objeções levantadas que reuniões comércio-finanças, se incluíssem outros países além dos representados na cúpula, poderiam interferir em instituições existentes (como a OCDE) ou, se incluíssem apenas os membros da cúpula, representariam uma burocratização indesejável do processo de alto nível. Discretamente, alemães e japoneses tornaram ciente que seria muito difícil organizar essas reuniões entre seus ministros de Comércio (economia) e de Fazenda, que não raro eram rivais ferrenhos na frente interna no tocante à jurisdição sobre a política econômica internacional. A iniciativa, na verdade, deflagrou uma torrente de picuinhas burocráticas, tanto interna quanto internacionalmente, culminando com o ressentimento francês por terem os Estados Unidos pedido a primeira reunião em solo francês sem que os franceses fossem os hospedeiros formais. Foram inteiramente contraditórias as reações a apelos repetidos de alguns aliados, especialmente dos franceses, para uma nova conferência de Bretton Woods, que presumivelmente teria que tratar de comércio e finanças.

A despeito das objeções, os Estados Unidos, em meados de abril, resolveram seguir adiante com a primeira reunião. Ela aconteceu em meados de maio, em conexão com a Reunião Ministerial da OCDE em Paris. Antes disso, porém, os ministros de Comércio e Fazenda encontraram-se separadamente. Os ministros do Comércio dos Estados Unidos, Canadá, CE e Japão reuniram-se em fins de abril para uma de suas denominadas sessões quadrilaterais. Essas sessões haviam sido iniciadas em princípios da década de 1980, como uma das maneiras de fortalecer o processo do GATT. Os países quadrilaterais consideravam-se como formando um grupo de liderança informal para o sistema comercial e, em 1983, começaram a se reunir periodicamente também com países em desenvolvimento selecionados, o que refletia a ampliação progressiva do sistema comercial, de modo a incluir os principais entre eles. Teria sido um golpe de boa sorte para o sistema econômico mundial se essas discussões sobre comércio tivessem sido ligadas informalmente e de forma *ad hoc* ao aparato muito mais complicado que organizava as discussões entre os ministros de Fazenda. Os vários grupos financeiros (G-5, G-10 etc.), bem como a Comissão sobre Desenvolvimento FMI-Banco Mundial, haviam todos se reunido novamente em fins de abril, como faziam duas vezes ao ano, a fim de deliberar sobre assuntos financeiros. A reunião de abril do G-5, conforme notamos antes, concentrou-se no estudo sobre a intervenção nos mercados cambiais e a Comissão Provisória concluiu a aprovação do aumento das cotas no FMI, que havia sido acordado em janeiro (ver Capítulo 7).

Existia, portanto, uma oportunidade para revitalizar o comércio e as ligações comércio-finanças. O comunicado emitido pela Reunião Ministerial da OCDE, realizada em 9-10 de maio, continha não só o apelo perfunctório para que se pusesse fim ao protecionismo, mas, na verdade, incumbia os países industrializados de "reverter as tendências protecionistas", em especial no tocante a medidas aprovadas durante a recente sessão. E "convidava o secretário-geral da OCDE a propor os apropriados meios de acompanhamento", a fim de implementar esse compromisso.

A reunião conjunta dos ministros de Comércio e Fazenda ocorreu imediatamente depois da Reunião Ministerial da OCDE. Embora as discussões fossem francas e úteis, não foram bem politicamente. Os franceses se recusaram a comparecer à reunião e, na reunião da OCDE no dia anterior, haviam apresentado uma proposta alternativa que daria à OCDE e aos países menores um papel mais ativo nos preparativos para as conferências de cúpula. Os franceses pareciam estar empenhados em uma manobra tática destinada a reduzir a importância da Conferência de Cúpula de Williamsburg (Putnam e Bayne, 1984, p. 182). Do apelo de Mitterrand em princípios de maio, para convocação de uma nova conferência de Bretton Woods, até uma reunião de cúpula dos governos socialistas de sete países, realizada em Paris em fins de maio, o governo francês usou foros alternativos para combater seu isolamento como único grande país governado por socialistas que ia participar da "celebração capitalista" que iria acontecer em Williamsburg (*NYT*, 20 de maio de 1983). O efeito de tudo isso foi inibir em Williamsburg a iniciativa que poderia ter resultado em significativa revitalização dos sistemas comercial e financeiro.

Na sessão preparatória final para Williamsburg, realizada em La Celle St. Cloud, nos dias 11-13 de maio, os *sherpas* estabeleceram um elo entre comércio e finanças, mas, no que interessava ao comércio, era um elo regressivo. A delegação francesa insistiu em um elo, nos documentos temáticos, entre compromissos sobre comércio e compromissos sobre uma conferência monetária internacional que a França considerava como elemento decisivo tanto para a questão das taxas cambiais quanto para o problema do endividamento. O elo em si era pacífico. Era isso o que os Estados Unidos e os demais países também buscavam. O elo específico acordado em La Celle St. Cloud, no entanto, atrasava em várias etapas a rodada de comércio e instilava nova vida na idéia vaga de uma conferência monetária internacional.

O documento temático final aprovado em La Celle St. Cloud convidava os ministros de Comércio a "definir condições para melhorar o sistema multilateral aberto de comércio, incluindo o comércio entre países desenvolvidos e em desenvolvimento e a considerar a possibilidade de reuniões ministeriais mais freqüentes no GATT para manter a urgência do processo". Em seguida, instava com os ministros de Fazenda para que "definissem as condições para melhorar o sistema monetário internacional e considerar o papel que poderia, no devido tempo, ser desempenhado nesse processo por uma conferência monetária internacional de alto nível". O fraseado idêntico desses compromissos insinuava que as conversações monetárias e sobre comércio estavam no mesmo estágio. Na verdade, os preparativos para a rodada de comércio, embora ainda modestos, estavam anos à frente das banalidades que haviam sido ditas pelas delegações americana e francesa sobre uma possível conferência monetária Bretton Woods II.

A própria conferência de Williamsburg elevou significativamente o status do compromisso sobre comércio, refletindo o fato de que o documento temático era informal e de cumprimento não-obrigatório (em contraste com um comunicado pré-negociado). Comprometia os países representados na cúpula a "continuar consultas sobre propostas para uma nova rodada de negociações sobre comércio no GATT". Esta era a primeira menção de uma nova rodada de compromissos assumidos em conferências de cúpula. Após Williamsburg, a questão seria quando, e não se, começaria uma nova rodada. Não obstante, o compromisso de Williamsburg debilitou realmente o compromisso mais forte da OCDE com o comércio, acordado três semanas antes. Acrescentava a ressalva "à medida que prosseguir a recuperação" ao compromisso da OCDE de reverter as tendências protecionistas. E não conseguiu endossar o papel do secretário-geral da OCDE, de acompanhar o cumprimento das resoluções alcançadas.

Na área de finanças, o comunicado de Williamsburg adotou a mesma linguagem do documento temático. Os franceses, com pouco mais para disfarçar seu isolamento em Williamsburg, insistiram em que a cúpula ecoasse o apelo de Mitterrand, de realização de uma nova conferência monetária internacional do tipo Bretton Woods. O compromisso de Williamsburg inspirou mais outro estudo de reforma monetária internacional, este de autoria dos ministros de Fazenda do G-10, que seria publicado no verão de 1985 (ver Capítulo 9). Entrementes, o comunicado da cúpula nada disse sobre a idéia mais prática de futuras reuniões dos ministros de Comércio e Fazenda, embora o documento temático pedisse consultas seguidas nessa área.

Nos dois anos seguintes, os Estados Unidos lutariam para marcar uma data específica para a nova rodada de comércio. Teria sucesso em fins de 1986, mas, por essa altura, déficits orçamentários e comerciais negligenciados nos Estados Unidos haviam levado uma diplomacia americana altamente visível a intervir nos mercados cambiais a fim de reduzir o valor do dólar — mas sem as mudanças fundamentais na política interna que o estudo sobre intervenção afirmara que deviam acompanhá-la, para que ela tivesse efeitos duradouros. Os Estados Unidos resvalariam novamente, à maneira da década de 1970, para mexer na economia financeira — taxas cambiais, taxas de juros e política monetária — em vez de corrigir a economia real — o orçamento interno, os déficits comerciais e a rigidez estrutural.

Não obstante, nada disso era evidente em junho de 1983. Williamsburg terminou como um grande sucesso para o presidente Reagan, e em muitos aspectos, conforme sugere a presente análise, o foi, realmente. (Houve, claro, críticas repetidas às políticas americanas em Williamsburg, mas sem a emoção manifestada em Ottawa e Versalhes.) Williamsburg, porém poderia ter também produzido mais alguma coisa. Os Estados Unidos e a França, nessa ocasião ainda os dois principais antagonistas, como haviam sido em Ottawa e Versalhes, não serviram a seus melhores interesses com a relutância em avançar — os franceses sobre convergência e comércio e os Estados Unidos sobre intervenção e finanças. Os Estados Unidos tiraram um consolo excessivo de sua posição econômica mais forte e a França tirou satisfação demais de sua *panache* diplomática. Os Estados Unidos não se mostraram suficientemente enérgicos, dada sua situação econômica real; a França foi agressiva demais. Perdeu-se, assim, a oportunidade de restabelecer premissas de políticas econômicas eficazes. Essa oportunidade voltaria à tona em algum momento em 1983 e 1984 e recuaria ininterruptamente depois de 1985.

As Conferências de Cúpula de Londres e Bonn

Nas conferências de Londres e Bonn, em 1984 e 1985, o governo manteve o olho nos alvos certos, mas não conseguiu obter progressos significativos. Em Londres em junho de 1984, os Estados Unidos fizeram um grande esforço para manter a data da nova rodada de comércio. O governo continuava a considerar o comércio como a ponta-de-lança da reforma estrutural na economia mundial. O desejo de não balançar o barco durante a campanha do presidente pela reeleição tirou um pouco de vapor do esforço americano.

Além disso, a política de comércio externo dos Estados Unidos continuava sob suspeita, tanto por causa de sua política macroeconômica básica quanto pelas leis que regiam o assunto. Em 1984, o governo estava pressionando pela aprovação de várias iniciativas especializadas sobre comércio no Congresso, incluindo autorização para negociar um acordo de livre comércio com Israel na base de votação em bloco (o que significava aprovação ou rejeição do projeto de lei como um todo, sem emendas) e um programa de isenção fiscal para as importações da indústria de aço-carbono (Lande e VanGrasstek, 1986, p. 11-2). A indústria de aço-carbono queria um acordo mundial de cotas, tal como o que existia sobre produtos têxteis desde 1971. No outono de 1984, sob pressão das eleições, o governo ordenou a negociação de limitações voluntárias às exportações com os principais exportadores dos países devedores, que deviam acompanhar acordos semelhantes que já existiam com a CE e o Japão (Destler, 1986, p. 127-31). Essa iniciativa constituiu um pesado golpe para a nova rodada de comércio, especialmente para a idéia de uma rodada Norte-Sul, a fim de aliviar a crise de endividamento através de liberalização do comércio. O aço, como os têxteis, era uma das indústrias de tecnologia baixa ou intermediária na qual os países recém-industrializados tinham vantagem comparativa. Nesse momento, antes mesmo que se iniciasse a nova rodada, na qual se supunha que os países em desenvolvimento seriam integrados em um papel mais ativo do que nunca, os Estados Unidos estavam tornando reféns as exportações de aço desses países. Por mais que os Estados Unidos pressionassem por uma nova rodada, com vistas a liberalizar a agricultura e os serviços, desmentiam essa postura com suas prioridades comerciais em casa.

O governo nunca propôs legislação, na base da aprovação ou rejeição em bloco, que lhe desse autoridade para participar de uma nova rodada multilateral de comércio (tendo a velha autoridade nesse sentido expirado em 1982) e, embora o Congresso finalmente aprovasse, em fins de 1984, um projeto de lei razoável sobre comércio, graças, em grande parte, aos esforços pessoais de William Brock, representante dos Estados Unidos para o Comércio e ex-senador, o projeto concedia autoridade para negociar apenas acordos bilaterais, discriminatórios, ao mesmo tempo em que facilitava ainda mais as condições para imposição de isenções fiscais para combater *dumping* e subsídios e continha cláusulas limitando produtos específicos, tais como o aço (Lande e VanGrasstek, 1986, p. 12-23; Destler, 1986, p. 78-83). A política do governo não refletia a posição de um líder mundial autoconfiante, que pretendia a prosperidade geral do sistema de comércio externo, mas parecia-se cada vez mais com uma dura estratégia de barganha para implementar interesses míopes do próprio país.

Claro que a Europa e o Japão, bem como alguns dos principais países em desenvolvimento, como o Brasil e a Índia, não receberam prêmios especiais por suas mal-humoradas atitudes sobre comércio em 1984. Note-se, porém, que por mais ambivalente que fosse sua política, os Estados Unidos estavam pelo menos dispostos a se arriscarem a uma rodada sobre comércio, tão logo fosse possível. Os outros, não. Os franceses, em especial, apegaram-se ao elo, que defendiam, entre comércio e dinheiro. Até que as taxas de juros nos Estados Unidos e o valor do dólar fossem reduzidos, os franceses vetariam qualquer decisão de iniciar uma nova rodada. Franceses e alemães obstruíram também sugestões de um trabalho enérgico sobre comércio de produtos agrícolas. Brasil e Índia rejeitaram a liberalização dos serviços. Para um mundo em dificuldades, com uma recuperação ainda no início e na qual se depositavam esperanças, isso tudo foi desempenho medíocre, para dizer o mínimo.

Os obstáculos, no entanto, não estavam na política de comércio externo, mas nas reformas internas encalhadas, principalmente nos Estados Unidos, e em graves desequilíbrios internacionais em políticas macroeconômicas que emergiram em 1983-1984. Em princípios de 1985, divisaram-se sinais de esperança. O governo parecia querer enfrentar os déficits orçamentários (ver a discussão a esse respeito no Capítulo 9), e os preparativos para a Conferência de Cúpula de Bonn em maio de 1985 tratavam dos temas corretos, de ajustamento estrutural interno (isto é, da eliminação da rigidez microeconômica) e de comércio internacional.

Em discurso pronunciado na Universidade de Princeton em abril de 1985, o secretário de Estado George Shultz fez a mais abrangente e convincente declaração, até aquele momento, da política econômica internacional do primeiro mandato do governo. Deixou claro que uma diplomacia econômica internacional mais ativa, que insistira para que fosse adotada pelo país em 1981, mesmo antes de ingressar no governo (ver Capítulo 7), era um suplemento e não substituto de reforma política interna enérgica. Advertiu que a "intervenção nos mercados de câmbio trata apenas dos sintomas da força do dólar — e nem sempre com sucesso". Crescimento, acrescentou, era "resultado da interação de sólidas políticas nacionais". Em vista disso, os Estados Unidos tinham que cortar gastos orçamentários "*agora*", a Europa devia "reduzir (...) os obstáculos à mudança e à inovação", o Japão devia "liberalizar os mercados de capital (...) a fim de canalizar mais eficientemente a poupança japonesa para usos externos e internos", os países em desenvolvimento deviam concentrar-se em ajustamentos estruturais, e "todas as nações devem apoiar o comércio internacional mais livre" (Shultz, 1985). Foi o mais claro e, ironicamente, o último pronunciamento orientado para a política interna da diplomacia econômica do Governo Reagan.

O enfoque orientado para opções foi reforçado de muitas maneiras pelo estudo da OCDE publicado em princípios de 1985, culminando no trabalho de uma década sobre o ajustamento estrutural (publicado em 1988. Ver referências). Esse estudo desenfatizou o enfoque diferenciado, cíclico, de sintonia fina, de coordenação da política econômica internacional defendido pelos peritos da OCDE e frisou, em vez disso, reformas básicas nos mercados de trabalho, capital e produtos.

Dessa maneira, os temas da abordagem original orientada para opções do Governo Reagan, que destacava reformas internas e diplomacia baseada no mercado, teve seu momento de glória na Conferência de Cúpula de Bonn. Conforme disse o *New York Times*, a "Conferência de Cúpula de Bonn deu a mais forte ênfase à necessidade de tornar os sistemas econômicos mais adaptáveis e flexíveis". E "deixou claro que os governos representados (...) estavam especialmente preocupados com obstáculos nos mercados de trabalho" (*NYT*, 6 de maio de 1985). O desemprego europeu crescera de 5,9% da força de trabalho em 1979 para 10,9% em 1984 (OCDE, 1987b, p. 191). Estudos da OCDE sugeriam que esse desequilíbrio era muito mais do que conseqüência passageira de condições econômicas cíclicas (OCDE, 1988). Os mercados de trabalho e capital europeus eram fragmentados demais e super-regulamentados. A euroesclerose tornou-se uma palavra popular, ainda que algo imprecisa, para descrever essas condições (*WSJ*, 9 de julho de 1985; *FT*, 26 de maio de 1985). Um presidente mais enérgico da Comissão Econômica Européia (o órgão executivo da Comunidade Européia),

Jacques Delor, ex-ministro das Finanças da França, anunciou um novo programa destinado a atacar os problemas de regulamentação e integrar o mercado interno na Europa. Entre 1985 e 1992, a Comunidade planejava estudar cerca de 300 áreas separadas de política econômica, removendo barreiras administrativas e não-tarifárias dentro do Mercado Comum, incluindo os mercados financeiros e os serviços, e criando, pela primeira vez, "um autêntico mercado interno sem barreiras" (*NYT*, 6 de maio de 1985).

O outro assunto importante tratado em Bonn foi o comércio. Desta vez, os Estados Unidos foram até o fim para obter uma data exata para o lançamento da nova rodada (ver *Fortune*, 18 de março de 1985). Não fugiram do conflito visível a respeito dessa questão. As manchetes que chegavam de Bonn destacavam as diferenças: "Mitterrand refuga plano de Reagan para conversações comerciais", comunicou o *New York Times*; "Estados Unidos fracassam em obter apoio de cúpula para novas conversações globais sobre comércio em 1986", lamentou o *Wall Street Journal* (6 de maio de 1985); "França bloqueia acordo para início das conversações comerciais", informou o *Washington Post* (5 de maio de 1985). Nessa ocasião, o esforço americano contava com sólido apoio de outros países. O chanceler Kohl reuniu-se várias vezes com Mitterrand a fim de convencê-lo a aceitar uma data firme, como fez também Reagan pouco antes da divulgação do comunicado final (*WSJ*, 6 de maio de 1985). A iniciativa fracassou, talvez inevitavelmente, dadas as condições macroeconômicas subjacentes e as confusas mudanças no Gabinete que o governo americano efetuou em princípios de 1985, transferindo seu conhecido e altamente respeitado ministro de Comércio para o Departamento de Trabalho (ver Capítulo 9). A iniciativa, contudo, não careceu de entusiasmo diplomático. Se tivesse sido tomada em Londres em 1984, esse tipo de esforço poderia ter logrado êxito.

O fracasso em conseguir uma data para a nova rodada constituiu uma "nota política amarga" para os Estados Unidos (*WSJ*, 6 de maio de 1985). A despeito desse fato, o comunicado final fez algo raro. Os demais líderes isolaram a posição francesa ao notar que, "a maioria entre nós pensa que o início de uma nova rodada deve ter lugar em 1986". Em jargão diplomático, como disse o novo secretário do Tesouro, James Baker, "isso é progresso, podem acreditar" (*WSJ*, 6 de maio de 1985). Os franceses não despertaram muita simpatia com sua obstinação. O *Washington Post* referiu-se em editorial a "esses irritantes franceses" (6 de maio de 1985). No final, os franceses concordaram com a convocação, e o comunicado exigiu "uma reunião preparatória de altos funcionários, a ter lugar no GATT, antes do término do verão". Essa reunião foi realizada e a nova rodada acabou acontecendo, em setembro de 1986, mas sem muito entusiasmo.

O comunicado de Bonn pareceu expressar uma nova resolução para tratar de reformas de política internas encalhadas — reformas estruturais ainda não iniciadas em grande parte da Europa e contas fiscais desequilibradas nos Estados Unidos (para o texto do Comunicado de Bonn, ver *NYT*, 5 de maio de 1985). O comunicado fez também algo que jamais fora tentado antes. Conseguiu que cada líder delineasse com certos detalhes as medidas de reforma interna que seu país se comprometia a tomar. Esses passos, ao contrário das medidas adotadas na Conferência de Cúpula de Bonn em 1978 ou as iniciativas sobre estímulo e taxas de juros dos Estados Unidos em 1986 e 1987, visavam a resultados a prazo médio, e não imediatos, e concentravam-se em duradouras mudanças estruturais, e não em injeções macroeconômicas rápidas. A segunda Conferência de Cúpula de Bonn em 1985 representou, na verdade, um pacote de medidas a prazo médio, comparável ao pacote de estímulos macroeconômicos de curto prazo adotado na primeira cúpula de Bonn, em 1978. Do ponto de vista do enfoque orientado para a política interna, Bonn II representou um progresso, muito embora rapidamente eclipsado por uma nova e inesperada reorientação política em Washington.

O Último Viva para a Reforma da Política Interna

Foi irônico que, exatamente no momento em que o secretário de Estado George Shultz expunha pela primeira vez, em abril de 1985, os fundamentos lógicos intelectuais abrangentes da nova perspectiva orientada para opções do primeiro mandato do Governo Reagan, Washington estivesse se preparando para abandonar a ênfase em ajustamentos de política interna e mudar o foco, mais uma vez, para iniciativas de natureza cambial e financeiras internacionais. Foi abandonada a tentativa de recapturar a orientação de política interna e comercial disciplinada do sistema original de Bretton Woods e a diplomacia americana, no período de 1985 a 1987, mudou em direções que pareciam cada vez mais um repasse de políticas fracassadas de fins das décadas de 1960 e 1970 — déficits fiscais maciços, política monetária frouxa, valor do dólar em queda e mais preocupação com os fluxos financeiros internacionais e novas iniciativas sobre endividamento do que com políticas de reforma interna e do comércio externo.

9

Recuo, 1985-1989: Cooperação Internacional sem Ajustamento Interno

Conforme foi discutido no Capítulo 2, estudos estruturalistas sobre relações de política econômica internacional salientam o papel da cooperação e das instituições nessa esfera, a fim de enfrentar circunstâncias internacionais e locais que se julgam além do controle da política interna. Em 1985, as políticas de Reagan mudaram em direções estruturalistas. O valor do dólar, declarou-se nessa ocasião, estava em descompasso com aspectos internos fundamentais nos países industrializados (não refletia, por exemplo, reformas internas profundas que já haviam ocorrido nesses países) e só podia ser reduzido por um processo ativo de cooperação internacional, com vistas à intervenção nos mercados cambiais mundiais. Analogamente, os problemas mundiais de endividamento situavam-se além do controle dos programas de reforma interna do FMI nos países em desenvolvimento, que se dizia terem produzido apenas um pouco mais de austeridade e que só podiam ser solucionados por novas injeções de financiamento por parte de instituições internacionais e sindicatos de bancos comerciais. Na verdade, as iniciativas dos Estados Unidos no tocante ao dólar e à dívida foram menos no sentido de seguir reformas de política interna já implementadas em países industrializados e em desenvolvimento do que em acomodar a falta de vontade política para empreender ou completar tais reformas. Nos quatro anos seguintes, as reformas internas fiscal, estrutural e em comércio externo perderam velocidade e, em alguns casos, recuaram, ao mesmo tempo em que o estímulo monetário empurrava a economia mundial para os limites do crescimento não-inflacionário e iniciava conflitos de política cada vez mais acirrados entre os países industrializados e também entre os em desenvolvimento.

Se foi incapaz de suplementar e consolidar as reformas de política interna em 1983-1984, a diplomacia econômica americana substituiu-as cada vez mais após 1985. O Governo Reagan, em seguida à esmagadora vitória eleitoral em novembro de 1984, teve sua melhor oportunidade de levar a cabo o enfoque orientado para a política interna. Esse enfoque abrangia a redução dos gastos do governo, a manutenção de uma sólida política monetária e a tomada da iniciativa no campo do comércio mais livre, sem a desvantagem de maciços déficits orçamentários e concomitantes desalinhamentos do dólar. Mas, ao contrário, o governo absteve-se de tratar com seriedade qualquer um dos grandes programas de gastos (despesas sociais ou defesa), perdeu a iniciativa para o Congresso nas esferas orçamentária e de comércio externo e encorajou um afrouxamento continuado da política monetária em 1985-1986 a fim de reduzir o valor do dólar.

Note-se, porém, que a recusa do governo de pensar em aumento de impostos não constituiu a falha decisiva nesse período. Se, como sugere a discussão contida no Capítulo 8, pode-se, com bons argumentos, dizer que os cortes fiscais contribuíram para os novos e substanciais investimentos nos primeiros estágios da recuperação de Reagan, não teria feito sentido revogar essas medidas com o objetivo de reduzir o déficit orçamentário. Nesse caso, novos fardos de impostos teriam retardado investimentos e crescimento, quando os déficits orçamentários que se verificavam poderiam ter feito isso. A falha crítica foi a decisão de ignorar o problema dos gastos, porquanto isso significava, na ausência de aumento de impostos, déficits orçamentários insustentáveis. Embora os déficits não fossem a ameaça incontornável à economia alegada por alguns críticos, eles certamente reduziam os recursos do setor privado e a formação de capital a longo prazo (Stein, 1984, p. 289). Por isso mesmo, não poderiam ser tolerados indefinidamente, mesmo que ninguém conseguisse prever exatamente por quanto tempo poderiam continuar sem produzir evidente dano econômico.

Pode ser discutível se 1985 era economicamente o momento certo para reduzir o déficit, embora, politicamente, fosse a melhor ocasião. (Para uma análise que, na ocasião, discutiu esse ponto, ver Nau, 1984-1985.) A recuperação continuava forte e a política favorecia o governo. O presidente não enfrentava mais reeleições pela frente e tinha liberdade, se necessário, de tomar decisões politicamente penosas no tocante ao orçamento.

Inexplicavelmente, o governo perdeu a coragem. Mudou os jogadores de uma maneira que sugeria que não tinha ânimo para completar os programas de reforma econômica interna. O secretário do Tesouro, que fizera toda sua carreira nos mercados financeiros e pouco conhecia da política de Washington, tornou-se chefe da assessoria do presidente. O ex-chefe da assessoria, que conhecia muito sobre a política de capital e muito menos sobre mercados financeiros, assumiu a Secretaria do Tesouro. O representante oficial em questões de comércio externo, que trabalhara duramente em 1983 e 1984 para deslanchar uma nova rodada de negociações sobre comércio externo, como parte de uma solução mais profunda dos problemas de endividamento mundial e que, quase sozinho, levara um respeitável projeto de lei sobre comércio externo, através de comissões do Congresso, no outono de 1984, que fortalecera a mão do governo na mesa das negociações, deixou o cargo para tornar-se secretário de Trabalho. Ninguém o substituiu durante seis meses e o protecionismo preencheu rapidamente o vácuo aberto no Capitólio.

Os remanejamentos de pessoal, no entanto, não refletiam qualquer plano visível que desse um rumo à política econômica internacional do país.[1] A nova liderança do Departamento do Tesouro iniciou, de fato, um processo mais ativo, a cargo da diplomacia econômica, do que o que existira no primeiro mandato do Governo Reagan. Críticos aplaudiriam essa atividade, considerando-a como uma reversão espetacular do descaso com que fora tratada a política econômica externa no primeiro mandato. Em conteúdo, no entanto, a diplomacia econômica de Reagan no segundo mandato foi menos coerente e integrada do que no primeiro.

No primeiro, o governo começou com o pé direito, dando prioridade às reformas internas. Esforçou-se, embora tenha fracassado em 1983 e 1984, para

1 Regan e Deaver confirmam que as mudanças foram puramente pessoais e processuais (Regan, 1988, p. 220-9; Deaver, 1987, p. 130, 134.)

complementar as reformas internas com uma perspectiva internacional suficientemente integrada e agressiva, vinculando convergência política, intervenção nos mercados de câmbio, liberalização a longo prazo do comércio internacional e mercados financeiros. No segundo mandato, porém, o governo fragmentou esses elementos mais uma vez e inverteu a ênfase. Praticamente ignorou o orçamento interno e a reforma da política de comércio externo, exceto na área limitada de um projeto sobre impostos, mas que se revelou neutro em matéria de arrecadação; rompeu inteiramente o laço entre comércio externo e endividamento; subordinou as iniciativas multilaterais em comércio externo a medidas de comércio unilaterais e bilaterais altamente combativas; empenhou-se em intervenção coordenada nos mercados cambiais, com vistas a combater o protecionismo e reduzir o valor do dólar, embora, no processo, tenha encorajado o ajustamento monetário cíclico, e não estrutural a prazo médio, das economias americana e estrangeiras; e acenou com a perspectiva de maiores financiamentos para estimular o crescimento em países altamente endividados, embora, simultaneamente, solapasse reformas cíclicas de política administradas pelo FMI e se abstivesse de iniciar reformas estruturais convincentes através do Banco Mundial, medidas essas que, em seu conjunto, dissuadiram os bancos comerciais de entrar com o novo dinheiro prometido.

Ao fim do Governo Reagan, a maioria dessas iniciativas tinha perdido o fôlego. As medidas tomadas para reduzir as taxas de juros foram suspensas em princípios de 1987, quando se tornou necessário deter a queda do dólar e fortalecer as taxas. Desse ponto em diante, providências para alinhar as taxas cambiais tornaram-se mais difíceis, duvidando os mercados que os ajustamentos internos fossem suficientes para manter o nível vigente do dólar. Como resultado, o dólar flutuou — para baixo após o estouro do mercado acionário em outubro de 1987, para cima, em cerca de 15%, em meados de 1988, novamente para baixo em fins de 1988, caindo para os níveis de depois do estouro um ano antes, e finalmente para cima, em mais 20%, em meados de 1989. A balança comercial americana melhorou um pouco, em parte por causa dos efeitos retardados do realinhamento da taxa cambial, reestruturação interna no Japão e única redução no déficit orçamentário americano devida à reforma fiscal. Ainda assim, o Congresso aprovou um projeto de lei protecionista em agosto de 1988 que provocou, em princípios de 1989, graves choques com seus aliados em torno das cláusulas Super-301; as negociações da Rodada Uruguai sobre comércio multilateral progrediram apenas lentamente em abril de 1989 após uma fracassada sessão intermediária em dezembro de 1988; e os Estados Unidos tornaram-se os maiores devedores em todo o mundo. Países em desenvolvimento endividados, o Congresso e os aliados da América passaram a pedir em brados cada vez mais altos o perdão completo da dívida, a fim de reverter o fluxo perverso de capital, dos países em desenvolvimento para os Estados Unidos e outros países industrializados.

Em fins da década de 1980, por conseguinte, as iniciativas e a credibilidade da política econômica internacional dos Estados Unidos perderam vapor. O estado de espírito resultante alimentou sombrios prognósticos de que o poder e a liderança dos Estados Unidos haviam declinado irreversivelmente — um estado de espírito captado pelo grande sucesso de livraria de Paul Kennedy, *The Rise and Fall of the Great Powers* (1987).

Se, em 1989, o poder da América estava em declínio, isso nem era inevitável nem irreversível. O argumento que defendemos aqui é que, mais uma vez, a política americana estava contribuindo decisivamente para esse declínio. As políticas adotadas no segundo mandato do Governo Reagan, em vez de resolverem os problemas que ficaram pendentes no primeiro mandato, tais como os déficits orçamentário e na balança comercial, iniciaram medidas internas e internacionais que disfarçaram e, potencialmente, exacerbaram tais problemas. A reforma fiscal de 1986, por exemplo, nada fez a longo prazo para fechar a brecha orçamentária e implementar cortes importantes nas alíquotas do imposto de renda de pessoa física, que estimulavam o consumo, limitando-se a suspender deduções fiscais que beneficiavam as indústrias e que provavelmente tiveram a ver com a forte recuperação dos investimentos e da produtividade em princípios da década de 1980 (ver Capítulo 8). O realinhamento da taxa cambial, a iniciativa internacional prioritária do segundo mandato do governo, porém, só poderia lograr resultados se os Estados Unidos reduzissem o consumo interno e aumentassem os investimentos no país. As iniciativas interna e internacional, por conseguinte, pareciam estar funcionando em sentidos opostos.

Para sermos exatos, foi correta a grande disposição de intervir, em fins de 1985, nos mercados cambiais, sobretudo devido ao grau de convergência do desempenho dos países industrializados no tocante à baixa inflação, que tinha sido obtida por essa época. As repercussões públicas associadas a essa iniciativa, no entanto, foram inteiramente desnecessárias e, em última análise, prejudicaram a reforma da política fiscal no país e disfarçaram uma expansão potencialmente perigosa da base monetária no país e no exterior. Alimentaram a ilusão de que o realinhamento das taxas cambiais apenas poderia modificar os desequilíbrios nas contas do comércio externo e que o estímulo macroeconômico a curto prazo, especialmente o de natureza monetária, era uma melhor maneira de se introduzirem mudanças nas taxas cambiais do que políticas de reformas fiscais, microeconômicas e de comércio externo mais fundamentais.

O realinhamento apenas de taxas cambiais não pode alterar desequilíbrios fundamentais de comércio externo e de contas correntes. Isso exige mudanças nos níveis de investimentos e poupança interna, que por seu lado requerem mudanças em políticas internas fundamentais (ver Capítulo 1). As iniciativas do governo foram corretas como complemento dessas mudanças internas nas economias dos Estados Unidos e de outros países. Após 1985, contudo, elas pareceram substituir mudanças na política interna e trataram apenas dos sintomas de falta de ajustamento, isto é, protecionismo virulento nos Estados Unidos e crescimento estruturalmente retardado na Europa e no Japão, e não de suas causas básicas, que eram o déficit fiscal americano e as restrições macroeconômicas e de política de comércio externo dos aliados (ver elaboração deste argumento mais adiante).

Dessa maneira, o Governo Reagan do segundo mandato desperdiçou o capital econômico que acumulara na recuperação de 1983-1984 a fim de implementar iniciativas de política econômica externa parciais e sem base interna. Cavalgou a crista da onda de expansão econômica enquanto pôde a fim de reformar o código fiscal e reduzir o valor do dólar. Mas não tocou no desequilíbrio investimentos-poupança. Ao fim da década, no término e não no início do ciclo econômico, eram muito maiores as possibilidades de que o desequilíbrio fosse finalmente resolvido por recessão e menos investimentos ou por inflação e custo mais baixo da dívida pública. A ironia final era que os Estados Unidos e o mundo, com o passar do tempo, poderiam ser brindados com recessão e inflação. Havia, pelo menos, a possibilidade de que o Governo Reagan deixasse ao mundo o mesmo legado de estagflação que herdara.

Mudanças de política explicam muito mais do que as circunstâncias os fatos que ocorreram de 1986 em diante. Certos críticos do Governo Reagan argumentam que foram inevitáveis as mudanças de política que ocorreram em 1985 e que tiveram o caráter de ajustamentos necessários a tendências estruturais irreversíveis que o governo do primeiro mandato ignorara (Oye, Lieber e Rothchild, 1987). Mas o que teriam sido essas tendências estruturais irreversíveis? A inflação em alta cedera às medidas de política tomadas em princípios da década de 1980. O mesmo acontecera com a produtividade declinante, especialmente na indústria de transformação. O desemprego, as pressões do comércio externo e a dívida haviam continuado a aumentar, mas esses fenômenos eram indubitavelmente conseqüências de políticas, não de circunstâncias, como até mesmo os críticos reconheceriam. Além disso, mudanças exógenas, como a queda nos preços do petróleo em fins de 1985, só ocorreram depois de já terem mudado as políticas americanas.

Tampouco é fácil argumentar que a política interna limitou decisivamente opções de política no início do segundo mandato. Comentaristas do período tentaram separar a popularidade do presidente de suas políticas, argumentando que as eleições, especialmente para o Congresso, não implicaram um mandato para o programa do primeiro período de governo. Eleições para o Congresso, no entanto, não se baseiam principalmente em questões programáticas. Após uma vitória apertada em 1981, o governo armou uma coalizão de apoio, em um Congresso dividido, a fim de implementar iniciativas de amplas conseqüências. O governo do segundo mandato teve uma oportunidade comparável de fazer o mesmo em 1985. O fato de ter resolvido a não agir assim constituiu uma opção voluntarista. No fim, decisões de política, e não circunstâncias ou política interna, assumiram o papel decisivo.

A Reforma Interna Marca Passo nos Estados Unidos

Na primavera de 1985, o governo fez mais uma tentativa, muito fraca, de reduzir os gastos orçamentários, mas, em seguida, abdicou da política fiscal em benefício do Congresso e do processo Gramm-Rudman-Hollings. Em setembro, atacou o déficit no comércio externo, utilizando uma política bilateral mais decidida e potencialmente protecionista, mas também, pela primeira vez na história do pós-guerra, deixou ao Congresso a elaboração da legislação sobre comércio externo para uma nova rodada de negociações comerciais multilaterais. Em 1986, concentrou-se em uma reforma fiscal de caráter neutro no que interessava à receita. Em 1985 e 1986, confiou principalmente na política monetária para reduzir o valor do dólar e ajudar a aliviar, pelo menos temporariamente, os déficits orçamentário e do balanço de pagamentos, que deixou que inflamasse no Congresso.

Esquivando-se de Balas Orçamentárias

A recuperação e a campanha eleitoral de 1984 haviam fechado a mente do presidente contra o aumento de impostos. Mas, em teoria, ele continuava comprometido com grandes cortes nas despesas. Os democratas, que eram favoráveis a aumentos dos impostos, tinham nesse momento maioria na Câmara. Os republicanos, no entanto, controlavam ainda o Senado e estavam dispostos a reduzir os gastos em 1985, incluindo a imensa área do orçamento — cerca de 40% — relativa a gastos de natureza social. A estratégia, segundo o diretor do Orçamento, Stockman, consistia em obter a aprovação no Senado de um "pacote, apenas de corte de gastos", "passá-lo para a Câmara", que elevaria os impostos, e em seguida chegar a um projeto de lei de conciliação com "um pacote de redução de déficit de proporções aceitáveis" para aprovação pela Casa Branca (1986, p. 388).

Por um único voto, o Senado aprovou, em maio de 1985, um projeto de redução do déficit enquanto o presidente viajava à Europa a fim de participar da Reunião de Cúpula de Bonn. O pacote podava US$56 bilhões do orçamento de 1986 e cerca de US$300 bilhões nos orçamentos dos três anos seguintes. Os cortes incluíram US$24 bilhões em gastos com defesa e US$20 bilhões em despesas internas, incluindo o congelamento, durante um ano, dos aumentos relativos ao custo de vida (COLAs) aos beneficiários da Seguridade Social (*WP*, 11 de maio de 1985). A maneira como o pacote foi amarrado, contudo, e também a maneira como a Casa Branca apoiou-o sugeriram que ele não se sustentaria. Na Câmara, o pacote foi reduzido a migalhas.

Segundo Stockman, foi de proporções heróicas o esforço realizado no Senado para cortar os gastos. Da forma como descreve o que aconteceu, os senadores Robert Dole, líder da maioria, e Pete Domenici, presidente da Comissão de Orçamento,

> trabalharam na estratégia durante toda a primavera. Dia após dia, reuníamo-nos em mesa-redonda no gabinete de Dole e, desta vez, a coisa era para valer. Abrimos caminhos através de um programa de cada vez, de uma facção republicana de cada vez, até que cobrimos todo o orçamento, de um trilhão de dólares. Nunca anteriormente o jogo do controle fiscal fora levado tão a sério, tão completa ou amplamente como no gabinete de Bob Dole na primavera de 1985. Raramente antes, dois líderes políticos demonstraram tal paciência, determinação e habilidade como Bob Dole e Pete Domenici (1986, p. 388).

Depois de tudo dito e feito, contudo, os cortadores de despesas do Senado só conseguiram obter reduções de US$20 bilhões nos programas internos. "A imensa capacidade de resistir da Segunda República", como Stockman chamava o estado de bem-estar social, era grande demais (1986, p. 388). Não obstante, os republicanos do Senado estavam dispostos a se arriscar e recomendaram cortes na Seguridade Social. Politicamente, davam um passo importante, sugerindo que a América de classe média finalmente acordaria e daria sua contribuição à solvência nacional.

Mas de que modo foi esse esforço "heróico" recebido pelo presidente Reagan? Reagan prometera durante a campanha não reduzir os benefícios da Seguridade Social e, em dezembro de 1984, assumira especificamente o compromisso de não cortar os COLAs aos aposentados. Nesse momento em que o Senado congelara esses aumentos, no entanto, ele tentou renegar a promessa, mas fez isso com a mesma ambivalência e timidez que caracterizaram muitos de seus atos em matéria de cortes de despesas. Explicou ele: "Eu não pensei (durante a campanha) que estávamos falando sobre aumentos potenciais ou possíveis (na Seguridade Social) para levar em conta a inflação. Mas a questão tomou esse rumo e, tudo bem, posso conviver com isso." No caso do projeto de lei do Senado, disse ele, "Eu sugeriria que recebera um mandato quando 79% do Senado, o que significa quase a maioria esmagadora de democratas e republicanos, exigiam que fizéssemos alguns cortes nos COLAs" (*WP*, 11 de maio de 1985). O presidente mais popular em duas décadas, que não tinha mais que se preocupar com uma possível reeleição, estava congelando os COLAs da Seguridade Social por pressão do Congresso. Esse não era o tipo de liderança que poderia ter despertado apoio de correligionários no Congresso, que defendiam milhares de programas orçamentários internos, para cerrar fileiras por trás do presidente, aceitar sacrifícios coletivos e recolocar o processo orçamentário americano na estrada da administração sensata.

Pouco motivo de espanto houve, portanto, para que, quando chegasse à Câmara, o pacote fosse retalhado não só por democratas mas também por republicanos. Conforme Stockman registrou o fato, "Jack Kemp juntou-se a Claude Pepper no comando do ataque para salvar os COLAs dos velhinhos " (1986, p. 390). Don Regan, nesse momento na Casa Branca e firmemente convencido em que só o aumento da receita poderia resolver os problemas do orçamento, concordou com Kemp (para as opiniões de Regan sobre o déficit e a Seguridade Social, ver Regan, 1988, p. 174, 179, 199 e 280). No fim, "ninguém ia arriscar o pescoço no caso da Seguridade Social" (Stockman, 1986, p. 390). Os COLAs foram aprovados e as verbas para encargos sociais permaneceram intactas. O pacote orçamentário dissolveu-se. O Congresso, em desespero, invocou a legislação Gramm-Rudman-Hollings. Sem liderança da Casa Branca ou no Congresso, a legislação Gramm-Rudman dispunha sobre cortes orçamentários automáticos, diretos, como única maneira de podar o déficit e restabelecer a sanidade fiscal. Mesmo assim, essa legislação iria esperar durante um ano, sob contestação no Supremo Tribunal. Seria restabelecida em 1987, mas com metas de redução de déficit mais baixas, transferindo os grandes cortes para o "outro mundo" político de depois das eleições de 1988.

Ocorreu aí uma triste abdicação da liderança presidencial. Ronald Reagan poderia ter liderado um esforço razoável para podar os programas de seguridade social, assistência médica e pensões, sem afetar os seriamente necessitados entre os contemplados. Ele, é preciso lembrar, apoiara cortes substanciais nos programas de bem-estar social destinados aos pobres. Nesse momento, recuava de cortes em programas sociais que beneficiavam principalmente a classe média, incluindo os idosos, que se encontravam em situação financeira muito melhor do que os pobres. Seus objetivos pareceram bastante cínicos, impondo desproporcionalmente cortes orçamentários aos programas de bem-estar social, em vez de apelar para todos os americanos, a fim de que reduzissem a inchação do setor público que ocorrera durante a década de 1970. É bem verdade que ele prometera que não reduziria os benefícios da Seguridade Social. Mas prometera também não cortar os gastos com defesa ou elevar os impostos. De modo que ele, na verdade, abdicara a qualquer posição fiscal que não a de inação.

Nos três anos seguintes, a inação corroeu todas as prioridades orçamentárias do primeiro mandato do presidente Reagan. Na verdade, não evitou outras escaramuças políticas por causa da Seguridade Social. Embora rejeitados no último minuto, cortes nos programas da Seguridade Social voltaram às confabulações para redução do déficit após o estouro do mercado de ações em outubro de 1987. Mais importante ainda, os gastos com defesa declinaram em termos reais após 1985 (em cerca de 12% em dólares constantes) e as receitas fiscais elevaram-se significativamente, de 18,4% do PNB no ano fiscal de 1986 para 19,4% no ano fiscal de 1987, e uns estimados 19,1% no ano fiscal de 1989 (OMB, 1989). O presidente recebeu conselhos medíocres, para sermos exatos, freqüentemente dos mesmos assessores que o aconselharam a recuar na questão dos cortes nos gastos em 1981 (ver Stockman, 1986, p. 211). Mas não foi vítima desses conselhos. Recebeu os conselhos que queria ouvir. Stockman condensou corretamente as opções do presidente:

> Sua forte oposição a um grande aumento de impostos obrigou-o a tomar a frente na luta para reduzir os gigantescos programas sociais do estado de bem-estar social americano, tal como a Seguridade Social, e não apenas punir os "gastos" no abstrato, ao mesmo tempo em que se esquivava das balas de verdade. Não se pode ter simultaneamente duas coisas incompatíveis, mas, em última análise, era assim que ele em geral se decidia (1986, p. 354).

Comércio Externo e Impostos

O fracasso em levar até o fim a redução do déficit orçamentário mudou a atenção para o déficit comercial. O Congresso começou a julgar esse déficit, e não o orçamentário, como o problema principal e pedir medidas diretas para reduzir as importações. O déficit saltou de US$36 bilhões em 1982 para US$122 bilhões em 1985 (*ERP*, 1988, p. 364). O Congresso estivera flertando durante algum tempo com legislação prevendo reciprocidade, a fim de restringir os mercados internos em setores tais como telecomunicações, nos casos em que os grandes parceiros comerciais negavam acesso a produtos americanos. Nesse momento, no verão de 1985, três democratas de tendências centristas em questões de comércio externo — Lloyd Bentsen no Senado, e Dan Rostekowski e Richard Gephardt na Câmara — apresentaram projeto de lei determinando uma sobretaxa aplicável a países que apresentavam grande superávit comercial com os Estados Unidos. Os óbvios faltosos incluíam o Japão, a Coréia, Formosa e Brasil. Mais legislação protecionista no tocante a têxteis, calçados, cobre e outros produtos começou a ser cogitada.

Nessa situação altamente carregada, o governo atuou durante oito meses sem nenhum representante expressamente designado para tratar de comércio externo ou respectiva estratégia. Se ambivalente e fraca no primeiro mandato a política de comércio externo do país, ela fora pelo menos compreensível em termos da atenção dada à reforma da política do orçamento interno. No início do segundo mandato, porém, "o comportamento da política (de comércio externo) (...) só pode ser descrito como extravagante", conforme observa I.M. Destler (1986, p. 104). Em 1973, em circunstâncias políticas muito menos favoráveis, o governo Nixon utilizara seu escasso capital no Capitólio para obter autoridade a fim de participar da Rodada de Tóquio de negociações multilaterais de comércio (ver Capítulo 6). Em 1985, a despeito de seus esforços internacionais para promover uma nova rodada de negociações de comércio externo (ver a discussão sobre a Conferência de Cúpula de Bonn no Capítulo 8), o Governo Reagan não solicitou ao Congresso nova autoridade para empreender negociações comerciais e recusou mesmo cooperar com o Legislativo quando este último começou, por iniciativa própria, a elaborar legislação sobre comércio externo. O governo preferiu, em vez disso, iniciativas na esfera das taxas cambiais, a fim de reduzir o valor do dólar, e enérgicas negociações bilaterais com vistas a abrir mercados externos em base discriminatória (isto é, acordos de livre comércio) ou fechar os mercados americanos, se necessário, através de medidas retaliatórias. Em setembro, o presidente nomeou Clayton Yeutter como seu novo representante em questões de comércio externo e anunciou uma nova estratégia de "dureza" com os concorrentes estrangeiros (*FT*, 24 de setembro de 1985).

As reformas nos gastos e na política de comércio externo, por conseguinte, caíram em ponto morto, enquanto a reforma fiscal tomava o centro do palco. A Lei Fiscal de Recuperação Econômica de 1981 (Erta) reduzira as alíquotas dos impostos de renda de pessoa física e jurídica e acelerara as deduções por depreciação nos casos de despesas de capital (o sistema ACRS). Em 1982 e 1984, a legislação fiscal (conhecida como Tefra e Defra) havia restabelecido alguns impostos incidentes sobre as empresas, mas, de modo geral, não tocara nos incentivos aos investimentos da legislação de 1981 (Niskanen, 1988, Capítulo 3). A reforma de 1986 simplificou e reduziu ainda mais as alíquotas do imposto sobre a pessoa física mas elevou substancialmente as alíquotas efetivas sobre as empresas e investimentos, eliminando praticamente os incentivos da lei de 1981 (Niskanen, 1988, p. 101-6).

Dessa maneira, incertezas e cláusulas associadas à reforma fiscal em 1986 contribuíram decisivamente para um violento declínio da atividade de investimentos nos Estados Unidos. O crescimento líquido dos investimentos reais fixos não-residenciais caiu em quase dois terços em 1985 e se tornou negativo em 1986 (*ERP*, 1988, p. 267). As reformas fiscais nivelaram de fato as alíquotas tributárias pelas diferentes indústrias, ao passo que frestas na legislação haviam permitido antes que grandes indústrias escapassem inteiramente do pagamento de impostos. Um sistema de imposto mais eqüitativo sobre a atividade industrial prometia um papel de maior destaque às forças de mercado nas decisões de investimento no futuro, os investimentos fixos não-residenciais recuperaram-se novamente em fins de 1987 e permaneceram vultosos até princípios de 1989. Mas permanecia obscuro se ou não a reforma fiscal restabeleceria, em última análise, altos níveis de investimentos e elevaria o nível da poupança nacional. Em 1985 e 1986, ela provavelmente reduziu investimentos e poupança porque eliminou as deduções fiscais permitidas às empresas e que haviam gerado substanciais economias na indústria sob a forma de lucros retidos, criados por deduções mais rápidas para fins de depreciação.

A Política Monetária e o Declínio do Dólar

Com a política fiscal em ponto morto, a única alavanca que restava para ajustar a política macroeconômica era a monetária. O crescimento da base monetária, que tivera grande aumento de fins de 1982 até meados de 1983, reduzira-se mais uma vez de meados de 1983 até fins de 1984. Em princípios de 1985, porém, voltou a acelerar e, dessa vez, pareceu engrenar uma marcha de alta velocidade permanente. M_1, o agregado monetário limitado, cresceu em 1985 e 1986 a taxas anuais de 12,2% e 16,6%, respectivamente, taxas estas inteiramente incompatíveis com a experiência prévia de crescimento desse indicador (*ERP*, 1987, p. 319). O Fed explicou que o crescimento sem precedentes não era inflacionário porque a velocidade de circulação da moeda — a razão entre o crescimento dos agregados monetários e o crescimento do PNB nominal — declinara dramaticamente com a redução das taxas de juros e a desregulamentação dos mercados financeiros. Dinheiro em contas correntes que rendiam juros, que haviam sido mantidas antes da desregulamentação em certificados de depósito e outros instrumentos incluídos nos agregados monetários mais amplos, tais como M_2, não estavam aparecendo em M_1. Na verdade, os maiores agregados monetários, tal como M_2, não acusavam a mesma aceleração que M_1. O crescimento de M_2 alcançou 8,1% e 9,3%, respectivamente, em 1985 e 1986, em comparação com 8,6% e 12%, respectivamente, nos dois anos precedentes (*ERP*, 1987, p. 319). A

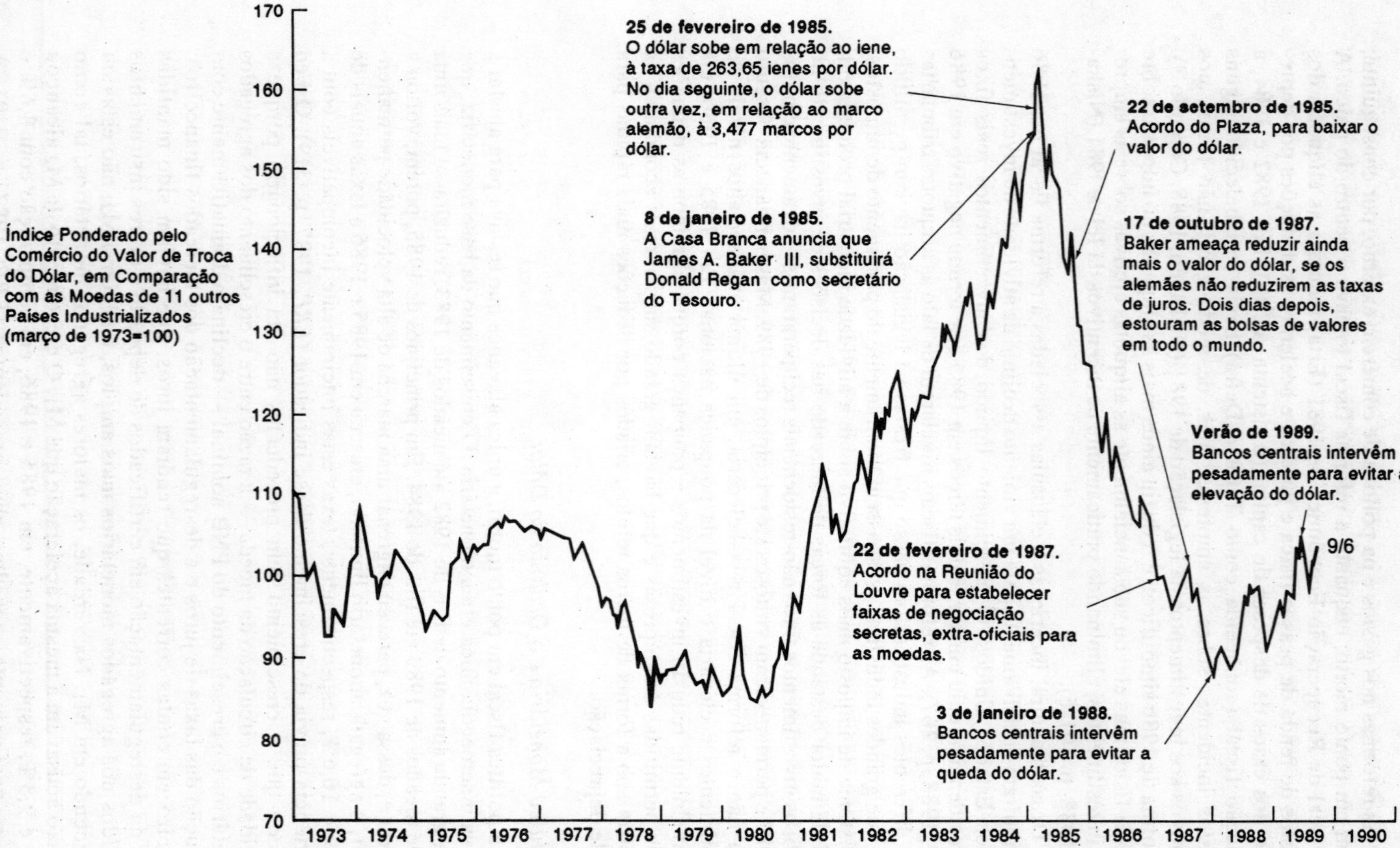

Figura 9-1. O dólar durante os anos Reagan. (Fonte: The International Interest Rate Weekly, Prudential-Bache Securities, 14 de setembro de 1989.)

explicação parecia convincente, especialmente quando a inflação, parcialmente, pelo menos, por causa das quedas no preço do petróleo, desacelerara para um novo nível mínimo de 1,1% em 1986, o menor desde 1961. (Niskanen, por exemplo, concorda em que o crescimento da base monetária não foi excessivo nesse período; 1988, p. 181-4.)

Não obstante, em comparação com a experiência histórica, o crescimento da base monetária em 1985 e 1986 continuava ainda alto, mesmo no caso de M_2, e era consideravelmente mais alto no caso de M_1. Além disso, os diferenciais das taxas de juros a curto prazo entre os Estados Unidos e os principais países estrangeiros começaram a declinar, em princípio de 1985, sugerindo um afrouxamento relativo da política monetária americana em comparação com a de seus maiores parceiros comerciais, especialmente a Alemanha e o Japão (FMIa, 1988, p. 126). O dólar, que é sensível a diferenciais nas taxas de juros, entre outros fatores, atingiu seu pico em fevereiro de 1985 e declinou ininterruptamente a partir dessa data. Conforme mostra a Figura 9-1, o declínio do dólar não começou com a iniciativa de intervenção nos mercados cambiais, iniciada por autoridades americanas no Plaza Hotel, de Nova York, em setembro de 1985. O dólar estava se movendo em reação a fenômenos reais de política econômica. Pode ser debatido se estava reagindo principalmente à política monetária ou a outros fenômenos reais de política econômica, tais como as esperadas mudanças na legislação fiscal americana (o Tesouro anunciara o primeiro plano de reforma fiscal em novembro de 1984) (ver Niskanen, 1988, p. 248). Mas, dado o impasse em que se encontrava a política orçamentária, as duas únicas variáveis econômicas que mudaram no inverno de 1985 foram a política monetária e as mudanças fiscais esperadas, neutras em matéria de receita. Essas mudanças nos Estados Unidos, e mudanças em sentido contrário em países estrangeiros, tiveram tanto a ver, se não mais, com a queda do dólar após 1985 quanto a diplomacia econômica internacional ativista dos Estados Unidos, que começou a ser implementada no Plaza Hotel em setembro de 1985.

Acelera-se a Diplomacia Internacional

A cooperação entre nações a fim de intervir nos mercados cambiais é às vezes considerada na diplomacia econômica internacional da mesma maneira como as negociações para o controle de armamentos são encaradas na diplomacia nuclear. Simplesmente fazer isso é considerado útil. Quando os Estados Unidos suspenderam, em 1981, a intervenção nos mercados cambiais, essa medida representou a primeira interrupção desse tipo em quase uma década. A política não-intervencionista não teve boa acolhida nos círculos diplomáticos — ministérios de finanças, bancos centrais etc. — que a praticavam e a consideravam equivalente à existência de cooperação internacional. Mas, conforme notamos no Capítulo 1, a política da taxa cambial constitui apenas um dos elementos da cooperação internacional e está estreitamente inter-relacionada com outros elementos. Conforme concluiu o estudo intervencionista encomendado na Conferência de Cúpula de Versalhes em 1982, a intervenção com o objetivo de promover realinhamentos de taxas cambiais depende, para que seu efeito se mantenha, de ajustamentos concomitantes macroeconômicos, estruturais (mercados de trabalho, capital e produto) e da política de comércio externo. Sem esses ajustamentos, nenhuma conseqüência duradoura pode ter a intervenção. Por tudo isso, a cooperação internacional com o objetivo de intervir nos mercados cambiais tem que ser julgada em termos não só de sua existência, mas de seus efeitos sobre mudanças macroeconômicas, estruturais e de comércio externo correlatas. Contribui ela para que se implantem ajustamentos duradouros de política, ou os retarda ou distorce? Em que direção, em suma, a intervenção influencia as políticas monetária, fiscal, regulamentadora e de comércio externo, além de outras, na economia real?

É fácil perdermo-nos na nevasca das iniciativas financeiras no campo internacional lançadas pelo governo dos Estados Unidos a partir de 1985, a fim de intervir nos mercados cambiais, coordenar as taxas de juros (na verdade, política monetária) e reestruturar o endividamento internacional (o Plano Baker). A pergunta fundamental a fazer, no entanto, é se essas iniciativas ajudaram a reduzir, *em base sustentada*, o comércio externo e o déficit em conta corrente americanos, os superávits japonês e americano em comércio e contas correntes e os ônus do serviço da dívida de países em desenvolvimento altamente endividados. Uma vez que os déficits e superávits em contas correntes em cada país constituem conseqüências diretas de desequilíbrios em poupança e investimentos, os ajustamentos exigem aumento da poupança ou redução dos investimentos nos países deficitários (como, por exemplo, nos Estados Unidos e nos países em desenvolvimento endividados) e o inverso nos países superavitários (como, por exemplo, o Japão e a Alemanha).

O argumento deste estudo é no sentido de que as iniciativas de política americana a partir de 1985 lograram apenas ajustamentos relativamente modestos em toda atividade internacional que geraram e que os ajustamentos porventura conseguidos foram potencialmente contraproducentes e, daí, insustentáveis. Nos Estados Unidos, até meados de 1987, os ajustamentos internos ocorreram principalmente a expensas de redução dos investimentos, e não de diminuição do consumo. E embora o déficit orçamentário e, portanto, o consumo, declinassem por uma única vez no ano fiscal de 1987 e os investimentos se recuperassem, a economia, em 1989, aproximou-se do pleno emprego e do momento em que o déficit e o consumo teriam que cair mais, ou a inflação tomaria novo alento. Na Europa e no Japão, por outro lado, o ajustamento até meados de 1987 ocorreu principalmente através de crescimento monetário potencialmente inflacionário. Em fins de 1987, o Japão iniciou grandes reformas sob orientação da economia de oferta e a Europa acelerou seus planos para desregulamentar, até 1992, o mercado comum interno. Não obstante, em meados de 1989, superávits contínuos e em crescimento no comércio global da Alemanha e Japão levantaram dúvidas sobre a adequação dessas reformas internas. Entrementes, países em desenvolvimento altamente endividados ou restringiram severamente ou subsidiaram o comércio externo a fim de cumprir suas obrigações com o serviço da dívida (como, por exemplo, os países devedores da América Latina) ou vincularam suas moedas a um dólar declinante a fim de manter as exportações e evitar reestruturação interna (como, por exemplo, os casos da Coréia e Formosa até meados de 1988). Exceto em alguns casos, como o do México, as reformas internas sofreram grandes atrasos.

As seções restantes deste capítulo relatam em detalhes a crônica da diplomacia econômica internacional mais ativista dos Estados Unidos após 1985, isso não apenas em termos do processo de cooperação entre nações, que a política americana acelerou (e todos os comentaristas aplaudiram), mas também em termos dos resultados substantivos relativamente medíocres alcançados (que um número excessivo de comentaristas ignorou).

Conferência Monetária Internacional

Um sinal da direção diferente em que se moveria a política americana foi dado antes mesmo de iniciar-se a Conferência de Cúpula de Bonn, em maio de 1985.

Em reuniões da OCDE realizadas em abril de 1985, o novo secretário do Tesouro, James A. Baker III, aparentemente com pouca preparação ou discussões com outras autoridades americanas, propôs a realização de uma nova conferência internacional de alto nível em Washington, com o objetivo de aprimorar o sistema monetário internacional (*WP*, 13 de abril de 1985). A proposta foi amarrada explicitamente à letal linguagem (pelo menos da perspectiva orientada para opções) da Conferência de Cúpula de Williamsburg. Se sua intenção fora suavizar a oposição francesa à rodada de comércio, ao manter a aparência de ligação entre comércio externo e moeda em que insistira Mitterrand em Williamsburg, a iniciativa fracassou. Os franceses não aceitaram uma nova rodada sobre comércio, embora aplaudissem a proposta monetária de Baker como sendo "um passo à frente" (*WP*, 13 de abril de 1985). Na verdade, a proposta de uma conferência monetária provavelmente prejudicou os esforços do governo para lançar uma nova rodada sobre comércio externo. Em Washington, um porta-voz francês explicou que "não há nenhum grande problema no comércio internacional ". "O verdadeiro problema", disse ele, "está na variação errática das moedas" (*WP*, 6 de maio de 1985). Ao sugerir a idéia de uma conferência monetária, os Estados Unidos chamaram a atenção para as taxas cambiais, e não para o comércio.

A tese francesa sempre teve simpatizantes, especialmente em Washington. O Institute for International Economics, dirigido por C. Fred Bergsten, antigo funcionário de alto nível do Tesouro durante o Governo Carter, estivera defendendo, desde princípios da década de 1980, a volta a um sistema mais rígido de taxas cambiais — um sistema de zona-alvo que permitisse variações mais amplas do que o velho sistema de Bretton Woods, mas previa intervenção freqüente a fim de manipular, dentro dessas faixas, as taxas cambiais.[2] Nesse momento, a tese em questão ganhava apoio no Capitólio. Membros do Congresso favoráveis à economia de oferta sempre acreditaram que a política monetária fora o grande empecilho ao experimento com essa orientação em 1981-1982 (ver Capítulo 7). Queriam menos discrição para a política monetária tanto nos Estados Unidos quanto no que dizia respeito à administração internacional das taxas cambiais. Jack Kemp, um dos principais expoentes dessa tese na Câmara, e Bill Bradley, no Senado, iniciaram uma série de reuniões internacionais privadas, buscando apoio para um sistema de taxas cambiais mais controlado. Kemp era favorável a um sistema baseado no ouro, com muito menos flexibilidade do que o enfoque de zona-alvo. A despeito de divergências técnicas entre si, porém, todos esses porta-vozes colocavam o problema das taxas cambiais flutuantes acima da necessidade de convocação, tão cedo quanto possível, de uma nova rodada sobre comércio externo.

O Congresso, tornando-se mais protecionista a cada dia, começava a convencer-se de que o problema comercial externo dos Estados Unidos era, na realidade, um problema de dólar supervalorizado. Mais tarde, depois da queda do dólar, o Congresso redefiniria o problema comercial como sendo de práticas desleais e de barreiras estrangeiras às exportações americanas. Em ambos os casos, procurava uma desculpa para não ter que enfrentar o problema real

2 Bergsten ocupou a posição excepcional de ter sido também o principal defensor, na década de 1970, das taxas cambiais flutuantes. Ver seu livro (1975) e o Capítulo 5.

defrontado pela competitividade comercial americana, isto é, o déficit orçamentário. O governo fazia o mesmo e, a partir do verão de 1985, engrenou sua diplomacia econômica internacional principalmente para atenuar as pressões protecionistas no Congresso, ao mesmo tempo em que evitava o problema fundamental do déficit orçamentário.

Nada disso implica negar que o dólar constituía um problema sério em 1985. Continuara a subir em 1983 e 1984, mesmo depois da substancial valorização ocorrida em 1981 e 1982. Em termos reais ponderados pelo comércio, estava a 40% acima dos níveis de 1980. Havia, no entanto, duas maneiras de atacar o problema do dólar — de frente, reduzindo o déficit orçamentário e aumentando a poupança interna, ou indiretamente, intervindo nos mercados cambiais ou elevando os impostos sobre os investimentos americanos, cujos efeitos líquidos seriam suavizar a política monetária e incentivar o consumo, ao mesmo tempo em que desencorajava os investimentos. As autoridades do Tesouro, cabe lembrar aqui, trabalhavam dentro das restrições estabelecidas pelo presidente, tanto no que dizia respeito a corte de gastos, particularmente na esfera social, quanto na elevação dos impostos. Dessa maneira, a responsabilidade final cabia ao presidente. Os servidores do Tesouro estavam praticando a "arte do possível", dada a inação do governo, em 1985, no tocante aos déficits orçamentário e no comércio externo (Funabashi, 1988, p. 75).

Com a proposta de uma conferência monetária internacional, por conseguinte, o governo sinalizava a postergação de reformas internas e na política de comércio externo, que enfatizara no primeiro mandato, e a concentração em iniciativas de natureza cambial e financeira, as quais, embora tivessem como premissas novas reformas internas e na política de comércio externo, não esperariam por elas. Essas iniciativas incendiariam por algum tempo a imaginação da comunidade de política econômica, inclinada como era a considerar a intervenção nos mercados cambiais como equivalente à cooperação internacional. Mas, sem reformas nas políticas internas e de comércio externo, as iniciativas perderam logo depois credibilidade e conseguiram, no máximo, apenas melhoramentos marginais na correção dos desequilíbrios econômicos reais.

Plaza — A Iniciativa de Intervenção

Do primeiro ao terceiro trimestre de 1985, o dólar já se depreciara em 10% em base real, ponderada pelo comércio. Em termos nominais, a depreciação chegara a 15% frente ao marco e 8% frente ao iene (*ERP*, 1987, p. 365). Note-se, porém, que o Acordo do Plaza, negociado em setembro de 1985, não iniciou essa reviravolta do dólar (ver Figura 9-1). Conforme observamos antes, isso foi devido a uma mudança nas políticas monetária e talvez fiscal (isto é, as esperadas mudanças na área fiscal) em fins de 1984 e princípios de 1985, acompanhadas por mudanças complementares na política monetária no exterior (de que serve de exemplo a intervenção profunda do Bundesbank alemão nos mercados cambiais, em fevereiro e março de 1985. Funabashi, 1988, p. 28). O Acordo do Plaza acompanhou a queda do dólar; não a provocou. Mudanças apropriadas nas políticas fiscal e monetária poderiam ter conseguido a mesma coisa sem intervenção. Esta foi importante principalmente como instrumento político a fim de pressionar bancos centrais a suavizar a política monetária, sobretudo devido à relutância dos ministérios de finanças em ajustar as políticas fiscais. E ocultou certas opções de política interna — neste caso, crédito mais fácil para sustentar a recuperação em face do impasse fiscal. Essas opções tornaram-se mais explícitas na medida em que a intervenção levava à coordenação direta de reduções das taxas de juros (ver a seção seguinte).

Os países do G-5, por conseguinte, reuniram-se no Plaza Hotel, em Nova York, em 22 de setembro, com a finalidade de dar forças a um fenômeno que já ocorria, e não para provocá-lo. O longo e inusitadamente empolado comunicado dos ministros de finanças sugeria que eles haviam concordado em realinhar as taxas cambiais a fim de compatibilizá-las mais corretamente com o que era fundamental, isto é, políticas macroeconômicas e estruturais básicas. Os ministros acreditavam, segundo o comunicado, que "mudanças recentes em condições econômicas fundamentais em seus países, juntamente com compromissos sobre política no futuro, não se refletiram inteiramente nos mercados cambiais". Os ajustamentos de políticas, em suma, já haviam acontecido, embora, por algum motivo, as taxas cambiais permanecessem desalinhadas, isto simplesmente por razões especulativas ou outras de natureza misteriosa. O raciocínio era confuso. Que mudanças recentes em políticas econômicas fundamentais haviam ocorrido? O déficit orçamentário americano subira, em 1985, de US$185 bilhões para US$212 bilhões (e subiria novamente no ano fiscal de 1986 para US$221 bilhões). Se o acordo do Plaza constituiu uma tentativa de usar intervenção para ajudar a corrigir esses desequilíbrios fundamentais da política fiscal, o comunicado induziu deliberadamente ao erro. Se, por outro lado, ele era correto e o que era fundamental já fora resolvido, a conferência do Plaza constituíra simplesmente um exercício destinado a perpetuar políticas vigentes (isto é, o grande déficit orçamentário americano). No outono e inverno de 1985-1986, as conversações no Plaza pouco mais fizeram do que empurrar as políticas internas americanas em direções que elas já seguiam — isto é, déficits orçamentários maiores e dinheiro barato — e pressionar outros países para que fizessem a mesma coisa, especialmente no tocante ao dinheiro fácil.

Em 1985, declinou substancialmente o crescimento da demanda interna total real nos Estados Unidos, despencando de 8,7% para 3,8%, ao passo que ela permanecia aproximadamente a mesma no Japão (3,8% em 1984 e 4% em 1985) e declinava realmente na Alemanha Ocidental (2% em 1984 para 0,8% em 1985). A demanda interna total nos países europeus como um todo permaneceu mais ou menos a mesma (FMIa, 1989, p. 126). O crescimento mais lento nos Estados Unidos não foi contrabalançado por crescimento mais alto no exterior e as exportações americanas não conseguiram reagir ao valor mais baixo do dólar. A moeda perdeu valor principalmente como resultado da queda unilateral do crescimento nos Estados Unidos.

A política monetária suavizou-se um pouco para, em parte, combater esse enfraquecimento. Seu efeito líquido em 1985, porém, não foi o de aumentar o crescimento, mas desviá-lo dos investimentos para o consumo. O forte caráter, liderado pelos investimentos, da recuperação inicial americana sumiu aos poucos (ver Figuras 8-1 e 8-3). Os investimentos fixos brutos reais caíram de uma taxa de 16,8% de crescimento anual em 1984 para 5,5% em 1985. Entrementes, o consumo público e privado real saltou de 9,2% em 1984 para 11,9% em 1985 (FMIa, 1988, p. 113). A recuperação estava sendo sustentada principalmente pelo estímulo à demanda a curto prazo, através do déficit fiscal crescente e do afrouxamento da política monetária.

Nos países industrializados como um todo, o consumo real público e privado acelerou-se de 6,1% de crescimento anual em 1984 para 8% em 1985, enquanto os investimentos fixos reais declinaram de 8,7% de crescimento anual em 1984 para 4,4% em 1985 (FMIa, 1988, p. 113). Em todo o mundo industrializado, por conseguinte, o crescimento em 1985 não só diminuiu, mas mudou também relativamente, de investimentos a longo prazo para consumo a curto prazo.

O Acordo do Plaza foi saudado como renascimento da cooperação internacional, embora, na verdade, ocultasse uma profunda deterioração de políticas econômicas internas, das quais dependia a continuidade da cooperação. O ajustamento nos Estados Unidos ocorria como resultado de redução dos investimentos e não como aumento da poupança. Os Estados Unidos não eram mais um mutuário esperto, como fora em 1983-1984, importando capital para financiar níveis sem precedentes de investimentos, com os quais poderia pagar dívidas futuras. Estava nesse momento tomando emprestado principalmente para consumir, e não para produzir e pagar dívidas mais adiante. A deterioração das condições da política interna transparecia no saldo da balança comercial.

Em fins de 1985, embora o dólar tivesse caído em 17% em termos reais ponderados pelo comércio (em termos nominais, 20% contra o marco e 24% contra o iene), o déficit comercial no conceito de mercadorias continuava a subir de valor, de US$112 bilhões em 1984 para US$124 bilhões em 1985 (*ERP*, 1987, p. 365, 358). Parte disso se devia ao denominado efeito curva-J, o fato de que os valores da moeda mudam mais rapidamente do que os volumes de comércio e, dessa forma, no curto prazo um dólar de valor mais baixo eleva o valor do mesmo volume de importações, ao mesmo tempo que reduz o valor do mesmo volume de exportações. Mais importante, porém, parte disso, como os fatos ocorridos em 1986 demonstrariam, se devia ao fracasso em ajustar as políticas internas a fim de dar sustento ao dólar que se depreciava. Conforme os próprios Estados Unidos haviam argumentado repetidamente no caso dos programas de estabilização patrocinados pelo FMI nos países em desenvolvimento, a desvalorização da moeda exigia mudança de recursos, dos mercados internos para as exportações. Isso significava em geral endurecimento macroeconômico — restrição ao crescimento do crédito e redução do volume dos déficits fiscais. Nesse momento, no seu próprio caso, os Estados Unidos estavam fazendo exatamente o oposto, expandindo o meio circulante ao mesmo tempo que mantinha um enorme déficit fiscal. Se o Acordo do Plaza é julgado por padrões econômicos reais, e não por critérios políticos de cooperação ativista, o exercício começava muito mal.

Não desejando cortar diretamente a demanda interna mediante redução do déficit ou de manutenção de política monetária disciplinada, os Estados Unidos tinham duas opções — aceitar indiretamente uma diminuição da demanda interna através de crescimento mais lento, o que acontecera em 1985, ou começar a importunar seus aliados para que acelerassem a demanda interna em seus países, mesmo que corressem o risco de abandonar reformas estruturais a prazo médio. Essa foi a direção para a qual a América se voltou em 1986, pressionando por pacotes de incentivos de política monetária de curto prazo do tipo que havia caracterizado a cooperação internacional na década de 1970.

A Conferência de Cúpula de Tóquio — Iniciativas na Taxa de Juros e nos Indicadores Econômicos

Em fins de 1985, o secretário do Tesouro, Baker, ficou impaciente com a falta de resultados (Funabashi, 1988, p. 43). A iniciativa Plaza implicara intervenção coordenada nos mercados cambiais, mas não coordenação direta das políticas monetária e de taxa de juros dos bancos centrais.[3] Como resultado disso, em fins de outubro de 1985, o Banco do Japão elevou realmente sua taxa de desconto, medida esta coerente com o apoio ao declínio do dólar, mas incompatível com o incentivo à demanda interna no Japão. Baker, nesse momento, procurou atingir dois objetivos — rebaixar ainda mais o valor do dólar e estimular a demanda externa. A única maneira como poderia conseguir isso seria insistindo em políticas de dinheiro barato nos Estados Unidos e no exterior. Reduções das taxa de juros apenas nos Estados Unidos poderiam precipitar uma queda livre do dólar, enquanto as mesmas reduções apenas no exterior poderiam impedir que o dólar caísse ainda mais. Reduções coordenadas da taxa de juros, por outro lado, conservariam o dólar em depreciação, mas, ao mesmo tempo, estimulariam a demanda externa. A conseqüência dessas políticas do Tesouro no curso de 1986 consistiu em abrir uma brecha mais larga entre o Departamento do Tesouro e a Reserva Federal sobre a política monetária americana e mudar o foco das reformas estruturais para estímulo macroeconômico no exterior. Ambos os fenômenos debilitaram as perspectivas de crescimento não-inflacionário sustentado num prazo mais longo.

O G-5 reuniu-se mais uma vez em Londres em janeiro de 1986. Manifestou satisfação com o realinhamento das taxas de juros, mas discordou se devia ou não levar o realinhamento mais adiante através de redução coordenada das taxas de juros (*FT*, 20 de janeiro de 1986; *NYT*, 25 de janeiro de 1986). O Japão e a Alemanha Ocidental achavam que o marco e o iene haviam se valorizado o suficiente e pediram paciência, até que as mudanças na taxa cambial produzissem efeito. O Reino Unido concordou. Japão, França e Estados Unidos pressionaram, querendo reduções simultâneas das taxas de juros, o que permitiria que o dólar caísse ainda mais. Além do mais, a iniciativa altamente visível do G-5 despertou má vontade em outros países, particularmente no G-10, cujo relatório no verão anterior fora inteiramente superado, se não de fato repudiado, pelo Acordo do Plaza (Funabashi, 1988, p. 37). Países excluídos do G-10 pediam nesse momento em altos brados para fazer parte do grupo do Plaza (*WP*, 15 de janeiro de 1986).

3 A intervenção no mercado cambial e a política monetária são variáveis separadas de política e podem ser controladas em alguns países, tais como nos Estados Unidos e na Alemanha, por instituições separadas. Ainda assim, a intervenção pode produzir conseqüências diretas para a política monetária, a menos que seja diretamente contrabalançada ou esterilizada pelos bancos centrais. Nos Estados Unidos, por exemplo, o Tesouro determina compras ou vendas de dólares em mercados cambiais estrangeiros a fim de influenciar as taxas cambiais da moeda americana. A Junta da Reserva Federal pode anular essas transações e manter a política monetária vigente através de operações no mercado aberto, que controla, independentemente do Tesouro. Embora o Acordo do Plaza, em setembro de 1985, não tenha tratado explicitamente de política monetária, Funabashi informa que autoridades do Tesouro realizaram intervenções mais ativas na expectativa de que a Reserva Federal não esterilizaria as transações em moedas estrangeiras através de operações no mercado aberto, mas que permitiria, na verdade, um afrouxamento da política monetária americana (1988, p. 35, 45-6). Outros países, como o Japão, prosseguiram na intervenção no outono de 1985, com endurecimento da política monetária, medida esta que irritou o secretário Baker e autoridades americanas e levou a um esforço subseqüente, em janeiro de 1986, para coordenar também a redução das taxas de juros, assegurando que os aliados igualmente aliviariam a política monetária. Ver discussão posterior no texto.

Mais importante ainda, a iniciativa Baker começou a provocar um racha crescente entre o Departamento do Tesouro e a Reserva Federal (*NYT*, 22 de janeiro de 1986). Embora essa divergência fosse minimizada pela mídia — principalmente porque Baker e Volcker eram ambos politicamente populares e figuras poderosas em Washington — a cisão era inconfundível e resultou numa situação sem precedentes em fevereiro de 1986, quando Volcker foi derrotado por uma votação de sua própria junta numa decisão para reduzir a taxa de desconto americana. (Volcker quase se exonerou por causa desse incidente. Funabashi, 1988, p. 49.)

Desde o início da iniciativa do Plaza, Volcker se preocupara com uma queda incontrolável do dólar americano (Funabashi, 1988, p. 15). Por isso mesmo, resistiu a mais cortes nas taxas de juros nos Estados Unidos, a menos que países estrangeiros também cortassem as suas. De outra maneira, argumentou, em algum ponto no tempo estrangeiros deixariam de investir em dólares e precipitariam violenta redução nos ingressos de capital necessários para financiar os crescentes déficits duplos do orçamento e da balança comercial. Mesmo nessa ocasião, preocupava-se em continuar a suavizar a política monetária e, ao mesmo tempo, manter um grande estímulo fiscal. Ao explicar ao Congresso, em fevereiro de 1986, o crescimento da base monetária, observou ele que havia prova conflitante a sugerir que a política monetária já podia estar sendo liberal demais. "A demanda interna", notou Volcker, "continuou a expandir-se a uma taxa muito além da taxa do produto interno (...) e nesse sentido continuamos a viver além de nossos meios, a expensas de um déficit cada vez maior na balança comercial" (1986a, p. 4).

As preocupações de Volcker teriam sido provavelmente ainda maiores se não fossem por dois fatores que intervieram em fins de 1985 e que pareciam justificar a manutenção do crescimento monetário — a aprovação da legislação Gramm-Rudman-Hollings e as quedas nos preços do petróleo. A Gramm-Rudman-Hollings, que prometia redução do déficit orçamentário, revelou-se mais tarde ser uma decepção, uma vez que o déficit federal disparou para um nível até então sem precedentes, de US$221 bilhões no ano fiscal de 1986. A inesperada queda nos preços do petróleo, por outro lado, provou que era real. Os preços do produtor por produtos de petróleo caíram em mais de 30% em 1986 (*ERP*, 1987, p. 316). Esse fenômeno contribuiu para reduzir a inflação para 1,1%, em 1986, seu nível mais baixo desde o começo da década de 1960, facilitando a redução das taxas de juros e a continuação do relaxamento da política monetária que ocorreram no mesmo ano.

O secretário do Tesouro, Baker, tinha menos preocupações com o dólar em queda e sentia mais desejo de usar-lhe o preço mais baixo, ou a ameaça disso decorrente, para estimular no exterior a expansão dos mercados internos. O dólar cada vez mais barato representou uma poderosa influência de mercado sobre as economias do Japão e da Europa Ocidental. Da mesma maneira que os Estados Unidos haviam tolerado (alguns diziam, usado) o alto preço do dólar para desinflacionar a economia mundial em princípios da década de 1980, Baker procurou nesse momento usar um dólar de valor mais baixo para reflacionar, em 1986, a economia mundial. À medida que o valor do dólar declinava e se valorizavam as moedas de outros países, as exportações destes últimos se tornavam menos competitivas. Eles poderiam ou aceitar a cessação do crescimento liderado pelas exportações, o que contribuíra de forma significativa para o crescimento geral na Europa e no Japão de 1983 a 1985, ou poderiam estimular a demanda interna a fim de contrabalançar essa perda. Baker, obviamente, esperava que tomassem este último curso. Com o dólar baixo e nenhuma mudança evidente no déficit comercial americano, as pressões protecionistas continuaram a ganhar força nos Estados Unidos, onde as autoridades precisavam de uma reação rápida dos países estrangeiros. Por isso, a ênfase americana mudou, dos objetivos de reforma estrutural destacados em 1985 na Conferência de Cúpula de Bonn, para o estímulo macroeconômico, insistindo com os países estrangeiros para que o imitassem na política interna e reduzissem as taxas de juros, ao mesmo tempo elevando os déficits fiscais.

Em princípios da década de 1980, quando instou com outros países para que copiassem as reformas de políticas macroeconômicas e estruturais fundamentais que ora ocorriam no país, o enfoque americano foi denominado de ideológico, com exportação da reaganomia. Nesse momento, porém, em que o governo pressionava pela adoção das políticas mais conhecidas da década de 1970, de estímulo a curto prazo das políticas monetária e fiscal, essa abordagem passou a ser considerada como um "raro exemplo de oportuna colaboração internacional" (a reação editorial do *WP* à redução coordenada das taxas de juros no começo de março de 1986, 8 de março de 1986). É difícil evitar a conclusão de que a intervenção coordenada nos mercados cambiais está ligada à preferência por políticas macroeconômicas expansivas e relativo descaso pela reforma microeconômica.

Alguns analistas preocuparam-se com uma aterrissagem forçada para o dólar, mas foram poucos os que criticaram a nova estratégia do Departamento do Tesouro por estimular exatamente as políticas que poderiam levar a tal resultado. A estratégia americana tinha por objetivo estimular a demanda externa por produtos e serviços do país. Mas ainda que o estímulo no exterior fosse suficiente para afetar significativamente a conta corrente americana (e alguns duvidavam disso. Ver Martin e Kathleen Feldstein, *WP*, 8 de julho de 1986), tal efeito se seguiria apenas com atraso às reduções nas taxas de juros. Enquanto isso, quanto mais países estrangeiros reduzissem suas taxas, mais os Estados Unidos teriam que baixar as suas para manter o dólar em queda. Os Estados Unidos, portanto, lançaram um processo auto-reforçador, de taxas de juros mais baixas e dólar de menor valor, que só poderia ser detido algum dia por um endurecimento relativo da política monetária no país para elevá-las e, finalmente, deter a queda do dólar. Esse dia, quando quer que acontecesse, implicaria crescimento mais lento e, se coincidisse com o fim do ciclo econômico, possível recessão.

Volcker evidentemente compartilhava do desejo de Baker de estimular a demanda externa, mas mostrava ceticismo sobre a redução das taxas de juros nos Estados Unidos, dado o pouco desejo do governo ou do Congresso de reduzirem o déficit orçamentário. Não obstante, uma vez que a Junta da Reserva Federal permaneceu dividida durante todo o ano de 1986 no tocante às reduções das taxas, Baker assumiu a frente na formulação da política monetária. Em fins de fevereiro, a Junta, liderada por Preston Martin, o vice-presidente, e outros membros nomeados por Reagan, votaram contra Volcker para determinar a redução da taxa de descontos.

O enorme prestígio de Volcker no exterior permitiu-lhe adiar o corte da taxa até que negociasse reduções coordenadas na Alemanha e Japão, e, dessa maneira, pudesse proteger o dólar. O resultado refletiu tanto a pressão eficaz do Tesouro e do governo sobre Volcker quanto a poderosa influência deste último sobre os banqueiros centrais estrangeiros, especialmente por causa do grande embaraço em que ficaria, em março de 1986, se os bancos estrangeiros não tivessem cooperado. Essa combinação de fatores jamais voltou a acontecer. Não obstante, conforme noticiou a mídia, "os funcionários do Tesouro mal podiam conter o júbilo" com o novo exercício de coordenação das taxas. "Coordenação gera coordenação", grasnou um alto servidor do Tesouro. "O que fizemos com as taxas cambiais em 22 de setembro agora se espalhou para a zona da taxa de juros." "E nos deu confiança", concluiu ele, "em que elas podem mudar" (*WP*, 6 de março de 1986).

Quando a Alemanha Ocidental e o Japão repeliram novas tentativas para baixar as taxas de juros, os Estados Unidos mudaram de seu enfoque G-5 para outras estratégias — mecanismos bilaterais (G-2) e mais amplos de cúpula (G-7) — a fim de conseguir movimento contínuo nessa direção. Em abril, o Sistema Monetário Europeu (SME) realinhou suas moedas (*FT*, 7 de abril de 1986). Essa medida levou o marco alemão ao fundo do poço de sua faixa dentro do SME e tornou o Bundesbank extremamente relutante em reduzir ainda mais as taxas de juros internas, por receio de empurrar o marco para baixo de seu piso no sistema (*NYT*, 7 de junho de 1986). Quando a produção alemã explodiu no segundo trimestre de 1986, em um crescimento real de 3,3%, o medo de inflação aumentou também e declinou ainda mais o apetite por novas reduções da taxa.

Após a redução coordenada da taxa ocorrida em março, o iene japonês continuou a subir. Em fins de abril, em conseqüência, o Japão ficou maduro para novas reduções. Dessa vez, apenas Japão e Estados Unidos assim procederam. Dessa maneira, o impulso de coordenação da política econômica internacional já começava a perder força quando o G-5 e os países da cúpula se reuniram em Tóquio em maio de 1986.

Animados com o sucesso das reduções das taxas em março, os formuladores da política americana aprontaram uma grande iniciativa, que submeteriam para estudo em Tóquio, com vistas a aprimorar o processo de supervisão multilateral. Funcionários do Tesouro haviam ignorado esse processo em 1985, suspendendo as reuniões especiais do G-5 com o diretor do FMI, que haviam sido iniciadas em Versalhes, e posto em destaque a convergência de políticas de prazo médio e as reformas estruturais na Conferência de Cúpula de Bonn em 1985. No Plaza e em março de 1986 elas haviam, em vez disso, focalizado a intervenção e a política monetária. Nesse momento, os servidores do Tesouro viam uma oportunidade de utilizar o processo de supervisão multilateral a fim de institucionalizar e tornar mais urgente o exercício de intervenção e de coordenação das taxas de juros. Consideravam inadequada para esse fim a pressão privada, confidencial, coletiva do processo de supervisão multilateral original. Conforme explicaram fontes do Tesouro, elas queriam um processo mais público, um "meio mediante o qual as sete nações da cúpula (...) e talvez algumas outras pudessem se reunir quatro ou cinco vezes por ano a fim de negociar metas para suas economias internas". Divulgariam essas metas, de tal maneira que se algum país se desviasse fortemente delas, o grupo convocaria uma reunião de emergência e "sob o fulgor das manchetes e luzes da televisão (...) o país que se desviara sofreria pressão para efetuar os ajustamentos de política interna que recolocariam na linha sua economia". Entre as metas estabelecidas por esse processo haveria "zonas de referência" para as taxas cambiais, prescrevendo os limites dentro dos quais elas subiriam e cairiam entre si. Esse processo, reconheceram os funcionários do Tesouro, não teria força de lei, uma vez que país nenhum abdicaria de sua soberania sobre a política econômica. "A pressão pública, no entanto", prognosticavam eles confiantemente, "poderia produzir um efeito semelhante" (todas as citações foram extraídas do *NYT*, 3 de março de 1986).

O processo anunciado na Conferência de Cúpula de Tóquio, em maio de 1986, recebeu a denominação de supervisão multilateral, ou exercício de indicador objetivo. Aparentemente, guardava semelhanças com seu antecessor da Conferência de Cúpula de Versalhes, embora fosse consideravelmente mais refinado e formalizado. Muitos dos indicadores eram os mesmos que constaram do Anexo Monetário discutido em Versalhes e foram discutidos nos preparativos para a Conferência de Cúpula de Williamsburg (ver Capítulo 8). Eram organizados em termos de objetivos de política, resultados de desempenho e fatores intermediários, da mesma forma que as propostas em Williamsburg haviam incluído indicadores de política a curto prazo e de desempenho a fim de medir o progresso na direção das metas de política a prazo médio e longo.

Não obstante, os indicadores do exercício de Tóquio tinham um objetivo fundamentalmente diferente do exercício de convergência de Williamsburg. Estavam mais ligados a ajustamentos de políticas a curto prazo, especialmente aos de política monetária, e a compromissos automáticos de negociação de trocas compensatórias intergovernamentais diretas entre instrumentos de política específicos — aspectos estes mais característicos da diplomacia econômica internacional na década de 1970 do que da abordagem paciente, orientada para o mercado, proposta de 1982 a 1985 em Versalhes e que perdurou até a Conferência de Cúpula de Bonn. Além do mais, a supervisão multilateral seria realizada a partir desse momento sob as luzes da televisão e da atenção da mídia. Esse enfoque intrometia-se mais na soberania nacional do que o que fora adotado em Versalhes. Embora ficasse aquém das propostas feitas na década de 1960, de criação de um banco central mundial (ver as propostas de Triffin no Capítulo 5), ou na década de 1970, de coordenação direta das políticas monetárias (ver Capítulo 6), tinha o objetivo de ficar acima dos parlamentos nacionais, tornando automáticas as mudanças de política, se os indicadores se afastassem de uma certa faixa. A esse respeito notou um observador alemão que participou do exercício de Tóquio: "Qual seria a reação do Congresso se o G-5 decidisse que o déficit orçamentário americano deveria ser cortado em US$50 bilhões no ano seguinte?" (Funabashi, 1988, p. 134). O aspecto de automaticidade do exercício dos indicadores era inteiramente irrealista e já nasceu morto na Conferência de Cúpula de Tóquio.

A grande diferença entre a Conferência de Tóquio e as três anteriores ocorreu no conteúdo das políticas internas que estavam sendo propostas. As anteriores haviam defendido políticas para desinflacionar a economia mundial e promover a mudança estrutural. A de Tóquio pregava a reflação da economia mundial, principalmente através de estímulos macroeconômicos. A fim de obter consenso nesse sentido, autoridades americanas tinham que flanquear os banqueiros centrais conservadores do G-5, sobretudo os bancos centrais da Alemanha e do Japão. Por isso mesmo, em Tóquio, o processo de supervisão multilateral foi expandido a fim de incluir a Itália e o Canadá. Embora funcionários americanos argumentassem que essa medida era necessária para associar o exercício ao processo de cúpula e suplementar as reuniões do G-5, que eram "caóticas", o raciocínio pouco sentido fazia (Funabashi, 1988, p. 138-9). O exercício de supervisão já estava associado às cúpulas. A declaração monetária anexada ao Comunicado de Versalhes em 1982 comprometia os sete países a "fortalecer nossa cooperação com o FMI em seu trabalho de supervisão e expandir esta orientação em base multilateral, levando em conta especialmente as moedas que constituem os SDR (direitos especiais de saque)". Além do mais, se as reuniões do G-5 eram caóticas, o acréscimo da Itália, do Canadá e do carnaval da mídia que acompanhava as reuniões de cúpula, torna-las-ia ainda mais caóticas. As razões processuais para expandir o G-5 foram simplesmente camuflagem. "O grande objetivo", concluiu um estudo, "foi o de induzir o crescimento e fortalecer a demanda interna na Alemanha Ocidental e no Japão" (Funabashi, 1988, p. 135). Autoridades americanas tentavam mudar a substância das políticas internas. Embora evitassem com todo cuidado identificar o exercício com a teoria da locomotiva, da Conferência de Cúpula de Bonn, em 1978, alemães e japoneses desconfiaram o tempo todo que esse era o motivo oculto real das políticas dos Estados Unidos (Funabashi, 1988, p. 39, 94).

O conteúdo estimulante das políticas propostas em Tóquio tornava mais fácil defender a cooperação. Conforme disse um dos defensores desse exercício, "ninguém está sendo solicitado a se sacrificar por ninguém (...). Ao se ajustarem a condições acordadas de antemão, ganham todos os países" (*NYT*, 3 de março de 1986). O mesmo, provavelmente, não poderia ser dito de cooperação para desinflacionar as economias internas. A dificuldade de tal cooperação certamente resultaria em acusações de que a soberania nacional estava sendo perdida e que se renunciava a empregos internos a fim de satisfazer pressões estrangeiras. Na verdade, talvez o estilo de diplomacia praticado em Tóquio em 1986 e em Bonn em 1978 seja apropriado apenas em condições econômicas mundiais que aconselhem reflação. Quando exigem desinflação, tal como ocorria em 1981, a diplomacia orientada para opções, que depende menos de ação internacional coordenada e mais de medidas nacionais, voltadas para mercado, talvez seja a única alternativa politicamente viável.

A despeito das rebuscadas propostas de indicadores, a Conferência de Cúpula de Tóquio não chegou a acordo sobre políticas prevendo mais estímulo (para conhecimento do Comunicado de Tóquio, ver o *NYT*, 7 de maio de 1986). Desta vez, Japão e Alemanha se recusaram a proceder a mais reduções das taxas de juros. Quase antes de nascer, o novo processo de coordenação foi declarado morto, até mesmo por seus defensores (*WP*, 29 de junho de 1986). Ainda assim, as autoridades americanas foram em frente unilateralmente no verão de 1986 e reduziram ainda mais as taxas de juros no país. Tendo falhado a alavancagem econômica em Tóquio, a alavancagem de mercado, de dólar mais baixo, era tudo o que restava às autoridades americanas para aplicar mais pressão sobre a Alemanha e o Japão para que expandissem a procura interna.

Em julho, e novamente em agosto, o Fed reduziu unilateralmente a taxa de desconto, nesse momento para 5,5%, onde permaneceria até a malfadada elevação de princípios de setembro de 1987, antes do estouro de outubro do mercado acionário. Antes do corte de julho, o governo e o Congresso pressionaram abertamente o Fed para reduzir as taxas. Aproximando-se as eleições para renovação do Congresso em novembro, Robert Dole escreveu uma carta a Volcker, insistindo na redução (*WP*, 24 de junho de 1986). Em uma dupla *entendre* deliberada, a Casa Branca anunciou que o presidente Reagan queria mais cortes nas taxas de juros, mas que não estava pressionando o Fed para assim proceder (*WP*, 20 de junho de 1986; *NYT*, 20 de junho de 1986). Pode-se apenas presumir que Volcker relutava em reduzir ainda mais as taxas, mas que, nesse momento, caíra na armadilha preparada pela estratégia do Tesouro. Após o último corte, em abril, Volcker dissera ao Congresso que as taxas já haviam caído o suficiente (Volcker, 1986b). E no verão de 1986 queixar-se-ia em altas vozes quanto à queda contínua do dólar (ver seção seguinte). Ainda assim, preços mais baixos do petróleo e outros fatores econômicos abriam-lhe espaço suficiente para poder curvar-se aos objetivos do Tesouro.

Nem Alemanha nem Japão seguiram os cortes efetuados pelo Fed. Peritos alemães preocupavam-se nesse momento com a mudança da política americana, que consideravam dependente excessivamente da política monetária e abandonando as reformas estruturais como base do crescimento interno. O conde Otto Lambsdorff, ex-ministro da Economia da Alemanha Ocidental e comentarista altamente respeitado sobre assuntos econômicos internacionais, esmiuçou essas preocupações no *Wall Street Journal*:

> Todos os países têm que pôr a casa em ordem (...). O déficit orçamentário americano é, e continuará a ser, um fator desestabilizador nos mercados cambiais estrangeiros. Em alto grau, *ele muda o fardo da sintonia econômica para a política monetária, o que é demais para este único instrumento*. Uma política inflacionária está ganhando corpo nos Estados Unidos.
>
> *O objetivo deve ser o de fortalecer o potencial produtivo da Alemanha Ocidental, o que implica também a expansão dos investimentos e o aumento da flexibilidade da economia.* Uma política desse tipo exige a redução da parcela dos gastos públicos no produto nacional bruto, cortes fiscais, privatização, desregulamentação e o enxugamento das burocracias (...).
>
> *Seria muito melhor se os americanos tivessem claramente se referido a esses pontos, em vez de simplesmente pedir o estímulo da demanda interna. Sempre me perguntei por que os Estados Unidos não apresentaram essas sugestões para a economia alemã no contexto da OCDE, na reunião do G-5, ou nas conferências econômicas mundiais de cúpula.* A omissão em assim proceder tornou as coisas fáceis para o governo alemão. Uma vez que, para começar, a solicitação americana (de taxas de juros mais baixas na Alemanha) era errônea, não devia surpreender ninguém que a reação alemã não fosse a desejada (18 de agosto de 1986, grifos nossos).

Lambsdorff não estava só no momento em que chamou a atenção para o rumo errado da política americana e para a maior importância na Europa da reforma microeconômica do que do estímulo macroeconômico. Em 1985-1986, a Europa estava dando outro grande passo para a integração das políticas econômica e monetária. Esse passo envolvia mais integração no Sistema Monetário Europeu (SME), enfatizando as políticas macroeconômicas conservadoras do Bundesbank e das autoridades econômicas do país, e uma nova e ousada iniciativa consubstanciada na Lei da Europa Única, de 1985, que dispunha sobre o desmantelamento de barreiras microeconômicas e a criação de um único mercado interno na Europa por volta de 1992. Ambas essas medidas de política estavam inteiramente de acordo com as prioridades, orientadas para opções, das políticas do primeiro mandato de Reagan. As autoridades do segundo mandato tiveram uma oportunidade de ouro de consolidar essas orientações. Mas, em vez disso, adotaram políticas que, no fim, colocaram-nas em divergência pública com as autoridades alemãs a respeito de políticas macroeconômicas (no fim de semana anterior ao estouro do mercado de ações em outubro de 1987) e que encaravam a iniciativa de um mercado único europeu exclusivamente como ameaça aos interesses comerciais americanos.

Dessa maneira, a campanha para reduzir a cotação do dólar nunca foi, como afirmaram autoridades no Plaza, uma tentativa para ajustar taxas cambiais a condições econômicas fundamentais reformadas. Constituiu, sim, uma tentativa para passar por cima de elementos fundamentais não-reformados (isto é, déficits nos Estados Unidos e rigidez estrutural de vários tipos na Europa e no Japão) com política monetária frouxa não só nos Estados Unidos mas também em outros países industrializados. Nos Estados Unidos, a demanda interna real, que precisava cair, na verdade subiu, alcançando o déficit orçamentário novos picos no ano fiscal de 1986, ao passo que os investimentos fixos reais despencavam ainda mais, de 5,5% em 1985 para 1,8% em 1986. Demanda e investimentos, que precisavam subir nos países superavitários, cresceram em 1986 na Alemanha, mas não no Japão (FMIa, 1988, p. 112-3). A coordenação das taxas cambial e de juros produzia apenas resultados medíocres. Ou como observou o *Financial Times* em fins do verão de 1986, maior cooperação "não significa apenas coordenação de cortes nas taxas de juros". "A necessidade premente", continuou o jornal, "consiste em corrigir os desequilíbrios entre poupança e investimentos, que são as contrapartidas dos superávits e déficits externos" (23 de agosto de 1986).

Louvre — Tentativa de Deter a Avalanche

Desde o início, nem houve consenso nem sequer discussão entre o G-5 sobre em que ponto as taxas cambiais deveriam ser reestabilizadas (*FT*, 18 de fevereiro de 1986). Os alemães acreditavam, já em 1985, que o mercado fora valorizado o suficiente (Funabashi, 1988, p. 25). Os japoneses julgavam que o *Endaka* (o iene de alto valor) constituía uma questão extremamente delicada nas eleições que se avizinhavam no verão de 1986. E havia divergências não só entre como dentro de países, conforme revelaram as azedas discussões entre o Tesouro e o Fed. Aproximando-se a ocasião de deter a avalanche do dólar, a questão não era apenas onde ela deveria parar, mas se, nesse nível, ajustamento suficiente ocorreria nas condições fundamentais para manter estáveis as novas taxas cambiais. A conclusão em 1987 seria negativa. A reunião do Louvre estabilizou o dólar apenas durante um curto período, e o valor da moeda voltou a cair.

Em setembro de 1986, as autoridades americanas precisavam de alguma nova demonstração de países estrangeiros de que a estratégia de Tóquio não era apenas um exercício exclusivo dos Estados Unidos. Tendo entrado em impasse o novo processo G-7 e o velho G-5, os Estados Unidos adotaram uma nova estratégia de "bilateralismo agressivo". A Alemanha esperava o resultado de suas eleições em janeiro de 1987. E os Estados Unidos haviam esperado até que o Japão conhecesse os resultados da eleição no verão de 1986 (tornando-se credores de favores que os japoneses resgatariam nas eleições americanas de 1988). Nesse momento, porém, o Japão contava com um primeiro-ministro popular, que iniciava um quinto ano sem precedentes no cargo. Chegara a hora de os Estados Unidos apertarem a cravelha em seu aliado do Pacífico.

Em vista disso, em setembro, Baker reuniu-se em São Francisco com Kiichi Miyazawa, o novo ministro das Finanças do Japão. Os Estados Unidos ofereceram a estabilização do dólar em troca de mais cortes japoneses nas taxas de juros. Depois de intensas negociações, os dois países concordaram, em 31 de outubro, em estabilizar o iene, embora, subseqüentemente, discutissem sobre a faixa em que isso deveria ocorrer, uma vez que os Estados Unidos desconfiavam que os japoneses haviam manipulado a taxa cambial antes do anúncio do acordo. O Japão reduziu sua taxa de desconto para 3%, a mais baixa na história do pós-guerra, e Miyazawa, que era favorável à expansão fiscal, submeteu aos americanos um pacote orçamentário suplementar (*WP*, 1º de novembro de 1986; *NYT*, 1º de novembro de 1986; *WP*, 15 de janeiro de 1987. Para maiores detalhes, ver Funabashi, 1988, p. 151-67).

Nesse momento, chegou a vez da Alemanha. Baker viajou à Europa em dezembro, mas em vão (*WP*, 10 de dezembro de 1986). Em janeiro, o dólar voltou a cair. Volcker protestou (*NYT*, 15 de janeiro de 1987). Desde o verão de 1986, ele e Baker andavam se estranhando. Em agosto, em termos inequívocos, disse que "o dólar chegou àquele ponto, há muito procurado, em que parceiros comerciais e autoridades do governo devem considerar qualquer oscilação substancial em uma ou outra direção como inaceitável" (*WP*, 11 de agosto de 1986). Alguns comentaristas, fascinados pela luta entre os dois poderosos e populares titãs do jogo do poder em Washington, disseram, na verdade, que o rompimento fora orquestrado, com Baker falando em reduzir a cotação do dólar e Volcker providenciando para que a avalanche não se transformasse em queda livre (*NYT*, 3 de junho de 1987).

Mas o tempo estava acabando para o Tesouro americano. Se não pudesse conseguir logo acordo para estabilizar o dólar, suas divergências com o Fed explodiriam à vista de todos e cairia verticalmente sua credibilidade no exterior. Os mercados passaram a esperar uma queda vertiginosa e na medida em que os fluxos de capital privado para o mercado acionário americano começaram a se exaurir.

Após as eleições em janeiro, o governo alemão anunciou novas medidas fiscais e uma queda de 3% na taxa de desconto. As contribuições japonesa e alemã, no entanto, não foram consideradas suficientes, mesmo que os Estados Unidos estivessem recuando de seus próprios modestos compromissos fiscais no exato momento em que pressionavam os aliados para que assumissem novos compromissos. Enquanto o secretário Baker viajava a Paris a fim de assinar o Acordo do Louvre, autoridades do governo reuniam-se com líderes partidários no Capitólio para discutir a possibilidade de elevar, no ano fiscal de 1988, o alvo orçamentário previsto na legislação Gramm-Rudman-Hollings para US$108 bilhões. No fim, o alvo foi empurrado para US$144 bilhões.

A despeito da diferença entre o que se pretendia e o que se acabou constando do orçamento e das divergências cada vez maiores sobre os ajustamentos da política econômica, porém, os Estados Unidos e seus parceiros no G-5 reuniram-se no Palácio do Louvre, em Paris, no dia 22 de fevereiro de 1987, para assinar o hoje famoso (ou mal-afamado) acordo sobre as taxas cambiais. Os participantes, no entanto, advertiram que "mais mudanças substanciais na taxa cambial entre suas moedas poderiam prejudicar as perspectivas de crescimento e ajustamento em seus países" e prometeram "cooperar estreitamente para promover a estabilidade das taxas cambiais em torno dos níveis correntes" (*NYT*, 23 de fevereiro de 1987; para maiores detalhes, ver Funabashi, 1988, p. 177-211). Os Estados Unidos assumiram o infeliz compromisso de reduzir o déficit orçamentário, de uns estimados 3,9% do PNB no ano fiscal de 1987 para 2,3% no ano fiscal de 1988. No fim, acabaram nem chegando perto do cumprimento dessa promessa.

Dada a ausência de ajustes fundamentais de política, o acordo do Louvre foi logo submetido a teste. Em março e abril, os Estados Unidos anunciaram novas restrições às importações e investimentos japoneses. O dólar começou a cair abaixo do teto estabelecido no Louvre (em torno de 150 ienes por dólar). As medidas comerciais atuaram como tarifa eficaz sobre as importações pelos Estados Unidos, correspondendo a uma depreciação equivalente do dólar. A única maneira de o dólar ser estabilizado seria o endurecimento da política monetária em relação ao iene e, potencialmente, a elevação das taxas de juros nos Estados Unidos. Quando o dólar continuou a cair em abril, foi exatamente isso o que os Estados Unidos e o Japão concordaram em fazer. Apenas dois meses após a reunião do Louvre, os dois países revisaram o iene, abaixando o teto para 142 ienes por dólar. A fim de estabilizar nesse novo nível, os Estados Unidos endureceram o crédito, enquanto o Banco do Japão o afrouxava (*WSJ*, 1º de maio de 1987).[4]

Em abril, Volcker declarou que "absoluta e fundamentalmente", acreditava que o dólar não devia cair mais. Faltando-lhe mais palavras para expressar seu desacordo com a estratégia de ameaçar com a queda do dólar, acrescentou o juramento do escolar: "Juro, e que Deus me castigue se estou mentindo" (*WSJ*, 1º de maio de 1987). No que dizia respeito a Volcker, a queda do dólar terminara. E a situação assim permaneceria até que ele deixasse o cargo. Em julho, solicitou exoneração depois de dois mandatos completos como presidente da Junta. Pouco depois de sua saída, porém, o acordo do Louvre acabou, a Bolsa de Valores estourou e o dólar reiniciou a queda.

Segunda-Feira Negra

Depois do Louvre, tornou-se caro o esforço para estabilizar o dólar. Na ausência de mudanças fundamentais de política, os investidores estrangeiros perderam a confiança. Inicialmente, entrou em colapso o mercado de ações quando os investidores privados, especialmente do Japão, começaram a abandonar o dólar. Bancos centrais entravam em ação com intervenções maciças, financiando, em última análise, cerca de dois terços do déficit americano em conta corrente em 1987 (segundo relatório do Banco de Pagamentos Internacionais, *FT*, 14 de junho de 1988). A conseqüência de tudo isso assumiu a forma de um grande afrouxamento da política monetária no Japão e na Alemanha, quando os bancos centrais desses países venderam suas próprias moedas para sustentar o dólar. Da mesma forma que a queda do dólar começara com um afrouxamento relativo da política monetária americana *vis-à-vis* a da Alemanha e do Japão, a estabilização dependia de um endurecimento relativo da política monetária dos Estados Unidos *vis-à-vis* as da Alemanha e do Japão.

As taxas de juros subiram lentamente nos Estados Unidos. Em uma de suas primeiras medidas no cargo, o novo presidente do Fed, Alan Greenspan, elevou a taxa de desconto em setembro, tanto para seguir as taxas de mercado quanto para sinalizar sua determinação, muito parecida com a de Volcker, de combater a inflação e defender o dólar. Segundo se soube, o secretário Baker opôs-se a essa medida, uma vez que ela poderia reduzir o crescimento americano, a menos que fosse acompanhada por novas reduções da taxa de juros na Alemanha e no Japão (*NYT*, 24 de setembro de 1987). Embora essas notícias fossem desmentidas (*WSJ*, 25 de setembro de 1987), a Reserva Federal e o Departamento do Tesouro continuaram a se preocupar com coisas diferentes — a primeira com o dólar e a inflação e o segundo com o crescimento da demanda externa e a recessão.

4 De maio a junho, o crescimento de M_1 e M_2 nos Estados Unidos desacelerou numa escala móvel de 6 meses de 11,8% e 4,7%, respectivamente, para 4,5% e 2,9%, respectivamente. De fato, M_1 caiu depois de meados de maio em 1,1% (Federal Reserve Bank de St. Louis, 1987). Considerando o ano como um todo, o crescimento de M_1 foi em média de 3,1%, enquanto que o de M_2 foi em média de 3,3%. Ao menos por essas medidas, a política monetária americana foi mais dura em 1987 do que tinha sido nos anos de desinflação de 1981-1982 (*ERP*, 1988, p. 325).

A política dos Estados Unidos encontrava-se nesse momento entre a Cila da inflação e a Caríbdis da recessão. Com a política fiscal em impasse durante os exercícios de 1985 e 1986, a política monetária mantivera a recuperação em andamento. O afrouxamento monetário, porém, não poderia continuar sem condenar o dólar, cuja queda livre seria uma receita para inflação acelerada, taxas de juros em alta e, finalmente, recessão. Nos três primeiros trimestres de 1987, a inflação tornou-se a preocupação mais importante, à medida que as taxas de juros subiam no país e se recuperavam os preços das mercadorias, incluindo os do petróleo, que se elevaram de uns baixos US$12 o barril no outono de 1986 para US$18 na primavera de 1987. O índice de preços ao consumidor acelerou, de 1,1% em 1986, para 4,4% em 1987. Embora ainda baixa, a inflação foi responsável pela medida do Fed de elevar a taxa de desconto e de uma nova proposta do secretário do Tesouro, na reunião do FMI-Banco Mundial em setembro, a fim de acrescentar um índice de produtos, incluindo o ouro, ao exercício dos indicadores projetado em Tóquio (*WSJ*, 1º de outubro de 1987). O "gambito de ouro" do secretário fazia parte de um ato na corda bamba para estabilizar o dólar (*WSJ*, 12 de outubro de 1987; *WP*, 18 de outubro de 1987). Tinha a intenção de acalmar os receios inflacionários no exterior, especialmente na Alemanha, onde, no esforço para sustentar o dólar, o Bundesbank excedera continuamente suas metas monetárias e enfrentava crescente descontentamento interno com a política de estímulo monetário a curto prazo.

A proposta do secretário sobre o ouro não conseguiu apaziguar a psicose de inflação alemã e, um mês depois, ela parecia muito mal aconselhada, à medida que as preocupações econômicas mundiais mudavam de maneira bastante súbita, na esteira do colapso do mercado de ações, da inflação para a recessão. Preocupadas com a ultrapassagem maciça dos alvos monetários, as autoridades alemãs continuaram a elevar as taxas de juros a fim de acompanhar os aumentos americanos. Nos dias 16 e 17 de outubro, o secretário Baker emitiu severas advertências, considerando as medidas alemãs incompatíveis com o Acordo do Louvre e, ameaçando reduzir ainda mais o valor do dólar, se a Alemanha não cooperasse (*NYT*, 16 de outubro de 1987; *WP*, 17 de outubro de 1987). No fim de semana de 17 e 18 de outubro, os mercados presenciaram o que parecia ser uma descompostura pública do Acordo do Louvre pelo secretário do Tesouro. Convencido de que o dólar ia cair mais uma vez, o mercado de ações dos Estados Unidos reagiu. Na Sexta-Feira Negra, 19 de outubro, despencou 508 pontos, a maior queda absoluta e percentual na história do mercado. De repente, todos os indicadores econômicos mudaram de inflação para recessão.

A ameaça imediata era o colapso financeiro. O Fed interveio no dia 20 de outubro e prometeu tornar disponível toda a liquidez que fosse necessária para manter no salão das Bolsa de Valores os *traders* especializados e o mercado de ações em funcionamento. Afrouxando mais uma vez unilateralmente a política monetária americana, o dólar começou a cair. Na verdade, a moeda em queda retirou a pressão dos mercados de títulos e ações, que desde fevereiro vinham suportando o fardo de estabilizar a moeda em níveis que, nesse momento, eram reconhecidos como insustentáveis, dada a falta de mudanças fundamentais na política econômica.

O estouro do mercado acionário deu às autoridades americanas mais uma oportunidade de cortar o déficit orçamentário. O déficit caíra radicalmente, de US$221 bilhões no ano fiscal de 1986 para US$150 bilhões no ano fiscal de 1987 (ainda em 3,3% do PNB, contudo), devido à entrada de receitas únicas produzidas pela reforma fiscal, venda de ativos e manipulações fiscais que anteciparam receitas e adiaram despesas. Antes do estouro do mercado de ações, por conseguinte, tanto a política fiscal mais rigorosa quanto o aumento pelo Fed da taxa de descontos, pareceram, pela primeira vez desde 1985, levar a política macroeconômica americana na direção correta para deter a depreciação do dólar. Os mercados, porém, não se deixaram convencer. Esperava-se que o déficit fosse o mesmo ou ainda maior no ano fiscal de 1988 e depois. (No ano fiscal de 1988, bateu a marca de US$155 bilhões e, no de 1989, de US$152 bilhões; ver *WSJ*, 30 de outubro de 1989). Em setembro, o Congresso emendou a legislação Gramm-Rudman-Hollings a fim de atender a objeções da Corte Suprema, mas ao fazê-lo, esticou as metas do déficit para 1993 e elevou a meta para o ano fiscal e eleitoral de 1988 de US$108 para US$144 bilhões (*WP*, 24 de setembro de 1987).

Em outubro e novembro, portanto, governo e Congresso tiveram mais uma oportunidade de convencer os mercados que os Estados Unidos estavam falando sério em matéria de ajustamentos da política. Uma vez mais, contudo, o governo não mostrou estômago para enfrentar duras questões orçamentárias, tal como a da Seguridade Social. No fim, a solução conciliatória anunciada em 20 de novembro cortou o orçamento em apenas um pouco mais do que o fariam os cortes automáticos, de US$23 bilhões, da legislação Gramm-Rudman-Hollings (*WP*, 21 de novembro de 1987). Na verdade, se os "chavecos" fossem eliminados, os cortes reais ficariam bem abaixo dos alvos Gramm-Rudman (ver a análise de Martin Feldstein, *WSJ*, 1º de dezembro de 1987). Os mercados não se deixaram impressionar, mas as autoridades americanas tinham que tirar o máximo disso.

O secretário Baker, entrementes, mantinha pressão sobre as autoridades alemãs para que expandissem a demanda. Do início de novembro em diante, elas afrouxaram as taxas de juros. Em princípio de dezembro, cortaram mais uma vez a taxa de descontos, desta vez para 2,5%, a mais baixa da história do Bundesbank (*FT*, 4 de dezembro de 1987). Anunciaram também um pacote de créditos subsidiados para estimular os investimentos internos. Outros bancos centrais europeus cortaram também suas taxas (*WSJ*, 4 de dezembro de 1987). No dia 22 de dezembro, o G-7 divulgou uma nova declaração, desta vez negociada por telefone, e não sob o fulgor das luzes da mídia. A declaração afastava-se significativamente do Acordo do Louvre. Não havia mais o compromisso de sustentar as taxas cambiais "em torno dos níveis correntes". Em vez disso, dizia o documento: "Os ministros e governadores concordaram em que flutuações excessivas das taxas cambiais, um declínio posterior do dólar, ou sua elevação em uma extensão que se torne desestabilizadora para o processo de ajustamento, poderiam ser contraproducentes, ao prejudicarem as perspectivas de crescimento da economia mundial" (*FT*, 24 de dezembro de 1987). Fontes americanas explicaram que a palavra operacional era *poderiam*, implicando com isso que não haviam sido determinadas faixas rígidas, como no caso do Acordo do Louvre (*WP*, 24 de dezembro de 1987).

O problema americano era simples. Estabelecer um piso firme para o dólar implicaria o compromisso de, em algum ponto, elevar as taxas de juros no país. Tão cedo depois do estouro do mercado de ações em outubro e sem nenhum ano eleitoral à vista, o Departamento do Tesouro não queria elevar as taxas de juros, por causa do dólar ou de qualquer outra razão. Sem um compromisso do

Tesouro, o dólar ficou vulnerável e foi imediatamente submetido a teste. Em janeiro, fortes intervenções foram necessárias para evitar-lhe a queda. Mas mesmo assim, a moeda caiu no começo de 1988 para 1,56 por marco e 120 ienes por dólar, para depois subir, em meados do ano, para níveis bem acima dos tetos presumidos da declaração de 22 de dezembro, caindo novamente em fins do ano para cerca de 1,72 por marco e 120 por iene. Aparentemente, a flexibilidade das taxas cambiais voltara a entrar em moda, que permaneceria enquanto os Estados Unidos fossem incapazes de assumir compromissos convincentes de política fiscal ou monetária.

Enfraquece a Cooperação

O estouro do mercado de ações aliviou os temores de inflação e a economia americana, que possuía ainda alguma capacidade ociosa, recuperou-se em 1988. O Fed aproveitou a oportunidade para elevar mais uma vez as taxas de juros. Nas reuniões dos G-5 e G-7 em abril e na Cúpula Econômica de Toronto, Canadá, em junho, as autoridades pisaram cautelosas o terreno, repetindo a vaga declaração de 22 de dezembro de 1987 sobre taxas cambiais e dólar e, tranqüilamente, acrescentando índices de produtos, incluindo um papel para o ouro, ao exercício dos indicadores, como demonstração de preocupação com o recrudescimento da inflação (*WSJ*, 14 de abril de 1988; *FT*, 22 de junho de 1988). No último dia da Cúpula, o Bundesbank anunciou novos aumentos das taxas de juros. Conquanto a seqüência e as condições fossem diferentes, a medida alemã de endurecimento não era diferente da que fora tomada no início do outono de 1987 e que provocara a ira americana. Desta vez, porém, as autoridades americanas ficaram caladas. O secretário Baker ignorou as medidas alemãs, numa atitude muito diferente de sua explosão pública em outubro de 1987.

Nesse momento, era remoto o perigo de recessão, que as autoridades americanas haviam temido no outono de 1987. O crescimento real nos Estados Unidos nivelou-se em 3,9% em 1988, muito acima até das previsões mais otimistas de fins de 1987. Além do mais, o crescimento real nas nações industrializadas do Ocidente, tomado em conjunto, foi de 4,1% em 1988 (FMIa, 1989, p. 126). Em meados de 1988, a preocupação mudou, mais uma vez, para o controle da inflação. A Reserva Federal continuou a elevar as taxas de juros durante todo o ano de 1988, em parte para esfriar a economia, que se aproximava do pleno emprego (o desemprego caiu para 5% em princípios de 1989, o menor desde 1974, enquanto a utilização da capacidade instalada subia de 82 para cerca de 84-85%), e até certo ponto para manter o dólar, que começara a cair mais uma vez no segundo semestre de 1988. Permaneceu, no entanto, como acontecera em 1987, a questão de saber por quanto tempo o Fed poderia continuar a endurecer a política monetária sem ocasionar crescimento mais lento ou, se resolvesse afrouxá-la, se tal afrouxamento não poderia precipitar uma queda posterior no dólar e possível inflação.

Em meados de 1989, o endurecimento do Fed gerou sinais de que a economia estava caindo de ritmo, mesmo que a inflação tivesse se acelerado no primeiro semestre de 1989 a uma taxa anual de 5,9%, em comparação com os 4,4% de 1987 e 1988 (*WP*, 20 de julho de 1989). Crescimento mais lento e inflação ligeiramente mais alta deveriam ter agravado a queda do dólar. Paradoxalmente, no entanto, a moeda, depois de ter caído em fins de 1988 para níveis em torno dos que haviam prevalecido após o estouro do mercado de ações em 1987, subiu novamente no primeiro semestre de 1989, valorizando-se em cerca de

15% em comparação com o marco e o iene. A elevação do dólar ameaçou deter e reverter o longamente esperado ajuste da conta corrente. O novo governo do presidente George Bush instou publicamente com o Fed para que reduzisse as taxas de juros de curto prazo, que haviam subido três pontos percentuais sobre o ano anterior, e ajudasse a baixar o preço do dólar (*WP*, 26 de janeiro de 1989).

Simultaneamente, as autoridades em Londres, Bonn e Tóquio preocupavam-se com o aquecimento excessivo de suas economias. O crescimento nesses países em 1987-1988, conforme observou um editorial do *Financial Times*, fora conseqüência das "políticas expansivas que se seguiram ao Acordo do Louvre em fevereiro de 1987 e tentaram colocar um piso sob o dólar" (24 de fevereiro de 1989). Em conseqüência, os bancos centrais desses países elevaram as taxas de juros em fins de 1988 e princípios de 1989, o que contribuiu para deter o fluxo de marcos e ienes para dólares americanos, mas ameaçou também com desaquecimento econômico os outros países.

No primeiro semestre de 1989, pareciam coincidir as prioridades internas e internacionais. Os principais países industrializados tinham interesse comum em endurecer a política monetária, da mesma forma que acontecera no sentido de afrouxá-la em 1985. Mas da mesma maneira que o conflito se aguçara em 1986 e, finalmente, irrompera em 1987 quando os Estados Unidos haviam sido obrigados a endurecer a política monetária para estabilizar o dólar e os aliados não queriam manter políticas monetárias frouxas (o que era a ação paralela necessária de parte deles para estabilizar o dólar), assim, também, em algum ponto, acabaria o interesse comum dos mesmos por dinheiro escasso. Em julho de 1989, o Fed, ao observar que a economia perdia fôlego, começou a afrouxar a política monetária, no princípio cautelosamente. Sabia que se tivesse que afrouxar ainda mais para evitar uma recessão, seus grandes parceiros estrangeiros teriam também que fazer o mesmo ou as nações industrializadas poderiam provocar uma desastrosa queda do dólar. Os parceiros estrangeiros, no entanto, poderiam relutar em afrouxar a política em algum ponto, por receio de aquecer em excesso suas próprias economias.

Como se prevendo esses conflitos, os países do G-7 demonstraram muito menos entusiasmo em 1988 e 1989 pela coordenação internacional da política econômica. Comentários feitos antes da Conferência de Cúpula de Paris, em julho de 1989, mesmo de parte daqueles que haviam aplaudido sem restrições o exercício Plaza-Louvre, sugeriam que o "gabado processo de coordenação do Grupo dos Sete, que havia florescido sob o ex-secretário do Tesouro, James A. Baker III, entrara em crise" (*WP*, 11 de junho de 1989). Em Paris, os líderes tão pouca confiança sentiam em que as condições econômicas fundamentais vigentes fossem adequadas para sustentar taxas cambiais estáveis, em especial os compromissos anteriores concernentes ao dólar, que omitiram qualquer compromisso específico de manter estáveis as taxas cambiais ou observar uma certa faixa (não-especificada) para o valor da moeda americana (*FT*, 17 de julho de 1989).

Não era difícil de descobrir as razões desse fraco entusiasmo e confiança. Se alguém olhasse por baixo da superfície do drama e do carnaval publicitário das reuniões dos G-5 e G-7, descobriria que os ajustes internos reais que haviam sido introduzidos nas reformas de política fiscal, comercial e estrutural pelo G-7 e, em especial, pelo G-3 (Japão, Alemanha e Estados Unidos), haviam sido mínimos. Na Cúpula de Toronto, em 1988, os líderes finalmente reconheceram os importantes fatores de ajustamentos estruturais que a OCDE já enfatizara em 1985 e acrescentaram um Anexo ao Comunicado ampliando o alcance do exercício dos indicadores, que passava a incluir reformas estruturais básicas, como a desregulamentação do mercado de trabalho, a reforma das alíquotas de imposto, a educação e o treinamento de mão-de-obra (para o texto do Comunicado, ver o *NYT*, 22 de junho de 1988). Mas, uma vez que essas reformas exigem mais tempo para produzir efeito sobre os saldos externos (ao contrário de políticas monetárias, que atuam com grande rapidez sobre os fatos econômicos), a oportunidade para efetuar reformas estruturais oportunas já fora perdida em conferências de cúpula anteriores, especialmente nas realizadas em 1984 a 1987.

Ajustamento Bloqueado

Os dados relativos a 1987-1988 começaram de fato a demonstrar, pela primeira vez, algum ajustamento econômico real entre os Estados Unidos e seus grandes parceiros industrializados. Na medida em que esse ajustamento se seguia a efeitos retardados do realinhamento das taxas cambiais, as iniciativas de intervenção e coordenação das taxas de juros podiam, finalmente, alegar alguns sucessos. Embora, conforme mostra a Figura 9-1, o exercício do Plaza não tenha iniciado o declínio do dólar, ele de fato manteve pressão em 1986, sobretudo sobre os bancos centrais, para manter o dólar em queda. De meados de 1987 em diante, as exportações americanas começaram a crescer a taxas anuais de 20-30% e o saldo negativo na balança comercial declinou, em 1988, em cerca de 20%, de US$160 bilhões para cerca de US$125-130 bilhões. Os investimentos fixos não-residen-

Tabela 9-1. Ajustamento entre os Principais Países Industrializados, 1985-1988

				Agregados Monetários (mudança percentual anual)	
		Déficits Orçamentários (% do PNB)	Conta Corrente (% do PNB)	Moeda em Sentido Estrito (M_1)	Moeda em Sentido Amplo (M_2)
EUA	1985	-5,3	-2,9	9,0	9,0
	1986	-4,8	-3,3	13,6	8,3
	1987	-3,4	-3,4	11,6	6,6
	1988	-3,3	-2,8	4,3	5,1
Japão	1985	-3,9	3,7	5,0	8,4
	1986	-3,4	4,3	6,9	8,7
	1987	-2,7	3,6	10,5	10,4
	1988	-2,1	2,8	8,4	11,2
Alemanha	1985	-1,3	2,6	4,3	4,9
	1986	-1,2	4,4	8,5	5,8
	1987	-1,4	4,0	9,0	7,1
	1988	-1,7	4,0	9,8	6,4

Fonte: FMIa (1989), p. 139, 141, 157.

ciais, principalmente na indústria de transformação, subiram novamente em 1988 para cerca de 9%, em base ajustada pela inflação, em comparação com apenas 1% em 1987 (*WSJ*, 2 de junho de 1988). Nesse momento, com o dólar em baixa, a indústria de transformação americana demonstrou parte da força competitiva que desenvolvera graças aos fortes investimentos e campanhas de redução de custos de princípios da década de 1980.

A intervenção contribuíra, talvez, para reduzir o valor do dólar, mas teria feito isso na base de políticas macroeconômicas, estruturais e comerciais sustentáveis? A Tabela 9-1 sugere que, por esse parâmetro, o exercício de intervenção teve muito menos sucesso, especialmente em virtude das expectativas despertadas pela coordenação da política econômica internacional. O déficit orçamentário declinou de 5,3% do PNB em 1985 para 3,3% em 1988, mas continuou bem acima dos 2,3% para o ano fiscal de 1988 que os Estados Unidos haviam se comprometido no Louvre a atingir e a economia se encontrava nesse momento quase no pleno emprego, situação em que déficit tão grande assim não se justificava. Entrementes, nos países superavitários no comércio, onde, de acordo com a estratégia Plaza-Louvre, os déficits orçamentários deveriam subir, eles, como percentagens do PNB, caíram realmente no Japão, de 3,9% em 1985 para 2,1% em 1988, ou aumentaram apenas ligeiramente na Alemanha, de 1,3% em 1985 para 1,7% em 1988. Os desequilíbrios nas contas correntes revelaram-se também obstinados. O déficit americano neste particular, como percentagem do PNB, foi em 1988 mais ou menos o mesmo que em 1985, depois de ter subido muito mais em 1986 e 1987; e o superávit combinado das contas correntes na Alemanha e no Japão, que se esperara que descesse, subiu realmente, de 6,3% do PNB em 1985 para 6,8% em 1988.

Após quatro anos de dólar em queda, por conseguinte, o ajustamento fora dolorosamente pequeno. Além do mais, o ajustamento que de fato ocorreu teve por razão receitas mais altas de uma única cobrança nos Estados Unidos, reduzindo o déficit orçamentário no ano fiscal de 1987 e, conforme mostra a Tabela 9-1, graças a políticas monetárias muito mais frouxas no país, na Alemanha e no Japão, pelo menos durante 1987. Essas políticas tornaram-se insustentáveis, quando o déficit orçamentário americano nivelou-se em US$150-155 bilhões nos anos fiscais de 1987 a 1989 e quando as políticas monetárias em todos os três países endureceram nos anos de 1988 e 1989.

Em 1988 e 1989, a economia mundial permaneceu robusta. O comércio internacional cresceu em 1988 cerca de 9% em volume, muito acima dos níveis de 4,4% e 6,1% de 1986 e 1987 (FMIa, 1989, p. 16). Os investimentos expandiram-se em praticamente todos os grandes países industrializados, dando fundamento à perspectiva de que o superaquecimento pudesse ser contido por novos acréscimos de capacidade de oferta. Os conflitos comerciais, no entanto, multiplicaram-se, principalmente quando a ameaça de uma Europa unificada em 1992 tornou-se visível nos Estados Unidos em 1988 ou quando escolheram o Japão e outros países, na primavera de 1989, para que reduzissem as barreiras comerciais, nos termos das cláusulas Super 301 da nova lei de comércio externo, ou enfrentassem retaliação dentro de um período específico de tempo. A crise de endividamento continuou e tornou-se talvez até mais grave, mesmo com o forte crescimento mundial (ver a discussão na seção seguinte). A debilidade da economia mundial, no entanto, não residia em seu desempenho imediato, mas no fato de que esse desempenho dependia principalmente do emprego, pelos países industrializados, de um único instrumento de política, isto é, da política monetária, e de um frágil e limitado processo de coordenação internacional de políticas que focalizava toda a atenção nas taxas cambiais e não nas reformas fundamentais das políticas fiscal, estrutural e comercial.

A Iniciativa Plano Baker

Se, a partir de 1985, demoraram a se concretizar nos países industrializados os ajustamentos econômicos reais, eles praticamente não ocorreram em absoluto no mundo em desenvolvimento. A culpa cabia por igual à falta de credibilidade na liderança americana no problema da dívida e na ausência de capacidade política nos países em desenvolvimento para reformar regimes intervencionistas profundamente enraizados nas áreas de política econômica interna e comercial.

A estratégia *ad hoc*, de curto prazo, para a dívida dos Estados Unidos tinha um elo fraco. Um dos cinco pontos da mesma pregava a reforma estrutural nos países em desenvolvimento (ver Capítulos 7 e 8). De 1983 a 1985, os Estados Unidos haviam tentado, sem sucesso, tornar a liberalização do comércio (como, por exemplo, a rodada Norte-Sul) a ponta de lança dessa reforma, abrindo os mercados dos países em desenvolvimento a forças mais competitivas, ao mesmo tempo em que obteriam acesso recíproco para esses países nos mercados dos países industrializados em uma previsível base GATT (envolvendo compromissos plurianuais, tais como tarifas de cumprimento obrigatório e não benefícios por prazo de um único ano, renovável, nos termos do GSP). Nesse momento, em 1987, lançaram uma nova iniciativa no campo do endividamento, ostensivamente para complementar a rodada de comércio e encorajar outras reformas estruturais nos países em desenvolvimento. O Plano Baker, porém, assim denominado em honra do novo e ativista secretário do Tesouro, corria o mesmo risco que as iniciativas sobre a intervenção nos mercados cambiais e nas taxas de juros nos países industrializados. A menos que fosse associado a medidas decisivas sobre os déficits orçamentário e comercial dos Estados Unidos, a iniciativa sobre a dívida teria o efeito de desviar a atenção de reformas econômicas reais e de pôr a ênfase, mais uma vez, como na década de 1970, em soluções puramente financeiras.

O fracasso em levar adiante reformas de política interna e comercial nos Estados Unidos após 1985 mutilou o Plano Baker e destruiu a credibilidade na capacidade da diplomacia americana de promover essas reformas nos países em desenvolvimento. O Plano Baker enfraqueceu também o FMI ao criticá-lo por impor austeridade e ao voltar-se para o Banco Mundial e as reformas estruturais como alternativas, em vez de como complemento das reformas de política macroeconômica do FMI. No fim, a iniciativa Baker mudou a ênfase para as finanças, e não para a reforma econômica real. E, irônica embora previsivelmente, não conseguiu nem mesmo obter financiamentos porque os bancos comerciais privados, dos quais a iniciativa dependia para entrar com a maior parte do dinheiro novo, recusaram-se a fornecê-lo, enquanto observavam os programas do FMI serem torpedeados um a um e os programas do Banco Mundial serem reembaralhados em uma confusa reorganização de pessoal e missões sob seu novo presidente, Barber Conable.

Com a mesma fanfarra que orquestrara no Plaza Hotel em setembro, o secretário Baker anunciou seu plano na reunião do FMI-Banco Mundial realizada em Seul, Coréia do Sul, em outubro de 1985. O plano previa novos financiamentos para cerca de 15 dos países em desenvolvimento mais profundamente endividados, totalizando US$29 bilhões em três anos, US$20 bilhões dos quais viriam de fontes privadas e US$9 bilhões de instituições multilaterais de desenvolvimento. Em troca, os países contemplados realizariam reformas estruturais sob auspícios dos novos empréstimos para ajustamento estrutural (SALs) do Banco Mundial. Estes últimos eram programas e não empréstimos para projetos, a fim de facilitar reformas básicas em setores específicos, em um período de vários anos — na agricultura, transportes e assim por diante. Haviam sido iniciados em 1981 e eram considerados como meios apropriados para preencher o espaço entre os empréstimos para projetos do Banco, que eram de longo prazo em intenção mas lentos em resgate, e os empréstimos de estabilização do FMI, que eram rápidos em resgate mas de curto prazo em intenções.

O Plano Baker foi bem endereçado mas não integrado com outras partes de uma estratégia a prazo mais longo para resolver a questão do endividamento e, no fim, focalizou a atenção quase exclusivamente em novas maneiras de financiar a dívida. E apresentava três defeitos fundamentais. Em um momento crítico em 1985, desviou a atenção da reforma macroeconômica interna nos países em desenvolvimento justamente no momento em que eles se tornavam mais abertos a alternativas orientadas para o mercado. Insinuando que os programas do FMI fomentavam austeridade, e não crescimento, o Plano Baker encorajou esses países a romper com eles. Em 1987, o Brasil tornou-se o primeiro grande devedor a declarar moratória no pagamento do serviço da dívida.

Em segundo lugar, o Plano Baker seccionou o elo entre dívida e comércio. O secretário Baker pouco interesse demonstrou pela rodada de comércio, enquanto um novo representante oficial americano para o comércio pressionava por ela com uma política comercial mais agressiva, e até quase beligerante, destinada a apaziguar um Congresso protecionista. O Banco Mundial, do qual o Plano Baker dependia para a liberalização do comércio, não era substituto para o GATT como meio para atingir esse desiderato nos países em desenvolvimento. O Banco não podia garantir que, se os países em desenvolvimento liberalizassem por iniciativa própria, eles, em troca, teriam maior acesso aos mercados dos países industrializados, porquanto não tinha programas nestes países. No fim, sem essas concessões recíprocas de parte dos países industrializados, as nações em desenvolvimento iriam se deparar com oposição interna e política cada vez mais forte à liberalização.

Em terceiro, o Plano Baker prometia principalmente o dinheiro de terceiros e tentava influenciar os bancos privados comerciais a fornecê-lo sem as reformas internas e comerciais nos países em desenvolvimento que poderiam tê-los motivado a assim agir. Para seu crédito, o Plano Baker não tentou sobrepor-se às necessárias reformas com volumes maciços de ajuda pública, como a reciclagem de petrodólares encorajada pelo governo fizera na década de 1970. Mas, ao fracassar na tentativa de promover as necessárias reformas nos países em desenvolvimento, abriu caminho para propostas de alívio da dívida, mais generosas e financiadas com dinheiro público, que se tornaram populares no Congresso de 1988.

As deficiências do Plano Baker não poderiam ser atribuídas a fatores externos. Em 1986, especialmente, o meio econômico mundial era em geral favorável aos países em desenvolvimento profundamente endividados. Os preços do petróleo e as taxas de juros declinaram ininterruptamente nesse ano. Uns poucos países exportadores de petróleo que faziam parte do grupo Baker, como o México, sofreram prejuízos, mas os efeitos danosos da queda de preço foram seletivos (FMIa, 1987). Em 1987, os preços do petróleo e dos produtos básicos melhorariam um pouco.

A ausência de reformas macroeconômicas importantes nos países em desenvolvimento profundamente endividados tornou-se evidente em toda a década de 1980. As políticas monetária e fiscal deterioraram-se na maioria desses países. O crescimento anual dos grandes agregados monetários nos 15 países do Plano Baker quadruplicou, de 60% em 1981 para 246,3% em 1988. No mesmo período, a inflação nesses países quase que quintuplicou, de 53,8% ao ano para 240%. Enquanto isso os déficits orçamentários dos governos centrais desses países situavam-se em média em 4,2% do PIB em 1981 e 5% em 1988, depois de declinar de 3,4% para 2,8% em 1984 e 1985 (FMIa, 1989, p. 136, 143-4).

Não há, nesses números, prova de constante austeridade. Nem também de que o problema da dívida e de seu serviço constituísse a causa principal dos medíocres resultados econômicos nos países altamente endividados. Conforme conclui William R. Cline a respeito dos maiores devedores latino-americanos, "a principal causa da estagflação de 1987 e 1988 teve origem em distorções da política interna e na alta inflação, e não no problema da dívida". "Tampouco", acrescenta ele, "foi a inflação causada principalmente pelo fardo da dívida" (Cline, 1989). Os programas do FMI fracassaram em alguns casos, para sermos exatos, mas isso aconteceu por razões de política interna, e não devido a circunstâncias ou pressões externas, que os críticos do FMI e os defensores do Plano Baker enfatizaram. De 1982 a 1986, o Brasil renegociou cerca de sete acordos com o FMI e, todas as vezes, porque não conseguira cumprir as metas do acordo anterior. Quando o Brasil se recusou categoricamente em 1986 a assinar um acordo, a autoridade do FMI desapareceu. Os críticos estavam, literalmente, surrando um cavalo morto. O FMI morrera porque sua autoridade era fraca demais, e não porque era tão forte que seus programas haviam imposto austeridade.

Nada disso implica dizer que os países incluídos no Plano Baker não efetuaram ajustamentos. Ajustaram-se tanto, se não mais, quanto seus congêneres industrializados, tal como os Estados Unidos. Alguns deles, como o Chile, a Colômbia, a Venezuela e o México (após 1986), ajustaram-se adotando políticas macroeconômicas e comerciais apropriadas para controlar a inflação e promover a concorrência. Outros, no entanto, ajustaram-se principalmente através de políticas comerciais restritivas (e desvalorizações na taxa cambial. Ver a discussão adiante), e não através das restrições recomendadas pelo FMI nas políticas monetária e fiscal. Após 1981, os países altamente endividados reduziram drasticamente as importações e expandiram as exportações. Em termos de volume, as importações desses países contraíram-se de um crescimento positivo de 3% em 1981 para um negativo de 16,3% e 21,3% em 1982 e 1983, respectivamente. As importações permaneceram em seguida niveladas de 1984 a 1987, elevando-se mais uma vez para um crescimento positivo de 7,7% em 1988. Enquanto isso, as exportações disparavam em termos de volume, de uns negativos 5% no crescimento em 1982 para uns positivos 5,6% e 8,7% em 1983 e 1984. Esse crescimento reduziu-se em 1985 e foi efetivamente negativo em 1986, mas voltou a subir para taxas de crescimento de 5,6% e 10,8% em 1987 e 1988, respectivamente (FMIa, 1989, p. 150-1).

O Plano Baker, em vez de estimular a liberalização do comércio, presenciou realmente o fato de os países altamente endividados imporem crescentes restrições às importações e subvencionarem as exportações. Essas políticas aceleraram a inflação e o déficit orçamentário em muitos dos países do Plano Baker e incentivaram medidas retaliatórias nos mercados industrializados. Em fins de 1987, por exemplo, Estados Unidos e Brasil estavam engalfinhados em um ciclo potencial de restrições retaliatórias por causa de programas de computador. O sistema comercial começara a andar para trás.

Esses países procederam também a importantes ajustes recorrendo a realinhamentos das taxas cambiais. Nos três maiores devedores — Argentina, Brasil e México — as taxas cambiais reais ponderadas pelo comércio declinaram de 1981 a 1986 em cerca de 10% no Brasil, 40% no México e 35% na Argentina (Cline, 1987, p. 69). Da mesma forma que acontecera nos Estados Unidos, contudo, as desvalorizações produziram efeito limitado, na ausência de ajustamento nos aspectos fundamentais da política interna.

Dados esses padrões de ajustamentos nos países contemplados pelo Plano Baker, não surpreendeu que os bancos comerciais se abstivessem de contribuir com volumes significativos de dinheiro novo. Na verdade, bancos americanos reduziram sua presença em aproximadamente 10%, de fins de 1984 a fins de 1986, nos 15 países do Plano Baker (Cline, 1987, p. 3). No total, de 1986 a 1988, bancos privados forneceram apenas cerca de dois terços dos US$20 bilhões em novos empréstimos previstos no Plano (Cline, 1989). E a maior parte encaminhou-se para os maiores devedores. O acordo entre o México e os bancos privados em setembro de 1986 resultou no fornecimento de US$7,7 bilhões em dinheiro novo no prazo de 18 meses. O novo pacote negociado com o Brasil em 1988 culminou no fornecimento de US$5,2 bilhões em novos empréstimos bancários. No processo de aprovação do acordo com o México, contudo, cerca de 25% dos bancos, todos pequenos, desligaram-se do sindicato.

O Plano Baker não estava indo a lugar nenhum. No final de 1986 e durante 1987, as discussões concentraram-se cada vez mais no perdão da dívida. Se não houvesse maneira de encorajar dinheiro novo, os velhos empréstimos deviam ser perdoados. O senador Bill Bradley propôs um plano de três anos de duração para perdoar 3% do principal e três pontos percentuais dos juros de devedores qualificados que iniciassem reformas sérias de política. Outros esquemas falavam de perdão ainda mais generoso. Enquanto isso, um número cada vez maior de títulos de empréstimos estava sendo vendido com descontos no mecado aberto ou trocado pelo valor pleno por moedas locais ou capital de contrapartida em empresas. Alguns devedores nem mesmo esperaram pelo perdão: simplesmente suspenderam os pagamentos.

O governo americano não tinha credibilidade para tratar desses assuntos. Desde meados de 1986, os Estados Unidos haviam se tornado os maiores devedores do mundo, sendo responsáveis por uma dívida de cerca de US$500 bilhões em fins de 1988. Embora esse dívida fosse pequena em termos de PNB (mais ou menos 10%) e a economia americana dificilmente pudesse ser comparada com a dos países endividados, o simbolismo era perverso no caso. O país que liderara o mundo em 1979 em reforma de política interna estava levando-o em 1987 para um endividamento internacional cada vez maior.

Além do mais, a ênfase no aspecto de finanças, e não na reforma de políticas internas, começou a ressuscitar uma velha nêmese da década de 1970. Os países em desenvolvimento, especialmente os grandes devedores da América Latina, insuflaram mais uma vez o espectro de um confronto Norte-Sul. Em novembro de 1987, os chefes de Estado e Governo de oito países latino-americanos se reuniram pela primeira vez fora da Organização dos Estados Americanos (OEA), liderada pelos Estados Unidos, a fim de defender suas posições no tocante ao perdão da dívida. Embora não criassem formalmente um cartel de devedores, condenaram os países ricos, disseram que não se poderia esperar que o Sul pagasse pelo desequilíbrio no Norte e pediram a reconstrução do sistema econômico mundial. Segundo a maneira como o *The Washington Post* noticiou o encontro, a "ocasião foi marcada pelo recrudescimento de parte da retórica Norte-Sul, que florescera na década de 1970, quando países industrializados e em desenvolvimento realizaram negociações inconclusivas revolvendo em torno de exigências do Terceiro Mundo de 'uma nova ordem econômica internacional'" (28 de novembro de 1987). Um ano depois, o chamado Grupo dos 8 Devedores Latino-Americanos pediu uma conferência de cúpula com o Grupo das 7 Nações Industrializadas (*WP*, 22 de dezembro de 1988). E na mesma semana da Conferência de Cúpula de Paris, em julho de 1989, o presidente Mitterrand foi anfitrião de uma conferência de chefes de Estado e governo de países em desenvolvimento, que pediu uma nova atenção ao diálogo Norte-Sul (*Economist*, 15 de julho de 1989). As linhas Norte-Sul foram riscadas mais uma vez.

Sumário

Após 1985, por conseguinte, o governo voltou-se para direções que se pareciam cada vez mais com as mal-orientadas políticas da década de 1970 e isso iniciou o processo de reprodução de alguns dos aspectos externos da era anterior. As iniciativas internacionais em si não foram inúteis nem fundamentalmente incompatíveis com os esforços do governo no primeiro mandato. Mas tornaram-se inúteis na medida em que, cada vez mais, substituíam reformas de política macroeconômica, estrutural e comercial nos países industrializados e em desenvolvimento e empurravam o mundo de volta para as fáceis soluções monetárias e financeiras das década de 1970.

Reavaliação dos Anos Reagan

Nos anos Reagan, ocorreu uma tentativa de reintegrar os objetivos, políticas e poder americanos e restaurar um senso de comunidade compartilhada e desempenho econômico eficiente nos países ocidentais. O Governo Reagan agiu instintivamente para aguçar as divergências morais e políticas com o totalitarismo e reconstruir os alicerces econômicos internos de uma economia internacional estável, aberta e em expansão. Mas nunca entendeu bem conceitualmente o que significava isso nem se importou o suficiente para explicar coerente e pacientemente essa política à sua própria clientela interna ou a seus aliados.

O desafio, cumpre reconhecer, era considerável. A literatura intelectualizada, conforme observamos neste estudo, inclinava-se profundamente para interpretações estruturalistas da economia mundial e, nesse momento, criticava o programa de Reagan por ser incompatível com tendências irreversíveis para o declínio do poder americano e para a necessidade de economias nacionais e comércio internacional mais administrados. Não obstante, a oportunidade existia. O sentimento público estava pronto para mudar e poderia ter sido liderado.

O Governo Reagan, no entanto não fez o suficiente para liderá-lo. Ao contrário do Governo Truman em 1947, não levou sua mensagem à arena do debate não-governamental, com vistas a moldar os conceitos e condições necessários para mudanças sustentadas de política. As políticas de Reagan, na verdade, fizeram mais na realidade do que na maneira de perceber as coisas. Na década de 1980, ocorreu a mais longa depressão econômica desde princípios da década de 1960. E houve também progresso considerável nas relações com os aliados, com o embamento bem-sucedido de forças nucleares intermediárias (FNI) e mais progresso nas relações americano-soviéticas, especialmente na redução de armamentos, do que em qualquer outro período do pós-guerra. Ainda assim, ninguém deu uma explicação convincente desse sucesso, atribuído à sorte e à mudança na União Soviética.

Entre instintos e compromissos com o poderio econômico e militar, o Governo Reagan nunca desenvolveu uma diplomacia econômica efetiva, tanto interna quanto internacional. Oscilou da preocupação, no primeiro mandato, com problemas internos e mercados internacionais para um ativismo no segundo que deu à diplomacia internacional prioridade em relação aos mercados internos e internacionais. Em termos de diplomacia internacional, lembrou o Governo Nixon de 1971 no seu primeiro mandato e o Governo Carter de 1979-1980 no segundo. O unilateralismo excessivo em 1981-1982 foi substituído por multilateralismo demais em 1985-1986.

Em um aspecto importante, no entanto, os anos Reagan diferiram da década de 1970. Melhorou o desempenho econômico interno. A inflação caiu espetacularmente, os mercados tornaram-se mais flexíveis e cresceram mais os investimentos e a produtividade na indústria de transformação. A diferença sugere que a política americana em princípios da década de 1980 estava potencialmente no caminho certo. Se esse melhoramento interno pudesse ter sido vinculado a uma diplomacia internacional mais discreta e paciente (em vez da diplomacia altamente badalada, teatral, de 1985-86) e se o governo tivesse levado a cabo suas próprias convicções de política econômica interna e reduzido o déficit orçamentário de forma oportuna, a política americana poderia ter conseguido liderar a comunidade mundial de volta às políticas econômicas eficientes das décadas de 1940 e 1950. Isso ainda pode ser possível, neste início da década de 1990, conforme veremos na Conclusão deste estudo. Os obstáculos, no entanto, são hoje muito mais formidáveis do que nos princípios da década de 1980, quando os Estados Unidos e o mundo procuravam novas respostas.

V

Os Limites de Bretton Woods

IV

Os Limites de Bretton Woods

10

Administrando o Comércio Leste-Oeste: Denegação, *Détente* e Dissuasão

A perspectiva orientada para opções deste livro enfatiza a importância de uma comunidade política compartilhada, ou comum, como base de extensas trocas econômicas. Durante todo o período do pós-guerra, as relações americano-soviéticas, e as relações Leste-Oeste em termos mais gerais, careceram de um objetivo suficientemente compartilhado para dar sustento aos mercados cada vez maiores e mais interdependentes de Leste e Oeste. Os objetivos internos diferiam, preferindo o Leste sistemas econômicos totalitários e de comando, em comparação com os democráticos e orientados para o mercado, enquanto as relações diplomáticas refletiam o equilíbrio mutável de poder com vistas a proteger sociedades internas fundamentalmente diferentes. Hoje, fatos ocorridos no Leste sugerem que tudo isso pode estar mudando. Mas se está, a perspectiva orientada para opções dá uma idéia de como terão que ser realmente dramáticas as mudanças no Leste para que os mercados Leste-Oeste desenvolvam os elementos mínimos de trocas econômicas eficientes — preços de mercado, moedas conversíveis e metas políticas não-coercitivas —, que poderiam expandir em muito o comércio Leste-Oeste além dos 5% mais ou menos do comércio ocidental pelo qual respondem atualmente.

Denegação e *Détente*

Desde a Segunda Guerra Mundial, tem variado a política comercial americana em relação à União Soviética, dependendo da maneira como os Estados Unidos definiam uma comunidade política compartilhada com o resto do mundo e seu poder estratégico *vis-à-vis* o ex-adversário na Guerra Fria. Durante o período de Bretton Woods (1947-1967), época em que definiam a comunidade principalmente em termos de contenção do comunismo soviético e gozavam de superioridade estratégica sobre a União Soviética, seguiram uma política de portas fechadas no que interessa ao comércio Leste-Oeste. Controles de exportação bloqueavam o envio de bens de valor econômico e estratégico à União Soviética e outros países do Bloco Oriental (incluindo a China). No final da década de 1960 e durante os anos 70, no entanto, quando entrou em colapso o sistema de Bretton Woods, redefiniram a comunidade política em termos de *détente* com a União Soviética e reconheceram uma situação de paridade estratégica relativa com Moscou. Relaxaram os controles de exportação e promoveram o comércio com a União Soviética e outros países do Bloco Oriental, chegando a ponto de subsidiar algum comércio e créditos, principalmente por governos aliados na Europa e no Japão (Nau, 1976).

Após a invasão do Afeganistão pelos russos em 1979 e a eleição do Governo Reagan, a política estratégica voltou à linha-dura. A política comercial Leste-Oeste dos Estados Unidos voltou à denegação, particularmente depois da crise polonesa de dezembro de 1981. Nesse processo, detonou uma das mais graves crises da aliança no período do pós-guerra — a tempestade de fogo sobre a construção de um gasoduto soviético para a Europa Ocidental e o fornecimento de suprimentos e créditos do Ocidente, além das compras de gás, associadas ao gasoduto.

De 1985 em diante, contudo, melhoraram as relações entre os dois países. A *perestroika* (reforma econômica) e a *glasnost* (reforma política) de Gorbachev na União Soviética e o acordo de redução das forças nucleares de alcance intermediário (FNI) aliviaram as tensões. A política dos Estados Unidos voltou atrás mais uma vez — novamente em direção à *détente*. Reiniciaram-se as conversações comerciais governamentais e não-governamentais. A União Soviética descentralizou certos aspectos da política de comércio externo e promulgou novas leis, encorajando a formação de cooperativas privadas no país e empreendimentos conjuntos com firmas ocidentais. Os Estados Unidos subsidiaram vendas de cereais à União Soviética e eliminaram controles sobre vendas de equipamento para geração de energia, de tecnologia e de computadores pessoais. O Governo Reagan iniciou também uma grande liberalização do controle do comércio com a China. Enquanto isso, pressões comerciais internas nos Estados Unidos geravam crescente apoio a uma redução em grande escala dos controles de exportação, particularmente sobre as vendas no Ocidente.

Ao terminar a década de 1980, a política comercial americana no sentido Leste-Oeste parecia oscilar entre apelos para liberalizar ainda mais as relações econômicas com a Europa Oriental e a União Soviética e propostas para restringi-las com a China. A repressão das manifestações estudantis na China em junho de 1989 provocou uma reavaliação e o endurecimento das políticas de controle das exportações. Enquanto, nos Estados Unidos, o Governo Bush lutava para limitar as sanções, o Congresso pressionava, exigindo ação mais forte. Houve ameaças de divergência com os aliados quando o Japão demonstrou maior relutância em condenar a ação chinesa. O que aconteceria se a China desse prosseguimento à sua dura política de repressão? Ou como os Estados Unidos e o Ocidente reagiriam se repressão fosse usada em algum momento para conter a instabilidade política e econômica na Europa Oriental e na União Soviética? As oscilações, semelhantes às de um pêndulo, na política comercial americana em relação ao Leste, refletiam a ausência de uma base conceitual para uma política entre os dois extremos de denegação e *détente*. Os Estados Unidos precisavam de uma política mais equilibrada que reconhecesse as divergências políticas persistentes entre as sociedades democráticas do Ocidente e as totalitárias do Leste, mas também reagisse ao crescente interesse no Leste por eficiência econômica e reforma política. O Governo Reagan tentara, em 1981, definir essa política intermediária, conhecida como enfoque prudente. Essa política, no entanto, não conseguiu sobreviver à crise polonesa e à volta, após 1981, a políticas de denegação.

Não obstante, a base conceitual de um enfoque prudente, definido mais amplamente como dissuasão (nem como denegação nem como *détente*), proporciona um meio útil neste capítulo para crítica à política comercial Leste-Oeste do Governo Reagan e para propor uma alternativa para a política americana na década de 1990, que talvez seja mais apropriada às mutáveis condições no Leste. Dissuasão define uma comunidade política compartilhada com a União Soviética que é mais ampla do que contenção, mas que nem por isso confunde a *glasnost* com a democracia pluralista no Ocidente. Simultaneamente, a dissuasão também espera menos das relações econômicas Leste-Oeste do que a denegação ou a *détente* e, desta maneira, proporciona uma base mais modesta, mas sustentável, para crescentes trocas econômicas Leste-Oeste.

Dissuasão

As políticas de denegação e *détente* exageram por igual o papel que as relações econômicas podem desempenhar no conflito estratégico. Por um lado, políticas de denegação enfatizam divergências fundamentais e irreconciliáveis entre a União Soviética e os Estados Unidos, incluindo a maneira como as duas sociedades valorizam e organizam as atividades econômicas. Ainda assim, essas políticas pressupõem que a União Soviética, tal como o Ocidente, dá tanto valor a trocas econômicas que a denegação das mesmas produzirá grandes mudanças no país ou na conduta da política interna. A denegação de trocas econômicas é considerada como instrumento importante para travar e, em última análise, ganhar conflitos geoestratégicos (Walinsky, 1982-1983). Isso provavelmente não acontecerá, porém, porque a União Soviética absorverá mais prontamente custos econômicos a fim de realizar outros objetivos nas relações internacionais, da mesma forma que absorve mais facilmente esses custos para concretizar outros objetivos na política interna (como, por exemplo, o controle pelo partido). Políticas de *détente*, pelo contrário, supõem que trocas econômicas podem eventualmente atingir volumes suficientes para ajudar a superar divergências fundamentais e reduzir gastos militares. A interdependência econômica é considerada como um meio decisivo para solucionar conflitos geoestratégicos. Não obstante, esses conflitos têm origem, pelo menos em parte, em valores e instituições internos que inibem trocas econômicas e geram desconfiança militar. Sem uma convergência de perspectivas políticas, por conseguinte, o valor e o impacto das trocas econômicas permanecerão limitados.

Na verdade, o papel das relações econômicas no conflito Leste-Oeste é muito mais modesto. Conforme mostra a Tabela 10-1, os laços econômicos com a Europa Oriental e a União Soviética constituem uma proporção relativamente pequena das exportações ou importações totais de todos os grandes países do Ocidente (em 1984, menos de 8% para cada país). Embora esses laços possam ser importantes para setores ou firmas individuais (como, por exemplo, trigo para a França e os Estados Unidos, ferro e chapas de aço para a Itália e a Alemanha, máquinas-operatrizes para trabalho em metal para a França, a Alemanha e a Itália), continuam pequenas suas conseqüências potenciais para as relações geoestratégicas. Desta maneira, o comércio Leste-Oeste nem é principalmente útil para travar conflito geoestratégico (denegação) entre Leste e Oeste nem para solucionar tal conflito (*détente*), mas sim para administrá-lo (dissuasão). Neste sentido, essas relações têm um papel importante, ainda que limitado, a representar na dissuasão.

Uma perspectiva de dissuasão implica elementos de denegação e *détente*. Sustenta que os conflitos políticos entre Leste e Oeste são profundos e que não é provável que sejam afetados significativamente pelas relações econômicas, para fins positivos ou punitivos, especialmente quando os laços econômicos são mantidos de forma isolada ou em oposição a tendências políticas mais

Tabela 10-1. Comércio dos Principais Países do Ocidente com o Leste, 1966-1984*

	1966		1972		1974		1976		1978		1980		1982		1984	
	X	I	X	I	X	I	X	I	X	I	X	I	X	I	X	I
Bélgica-Luxemburgo	2,1	2,2	1,8	1,9	3,3	2,1	2,6	1,9	2,5	1,8	2,0	2,3	1,7	3,2	1,8	4,1
Canadá	6,2	0,8	3,4	0,9	2,5	1,0	3,3	0,9	3,1	0,8	2,7	0,4	3,0	0,3	2,1	0,3
República Federal da Alemanha	6,0	5,9	7,0	5,9	8,4	6,4	8,4	6,6	7,7	6,5	6,5	6,2	5,7	6,7	5,4	7,0
França	4,6	3,5	4,1	3,2	4,3	2,9	5,8	3,5	4,1	3,4	4,0	3,9	3,0	3,7	3,2	3,7
Itália	5,4	6,8	4,8	6,3	6,1	5,0	5,9	6,1	4,7	5,6	3,5	5,3	3,3	6,0	3,4	7,2
Japão	6,2	7,5	5,2	5,8	7,4	5,8	6,9	4,3	6,6	4,8	2,8	1,5	3,2	1,4	1,8	1,3
Holanda	2,1	2,3	2,1	2,1	2,6	2,4	2,2	2,6	2,2	2,6	1,9	3,0	1,5	5,2	1,3	4,7
Grã-Bretanha	3;7	4,7	3,3	4,1	3,3	3,3	3,0	3,7	2,9	3,2	2,3	2,5	1,6	2,0	1,8	2,2
Estados Unidos	0,7	0,7	1,8	0,6	2,3	1,0	3,2	0,9	3,1	1,1	1,7	0,6	1,7	0,4	1,9	0,7

Fonte: Compilado pelo Bureau of Intelligence and Research, Departamento de Estado, EUA, baseado na Série A, *Statistics of Foreign Trade*. Organização de Cooperação e Desenvolvimento Econômico.

* Exportações (X) e Importações (I) para o Leste como Percentagem das Exportações e Importações para todo o Mundo.

A partir de 1980, inclui comércio com a URSS, Bulgária, Tcheco-Eslováquia, República Democrática Alemã, Hungria, Polônia e Romênia.

Antes de 1980, inclui comércio com os países precedentes, mais a Albânia, República Popular da China, outros países asiáticos (Coréia do Norte, Vietnã do Norte e Mongólia) e Cuba, exceto em 1978, que exclui outros países asiáticos.

As importações são c.i.f. (inclui custo de seguro e frete), exceto para o Canadá e os Estados Unidos, que são f.o.b. (postas a bordo, excluindo custo de seguro e frete).

Exportações são todas f.o.b.

amplas. Por outro lado, a dissuasão considera os laços econômicos como canais úteis para comunicar intenções políticas e expandir áreas limitadas de interesse econômico mútuo.

A dissuasão, por conseguinte, exige defesa permanente para *administrar* divergências profundas (ao contrário das versões extremas de *détente*, que esperam que desapareçam as divergências e as necessidades de defesa) e a ampliação do diálogo para expandir interesses mútuos (ao contrário da denegação, que não acredita em interesses comuns). Nas áreas de defesa, da forma como foi praticada no período do pós-guerra, a dissuasão depende da superioridade tecnológica americana e ocidental em sistemas de defesa estratégicos, a fim de contrabalançar a vantagem soviética e dos países do Pacto de Varsóvia em sistemas de defesa convencional. Neste contexto, a dissuasão exige a proteção da tecnologia estratégica americana e ocidental através de controles de exportações. Por outro lado, depende também da capacidade das superpotências de se comunicarem rápida e convincentemente entre si. As relações econômicas servem como uma das fontes de comunicação. A dissuasão, portanto, exige também níveis, determinados pelo mercado, de comércio não-estratégico entre Leste e Oeste a fim de servir como barômetro das relações externas em situações críticas de hostilidades em escalada ou de cooperação em um crescendo significativo.

Da perspectiva de dissuasão, contudo, as relações econômicas não redundam em convergência de valores políticos básicos e nem mesmo em poder de alavancagem importante nas negociações entre Leste e Oeste. Permanecem úteis principalmente como meios para comunicar crescente confiança ou desconfiança entre as superpotências. E é muito mais provável que gerem confiança quando ocorrerem sobre uma base de relações de defesa equilibradas e confiança estratégica mútua. Na verdade, a erosão de relações de defesa equilibradas, como ocorreu no período da *détente* na década de 1970, é exatamente o que leva, segundo esta perspectiva, a usos mais radicais e controvertidos de sanções econômicas no comércio Leste-Oeste, freqüentemente como substitutos de medidas de defesa e como reação a ações soviéticas possivelmente precipitadas, pelo menos em parte, pelo anterior afrouxamento da vigilância de defesa do Ocidente. Da perspectiva de dissuasão, por conseguinte, a melhor maneira de assegurar relações econômicas estáveis e úteis consiste em manter relações de defesa equilibradas. A Tabela 10-2 sumaria esquematicamente as diferenças básicas entre a perspectiva de dissuasão e as de *détente* e denegação.

O Enfoque Prudente: O Comércio Leste-Oeste na Conferência de Cúpula de Ottawa

O Governo Reagan assumiu em 1981 armado de opiniões sólidas sobre o comércio Leste-Oeste. Nas primeiras semanas, selecionou o comércio Leste-Oeste como tópico prioritário para a Conferência Econômica de Cúpula de Ottawa, marcada para julho de 1981. Um grupo intergovernamental, liderado pelo Departamento de Estado, estudou o assunto, mas houve profundas divergências entre seus membros. O governo Carter se dividira entre defensores da cooperação (como, por exemplo, nas áreas de energia) e os que queriam usar o comércio Leste-Oeste como meio de influir na política externa (Huntington, 1978). O Governo Reagan não tinha, em 1981, defensores da cooperação, mas se dividia entre propugnadores da denegação total e opiniões um pouco menos linha-dura. A fim de conciliar as divergências, membros do Conselho de

Tabela 10-2. Perspectivas do Comércio Leste-Oeste

	Détente	Denegação	Dissuasão
Conflito EUA-URSS	Resolve	Vence	Administra
Política de Defesa	Reduz gastos de defesa substituídos por meios econômicos e políticos	Expande política de defesa para incluir guerra econômica	Mantém gastos de defesa para preservar o equilíbrio militar — usa meios políticos e econômicos para se comunicarem
Controles do comércio de materiais estratégicos	Controles mínimos (os que os aliados aceitarão)	Controles máximos (incluindo controles unilaterais)	Negocia eficientemente controles econômicos com a Cocom (acrescenta novas tecnologias, ao mesmo tempo que retira tecnologias de baixo nível)
Comércio não-estratégico	Promove (chega a subsidiar)	Denega	Níveis determinados pelo mercado

Segurança Nacional (CSN) elaboraram um documento em fins de março, explicando as idéias do presidente. Esta foi a origem de um documento intitulado "Um Enfoque Prudente". O presidente fez uma revisão no documento em março de 1981, em uma reunião do Conselho de Comércio Interno e Externo, do Gabinete, e aprovou-o oficialmente em julho de 1981 em reuniões do Conselho de Segurança Nacional. Esse enfoque mais cauteloso do que provocador tornou-se a posição que o presidente Reagan defendeu na Reunião de Cúpula de Ottawa (*NYT*, 19 de julho de 1981).

Da forma desenvolvida no documento sobre enfoque prudente, a política americana procedeu a uma diferenciação entre quatro áreas do comércio Leste-Oeste: comércio estratégico, usos da política externa para restringir ou promover o comércio não-estratégico, segurança econômica vinculada a níveis e condições (como, por exemplo, subsídios) de dependência no comércio não-estratégico (como, por exemplo, no comércio de cereais e energia), e influência econômica tratando da extensão, ao comércio não-estratégico, das regras, disciplina e instituições do Ocidente a fim de minimizar as vantagens dos soviéticos como fornecedores ou compradores monolíticos de bens no Ocidente. Em todas essas áreas, o enfoque prudente apregoava políticas diferentes. No comércio estratégico, pedia uma revisão e endurecimento dos controles estratégicos com vistas a proteger os novos investimentos que estavam sendo feitos pelo Governo Reagan no campo da defesa. Na segunda área, comércio não-estratégico, considerava que restrições ao comércio para fins de política externa eram instrumentos indispensáveis da dissuasão na administração de situações de crise, mas defendia planejamento de contingência a fim de assegurar que essas restrições fossem aplicadas, na medida do possível, em caráter multilateral e dentro de um conjunto acordado de objetivos e cronograma para sua eventual eliminação. A fim de proteger a segurança econômica, a terceira área, a política americana propunha a revisão dos níveis da dependência ocidental das exportações e mercados soviéticos e a formulação de medidas coletivas para defendê-los de vulnerabilidade, no caso de a União Soviética tentar explorar essa dependência para influenciar o Ocidente. Neste ponto, a política americana não implicava restrição ou mesmo o desencorajamento de níveis específicos de comércio não-estratégico, tal como o fornecimento de gás natural, mas pedia, em vez disso, salvaguardas para proteger os países ocidentais de interrupção de fornecimentos de importância crítica, mediante estabelecimento de arranjos de suprimentos de emergência entre os aliados, e acordos de cooperação a longo prazo entre eles para desenvolvimento de fontes de suprimento alternativas. Observava que a menos que os aliados entrassem em discussão para tratar dessa vulnerabilidade, os próprios níveis de dependência poderiam tornar-se assuntos de controvérsia e solapar a solidariedade ocidental no tocante ao comércio Leste-Oeste. Por último, na quarta área, a de influência econômica, a política americana pedia o monitoramento e a revisão melhorados das relações comerciais Leste-Oeste entre os países da OCDE, a fim de evitar abaixamentos de preços ou subsídios competitivos nos tratos com as repartições monolíticas encarregadas do comércio externo na União Soviética e na Europa Oriental.

A política dos Estados Unidos, da forma definida pelo enfoque prudente, refletia numerosos aspectos da perspectiva de dissuasão, e não de denegação ou *détente*, sobre o comércio Leste-Oeste. Reconhecia a necessidade imperativa de investir e proteger a capacidade tecnológica como fiadora principal da dissuasão (ao contrário da tendência sob a perspectiva de *détente*, de substituir a defesa pela cooperação econômica). Reconhecia também o emprego potencial de sanções econômicas para influenciar a administração política e psicológica de dissuasão, especialmente em situações de crise. Simultaneamente, abstinha-se de estender as políticas de denegação às relações econômicas em geral e, na verdade, mantinha aberta a possibilidade de expandir os laços econômicos, enquanto estes não contribuíssem para um vazamento de tecnologias estratégicas ou para vulnerabilidade econômica ocidental excessiva diante de ameaças soviéticas de cortar esses laços.

Algumas das primeiras decisões do Governo Reagan sobre o comércio Leste-Oeste conformaram-se bem de perto às diretrizes do enfoque prudente. A decisão de suspender o embargo aos cereais, a prioridade dada na Conferência de Cúpula de Ottawa ao enrijecimento dos controles estratégicos, a iniciativa de organizar a cooperação ocidental para desenvolver suprimentos alternativos de energia, em vez de embargar o envio de equipamento para construção do gasoduto soviético, e reuniões sigilosas para planejar sanções de contingência na política externa, no caso de uma invasão soviética da Polônia — foram, todas elas, compatíveis em termos gerais com esse enfoque. O fato de ele não ter se mantido após dezembro de 1981 se deveu tanto à incapacidade de autoridades americanas e européias de levar adiante as várias iniciativas quanto ao reforço inevitável que o golpe militar na Polônia deu àqueles que defendiam a volta do enfoque de denegação completa no comércio Leste-Oeste.

A Suspensão do Embargo aos Cereais

A decisão de suspender o embargo aos cereais, tomada em abril de 1981, foi ditada principalmente pelas políticas internas, mas não era incompatível com o enfoque prudente (exceto de uma maneira insignificante, que discutiremos mais tarde). O enfoque prudente permitia, e mesmo encorajava, o comércio não-estratégico enquanto ele não atingisse níveis ameaçadores de dependência dos mercados ou recursos soviéticos. Em 1979, os Estados Unidos dependiam dos mercados soviéticos no que interessava a 16% de suas exportações totais de trigo e 21,2% de milho. Esse grau de dependência não impedia os Estados Unidos de impor o embargo (que bloqueava os embarques de cereais além do nível de oito milhões de toneladas anuais, garantido pelo Acordo de Abastecimento de Longo Prazo, de 1975, assinado entre a União Soviética e os Estados Unidos). Os Estados Unidos esperavam que suas exportações de cereais crescessem para outros mercados, como o México e a China, e não sentiam grande vulnerabilidade com sua dependência do mercado soviético (Paarlberg, 1985, p. 172). A imposição do embargo aos cereais, portanto, demonstrava a decisão americana diante da agressão soviética no Afeganistão no que era considerado como um nível alto, mas aceitável de custo. Além do mais, esperava-se que esse custo coubesse principalmente aos Estados Unidos, e não aos seus aliados ocidentais, e sobretudo não à Europa Ocidental, que nessa ocasião exportava volumes muito modestos de cereais para a União Soviética (200 mil toneladas anuais antes do embargo).

O embargo, conforme demonstra convincentemente Robert Paarlberg, não funcionou porque os Estados Unidos não conseguiram impedir as exportações de outros fornecedores para a União Soviética, principalmente a Argentina, mas também a Austrália, o Canadá e a Comunidade Européia. Os Estados Unidos contribuíram de certa maneira para esse resultado ao acelerarem suas próprias vendas a mercados não-soviéticos. Na verdade, as exportações americanas que poderiam ter sido feitas para a União Soviética dirigiram-se para terceiros mercados e outros exportadores de cereais aumentaram vendas aos russos que poderiam ter sido encaminhadas para esses terceiros mercados. Dessa maneira, a União Soviética conseguiu "substituição quase total das vendas embargadas pelos Estados Unidos". Explica Paarlberg:

> À medida que maiores volumes de cereais não-americanos chegavam à União Soviética, os cereais americanos embargados encontravam oportunidades compensadoras de se dirigirem para outros destinos. Os embarques internacionais de cereais foram substancialmente redirecionados após o anúncio do embargo, mas nem a União Soviética — nem os Estados Unidos — foram forçados pelo embargo a um dramático ajustamento para baixo no volume total de seu comércio. Muito ao contrário, as exportações americanas de cereais, bem como as importações soviéticas, continuaram a crescer durante o embargo (1985, p. 197).

Pode ser discutido se o fracasso do embargo foi resultado de perfídia de parte de outros fornecedores, incluindo a Comunidade Européia, ou da pressa americana em competir com outros fornecedores em mercados não-soviéticos. O fato de o embargo ter sido absolutamente imposto sugere que os Estados Unidos levaram a sério suas responsabilidades de administrar a dissuasão e que não foram primariamente condicionados por considerações de política interna ou vantagem comercial. Mesmo que esperassem compensar em outros mercados as perdas de vendas com os soviéticos, os Estados Unidos não poderiam ter certeza de que isso aconteceria. Arriscaram-se a perder vendas e não pediram a seus aliados que assumissem riscos semelhantes. O cinismo com que a Europa recebeu a suspensão do embargo, por conseguinte, não parecia justificado. A Comunidade Européia o explorara para aumentar suas próprias vendas de cereais à União Soviética, ainda que modestamente, quando comparadas com as de alguns outros exportadores (Paarlberg, 1985, p. 193).

A suspensão do embargo foi mal sincronizada, para sermos exatos. O secretário de Estado Alexander Haig opunha-se a isso porque julgava que ele enviaria o sinal errado à União Soviética, que estava aumentando a pressão sobre a Polônia, e porque pensava que poderia obter dela alguma coisa em troca da suspensão (Haig, 1984, p. 110-6). Dessa maneira, a suspensão do embargo confundiu ligeiramente os sinais que estavam sendo enviados à União Soviética e, nesse sentido, contrariou as diretrizes de política do enfoque prudente. Mas sinalizou também corretamente que o novo enfoque não era o equivalente à denegação. Os Estados Unidos continuariam a comerciar com a União Soviética em áreas não-estratégicas, mesmo que endurecessem os controles sobre o comércio estratégico. Ironicamente, os europeus nunca resolveram interpretar a suspensão do embargo para apresentar esse argumento na subseqüente controvérsia sobre o gasoduto.

A Questão do Gasoduto

Os Estados Unidos tomaram uma decisão consciente ao participarem da Conferência de Cúpula de Ottawa, em julho de 1981, de não embargar a venda de equipamento e tecnologia à União Soviética para construção do gasoduto. Em 1978, o Governo Carter impusera o requisito de obtenção de licença para envio de equipamento e tecnologia de petróleo e gás à União Soviética para fins de exploração e desenvolvimento (mas não para fins de refino e distribuição). Em janeiro de 1980, como parte das sanções provocadas pela invasão do Afeganistão, Carter resolveu negar futuras licenças para tecnologia e revisar, caso por caso, as relativas a equipamento. Essas decisões, no entanto, não afetavam as atividades de distribuição (ou refino), tais como as ligadas ao gasoduto soviético. No verão de 1981, o presidente Reagan resolveu que não ampliaria as sanções de Carter, de modo a cobrir as atividades de distribuição (isto é, equipamento para construção do gasoduto), a despeito de fortes recomendações em sentido contrário do secretário de Defesa, Caspar Weinberger (*NYT*, 19 de julho de 1981; Haig, 1984, p. 240-41). Essa decisão foi tomada com pleno reconhecimento do fato de que o negócio do gasoduto seria consumado no outono de 1981 e que a Conferência de Cúpula de Ottawa era a última oportunidade de impedir o projeto. O presidente, em vez disso, resolveu opor-se ao projeto em princípio, mas nada fazer para combatê-lo diretamente através de controles de exportação diretos.

Nessa altura dos acontecimentos, o governo americano como um todo considerava o gasoduto como uma ameaça mais psicológica do que física (isto é, capaz de gerar para os soviéticos moedas fortes com as quais pudessem comprar tecnologias militares). E foi o momento errado para um grande projeto econômico Leste-Oeste, numa ocasião em que o Ocidente estava tentando reverter a deterioração do equilíbrio estratégico da década de 1970, mediante aumento dos gastos de defesa e instalação de novas armas nucleares da Otan. O projeto poderia levar a opinião pública a pensar que a instalação de armas nucleares era desnecessária, particularmente em países de importância crítica, como a Alemanha Ocidental. A Europa, por outro lado, considerava o projeto como essencial para manter os contatos econômicos, mesmo numa ocasião em que o Ocidente reforçava suas defesas.

O debate foi ardoroso, mas os Estados Unidos acreditavam que sua oposição ao gasoduto produziria efeito sobre o ambiente psicológico e futuros projetos de energia em grande escala com os soviéticos, mesmo que europeus fossem adiante com o projeto imediato. O gasoduto, portanto, talvez nunca houvesse se tornado uma grave divergência entre os aliados se o golpe militar inspirado pelos soviéticos na Polônia não tivesse ocorrido em dezembro de 1981 e alterasse mais uma vez o ambiente psicológico. Esta conclusão é sustentada pelo fato de que, apenas quatro dias antes do golpe polonês, os Estados Unidos aprovaram um embarque de lançadores de tubulações Caterpillar para o projeto soviético, a despeito de grandes objeções do Departamento de Defesa e de algumas autoridades do Departamento de Comércio (Jentleson, 1986, p. 205).

Em 1981, a política americana deu prioridade ao enrijecimento dos controles de exportações estratégicas, acelerando conversações secretas de contingência com os aliados, a fim de impor sanções à União Soviética, se a situação polonesa se descontrolasse, e elaborar um programa de energia alternativo com a Europa Ocidental para tornar menos atraente e menos necessária a futura dependência de fornecimentos da União Soviética. Se os Estados Unidos tivessem explorado vigorosamente todos os aspectos desse programa, e se os aliados tivessem cooperado com esse enfoque, e a situação polonesa melhorasse em vez de deteriorar-se, os Estados Unidos poderiam ter conseguido que se mantivesse o enfoque prudente ou de dissuasão no tocante ao comércio Leste-Oeste. Em 1981, no entanto, os aliados não queriam discutir questões comerciais Leste-Oeste, para nada dizer de cooperar com os Estados Unidos em um enfoque prudente dessas questões.

Nos preparativos para Ottawa, os aliados rejeitaram a idéia de uma conferência de cúpula sobre o comércio Leste-Oeste. Recusaram-se a tratar de questões substantivas e recomendaram, em certa altura, que a apresentação por escrito das idéias americanas fosse reduzida a um conjunto de questões que os chefes de Estado, à sua discrição, poderiam ou não discutir. Os Estados Unidos deixaram claro que o presidente trataria desse assunto, constasse ou não da agenda. No último minuto, o tópico foi acrescentado ao fim da agenda de Ottawa.

No primeiro dia da cúpula, o presidente informou aos aliados que era sensível a algumas de suas preocupações sobre a política que tinha em mente a respeito da União Soviética. Mas queria ser honesto e dizer-lhes claramente que considerava real a ameaça soviética de expansão. Era essencial, portanto, que os aliados coordenassem suas políticas Leste-Oeste, fosse em planejamento de contingência para crises, como já começara a ser feito na Otan (ver discussão adiante), ou no controle da transferência, para a União Soviética, de tecnologia e equipamento relacionados com defesa.

A mensagem do presidente foi clara e direta, mas permaneceu inteiramente sem resposta. Nenhuma discussão das questões comerciais Leste-Oeste ocorreu na reunião até que os países representados na cúpula se reuniram no último dia para decidir sobre a linguagem final do comunicado. Haviam, na verdade, terminado de redigir o comunicado e o primeiro-ministro Trudeau ia encerrar a reunião quando o presidente Reagan informou que tinha algo a dizer sobre o comércio Leste-Oeste. Falou durante dez minutos e sugeriu uns dois curtos parágrafos para serem incluídos no comunicado. Apenas um ou dois líderes responderam, principalmente o chanceler Helmut Schmidt, da Alemanha, que adotou, segundo assessores de Reagan presentes à reunião, um comportamento parecido com o de um mestre-escola ao minimizar as preocupações americanas com as questões do comércio Leste-Oeste. Toda a conversa durou menos de meia hora. O assunto foi tratado mais como uma reflexão tardia do que como a discussão séria que os Estados Unidos haviam desejado.

No fim, o Comunicado de Ottawa pediu "consultas e, nos casos apropriados, coordenação (...) a fim de assegurar que, no campo das relações Leste-Oeste, nossas políticas econômicas continuarão a ser compatíveis com nossos objetivos políticos e de segurança". Os países presentes concordaram também em "estabelecer consultas para melhorar o atual sistema de controles sobre o comércio de produtos estratégicos e tecnologia correlata com a URSS". Essa linguagem tornou-se a base para a convocação, em janeiro de 1982, da primeira reunião de alto nível, desde 1957, da organização Cocom, o Comitê Consultivo informal dos países da Otan, menos a Islândia mas com inclusão do Japão (e, desde 1989, da Austrália) que implementaram controles multilaterais de exportações estratégicas (quanto ao texto do Comunicado de Ottawa, ver *NYT*, 22 de julho de 1981).

No seu conjunto, as decisões de Ottawa refletiram as prioridades americanas. Em discussões privadas, o Presidente Reagan abordou a questão do gasoduto, mas não o fez nem consistente nem vigorosamente. Nessa altura, os Estados Unidos atribuíam a prioridade máxima aos controles de contingência da política estratégica e externa, e não a preocupações com segurança econômica, nos termos da qual era considerada a questão do gasoduto. A convocação da primeira reunião de alto nível do Cocom em 25 anos foi considerada como um passo importante à frente, ao mesmo tempo que os Estados Unidos iniciavam discussões sigilosas com seus principais aliados a fim de coordenar sanções econômicas no caso específico de invasão da Polônia pela União Soviética (ver discussão adiante). Além do mais, após a cúpula de Ottawa, os Estados Unidos enviaram uma missão de alto nível à Europa com o objetivo de estudar o desenvolvimento conjunto de projetos aliados de energia, como alternativas a suprimentos soviéticos.

Não obstante, a experiência da cúpula de Ottawa foi infeliz para as relações aliadas sobre o comércio Leste-Oeste e deixou um gosto amargo na boca de algumas autoridades americanas, especialmente no presidente. A partir desse momento, essa questão queimaria em fogo lento nas relações aliadas. Poderia não ter explodido, como aconteceu, não fossem os acontecimentos na Polônia em dezembro de 1981. Mas foi um ponto doloroso porque os Estados Unidos sentiam certa frustração por não terem conseguido que os aliados levassem a questão a sério e porque eles jamais poderiam ter certeza de que os Estados Unidos estavam na verdade, dessa vez, falando sério.

No passado, os Estados Unidos tiveram atitudes contraditórias sobre a questão, às vezes contra e a favor simultaneamente. Durante o período da *détente*, Richard Nixon e Henry Kissinger haviam tentado promover fluxos de comércio e tecnologia para a União Soviética, como parte de uma rede de interdependência que daria à União Soviética maior interesse no sistema internacional. Na mesma ocasião, o senador Henry Jackson promovera restrições legislativas radicais ao comércio e créditos à União Soviética, até que ou a menos que ela relaxasse normas sobre emigração de dissidentes. Em 1976, o secretário de Estado Kissinger pediu à OCDE que considerasse as questões do comércio Leste-Oeste em uma base mais sistemática (Kissinger, 1976, p. 78-9), ao passo que o Governo Carter mostrou pouco interesse pelo assunto até que o governo soviético tratou mal dissidentes importantes e, finalmente, a invasão do Afeganistão provocou novos e duros embargos (Brzezinski, 1983, p. 322 e segs., 430 e segs.). Portanto, não era de se espantar que quando o presidente Reagan tratou do assunto em Ottawa, os aliados se inclinassem a esperar e ver no que ia dar, a verificar se isso não era outra moda passageira da liderança americana.

A Volta à Denegação: A Polônia e a Conferência de Cúpula de Versalhes

Havia divergências reais responsáveis por opiniões conflitantes entre os Estados Unidos e seus aliados no que interessava ao comércio Leste-Oeste. Aos primeiros cabiam a responsabilidade principal, na aliança ocidental, pela dissuasão e pela defesa. Por isso mesmo, era mais provável que enfatizassem o controle da transferência de tecnologia de defesa para a União Soviética do que a Europa e o Japão e o emprego de controles de política externa para administrar a dissuasão. Tinham mais sistemas de defesa estratégica a defender e, numa crise, seriam suas reações as provocações soviéticas que eles e o resto do mundo observariam, e não as reações de seus aliados.

Não era que os aliados se preocupassem menos com defesa ou dissuasão. Afinal de contas, a segurança deles dependia do poder dissuasório nuclear americano e da liderança tecnológica do Ocidente para dar respaldo a isso. Em algum nível, os aliados concordavam sobre a necessidade de proteger tecnologias estratégicas e a reagir convincentemente a provocações soviéticas. Simplesmente discordavam sobre o ponto até aonde queriam ir nessas áreas. A Alemanha e o Japão, as duas potências comerciais-tecnológicas mais avançadas entre os aliados, não exerciam responsabilidades independentes por sua própria segurança. Em conseqüência, seus órgãos de defesa estavam apenas envolvidos secundariamente em processos de controle de exportações estratégicas e era improvável que pensassem no comércio Leste-Oeste em termos de administrar a dissuasão. A Grã-Bretanha e a França possuíam políticas independentes de segurança, mas tendiam a definir seus interesses nesse particular menos globalmente do que os Estados Unidos. Definiam também uma faixa mais estreita de tecnologias a proteger ou a restringir, no que interessava à política externa, do que os Estados Unidos.

As divergências nos interesses ocidentais, no entanto, ultrapassavam a área estratégica e de política externa. Economicamente, Europa Ocidental e Japão eram ligeiramente mais dependentes do que os Estados Unidos do comércio com o Leste, em particular quanto aos produtos industriais que, com maior probabilidade, seriam controlados. Historicamente, a Europa Ocidental era mais chegada ao Leste do que os Estados Unidos. A União Soviética continuava a ser considerada como outra potência européia (como Gorbachev reconhece hoje ao falar numa "Casa Comum Européia"), e a Europa tinha séculos de experiência em contatos com a União Soviética e a Europa Oriental e julgava que era, com freqüência, mais capaz de relacionar-se diplomaticamente com esses países do que os mais remotos e menos experientes Estados Unidos (Hillenbrand, 1988). Politicamente, a Europa era também muito mais sensível às questões Leste-Oeste do que os Estados Unidos. De 1945 a 1989, o continente fora dividido. Mesmo depois de 40 anos, como o mundo viria a descobrir em 1989, a divisão era artificial. A Alemanha, claro, constituía um caso especial. Tinha que conviver não só com uma região dividida, mas também com um país dividido e uma perigosa localização geográfica. Considerava os contatos econômicos e humanos com o Leste, principalmente com a Alemanha Oriental, como uma questão de laços de família e identidade cultural, e mais do que como instrumentos de alavancagem para reforçar a defesa ou administrar a dissuasão. Por todas essas razões, era mais provável que Europa e Japão frisassem a cooperação econômica com o Leste e se opusessem a longas listas de controles estratégicos ou uso freqüente de controles de política externa no comércio Leste-Oeste.

Divergências fundamentais de interesses entre os Estados Unidos e seus aliados, no entanto, não predeterminavam conflito. Ajudava também a falta de maquinaria institucional adequada para reduzir essas divergências. Por quaisquer padrões razoáveis, o Cocom, em 1981, era um órgão fraco. Perdera parte de sua *raison d'etre* no período da *détente* e não demonstrara capacidade, a partir de 1977, para resolver difíceis questões sobre controles estratégicos, tais como as relativas a computadores (Mastanduno, 1988, Capítulo 5; Nau, 1988b). A Organização de Cooperação e Desenvolvimento Econômico (OCDE), que inclui países neutros, considerou tabu a questão do comércio Leste-Oeste e a Organização do Tratado do Atlântico Norte (Otan) ficou impedida de tratar do assunto porque alguns membros (como, por exemplo, a França) rejeitavam a ampliação da cooperação estratégica às áreas econômicas. As conferências de cúpula mostraram relutância em abordar o assunto, como se tornou evidente mais uma vez na reunião de Versalhes, em 1982. Não havia absolutamente quaisquer estruturas formais para discutir a imposição de controles ao comércio por razões de política externa, à parte consultas bilaterais e periódicas, e reuniões secretas entre os principais países da Otan — Estados Unidos, França, Alemanha e Grã-Bretanha.

Em conseqüência, os aliados tinham poucos mecanismos que os ajudassem, quando as persistentes divergências sobre o comércio Leste-Oeste subiram à tona durante a crise polonesa de dezembro de 1981. Parte da disputa que se seguiu sobre o gasoduto foi exatamente quanto à necessidade de tratamento mais regularizado das questões Leste-Oeste nas instituições existentes, tais como Otan, OCDE e Agência Internacional de Energia (AIE). Na ocasião, os aliados discutiram a sério o comércio Leste-Oeste apenas no Cocom. Em conseqüência, o Cocom fez progressos, no ano e meio seguinte, sobre aspectos estratégicos do comércio Leste-Oeste, mas não sem dificuldades, para sermos exatos. Em outros aspectos, porém, a crise polonesa precipitou a pior disputa da aliança na história do pós-guerra sobre o comércio Leste-Oeste.

Sanções Polonesas

Em 1981, os principais países da Otan — Estados Unidos, Grã-Bretanha, França e Alemanha — reuniram-se quatro vezes secretamente para discutir sanções econômicas na eventualidade de uma invasão soviética da Polônia. Nessa altura, a União Soviética mobilizara cerca de 35 divisões nas proximidades da fronteira polonesa e as colocara várias vezes em 1981 em estado de alerta, indicando uma possível ação contra o governo polonês se Varsóvia não reprimisse o movimento Solidariedade. Embora forças soviéticas nunca tenham invadido o país e alguns analistas tirassem a conclusão de que a dissuasão, em última análise, funcionara, houve, de parte da União Soviética, um maciço e descarado uso de força e intimidação. Os Estados Unidos pressionaram seus aliados para que se preparassem para responder com firmeza no caso de invasão soviética.

Mesmo nessas circunstâncias, contudo, os aliados relutavam em concordar de antemão com sanções, argumentando que a invasão soviética era puramente hipotética e que era irrealista especificar sanções econômicas antes que a invasão realmente ocorresse. Os aliados, sem dúvida alguma, tinham boas razões para não cooperar. Corria um período em que porta-vozes americanos faziam comentários levianos sobre guerra nuclear e o Governo Reagan era em geral considerado na Europa como beligerante. Não obstante, o fracasso em cooperar debilitou a dissuasão diante do mais maciço uso de força visto na Europa desde a invasão da Tcheco-Eslováquia em 1968.

Além do mais, não negociando em 1981, os europeus perderam a oportunidade de moderar a subseqüente reação americana. Caso tivessem se mostrado dispostos a participar com os Estados Unidos de uma reação coletiva, poderiam ter sido capazes de persuadi-los a aceitar sanções mais moderadas ou pelo menos sanções que lhes fossem aceitáveis. Além disso, poderiam ter sido capazes de defender os interesses da Europa no projeto do gasoduto. Nesse ponto, conforme observamos acima, os Estados Unidos consideravam o gasoduto como uma questão de segurança econômica, e não como uma sanção de política externa. A missão americana sobre energia que visitou à Europa em outubro não tinha por objetivo impedir a construção do gasoduto, cujos primeiros contratos haviam sido assinados em setembro. Procurava, em vez disso, minimizar o tamanho do gasoduto e contratos correlatos de fornecimento de gás a Europa e, de modo geral, redirecionar o pensamento europeu para longe de iniciativas orientadas pela *détente* da década de 1970 e para projetos ocidentais de cooperação no campo da energia. Reconhecidamente, os Estados Unidos pouco tinham a oferecer à Europa a fim de promover a cooperação ocidental. Pressões orçamentárias internas tornavam difícil aos Estados Unidos contribuírem para projetos alternativos. E as propostas de aumentar as exportações de carvão americano e de gás norueguês para a Europa Ocidental, as duas principais alternativas ao gás soviético, eram não apenas dispendiosas mas de longo prazo (Jentleson, 1986, p. 184-90). Não obstante, a Europa teve oportunidade no outono de 1981 de comprometer os Estados Unidos com uma discussão que teria aceito um projeto de gás soviético de proporções menos ambiciosas. Ao não cooperar, os europeus deixaram o projeto de gasoduto aberto a possíveis sanções punitivas e deram aos defensores da linha-dura nos Estados Unidos, principalmente ao Departamento de Defesa, uma segunda oportunidade de acabar de uma vez por todas com o projeto.

Quando os militares poloneses montaram um golpe de estado no dia 13 de dezembro e impuseram a lei marcial, as sanções econômicas ocidentais tornaram-se inevitáveis. Esse fato colocou equipamentos como lançadores de tubulações e estações de compressores, usados no gasoduto soviético, na rede dos controles de exportação. (Tecnicamente, a Caterpillar não precisava de licença para fornecer os lançadores de tubulações, que haviam sido aprovados para exportação quatro dias antes do golpe na Polônia, mas buscou aprovação, de qualquer maneira, devido ao caráter controvertido, em 1981, do projeto do gasoduto.) Os Estados Unidos, em seguida, suspenderam todas as licenças em vigor relativas a equipamento e tecnologia de petróleo e gás, bem como a outros produtos de alta tecnologia e proibiram a emissão de novas licenças. Outras medidas menos importantes foram também tomadas, incluindo o adiamento das negociações sobre um novo acordo a longo prazo de cereais com os soviéticos.

Os Estados Unidos e seus aliados reuniram-se em uma sessão de emergência da Otan em janeiro de 1982, a fim de decidirem sobre uma ação coletiva. Embora os aliados se juntassem aos Estados Unidos na condenação dos soviéticos por seu apoio ativo à repressão na Polônia e concordassem sobre as condições que permitiriam o levantamento das sanções (fim da lei marcial, libertação dos prisioneiros políticos e reinício do diálogo com a Igreja), não concordaram sobre um conjunto comum de sanções. Achavam que a situação poderia ter sido pior, envolvendo uma invasão soviética direta. Com suas responsabilidades de liderança pela dissuasão, os Estados Unidos julgavam a situação muito grave. Por isso mesmo, as sanções que impôs foram muito além de tudo que os europeus ocidentais ou os japoneses estavam dispostos a fazer, especialmente no setor de petróleo e gás.

Além disso, as sanções americanas interromperam nesse momento as vendas européias e japonesas de equipamento de energia à União Soviética para o oleoduto siberiano e o projeto de Sakalina (o projeto nipo-soviético de exploração petrolífera na ilha soviética de Sakalina, no Mar do Japão). Três grandes consórcios europeus tinham contratos para fornecimento de turbinas e compressores que seriam usados no oleoduto — a Mannesmann (Alemanha) — Creusot-Loire (França), Nuovo Pignone (Itália) e John Brown (Reino Unido). Alguns desses consórcios haviam recebido peças (principalmnte rotores) de companhias americanas, em especial da General Electric, que nesse momento tencionavam instalar nos compressores para envio à União Soviética. As sanções americanas proibiam o embarque dessas peças nos compressores montados. Nessa altura, as sanções não se aplicavam a peças produzidas inteiramente por subsidiárias americanas na Europa ou por firmas européias que operavam nos termos de licenças de fabricação americanas, o que incluía a maior parte das firmas participantes dos consórcios europeus. Os Estados Unidos pediram às subsidiárias americanas e aos licenciados europeus que cooperassem. Autoridades européias, porém, deixaram claro que sua promessa de não solapar as sanções americanas não incluíam contratos com firmas baseadas na Europa ou contratos nos quais as firmas americanas eram meramente subempreitadas (Jentleson, 1986, p. 192).

Nesse período, os europeus argumentaram freqüentemente que as sanções pelo gasoduto eram mesquinhas, uma vez que atacavam as exportações européias para a União Soviética mas deixavam de fora as exportações americanas de cereais. (Haig menciona esse argumento, por exemplo, que lhe foi apresentado por Margaret Thatcher em fins de janeiro de 1982; 1984, p. 255-6). A acusação era indicativa do caráter pouco construtivo das discussões entre os Estados Unidos e seus aliados sobre o comércio Leste-Oeste durante todo o ano de 1981. Na verdade, a acusação era inteiramente falsa. Firmas americanas, que haviam negociado numerosos contratos diretos para a construção do gasoduto, foram as primeiras atingidas e com mais força. A Caterpillar tinha em jogo contratos no valor de US$400 milhões, e a General Electric, US$170 milhões (Jentleson, 1986, p. 204-5). No todo, os contratos americanos em risco excediam ligeiramente os da Europa, ambos totalizando entre US$1 e US$1,5 bilhão (cálculo do Departamento de Comércio na época). Os contratos americanos foram suspensos imediatamente em dezembro de 1981, numa ocasião em que o desemprego constituía problema tão grave nos Estados Unidos como na Europa. Os contratos europeus, em contraste, continuaram, prejudicados ligeiramente, talvez, por peças que não podiam ser mais enviadas pelos Estados Unidos. As sanções dificilmente foram favoráveis às exportações americanas. As acusações européias nesse sentido sugeriam a má vontade que é gerada quando sanções são discutidas apenas no auge de uma crise.

O Grupo Buckley

Ao prosseguirem com sanções unilaterais contra o gasoduto, os Estados Unidos colocaram uma bomba-relógio em sua própria indústria. Se continuassem a fazer negócios com os soviéticos, europeus e japoneses acabariam por arrebatar contratos de firmas americanas. Além do mais, o gasoduto soviético seria construído. Por isso mesmo, empresas americanas logo depois se tornariam fortes inimigas das sanções, mesmo que, por tradição, relutassem em desafiar medidas do governo no que interessava a questões de segurança nacional. Em algum momento no futuro, as sanções teriam que ser levantadas em virtude de pressão interna cada vez maior ou teriam que ser ampliadas extraterritorialmente para bloquear embarques feitos por subsidiárias ou licenciadas de firmas americanas no exterior.

Em janeiro, o secretário de Estado, Al Haig, insistiu com o presidente para que retardasse a aplicação das sanções às filiais no exterior, até que tivesse oportunidade de tratar a questão com os europeus (Haig, 1984, p. 255). Em fins desse mês, os Estados Unidos enviaram uma delegação à Europa chefiada pelo subsecretário de Estado, James L. Buckley, a fim de negociar um possível acordo de substituição sobre créditos. O subsídio a créditos concedidos à União Soviética era um ponto particularmente doloroso para os americanos. Isso não se devia apenas ao fato de que o gasoduto poderia levar a níveis perigosos de dependência e vulnerabilidade, mas também ao fato de que o Ocidente estava subvencionando os equipamentos e créditos necessários para atingir esses níveis de comércio. Neste particular, os franceses eram os principais criminosos. Haviam negociado em 1978 um acordo de cinco anos com os soviéticos, prevendo uma linha aberta de crédito a juros de 7,8%, a taxa de juros mínima na época, nos termos do Acordo sobre Diretrizes para Crédito de Exportação Oficialmente Garantido, de 1978, da OCDE. Os franceses "permaneceram relutantes em concordar com taxas de juro mínimas ou limites aos créditos totais" (Jentleson, 1986, p. 182). Na primavera de 1982, o Grupo Buckley partiu para negociar juros mínimos mais altos para a União Soviética, nos termos do arranjo da OCDE, e estabelecer um limite aos créditos, incluindo o volume do pagamento inicial sobre a compra de equipamentos que poderiam ser financiados.

O Grupo Buckley reuniu-se várias vezes antes da Conferência de Cúpula de Versalhes, que teve lugar no período de 4-6 de junho de 1982. Essas negociações ocorreram em um foro separado daquele em que se procediam os preparativos para a cúpula, estes últimos a cargo de representantes pessoais, ou *sherpas* dos líderes da conferência de alto nível. Essa separação ou contribuiu para a confusão que surgiu em Versalhes sobre as questões do comércio Leste-Oeste ou foi em si mesma explorada pelos aliados, especialmente pelos franceses, para que esta fosse criada. O que quer que fosse, a delegação americana ajudou na confusão o tempo todo.

Desde o início, o secretário Haig e seu secretário-assistente de Estado para Assuntos Econômicos e Comerciais, Robert Hormats, que servia também como representante pessoal do presidente Reagan em Versalhes, trabalharam de acordo com um conjunto de pressupostos diferentes dos esposados pela Casa Branca e membros do Conselho de Segurança Nacional. Conforme lembra em suas memórias, o secretário Haig jamais acreditou que as sanções de dezembro deviam ser aplicadas retroativamente a licenças de exportação que já haviam sido expedidas para envio de partes de compressores para a Europa. "Duvido que essa fosse também a intenção do presidente", diz ele (Haig, 1984, p. 254). Por isso mesmo, supunha que se os Estados Unidos pudessem negociar um acordo razoável sobre créditos, o presidente suspenderia as sanções em vigor e, sem dúvida, ele disse aos europeus que assim aconteceria. Sugeriu-lhes também, ainda de acordo com suas memórias, que os Estados Unidos se mostrariam dispostos a intervir mais ativamente nos mercados cambiais se os europeus, aludindo especialmente aos franceses, para os quais a intervenção era assunto menos importante (ver Capítulo 7), adotassem uma política mais cooperativa com vistas a limitar futuros créditos garantidos pelo governo à União Soviética (Haig, 1984, p. 305-6).

Essa posição não era a do conselheiro de segurança nacional, o juiz William Clark, nem a de outros membros da Casa Branca ou do quadro de pessoal do Conselho de Segurança Nacional. Conforme recorda Haig, a decisão de bloquear contratos vigentes foi tomada administrativamente após as decisões de 29 de dezembro. É verdade, mas o presidente concordou inteiramente com isso. Para o pessoal da Casa Branca, portanto, nunca houve uma questão de suspender sanções aos contratos em vigor para fornecimento de peças americanas, mas apenas a questão de se ou não o presidente poderia ampliá-las para abranger também equipamento vendido por subsidiárias ou licenciadas americanas no exterior.

Isso dependeria do resultado da missão Buckley. Esta mensagem foi transmitida inequivocamente aos franceses e aos outros países em discussões dos *sherpas* antes da Conferência de Cúpula de Versalhes. Hormats, que chefiava o grupo dos *sherpas*, estava numa situação especialmente difícil. Era colega de confiança de Haig e mais tarde se exoneraria quando seu chefe tomou essa atitude. Por outro lado, era também o representante pessoal do presidente na cúpula, mesmo que nem sempre contasse com toda a lealdade e confiança de alguns membros do quadro de pessoal da Casa Branca. Sua nomeação para o cargo de subsecretário de Estado para Assuntos Econômicos, substituindo Rashish, que se exonerara em janeiro, foi bloqueada na ocasião por senadores conservadores no Capitólio.

Dadas as fissuras na própria representação americana na cúpula, não é inconcebível que europeus e japoneses recebessem várias mensagens diferentes sobre a questão das sanções e resolvessem aceitar as que queriam ouvir. Os franceses, os anfitriões em Versalhes, tentaram durante todos os preparativos excluir da agenda as questões Leste-Oeste. Argumentaram que o Grupo Buckley estava tratando disso e que não havia necessidade de levar o problema aos líderes. No fim, os franceses cederam, mas apenas na última reunião dos *sherpas*, e em seguida, conforme veremos, tentaram se assenhorear da questão Leste-Oeste e resolvê-la antes do início da conferência de cúpula. Os japoneses, por seu lado, sempre consideraram suas preocupações com o projeto Sakalina como separado do gasoduto soviético na Europa. Por isso mesmo, eles, também, podem ter trabalhado sob a ilusão de que os contratos em vigor para Sakalina ficariam de fora das sanções americanas.

A Conferência de Cúpula de Versalhes

O planejamento para Versalhes sobre as questões Leste-Oeste, por conseguinte, foi menos do que ótimo. Mas não devia ter havido dúvida sobre a posição com que os Estados Unidos chegavam a Versalhes (especialmente sobre as opiniões do presidente. Ver a discussão adiante). Em reuniões do Conselho de Segurança Nacional antes da reunião de Versalhes, o assunto fora exaustivamente debatido.

Haig achava que o presidente devia suspender as sanções aos contratos em vigor, se os aliados concordassem em limitar os créditos e reduzir futuras compras de gás à União Soviética — ou, especificamente, nenhuma duplicação do gasoduto, e redução das compras ao primeiro, o que já acontecia no mercado à medida que os preços da energia começavam a cair em 1982. Haig queria também isentar imediatamente os contratos japoneses. Frank Carlucci, vice-secretário de Defesa, discordou. Dada a situação na Polônia, pensava ele, não era hora de suspender as sanções. Além do mais, duvidava que um acordo efetivo sobre créditos pudesse ser conseguido em Versalhes. Na ausência do acordo, as sanções eram o único meio para retardar e encurtar o projeto do gasoduto e ganhar tempo para formular alternativa. Bill Casey, diretor da CIA, concordava com ele.

O secretário de Comércio, Baldrige, e o secretário do Tesouro, Regan, achavam que o resultado dependeria do que o subsecretário Buckley conseguisse negociar sobre os créditos. A última reunião do grupo de Buckley foi marcada para alguns dias antes da conferência de cúpula. Se Buckley conseguisse um bom acordo sobre os créditos, os secretários de Comércio e Tesouro opinariam pela suspensão das sanções, embora Regan pensasse que isso deveria ser feito separadamente, depois da cúpula, para não debilitar a pressão na conferência para um bom acordo sobre os créditos. O subsecretário Buckley não estava otimista em conseguir um bom resultado, observando que outros países eram contrários ao acordo, além da França. Queria poder suspender as sanções como instrumento de pressão, a fim de conseguir o acordo, em vez de esperar e suspendê-las apenas depois de tê-lo alcançado. Por outro lado, se os Estados Unidos não o obtivessem, o subsecretário Buckley era de opinião de que as sanções teriam que ser estendidas às filiais de empresas americanas no exterior.

Na opinião do presidente, a sanções haviam sido impostas por causa da Polônia. E queria que os aliados as apoiassem e fortalecessem. Se concordassem com um acordo sobre os créditos, não as estenderia às filiais das empresas americanas. Por outro lado, suspendê-las dependia do que acontecesse com a Polônia. Walesa continuava na prisão. O presidente pensava que os aliados deviam ajudá-lo a convencer a União Soviética e Varsóvia a libertá-lo e a atender a outras condições acordadas na Otan. Se fizessem isso, os Estados Unidos deixariam que fosse fornecido equipamento para o gasoduto. Mas os soviéticos tinham que mostrar serviço. Para o presidente, a suspensão das sanções dependia do que os soviéticos fizessem. E não estender as sanções para abranger as filiais dependia do que os aliados, em última análise, fizessem — isto é, aceitassem um acordo de crédito confiável.

Não havia espaço para confusão nessas discussões. Apesar disso, ela prevaleceu na cúpula. Na noite em que chegou a delegação americana, circulou o boato de que os franceses haviam concordado em elevar a União Soviética a uma categoria mais alta de taxa de juros no acordo de crédito da OCDE. Isso significava, segundo foram informados alguns membros da mídia, que a questão comercial Leste-Oeste tinha sido resolvida e estava fora da agenda. Não havia, porém, substância no boato e, para evitar confusão, assessores do Conselho de Segurança Nacional e do Departamento de Estado prepararam conjuntamente subsídios, lembretes de assuntos que o presidente poderia usar nas reuniões bilaterais do dia seguinte (o dia anterior à abertura oficial da conferência) com seus colegas do Japão, Grã-Bretanha, Alemanha, Itália e França. Esses lembretes reiteravam a posição do presidente e prosseguiam especificando os termos exatos de um acordo sobre créditos. O acordo, indicavam os lembretes, deveria incluir o compromisso de restringir créditos oficialmente garantidos à União Soviética, significando a palavra "restringir" elevar o custo ou limitar o volume de crédito, ou as duas coisas, e não apenas monitorar os fluxos de crédito ou troca de informações sobre eles. Além disso, o acordo deveria prover um mecanismo de acompanhamento que formularia os detalhes dessas restrições tão logo quanto possível (como, por exemplo, em meados de julho). Os lembretes indicavam em seguida que, se os Estados Unidos conseguissem esse tipo de acordo, o presidente se absteria definitivamente de estender as sanções para abranger as filiais americanas no exterior e se mostraria tão flexível quanto possível sobre a suspensão seletiva das sanções em vigor, tanto no que dizia respeito a equipamento que já se encontrava na Europa quanto ao que seria fornecidd o ao projeto de Sakalina.

Ao tomar conhecimento dos lembretes, o secretário Haig horrorizou-se com os termos rígidos especificados sobre o acordo de crédito e censurou seus próprios assessores e os do CSN por terem elaborado tal documento. Mas quando foram mostrados ao juiz Clark, ele os aprovou e acrescentou uma nota à margem, sugerindo que talvez o presidente não devesse ir tão longe, a ponto de dizer o que poderia fazer para suspender as sanções, se conseguisse o especificado acordo sobre os créditos. Clark sabia que um acordo de crédito com ameaças era coisa arriscada e relutava em renunciar ao poder de alavancagem do presidente. Já Haig estava disposto a renunciar às sanções em troca de qualquer acordo de crédito que salvasse as aparências. O fosso entre os dois principais conselheiros do presidente em política externa não poderia ter sido maior.

Escreveu Haig em suas memórias que, no dia seguinte, o primeiro dia completo da cúpula, conseguiu um acordo entre os ministros de Relações Exteriores e Finanças para restringir os créditos à União Soviética, em troca de um acordo americano de intervir nos mercados cambiais e fortalecer o franco (Haig, 1984, p. 309). Se isso aconteceu, havia aí uma ligação que nunca fora autorizada em qualquer ponto dos preparativos para a cúpula ou na própria cúpula e era aparentemente um acordo, como o próprio Haig reconhece, do qual o secretário do Tesouro americano não participou e sobre o qual nem teve conhecimento. Na verdade, ninguém parecia saber da existência de tal acordo porque, quando Mitterrand iniciou a discussão sobre o comércio Leste-Oeste na última manhã da cúpula, ele parecia, segundo Haig, "ignorar inteiramente o que os ministros haviam tortuosamente conseguido na noite anterior" (1984, p. 309).

Franceses que participaram da cúpula oferecem uma explicação alternativa (transmitida em confiança a este autor em fins de 1982). Segundo eles, os principais *sherpas* presentes à cúpula negociaram de fato um texto final sobre o comércio Leste-Oeste no final da noite que precedeu a sessão plenária final. Os ministros de Finanças, no entanto, não participaram dessas discussões e, na manhã seguinte, apresentaram um texto inteiramente diferente, que nada dizia sobre intervenção nos mercados cambiais. Dessa maneira, os chefes de Estado e governo iniciaram a sessão plenária final tendo diante de si textos contraditórios. Segundo essa explicação, Mitterrand resolveu simplesmente ignorar os dois e recomeçar tudo da estaca zero.

De qualquer modo, a discussão da questão do comércio Leste-Oeste no último dia da cúpula foi mal preparada e confusa, para dizer o mínimo. (O autor serviu como estenógrafo nessa sessão.) Por essa altura, era claro que nenhum acordo detalhado sobre créditos estava sendo elaborado. Os franceses deixaram também claro que não havia acordo sobre o arranjo de crédito da OCDE, conforme boatos que haviam circulado antes. Dessa maneira, o debate na sessão plenária final da cúpula travou-se principalmente em torno de se os créditos deveriam ser absolutamente limitados e, se assim, de que maneira a palavra *limitado* devia aparecer na linguagem do comunicado final sobre os créditos Leste-Oeste.

Três líderes — Trudeau, Schmidt e Mitterrand — opunham-se ao uso das palavra *limitado*, aplicada diretamente aos créditos a exportações. Reagan e

Thatcher apoiavam-no fortemente. Spadolini, o chefe de Estado italiano, e Suzuki, seu colega japonês, permaneceram calados mas não se opuseram à linguagem. Os franceses estavam muito preocupados porque a linguagem sobre limites de crédito no comunicado oficial só se aplicaria a governos e, daí, a créditos fornecidos por governos, que eram responsáveis pela maior parte dos créditos franceses no comércio Leste-Oeste. Enquanto isso, os créditos abertos por bancos privados na Alemanha, Estados Unidos e outros países da cúpula não seriam incluídos, uma vez que os governos desses países não exerciam controle direto de empréstimos privados. A preocupação de Mitterrand era válida. Mas era de natureza técnica demais para ser tratada nesse estágio final e entre chefes de Estado e governo. Por isso, Mitterrand tentou evitar no comunicado qualquer linguagem que limitasse diretamente os créditos às exportações. Nessa altura da discussão, a linguagem ainda mencionava a "necessidade de limitar os créditos a exportações à luz da prudência comercial". Quando, finalmente, Trudeau disse que aceitaria essa linguagem, enquanto ela não implicasse cortes arbitrários nos créditos, Mitterrand pareceu ter sido flanqueado. No último minuto, porém, Spadolini sugeriu uma rearrumação das palavras, cujo fraseado passaria a ser "a necessidade de prudência comercial na limitação de créditos a exportações". Nesse momento, a linguagem pedia prudência comecial, e não diretamente a limitação dos créditos a exportações.

Mitterrand aceitou ávido o novo fraseado e sem dúvida pensou realmente, como sugeriram seus comentários em uma entrevista coletiva à imprensa na manhã seguinte, que ele não impunha obrigações especiais à França de limitar os créditos. Ao negar no dia seguinte que a França tivesse assumido qualquer obrigação de limitá-los, Mitterrand referiu-se à declaração do secretário Regan imediatamente após a cúpula, de que os Estados Unidos não haviam assumido obrigação de intervir nos mercados cambiais. Conforme sugere a versão precedente das discussões finais em Versalhes, os dois estavam tecnicamente certos. Não houvera acordos firmes ou claros sobre nenhum desses assuntos. Normalmente, os líderes da cúpula poderiam ter se refugiado na ambigüidade. O fato de terem ventilado publicamente suas divergências, contudo, sugeria a profundidade da convicção com que sustentavam suas posições básicas. Seus sentimentos logo depois subiriam à tona em um dos piores tumultos da aliança no período do pós-guerra.

Sanções Extraterritoriais

O presidente viajou a Bonn, Roma e Londres, após a cúpula, antes de voltar aos Estados Unidos no dia 11 de junho. A questão das sanções seguiu-o nessas viagens. Aparentemente, em Bonn, fez mais uma tentativa de esclarecer suas opiniões ao chanceler Schmidt. Segundo pelo menos um dos participantes na reunião, o chanceler Schmidt olhou para fora da janela quando o asssunto sanções foi mencionado. Esse gesto, se a história é verdadeira, simbolizou a maneira como os aliados haviam tratado a questão Leste-Oeste durante um ano inteiro. Desde a cúpula de Ottawa, haviam feito todo possível para ignorar a questão. Tinham, sem dúvida, boas razões para pensar que os americanos estavam obcecados com a questão. Mas o presidente tinha igualmente boa razão para pensar que eles não lhe estavam dando ouvidos. A questão teria que se agravar antes de poder ser resolvida.

O agravamento ocorreu no dia 18 de junho. O presidente, como dissera que faria se não conseguisse um acordo firme sobre crédito, com meios de cumprimento, finalmente estendeu as sanções ao gasoduto às filiais americanas no exterior. Nesse momento passou a ser ilegal para subsidiárias ou filiais na Europa enviar à União Soviética equipamentos para a construção do gasoduto. Os aliados, previsivelmente, repeliram essa usurpação de sua soberania. Os governos britânico, francês, italiano e alemão ocidental invocaram legislação que protegia suas companhias de legislação americana e ordenaram que dessem prosseguimento ao atendimento de suas encomendas. Quando as companhias européias assim procederam, os Estados Unidos proibiram todas as exportações para elas, mas posteriormente recuaram para incluir apenas exportações referentes a petróleo e gás. O secretário Haig exonerou-se por causa desse incidente (embora isso fosse simplesmente a palha que quebrou a espinha do camelo) e o novo secretário de Estado, George Shultz, passou os meses de verão tentando descobrir uma maneira de acabar com a guerra econômica aberta que, nesse momento, era travada nos dois lados do Atlântico.

O Enfoque Prudente Revisitado: De Versalhes a Williamsburg

O Comunicado de Versalhes tomara, na verdade, emprestada a linguagem do documento inicial sobre o enfoque prudente do Governo Reagan, apresentado um ano antes na Conferência de Cúpula de Ottawa. No principal parágrafo sobre o comércio Leste-Oeste, dizia: "Concordamos em adotar um enfoque prudente e diversificado com a URSS e a Europa Oriental, compatível com nossos interesses políticos e de segurança." E prosseguia pedindo mais trabalho para controlar as exportações de produtos estratégicos no Cocom (que não podia ser mencionado no comunicado porque sua existência era supostamente secreta), a fim de promover a troca de informações na OCDE sobre todos os aspectos das relações econômicas, comerciais e financeiras com a União Soviética e a Europa Oriental, e encarar cautelosamente as relações financeiras com o Leste, incluindo "a necessidade de prudência comercial na limitação dos créditos a exportações". Exatamente no momento em que seu enfoque prudente estava conseguindo algum consenso, o Governo Reagan mudou para uma política mais restritiva de denegação (para o texto do Comunicado de Versalhes, ver *NYT*, 7 de junho de 1982).

As divergências dentro da aliança eram tanto sobre o processo das discussões do comércio Leste-Oeste (isto é, quando essas questões poderiam ser discutidas sistematicamente entre os aliados) quanto sobre a substância das mesmas. Esse ponto foi frisado novamente em fins de junho quando, no meio da confusão do gasoduto, os aliados concordaram com um novo arranjo de crédito da OCDE, que elevou as taxas de juros e colocou a União Soviética na mais alta categoria. O arranjo atendeu, na verdade, a um dos principais objetivos da política dos Estados Unidos e tornou-se possível, em parte, porque o arranjo de crédito da OCDE, tal como o do Cocom, proporcionava um foro onde os aliados podiam discutir esses assuntos fora da luz dos holofotes e das atenções da mídia, que acompanhavam as cúpulas e as crises. Em contraste, embora o Comunicado de Versalhes pedisse "revisão periódica *ex-post* das relações econômicas e financeiras Leste-Oeste", o Grupo Buckley, formado para discutir limites de volume aos créditos, foi dissolvido, ao passo que a OCDE e a Agência Internacional de Energia (AIE) relutavam em estudar sistematicamente questões econômicas e de energia mais amplas nas relações com o Leste. Qualquer plano para remendar os estragos feitos na disputa em torno do gasoduto teria, nesse momento, que levar em conta a falta de mecanismos adequados de negociação, ou as grandes divergências sobre o comércio Leste-Oeste continuariam a dividir publicamente a aliança.

Flertando com a Denegação

De dezembro de 1981 até o verão de 1982, endureceu a política americana sobre o comércio Leste-Oeste. Os Estados Unidos identificaram 22 categorias de equipamento e tecnologia para a indústria de petróleo e gás que nesse momento classificaram como estratégicos e para os quais recorreram aos controles de exportações estratégicas do Cocom. Além disso, aceitaram os argumentos do Departamento de Defesa, de que a compra de gás da União Soviética aumentava a receita em divisas fortes desse país e ajudavam-no a financiar aquisições de tecnologia no Ocidente Esse argumento, que ia além das preocupações do verão de 1981 sobre a vulnerabilidade da Europa Ocidental a possíveis cortes do suprimento de gás soviético, constituía na verdade um apelo para suspensão de todas as importações da União Soviética, uma vez que quaisquer exportações dela para o Ocidente rendiam moedas fortes e contribuíam para os recursos totais da URSS. Juntamente com os controles ampliados das exportações do Ocidente, tais como as de petróleo e gás, esse enfoque importava em proibição total de comércio com a União Soviética. O conselheiro de Segurança Nacional, juiz Clark, esboçou o novo enfoque já em maio de 1982, quando disse: "Temos que obrigar nosso principal adversário, a União Soviética, a suportar o fardo de suas carências econômicas" (*NYT*, 22 de maio de 1982). Os Estados Unidos voltaram a flertar com o enfoque da denegação no comércio Leste-Oeste.

O enfoque da denegação é altamente convincente no abstrato, mas inteiramente impraticável (para a justificação teórica disso, ver Walinsky, 1982-1983). Era também inteiramente incoerente com a política americana sobre venda de cereais. No verão de 1982, no fragor da batalha sobre as sanções, os Estados Unidos autorizaram a renovação por um ano do Acordo a Longo Prazo de Cereais com a União Soviética, que expirava em setembro de 1982, e uma prorrogação multianual que fora adiada em dezembro de 1981 por causa das sanções. Embora fosse apresentado o argumento de que as vendas de cereais, ao contrário das vendas de gás pelos soviéticos, absorviam e não geravam divisas fortes, esse argumento era inteiramente especioso. Do ponto de vista de transferência de recursos, as vendas de cereais permitiam que os soviéticos realocassem recursos internos para exportação e gerassem moedas fortes adicionais, da mesma maneira como com as exportações de gás. Não obstante, o governo prorrogou o Acordo de Cereais durante um ano, no outono de 1982, tendo evidentemente em mente as eleições para o Congresso em novembro, e em seguida assinou um novo acordo de longo prazo em agosto de 1983, que garantia contra o embargo futuras vendas de cereais americanos. Para dizer o mínimo, isso representava uma contradição indecente com a política de denegação dos Estados Unidos. Zbigniew Brzezinski, do Conselho de Segurança Nacional, assessor do presidente Carter, cujo governo fora severamente acusado de fraqueza diante da União Soviética, deu o troco apropriado ao Governo Reagan quando disse, sobre a assinatura do novo tratado de longo prazo: "O que é realmente repugnante é ver o secretário (da Agricultura) Block ir rastejando de joelhos para Moscou" (*NYT*, 26 de agosto de 1983).

A despeito desses reveses, a política de denegação exerceu considerável atração no começo do governo Reagan — especialmente quando comparada com a *détente*, a única outra alternativa que fora adequadamente conceitualizada até esse momento. A denegação evitava qualquer tendência para que as relações políticas e econômicas substituíssem a defesa militar, ao exigir que todas as políticas, "diplomáticas, políticas, econômicas e informacionais(...) fossem construídas sobre uma base de força militar" (*NYT*, 22 de maio de 1982). O objetivo era, como disse um membro do governo, "elaborar uma estratégia a longo prazo da aliança sobre as relações econômicas Leste-Oeste que tivesse a coerência e a profundidade de nossa estratégia militar" (Jentleson, 1986, p. 194).

Não obstante, no fim, denegação e *détente* se alimentaram reciprocamente porque ambas esperavam demais de relações econômicas entre sociedades fundamentalmente diferentes. Duas décadas de denegação de todo comércio com a União Soviética depois da Segunda Guerra Mundial não haviam afetado significativamente o crescimento do poder militar dos russos. Tampouco uma década de *détente* nos anos 70 havia alterado significativamente a sociedade soviética ou lhe restringido o comportamento em política externa. Só meios militares e, em última análise, políticos produzem conseqüências suficientes para estabilizar e dirigir as relações americano-soviéticas para direções mais pacíficas. Ao pressionar com o argumento pela denegação, o Governo Reagan apenas fortaleceu a justificação posterior da *détente*. Se laços econômicos pudessem ser tão importantes para punir a União Soviética, teriam que ser também igualmente importantes para promover a cooperação.

Recolocando o Gênio na Garrafa

George Shultz, que se tornou o novo secretário de Estado no verão de 1982, tinha idéias bem conhecidas sobre a política de comércio Leste-Oeste. Em uma entrevista à revista *Business Week* em 1979, condenara a "diplomacia de interruptor de luz", através da qual os Estados Unidos procuravam ligar e desligar o comércio Leste-Oeste para sinalizar aprovação ou desaprovação da política soviética (Shultz, 1979). Por isso, no verão de 1982, com um monte de outros problemas econômicos na agenda Estados Unidos-aliados (ver Capítulo 7), Shultz enfrentou o problema do gasoduto, principalmente para tirar-lhe o pavio com toda rapidez possível, sem provocar a mesma controvérsia, na Casa Branca e Departamento de Defesa, que dera origem à exoneração de Al Haig. A Casa Branca, por outro lado, estava irritada com a maneira como os aliados haviam tratado as opiniões do presidente sobre o comércio Leste-Oeste e resolvida a explorar a disputa do gasoduto para puxar os aliados, tanto quanto possível, para o enfoque da denegação. O cabo-de-guerra dentro do governo — principalmente entre o Departamento de Estado e alguns elementos do Departamento de Comércio (as divisões encarregadas de promoção do comércio), por um lado, e o Conselho de Segurança Nacional, o Departamento de Defesa e as divisões de controle das exportações do Departamento de Comércio, por outro — era no mínimo tão intenso quanto dentro da aliança. Esse cabo-de-guerra chegou mesmo à Casa Branca, onde funcionários de relações públicas e formulação de política se chocaram repetidamente nos vários meses seguintes sobre a maneira de tratar as questões do gasoduto e do comércio Leste-Oeste.

Enquanto o Conselho de Segurança Nacional e o Departamento de Comércio trabalhavam no verão de 1982 a todo vapor expedindo ordens de denegação a fim de punir firmas européias que violavam as sanções americanas, George Shultz e o Departamento de Estado conseguiam uma vantagem inicial ao manobrar a disputa no sentido de uma eventual solução. Numa reunião informal dos ministros de Relações Exteriores da Otan realizada em La Sapinière, Canadá, em princípios de outubro, Shultz apresentou um denominado não-documento (um documento diplomático que ninguém reconhece oficialmente) que procurava estabelecer um conjunto de critérios ou princípios para o comércio Leste-Oeste, prescrever alguns objetivos comuns para esse comércio e criar uma estrutura para o estudo e a negociação de problemas entre os aliados. Esse não-documento tornou-se a base de intensas discussões durante o mês de outubro entre os embaixadores dos países da cúpula em Washington e o secretário Shultz. O CSN e outros departamentos foram informados mas não se envolveram nessas negociações. Habilmente, o secretário Shultz explorou seu período inicial de lua-de-mel para se assenhorear da questão comercial Leste-Oeste.

As negociações do Departamento de Estado produziram finalmente um "Sumário de Conclusões" que detalhava o acordo aliado sobre critérios, objetivos e plano de trabalho de uma série de estudos sobre as questões do comércio Leste-Oeste. Na base desse acordo, os Estados Unidos anunciaram, no dia 13 de novembro de 1982, que haviam suspendido as sanções sobre o gasoduto e as ampliações de extraterritorialidade (*NYT*, 14 de novembro de 1982). Os franceses tiraram o corpo fora do anúncio feito pelos americanos porque o mesmo ligava a suspensão das sanções ao "Sumário de Conclusões" e dava a impressão de que eles haviam feito algumas concessões para que as sanções fossem suspensas. Evidentemente, o acordo não poderia ter sido as duas coisas — tão importante que os franceses não o reconheciam e tão insignificante que os Estados Unidos, na verdade, nada tiravam dele. Na verdade, uma vez preservadas as aparências diplomáticas em todos os lados, o "Sumário de Conclusões" representava um conjunto significativo de soluções conciliatórias entre os aliados. E criou a estrutura que, no fim, recolocou na garrafa o gênio do gasoduto e a divergência mais ampla sobre o comércio Leste-Oeste.

O "Sumário de Conclusões" criou quatro critérios básicos para o comércio Leste-Oeste que se conformavam em geral às categorias e diretrizes de política do documento inicial dos Estados Unidos sobre o enfoque prudente. O comércio

1. Não contribuiria diretamente para a vantagem estratégica da União Soviética.
2. Seria conduzido aos preços e condições prevalecentes de mercado.
3. Não resultaria em situações em que o Ocidente ficaria abertamente dependente de recursos soviéticos.
4. Produziria um equilíbrio de vantagens para as partes envolvidas.

Na base desses critérios, o "Sumário" estabelecia objetivos para áreas específicas, tais como limitações de importações de energia da União Soviética, e, em seguida, pedia uma série de estudos separados e gerais para atingir esses objetivos. Os Estados Unidos tinham esperança de que o processo de estudo criasse uma estrutura permanente para discussão das questões comerciais Leste-Oeste.

O acordo de novembro iniciou um processo que poderia, potencialmente, ter levado a aliança de volta para algum terreno intermediário entre denegação e *détente*. Mas era claro que havia ainda um longo caminho a percorrer antes que essa questão pudesse ser normalizada. Além do mais, como resultado da Conferência de Cúpula de Versalhes, a questão ainda era identificada com chefes de Estado e Governo. O presidente Reagan seria o anfitrião da Cúpula de Williamsburg, na primavera de 1983. Em novembro de 1982, os franceses ainda não haviam concordado com datas definidas para a cúpula seguinte e Mitterrand pusera em dúvida o próprio processo de conferências de alto nível (ver Capítulo 7). Dessa maneira, a questão do comércio Leste-Oeste continuou a ser o pavio altamente inflamável que poderia dar origem a outra explosão dentro da aliança. E teria que ser tratado com cuidado extremo nos preparativos para Williamsburg. É duvidoso que as questões do comércio Leste-Oeste tenham sido trabalhadas tão intensa e energicamente, tanto dentro da aliança como no governo dos Estados Unidos, como nos seis meses seguintes.

Estudos de Comércio Leste-Oeste

Em meados de novembro, em discussões entre o secretário Shultz e o ministro das Relações Exteriores francês, Cheysson, e o presidente Mitterrand, os líderes franceses deixaram claro que só poderiam concordar em realizar estudos isolados sobre aspectos separados do comércio Leste-Oeste. Não poderiam aceitar a idéia de um estudo global, de um novo grupo ou diretoria para supervisionar um estudo ou quaisquer novos objetivos ou critérios que criassem compromissos de cumprimento compulsório. A França sempre resistira na Otan a compromissos que fossem além de promessas básicas de segurança coletiva e havia se distanciado de acordos institucionais comuns, mesmo na área de segurança (tendo deixado a estrutura de comando integrado da Otan em 1966). Quando, em 1973, o secretário de Estado Henry Kissinger tentou negociar uma Carta do Atlântico relativa à segurança e assuntos econômicos, teve pela frente, como principal adversário, o ministro do Exterior francês, Michel Jobert (Kissinger, 1982, p. 128 e segs.). Em 1982, Jobert era o ministro de Comércio de Mitterrand. Ele sem dúvida alertou Mitterrand que os americanos estavam, mais uma vez, tentando ampliar compromissos do Atlântico além da esfera de segurança e institucionalizá-los em uma nova diretoria econômica Leste-Oeste.

Para que as divergências franco-americanas fossem superadas, por conseguinte, os estudos Leste-Oeste teriam que prosseguir sem quaisquer precondições. Se os resultados desses estudos se aproximassem dos critérios e objetivos do "Sumário de Conclusões", os Estados Unidos ficariam satisfeitos. E se não tivesse havido compromissos prévios, os franceses poderiam aceitar esses resultados como tendo emergido dos próprios estudos e decidir nesse momento implementar-lhes as recomendações.

Em conseqüência, os estudos se tornaram o ponto focal das negociações nos vários meses seguintes, e os preparativos para Williamsburg se transformaram no mecanismo global, de alto nível, para forçar a realização dos estudos individuais e dirigi-los para algum tipo de conclusões gerais. Era um bocado de responsabilidade para o frágil processo de cúpula suportar.

No todo, foram realizados cinco estudos. No outono de 1982, o Cocom divulgou uma nova lista revisada a fim de identificar novos produtos e tecnologias estratégicas que deviam ser controladas (isso deveria ser feito a cada três anos, mas o Cocom, devido à sua fragilidade, não pudera organizar uma lista revisada desde 1977). Os Estados Unidos tinham uma longa lista de novos itens para acrescentar aos controles do Cocom, incluindo as 22 categorias de equipamentos e tecnologia de gás e petróleo, denominados como outros produtos de alta tecnologia, e uma lista das chamadas tecnologias emergentes (tecnologias avançadas sem uso militar no presente, mas potencial no futuro) que queriam que o Cocom vigiasse. Em segundo, os aliados convocaram o plenário do arranjo de crédito a exportações da OCDE, que fora renovado por um ano em fins de junho de 1982, a fim de negociar novas cláusulas dispondo sobre ajustamento automático das taxas de juros para níveis de mercado, reduzindo o nível de cobertura de créditos e garantias (isto é, maiores pagamentos iniciais, que não poderiam ser financiados ou garantidos) e prazos de vencimento mais curtos, continuando a colocar a União Soviética na mais alta categoria de taxas de juros, juntamente com os países industrializados do Ocidente. Em terceiro, a OCDE iniciou conversações para monitorar e avaliar o saldo de vantagens e desvantagens no comércio global Leste-Oeste e nas relações financeiras, avaliação esta destinada a proteger compradores e vendedores ocidentais das práticas monolíticas de comércio da União Soviética. Em quarto, a Agência Internacional de Energia iniciou uma análise, que os Estados Unidos esperavam usar para limitar a 30% dos suprimentos totais futuras importações de gás pela Europa de um único fornecedor que não fizesse parte da OCDE. Além disso, esse estudo, esperavam os Estados Unidos, estimularia o desenvolvimento acelerado de suprimentos ocidentais alternativos, particularmente do grande campo norueguês de Troll, no mar do Norte, e criaria salvaguardas para protegê-los contra potenciais suspensões no fornecimento de gás. E quinto, a Otan iniciou um estudo das implicações para a segurança das relações econômicas Leste-Oeste, que os Estados Unidos esperavam que se tornasse parte da avaliação regular que a Otan fazia da capacidade estratégica soviética e que contribuiria para aumentar o status do Comitê Econômico da Otan, que raramente se reunia no nível político.

Preparativos para Williamsburg

Os primeiros trabalhos de planejamento americano para a Conferência de Cúpula de Williamsburg procuraram reunir esses estudos e dirigi-los para algumas conclusões, antes ou durante a reunião. O objetivo era atender à grande preocupação do presidente Reagan com essas questões, mas sem antagonizar os aliados e gerar um segundo mal-entendido, tal como o que ocorrera em Versalhes. Em janeiro, foi criado um grupo de trabalho intergovernamental para, sob liderança do Departamento de Estado, dirigir e coordenar a participação dos Estados Unidos nos estudos dos aliados. O grupo incluía membros do CSN, que tinham profundas desconfianças de que o Departamento de Estado não compartilhava dos compromissos do presidente com as questões do comércio Leste-Oeste e que, tal como os aliados, consideravam os estudos como pouco mais do que um instrumento para salvaguardar as aparências, por terem sido suspensas as sanções.

Nas primeiras sessões formais dos *sherpas* em San Diego, em meados de março, os Estados Unidos lembraram aos aliados que suas duas principais reações à questão do comércio Leste-Oeste nos dois últimos anos haviam sido contraditórias. Por um lado, os aliados tinham procurado invariavelmente excluir o tópico da agenda, mas, por outro, queixavam-se de que a questão, quando chegasse à cúpula, não fora suficientemente preparada e que as idéias do presidente Reagan sobre o assunto os haviam tomado de surpresa. Em Williamsburg, disseram os representantes americanos, os países da cúpula tinham uma opção. Ou poderiam concordar nesse momento, em março, dois meses antes da cúpula, em que os líderes discutiriam o assunto, preparando-o com todo cuidado, procurando obter resultados máximos nos estudos sobre o comércio Leste-Oeste e trabalhar para que fosse conseguido um resultado construtivo em Williamsburg, ou poderiam debater de março até maio se o tópico devia constar da agenda, supondo que os estudos sobre o comércio estavam cuidando da questão, e correr, em Williamsburg, o risco de outra grave confrontação. Os franceses continuaram a resistir à inclusão do tópico para outra discussão séria em Williamsburg. Os britânicos, por outro lado, viam os perigos que se escondiam no assunto e insistiam veementemente em que Estados Unidos e França iniciassem imediatamente contatos de alto nível, com vistas a determinar exatamente o que podia ou não ser conseguido nos vários estudos à época da conferência de Williamsburg.

No mês e meio que se seguiu, os presidentes Reagan e Mitterrand realizaram contatos bilaterais diretos, tanto através de correspondência particular quanto por intermédio de seus representantes pessoais na reunião de cúpula. Esses contatos identificaram os resultados específicos que cada país procurava e podia aceitar nos cinco diferentes estudos em andamento sobre o comércio Leste-Oeste. O presidente Reagan garantiu a Mitterrand que se os estudos produzissem, à época de Williamsburg, resultados com os quais haviam concordado na correspondência trocadas entre ambos, os líderes poderiam celebrar esses êxitos na conferência e, à parte isso, excluir o assunto da agenda. Se os resultados fossem insatisfatórios, contudo, disse o presidente Reagan, o comunicado da cúpula, que os próprios líderes redigiriam, teria que manifestar francamente essas divergências. O presidente francês, por seu lado, deixou claro que a cúpula em si não poderia, em nenhuma circunstância, chamar a atenção para o tópico do comércio Leste-Oeste. Tinha esperança de que o assunto fosse tratado em outras instituições. Ambos os líderes, por conseguinte, sentiam forte interesse em que a questão fosse resolvida antes da cúpula. O apoio francês, conforme se veria, seria fundamental para que se chegasse a acordo em outras instituições, tal como a OCDE.

Reuniões do Cocom, AIE e OCDE

O Cocom voltou a reunir-se em uma sessão de alto nível em abril de 1983. Essa reunião acelerou significativamente a revisão da lista, que seria completada no ano seguinte e endureceria os controles sobre equipamentos eletrônicos e de comunicações e incluiria numerosos itens que os Estados Unidos queriam controlar — tais como computadores, robótica, naves espaciais, placas de circuitos impressos avançados e equipamento de fabricação dessas placas, tecnologias avançadas de motores aéreos, e assim por diante (DOD, 1985, p. 79-87). Concordou também em elaborar uma lista específica de tecnologias ainda sem uso e a estudar, em base urgente, um inventário permanente de tecnologias emergentes. Encarregou a subcomissão de fiscalização de apresentar recomendações específicas para harmonizar os controles, iniciou um programa para melhorar a cooperação com países neutros e outros que não faziam parte do Cocom e autorizou a ampliação de seus meios de trabalho e pessoal. Criou também um grupo para estudar itens controvertidos de equipamento e tecnologia de gás e petróleo, que os Estados Unidos queriam tirar do âmbito da política externa e incluir nos controles estratégicos. No fim, apenas dois itens dessa lista foram postos sob controle estratégico. O programa americano de veto mais extenso de itens de alta tecnologia econômica e militar não teve sucesso. O programa de controles estratégicos, no entanto, deu um grande salto para a frente e, segundo todos os padrões, a reunião do Cocon atendeu às expectativas americanas.

As reuniões ministeriais da OCDE e AIE em princípios de 1983 produziram também resultados significativos, embora não absolutamente tudo o que os Estados Unidos queriam. O arranjo de crédito da OCDE foi reforçado. As taxas de juros subiram para níveis de mercado e instituiu-se um melhor monitoramento de coberturas e prazos. Não se estabeleceram, no entanto, mecanismos automáticos de ajustamento para as taxas de juros ou limites firmes à cobertura ou prazos.

O fenômeno mais novo na OCDE foi a conclusão do estudo sobre o saldo de vantagens e desvantagens e a decisão de continuar estudos desse tipo nos anos seguintes. O estudo de 1983 concluiu que eram medíocres as perspectivas de comércio entre o Leste e o Oeste, que as companhias de comercialização do Leste poderiam obrigar firmas ocidentais a inclinar o saldo de vantagens para seu lado e que a campanha soviética para aumentar as exportações, incluindo as de gás natural, ou aumentar a tomada de empréstimos no Ocidente, poderia ter conseqüências prejudiciais para o Oeste (para uma análise econômica dessas conclusões por um importante assessor, na ocasião, do secretário-geral da OCDE, ver Marris, 1984). A única importante conclusão que os Estados Unidos não obtiveram, e que queriam, foi uma troca de informações sobre grandes projetos industriais que estavam sendo negociados entre firmas do Ocidente e seus parceiros no Leste.

As conclusões do estudo sobre o saldo de vantagens refletiram-se, em termos gerais, no comunicado da OCDE e incorporaram, em sua totalidade, minutas inéditas da reunião ministerial da organização. A inclusão das minutas foi particularmente satisfatória para os Estados Unidos, dado o fato de que a OCDE inclui numerosos países neutros que não reconhecem quaisquer divergências econômicas ou políticas em suas relações com o Leste. No último dia da reunião ministerial da OCDE, os neutros se reuniram a fim de pressionar os franceses para que recusassem a proposta americana de incluir as minutas. Os franceses, no entanto, permaneceram firmes. As minutas foram incluídas e iniciado um costume permanente na OCDE de preparar anualmente um relatório sobre o saldo de vantagens no comércio Leste-Oeste e nas relações financeiras. A fim de compreender bem esses resultados, precisamos apenas lembrar que, em 1976, após uma grande iniciativa no campo do comércio Leste-Oeste pelo secretário de Estado Kissinger, os Estados Unidos não conseguiram obter da OCDE nenhum estudo sobre esse comércio, e muito menos um processo de natureza permanente. Antes de 1983, a OCDE coletava estatísticas sobre o comércio e os créditos, e nada mais.

A reunião ministerial da AIE produziu resultados aceitáveis sobre a controvertida questão da energia. Neste particular, os Estados Unidos não conseguiram acordo sobre um limite percentual específico — 30% — às importações da União Soviética por qualquer um dos membros. Em vez disso, o comunicado reconheceu "os riscos potenciais associados a altos níveis de dependência de um único país fornecedor", e os membros concordaram em "assegurar que nenhum único produtor consiga posição de exercer controle monopolista", pedindo ainda uma "diversificação das fontes de importação de energia". Os países da AIE deram ainda prioridade a fontes internas de energia e se comprometeram a tomar as medidas efetivas em custo apropriadas à situação de cada país, a fim de reforçar-lhes a capacidade de enfrentar suspensões no fornecimento" (AIE, 1983). Condições de mercado já estavam forçando países europeus a reduzir seus planos de importar gás da União Soviética (Jentleson, 1986, p. 199-203).

No fim, os europeus importariam muito menos do que os volumes inicialmente contratados, reduzindo as compras de US$10 bilhões para cerca de US$5 bilhões ao ano. E abandonariam inteiramente os planos para construção de um segundo gasoduto. Em 1986, anunciaram planos para seguir em frente com o desenvolvimento conjunto de suprimentos de gás do mar do Norte, em vez de aumentar as importações da União Soviética (*NYT*, 3 de junho de 1986). Embora essas decisões refletissem condições de mercado, refletiam também prioridades de governos, que as influenciam. Os governos europeus, espicaçados pelos Estados Unidos, resolveram desviar subsídios fornecidos antes às importações de gás soviético para o desenvolvimento das fontes de energia do mar do Norte. No comércio Leste-Oeste, essas decisões de governo freqüentemente determinam decisões de mercado.

A Conferência de Cúpula de Williamsburg

A Conferência de Cúpula de Williamsburg, por conseguinte, pouco trabalho teve a fazer com relação ao comércio Leste-Oeste. À época da reunião, os resultados de quatro dos cinco estudos sobre o comércio Leste-Oeste já haviam sido entregues e eram inteiramente satisfatórios do ponto de vista dos Estados Unidos e de outras delegações. O quinto estudo, na Otan, estava indo bem e seria aprovado na reunião ministerial da organização, em junho. A questão Leste-Oeste, por conseguinte, encontrava-se sob controle. Os líderes da cúpula discutiram-na brevemente e o comunicado notou "com aprovação, o trabalho das organizações multilaterais que, em meses recentes, analisaram e chegaram a conclusões concernentes aos principais aspectos das relações econômicas Leste-Oeste". E o comunicado pedia, considerando apropriada, "a continuação dos estudos dessas organizações" (para o texto do comunicado, ver *NYT*, 31 de maio de 1983).

Pode ser debatido se ou não os estudos sobre comércio e a Conferência de Cúpula de Williamsburg realizaram progressos importantes e douradouros dentro da aliança sobre as questões comerciais Leste-Oeste ou se simplesmente as ignoraram para evitar outro conflito político de alto nível, tal como o que ocorrera em Versalhes. Bruce Jentleson, que analisou com todo cuidado o episódio do gasoduto, conclui que "o pronunciamento da cúpula(...) foi vazio(...) não continha meios de obrigar a cumprimento, nem conteúdo específico de política. Por conseguinte, embora projetasse uma imagem de unidade, não aproximou mais os aliados de cooperação autêntica na questão dos controles sobre o comércio" (1986, p. 199). Jentleson, no entanto, estuda poucos dos resultados específicos que foram produzidos pelas reuniões do Cocom, OCDE e Otan em 1983. Esses resultados foram modestos, para sermos exatos, mas refletiam mudanças importantes, em comparação com a cooperação anterior da aliança nos assuntos do comércio Leste-Oeste. E embora fosse exagero dizer que o episódio do gasoduto mostrou uma liderança americana efetiva, ainda que disruptiva, dentro da aliança, estaremos provavelmente mais perto da verdade ao dizer que a liderança americana em 1981-1983 foi conveniente para elevar o nível de seriedade com que as questões do comércio Leste-Oeste eram tratadas entre os aliados e na criação e robustecimento de organismos através dos quais os aliados poderiam negociar mais sistematicamente suas divergências contínuas sobre essas questões. Divergências importantes persistiram, mas os mecanismos processuais foram fortalecidos e permaneceria essencial que eles fossem usados extensamente no futuro, a fim de que fossem evitados mais conflitos danosos por causa do comércio Leste-Oeste.

Détente ou Dissuasão: A Política Comercial Leste-Oeste após 1985

Os melhoramentos no tratamento dado pelos aliados às questões de comércio Leste-Oeste em 1983 tiveram origem, pelo menos em parte, no fato de terem adotado uma perspectiva de dissuasão, e não de denegação. A manutenção desses melhoramentos dependerá da conservação da perspectiva de dissuasão, evitando-se que ela resvale mais uma vez, à medida que melhorarem as relações soviético-americanas, para a outra extremidade do espectro, da dissuasão para a *détente*.

Em vista das substanciais reformas introduzidas na União Soviética após 1985, os Estados Unidos estão sendo tentados novamente a agir unilateralmente para reduzir os controles. A legislação comercial de 1988 prevê grandes reduções nos controles americanos, no que interessa ao comércio Leste-Oeste. Controles eficazes, no entanto, exigem cooperação. Um estudo realizado pela Academia Nacional de Ciências em 1987 insistiu em que os "Estados Unidos(...) adotem o objetivo de desenvolver uma comunidade de controles comuns em tecnologias de duplo uso entre países ocidentais que com eles cooperem" (NAS, 1987, p. 135). A fim de construir tal comunidade, os Estados Unidos e aliados terão que dar, dentro da aliança, alta prioridade ao Cocom, descobrir uma maneira de resolver de forma mais pronta e sistemática as divergências sobre o emprego de controles de comércio para fins de política externa (o que, no caso da Polônia, foi a origem da divergência sobre o gasoduto) e evitar subsídios e créditos excessivos no comércio com a União Soviética.

Mercado Comum nos Controles de Exportação

Um mercado comum nos controles de exportações no comércio de materiais estratégicos constitui um objetivo realista, segundo o estudo da Academia Nacional de Ciências. A fim de consegui-lo, os Estados Unidos e seus aliados terão que reduzir suas divergências sobre a lista de itens estratégicos que devem ser controlados. Desde 1981, o Cocom tornou-se um foro de negociações mais forte para esse fim (Mastanduno, 1988; Bertsch, 1988). Tem se reunido em sessões de alto nível pelo menos duas vezes por ano. Em janeiro de 1988, o vice-secretário de Estado chefiou a delegação americana à reunião, o mais alto nível da representação americana na história desse organismo. Em 1984, o Cocom completou sua primeira revisão de lista desde 1977 e, em 1985, concordou em proceder a esse trabalho em base permanente. Além disso, lançou grandes iniciativas para harmonizar internamente os controles de exportação entre seu membros e para estendê-los, pelo menos parcialmente, a países não-filiados. Em anos recentes, os Estados Unidos e outros países membros concluíram uma série de acordos bilaterais com países neutros europeus (como, por exemplo, Áustria, Suécia, Suíça, Finlândia) e com países em desenvolvimento de industrialização recente (como, por exemplo, Cingapura, Índia) a fim de controlar as tecnologias do Cocom e, eventualmente, tecnologias talvez nacionais exportadas para esses países ou por eles produzidas. Finalmente, foi criado, em outubro de 1985, um novo grupo, conhecido como Encontro de Especialistas em Segurança e Tecnologia (STEM) para atualizar o aconselhamento militar a membros do Cocom na avaliação de licenças para exportação, especialmente nos casos de países como a Bélgica, a Alemanha e o Japão, cujos Ministérios de Defesa não estão profundamente envolvidos no processo nacional de controle.

Mas o Cocom ainda tem um longo caminho a percorrer, como vendas ilegais à União Soviética de tecnologia de submarinos, por companhias japonesas e norueguesas, revelaram em 1986-1987. Mas está se movendo na direção correta e os Estados Unidos precisam fornecer-lhe a necessária liderança. De importância fundamental para os Estados Unidos é manter em ordem sua própria casa de controle de exportações. Em 1979, o Departamento de Defesa (DOD) recebeu autoridade oficial para revisar licenças de exportação para os países do Leste. Durante a prorrogação da legislação de controle das exportações em 1983-1985, o Congresso debateu se devia ou não conceder ao DOD a mesma autoridade para revisar licenças concedidas a países ocidentais selecionados, não-membros do Cocom. O DOD pleiteava essa autoridade para poder exercer poder de alavanca sobre países não-membros do Cocom em negociações bilaterais, a fim de reforçar os controles de exportação desses países. O DOD poderia retardar ou negar uma licença americana a um país não-membro do Cocom, dependendo de se ou não o país em causa endurecia seus controles. Por essa razão, claro, grupos empresariais, o Departamento de Comércio e seus aliados no Capitólio se opuseram a esse papel do DOD. No fim, não tendo o Congresso conseguido chegar a um acordo, o DOD recebeu a autoridade pleiteada através de uma ordem administrativa do presidente.

Conforme demonstrado pelo progresso obtido com países não-membros do Cocom, o Departamento de Defesa utilizou essa nova autoridade com bons efeitos, embora não sem abusos isolados (Nau, 1988b). Informatizou seu processo de revisão e reduziu em muito o tempo de processamento das licenças. Desde 1987, o Departamento de Comércio simplificou e ampliou também seu processo de revisão (Freedenberg, 1989). Os Departamentos de Comércio e Defesa precisam permanecer fortes e a Casa Branca (CSN) tem que se mostrar disposta a monitorar-lhes os conflitos e resolvê-los rápida e decisivamente quando ameaçarem solapar a liderança americana. O Governo Reagan, a despeito de todo seu professado interesse e dispendiosa diplomacia estrangeira nessa área (isto é, no conflito sobre o gasoduto), não exerceu realmente uma forte liderança executiva sobre o processo intergovernamental nas questões de concessões de licenças. Governos futuros terão que fazer isso ou a liderança americana no Cocom será prejudicada pelos impasses burocráticos, pela defesa e pelos interesses comerciais que dominaram seguidamente a política americana nas repetidas oscilações entre denegação (ênfase excessiva na defesa) e *détente* (ênfase excessiva no aspecto comercial).

Controles de Política Externa

Os aliados não dispõem de mecanismos para discutir os controles de política externa — no tocante não só à União Soviética, mas também à Cuba, Nicarágua, Vietnã, Líbia, Irã, África do Sul, e assim por diante. Esses controles, por conseguinte, ou não são absolutamente discutidos ou o são apenas no calor de crises, conforme aconteceu no caso da Polônia em 1981. Os controles tendem a deflagrar controvérsias e transbordar, desorganizando a cooperação sobre controles de segurança ou aspectos econômicos do comércio Leste-Oeste.

Os aliados precisam descobrir uma melhor maneira de fazer isso. Europeus e japoneses precisam reconhecer que não podem ter o melhor de dois mundos. Não podem resistir mais a discussões mais regulares de controles de política externa e ainda esperar que os Estados Unidos concordem com eles em não impor esses controles ou nos controles exatos a serem aplicados. Mas não há garantia de que discussões mais sistemáticas produzam acordo. Os Estados Unidos, conforme notamos acima, exercem a responsabilidade da dissuasão frente à União Soviética. Será sempre mais provável que usem controles de política externa e recorram a medidas mais duras do que os aliados. Mas os Estados Unidos também têm interesse em controles *comuns*. Se os aliados deixarem de cooperar, o sinal de dissuasão enviado à União Soviética tornar-se-á confuso, ou ainda pior, contraproducente, dando aos soviéticos uma abertura para explorar na aliança. Os aliados, portanto, precisam concordar em discutir controles de política externa em uma base regular, se os Estados Unidos concordarem em aplicar controles futuros na maior extensão possível apenas em uma base comum.

O enfoque de dissuasão eleva o patamar para o emprego de controles de política externa. A dissuasão considera as sanções econômicas não como instrumentos decisivos para punir ou recompensar a União Soviética, mas, sim, como instrumentos de baixo nível de conflito para administrar divergências com os russos. Para serem eficazes, esses instrumentos de conflito de baixo nível têm que ser reforçados pela ameaça de escalada. De outra maneira, em um contexto de dissuasão, onde seu principal objetivo é sinalizar intenção, esses instrumentos tornam-se sem sentido. Os Estados Unidos e seus aliados, portanto, têm que concordar em aplicar sanções econômicas apenas em situações em que estão psicologicamente preparados para sustentá-las com medidas políticas ou militares mais duras, seja para aumentar a pressão sobre os soviéticos para que desistam de uma provocação imediata ou para complicar-lhes os cálculos ao pensarem em qualquer futura provocação. Dessa maneira, as sanções econômicas não existiriam isoladamente, mas seriam sempre reforçadas pela ameaça de escalada se as provocações soviéticas persistissem ou proliferassem.

No caso da Polônia em 1981, destarte, os Estados Unidos e seus aliados teriam imposto as sanções à União Soviética, juntamente com a ameaça de escalá-las, transformando-as em medidas políticas (como, por exemplo, a retirada do embaixador americano na Polônia ou em Moscou), se os russos não moderassem seu comportamento provocador dentro de um período razoável de tempo. Reconhecidamente, tentar obter acordo aliado para sanções mais sérias, reforçadas, bem como para sanções iniciais de baixo nível agravaria a dificuldade de chegar a um acordo. Mas poderia realmente facilitá-lo porque, em primeiro lugar, se certificaria de que a situação era séria o suficiente para se considerar uma escalada (a questão polonesa indubitavelmente foi assim) e, em segundo, elevaria a possibilidade de que os aliados chegassem a acordo, em sanções de baixo nível mais aceitáveis, de modo a reduzir a probabilidade de ter que apelar para medidas de reforço. De qualquer modo, se o esforço fracassasse, os aliados não ficariam em situação pior do que estão no presente, sem quaisquer critérios de dissuasão para orientar a imposição de sanções de política externa.

Segurança e Influência Econômica

O que dizer da tentação alternativa de exagerar os benefícios das relações econômicas? Da perspectiva de dissuasão, a cooperação econômica, tal como as sanções econômicas, oferece benefícios limitados e, mais uma vez, principalmente como dispositivo de sinalização, em conexão com outras medidas políticas e militares mais importantes. A política de diferenciação econômica adotada pelos Estados Unidos na Europa Oriental em princípios da década de 1970, por exemplo, foi útil e provavelmente eficaz porque se fez acompanhar de relações políticas mais estreitas nesse período, não apenas com países europeus orientais selecionados mas também com a União Soviética. Por outro lado, a campanha para dar assistência econômica à Polônia em 1981, quando os Estados Unidos tentaram ajudar o Solidariedade, foi provavelmente muito menos eficaz porque, simultaneamente, estavam azedando as relações políticas americanas com o governo polonês e a União Soviética.

Em princípios da década de 1980, a cooperação econômica pareceu muito mais útil nas relações com a China. Neste caso, os laços econômicos e políticos estavam se desenvolvendo claramente na mesma direção. Mas, justamente por causa disso, pode ter havido também uma tendência para passar com uma facilidade grande demais da perspectiva da dissuasão para a da *détente* e a esperar demais de laços econômicos em rápido melhoramento e, em algumas áreas, de cooperação militar. Os fatos ocorridos na China em junho de 1989 demonstraram que as políticas externa e interna do país estão ancoradas profundamente demais em experiências históricas e tradicionais para que possam mudar *previsivelmente* sob manifestações iniciais superficiais de liberalização econômica. Muito embora reconhecendo o valor de níveis mais altos de cooperação econômica, autoridades americanas seriam também prudentes se evitassem a inflação das expectativas oficiais e privadas a respeito de tal cooperação. Esta observação se aplica especialmente, ao que parece, à atmosfera de euforia gerada, em fins da década de 1989, por grandes reformas políticas e econômicas na Europa Oriental e pela perspectiva de assistência econômica ocidental maciça para ajudar essas reformas.

Duas observações finais aplicam-se à cooperação econômica. Os benefícios políticos do comércio não-estratégico nunca são tão grandes que justifiquem que o mesmo seja subvencionado. Neste aspecto, foi lamentável a decisão do Governo Reagan em 1986 de subsidiar as vendas de cereais à União Soviética. Essa medida solapa os esforços realizados na OCDE para limitar subsídios competitivos no comércio e créditos ao Leste, especialmente nos termos do arranjo de crédito às exportações da Organização. Coincide com um frenesi de acordos europeus em 1988 e 1989 para proporcionar créditos financeiros, a fim de apoiar a *perestroika* na União Soviética. Em anos recentes, a União Soviética duplicou sua dívida potencial com bancos ocidentais, embora não tenha esgotado todas as linhas de crédito que lhe foram abertas (*WSJ*, 22 de março de 1988. Ver também Robinson, 1986). Conforme advertiu o senador Bill Bradley, esses créditos fazem pouco sentido. O Ocidente deve "aplaudir a *perestroika*, mas não pagar por ela" (*WSJ*, 14 de novembro de 1988).

Os subsídios criam ainda outra ameaça. Deixadas às forças de mercado, jamais será provável que as exportações soviéticas para o Ocidente ou as exportações do Ocidente para a União Soviética se tornem suficientemente vultosas para expor o Ocidente à chantagem, caso as relações americano-soviéticas se deteriorem mais uma vez e os soviéticos ameacem interrompê-las. Conforme observamos anteriormente, sem os subsídios iniciais envolvidos, as companhias ocidentais voltaram eventualmente para o gás natural do mar do Norte, a fim de satisfazer suas necessidades de energia, em vez de recorrerem a maiores importações de gás soviético. Os subsídios, por outro lado, podem levar à dependência ocidental excessiva sobre recursos ou mercados soviéticos e equivaler a pagar um preço econômico ou político (em termos de aumento de vulnerabilidade) por algo que em geral existe disponível a custo menor e com menos risco no Ocidente.

A vacilante política americana em relação ao comércio Leste-Oeste reflete a tendência de ignorar o papel crucial da comunidade política para facilitar as trocas econômicas. Quando a comunidade política é fraca, como foi e continua a ser entre os Estados Unidos e a União Soviética (ainda que com a perspectiva de se tornar mais forte, se tiverem sucesso as reformas soviéticas), as relações econômicas não importam tanto assim. E quando a comunidade política é forte, como se tornou no Mundo Ocidental durante todo o curso do período do pós-guerra, as relações econômicas não precisam ser artificialmente estimuladas para adquirir importância. A lição para as relações Leste-Oeste consiste em deixar que as dimensões políticas das relações americano-soviéticas tomem a frente em direção à maior interdependência econômica, e não esperar que o comércio e os créditos abram o caminho para a paz entre as superpotências.

CONCLUSÃO

A Tríade de Política de Bretton Woods na Economia Mundial da Década de 1990

Os objetivos e as políticas da América, mais do que seu poder ou política interna, configurarão a economia mundial na década de 1990. Embora o declínio relativo do poder americano e a complexa interdependência dos mercados internacionais venham a definir o contexto de iniciativas futuras, os objetivos e a política econômica da nação lhe definirão o conteúdo. Esse conteúdo é, em parte, um reflexo de instituições e interesses, mas como demonstra neste estudo a evolução da política econômica externa dos Estados Unidos, ele não coincide simplesmente com alinhamentos estruturais e poder internacional ou com partidos políticos e interesses internos. Idéias que aproximam instituições e interesses políticos definem os conceitos de comunidade política e influenciam as opções da política econômica que, em última análise, determinam a forma das instituições e mercados internacionais.

Dessa perspectiva, as lições fundamentais da economia política internacional são as seguintes:

1. A liderança dos Estados Unidos foi decisiva para a evolução do sistema econômico aberto, eficiente, do pós-guerra, e não apenas para financiar os custos de uma ordem liberal, como sugere a literatura estruturalista, mas para fornecer um objetivo a essa ordem. Sem o objetivo de defender a liberdade ocidental na Europa Central, a ordem econômica do pós-guerra na Europa e no Mundo Ocidental como um todo provavelmente não teria progredido muito, ou ido muito além da teia de centenas de relacionamentos comerciais e cambiais que existiam em 1947.
2. Os Estados Unidos eventualmente financiaram o sistema de Bretton Woods e o dólar americano, e não uma moeda extranacional, tornou-se o principal ativo de reserva do sistema porque a Europa e o Japão aceitaram os largos objetivos de contenção da política externa americana e, por falar nisso, ainda aceitam. O consenso em política externa é sempre essencial para proceder à monetarização da economia internacional.
3. O consenso em política externa subjacente ao sistema econômico internacional tem origem tanto na natureza interna das sociedades que dele participam quanto nos imperativos diplomáticos de defendê-las contra adversários externos. Historicamente, ao que parece, apenas sociedades abertas, democráticas, tomaram fortes iniciativas para criar sistemas econômicos internacionais liberais e tem sido mais provável que assim

procedam quando se sentem também ameaçadas por circunstâncias externas. A Grã-Bretanha liberalizou o comércio no século XIX principalmente como expressão dos instintos competitivos e coloniais de sua sociedade interna. Os Estados Unidos assim agiram após a Segunda Guerra Mundial mais como defesa contra a ameaça externa (tendo se retirado do mundo em 1945 quando não viram a existência de qualquer ameaça). Sociedades liberais escolhem sistemas econômicos internacionais eficientes ou porque esses sistemas organizam as relações econômicas internacionais na mesma base competitiva que os sistemas internos ou porque eles maximizam a riqueza na perseguição de metas de defesa comuns (ou porque realizam as duas coisas). Em termos gerais, a projeção externa de características internas talvez seja mais importante. De outra maneira, poderíamos esperar que sociedades não-liberais (como, por exemplo, a União Soviética) criassem sistemas econômicos mais eficientes quando se mobilizassem para se defender de ameaças externas.

Desta maneira, se o conflito Leste-Oeste ceder na próxima década, a natureza liberal ou não-liberal do sistema econômico internacional dependerá cada vez mais do caráter e compatibilidade dos sistemas internos entre os grandes países industrializados e em desenvolvimento. Neste sentido, os aspectos econômicos e políticos internos desses países, ou grupos de países economicamente poderosos como o Japão, a Comunidade Européia (CE) e algumas economias em desenvolvimento que se industrializam rapidamente, tornar-se-ão mais importantes para a economia mundial. A disseminação de princípios e práticas democráticos desde 1945 por todos os países industrializados e muitos em desenvolvimento oferece a melhor esperança de que o sistema econômico internacional liberal possa ser preservado e fortalecido na década de 1990.

4. Os mais importantes requisitos econômicos para mercados internacionais abertos e eficientes são políticas internas não-inflacionárias, orientadas para o mercado. Um sistema econômico internacional liberal não é compatível com qualquer tipo de política econômica interna. Esta conclusão segue-se não só da lógica econômica (ver Capítulo 1), mas também da experiência econômica no pós-guerra.

   A tríade de política de Bretton Woods, de estabilidade de preços, mercados flexíveis e comércio externo mais livre, esteve evidentemente ligada aos períodos mais prósperos de desempenho no pós-guerra. Pode-se argumentar que essa tríade é necessária, e talvez mesmo suficiente, para gerar crescimento, porque promove, marginalmente, competição progressivamente mais intensa sob condições de preços estáveis, que garantem cálculos alternativos de uso de recursos e daí, o movimento contínuo de recursos economicamente limitados para atividades que proporcionem o mais alto retorno. O ingrediente crítico na tríade é a concorrência, não o controle privado *versus* público. Se empresas públicas concorrem no mercado, a intervenção governamental não é incompatível com políticas econômicas internacionais liberais. Por outro lado, a experiência demonstra que os governos têm freqüentemente outros objetivos quando intervêm no mercado. Por conseguinte, se a intervenção do governo se acelera rapidamente, como aconteceu na década de 1970 em todo o mundo industrializado e em desenvolvimento, o crescimento diminui (ver Capítulo 6). Analogamente, se governos buscam conseguir autonomia nacional a fim de promover políticas macroeconômicas, de preços e de taxa cambial inflacionárias, a estabilidade sofre e o crescimento se reduz. Os Estados Unidos se convenceram, em fins da década de 1960, que poderiam ter crescimento e autonomia nacional completa em política macroeconômica. Os resultados mostraram que isso não pode acontecer, embora os Estados Unidos continuem apegados a essa ilusão mesmo em começos da década de 1990.

5. Formar um consenso, tanto interna quanto internacionalmente, para promover a fórmula de Bretton Woods, de mercados internacionais eficientes e internos flexíveis, talvez dependa menos de processos diretos de negociação em instituições internas e internacionais de formulação de política do que da convergência de idéias de política no ambiente de não-regateio do mercado internacional e no que chamamos de casulo de organizações não-governamentais, que cerca a arena de política interna e internacional imediata. Os mercados proporcionam uma arena para negociações indiretas, anônimas, entre países e podem ser capazes de ajudar a resolver alguns problemas que as conferências internacionais sozinhas não conseguem solucionar. As conferências e instituições internacionais tornaramse hoje altamente pluralistas e, às vezes, pesadas demais. Talvez sejam mais úteis para revisar ou implementar e monitorar decisões de política nacional, em vez de tomá-las em lugar de instituições nacionais. Desde meados da década de 1960, os Estados Unidos e outros países recorrem cada vez mais aos mercados, além das instituições, para exercerem influência uns sobre os outros.

   Ações enérgicas ou unilaterais no mercado internacional não são necessariamente inúteis. Se elas servem para produzir logo resultados, como uma acentuada queda da inflação na principal economia do mundo (o que as políticas de Reagan conseguiram nos Estados Unidos em 1981-1982), e empurram processos de negociação internacional que estão em impasse para a convergência em torno de padrões de política de mercados internacionais eficientes, elas fortalecem a comunidade e a economia internacional. Por outro lado, se essas ações levam ajustamentos de mercados para longe demais e depressa demais, elas podem levar outros países a se retirarem dos mercados internacionais — como a França e países em desenvolvimento quase fizeram em 1982 e 1983. Além do mais, ações unilaterais podem empurrar os fatos para longe de padrões de mercados estáveis e flexíveis, como fizeram políticas americanas em princípios da década de 1970, e podem estar fazendo outra vez em fins da década de 1980 e princípios da de 1990.

As lições do passado proporcionam aos Estados Unidos uma bússola para orientar sua política econômica externa no futuro. Mas serão elas relevantes nas atuais circunstâncias? Exatamente como no passado, numerosos comentaristas argumentam que as circunstâncias são diferentes, que os princípios de comércio externo mais livre e economias flexíveis simplesmente não são mais compatíveis com o caráter mutável da vantagem comparativa, o ritmo da mudança tecnológica e a diversidade do sistema internacional contemporâneo. Alegam, em contraste com a perspectiva defendida neste estudo, que a política deve absorver essas circunstâncias, e não modelá-las (Drucker, 1989).

As novas circunstâncias de princípios da década de 1990 obviamente diferirão daquelas de fins da década de 1940. A Guerra Fria parece estar terminando, e não começando. A preponderância econômica americana evidentemente desapareceu e agora seu status de superpotência militar pode declinar também, à medida que diminuem as necessidades de defesa e segurança, especialmente na Europa Central. A região do Pacífico emergiu como a mais dinâmica de todas e as nações dessa área, como o Japão, e as economias de industrialização recente, como a Coréia, têm implementado políticas econômicas internas e internacionais que seriam incompatíveis com a reinstituição, no futuro, da tríade de política de Bretton Woods. Os mercados de capital foram liberalizados e ampliados e, neste momento, deixam longe os fluxos de comércio e parecem esmagar os mercados cambiais, impedindo os alinhamentos estáveis de moedas da era de Bretton Woods. Produção e investimentos estão sendo progressivamente globalizados, corroendo o controle da política nacional sobre o comércio, as atividades financeiras das empresas multinacionais e as instituições bancárias. Dívidas sem precedentes, tanto internas quanto internacionais, pairam sobre nações não só em desenvolvimento mas também industrializadas (incluindo os Estados Unidos) e ameaçam deprimir a demanda e o crescimento mundial, numa situação diferente da que existiu após a Segunda Guerra Mundial ou durante o auge econômico de princípios da década de 1970, quando uma demanda florescente acelerou a expansão econômica. Um número muito maior de grupos de interesses especiais está agora mobilizado em todos os países, incluindo, cada vez mais, a Europa Oriental e a União Soviética. Esses grupos complicam, se é que na verdade não obstruem, a formulação de política coerente, bem como ajustamentos estruturais mais fundamentais.

Tão diferente quanto possa vir a ser a década de 1990, contudo, a próxima década apresenta uma notável semelhança com o mundo de fins da década de 1940. A comunidade política mundial e o sistema econômico internacional estão novamente em estado de fluxo fundamental. Pela primeira vez em 40 anos, os objetivos políticos básicos estão mudando, especialmente nos regimes internos da Europa Oriental. Sociedades fechadas estão evoluindo para a liberalização. Ameaças que tinham origem em sistemas políticos internos fundamentalmente incompatíveis na Europa Central estão diminuindo, e as relações econômicas e de segurança internacionais estão mudando, tanto dentro do Leste e Oeste quanto entre Leste e Oeste, para absorver essas mudanças. O trabalho diplomático consistirá em salvaguardar e alimentar mudanças internas posteriores na Europa e em outras áreas, sem permitir que esse processo escape ao controle por causa de recrudescimento de temores políticos ou frustrações econômicas, tais como as que provocaram conflito na década de 1940 e, pelo menos teoricamente, poderiam fazer o mesmo na década de 1990. Embora a década de 1990 seja um período muito mais esperançoso do que o final da década de 1940, a estabilidade corre perigo à medida que a Guerra Fria sai de cena, e não menos do que quando ela começou.

Na década de 1990, por conseguinte, as lições do início do período do pós-guerra e os argumentos contidos neste livro serão particularmente relevantes. No restante deste capítulo, examinaremos as opções que a América e outros países terão que fazer para assegurar que o novo mundo promova uma crescente convergência de sistemas políticos internos em torno de conceitos pluralistas e internos e preserve, além de expandir também, o alcance da integração econômica e da prosperidade na comunidade mundial.

A Configuração do Objetivo Nacional

O conceito de objetivo ou finalidade nacional, neste estudo, esclarece fatos recentes ocorridos na Europa Central e Oriental. Em contraste com conceitos estruturalistas, que prevêem conflitos crescentes à medida que declinam as potências dominantes e se acelera a concorrência econômica, o conceito de objetivo nacional oferece alguma explicação da redução dramática das divergências políticas que o mundo está hoje presenciando, uma redução que o próprio presidente soviético, Mikhail Gorbachev, descreveu na Conferência de Cúpula de Malta em dezembro de 1989 como "uma espécie de movimento que aproxima Estados, países e continentes" (*WP*, 4 de dezembro de 1989). Da perspectiva de objetivo nacional, ameaças não surgem exclusiva ou principalmente de flutuações de riqueza e poder no sistema internacional. Têm origem também no conflito entre sistemas políticos internos que sociedades escolhem para definir e organizar seus princípios, instituições e processos políticos básicos. À medida que escolhem sistemas políticos mais abertos e pluralistas, as sociedades do Leste europeu representam menos ameaça às sociedades ocidentais. E enquanto a sociedade soviética se mover em direção semelhante, mesmo que com mais lentidão e não tão completamente, as sociedades da Europa Oriental tampouco criam para ela uma ameaça. O ritmo e a administração dessas mudanças para sociedades mais liberais no Leste detêm a chave da estabilidade, à medida que termina a Guerra Fria.

No início desse processo, o poder militar na Europa Central está relativamente bem equilibrado, uma conseqüência de dispendiosos, às vezes lancinantes, mas em última análise altamente bem-sucedidos, esforços para promover a dissuasão, ao passo que o poder econômico e a autoconfiança política inclinam-se pronunciadamente em favor dos países ocidentais. À medida que prossegue a mudança interna, será imperativo preservar o equilíbrio militar, mesmo que ou quando os armamentos forem reduzidos, e evitar novas ameaças econômicas e políticas, que podem surgir de incertezas internas na Europa Oriental e na União Soviética e, talvez, de um esforço bem intencionado mas excessivo do Ocidente, de utilizar suas vantagens econômicas e políticas para ajudar o Leste. Numa primeira fase, quando tiverem êxito as negociações para controle de armamentos, as alianças (Otan e Pacto de Varsóvia) poderão ser transformadas, de grupamentos militares em políticos (o que foi a intenção inicial, por exemplo, da Otan), enquanto os países da Europa Oriental e a União Soviética se concentram em reformas econômicas e políticas essenciais, sem as quais não poderão competir confiantemente com parceiros ocidentais mais poderosos. Simultaneamente, mas também mais vigorosamente na segunda fase, o foco pode mudar para acordos econômicos e políticos internacionais, atraindo mais completamente os países socialistas para instituições econômicas e políticas européias e internacionais (GATT, FMI e Banco Mundial) e empenhando as duas alianças em um processo mais fluido de construção de coalizões políticas mais amplas (isto é, transeuropéias) dentro da estrutura, talvez, da Conferência sobre Segurança e Cooperação na Europa (CSCE), o denominado Processo Helsinque. Pouco antes de Malta, Gorbachev pareceu aceitar esse foro político, que inclui os Estados Unidos e o Canadá, esclarecendo suas referências anteriores, mais ambíguas, a uma "casa européia", que poderia ou não incluir os Estados Unidos. Na fase final, a comunidade internacional poderia ratificar novos arranjos para uma Alemanha reassociada ou reunificada, nessa ocasião integrada em um novo e testado ambiente transeuropeu, que envolveria um melhor equilíbrio entre Oriente e Ocidente de capacidades políticas e econômicas e ofereceria medidas políticas e econômicas, e não militares, para salvaguardar a segurança. Embora os fatos no começo desta década estejam ocorrendo com uma velocidade grande demais para permitir esse escalonamento gradual, os riscos de uma evolução mais precipitada e desestruturada devem, pelo menos, ser reconhecidos.

Será de importância decisiva a maneira como a América focalizar esses fatos no começo desta década. Conforme demonstra este estudo, a maneira como a América define seu objetivo nacional determina-lhe a contribuição para uma comunidade política compartilhada na economia mundial e influencia as políticas econômicas através das quais ela atrela seu poder físico a metas políticas. Historicamente, a América se definiu de várias maneiras. Desde suas origens até o século XX, considerou-se como uma sociedade excepcional, definida principalmente por seu alheamento dos assuntos mundiais. Durante um curto período após a Primeira Guerra Mundial, tentou tornar o mundo seguro para que esse sistema americano excepcional se espalhasse e, após a Segunda Guerra Mundial, supôs que valores democráticos comuns haviam se disseminado o suficiente para permitir que a política mundial fosse organizada em torno de princípios americanos individualistas de lei e mercados. Em 1947, descobriu que as diferenças persistiam e que a defesa de seus valores necessitaria de políticas econômicas eficientes para integrar o Ocidente e de medidas militares coletivas para conter o Oriente. Depois de ter a contenção se militarizado e esgotado no Vietnã, os Estados Unidos redefiniram seu objetivo nacional e deram nova ênfase à cooperação dentro de regimes e instituições internacionais, que abrangiam uma faixa cada vez mais ampla de diferenças internas.

Na década de 1980, a América reconheceu os limites, nos assuntos mundiais, da cooperação internacional sem objetivos internos comuns, mas não conseguiu descobrir uma finalidade nacional alternativa que evitasse simultaneamente o idealismo universal do wilsonianismo, em que facilmente caiu a Doutrina Reagan, e as grandes políticas de poder de rivalidades militares tradicionais, que o aumento da preparação militar de Reagan pareceu representar. A fim de forjar um novo elo entre objetivo interno e diplomacia externa na década de 1990, a América precisa chegar a bom termo com dois extremos de seu passado: que seu papel não importa ou então que esse papel não terminará até que sejam democráticas todas as nações do mundo.

Após o Vietnã, numerosos analistas aconselharam a América a que se considerasse apenas como outra potência comum, sem nada de melhor ou pior a oferecer do que qualquer outra (Rosecrance, 1976). Embora a experiência do Vietnã certamente recomende um novo senso de humildade para a política americana, o conselho foi longe demais. De acordo com padrões históricos, conforme vimos acima, a liderança da América no mundo do pós-guerra deu uma contribuição especial ao melhoramento da condição humana na comunidade mundial. A paz se mantém por um período tão longo como qualquer outro desde 1870; os inimigos do tempo de guerra se tornaram aliados íntimos e empáticos, ainda que competitivos; a prosperidade estende-se a um número maior de países que, há 40 anos, eram desesperadamente pobres; e os valores democráticos e direitos humanos são, sem dúvida alguma, muito mais gerais do que em qualquer outra época. Conforme observamos anteriormente, nem tudo isso se deve, em absoluto, à liderança americana. A Europa, o Japão, o mundo em desenvolvimento e, nos últimos tempos, a União Soviética e a Europa Oriental, deram contribuições enormes para esse resultado. Mas tudo isso aconteceu sob a vigília da América. Teve que agir assim e disso tirou motivo de orgulho e força. Nem todos nossos amigos aceitarão esta auto-avaliação confiante, mas a respeitarão, especialmente se ela for feita sem cair no extremo oposto que marcou o comportamento da política externa da América no passado, o messianismo americano.

A América não precisa viver em um mundo no qual todos os países adotem seus padrões políticos e econômicos internos. Nesse sentido, é desnecessário reformar o mundo à imagem americana. A essência do que a América representa é a liberdade de opção. Outros povos resolveram ao longo do tempo se organizar em torno de outros princípios que não os sistemas econômico e político altamente competitivos, pelo menos no grau em que eles existem nos Estados Unidos. Mesmo no Mundo Ocidental, grande parte da Europa e do Japão se enojam às vezes com a natureza atomista da sociedade americana. Nem todos os povos buscam a liberdade individual no mesmo grau que nós e não sentem falta dela, como no caso da União Soviética, simplesmente porque seus governos não a permitem (opinião popular entre aqueles que acreditam que o povo russo em geral escolheria a democracia, não fosse a opressão do Partido Comunista).

Por outro lado, a América deveria rejeitar a idéia de que há uma "onda do futuro" em qualquer outra direção política, para mais socialismo ou mais comunismo, para nada dizer de mais centralização ou totalitarismo. Tentador como possa ser concluir, especialmente desde a era moderna, que a história é unidirecional, que tendências são inexoráveis e irreversíveis, essa conclusão, seja em favor da liberdade seja do dogma socialista, constitui o primeiro passo para o messianismo e a intolerância (Fukuyama, 1989). Opções relativas à comunidade política, tanto no nível interno quanto internacional, continuarão e poderão ser feitas ou na direção democrática ou totalitária, dependendo do juízo moral e político de seres humanos. Induziria a erro ignorar o papel crucial dessas opções e argumentar que os modernos progressos tecnológicos, os mercados complexos, ou quaisquer outras circunstâncias ou estruturas limitam e canalizam as opções políticas em uma direção apenas.

A partir da perspectiva acima, a América pode tolerar decisões de outras sociedades, mesmo que tomadas antidemocraticamente, de organizar antidemocraticamente sua vida política (como, por exemplo, China, Nicarágua, África do Sul). Pode tolerá-las, em termos de ficar aquém de intervenção direta, enquanto a opção totalitária não for exportada agressivamente por meios militares ocultos ou declarados. Mas jamais poderá aprovar tais decisões. Terá que, contínua e imparcialmente, denunciar os abusos de governos totalitários, seja da direita ou da esquerda, à comunidade internacional e à consciência humana. Os Estados Unidos terão que usar as Nações Unidas e todas as outras instituições semelhantes no sistema internacional contemporâneo para travar esse debate, pleiteando um mínimo de padrão democrático de dignidade humana e direitos humanos. E, de tempos em tempos, terão que suplementar o debate diplomático nessas instituições com assistência militar bilateral e regional aos "combatentes da liberdade" — não para derrubar diretamente governos totalitários, mas para manter acesa nas sociedades totalitárias a chama das instituições e valores livres.

Uma das razões para evitar os extremos da indiferença e do fanatismo nas opções americanas é, ironicamente, a de assegurar o compromisso invariável, por parte dos Estados Unidos, de desempenhar um papel importante nos assuntos internacionais. Definir a América como uma potência comum é insuficiente para conquistar apoio para um papel mundial de um povo americano que possui uma longa tradição de não envolvimento nos assuntos mundiais. Definir a América, por outro lado, como o "farol na colina" da liberdade mundial provavelmente redundará ou em compromissos de defesa ilimitados, que eventualmente violarão valores americanos que estão sendo defendidos (como, por exemplo, a experiência no Vietnã) ou levarão à erosão dos compromissos de defesa quando os formuladores da política recorrerem a forças históricas inevitáveis ou autônomas para resolver para eles as questões da comunidade política. (Este é o caso, por exemplo, da opinião de que acontecimentos indesejáveis no mundo, especialmente no Terceiro Mundo, nunca aconteceriam se os Estados Unidos permanecessem fora dessas situações.) Dessa maneira, para evitar situações de defesa do poder sem objetivo ou acreditar que objetivo pode ter sucesso sem poder, a América precisa de uma autodefinição que afirme o primado da liberdade, mas não a imponha.

Compreender essa questão de objetivo põe em perspectiva o poder americano. Sem dúvida alguma esse poder declinou desde 1945. O que este estudo questiona é se declinou o bastante para enfraquecer a liderança americana, especialmente se a América chegar a um consenso sobre os apropriados objetivos e políticas. Conforme sugerem os dados contidos no Capítulo 2, não há prova convincente de que o poder americano tenha caído abaixo de algum patamar mágico de preponderância. Mas mesmo que tenha caído, esse poder terá ainda que ser avaliado em comparação com as condições que pretende influenciar.

Nesse sentido, a América depara-se hoje com um mundo mais compatível do que em 1945, pelo menos no mundo industrializado, e também em algumas zonas do mundo em desenvolvimento e socialista. O mundo industrializado, em seguida aos acontecimentos ocorridos em Portugal e Espanha na década de 1980, é uma teia inconsútil de democracias. Trata-se da comunidade política mais homogênea que já existiu entre os países desenvolvidos, talvez desde o início do século XIX. A abertura democrática nos países socialistas ocorreu em 1989 com uma velocidade alucinante, incluindo, em fins desse mesmo ano, a Alemanha Oriental. Embora esses fenômenos tenham apenas começado e sejam também frágeis as tendências democráticas no mundo em desenvolvimento, eles oferecem mais esperança para perspectivas políticas convergentes do que aconteceu em qualquer outro tempo no período do pós-guerra. Dessa maneira, o poder americano, mesmo que tenha declinado, talvez não precise ser hoje tão grande como depois da Segunda Guerra Mundial para atingir a mesma meta de expressar e defender valores democráticos. Nos últimos 40 anos, a América trocou parte de seu poder por uma comunidade política mais agradável, principalmente no mundo industrializado. Conforme observa David Calleo, essa troca compensatória representa não uma derrota para a política americana no período do pós-guerra, mas "um sucesso na reconstrução de um mundo pacífico e próspero" (Calleo, 1987, p. 10).

Se a democracia se tornar mais geral no mundo contemporâneo, a manifestação, pela América, de seus próprios objetivos internos pode ser menos estridente e mais autoconfiante. A América não tem que falar pelos outros. Pode falar por si mesma, confiante em que os demais compartilharão de seus objetivos básicos. Sendo mais geral, a democracia abarca também maior variedade, dos sistemas basicamente unipartidários, como no Japão, para províncias praticamente separadas, como na Bélgica. Destarte, para expressar seu objetivo nacional no mundo moderno, a América precisa concentrar-se no que é essencial para a dignidade humana e a liberdade, pois esse é o estofo comum de sistemas democráticos diferentes. É esse núcleo de liberdades ocidentais, portanto, que a América tem que defender em suas relações com potências totalitárias.

Relações Leste-Oeste

As relações da América com a União Soviética assentam-se sobre duas realidades. Internamente, as duas sociedades representam manifestações diametralmente opostas de comunidade política ou do que constitui "a boa vida política". Até bem pouco tempo, na sociedade política organizada soviética o que sobrava para a opção privada era muito pouco (por exemplo, a devoção religiosa era fortemente desaconselhada), ao passo que um número relativamente pequeno de funcionários do partido decidiam o que era público. No corpo político organizado americano, a esfera privada é ampla, as decisões públicas são tomadas por um grande eleitorado, um Congresso e um ramo executivo altamente fragmentados. Embora esteja mudando hoje a situação na União Soviética, essas diferenças internas básicas entre as duas sociedades persistirão indubitavelmente ainda por muito tempo. Não obstante, nos assuntos internacionais, as duas sociedades têm muito em comum. Dominam a comunidade mundial como superpotências nucleares e guardam a chave da paz e da sobrevivência na era nuclear. Nenhuma dessas duas realidades poderá ser negada, ou a liberdade se perderá irremediavelmente. Negar as diferenças políticas internas leva à rendição moral; negar as realidades nucleares internacionais conduz ao suicídio político. No contexto de compromissos militarizados, a América enfatizou em excesso as diferenças internas; no contexto da *détente* desmilitarizada, fixou-se na paz nuclear. No futuro, terá que entretecer juntas as duas realidades para promover um mundo livre e pacífico.

A tarefa de equilibrar diferenças internas e realidades globais comuns nas relações americano-soviéticas implica que direitos humanos e questões políticas terão que dividir a agenda com as reduções de armamentos e o comércio. Enquanto as sociedades americana e soviética forem tão diferentes, tensões existirão. As armas não são a origem, mas a conseqüência dessas diferenças. Elas podem, para sermos exatos, exacerbar os mal-entendidos. Mas eliminá-las não acabará com as disputas entre Leste e Oeste nem com o problema do rearmamento potencial. Por conseguinte, a redução de armamentos deve ser feita não só por si mesma, mas dentro do contexto de uma estratégia de dissuasão.

Na atmosfera de euforia de princípios desta década, a dissuasão talvez pareça irrelevante a alguns observadores. Ainda assim, como demonstra a experiência dos Estados Unidos em 1945 e, mais uma vez, em princípios da década de 1970, a indiferença à dissuasão pode ser tão danosa como a preocupação com ela. De 1985 a 1988, os gastos americanos com defesa declinaram em 12% em termos reais. No mesmo período, os gastos soviéticos nessa mesma rubrica, medidos em rublos constantes de 1982, cresceram em aproximadamente 3% ao ano, ou quase o dobro da taxa da era Brezhnev (CIA e DIA, 1989). Embora parte desses gastos acelerados com defesa possam ter sido táticos e transitórios (o pagamento de Gorbachev aos militares pelo apoio às reformas internas e pelos acordos internacionais de controle de armamentos) e tenham surgido provas, em fins de 1989, de que os gastos militares soviéticos com armas convencionais (não-estratégicas) estavam sendo reduzidos, o padrão sugere que as divergências e suspeitas persistem nas relações entre os dois países. É cedo demais para relaxar a vigilância ocidental.

E porque as divergências continuam, o embasamento das relações americano-soviéticas é a dissuasão — a administração, não a solução do conflito. Durante 40 anos, a dissuasão tem repousado na estratégia ocidental de ameaça de escalada ofensiva. As doutrinas de retaliação maciça da Otan na década de 1950, de reação flexível na década de 1960 e de aumento da escalada nas décadas de 1970 e 1980, deram à União Soviética o aviso de que, se tentasse explorar sua superioridade convencional na Europa Central ou outras áreas de interesse vital para o Ocidente, este revidaria escalando o conflito para o nível seguinte mais alto de engajamento, incluindo, em última análise, o emprego de armas estratégicas, campo em que os Estados Unidos possuíam superioridade. Os Estados Unidos e a Otan, por conseguinte, confiavam na superioridade ocidental em tecnologia estratégica para contrabalançar as vantagens soviética e do Pacto de Varsóvia em forças convencionais.

Enquanto persistirem as estratégias de escalada ofensiva e os Estados Unidos continuarem à frente da União Soviética, por uma margem considerável, em tecnologias estratégicas (como de fato acontece. Ver NAS, 1987), americanos e ocidentais têm todo interesse em protegê-las. Os controles de exportação e o informal Comitê Coordenador de Controles Multilaterais de Exportação (Cocom) existem exatamente para esse fim. O enfraquecimento unilateral desses controles prejudica a dissuasão e ameaça o comércio livre dentro da área ocidental, como as sanções americanas contra a Toshiba em 1987 demonstraram claramente. Por outro lado, o fortalecimento do Cocom e o fim de sua "clandestinidade", como recomenda este estudo, tornam possível negociar os controles, limitando-os a itens realmente estratégicos e reduzindo o processo de licenciamento no Ocidente. Ou como disse uma autoridade americana de alto nível em outubro de 1987: "Se esta comunidade de nações (Cocom) puder formar uma barreira eficaz contra ações diversivas externas, não há razão por que não poderemos ter mais comércio aberto (de alta tecnologia) internamente (no Ocidente)" (*WSJ*, 16 de outubro de 1987).

Mas a dissuasão talvez nem sempre dependa de estratégias ocidentais de escalada ofensiva. O presidente Reagan propôs a Iniciativa de Defesa Estratégica (IDE) e uma visão de dissuasão baseada em proteção mútua contra ataque nuclear, e não em capacidade mútua de retaliação. Mas os benefícios ou desvantagens políticas, viabilidade técnica e custo econômico da IDE são assuntos que transcendem os limites deste estudo. O importante aqui é que estratégias defensivas mútuas, e não ofensivas, modificam sem dúvida alguma a lógica dos controles de exportação. O presidente Reagan deu um sinal nessa direção ao falar em compartilhar tecnologias defensivas com a União Soviética. Se apenas um dos lados dispusesse dessas tecnologias, ele poderia sentir a tentação de atacar primeiro, seguro no conhecimento de que poderia defender-se com sucesso de um ataque retaliatório. Nessa situação, por conseguinte, a dissuasão, que procura administrar conflitos, e não ganhá-los ou resolvê-los, dependeria de ambos os lados terem capacidade defensiva, e não de preservar a vantagem estratégica ocidental para contrabalançar a superioridade soviética convencional, como no caso da dissuasão ofensiva. A IDE pode estar ainda muito longe ou vir a ser um vôo de fantasia. A discussão sobre ela, porém, lembra-nos que os controles de exportação não visam, em princípio, a bloquear exportações estratégicas para a União Soviética, mas a servir, na prática, a uma estratégia específica de dissuasão.

Os direitos humanos e a dissuasão constituem o núcleo das relações dos Estados Unidos com a União Soviética. O comércio pode dar os toques finais de bom acabamento a uma sadia relação política e militar, mas não influenciá-la significativamente ou, de modo nenhum, substituí-la. No passado, governos esperaram demais do comércio nas relações Leste-Oeste. O presidente Nixon considerava-o como uma base decisiva e o presidente Carter, depois do Afeganistão, como uma alavanca decisiva para influenciar a política *externa* soviética. O presidente Reagan considerou-o em 1982 como golpe para explorar as vulnerabilidades *internas* soviéticas. Em todas essas opiniões, o comércio estava sendo solicitado a fazer demais entre sociedades que nem mesmo aplicam os mesmos valores aos assuntos econômicos.

A *perestroika* e a *glasnost* na União Soviética e Europa Oriental geraram, mais uma vez, grandes esperanças de expandir o comércio ao Oeste para o Leste e, dessa forma, influenciar as reformas nas sociedades socialistas. É inevitável e, em sentido limitado, útil, conforme observa este estudo, que o comércio não-estratégico aumente entre os Estados Unidos e a União Soviética, especialmente na medida em que melhorarem as relações políticas. Mas é politicamente irresponsável subsidiar esse comércio, como os Estados Unidos, a CE e outros exportadores fizeram, por exemplo, no tocante a cereais em fins da década de 1980. Talvez faça ainda menos sentido subsidiar créditos e empréstimos para sanear o balanço de pagamentos, empréstimos esses que podem ser desviados para finalidades militares. Ainda assim, em fins da década de 1980, bancos ocidentais corriam feito doidos para emprestar dinheiro à União Soviética e, entre 1984 e 1988, mais do que duplicou a dívida comercial líquida real da União Soviética, que passou de US$13,1 bilhões para US$30,8 bilhões (CIA e DIA, 1989).

O Senado americano aprovou em junho de 1988 uma resolução de caráter não-obrigatório, alertando para essa febre e insistindo em que o governo e seus aliados adotassem uma linha mais firme no tocante a empréstimos e subsídios a créditos à União Soviética (*FT*, 20 de junho de 1988). A aprovação dessa resolução sugeria o potencial de revés político nessa área controversa, especialmente se as reformas políticas e econômicas se descontrolassem na União Soviética. Em retrospecto, é claro que os governos americanos e ocidentais agiram depressa demais para fomentar as relações de comércio e crédito com a China. Em seguida aos fatos ocorridos na Praça Tiananmen em junho de 1989, os Estados Unidos suspenderam as vendas de artigos militares e se opuseram a novos empréstimos a China pelos bancos multilaterais de desenvolvimento (como, por exemplo, o Banco Mundial). O Congresso pressionou, exigindo medidas ainda mais duras. A China, enquanto isso, reagia em termos desafiadores. Previsivelmente, o comércio e o crédito do Ocidente, fossem expandidos ou negados, simplesmente não eram tão importantes para a China que a levassem a se comprometer com objetivos importantes nas políticas interna e externa.

Pelas mesmas razões, os Estados Unidos devem moderar suas expectativas no tocante à ajuda econômica aos países da Europa Oriental, especialmente na esfera de grandes donativos. Não apenas é duvidoso que tal ajuda possa ser eficaz (a ajuda do Plano Marshall teve sucesso na Europa, por exemplo, apenas porque foi rigorosamente vinculada, conforme vimos neste estudo, a opções de política econômica interna e comércio externo convergentes entre os países da Europa

Ocidental), mas as relações entre economia e política em e entre os países socialistas são extremamente complexas. A concessão de grande ajuda ocidental, principalmente sob a forma de produtos de consumo e créditos subsidiados, pode, na verdade, reduzir a motivação para reformas econômicas na Europa Oriental ao encorajar o consumo corrente, e não investimentos em produção mais eficiente para consumo futuro. Em sua viagem à Polônia e Hungria no verão de 1989, o presidente Bush pareceu consciente dos benefícios de um enfoque mais prudente — que enfatizasse ajuda para canalizar a poupança interna para investimentos mais rentáveis (como, por exemplo, tornar mais eficientes os mercados de capital ou privatizar algumas empresas públicas), retreinar e redistribuir a mão-de-obra e abrir mais os mercados do Ocidente às exportações dos europeus orientais — e não que destacasse novos empréstimos para importação de bens de consumo (Nau, 1989a).

Relações de Segurança com os Aliados

Em um período de transição, de sociedades não-liberais para liberais na Europa, não termina a necessidade de dissuasão e de alianças. Ela simplesmente muda de forma. Conforme foi observado anteriormente, os acordos de segurança mudam, inicialmente de altos níveis de forças militares para níveis mais baixos e, finalmente, de forças militares para acordos políticos e econômicos, como os que prevalecem entre países que não precisam de aparato militar para solucionar divergências. É promissora a perspectiva de reduzir armamentos e cortar despesas orçamentárias, mas isso não deve ser buscado como uma panacéia para os problemas econômicos da América, especialmente os orçamentários. Nem ser visto como maneira de forçar maior divisão de fardos com os principais aliados, tais como a Alemanha e o Japão — dois países cuja situação política interna, ao que tudo indica, será submetida como nunca antes a teste pelas mudanças que ocorrem atualmente nos assuntos mundiais.

Os gastos militares não são mais a causa do déficit orçamentário americano do que as despesas com a Seguridade Social e os direitos sociais, gastos com programas internos ou, por falar nisso, gastos com as denominadas despesas com impostos (isto é, reduções de impostos). Na verdade, como parcela do PNB, os gastos de defesa dos Estados Unidos vêm declinando desde 1970. O que o governo americano fez, contudo, foi aumentar dramaticamente suas obrigações internas. Em 1970, o governo reservava 39% do orçamento, ou 7% do PNB, à defesa; em 1987, encaminhava 27%, ou 6% do PNB, para isso. Entrementes, os pagamentos de transferência, 75% dos quais referem-se aos denominados pagamentos de natureza social (isto é, transferências que não se baseiam na compra de bens ou serviços) elevaram-se de 29% para 38% do orçamento, ou de 5% para 9% do PNB (*ERP*, 1987, p. 337). Despesas de defesa mais baixas depois do Vietnã não asseguraram gastos orçamentários globais mais baixos. O dividendo da paz do Vietnã foi gasto em programas internos — meio ambiente, combate às drogas, educação etc. A América tem que decidir se quer reduzir seu papel nas alianças principalmente para financiar metas internas, algumas das quais, como o pagamento de benefícios a certos grupos remediados, não se justificam sob o critério de necessidade humana nos Estados Unidos, ou se está disposta a continuar a desincumbir-se de vultosas obrigações de defesa, pelo menos durante o próximo período de transição, porque dois dos seus mais importantes aliados, a Alemanha Ocidental e o Japão, resolveram confiar principalmente nos Estados Unidos para lhes prover segurança nacional.

A despeito de certas expectativas eufóricas em sentido contrário, um nível relativamente alto de despesas com a defesa continuará a ser necessário ainda durante algum tempo. Até mesmo o espetacular corte de US$180 bilhões estudado pelo Departamento de Defesa em fins de 1989 representava um corte de apenas 12% nos próximos cinco anos, uma vez que eles se aplicavam a um planejado programa militar qüinqüenal de US$1,5 trilhão (Korb, 1989). A realização mais rápida desses cortes exigiria ou um ritmo mais acelerado de redução de armas na Europa, o que poderia levar a apressados acordos de controle de armas e, daí, à desestabilização, ou a disposição, de parte da Alemanha Ocidental e Japão, de assumir mais responsabilidade e, portanto, independência por sua própria segurança. No caso dos Estados Unidos, pressionar esses países para fazer mais no particular, até um ponto em que fizesse uma diferença para os seus gastos de defesa, certamente implicaria o risco de pôr em movimento, mais uma vez, fenômenos altamente instáveis nas sociedades internas da Alemanha e do Japão, bem como nas regiões que os circundam. No caso do Japão, como observa George Packard, poderia encorajar "forças existentes que já estão prontas e dispostas e ir cada vez mais longe para possuir uma força militar independente — com ou sem aprovação dos Estados Unidos" (Packard, 1987-1988, p. 357). No caso da Alemanha, poderia levar a uma de duas situações, ambas as quais seriam prejudiciais no esperado período de transição — a rápida desmilitarização e uma possível neutralização de algum tipo com o Leste, o que seria ameaçador para o Ocidente, ou a integração mais estreita com objetivos militares ocidentais, o que seria ameaçador para o Leste.

Os compromissos americanos em suas duas alianças, a Otan na Europa e o Japão no Pacífico, garantiram a paz e a prosperidade no pós-guerra. No momento, não há forças poderosas na Alemanha Ocidental e no Japão pedindo para os americanos irem embora (como havia, por exemplo, em princípios da década de 1950 na Europa e em princípios da década de 1960 no Japão). Para a América, ir embora sem ser convidada seria um erro de proporções históricas colossais. Este é sobretudo o caso em tempos de rápida mudança, quando as forças americanas proporcionam alguma garantia a seus parceiros ocidentais e orientais que a Alemanha e o Japão não alterarão rápida ou perturbadoramente suas políticas básicas de defesa e relações exteriores. Sem dúvida alguma, Alemanha e Japão podem fazer mais em algumas áreas de defesa e ainda mais nas áreas econômicas (ver discussão mais adiante). Mas transferir substancialmente as responsabilidades pela defesa, especialmente a estratégica, aos aliados não constitui uma mudança de política que produza grandes economias no orçamento da América. Causará apenas maior insegurança e, no fim, quando a América for forçada a voltar à Europa ou ao Extremo Oriente para defender seus interesses, despesas militares ainda mais vultosas.

Nada disso implica dizer que os Estados Unidos não devam promover negociações sérias para reduzir os armamentos. O Tratado de Forças Nucleares Intermediárias (FNI), assinado em Washington em 8 de dezembro de 1987, embora pequeno em alcance, eliminou uma classe inteira de armas nucleares. As Conversações para Redução das Armas Estratégicas (Start), que pretendem reduzir as armas nucleares em geral, pareciam encaminhar-se, em fins de 1989, após a cúpula Bush-Gorbachev em Malta, para um acordo prevendo o corte de uns nominais 50% em armas desse tipo (um terço em termos reais), talvez já em meados desta década. O anúncio feito por Gorbachev, em dezembro de 1988, de cortes unilaterais em armas convencionais, e as propostas da Otan em maio de 1989 para cortes mútuos das forças das superpotências na Europa para níveis iguais de 275 mil soldados (e equipamentos auxiliares) aumentou o otimismo de um sucesso rápido nas conversações sobre Forças Convencionais na Europa (DFE), um grupo menor de 23 nações que tirou as discussões sobre armas convencionais das mãos do grupo anterior e malsucedido de 35 nações, conhecidas como Conversações sobre Redução Multilateral Equilibrada de Forças (MBFR). Muito embora os cortes iniciais nas negociações CFE não ficassem muito abaixo dos níveis correntes das forças americanas na Europa (cerca de 320 mil soldados), novas propostas apresentadas em princípios de 1990 mencionavam níveis mútuos na Europa Central em volta de 195 mil soldados.

As reduções de armamentos fazem sentido, contudo, não porque sejam inerentemente boas ou más, mas porque são compatíveis hoje com a mudança da ameaça na Europa Central. A emergência de governos democráticos na Europa Oriental elimina a ameaça imediata de ataque convencional maciço das forças do Pacto de Varsóvia, que foi a ameaça que condicionou todas as reações estratégicas ocidentais em princípios da década de 1950. Esses governos criam novas barreiras políticas à ampliação do poder militar soviético na Europa Central e, logo que as forças soviéticas atuais forem reduzidas nessa área, o Ocidente terá tempo para amplo aviso para responder a tentativas soviéticas de reintroduzir essas forças e, por conseguinte, não precisará estacionar exércitos grandes e permanentes, como no passado, para se defender de ataques de surpresa.

O declínio da ameaça militar convencional na Europa Central reduziu a importância das armas nucleares, através das quais o Ocidente tradicionalmente se defenderia contra as forças convencionais superiores do Leste. O Tratado das FNI deixou apenas mísseis nucleares de curto alcance na Europa Central, com raios de ação que os tornam úteis principalmente para emprego em solo alemão. Compreensivelmente, os alemães ocidentais não viram necessidade de modernizar essas armas ou sequer mesmo mantê-las, uma vez que só poderiam ser usadas contra outros alemães, que em breve poderiam fazer parte do país. A dissuasão nuclear, portanto, perdeu importância na Europa Central, embora o compromisso nuclear americano permaneça como a cavilha mestra da Otan e a *raison d'être* do estacionamento de tropas americanas na Europa.

Algum tipo de estrutura de dissuasão (isto é, de administração de conflito), contudo, continua a ser necessário, seja na forma de equilíbrios muito mais baixos e testados de armas convencionais (em última análise respaldadas, talvez, por garantias nucleares) seja de arranjos políticos e econômicos que eventualmente eliminem a necessidade de forças militares. As ameaças mudaram, mas não desapareceram. As possibilidades de reveses econômicos e políticos na Europa Oriental ou na União Soviética (como aconteceu na China em 1989), o potencial da violência étnica, particularmente no sudeste da Europa e na União Soviética, e o crescente poder econômico e, pelo menos, indiretamente, militar de uma Alemanha reunificada constituem riscos para o futuro da Europa e dos Estados Unidos. Além disso, a União Soviética continua a ser uma superpotência nuclear. As conversações CFE e Start apenas iniciaram a tarefa de converter as estruturas da aliança que, durante 40 anos, dissuadiram com sucesso altos níveis de ameaça, para estruturas inteiramente européias que possam continuar a proporcionar confiança em níveis muito mais baixos, embora ainda perigosos de ameaça.

Os delineamentos políticos de uma Europa reintegrada ou de uma "Europa íntegra e livre", que líderes americanos pediram (Bush, 1989) são também nucleares. Muito dependerá da maneira como as duas Alemanhas resolverão suas divergências econômicas e políticas internas e se governos mais liberais na Europa Oriental e na União Soviética conseguirão promover o progresso econômico. O primeiro resultado dependerá da maneira como uma sociedade alemã reintegrada definirá seu objetivo nacional e, em última análise, solucionará a luta, velha de séculos na sociedade alemã, entre o liberalismo, neste momento solidamente enraizado na Alemanha Ocidental nos últimos 40 anos, e o autoritarismo, que é tudo que a Alemanha Oriental jamais conheceu (fosse da direita antes e da esquerda depois da guerra). O segundo resultado será uma função das opções de política econômica que serão feitas na Europa Oriental e na União Soviética. Os Estados Unidos e outros países ocidentais continuarão a influenciar o contexto internacional onde serão feitas essas opções. Se não conseguiram encontrar um novo senso de comunidade política compartilhada, a fim de ajudar os países do Leste na direção de maior pluralismo político, ou se levarem a competição econômica entre si a um ponto que divida o Mundo Ocidental em blocos econômicos regionais e eventualmente, políticos, conflitantes, a oportunidade de estender a liberdade e a prosperidade do pós-guerra aos povos do Leste será perdida e diminuirão muito as perspectivas de crescimento no mundo em desenvolvimento. O desafio não consiste em sucatear a parceria ocidental dos últimos 40 anos, mas adaptá-la a novos objetivos e a novos participantes.

A Escolha de Políticas Econômicas Eficientes

As alianças ocidentais constituíram as bases do sistema econômico internacional no pós-guerra. Forneceram as razões pelas quais as nações industrializadas implementaram entre si políticas econômicas eficientes, abertas. Atualmente, essas alianças passam por um processo de transformação. Por isso mesmo, outras motivações terão que ser encontradas para dar sustento a objetivos comuns entre as nações ocidentais, se é que desejam que uma ordem econômica internacional transparente e eficiente seja mantida na década de 1990.

Duas dessas motivações já existem. Em primeiro lugar, instituições democráticas e econômicas competitivas estão hoje mais enraizadas e são mais fortes nas nações industrializadas, incluindo a Alemanha e o Japão, do que o eram em 1945. Nesse sentido, essas nações estão motivadas para organizar as relações econômicas internacionais, de acordo com princípios liberais e competitivos, porque seus próprios sistemas internos são cada vez mais organizados dessa maneira. Embora Alemanha e Japão conservem em suas economias internas aspectos corporativistas e consensuais que distorcem a concorrência no comércio internacional através de barreiras não-tarifárias, as tendências nos dois países se orientam para maior concorrência interna (ver discussão adiante). Isso, porém, não significa que esses países venham jamais a promover um sistema econômico internacional individualista, liberal, com o mesmo entusiasmo que inspirou os Estados Unidos nas décadas de 1950 e 1960. Mas é improvável também que utilizem seu poder econômico considerável para liderar campanhas de construção de um sistema alternativo, a menos que estejam dispostos ao mesmo tempo a se arriscarem a graves conflitos com seus parceiros ocidentais e a assumirem responsabilidades mais independentes por sua própria segurança militar.

A segunda motivação para a manutenção e ampliação do sistema econômico internacional liberal pode, talvez, estar nas atitudes mutáveis dos principais países socialistas e em desenvolvimento. Esses países estão realizando experimentos cada vez mais profundos com sistemas internos mais competitivos, tanto econômicos quanto políticos. As economias de comando da União Soviética e da Europa Oriental, bem como as velhas estratégias de substituição de importações dos países em desenvolvimento, têm hoje poucos defensores em qualquer parte do mundo. Aos países ocidentais se abre uma oportunidade sem precedentes de reforçar essa mudança para políticas orientadas para o mercado e promover a integração econômica global, não para defender os sistemas pluralistas do Ocidente mas para ajudar o seu desenvolvimento no Leste e no Terceiro Mundo.

Vistas históricas e comparativamente, por conseguinte, as grandes tendências se orientam principalmente no sentido de maior competição. Elas emergiram nos países socialistas e em desenvolvimento mesmo enquanto o desempenho da ordem comercial liberal declinava e as políticas macroeconômicas das nações industrializadas provocavam graves instabilidades nos mercados mundiais. Confirmam a poderosa atração da prosperidade no pós-guerra, sob a influência dos modelos de política de Bretton Woods, e melhoram a perspectiva de que o retorno a esses padrões por parte dos Estados Unidos, o principal arquiteto da ordem liberal no pós-guerra, possa contar com apoio internacional sem precedentes, até mesmo no mundo comunista, na medida em que este conseguir instituir maior competitividade em seus próprios sistemas.

Por isso mesmo, se fosse trágico para a América abandonar suas alianças, mais trágico ainda seria renegar neste momento seu compromisso histórico com mercados internacionais abertos, competitivos, e abandonar o mundo socialista, cujos cidadãos lutam agora por novas liberdades, ou o mundo em desenvolvimento, onde 75% da população mundial ainda vivem em estado de desesperada pobreza. Em termos de ameaça e de necessidades humanas, o maior desafio reside no Terceiro Mundo. Se as alianças constituem a proteção da América contra a ameaça de instabilidade na Europa Oriental e na União Soviética, à medida que continua a liberalização, o sistema comercial livre é a sua proteção contra a ameaça de pobreza e o flagelo de revoluções, terrorismo e outros tipos de instabilidade que podem nos chegar vindas do Terceiro Mundo. A opção com que se defrontam os Estados Unidos no Terceiro Mundo nesta década, por conseguinte, não é diferente da que enfrentaram na Europa Central em 1947. Podem liderar um ataque coletivo ao sofrimento humano e à repressão política da pobreza no Terceiro Mundo ou abandonar o Terceiro Mundo ao totalitarismo, um totalitarismo não necessariamente imposto de fora por um comunismo moribundo, mas gerado internamente por despotismo ressurgente.

Na prática, como detalharemos adiante, o desafio contém numerosas características diferentes. O Plano Marshall, porém, não constitui um modelo específico para a política americana em relação ao Terceiro Mundo. Os países desse mundo nem possuem sistemas econômicos internos suficientemente parecidos nem interesses de segurança suficientemente comuns com o Ocidente para reagirem a um Plano Marshall da mesma maneira como fizeram os países da Europa Ocidental em 1947-1948. Em princípio, porém, o conceito de um Plano Marshall — de abrir o sistema democrático ocidental de nações mais livres e comércio mais livre ao mundo em desenvolvimento, como meio alternativo de lhes permitir escapar do ciclo fechado de pobreza e opressão — tem muito a oferecer. Além do mais, os Estados Unidos podem fazer isso hoje a partir de uma base de países industrializados economicamente fortes e politicamente homogêneos, que não precisam que a América carregue o mesmo fardo desproporcional de custos que foi obrigada a suportar em 1947. O que os Estados Unidos têm indubitavelmente que fazer é liderar. E essa liderança tem que começar em casa, com a compreensão de que a estabilidade dos preços, os mercados flexíveis e o comércio mais livre continuam a ser precondições relevantes e essenciais para o crescimento econômico global.

O Restabelecimento da Tríade de Política de Bretton Woods

Os melhoramentos parciais ocorridos na economia mundial e dos Estados Unidos em princípios da década de 1980 sugerem que a tríade de política permanece relevante, mas que precisa ser mais amplamente compreendida e aplicada de forma mais coerente, caso se deseje que a economia internacional evite uma repetição desastrosa dos erros de política cometidos na década de 1970, dessa vez com perdas para o comércio livre, juntamente com a estabilidade dos preços e mercados flexíveis.

A tríade de política de Bretton Woods, vale a pena lembrar, visava a projetos a médio prazo nas políticas macroeconômica e microeconômica (isto é, estruturais), e não a curto prazo, de objetivos relativos a taxas cambiais e de juros, freqüentemente enfatizados na década de 1970 e postos novamente em destaque após 1985 por iniciativas dos Estados Unidos. A essência da tríade é a estabilidade de preços a médio prazo, comércio externo progressivamente mais livre (não é necessário estabelecer nenhum ritmo preciso) e ajustamentos estruturais contínuos (mais uma vez, sem nenhum ritmo obrigatório), a fim de assegurar que os mercados se tornem ou permaneçam flexíveis e, por conseguinte, reajam de forma oportuna a sinais macroeconômicos internos e à competição internacional, tendo por base as vantagens comparativas.

As raízes internas da tríade são os preços estáveis e os mercados flexíveis. Sem essas raízes, o comércio mais livre será não só de implantação e manutenção mais difícil, mas também economicamente menos eficiente em termos de resultados. Economias internas inflexíveis impedem que recursos sejam realocados para enfrentar a competição externa, os preços sobem desigualmente e distorcem as taxas cambiais se elas são fixas ou as levam a flutuar se são flexíveis. Taxas cambiais desalinhadas desestimulam o comércio orientado para o mercado e incentivam o comércio administrado ou arranjos não-governados pelos preços para a troca de bens. Os mercados mundiais tornam-se amarrados por acordos bilaterais de comércio e cambiais, como ocorreu, por exemplo, na década de 1930 e logo depois da Segunda Guerra Mundial na Europa Ocidental.

O mundo, em suma, tem uma opção: pode resolver proteger e regular as economias internas e, como conseqüência, criar mercados internacionais instáveis que terão que ser administrados por acordos bilaterais, não orientados pelos preços, ineficientes, ou pode estimular economias internas flexíveis e, como conseqüência, assegurar preços internacionais relativamente estáveis e previsíveis e relações de comércio orientadas pelo mercado. Não é possível a convivência de mercados internos protegidos e mercados internacionais estáveis, exceto em níveis muito mais altos de comércio e relações cambiais administrados e, por conseguinte, níveis de eficiência e crescimento muito mais baixos. Nesse sentido, o compromisso do pós-guerra, de "liberalismo enraizado", no qual, segundo se argumenta, políticas internacionais liberadas foram utilizadas para compensar políticas internas intervencionistas, não é mais liberal se a intervenção do governo no país excede o ponto que permite que recursos internos sejam realocados flexivelmente para enfrentar a concorrência internacional.

O restabelecimento da estabilidade de preços constitui até agora a grande vitória das políticas dos Estados Unidos e de outros países industrializados desde

1979. Às vezes confundido com monetarismo, esse restabelecimento teve origem no reconhecimento, por todos os principais países, incluindo países de alta inflação crônica, como a França e a Itália, de que a restrição da política monetária e do crédito era fundamental para preços estáveis (através de quaisquer que sejam as técnicas monetárias). A política monetária foi reinstalada no seu papel correto e em iguais condições (e não de acomodadora) com a política fiscal, como ocorreu no consenso inicial de Bretton Woods no pós-guerra.

Duas outras áreas de política interna, no entanto, ficaram à margem da convergência observada na década de 1980, pelo menos no mesmo grau. Foram elas a política fiscal e a pública na microeconomia. Os Estados Unidos foram o principal criminoso na primeira e Europa e Japão continuaram a marcar passo na segunda. Divergências persistentes nessas áreas ameaçam potencialmente a economia mundial com a volta da inflação e da rigidez de mercados nesta atual década.

A política fiscal dos Estados Unidos mudou para a expansão durante toda a década de 1980. Embora a redução dos impostos em 1981 incentivasse novos investimentos e contribuísse para restaurar um pouco de flexiblidade nos mercados de trabalho e capital, a incapacidade de reduzir despesas deixou-o dependente de precários fluxos de capital estrangeiro, e sustentou a recuperação, após 1984, cada vez mais na base de política monetária acomodatória e de consumo crescente. Enquanto isso, a política monetária nos outros grandes países industrializados mudava para a contração. De 1981 a 1985, enquanto o déficit dos Estados Unidos se expandia em 2,9% do PNB, os déficits fiscais dos governos centrais da Alemanha, Japão e Reino Unido contraíam-se em um total de 3,5% do PNB (FMIa, 1988, p. 127). Essa divergência em política fiscal entre os grandes países industrializados constituiu uma mudança de enormes proporções e gerou um desequilíbrio nos fluxos de poupança e investimentos entre os Estados Unidos, por um lado, e a Europa e o Japão, por outro.

A contração da política fiscal na Europa e Japão contribuiu indubitavelmente para o desempenho modesto dos aliados nas áreas de política microeconômica, em especial o fracasso em reduzir a intervenção governamental excessiva nos mercados europeus de trabalho, capital e produto (como, por exemplo, na agricultura) e estimular maior consumo interno no Japão. Políticas fiscais e monetárias relativamente rígidas na Europa restringiram o crescimento e aumentaram o desemprego (Lawrence e Schultze, 1987). Esse ambiente não era conducente a uma desregulamentação acentuada, sobretudo na agricultura, onde as reformas prometiam deixar ainda mais pessoas sem emprego. Além disso, para começar, o setor público na Europa era muito maior do que o americano ou japonês (ver Capítulo 6). Houve maior relutância em reduzi-lo, em desregulamentar a indústria privada e a submeter as empresas públicas a forças competitivas mais poderosas. A privatização se firmou no Reino Unido e, em menor grau, na França, mas a verdade é que a transferência de ativos públicos para mãos privadas não criou muitos novos empregos. Na verdade, no curto prazo, provocou cortes para reduzir mão-de-obra redundante ou ineficiente.

Simultaneamente, continua lenta a desregulamentação financeira e do comércio externo no Japão. A poupança aumentou tanto porque os consumidores japoneses não tinham oportunidade de adquirir bens importados, novas casas e serviços internos de lazer como porque os Estados Unidos a atraíam a fim de explorar a demanda e as oportunidades de investimentos nos mercados americanos. O Japão conservou mercados de trabalho e capital flexíveis a fim de responder às oportunidades de exportação, mas continuou a restringir seus mercados internos no tocante à demanda e distribuição de importações.

Entrementes, os Estados Unidos levavam adiante o processo de desregulamentação com muito mais rapidez do que a Europa e o Japão, mas não tanto quanto o Governo Reagan esperava ou alegava, especialmente em virtude da "re-regulamentação" do setor comercial. As políticas de Reagan moderaram as reivindicações de aumentos de salário e sujeitaram a indústria de transformação à concorrência acirrada de um dólar que se valorizava e de importações que baixavam de preço. Embora não conseguissem reduzir o tamanho do setor público — que, na verdade, cresceu por causa dos gastos com defesa e direitos sociais e, cada vez mais, pagamentos de juros da dívida nacional — os Estados Unidos mudaram a composição dos gastos para a defesa e outros dispêndios potencialmente mais produtivos. O desemprego caiu espetacularmente, de mais de 10% em 1982 para 5% em princípios de 1989, e os mercados financeiros, especialmente os de capital de risco, reativaram-se e alimentaram uma explosão de inovação tecnológica e abertura de pequenas empresas.

As diferenças em política interna, que persistem, entre os Estados Unidos e seus principais aliados industrializados nas áreas macro e microeconômica, influenciam de maneira decisiva a capacidade desses países de manter mercados internacionais abertos e eficientes no Ocidente. Conforme demonstrou invariavelmente este estudo, mercados internacionais estáveis e eficientes exigem práticas e instituições de política muito semelhantes para que os países concordem sobre o que constitui regras "justas" para a concorrência econômica entre eles. Se persistir a propensão americana por políticas fiscais irresponsáveis, a Europa, com toda certeza, se retirará da liça e procurará proteger-se de um dólar flutuante no Sistema Monetário Europeu (SME) e no mercado europeu único em 1992. Analogamente, o Japão acelerará as relações econômicas e comerciais com parceiros regionais e, talvez, com a União Soviética. Pela mesma razão, se as maiores tendências intervencionistas ou *dirigiste* da Europa e Japão persistirem ou, o que ainda é pior, aumentarem, os Estados Unidos indubitavelmente recorrerão a retaliações e reduzirão o acesso, a seus mercados, de produtos europeus e japoneses.

O que Estados Unidos e seus parceiros industrializados precisam compreender é que nenhum desses fatos é predeterminado por imutáveis divergências culturais ou históricas entre eles. Argumentos estruturalistas costumam alegar que o Japão é uma sociedade fundamentalmente diferente da americana ou mesmo da Europa Ocidental e que jamais poderá tornar-se uma sociedade aberta, transparente, ou uma economia aberta para bens importados (Johnson, 1982; Krasner, 1987; Prestowitz, 1988; van Wolferen, 1989). Essa alegação, no entanto, se levada longe demais, nega também a possibilidade de mudança nas características estruturais da sociedade e teria dificuldade em explicar a evolução de instituições mais democráticas no Japão desde a guerra ou a abertura incremental do mercado e sociedade japoneses que ocorreram nos últimos 20 anos. Na verdade, conforme demonstram estudos da OCDE sobre políticas microeconômicas nos países ocidentais, Estados Unidos, Alemanha e Japão compartilham de aspectos econômicos internos e contrastes comuns com outras sociedades ocidentais, no sentido em que "os governos desses três países têm se mostrado muito relutantes em atuar com empresários; e, em um contexto de intensa competição no mercado interno, empresas têm assumido a principal responsabilidade para manter áreas tradicionais de poder e/ou desenvolver outras" (1988, p. 36). Reconhecidamente, diferem as relações empresas-governo nesses países, mas seria difícil argumentar que elas aumentaram mais do que diminuíram nos últimos 25 anos.

Além do mais, as divergências políticas entre Estados Unidos, Europa e Japão podem continuar a diminuir. A despeito dos perigos que persistem de uma convergência incompleta de políticas, é substancial o progresso conseguido. Os Estados Unidos têm hoje uma economia interna muito mais flexível do que na década de 1970, o que se reflete nas taxas sem precedentes de crescimento dos investimentos na indústria de transformação e na produtividade, embora ameace voltar a regulamentar a economia através de políticas comerciais crescentemente protecionistas, tornadas necessárias, em parte, pela manutenção de grandes déficits orçamentários. Os principais países industrializados da Europa (França, Alemanha e Grã-Bretanha) e do Pacífico (Japão) têm políticas macroeconômicas mais disciplinadas e inflação mais baixa do que em qualquer outro período do pós-guerra (3,6% de 1983 a 1987, em comparação com 4,4% de 1947 a 1967 — ver Figura 1-1), embora tenham conseguido menos progressos em reformas microeconômicas e, na política comercial, não se comportem melhor e, talvez se comportem ainda pior do que os Estados Unidos. O fundamental, como argumenta este estudo, é superar as divergências que remanescem e reinstituir mais plenamente a tríade de política de Bretton Woods. A América tem que redescobrir as virtudes de políticas fiscais disciplinadas, a Alemanha e a Europa 1992 precisarão ter êxito em liberalizar as barreiras microeconômicas para estimular o crescimento interno, sem adotar estímulos macroeconômicos ou levantar novas barreiras ao comércio com o mundo exterior, ao mesmo tempo que o Japão deverá reconhecer forçosamente que a sociedade que poupa demais é fundamentalmente anticonsumo e que pelo menos nesse grau, também antiindividual e, quem sabe, antidemocrática.

Nenhuma dessas mudanças exige que esses países percam aspectos fundamentais de sua herança cultural ou nacional. As mudanças são apenas incrementais. Não precisam ir ao ponto em que, conforme recomendam alguns estudos, a América reduza a zero seu déficit em conta corrente (Williamson, 1983, Bergsten, 1988). Se alguns países, como o Japão, resolverem, por razões culturais ou de outra natureza, poupar mais do que os outros, é melhor que essa poupança se encaminhe para outros países, tais como os Estados Unidos (e criem um déficit em conta corrente para esses países), do que permaneça sem uso nos países superavitários. O problema em fins da década de 1980 era que ninguém acreditava que os então existentes níveis de desequilíbrio em conta corrente americano-japoneses e americano-alemães fossem sustentáveis ou que o fluxo perverso de capital, dos países em desenvolvimento para os industrializados, fosse desejável. Daí, os saldos em conta corrente têm que mudar, mas não necessariamente para níveis arbitrariamente predeterminados.

Coordenação Internacional de Políticas Econômicas Internas

Na discussão precedente, estivemos falando sobre a substância da coordenação política internacional de políticas econômicas internas, mas não dos mecanismos para assim proceder. Da perspectiva deste estudo, são muito menos importantes os mecanismos ou instituições de coordenação da política econômica internacional. Embora perspectivas estruturalistas focalizem quase exclusivamente esses mecanismos e quase sempre recomendem mais cooperação institucional, a perspectiva orientada para opções do presente estudo demonstra que tal cooperação pode, em alguns casos, impedir ajustamentos orientados para o mercado e que a economia mundial pode ganhar com menos, e não com mais, cooperação institucional.

A Figura C-1 organiza em uma matriz do tipo dois-por-dois as combinações aproximadas de opções substantivas de política interna e mecanismos de coordenação internacional que os Estados Unidos e outras nações industriais adotaram nos vários períodos do pós-guerra. Opções e resultados substanciais de política (que se relacionam entre si, de acordo com a perspectiva deste estudo) aparecem ao longo do eixo horizontal, enquanto os mecanismos internacionais acompanham o eixo vertical.

Com exceção da era de Bretton Woods e, talvez, um curto período em meados da década de 1970 (campo C), a cooperação direta atavés de instituições internacionais foi associada a políticas e resultados internos inflacionários e intervencionistas (campo D). Exceto o primeiro mandato de Reagan (campo A), o mesmo aconteceu com coordenação indireta através de mecanismos de mercado (campo B). À vista dessa comparação, a existência ou ausência de cooperação institucional não importa muito para a existência ou ausência de políticas econômicas internas válidas, confirmando o ceticismo da perspectiva orientada para as opções em relação à cooperação institucional internacional, especialmente da forma praticada na década de 1970.

As experiências de Bretton Woods e do primeiro mandato do Governo Reagan, por outro lado, sugerem que tanto mecanismos institucionais quanto de mercado podem contribuir para políticas econômicas internas sensatas (campos A e C). Essas experiências, no entanto, não foram bem compreendidas. A expe-

Mecanismos Internacionais	Conteúdo/Resultados da Política Interna: Estabilidade de Preços e Flexibilidade de Mercados	Conteúdo/Resultados da Política Interna: Inflação e Intervenção Microeconômica
Mercados	A Reagan (1981-1984)	B Período Imediato do Pós-Guerra (1945-1947) Johnson (1967-1968) Nixon (1969-1974)
Instituições	C Ford (1974-1976) Bretton Woods (1947-1967) Primeiros Planos Econômicos Americanos no Pós-Guerra (1941-1942)	D Negociações durante a Guerra para criar Bretton Woods (1943-1944) Carter (1977-1981) Reagan? (1985-1988)

Figura C-1. Modelos de coordenação internacional de políticas econômicas internas.

riência de Bretton Woods é freqüentemente citada para pedir mais cooperação internacional nos dias de hoje, como também em repetidos apelos para que se convoque uma conferência Bretton Woods II. As instituições, no entanto, desempenharam mais eficazmente seu papel, em fins da década de 1940 e na de 1950, quando os mercados internacionais eram fracos e a América dominava a tomada de decisões nos foros internacionais. A experiência do primeiro mandato do Governo Reagan, por outro lado, é freqüentemente ignorada como tendo sido de unilateralismo, muito embora o impacto das políticas americanas sobre os mercados mundiais nesse período, especialmente em termos de redução da inflação, e despertar interesse por reformas internas orientadas para o mercado (como, por exemplo, reformas fiscais, privatização e desregulamentação), fosse provavelmente, em geral, muito salutar. E por último, a experiência envolveu um emprego diferente de mecanismos de mercado ou de poder de mercado do que foi utilizado por políticas americanas no período Nixon.

Por três razões, a cooperação internacional funcionou para implementar políticas internas saudáveis durante a era de Bretton Woods (ver Capítulos 3 e 4): 1) havia nos Estados Unidos um consenso de política interna, corporificado na Lei de Emprego Nacional, antes do início da cooperação internacional, e esse consenso pedia políticas internas e comerciais que fossem inteiramente consistentes com mercados internacionais abertos e taxas cambiais estáveis; 2) os Estados Unidos possuíam a motivação, o dinheiro e o poder diplomático necessários para mobilizar instituições internacionais a fim de promover esse consenso de política em outros países, e essas instituições foram, em muitos casos, *ad hoc* e compostas de pessoal do setor privado que não buscavam dirigir indefinidamente os mercados, mas que, na verdade, as fecharam logo que completadas as tarefas iniciais; a cooperação institucional podia focalizar-se principalmente em objetivos de política de prazo médio — estabilidade de preços, mercados de trabalho, capital e produtos mais flexíveis, e liberalização progressiva do comércio externo — porque os mercados internacionais, especialmente os de capital, não eram tão grandes ou profundos que os formuladores da política se preocupassem imediatamente com retroalimentação de curto prazo sobre as taxas cambiais e, por conseguinte, com políticas macroeconômicas de sintonia fina para estabilizá-las. De tempos em tempos, conforme vimos na operação na União Européia de Pagamentos (ver Capítulo 4), o ritmo da liberalização do comércio e as restrições cambiais eram variados a fim de ganhar tempo em relação a pressões externas e facilitar mais ajustamentos de política interna. Esse fato permitia que as taxas cambiais se mantivessem relativamente fixas e servissem para os países menores como âncora estável a longo prazo para a política monetária, enquanto permitia aos maiores que se concentrassem em reformas de política interna e comercial mais fundamentais.

Por pelo menos duas dessas três razões, a cooperação institucional foi menos aconselhável no início da era Reagan. Em primeiro lugar, os Estados Unidos não dominavam mais as instituições internacionais. Não podiam conseguir um consenso negociado entre países que queriam reduzir a inflação (como, por exemplo, eles mesmos e a Grã-Bretanha) e outros que queriam reduzir o desemprego, mesmo que isso significasse mais inflação (como, por exemplo, a França e a Itália). Em segundo, os mercados comercial e financeiro eram, nesse momento, tão complexos que qualquer tentativa de coordenar políticas sem um consenso mais amplo teria sem dúvida se focalizado, com grande rapidez, na administração a curto prazo das taxas cambiais através de políticas macroeconômicas de sintonia fina.

Em contraste com o período de Bretton Woods, contudo, os Estados Unidos desfrutavam, através do mercado internacional, de um poder imenso na década de 1980. Altas taxas de juros e alto preço do dólar trabalhavam para forçar outros países (como, por exemplo, a França) a tomar logo decisões se aceitavam indefinidamente uma moeda em depreciação (o que exacerbava a inflação), levantavam barreiras ao comércio, ou reduziam a inflação e estimulavam o crescimento através de reformas microeconômicas (como, por exemplo, reformas fiscais inspiradas pela economia de oferta). Em última análise, os esforços baseados no mercado dos Estados Unidos ficaram além do pretendido, não porque enfrentassem restrições externas esmagadoras, como alegam os argumentos estruturalistas, mas porque não foram apoiados por um consenso de política interna compatível com mercados internacionais abertos e não inflacionários. Logo que, em 1985, recuaram de seus esforços para reduzir o déficit orçamentário e iniciar legislação de comércio livre, seu poder de mercado perdeu credibilidade e os Estados Unidos começaram a empurrar outros países para políticas econômicas de sintonia fina, especialmente monetárias, e não a iniciar reformas microeconômicas e comerciais mais fundamentais (ver Capítulo 9).

Os Estados Unidos podem aprender, com Bretton Woods e os primeiros anos Reagan, a melhorar a coordenação de políticas econômicas internas na década de 1990. Em primeiro lugar, como sugerem ambas as experiências, o ingrediente indispensável para o sucesso é um consenso de política econômica interna que seja compatível com mercados internacionais abertos e não-inflacionários. Se esse consenso não existe, como é o caso desde fins da década de 1960, nem cooperação internacional nem poder de mercado podem ser inteiramente eficazes.

Em segundo, o poder de mercado é um mecanismo importante para conseguir convergência de política interna nos complexos e altamente interdependentes mercados mundiais. Outros governos que não o americano estão crescentemente reconhecendo esse fato. A CE, por exemplo, está empregando o princípio de reconhecimento mútuo ao procurar harmonizar padrões ambientais e técnicos nacionais para o exercício Europa 1992. Esse princípio diz que produtos são aceitáveis em qualquer mercado da CE se cumprirem os padrões nacionais do país exportador. O princípio em causa põe em movimento uma concorrência entre políticas nacionais no mercado, no qual nenhum país deseja pôr em risco a competitividade de seus exportadores e, por conseguinte, procuram harmonizar suas políticas com as dos exportadores mais eficientes. Padrões mínimos de saúde e segurança são ainda estabelecidos pela CE (Calingaert, 1988).

As perspectivas estruturalistas relutam em reconhecer as vantagens do poder de mercado, ou do que rotulam de unilateralismo (Bergsten, 1986). Enfatizam os aspectos estruturais da economia mundial (como, por exemplo, o tamanho crescente do setor externo nas contas nacionais) que obrigam os Estados Unidos e outros países a moderar ações de mercado e coordenar suas políticas diretamente através de instituições internacionais. Ignoram, até certo ponto, o conteúdo das ações dos governos em instituições ou mercados. Igualam, por exemplo, as políticas unilaterais dos Estados Unidos em princípios da década de 1970 com as de princípios da década de 1980, mencionando, apenas numa curta nota de pé de página, as "grandes" diferenças em conteúdo de política e conseqüências nesses dois períodos — uma inflacionária e intervencionista, a outra desinflacionária e orientada para o mercado (Bergsten, 1986, p. 6). Por outro lado, as perspectivas estruturalistas consideram a cooperação internacional como o ótimo em todas as circunstâncias, mesmo quando essas políticas provocam grandes instabilidades (como, por exemplo, a Sexta-Feira Negra).

A lição principal não é que a cooperação internacional seja sempre boa e que o poder de mercado seja sempre ruim, mas que há um padrão coerente no registro histórico quando esses mecanismos são usados e para o quê são usados. Ao menos em décadas recentes, as iniciativas institucionais parecem ter sido associadas a esforços para reflacionar a economia mundial, ao passo que as de mercado parecem ser associadas a tentativas de fazer o oposto. Há uma razão política óbvia para esse padrão. Líderes políticos gostam de reduzir taxas de juros, aumentar gastos fiscais e receber o crédito por essas medidas. Cooperação internacional visível melhora-lhes a imagem e pode mesmo ajudá-los, em algumas circunstâncias, a exercer influência sobre banqueiros centrais mais conservadores, que via de regra relutam mais em reduzir as taxas de juros, ou pelo menos tanto quanto os políticos gostariam. O ladeamento dos banqueiros centrais foi evidentemente o efeito, se não a intenção, da "politização" do processo G-5 pelo segundo Governo Reagan. Segundo conclui Yoichi Funabashi numa referência ao exercício Plaza-Louvre, os "políticos conseguiram basicamente dos banqueiros centrais o que queriam — taxas de juros mais baixas" (1988, p. 231). Por outro lado, os políticos raramente, se é que alguma vez, elevam as taxas de juros e reduzem os gastos fiscais. Por isso mesmo, é menos provável que dramatizem a coordenação política quando as condições econômicas mundiais exigem disciplina monetária e fiscal. Com efeito, como mostra o governo Reagan do primeiro mandato, eles minimizam deliberadamente a coordenação internacional e procuram maneiras de sugerir que os mercados, e não as políticas, são os responsáveis por taxas de juros e recessão crescentes.

A comunidade mundial, por conseguinte, deve desconfiar mais da coordenação da política econômica internacional quando a inflação é baixa (como em 1977 e 1985) e criticar menos as iniciativas unilaterais quando a inflação é alta ou crescente (como em 1981). A coordenação, sobretudo se destaca principalmente a intervenção nos mercados cambiais, é muito suspeita quando são também altos os gastos e déficits fiscais. Isso porque, da mesma maneira que banqueiros centrais podem cair na armadilha de financiar a dívida interna de governos, comprando títulos públicos a taxas de juros baixas ou estáveis, enquanto a inflação se acelera (o Fed, por exemplo, antes de 1951 e novamente depois de meados de 1960), eles podem também cair na esparrela de financiar dívidas internacionais cumulativas através de um processo de coordenação de política internacional que enfatiza baixas taxas de juros. Essa tentação será muito grande na década de 1990, quando uma dívida maciça paira sobre grande parte do mundo em desenvolvimento e, mais importante agora, afeta o próprio banqueiro central do mundo, isto é, os Estados Unidos, que é o maior devedor mundial. Devido ao fato de o crescimento ter se acelerado após o estouro do mercado acionário em 1987, os Estados Unidos puderam, em 1988, sem custos políticos, elevar as taxas de juros para evitar a inflação. Mas à medida que a economia americana aproximar-se do pleno emprego e o crescimento inevitavelmente se reduzir, e particularmente se os Estados Unidos não conseguirem cortar o déficit orçamentário, o Fed sofrerá pressão crescente dos devedores internos e internacionais para manter baixas as taxas de juros. Autoridades alemãs e japonesas têm se mostrado muito sensíveis a essa possibilidade. Por essa razão, têm relutado em estimular a política fiscal e, dessa forma, aumentar a dívida interna e internacional mundial total. E, no caso da Alemanha, o Bundesbank tem mantido uma política fiscal mais rigorosa do que seus parceiros no EMS (como, por exemplo, a França) gostariam. Os Estados Unidos prejudicam seriamente as perspectivas de coordenação econômica duradoura entre seus grandes aliados industrializados quando usam mal os processos G-5, G-7 e de cúpula para refutar-lhes as objeções.

Mas uma terceira lição desponta também claramente das experiências de Bretton Woods e do primeiro mandato de Reagan. É necessário algum` tipo de processo de coordenação internacional que vá além dos mecanismos de mercado. De outra maneira, não haverá como cultivar o consenso interno, entre os principais países, sobre a tríade de política de Bretton Woods, que, como sugere nossa primeira conclusão, pode ser a mais importante precondição para mercados internacionais abertos e não inflacionários. As políticas de Reagan em princípios da década de 1980 não conseguiram promover cooperação internacional suficiente para gerar esse consenso de política.

O teste do enfoque baseado no mercado, em princípios da década de 1980, talvez não tenha sido inteiramente justo. A situação, em 1981, era de um acúmulo de desajustamentos herdados das décadas de 1960 e 1970. Se tivesse sido aplicado em meados da década de 1960, o enfoque baseado no mercado poderia ter funcionado muito melhor. Os Estados Unidos poderiam ter usado seu poder de mercado para promover mais mudanças estruturais na Europa e Japão, antes que as necessidades dessas mudanças fossem multiplicadas pelas políticas inflacionárias e crises do petróleo da década de 1970. Poderiam ter também adaptado mais cedo as instituições de Bretton Woods às tarefas estruturais que organizações regionais (como, por exemplo, a OCDE, União Européia de Pagamentos e outras) implementaram com tanto sucesso na década de 1950. Em vez disso, na década de 1960, os Estados Unidos concentraram-se em reformas de liquidez no FMI, que acabaram por se revelar desnecessárias, e encorajaram o Banco Mundial a voltar-se exclusivamente para projetos de combate à pobreza na década de 1970, que pouco acrescentaram às reformas da política macroeconômica ou comercial (ver Capítulos 5 e 6).

O enfoque de coordenação de política interna baseado no mercado, porém, desenvolvia-se com uma lentidão grande demais em meados da década de 1980 e precisava, na verdade, apoiar-se em uma liderança coletiva mais ampla — explorando as exemplares políticas americanas em reformas microeconômicas, as da Europa e especialmente da Alemanha em disciplina macroeconômica, e a do Japão nas áreas de investimento e financeira.

Um Enfoque Institucional "Soft" de Estabilidade da Taxa Cambial

Um processo melhorado de coordenação de política econômica internacional terá que evitar o enfoque "duro", ou negociado, da cooperação que historicamente tem resultado em intervenção excessiva no mercado cambial, sintonia fina das políticas macroeconômicas e inflação. Essa abordagem, que visa principalmente as taxas cambiais, é irrealista no mundo moderno. Não só é utópico esperar que governos concordem, mesmo entre o G-3, em coordenar direta e primariamente políticas macroeconômicas para estabilizar taxas cambiais, mas esse processo ocorreria sem controles políticos internacionais efetivos ou sem controle da responsabilidade de líderes financeiros e banqueiros centrais. Os bancos centrais são instituições políticas altamente sensíveis em seus países. Questões sobre quem controla esses bancos se situam no próprio centro da política nacional. Quem exerceria tal controle sobre o banco central de um G-3 ou um G-5? Se a política monetária fosse institucionalizada internacionalmente, as instituições políticas e a política de segurança teriam, em última análise, de serem também integradas. Conforme demonstra este estudo, objetivos políticos comuns nunca estão muito distantes da existência de sistemas monetários integrados. O Sistema Monetário Europeu reconheceu esse fato e reduziu a pressa para criar um banco central comum, tornando-o o último passo em um processo que se desenvolverá através de decisões abertas, e não automáticas.

Além do mais, embora os Estados Unidos ainda funcionem em grande parte unilateralmente como o banqueiro central do mundo, eles não têm mais liberdade para ignorar os retornos sobre suas políticas, oriundos de suas próprias ações no mercado internacional. Não podem ignorá-los pelo menos por tanto tempo quanto puderam nas décadas de 1950 e 1960, quando, por exemplo, podiam ficar indiferentes à discriminação contra suas exportações ou falta de reformas microeconômicas na Europa ou comerciais no Japão.

Um mundo mais complexo, portanto, exige um sistema de taxas cambiais mais flexível. Mas esse sistema não precisa ser flutuante, e muito menos caprichoso. Isso dependerá do sucesso do sistema em conseguir convergência entre os principais países sobre políticas econômicas internas não-inflacionárias e flexíveis. A fim de promover uma convergência mais efetiva, o atual sistema precisa de três modificações que resultem no que chamo de enfoque institucional "soft" da estabilidade da taxa cambial e do crescimento.

Em primeiro lugar, o processo de supervisão multilateral inaugurado na Conferência de Cúpula de Versalhes em 1982, e refinado na Conferência de Tóquio, em 1986, precisa ser levado adiante com entusiasmo e visibilidade profissionais e menos política. Em vez de ser invisível, como o processo era na maior parte antes de 1985, ou um palco para reuniões dramáticas de ministros de Finanças, como se tornou depois de 1985, a discussão sobre o que constitui convergência e do que é necessário para consegui-la deve ser levada a cabo com mais seriedade profissional não apenas nos círculos do governo, mas em todo o casulo privado e quase-governamental de institutos de pesquisas internacionais, partidos políticos e órgãos de política pública interessados em assuntos econômicos mundiais. Alguma discussão e pesquisa privada desse tipo são feitos atualmente, mas uma parte grande demais desse trabalho permanece orientada para as contas correntes, a taxa cambial e objetivos de administração da demanda, e não para a flexibilidade dos mercados de trabalho, capital e produtos, reforma fiscal e liberalização do comércio externo (Bryant et al., 1988; Institute for International Economics, 1982, 1987). Além do mais, os anais das reuniões de supervisão multilaterais e outras discussões do G-5 entre ministros de Finanças e líderes de cúpulas devem ser postos à disposição, depois de um atraso razoável para proteger a confidencialidade (digamos, 3-5 anos), como matéria-prima que analistas possam estudar e usar em discussões profissionais. Dessa maneira, as discussões de autoridades governamentais tornar-se-ão mais responsáveis em comparação com padrões econômicos de longo prazo, e não apenas de política nacional de curto prazo, e as discussões e recomendações de economistas e outros analistas de política serão tornadas mais realistas.

Em segundo, enquanto a supervisão multilateral estiver sendo melhor compreendida profissionalmente e mais sujeita à cobrança politicamente, o sistema precisará de alguma defesa contra a tendência de a política do dólar (isto é, a taxa cambial do dólar) e a coordenação a curto prazo da taxa cambial receber toda a atenção pública. Neste sentido, a melhor defesa seria uma política americana que permanecesse desconfiada de intervenção excessiva no mercado cambial (Morris,

1989). Essa política nem implicaria a completa abstinência de intervenção que foi praticada em 1981-1982 nem a intervenção às vezes frenética que ocorreu desde 1985. Mas resistiria invariavelmente à tendência, tanto nos Estados Unidos quanto em muitos países estrangeiros, de acreditar que a política do dólar é tudo o que importa e que as taxas cambiais podem ser afetadas em base sustentável sem mudanças nas políticas fiscal e monetária básicas.

A concentração nos Estados Unidos na política do dólar constitui reflexo direto da perda de consenso interno em torno de outras políticas econômicas. Uma vez que não há acordo sobre o que são políticas internas válidas, todas as escolas de pensamento mostram-se dispostas a deixar que o dólar suba e desça para compensar as conseqüências de suas prioridades internas. Os defensores da economia de oferta e os monetaristas, por exemplo, concordaram em que o dólar subisse em princípios da década de 1980 porque acomodava cortes fiscais e política monetária mais rígida. Os conservadores fiscais, por outro lado, que viram na elevação uma conseqüência perversa dos déficits orçamentários, estavam dispostos a ver o dólar cair mesmo abaixo dos níveis do final de 1988, se isso fosse conseqüência inevitável da decisão de reduzir o déficit orçamentário (Feldstein, 1988).

Ainda assim, certamente, se o dólar estava alto demais em 1985, uma boa argumentação poderia ser elaborada de que estava baixo demais em fins de 1988, quando seu valor ponderado pelo comércio era praticamente o mesmo de fins de 1980, antes do aumento contínuo de princípios da década de 1980 (ver Figura 9-1). Essa conclusão pareceria justificada por duas outras razões. Em primeiro lugar, conforme vimos no Capítulo 9, ajustamentos internos relativamente medíocres nos Estados Unidos ou nos seus principais aliados industrializados acompanharam a grande baixa do dólar após 1985, até pelo menos fins de 1987. Em 1989, portanto, parecia mais prudente estimular mais ajustamentos internos, antes de decidir se o dólar precisava cair ainda mais. Em segundo, como foi mostrado no Capítulo 8, ocorreu um melhoramento relativo na posição competitiva de muitas indústrias americanas. Esse melhoramento devia ter se refletido em uma taxa cambial mais alta para o dólar em 1988 do que em 1980. Concebivelmente, este último fator desempenhou um papel na elevação perversa do dólar, mais uma vez, no primeiro semestre de 1989.

Por outro lado, a perspectiva deste estudo não recomenda sustentar o dólar em qualquer nível arbitrário, incluindo seu valor em fins de 1988. Se o dólar cair mais como resultado de uma maior redução do déficit orçamentário, como alguns analistas acreditam que acontecerá, essa queda deve ser aceita. Qualquer tentativa de fixar o valor do dólar, especialmente se os Estados Unidos não reduzirem mais o déficit orçamentário, apenas transferirá a instabilidade da moeda para outras áreas, tais como os mercados de títulos e ações (como, por exemplo, na Sexta-Feira Negra).

No exterior, a crença em que a política do dólar é tudo que importa tem profundas raízes na psique dos aliados. Constitui um resíduo da dependência "abjeta" dos aliados sobre os Estados Unidos após a guerra, e que afetou, em especial, a atitude da França, e da dependência contínua de alguns deles (Alemanha e Japão) em áreas críticas de política nacional, como a de segurança. Trata-se de uma crença na maior parte sem fundamento, conforme observamos nos Capítulos 7 e 8. Os países europeus tiveram muito mais opções em princípios da década de 1980 do que reconhecem. Não tinham que reagir à política dos Estados Unidos apenas através de política monetária, isto é, elevando suas próprias taxas de juros e reduzindo o crescimento. Poderiam ter afrouxado a política fiscal ou, na impossibilidade disso, preocupados como estavam com seus próprios déficits fiscais em fins da década de 1970 e déficits fiscais americanos em princípios da década de 1980, ter iniciado muito mais cedo e mais vigorosamente um ajustamento estrutural nos mercados de trabalho, capital e produtos, que marcavam passo na Europa e Japão na década de 1970. Tinham opções. Simplesmente fizeram algumas enquanto os Estados Unidos faziam outras.

Enquanto o dólar for a principal moeda de reserva do mundo, a Europa e o Japão se queixarão da política econômica americana, esteja ele alto, baixo, ou de lado. Os Estados Unidos devem escutar essas queixas, mas queixar-se também mais das políticas européia e japonesa. Neste sentido, as políticas mais agressivas do segundo mandato de Reagan constituíram um alívio muito bem recebido. Com uma freqüência grande demais no primeiro mandato, os aliados desfecharam a maior parte dos ataques e os Estados Unidos se encarregaram da maior parte da defesa. Esse tipo de discussão serve apenas para eternizar o mito da dependência. Os Estados Unidos, porém, devem atacar nas questões certas e manter em mente, acima de tudo, suas próprias responsabilidades internas. Em meados da década de 1980, esqueceram essas responsabilidades e atacaram os europeus e japoneses em suas exemplares políticas macroeconômicas, em vez de fazê-lo em suas políticas microeconômicas deficientes.

Dessa maneira, é necessária uma terceira modificação no atual sistema para impedir a tendência repetida de resvalamento para a coordenação a curto prazo das taxas cambiais e de objetivos de política monetária, isto é, um mecanismo para manter os aliados e o país concentrados em questões de política macroeconômica e estrutural de médio prazo. No sistema de Bretton Woods, esse mecanismo era fornecido, em primeiro lugar, pelos programas do Plano Marshall, destinados a estimular o aumento da produtividade, liberalizar os mercados de trabalho e consolidar um consenso em torno de políticas fiscais e monetárias moderadas. Mais tarde, o mecanismo passou a ser fornecido pela liberalização do comércio, inicialmente através do desmantelamento das quotas sob a OEEC e depois através da redução das tarifas sob os auspícios do GATT. Hoje, esta função tem que ser preenchida por vários mecanismos. A liberalização do comércio terá que continuar a representar um papel considerável (ver a seção seguinte), mas não pode carregar sozinha o fardo em outros países industrializados ou, especialmente, nos países em desenvolvimento, sobretudo quando os ajustamentos de política fiscal e estrutural nos primeiros se atrasam e aplicam uma enorme pressão sobre as relações de comércio, e quando são tão fracas as infra-estruturas básicas de mercado nos países em desenvolvimento.

Dois outros mecanismos são necessários. Em primeiro lugar, os países industrializados precisam de um processo de coordenação que seja tão sério e desenvolvido como o que focaliza a política monetária. Ministros de Finanças se encontram com freqüência, e com grande interesse, para discutir políticas monetárias. Na maioria dos países, esses ministros controlam também a política fiscal, mas não no maior e mais importante deles, os Estados Unidos. O secretário do Tesouro controla a política da receita, mas não, de modo geral, se o diretor de Orçamento é um ator capaz, a política de gastos. De qualquer maneira, é o diretor do Orçamento quem conhece os detalhes intricados e os campos minados da política de despesas, mas, ainda assim, ele não participa de quaisquer reuniões internacionais regulares com seus colegas estrangeiros. Além disso, o presidente do Conselho de Assessores Econômicos ou o subsecretário de Estado para Assuntos Econômicos, e não autoridades do Tesouro, ocupam o papel principal na maioria das reuniões da OCDE que tratam das políticas microeconômicas ou dos ajustamentos estruturais básicos. O secretário de Estado, na verdade, chefia a delegação americana às reuniões ministeriais da OCDE. Dessa maneira, o secretário do Tesouro, que domina as reuniões financeiras internacionais, divide responsabilidade com outras autoridades americanas em reuniões internacionais que tratam de questões de política fiscal e estrutural. Interesses institucionais levam inevitavelmente o secretário do Tesouro a dar mais ênfase a problemas monetários de curto prazo — taxas de juros, valor do dólar, e assim por diante — do que a problemas de ajustamento fiscal ou estrutural de prazo médio.

Em segundo, por conseguinte, o processo de coordenação precisa de um mecanismo para elevar o nível de estudo das políticas de ajustamento estrutural. Uma das maneiras de criar esses mecanismos para as políticas fiscal e estrutural seria nomear subgrupos no processo de cúpula do país. Atualmente, os *sherpas* formam um subgrupo para a política monetária. Esses indivíduos são os denominados representantes do G-5, as pessoas que negociam a maior parte das questões técnicas que serão discutidas nas reuniões de ministros de Finanças e cúpulas econômicas entre chefes de Estado e Governo. Concebivelmente, futuros grupos de *sherpas* poderiam ser criados para as discussões de política fiscal, ajustamento estrutural e comércio (ver discussão adiante), cujos membros serviriam também simultaneamente como representantes de autoridades comerciais e de política econômica quando estes se reunissem separadamente do processo de cúpula.

O diretor do Orçamento, o presidente do Conselho de Consultores Econômicos e o secretário do Tesouro, conhecidos como a Troika (T-3), já se coordenam internamente a fim de efetuar previsões econômicas para fins orçamentários. Os representantes desse grupo — o subsecretário do Tesouro para Assuntos Internacionais (e também o representante do G-5), o economista-chefe do Orçamento, e um membro do Conselho de Consultores — poderiam concebivelmente se envolver mais nas discussões da política fiscal do processo preparatório para as cúpulas. Incluir o diretor do Orçamento nesse processo seria coisa mais difícil de fazer. Uma vez que os ministros de Finanças, na maioria dos países, controlam também a política de gastos, seria embaraçoso criar um grupo separado do G-5 apenas para incluir o diretor do Orçamento. O diretor do Orçamento, no entanto, poderia funcionar como representante do secretário do Tesouro em todas as discussões do G-5 que digam respeito à política de gastos (com o economista-chefe do departamento de Orçamento desempenhando o mesmo papel nas reuniões dos representantes do G-5). Um segundo grupo para políticas de ajustamento estrutural poderia ser formado nas atuais discussões da OCDE. O presidente do Conselho de Consultores Econômicos participa tradicionalmente e preside as reuniões do birô executivo do Comitê de Política Econômica da OCDE. Durante muitos anos, esse grupo redigiu o principal documento macroeconômico dos preparativos para as cúpulas. Esse costume poderia ser restabelecido e modificado um pouco para focalizar mais exclusivamente as reformas estruturais em política econômica, dando sustento ao notável trabalho da OCDE em anos recentes sobre política microeconômica (OCDE, 1988).

A fim de dar mais atenção às políticas de médio prazo, o processo de cúpula poderia também, de tempos em tempos, quando o acordo pudesse ser alcançado, criar instituições *ad hoc* temporárias para implementar reformas básicas de política, na tradição do Plano Marshall e das instituições econômicas regionais da Europa, que se encarregaram desses trabalhos após a Segunda Guerra Mundial e em seguida desapareceram, depois de completá-los. Na atual situação de mercados complexos, essas instituições poderiam ser muito específicas, ao contrário das instituições com largo escopo do Plano Marshall, e, na verdade, serem criadas como unidades temporárias de organizações existentes, como as da OCDE, a fim de reduzir potenciais rivalidades institucionais. (A Conferência de Cúpula de Paris, em julho de 1989, criou uma organização de acompanhamento desse tipo, a fim de coordenar propostas de ajuda à Europa Oriental.)

As Conferências de Cúpula de Williamsburg, Londres e Bonn em 1983-1985, quando questões estruturais ainda tinham lugar de destaque na agenda, por exemplo, poderiam ter solicitado a OCDE que criasse unidades especiais, temporárias, a fim de facilitar atividades de privatização ou elaborar e aplicar programas para promover maior flexibilidade no mercado de trabalho. De acordo com o modelo que funcionou tão bem sob o Plano Marshall, essas unidades poderiam ser chefiadas por membros de alto nível do setor privado de países da OCDE, proporcionando o secretário desta última o necessário apoio burocrático. Essa liderança do setor privado asseguraria não só enfoques novos e criativos, mas também aumentaria a probabilidade de que tais unidades viessem a desaparecer tão logo completassem seus trabalhos.

O enfoque institucional "soft" defendido neste estudo, por conseguinte, não rejeita um papel às instituições internacionais, mas as vê funcionando em ambas as extremidades de um largo espectro. Em uma delas, conferências gerais de alto nível, tais como as cúpulas econômicas anuais entre os países industrializados, e, talvez, eventualmente, cúpulas econômicas do tipo Cancun entre países desenvolvidos e em desenvolvimento (ver discussão mais adiante) funcionariam para estabelecer e manter um consenso sobre objetivos de política de médio prazo, tais como os que constam da tríade de políticas de Bretton Woods. E, na outra, instituições especializadas e talvez mais regionalmente organizadas assumiriam tarefas mais limitadas e com prazo certo, designadas nas reuniões econômicas de cúpula, para promover reformas políticas básicas. O enfoque adotado neste estudo vê um papel muito menos importante para instituições situadas no meio desse espectro, onde reuniões gerais, como as cúpulas, procurariam tratar diretamente apenas de problemas específicos e a curto prazo, conforme o modelo da Conferência de Cúpula de Bonn, em 1978.

Liberalização do Comércio — Uma Encruzilhada

Se, em última análise, não estiverem dispostos a promover maiores reformas fiscais e microeconômicas a fim de manter economias internas flexíveis, quaisquer que sejam os mecanismos de coordenação da política econômica internacional, os países não terão outra opção senão reduzir e administrar comércio e relações de taxa cambial para se ajustarem a economias internas mais inflexíveis (Chaote e Linger, 1988; Cohen e Zysman, 1987; Prestowitz, 1988). A liberalização do comércio externo, a última perna do tripé de Bretton Woods, está a ponto de receber uma rasteira, no mesmo momento em que as duas outras — estabilidade de preços e uma nova e modesta flexibilidade nos mercados internos — vêm sendo dolorosamente, ainda que apenas parcialmente, restauradas. A liberalização do comércio está sendo atacada como nunca antes, incluindo um ataque teórico contra a tradicional teoria da vantagem comparativa (Krugman, 1986; Helpman e Krugman, 1985).

É lamentável esse ataque ao livre comércio dada a forte coincidência histórica entre livre comércio e crescimento econômico (ver Capítulo 1). É duvidoso, conforme vimos no Capítulo 4, que o Plano Marshall tivesse conseguido realizar na Europa do pós-guerra mais do que apenas restaurar a produção industrial de antes da guerra se ele não tivesse prosseguido, em fins de

1949, para adotar a meta de integrar os recursos econômicos da Europa Ocidental através de comércio externo mais livre. O Mercado Comum Europeu tornou-se, de muitas maneiras, a força propulsora de uma liberalização global muito mais vasta, enquanto os Estados Unidos procuravam se ajustar à união alfandegária e econômica potencial na Europa reduzindo barreiras mundiais e, dessa maneira, evitando discriminação permanente contra seu comércio. Analogamente, Japão e países recém-industrializados não poderiam ter seus modelos de crescimento baseados nas exportações sem o acesso livre e, na maior parte, unilateral aos grandes mercados "internacionais", principalmente os dos Estados Unidos. Manter os mercados americanos abertos, mesmo depois de os Estados Unidos terem abandonado políticas econômicas internas estáveis em fins da década de 1960, foi provavelmente a razão mais importante por que o sistema econômico global se manteve coeso nas décadas de 1970 e 1980.

Por outro lado, o ataque ao comércio mais livre é também compreensível. Ele se deve, conforme vimos neste estudo, a três principais fenômenos. O primeiro é a crescente instabilidade macroeconômica e cambial que a economia mundial vem experimentando desde princípios da década de 1970. A perda de consenso internacional sobre objetivos de política macro e microeconômicas relativamente disciplinados introduziu enorme volatilidade e tensão na economia mundial e ininterruptamente distorceu e debilitou o sistema comercial. Em segundo, o sucesso de negociações comerciais na redução de tarifas e de outras restrições ao comércio nas fronteiras tornou mais visíveis as barreiras não-tarifárias em diferentes instituições e práticas de política em países individuais. E, em terceiro, novos participantes ingressaram na cena comercial internacional, começando com o Japão e incluindo os países recém-industrializados (PRI), ou, conforme notamos antes, as ora chamadas de economias recém-industrializadas (ERI) (a fim de sugerir que algumas delas, como Formosa, não são necessariamente países), cujas instituições e práticas de política interna enfatizaram a intervenção governamental e, dessa maneira, agravaram os problemas com barreiras não-tarifárias ao comércio. Todos esses fenômenos revelaram os limites que um sistema de comércio internacional livre enfrentaria se não houvesse restrições aos objetivos de política macro e microeconômica dos governos e à intervenção.

Durante todo o período do pós-guerra, a liberalização do comércio foi incentivada exatamente porque fortalecia as forças competitivas e mantinha pressão sobre os governos para que limitassem a intervenção, que impedia a realocação de recursos para usos mais eficientes. A ideologia de comércio livre do pós-guerra não excluía a intervenção governamental por si, mas, de fato, vinculava-a a um padrão interno ou, pelo menos, externo de competição (esta última, por exemplo, de importância para os Estados menores da Europa. Ver Katzenstein, 1985). A nova ideologia de comércio administrado vira de cabeça para baixo a lógica do comércio livre. Não só justifica extensa intervenção governamental, mas sugere também que maior competição e, daí, comércio mais livre, não são necessariamente mais eficientes. O ataque teórico ao livre comércio assume uma importância toda particular porque, conforme enfatiza este estudo, novas idéias lideram e, se conseguirem convencer um grupo mais numeroso de eleitores nacionais e internacionais, provocam mudanças de política que, por seu turno, geram novas circunstâncias.

A teoria de livre comércio baseia-se na existência de recursos limitados e no conceito de custo de oportunidade. Uma vez que os recursos são escassos, usá-los para um fim é sempre visto como desviando-os de outro, que poderia produzir retornos mais altos. Essa idéia de custo de oportunidade encoraja mercados internacionais mais abertos porque mercados mais amplos aproveitam dotações de recursos variáveis (como, por exemplo, trabalho e terra) e asseguram o cálculo mais eficiente dos custos de oportunidade. A vantagem comparativa diz que, mesmo que os custos absolutos de produzir dois produtos em um mesmo país sejam mais baixos do que em outro, os custos de oportunidade de produzir um produto em um país, isto é, o custo desse produto em termos do segundo produto, será sempre mais baixo do que esses custos no outro país. Daí, países podem ganhar especializando produção e comércio. A teoria, destarte, incentiva países a reduzir barreiras ao comércio e aumentar a competição interna.

As novas teorias partem da premissa de que tecnologia reduz dramaticamente as limitações de recursos escassos e que economias de escala, que têm origem em níveis mais altos de produção, são mais importantes para aumentar a eficiência do que os custos de oportunidade e a distribuição geográfica das dotações de recursos. Dessa maneira, tudo que acelera o desenvolvimento tecnológico ou que permite que companhias entrem primeiro no mercado e construam economias de escala leva à maior eficiência. Os governos, em conseqüência, desempenham um papel importante nesse processo. Podem acelerar o progresso tecnológico através de subsídios à pesquisa e desenvolvimento etc., e prover tamanho de mercado para suas próprias companhias ao limitar os mercados de importação e estimular as exportações. As novas teorias, por conseguinte, incentivam os governos a erigir barreiras ao comércio, reduzir a concorrência interna e subsidiar as exportações.

Novas teorias sempre existiram como exceções à teoria de livre comércio (como, por exemplo, o argumento da indústria nascente, que dizia que era eficiente proteger indústrias novas contra as importações até que elas adquirissem escala suficiente para competir nos mercados de exportação). Agora, porém, afirma-se que elas se aplicam muito mais amplamente. Elas se tornaram a regra, argumenta-se, porque o comércio intra-indústrias (isto é, comércio em produtos semelhantes, baseado em economias de escala) é quase tão grande hoje nos mercados internacionais como o comércio entre indústrias (isto é, comércio em produtos diferentes, baseado em vantagens comparativas).

O debate sobre comércio livre e administrado continuará e terá, para a política comercial, conseqüências semelhantes e, em última análise, resultados semelhantes, na década de 1990, aos que os argumentos keynesianos tiveram para as políticas e resultados macro e microeconômicos em fins da década de 1940, meados da de 1960 e de 1980. Esses debates, que ocorrem na área, ou casulo, de organizações não-governamentais e que, por isso mesmo, parecem menos relevantes para instituições que tomam decisões imediatas de política, como o Congresso, são, no fim, muito mais decisivos para os resultados porque motivam e conferem legitimidade a mudanças de política nas instituições de atuação mais imediata. Novas teorias de comércio dirigido estão por trás do crescente unilateralismo e bilateralismo da política comercial americana no Congresso dos Estados Unidos.

O que nos parece digno de nota, da perspectiva deste livro, é que as novas teorias de comércio dirigido refletem argumentos estruturalistas. Tais como as justificações estruturalistas em favor de coordenação mais institucionalizada de políticas econômicas internas, elas defendem soluções negociadas e regateadas mais diretas para a política de comércio externo. Confiam menos em competição de mercado e mais em acordos políticos para produzir resultados. Buscam acordo, não regras, sobre resultados (Prestowitz, 1988). Embora apresentadas como sendo enfoques mais pragmáticos e realistas de novas circunstâncias, as teorias de comércio dirigido, tais como as propostas para coordenação altamente institucionalizada das políticas econômicas internas, são inteiramente irrealistas no mundo mais complexo e pluralista do presente.

E como alguns de seus criadores reconhecem, as novas teorias de comércio são de aplicação extremamente difícil em circunstâncias práticas (Krugman, 1987). E isso é verdade tanto por razões econômicas quanto políticas. A fim de intervir eficazmente, governos precisam ter muito mais informações econômicas do que é lícito esperar, e mesmo que a informação e os modelos econômicos existam, as teorias supõem que instituições políticas pluralistas agirão, na verdade, racionalmente, de acordo com essas teorias e não de acordo com exigências de grupos de interesses especiais.

As teorias de livre comércio, claro, enfrentam também certas limitações políticas e econômicas. Mas precisam de menos informações para serem implementadas por governos e coincidem com resultados econômicos práticos no período do pós-guerra que são difíceis de ignorar, exceto argumentando que políticas comerciais mais livres nada tiveram a ver com o crescimento econômico sem precedentes nessa época. A fim de implementar políticas mais livres, os governos podem limitar suas preocupações a problemas antitruste e de infra-estrutura mais ampla (como, por exemplo, a educação). E embora políticas mais livres requeiram, de fato, certo grau de fé na eficácia da competição, a crônica do pós-guerra parece justificar tal fé. Economias de escala surgem apenas em mercados internacionais abertos. Se estes últimos são fechados para explorar os aluguéis oligopolistas criados pelas economias de escala, estas diminuem.

A razão mais importante para manter e expandir mercados internacionais abertos, contudo, é a de atender as necessidades do mundo em desenvolvimento, em especial dos altamente endividados. Esses países só podem cumprir suas grandes obrigações com o serviço da dívida através de maiores exportações. Até agora, conforme notamos no Capítulo 9, puderam atender esses requisitos principalmente através de redução das importações e, daí, de crescimento reduzido. O perdão generoso de parte da dívida não mudará muito a situação porque, pelo menos no curto prazo, que se pode esperar que dure no mínimo de 5 a 10 anos, o perdão reduzirá novos empréstimos estrangeiros, investimentos e ajuda a esses países. Se o período do pós-guerra demonstrou alguma coisa, foi que os países emergentes que tentaram estratégias de desenvolvimento que os excluíram do mercado internacional não se deram lá muito bem.

O certo é que os países em desenvolvimento, mesmo os mais avançados, perderão em um mundo em que os resultados do comércio forem mais diretamente negociados e administrados. Esse mundo substitui as oportunidades de mercado pelo poder político. Congela parcelas existentes de mercado, como vimos no caso das restrições quantitativas que reemergiram no sistema mundial de comércio em produtos como vestuário, têxteis, automóveis, aço, máquinas-operatrizes e produtos eletrônicos. As únicas oportunidades restantes são para os novos produtos, isto é, os que serão criados através de novas tecnologias. As novas teorias de comércio encorajam os países em desenvolvimento a ingressar imediatamente nesses mercados, onde têm poucas, se é que algumas, oportunidades de obter sucesso na concorrência com países avançados. Na verdade, a fim de ter sucesso, eles terão que limitar o acesso a seus mercados, tentar surrupiar propriedade intelectual estrangeira e desviar capital interno escasso para promover exportações em indústrias que beneficiam principalmente uma elite tecnológica e detentora de propriedades no país. Mesmo que tenha êxito em alguns casos, essa alternativa, seguida por todos os países industrializados e em desenvolvimento, constitui uma receita para menos importações (demanda) e mais exportações (oferta) nos mercados mundiais, levando a crescimento menor e, em última análise, à maior desigualdade entre e dentro de países.

Conforme argumentamos neste estudo, as proporções de comércio que países mantêm entre si são boas indicadoras da comunidade de interesses políticos que existe entre eles. Conforme mostra a Tabela C-1, os padrões de comércio mundial desde 1947 tornaram-se cada vez mais globais e mais equilibrados entre os países industrializados. Esse fato coincide com o que poderíamos esperar, dada a comunidade política cada vez mais homogênea que emergiu entre eles. A proporção do comércio americano com o Japão cresceu para complementar a que existe em relação ao Canadá e o Mercado Comum, que também cresceu ligeiramente (ver a linha relativa aos Estados Unidos). A proporção do comércio japonês com a Comunidade Européia e o Canadá aumentou também, ao passo que a alta proporção inicial com os Estados Unidos declinou (ver a linha relativa ao Japão). A proporção do comércio canadense com o Japão elevou-se substancialmente, enquanto a que havia com os Estados Unidos e a Europa nivelou-se após 1957, logo que o processo de liberalização

Tabela C-1. Participação do Comércio de Alguns Países com Várias Regiões, 1947-1986*

De/Para		EUA	Canadá	Japão	CE	PInd	PD
EUA	1947	—	15,6	0,5	19,0	40,5	n/a
	1957	—	20,0	5,4	19,3	48,1	n/a
	1967	—	23,2	10,2	17,3	61,9	30,2
	1977	—	20,5	11,7	18,5	55,0	41,6
	1986	—	20,4	18,4	22,0	64,1	31,0
CE	1947	n/a	n/a	n/a	—	n/a	n/a
	1957	n/a	n/a	n/a	—	n/a	n/a
	1967	9,2	1,0	1,0	—	70,5	18,0
	1977	6,7	1,1	1,6	—	71,4	24,1
	1986	8,3	1,0	2,9	—	78,7	17,9
Japão	1947	64,2	0,2	—	2,8	67,2	n/a
	1957	31,3	3,3	—	8,0	43,3	n/a
	1967	28,3	4,1	—	5,4	43,2	41,0
	1977	21,4	3,0	—	8,6	41,3	51,7
	1986	32,9	3,1	—	13,4	56,3	37,9
Canadá	1947	56,4	—	0,0	22,4	80,3	n/a
	1957	70,4	—	2,0	11,7	85,2	n/a
	1967	68,4	—	3,9	5,8	88,1	7,6
	1977	67,7	—	4,8	9,3	84,3	10,4
	1986	71,1	—	5,6	8,6	87,0	7,8

Fontes: dados de 1947, de ONU, *Yearbook of International Trade Statistics 1950.*
dados de 1957, de ONU, *Yearbook of International Trade Statistics 1958.*
dados de 1967, de FMI, *Direction of Trade Statistics Yearbook 1966-70.*
dados de 1977, de FMI, *Direction of Trade Statistics Yearbook 1981.*
dados de 1986, de FMI, *Direction of Trade Statistics Yearbook 1987.*

* Exportações e Importações como Percentagens de Exportações e Importações reais.

global começou de forma intensa em fins da década de 1950 (ver a linha relativa ao Canadá). Apenas as proporções do comércio da Comunidade Européia com as várias regiões do mundo é que não demonstram globalização crescente ou saldo em todas as regiões (ver a linha relativa à CE).

O comércio entre os países industrializados e em desenvolvimento demonstra tendências menos globais e, por conseguinte, aumenta a urgência, manifestada neste estudo, de integrar as nações emergentes, de forma mais completa, no sistema comercial internacional. A parcela de comércio de cada um dos grandes países industrializados ou grupos de países caiu muito de 1977 a 1986, depois de ter subido de 1967 a 1977 (ver a coluna 6). Esse padrão reflete a vulnerabilidade dos países em desenvolvimento à instabilidade macroeconômica e financeira nos mercados mundiais, enquanto esses países permanecerem insuficientemente integrados nas economias reais dos países industrializados. A inflação e a reciclagem dos petrodólares alimentaram a expansão do comércio Norte-Sul na década de 1970, ao passo que a desinflação e as quedas no preço do petróleo reduziram os fluxos de capital e comércio na década de 1980. Os países industrializados e os em desenvolvimento mais estreitamente neles integrados suportaram melhor essa instabilidade do que as nações emergentes que seguiam políticas autocráticas de comércio e desenvolvimento (Balassa, 1983).

A incapacidade de manter e expandir o comércio livre global, por conseguinte, deixará os países em desenvolvimento entregues cada vez mais a seus próprios meios ou a relações comerciais regionalmente mais limitadas com ex-potências industriais coloniais. Acordos de comércio livre regionais e bilaterais talvez já estejam acelerando essa tendência. O histórico acordo de comércio livre americano-canadense que entrou em vigor em fins de 1988, foi seguido por apelos urgentes para que se concluísse um arranjo semelhante entre Estados Unidos e México que, de qualquer modo, melhoraram em anos recentes suas relações de comércio e investimentos. Outros acordos de comércio livre foram propostos entre Estados Unidos e Japão, Formosa, Coréia, Seato (Associação de Nações do Sudeste da Ásia), Austrália e países da borda do Pacífico como um todo (Schott, 1989). Em 1987, como parte de sua reestruturação sob as pressões da elevação do valor do iene, o Japão começou a acelerar investimentos e importações em países do sudeste da Ásia. Os investimentos japoneses em alguns países da região subiram de 30 para 250% em 1987, em comparação com o ano anterior, e aumentos semelhantes foram estimados para 1988 (*WP*, 1º de janeiro de 1989). A Comunidade Européia (CE), como mostra a Tabela C-1, apresenta os menores padrões globais de comércio e, em fins da década de 1980, pressionava no sentido de maior regionalização com a iniciativa de integrar o Mercado Europeu Único em 1992.

Enquanto isso, entravam em impasse as conversações sobre comércio global. A sessão de revisão de período intermediário da Rodada Uruguai, em dezembro de 1988, não conseguiu chegar a acordo e, no fim, foi transferida para abril de 1989, mas com pouco fôlego político. Embora um trabalho técnico considerável e mesmo acordos preliminares tenham sido realizados em certo número de áreas controvertidas, incluindo a liberalização do comércio de serviços, as conversações continuam prejudicadas pelas divergências Estados Unidos-CE sobre agricultura e Estados-Unidos-países em desenvolvimento sobre serviços, propriedade intelectual e produtos sensíveis, como têxteis e aço. Para sermos exatos, não é raro que negociações multilaterais de comércio se desenvolvam lentamente até a data fatal para concluí-las. Ainda assim, defensores do comércio livre global podem muito bem preocupar-se porque, em dezembro de 1990, quando deve terminar a Rodada Uruguai, as conversações globais sobre comércio podem ter sido superadas por acontecimentos econômicos mundiais e por fenômenos bilaterais e regionais de comércio.

O Governo Reagan evidentemente deu às conversações globais uma prioridade inferior à de seus objetivos orçamentários e utilizou iniciativas unilaterais e bilaterais de comércio para apaziguar o Congresso, que tem se tornado cada vez mais protecionista ante as políticas orçamentárias do governo, que não quis negociar soluções conciliatórias nesse particular. Em princípio, o emprego pelo governo de poder de mercado na política comercial não foi mais apropriado do que o uso que deu ao mesmo na política econômica em 1981-1982. Na prática, contudo, tornou-se incorreto porque o governo não conseguiu relacionar medidas bilaterais com objetivos multilaterais. No Congresso, onde o apoio ao GATT em 1989 era praticamente inexistente, as cláusulas Super e Especial 301 do projeto de lei de comércio de 1988 pareciam colocar mais ênfase no fechamento compulsório de mercados americanos, se fracassassem as negociações bilaterais, do que em retaliações discricionárias, dependendo de terem ou não sucesso as negociações multilaterais. Em 1989, o Governo Bush tentou valentemente implementar com cautela essas cláusulas, mas não pareceu estar tendo sucesso em convencer o Congresso ou seus parceiros comerciais de que poderia simultaneamente abrir mercados e satisfazer interesses políticos internos.

Os Estados Unidos poderão servir ao mesmo tempo aos interesses nacionais e internacionais de comércio se derem maior prioridade às conversações globais e coordenarem mais suas iniciativas de comércio unilateral e bilateral com objetivos multilaterais. Dar maior prioridade a conversações globais implicará negociar mais energicamente questões tais como as de têxteis e aço, que elevam o interesse por conversações multilaterais em outros países, especialmente nos em desenvolvimento. Isso significa, por outro lado, negociar mais eficientemente essas questões com o Congresso. Até agora, na Rodada Uruguai, os Estados Unidos não demonstraram disposição de tomar as difíceis decisões internas sobre produtos de interesse para outros países, embora continuem a pressionar a CE para que assim o faça na agricultura e, os países em desenvolvimento, em serviços e propriedade intelectual.[1]

Coordenar ainda mais estratégias comerciais unilaterais e bilaterais com objetivos multilaterais envolve vincular diretamente arranjos bilaterais a reformas multilaterais. Nos termos dessa estratégia, por exemplo, os Estados Unidos tomariam medidas bilaterais, de acordo com a Seção 301 da Lei de Comércio americana contra, digamos, políticas japonesas no arroz, a menos que o Japão assumisse posições específicas na Rodada Uruguai e lhe apoiasse o esforço para liberalizar a agricultura na Europa. Ou poderiam tomar medidas retaliatórias contra produtos sul-coreanos nos seus mercados, a menos ou até que a Coréia do Sul apoiasse cláusulas que reforçam a proteção aos direitos à propriedade no GATT. Ao mesmo tempo, insistiriam em que esses países modificassem leis nacionais de conformidade com cláusulas específicas acordadas entre os dois países, mesmo antes de as conversações uruguaias chegarem a soluções multilaterais finais. Através dessa estratégia, os Estados Unidos obteriam resultados concretos em relações comerciais bilaterais, apaziguariam um pouco o antiamericanismo crescente, que pres-

1 Em julho de 1989, o Governo Bush prorrogou as quotas bilaterais americanas sobre o aço por dois anos e meio, período em que, disseram as autoridades, os Estados Unidos procurariam chegar a um acordo global sobre o comércio livre em aço na Rodada Uruguai. A decisão foi menos protecionista do que a desejada pela indústria siderúrgica (uma prorrogação por cinco anos), mas, basicamente, apenas adiou decisões difíceis.

sões puramente bilaterais agravam, especialmente nos países em desenvolvimento (ver Kihwan e Chung, 1989), e gerariam nova energia e confiança nas negociações comerciais multilaterais.

Crise de Endividamento e Desenvolvimento

Conforme vimos argumentando neste estudo, objetivos políticos inspiram mercados e criação de riqueza. Atualmente, está faltando uma concepção mais profunda do motivo por que os Estados Unidos, ou o Mundo Ocidental como um todo, devem encarar decisivamente o problema da dívida e do desenvolvimento no Terceiro Mundo. O problema do endividamento é entendido, na maior parte, como uma questão de manipular torneiras que ora apenas pingam e de restabelecer fluxos de capital para os países endividados, ao passo que o desenvolvimento é considerado por uma escola de pensamento como sendo principalmente uma questão de mercados e por outra como basicamente de caridade.

Não é provável que nenhum desses enfoques produza uma diferença. Dilatar os prazos da dívida, o que o Plano Baker enfatizava, ou perdoá-la diretamente, o que o secretário do Tesouro, Nicholas Brady, introduziu em seu plano de início de 1989, podem facilitar a reforma política, mas esses planos podem também retardá-la. A reforma política, como a liberalização do comércio, por exemplo, pode facilitar o pagamento do serviço da dívida ao tornar as exportações mais eficientes, mas também aumentar a dívida ao expandir as importações. Reformas e finanças têm que trabalhar juntas para gerar eficiência e riqueza. O Plano Baker, embora bem orientado, contribuiu muito pouco com reforma de mercado e ajuda financeira. Mais importante ainda, foi fragmentado e careceu de um fundamento lógico mais racional. Aparentemente, a mesma coisa se aplica ao Plano Brady.

O que faria uma diferença seria um conceito mais convincente de comunidade política comum entre os mundos industrializado e em desenvolvimento. Alguma inspiração sobre a maneira como isso poderia ser feito pode ser tirada, pelo menos no caso da América Latina, da inclusão, em 1986, de Portugal e Espanha na Comunidade Econômica Européia (CEE). Esses países foram incluídos na CEE principalmente por razões políticas, a fim de fortalecer seus incipientes sistemas democráticos. Analogamente, muitos dos países latino-americanos, cuja herança retroage em boa parte a Portugal e a Espanha, poderiam ser incluídos também na comunidade comercial mundial a fim de consolidar suas incipientes democracias. A maneira específica como isso poderia ser feito, dado o legado do Ocidente, especialmente o americano, de intervenção política e militar nesses países, é assunto fora do âmbito deste estudo. A política teria que tomar a frente, contudo, e não poderia ser uma política do velho estilo Norte-Sul a partir da década de 1970, que destacava a intervenção e a "nova ordem econômica internacional". Teria que ser uma política de novo estilo, de valores internos comuns, que enfatizasse mais a competição econômica e o pluralismo político.

Talvez seja ainda mais difícil definir comunidade política com países em desenvolvimento asiáticos e africanos com tradições não-ocidentais (como, por exemplo, islâmicas, confucianas etc.). Na Ásia, o problema é de certa forma aliviado pelo crescimento econômico. Mas, conforme notamos no Capítulo 9, o crescimento em países como Coréia, Formosa, e mesmo Japão, até recentemente, pelo menos, refletia muito menos ênfase no bem-estar do consumidor e muito mais em objetivos empresariais e nacionais do que no Ocidente.

Embora os Estados Unidos tenham desempenhado um papel mais importante no desenvolvimento econômico dos países em desenvolvimento mais avançados da América Latina e Ásia, ao absorverem mais de dois terços de sua produção de artigos manufaturados, a Europa talvez tenha que assumir um papel mais destacado na abordagem política. Países europeus, com tradições comunitárias mais fortes, dão mais ênfase à justiça econômica e social e podem ser capazes de mobilizar mais entusiasmo e empatia para integrar mais profundamente os países em desenvolvimento no sistema econômico global. Se assim, líderes europeus têm que assumir uma posição mais clara para reformar as políticas de seus países, tal como a política agrícola do Mercado Comum, a fim de garantir que a Europa 1992 não se tornará introvertida (a Fortaleza Europa), não porque os Estados Unidos exijam essas reformas e ganhem com elas, mas porque elas beneficiam países em desenvolvimento e dão à Europa um papel global de liderança em uma área que é compatível com seus valores sociais e econômicos.

Se continuarem na Europa Oriental e na União Soviética as reformas políticas e econômicas, e tiverem um pronto sucesso, os países da Europa Ocidental enfrentarão a forte tentação de desviar assistência econômica para o desenvolvimento de uma Grande Europa, dedicando menos recursos e atenção aos países em desenvolvimento e às necessidades do sistema econômico global. Embora atualmente apenas uma pequena fração de seu comércio se dirija para o Leste (menos de 8% no caso de qualquer país; ver Tabela 10-1), os países da Europa Ocidental, especialmente a Alemanha Ocidental, estão prontos para despejar volumes maciços de capital e tecnologia no Leste. Essa possibilidade, juntamente com as incertezas sobre a Fortaleza Europa (a possibilidade de que a Europa 1992 possa exercer discriminação contra os interesses americanos ou japoneses), poderia reforçar tendências para o regionalismo no comércio mundial, levando à criação de blocos comerciais na Europa (a casa européia comum), no Hemisfério Ocidental (Estados Unidos-Canadá-México-América Latina), no Extremo Oriente (Japão, China e Sudeste da Ásia), ou região do Pacífico (Cooperação Econômica na Ásia-Pacífico — um grupo de 12 países que inclui o Canadá e os Estados Unidos e que realizou sua reunião inaugural em Canaberra, Austrália, em novembro de 1989). É provável, conforme observamos anteriormente, que o regionalismo prejudique, mais do que qualquer outra coisa, os interesses dos países em desenvolvimento. Por causa desses países, por conseguinte, a Europa tem uma responsabilidade especial de manter um papel global.

Esse papel da Europa na política de desenvolvimento é também importante como maneira de moderar e servir de ponte aos mutáveis papéis americano-japonês nas finanças mundiais. Por causa de seu poder financeiro, o Japão tem um papel de liderança a desempenhar na solução do problema do endividamento mundial. Esse papel o coloca em conflito com a liderança americana e o desejo dos Estados Unidos de preservar seus poderes de veto nas instituições financeiras mundiais. Duas vezes em 1988, os Estados Unidos repeliram iniciativas japonesas de ir além do Plano Baker no trato do endividamento mundial. A Europa, através de um envolvimento mais dinâmico na Rodada Uruguai e nas instituições financeiras internacionais, poderia ajudar a assegurar que as divergências americano-japonesas não venham a prejudicar os interesses mais amplos da comunidade global.

A política de uma nova iniciativa global para resolver os problemas da dívida e do desenvolvimento é mais complicada do que a economia. Embora este estudo não possa examinar todos os detalhes, ainda assim pode destacar dois pontos: 1) a experiência do pós-guerra em 1944-1945 e, mais uma vez, em 1947-1948, sugere que, sem uma nova e mais inspiradora motivação política, não é provável que a economia de uma nova iniciativa sobre dívida e desenvolvimento fique à altura da tarefa; 2) essa nova motivação política terá que emergir de uma combinação das contribuições das lideranças americana, européia e japonesa. Como a única superpotência econômica e militar do mundo, a América ainda exerce a responsabilidade principal, muito embora Europa e Japão tenham também responsabilidades muito maiores. A divisão do fardo no futuro será muito mais importante nesse contexto Norte-Sul do que no tradicional contexto Leste-Oeste.

Uma solução econômica do problema do endividamento terá que abranger a administração da dívida e políticas econômicas corretas nos países industrializados e em desenvolvimento. Neste particular, a tríade de política de Bretton Woods e do Plano Marshall, de preços estáveis, mercados flexíveis e comércio liberal conservará sua relevância. O mesmo acontecerá com as instituições de Bretton Woods se elas aplicarem de forma abrangente a tríade de política:

o FMI concentrando-se na administração da política macroeconômica e em *preços estáveis* nos países industrializados (supervisão multilateral) e nos países em desenvolvimento (programas de estabilização);

o Banco Mundial concentrando-se em ajustamentos microeconômicos (empréstimos para projetos) e empréstimos para ajustamentos estruturais (SAL) para criar infra-estrutura e políticas de *mercados flexíveis*; e

o GATT concentrando-se em *liberalização comercial* reciprocamente negociada entre países industrializados e em desenvolvimento (Nau, 1988c).

Embora esses elementos estejam em funcionamento até certo ponto, no atual ambiente eles têm que ser enfeixados de uma forma mais visível e contínua. O mundo não dispõe de um foro abrangente onde possa integrar esses elementos de política, e qualquer coisa parecida com um foro de todos os países, tipo Nações Unidas, como as projetadas Negociações Globais (ver Capítulos 7 e 8), seria contraproducente. Há outra maneira de agir, contudo, que envolve também mais diretamente os países em desenvolvimento. Depois de consultas com os principais entre eles, uma cúpula dos países industrializados poderia propor uma estratégia geral que desse ênfase à tríade de política do pós-guerra e encomendasse uma série de atividades de planejamento nas grandes instituições econômicas internacionais (FMI, Banco Mundial e GATT), a fim de adaptar essas diretrizes de política à economia mundial na década de 1990. No modelo sugerido pela perspectiva orientada para opções, as cúpulas forneceriam a grande liderança e a supervisão à iniciativa, ao mesmo tempo encarregando instituições internacionais de executar funções mais específicas. Todas as grandes instituições utilizariam esse exercício de planejamento para elaborar novos procedimentos, com vistas a envolver de forma mais eqüitativa os países em desenvolvimento nos processos decisórios.

O grupo que negociou questões institucionais na Rodada Uruguai no verão de 1988, por exemplo, apresentou propostas para criação de grupos menores de representantes dos ministros de Finanças de todos os países do GATT, que se reuniriam pelo menos duas vezes por ano e passariam em revista fatos e questões de comércio antes de serem submetidos às reuniões ministeriais da organização, em que estariam representados todos os países (e que deveriam ser realizadas, segundo recomendaram as propostas, a cada dois ou três anos, em vez de uma única vez em cada década, mais ou menos, como no passado. Ver *FT*, 23 de junho de 1988). Essa proposta institucionaliza as reuniões informais dos "Quatro-Mais" que vêm ocorrendo entre países industrializados e em desenvolvimento desde 1983 e dá aos principais países emergentes um papel novo e oficial no sistema do GATT. Analogamente, o FMI e o Banco Mundial deveriam experimentar mecanismos mais eficazes, que minimizam o confronto entre os países industrializados e em desenvolvimento. Atualmente, as reuniões dos G-10 e G-24 no FMI exacerbam esses confrontos e as reuniões da Comissão Provisória da Junta de Governadores do FMI, bem como as reuniões FMI-Comissão sobre Desenvolvimento do Banco Mundial, são demasiado formais e ritualistas (com ministros lendo discursos adrede preparados) para serem muito eficazes.

Tão logo as instituições multilaterais completassem seus planos (dentro de, digamos, um período de 12 meses), os países industrializados poderiam convocar uma conferência de cúpula *ad hoc*, com chefes de Estado e Governo de países em desenvolvimento selecionados, segundo os princípios da Cúpula de Cancun em outubro de 1981, a fim de passar em revista os planos e tomar as decisões políticas do mais alto nível quanto ao financiamento, duração (até outra reunião de revisão de alto nível) e outros aspectos do programa. O enfoque esboçado aqui é ambicioso, para sermos exatos, mas prático. Tem que ser visto como parte de um esforço total no sistema econômico mundial não apenas para tratar da questão da dívida e do desenvolvimento, mas também para corrigir grandes desequilíbrios macroeconômicos e comerciais entre os países industrializados.

Chegando a um Consenso no Casulo

Este estudo vem argumentando que há políticas que servem ao interesse comum e não apenas aos interesses especiais e à política de classe. O teste dessas políticas é se ou não, no decorrer do tempo, beneficiam, em última análise, um número maior de pessoas, mesmo que requeiram grupos específicos (como, por exemplo, grupos de interesses especiais) para efetuar ajustamentos nesse ínterim.

A maior objeção levantada às políticas americanas de liberdade individual e competição econômica na economia mundial, que este estudo recomenda, é que elas resultam em distribuição desigual de benefícios. Embora esse debate não venha a ser resolvido no presente estudo, os dados históricos da experiência americana e mundial após a Segunda Guerra Mundial não confirmam essa tese de benefícios desiguais. De 1948 a 1973, os dados são claros nos Estados Unidos, onde a renda da família mediana (ajustada para levar em conta a inflação) alcançou níveis recordes a cada 1 a 3 anos (Levy, 1988, p. 17) e nos países industrializados e alguns 60 países de renda intermediária, onde os hiatos de renda *per capita* se estreitaram em base relativa (ver Capitulo 1). Durante esse período liberal, políticas orientadas para o mercado resultaram claramente em menos e não em mais desigualdade.

A questão, desde princípios da década de 1970, é se crescimento e igualdade diminuíram de ritmo porque as políticas liberais foram abandonadas ou porque novas circunstâncias tornaram-nas não mais relevantes ou equitativas. Este estudo defende a primeira alternativa. Embora não haja dados conclusivos sobre esta questão, a volta parcial a políticas orientadas para o mercado nos Estados Unidos sob os Governos Carter e Reagan coincide com alguns fenômenos muito interessantes. Estudos demonstram que a classe média está desaparecendo na América, mas que, ao contrário de algumas alegações, a classe média está sendo absorvida na classe alta, e não na classe mais baixa. Além disso, esse padrão foi mais pronunciado sob o Governo Reagan do que sob o Governo Carter.

A Tabela C-2 mostra a distribuição de famílias das classes baixa, média e superior, de 1969 a 1986.[2] Os dados indicam claramente declínio nas classes baixa e média e aumento na alta. A classe média declinou, de 1976 a 1980, a mais ou menos a mesma taxa que de 1981 a 1986 (57,1% para 55,2%, e 55,2% para 53%).

2 Classe média é aqui definida como tendo uma renda de US$20.000-59.999 a preços de 1986. (Ver Horrigan e Haugen, 1988.)

Tabela C-2. Distribuição de Famílias pelas Classes Baixa, Média e Alta, 1969-1986

Ano	Classe Baixa (%)	Classe Média (%)	Classe Alta (%)
1969	33,7	58,8	7,5
1970	34,3	57,8	7,8
1971	34,9	57,0	8,0
1972	33,1	57,2	9,7
1973	32,1	57,6	10,3
1974	33,1	57,5	9,4
1975	34,6	56,6	8,9
1976	33,1	57,1	9,7
1977	32,8	56,6	10,6
1978	31,8	56,4	11,8
1979	31,8	56,0	12,3
1980	33,2	55,2	11,5
1981	34,4	54,2	11,4
1982	35,0	53,2	11,7
1983	35,4	52,8	11,8
1984	33,8	52,8	13,4
1985	33,3	52,7	14,0
1986	31,7	53,0	15,3

Fonte: Horrigan e Haugen (1988), p.9.

Tabela C-3. Distribuição da Renda*

Ano	Mais Baixa	Segundo	Média	Quarto	Mais Alta
1969	5,6	12,4	17,7	23,7	40,6
1974	5,5	12,0	17,5	24,0	41,0
1979	5,2	11,6	17,5	24,1	41,7
1980	5,1	11,6	17,5	24,3	41,6
1981	5,0	11,3	17,4	24,4	41,9
1982	4,7	11,2	17,1	24,3	42,7
1983	4,7	11,1	17,1	24,3	42,8
1984	4,7	11,0	17,0	24,4	42,9
1985	4,6	10,9	16,9	24,2	43,5
1986	4,6	10,8	16,8	24,0	43,7

Fonte: U.S. Census Bureau

* Percentagem da renda monetária recebida por cada quintil.

A classe baixa não declinou absolutamente de 1976 a 1980, mas caiu fortemente de 34,4% em 1981 para 31,7% em 1986. A classe alta, enquanto isso, cresceu de 9,7% em 1976 para 11,5% em 1980 e em seguida disparou espetacularmente de 11,4% em 1981 para 15,3% em 1986. As políticas do Governo Reagan, portanto, aceleraram o movimento de famílias de classe baixa e média para categorias mais altas de renda.

Se a renda auferida é decomposta em quintos de população, baseados em rendas individuais e não familiares, os números, da forma mostrada na Tabela C-3, sugerem crescente desigualdade. Esses dados, porém, não levam em conta o número crescente de famílias com duas fontes de renda. Além disso, os números não sugerem que as políticas orientadas para o mercado do Governo Reagan tenham sido mais duras com os pobres do que as políticas intervencionistas de antes de 1981. A percentagem da renda que se encaminha para os dois quintis mais baixos decresceu mais de 1969 a 1980 do que de 1981 a 1986, e embora a renda que se encaminhava para o quintil médio declinasse mais nos anos Reagan, aumentou a que se encaminhava para o quintil mais alto. Assim, mesmo de acordo com esses números distorcidos, a classe média sob Reagan subiu mais para a classe alta, e não desceu para a baixa, e esta realmente sofreu um declínio de renda menor do que experimentou na década de 1970.

Se o Governo Reagan tivesse levado avante seus programas econômicos, poderiam ter sido ainda mais evidentes os benefícios para a distribuição dos programas orientados para o mercado. Embora apenas US$1 dólar em cada US$5 dólares de pagamentos por direitos sociais chegue às mãos dos pobres (ver editorial do *NYT*, 24 de abril de 1988), o corte desses direitos na base da necessidade dos contemplados teria distribuído mais uniformemente, para as classes média e alta, custos dos cortes de despesas pelo governo. Na verdade, como sugere este estudo, a falha moral real das políticas orçamentárias do Governo Reagan não foi o corte nos programas de bem-estar social, dado o fato de que muitos deles eram cada vez menos eficazes (Murray, 1984). Esses cortes não aumentaram a pobreza nos Estados Unidos. A taxa de pobreza em 1986, de acordo com novas medidas que levam em conta os impostos, ganhos de capital e renda não-monetária, foi de apenas 10,3%, mais baixa em um quarto ao que fora previamente estimado (*WP*, 28 de dezembro de 1988). A falha moral foi a decisão de não cortar os US$4 de direitos sociais que eram pagos a não-pobres. A classe média não se apresentou para aceitar um corte justo nas despesas orçamentárias (embora, na verdade, tenha pago pelas conseqüências através de contribuições mais altas para a Seguridade Social). Embora a decisão de não cortar os pagamentos por direitos sociais constituísse um fracasso da liderança republicana, ela teve aprovação maciça da oposição democrata. No mínimo, por conseguinte, a distribuição desigual de benefícios, na extensão que pode ter ocorrido nos Estados Unidos desde 1979, foi mais conseqüência da política do que de reformas orientadas para o mercado.

Esta curta avaliação certamente não encerrará o debate sobre os efeitos distributivos das políticas econômicas mais recentes. A identificação de quem recebe o quê, quando, onde e como ocupa o centro do debate político partidário, açulado por grupos de interesses especiais. O que transparece claramente na avaliação é que os benefícios do crescimento foram espalhados ao máximo, tanto nacional quanto internacionalmente, quando prevaleceu, de 1947 a 1967, a tríade de política de Bretton Woods. Essa tríade — estabilidade de preços, economias flexíveis e comércio mais livre — não é aplicada inteiramente desde 1967, embora tenha sido restaurada em parte na década de 1980. Os benefícios da distribuição da renda sofreram na mesma conformidade. A culpa de tudo isso pode ser atribuída a uma mudança de circunstâncias, muito embora o argumento deste livro o atribua à política. Surpreendentemente, a despeito do recorde de distribuição de renda de políticas orientadas para o mercado nas duas primeiras décadas após a guerra, e da ausência total de um resultado comparável por conta de políticas intervencionistas orientadas para o comando, persiste o mito de que políticas orientadas para o mercado produzem maiores desigualdades.

Começa o Debate

O argumento termina neste ponto, mas, se este livro realizou corretamente seu trabalho, o debate e mais pesquisas apenas começam. A perspectiva orientada para opções aqui delineada oferece uma maneira alternativa de examinar o relacionamento da América com a economia mundial. Essa perspectiva proporciona uma compreensão da mudança dos pontos de vista de participantes independentes e autônomos na economia mundial, que modelam as circunstâncias em que operam na base de opções e objetivos voluntários, e não simplesmente reagem a elas na base de limitações predeterminadas ou conseqüências não desejadas. Simultaneamente, opções voluntárias de objetivo e políticas econômicas têm que passar por certos testes de desempenho. Têm que convencer uma maioria de participantes no casulo mais amplo de forças sociais e políticas em uma dada sociedade nacional ou na internacional a apoiar essas opções e transformá-las eventualmente em políticas oficiais no processo burocrático mais imediato de formulação da política. Políticas oficiais, portanto, têm que produzir resultados, operando dentro de limitações finais, mas não imediatas, de aceitabilidade pública e recursos econômicos escassos. Limitações finais de poder, riqueza e classe influenciam essas opções e resultados, mas não os predeterminam. Em última análise, indivíduos fazem juízos de valor baseados em suas próprias idéias e preferências por uma sociedade política melhor (o fenômeno não examinado neste estudo, ver Capítulo 2). A mudança estrutural, portanto, é possível a partir do centro de um dado conjunto de estruturas políticas e econômicas. As idéias sobre comunidade política, que são até certo ponto autônomas, resistem e remodelam as relações de poder e econômicas existentes.

O enfoque orientado para opções coloca os problemas na perspectiva temporal e no contexto histórico. Vai além do grande número de questões de interesses especiais, mentalmente embotadoras, que desfilam diariamente no Capitólio e dominam os noticiários e a análise da política pública. De acordo com este enfoque, por exemplo, a tríade de política de Bretton Woods foi eficiente não porque preservou a todo custo a estabilidade de preços, ou porque incentivos do lado da oferta existiam a despeito de suas conseqüências para o orçamento, ou ainda porque o comércio mais livre foi promovido mesmo quando excessos macroeconômicos e rigidez estrutural criavam intoleráveis instabilidades financeira e cambial. Teve êxito porque todos esses padrões foram adotados juntos em perspectiva e moderação entre si. A perspectiva orientada para opções acrescenta ainda uma dimensão histórica. São enganosas as referências fáceis à conferência de Bretton Woods em 1944 como o modelo da cooperação econômica internacional ou aos apelos, ainda mais ambiciosos, para que as conferências das Nações Unidas solucionem as questões da dívida e outras no eixo Norte-Sul. A conferência de Bretton Woods fracassou. Tentou fechar um número grande demais de brechas entre um número grande demais de políticas e instituições incompatíveis. Hoje, conferências das Nações Unidas fracassariam pelas mesmas razões. A cooperação econômica internacional requer objetivos políticos comuns e padrões de política econômica também comuns, e não simplesmente a vontade de reunir-se e chegar a soluções conciliatórias. O conteúdo das políticas de Bretton Woods teve origem nos programas do Plano Marshall, de 1948, não nos acordos de 1944, embora a conferência de Bretton Woods de 1944 (e as atuais reuniões das Nações Unidas) contribuíssem para manter um processo de cooperação que constitui claramente uma condição necessária (mas não suficiente) para acordos substantivos.

Na década de 1990, o mundo do pós-guerra, criado pelo Plano Marshall e pela Guerra Fria, pode encontrar-se no meio de um processo de mudança radical. Mais uma vez, a questão de como as sociedades da Europa Central e Oriental se organizarão politicamente, como aconteceu em 1947-1948, constitui o problema central das relações Leste-Oeste. Está em andamento a transformação das sociedades nacionais da Europa Ocidental (a Eurpa 1992), e foi colocada a questão se as sociedades japonesa e ocidentais são tão diferentes que não possam continuar a coexistir em uma ordem econômica internacional liberal comum (Prestowitz, 1988; van Wolferen, 1989). Objetivos nacionais em muitas partes do mundo, em suma, encontram-se em um estado de fluidez.

Desta vez, em comparação com 1947 ou com a década de 1970, a evolução de objetivos nacionais parece ocorrer na direção de sociedades mais pluralistas e de normas e instituições econômicas mais competitivas. Esse movimento confirma a liderança intencional das sociedades ocidentais e, em especial, dos Estados Unidos desde 1947, e sugere que a principal mola da sociedade humana talvez seja, como supõem numerosos estudos, o desejo de atingir formas mais perfeitas de realização política e econômica para o indivíduo. Os padrões ocidentais de democracia e competição parecem vibrar mais amplamente em todo o mundo, em ressonância com esse sentimento primário, do que quaisquer outros neste ou nos séculos anteriores.

Mas jamais será certo ou garantido o resultado da mudança que ora ocorre, por mais promissora que ela possa ser. Da perspectiva orientada para opções, não há imperativos tecnológicos ou históricos. A consciência e as idéias humanas é que fazem a história. Continuará, portanto, a luta entre idéias sobre como aprimorar a sociedade política. Diante de alternativas não-ocidentais (como, por exemplo, islamismo, confucionismo, xintoísmo etc.) os padrões ocidentais serão submetidos a testes constantes. Conforme argumentamos, o Ocidente e os Estados Unidos não têm que ganhar essa luta, no sentido em que todo o mundo deve imitar-lhe os valores. Padrões alternativos *podem* coexistir. Mas nem o Ocidente nem os Estados Unidos podem rebaixar seus padrões, sobretudo se eles parecerem ter sucesso em âmbito mundial e oferecerem mais esperança e prosperidade do que os alternativos.

Muito dependerá no futuro, portanto, da maneira como se comportarão o Ocidente e, em especial, os Estados Unidos. Estes continuam a ser a maior potência na economia mundial. A estrada começa com a maneira como eles conviverão com o mundo mais pluralista e competitivo que fizeram tudo para criar. Ironicamente, quando os padrões ocidentais enfrentaram a ameaça de eclipse em 1947, pelo menos na Europa Central, os Estados Unidos agiram com iluminação e convicção. Hoje, quando os padrões ocidentais se disseminam como nunca antes, os Estados Unidos parecem imobilizados em um confuso debate sobre seu próprio declínio e valor próprio, questionando mesmo se seus valores de individualismo corajoso ainda se aplicam ao mundo moderno (Prestowitz, 1988).

Quando colocado em contexto, como sugere este estudo, é um mito o declínio americano. Ignora a convergência de objetivos no mundo moderno, contra a qual é aplicado o poder americano. E ignora as opções de que a América ainda dispõe para reafirmar seus objetivos e rejuvenescer seu poder.

A América tem a opção de reafirmar os valores ocidentais de liberdade humana e dignidade individual e de reaplicar os padrões eficientes de política econômica, de estabilidade de preços, mercados internos flexíveis e comércio internacional mais livre da era de Bretton Woods. Apenas um objetivo claro e autoconfiante americano poderá motivar novos ajustamentos econômicos entre os países industrializados, inspirar a integração progressiva dos países em desenvolvimento no sistema econômico internacional do pós-guerra e orientar o delicado e difícil processo de reforma econômica e política no mundo socialista. Só uma decisão de corrigir os desequilíbrios fiscais americanos e acelerar as negociações comerciais multilaterais é que poderá completar a transição de volta para os padrões de política eficientes e aos resultados justos de inícios da era do pós-guerra. Se fizer essas opções, a América terá poder mais do que suficiente para liderar a economia mundial. Essas opções dependem menos de interesses especiais e de política partidária do que da fertilização cruzada e mais ampla de idéias, que inspiram as coalizões sociais e intelectuais no casulo mais amplo das instituições não-governamentais e modelam as políticas futuras na arena partidária e burocrática.

Em certo sentido, o debate sobre o objetivo e a política da América — as maneiras como serão conduzidos e resolvidos — constitui o elemento mais importante de seu poder no mundo moderno. A América lidera hoje menos pelo puro tamanho de seus recursos e domínio nas instituições internacionais do que por seus objetivos e procedimentos internos, que são amplamente admirados e cada vez mais imitados em todo o mundo. Em suma, a América lidera por saber o que representa politicamente e por colocar em ordem sua casa econômica. As idéias orientadas por opções de objetivo nacional enérgico, mas tolerante, e de políticas internas orientadas para o mercado, mas justas, são mais importantes hoje do que nunca, precisamente porque a América tem menos poder relativo para liderar por outros meios.

Ou a América liderará por exemplo democrático e iniciativas de mercado ou seguirá cada vez mais os objetivos e políticas de outros países, alguns dos quais podem defender formas mais centralizadas de vida política e econômica na comunidade mundial (Garten, 1989-1990).

Relembrando, essa foi a opção que a América enfrentou em 1947. A opção é hoje em parte menos grave porque os objetivos e políticas americanas após 1947 ajudaram a levar o mundo para formas mais livres de vida econômica e política. Mas a opção hoje não é menos real e urgente e, como em 1947, modelará as circunstâncias das futuras relações internacionais e decidirá o destino do liberalismo e dos mercados na década de 1990 e além.

APÊNDICE

Tabela A-1. Indicadores de Política Econômica, 1947-1987

Países ou Grupos de Países	Política Macroeconômica — Fiscal: Déficit Orçamentário (média anual como percentagem do PIB)	Política Macroeconômica — Monetária: M_1 (avg. mudança percentual anual média)	Política Macroeconômica — Monetária: M_2 (mudança percentual anual média)	Política Microeconômica — Setor Público: Despesas do Governo como percentagem do PIB (mudança média em ponto percentual por década)
	1947-1967	1947-1967	1947-1967	1947-1967
EUA	-0,2	2,5	5,3	1,6
G-4	-0,7	11,0	12,5	-0,5
G-5	-0,6	9,3	11,0	0,0
G-7	-0,9	9,6	10,7	0,5
Quatro	-0,9	9,5	11,2	0,8
PDs	-0,9	5,2	7,9	NA
PEDs	NA	11,5	14,9	NA
	1968-1980	1968-1980 (1977-1979)	1968-1980 (1977-1979)	1968-1980
EUA	-2,0	6,4 (7,9)	8,8 (9,4)	1,9
G-4	-2,1	11,1 (11,2)	12,9 (10,5)	6,0
G-5	-2,1	10,1 (10,5)	12,0 (10,3)	5,1
G-7	-3,1	11,2 (11,7)	13,3 (12,7)	5,4
Quatro	-2,9	10,7 (11,6)	12,8 (12,5)	7,7
PDs	-2,2	9,0 (9,9)	11,4 (11,4)	5,8
PEDs	-3,0	25,0 (28,3)	28,1 (33,8)	4,3

	1981-1987 (1983-1987)		1981-1987 (1980-1982)		1981-1987 (1980-1982)		1981-1987 (1983-1987)	
EUA	-4,6	(-5,0)	9,3	(6,7)	9,0	(6,2)	-0,9	(-4,6)
G-4	-3,6	(-3,4)	9,7	(7,3)	10,5	(10,9)	-1,6	(-4,0)
G-5	-3,8	(-3,7)	9,6	(7,1)	10,2	(10,0)	-1,4	(-4,1)
G-7	-5,2	(-5,3)	10,7	(7,6)	10,0	(10,8)	0,2	(-4,2)
Quatro	-6,4	(-6,3)	10,7	(7,1)	11,1	(10,3)	1,4	(-6,0)
PDs	-4,9	(-5,0)	8,7	(6,6)	9,4	(8,9)	0,3	(-3,3)
PEDs	-4,9	(-4,8)	39,1	(30,5)	44,4	(35,0)	3,2	(3,0)

Fontes: Déficit orçamentário=linha 80 dividida pela linha 99b, em FMI, *IFS Yearbook*, vários números. Em alguns casos, no tocante aos primeiros anos, ONU, *Yearbook of National Accounts Statistics*, vários números; e quanto aos países industriais, OCDE, *Economic Outlook e Economic Outlook: Historical Statistics 1960-1985* e 1960-1986.

Despesas do governo=despesas mais empréstimos menos resgates (linhas 82 e 83) em FMI, *IFS Yearbook*, vários números. Em alguns casos, nos primeiros anos, ONU, *Yearbook of National Accounts Statistics*, e Mitchell (1983).

Despesas do governo como percentagem do PIB=linhas 82 e 83 divididas pela linha 99b, em FMI, *IFS Yearbook*, vários números. Em alguns casos, as séries sobre despesas do governo são da OCDE, *Economic Outlook Statistics 1960-1985* e *1960-1986*. Médias calculadas apenas para os anos para os quais existem estatísticas coerentes.

M_1=linha 34 em FMI, *IFS Yearbook*, vários números.

M_2=linhas 34 e 35 (quase moeda) em FMI, *IFS Yearbook*, vários números.

Notas: Médias calculadas à vista de tabelas referentes a cada país, extraídas de várias fontes. As médias nas colunas 1, 2 e 3 não incluem todos os anos para todos os países. As médias na coluna 4 foram padronizadas por década.

Definições: G-4=G-5 sem os Estados Unidos.

G-5=França, Alemanha, Japão, Grã-Bretanha, Estados Unidos.

G-7=Canadá, França, Alemanha, Itália, Japão, Grã-Bretanha, Estados Unidos.

Quatro=Comunidade Européia, Estados Unidos, Canadá e Japão. De 1947 a 1967, CE=6 (Bélgica, França, Alemanha, Itália, Luxemburgo, Holanda); de 1968 a 1980, CE=9 (mais Grã-Bretanha, Irlanda e Dinamarca); de 1981 a 1987, CE=10 (mais Grécia).

PDs=Países desenvolvidos, industrializados, como constam em FMI, *IFS Yearbooks*.

PEDs=Países em desenvolvimento, como constam em FMI, *IFS Yearbooks*.

Tabela A-2. Indicadores de Política Comercial, 1950-1985

	BARREIRAS NÃO-TARIFÁRIAS (NTBs)*							Expiração	TARIFAS					Mudança Percentual
País	1950†	1955†	1960†	1970	1975	1980	1985	Data‡	1965	1970	1975	1980	1985	1965-1985
Canadá						← Têxteis →		1991	7,95	5,66	5,46	4,62	3,25	
						← Calçados →		1985						-59,1
						← Automóveis →		Indefinido						
França	53	76	95			← Automóveis →		Indefinido	6,05	2,33	1,43	1,07	0,78	-87,1
						← Prod. Eletrônicos →		Indefinido						
						← Calçados →		Indefinido						
						← Motocicletas →		Indefinido						
Alemanha	47	90	93			← Automóveis →		1984	4,64	3,04	2,36	1,81	1,80	-61,3
Itália	54	99	98			← Calçados →		Indefinido	5,94	4,66	0,57	0,78	0,89	-85,0
						← Prod. Eletrônicos →		Indefinido						
						← Automóveis →		Indefinido						
						← Motocicletas →		Indefinido						
Japão						← Automóveis (licenciamento discricionário) →		Indefinido	7,55	7,05	2,96	2,46	2,13	-71,8
						← Têxteis →		1991						
Inglaterra	57	84	97			← Automóveis →		Indefinido	5,97	2,76	2,25	2,17	1,45	-75,7
						← Calçados →		Indefinido						
						← Prod. Eletrônicos →		Indefinido						

EUA				←— Têxteis —→	1991	6,75	6,08	3,79	3,08	3,05	-54,8
				←— Calçados —→	1983						
				←— Prod. Eletrônicos —→	1984						
				←— Automóveis —→	1989						
				Carvão Carvão							
				←— Aço —→ ←— Aço —→	1989						
				←— Aço Especiais —→	1987						
				Motocicletas —→	1988						
CE				←— Aço —→	Indefinido						
				←— Têxteis —→	1991						
				←— Automóveis —→	Indefinido						
				←— Prod. Eletrônicos —→	1986						
				←— Motocicletas —→	1986						
OEEC/OCDE	56	84	94			6,79	5,05	3,32	2,43	2,13	-74,9

Fontes: Quotas: OCDE (1961), p. 185.
NTBs: adaptado da OCDE (1985a), p. 32-3.
Tarifas: OCDE (1985a), p. 27. O ano de 1985 foi calculado nas mesmas fontes usadas no estudo da OCDE.

* Inclui, além das quotas, vários arranjos restritivos com vários países, entre eles os Sistemas Básicos de Preços, o OMA's.

† Essas colunas mostram a percentagem de comércio privado isenta de quotas (restrições quantitativas) em 30 de junho do ano indicado.

†† A coluna não reflete todas as renovações desde 1985.

§ Receitas alfandegárias e de imposto de importação como percentagem do valor das importações.

Tabela A-3. Indicadores de Desempenho Econômico, 1947-1987

	Crescimento	Inflação		Desemprego
Países ou Grupos de Países	PIB Real (mudança percentual anual média)	CPI (mudança percentual anual média)	Deflator do PIB (mudança percentual anual média)	Força de Trabalho Desempregada (percentagem média anual)
	1947-1967	1947-1967	1947-1967	1947-1967
EUA	3,6	2,7	2,9	4,7
G-4	6,6	3,7	4,4	2,0
G-5	6,0	3,5	4,1	2,5
G-7	5,9	3,8	4,7	3,4
Quatro	5,3	3,5	4,6	3,8
PDs	4,3	2,5	2,8	3,1
PEDs	5,0	8,6	8,5	NA
	1968-1980	1968-1980	1968-1980	1968-1980
EUA	2,6	7,2	6,9	5,9
G-4	3,8	8,4	8,6	3,1
G-5	3,5	8,1	8,2	3,7
G-7	3,7	8,5	8,9	4,2
Quatro	3,9	8,3	8,7	4,4
PDs	3,3	7,9	7,9	4,4
PEDs	5,7	16,5	17,2	NA

	1981-1987	(1983-1987)	1981-1987	(1983-1987)	1981-1987	(1983-1987)	1981-1987	(1983-1987)
EUA	2,8	(4,0)	4,3	(3,3)	4,6	(3,3)	7,8	(7,5)
G-4	2,8	(2,8)	4,8	(3,4)	4,2	(3,6)	7,8	(8,2)
G-5	2,8	(3,0)	4,7	(3,4)	4,3	(3,6)	7,8	(8,1)
G-7	2,7	(3,1)	5,7	(4,4)	5,5	(4,5)	8,5	(8,8)
Quatro	2,1	(2,4)	7,0	(5,5)	7,4	(6,3)	9,1	(9,5)
PDs	2,7	(3,2)	5,2	(3,9)	4,9	(4,0)	8,2	(8,7)
PEDs	1,8	(1,7)	37,0	(40,4)	41,3	(48,4)	NA	NA

Fontes: PIB real, CPI e deflator do PIB: extraído de FMI, *IFS Yearbook*, vários números, com alguns dos primeiros anos (fins da década de 1940 e princípios da de 1950) extraídos de Mitchell (1981), (1982), (1983); e ONU, *Yearbook of National Accounts Statistics*, vários números.
Desempregados: extraído de ONU, *Statistical Yearbook*, vários números.

Notas: Valores médios calculados a partir de tabelas de cada país, compiladas a partir das fontes precedentes. Não incluem todos os anos, para todos os países.

Tabela A-4. Mudanças na Política Econômica após 1967

	Política Macroeconômica			Política Microeconômica
	Fiscal	Monetária		Setor Público
Países ou Grupos de Países	Déficit Orçamentário (média anual como percentagem do PIB)	M_1 (mudança percentual anual média)	M_2 (Mudança percentual anual média)	Despesas do Governo como Percentagem do PIB (média de mudança em ponto percentual por década)
	1961-1967	1961-1967	1961-1967	1961-1967
EUA	-0,8	3,5	7,5	1,7
G-4	-0,9	11,2	12,6	0,7
G-5	-0,9	9,6	11,6	0,9
G-7	-1,2	10,3	11,6	1,1
Quatro	-1,4	9,7	11,1	1,2
PDs	-0,9	6,4	9,4	4,0
PEDs	NA	15,1	16,6	NA
	1968-1974	1968-1974	1968-1974	1968-1974
EUA	-1,1	6,1	8,3	-1,6
G-4	-0,7	11,2	14,5	4,0
G-5	-0,8	10,2	13,2	3,2
G-7	-1,5	11,4	13,9	3,8
Quatro	-1,4	10,5	13,1	4,1
PDs	-1,1	8,9	11,4	4,3
PEDs	-2,6	20,5	28,1	5,7

Fontes: As mesmas da Tabela A-1.

Tabela A-5. Mudanças no Desempenho Econômico após 1967

Países ou Grupos de Países	Crescimento	Inflação		Desemprego
	PIB Real (mudança percentual anual média)	CPI (mudança percentual anual média)	Deflator do PIB (mudança percentual anual média)	Força de Trabalho Desempregada (média percentual)
	1961-1967	1961-1967	1961-1967	1961-1967
EUA	4,5	1,7	2,1	5,0
G-4	6,1	3,8	3,6	1,2
G-5	5,8	3,3	3,3	2,0
G-7	5,7	3,3	3,5	2,6
Quatro	5,2	3,2	3,5	2,5
PDs	5,0	3,0	3,0	3,1
PEDs	5,2	11,6	8,7	NA
	1968-1974	1968-1974	1968-1974	1968-1974
EUA	2,6	5,8	6,0	4,9
G-4	5,0	7,3	7,4	2,0
G-5	4,5	7,0	7,1	2,6
G-7	4,7	6,8	7,2	3,1
Quatro	5,0	6,8	7,5	3,3
PDs	3,8	5,8	6,9	3,4
PEDs	6,3	11,8	12,4	NA

Fontes: As mesmas da Tabela A-3.

Tabela A-6. Contribuição por Setor ao PIB Real: Típica vs. Recuperação Corrente

	Taxa Anual nos Primeiros oito Trimestres	
	Recuperação Típica*	Recuperação Corrente †
Crescimento do PNB Real (mudança percentual)	5,3	6,0
Contribuição do Setor ao Crescimento do PNB (pontos percentuais)		
Despesas com Consumo Pessoal	3,2	3,3
Bens Duráveis	0,9	1,2
Investimentos Fixos Não-Residenciais	0,6	1,8
Bens de Produção Duráveis	0,5	1,5
Estruturas	0,1	0,3
Investimentos Residenciais	0,5	0,6
Alteração em Estoques de Empresas	0,7	1,3
Exportações Líquidas de Bens e Serviços	-0,1	-1,3
Exportações	0,4	0,3
Importações	-0,4	-1,6
Compras de Bens e Serviços pelo Governo	0,3	0,3
Total das Vendas Anuais ††	04,6	4,7

Fonte: *Economic Report to the President* (fevereiro de 1985), p.30.

* Média das recuperações em seguida às fossas do ciclo econômico em 1954, II; 1958, II; 1961, I; 1970, IV e 1975, I.

† Calculado a partir da fossa de 1982, IV, do ciclo econômico, até 1984, IV. Os dados relativos a 1984, IV, são preliminares.

†† PNB, menos mudança nos estoques das empresas.

Tabela A-7. Recuperação, 1983-1984*

	Recuperações Passadas		
	Típicas †	Mais Fortes ††	Recuperação, § 1983-1984
Demanda interna final	4,6	5,5	5,9
Contribuição de mudança em estoques#	+0,7	+0,4	+1,4
Demanda interna total	5,4	5,9	7,3
Contribuição de importações líquidas#	-0,1	0,0	-1,3
PNB	5,3	5,8	6,0
Consumo pessoal	5,1	6,0	5,0
Construções residenciais	13,2	21,5	20,5
Outros investimentos fixos	6,9	7,4	15,0
Bens de produção duráveis	9,4	10,7	18,6
Despesas públicas	1,2	0,2	1,6
Exportações	6,4	8,3	3,7
Importações	8,5	9,2	19,4

Fonte: Marris (1985), p. 43, © 1987, Institute for International Economics, Washington, DC. Reproduzido, com permissão, de *Deficits and the Dollar: The World Economy at Risk*, de Stephen Marris.

*Mudança percentual em volume, taxas anuais.

† Média nos primeiros oito trimestres da recuperação que se iniciou em 1954, 2; 1958, 2; 1961, 1; 1970, 4, e 1975, 1.

A recuperação iniciada em 1949, 4, foi excluída porque foi de natureza diferente, impulsionada por um aumento maciço das despesas com a defesa.

†† Nos oito trimestres iniciados em 1970, 4.

§ Primeiros oito trimestres a partir de 1982, 4, fossa da recessão.

Como percentagem do PNB no período anterior, taxa anual.

Tabela A-8. Taxas de Crescimento de Componentes do PNB Real: Expansão Corrente *vs.* Média das Expansões Anteriores

	Primeiros Três Anos da Expansão		Primeiros Seis Trimestres da Expansão		Segundos Seis Trimestres da Expansão	
	Corrente†	Prévia††	Corrente	Prévia	Corrente	Prévia
PNB Real	4,5	4,5	6,9	5,2	2,1	3,8
Vendas Finais	3,8	3,9	4,3	4,1	3,4	3,7
Consumo final	3,9	4,3	5,2	5,1	2,5	3,4
Investimento interno privado bruto	17,4	10,6	38,0	15,7	-0,1	6,0
Investimentos fixos não-residenciais	11,3	6,4	13,6	6,0	9,0	6,9
Estruturas	6,8	3,0	4,9	2,6	8,7	3,5
Equipamentos duráveis de produtor	14,0	8,8	19,1	8,9	9,1	9,1
Investimentos fixos residenciais	15,1	9,3	29,2	15,0	2,6	4,2
Exportações de bens e serviços	2,4	8,8	6,0	4,6	-1,1	13,2
Importações de bens e serviços	14,6	8,6	25,7	10,4	4,5	7,0
Compras pelo governo de bens e serviços	4,0	1,1	1,7	0,5	6,3	1,8
Federal	5,9	-1,1	1,2	-1,2	10,8	-0,9
Estadual e municipal	2,4	3,7	2,1	3,1	2,7	4,2

Fonte: *Economic Report of the President* (fevereiro de 1986), p.39

*Mudança percentual anual média.

†Calculado com base em 1982, IV, a fossa mais recente da recessão.

††Média das expansões que se iniciaram em 1954, II; 1961, I; 1970, IV e 1975, I.

§ O PNB real e seus componentes são mostrados em dólares de 1982.

#PNB menos mudanças nos estoques das empresas.

Tabela A-9. Mudanças na Política Econômica após 1980

	Política Macroeconômica			Política Microeconômica
	Fiscal	Monetária		Setor Público
Países ou Grupos de Países	Déficit Orçamentário (média anual como percentagem do PIB)	M_1 (mudança percentual anual média)	M_2 (mudança percentual anual média)	Despesas do Governo como Percentagem do PIB (mudança média em pontos percentuais por década)
	1974-1980	1974-1980 (1977-1979)	1974-1980 (1977-1979)	1974-1980
EUA	-2,6	6,5 (7,9)	8,9 (9,4)	5,0
G-4	-3,5	10,5 (11,2)	11,4 (10,5)	4,8
G-5	-3,4	9,7 (10,5)	10,9 (10,3)	4,8
G-7	-4,5	10,5 (11,7)	13,1 (12,7)	5,1
Quatro	-4,2	10,5 (11,6)	13,0 (12,5)	7,6
PDs	-3,2	9,0 (9,9)	11,4 (11,4)	6,4
PEDs	-2,9	30,4 (28,3)	33,7 (33,8)	2,4
	1981-1987 (1983-1987)	1981-1987 (1980-1982)	1981-1987 (1980-1982)	1981-1987 (1983-1987)
EUA	-4,6 (-5,0)	9,3 (6,7)	9,0 (6,2)	-0,9 (-4,6)
G-4	-3,6 (-3,4)	9,7 (7,3)	10,5 (10,9)	-1,6 (-4,0)
G-5	-3,8 (-3,7)	9,6 (7,1)	10,2 (10,0)	-1,4 (-4,1)
G-7	-5,2 (-5,3)	10,7 (7,6)	10,0 (10,8)	0,2 (-4,2)
Quatro	-6,4 (-6,3)	10,7 (7,1)	11,1 (10,3)	1,4 (-6,0)
PDs	-4,9 (-5,0)	8,7 (6,6)	9,4 (8,9)	0,3 (-3,3)
PEDs	-4,9 (-4,8)	39,1 (30,5)	44,4 (35,0)	3,2 (3,0)

Fontes: As mesmas da Tabela A-1.

Tabela A-10. Mudanças no Desempenho Econômica após 1980

Países ou Grupos de Países	Crescimento: PIB Real (mudança percentual anual média)	Inflação: CPI (mudança percentual anual média)	Inflação: Deflator do PIB (mudança percentual anual média)	Desemprego: Força de Trabalho Desempregada (percentual anual média)
	1974-1980	1974-1980	1974-1980	1974-1980
EUA	2,1	9,2	8,2	6,8
G-4	2,4	10,4	10,0	4,0
G-5	2,3	10,1	9,6	4,6
G-7	2,6	11,0	11,1	5,1
Quatro	2,7	10,5	10,3	5,9
PDs	2,4	10,1	9,4	5,3
PEDs	5,1	22,6	24,0	NA
	1981-1987 (1983-1987)	1981-1987	1981-1987	1981-1987
EUA	2,8 (4,0)	4,3	4,6	7,8
G-4	2,8 (2,8)	4,8	4,2	7,8
G-5	2,8 (3,0)	4,7	4,3	7,8
G-7	2,7 (3,1)	5,7	5,5	6,5
Quatro	2,1 (2,4)	7,0	7,4	9,1
PDs	2,7 (3,2)	5,2	4,9	8,2
PEDs	1,8 (1,7)	37,0	41,3	NA

Fontes: As Mesmas da Tabela A-3.

BIBLIOGRAFIA

Abert, James Goodear, 1969. *Economic Policy and Planning in the Netherlands, 1950-1965.* New Haven, CT: Yale University Press.

Acheson, Dean, 1969. *Present at the Creation.* Nova York: Norton.

Agência Internacional de Energia (AIE), 1983: "Meeting of the Governing Board at Ministerial Level," Comunicado e Anexo 1, 8 de maio (mimeo.).

Aggarwal,Vinod K., 1985. *Liberal Protectionism: The International Politics of Organized Textile Trade.* Berkeley, CA: University of California Press.

Aho, C. Michael e Marc Levinson, 1988. *After Reagan: Confronting the Changed World Economy.* Nova York: Conselho de Relações Exteriores.

Alker, Hayward R., Jr., Thomas J. Biersteker e Takashi Inoguchi, 1985. "The Decline off the Superstates: The Rise of a New World Order?" Documento preparado pelo Congresso Mundial de Ciência Política, Associação Internacional de Ciência Política, Paris, 15-20 de julho.

____ e Thomas J. Biersteker, 1984. "The Dialectics of World Order."*International Studies Quarterly*, v. 28, n. II (junho), p. 121-42.

Allen, C. G. (org.), 1977. *Rulers and Governments of the World: 1930-1975.* V. 3. Nova York: Bowker Publishing.

Allison,, Graham e Peter Szanton, 1976. *Remaking Foreign Policy: The Organizational Connection.* Nova York: Basic Books.

Altman, Roger C., 1989. "Awaiting Investment." *Wall Street Journal*, 10 de março.

Anderson, Martin, 1988. *Revolution.* San Diego, CA: Harcourt Brace Jovanovich.

Anjaria, Shailendra, Naheed Kirmani e Arne B. Peterson, 1985. "Trade Policy Issues and Developments." Occasional Paper 38, Fundo Monetário Internacional, Washington, DC, julho.

Aristóteles, 1912. *A Treatise on Government* (traduzido do grego por William Ellis). Nova York: E. P. Dutton and Company.

Arkes, Hadley, 1972. *Bureaucracy, the Marshall Plan, and the National Interest.* Princeton, NJ: Princeton University Press.

Ashford, Douglas E., 1982. *Policy and Politics in France: Living with Uncertainty.* Filadélfia: Temple University Press.

____ , 1981. *Policy and Politics in Britain: The Limits of Consensus.* Filadélfia: Temple University Press.

Ashley, Richard K., 1984. "The Poverty of Neorealism." *International Organization*, v. 38, n. 2 (primavera), p. 225-87.

Axelrod, Robert, 1984. *The Evolution of Cooperation.* Nova York: Basic Books.

____ e Robert O. Keohane, 1986. "Achieving Cooperation Under Anarchy: Strategies and Institutions." In *Cooperation Under Anarchy*, org. Kenneth A. Oye. Princeton, NJ: Princeton University Press, p. 226-54.

Ayres, Robert L., 1983. *Banking on the Poor: The World Bank and World Poverty.* Cambridge, MA: MIT Press.

Bairoch, Paul, 1982. "International Industrialization Levels from 1750 to 1980." *Journal of European Economic History*, v. 11, p. 269-329.

Baldwin, David A., 1985. *Economic Statecraft.* Princeton, NJ: Princeton University Press.

Balassa, Bela, 1983. "Exports, Policy Choices and Economic Growth in Developing Countries After the 1973 Oil Shock." Dept. de Pesquisa de Desenvolvimento do Banco Mundial, DRD Discussion Paper n. 48. Washington, DC: World Bank.

____ , Gerardo M. Bueno, Pedro-Pablo Kuczynski e Mario Henrique Simonsen, 1986. *Toward Renewed Economic Growth in Latin America.* Washington, DC: Institute for International Economics.

Banco da Reserva Federal, 1986. *Monetary Policy Objectives for 1986.* Relatório Sumário da Junta da Reserva Federal (19 de fevereiro).

Banco da Reserva Federal de St. Louis. *Monetary Trends*, vários números.

____ . *U.S. Financial Data*, vários números.

Banco de Pagamentos Internacionais (BIS), 1983. *53rd Annual Report*, 13 de junho.

Banco Mundial, 1988c. *Trade Liberalization: The Lesson of Experience.* Documento de Discussão Interna, Latin America and the Caribbean Regional Series, Report n. IDP, 14 de abril.

____ , 1979b a 1989b. *World Development Report.* Nova York: Oxford University Press (para o Banco Mundial).

____ , 1981a. *Accelerated Development in Sub-Saharan Africa: An Agenda for Action.* Report n. 3358, agosto (Relatório do Banco sobre a África).

Banks, Arthur S. (org.), 1988. *Political Handbook of the World, 1986.* Binghamton, NY: CSA Publications.

Bergsten, C. Fred, 1988. *America in the World Economy: A Strategy for the 1990's.* Washington, DC: Institute for International Economics, novembro.

____ , 1986. "America's Unilateralism." In *Conditions for Partnership in International Economic Management*, orgs. C. Fred Bergsten, Etienne Davignon e Isamu Miyazaki. The Triangle Papers 32. Nova York: Comissão Trilateral.

____ , 1985. "The State of the Debate: Reaganomics — The Problem?" *Foreign Policy*, n. 59 (verão), p. 132-44.

____ , 1981. "The Costs of Reaganomics." *Foreign Policy*, n. 44 (outono), p. 24-37.

____ , 1975. *Dilemmas of the Dollar.* Nova York: New York University Press.

Bertsch, Gary K. (org.), 1988. *Controlling East-West Trade and Technology Transfer.* Durham, NC: Duke University Press.

Beveridge, William H., Sir, 1945. *Full Employment in a Free Society.* Nova York: W.W. Norton.

Bhagwati, Jagdish N., 1978. *Foreign Trade Regimes and Economic Development: Anatomy and Consequences of Exchange Control Regimes.* Cambridge, MA: Ballinger.

Blanchard, Oliver Jean, 1987. "Reaganomics." *Economic Policiy: A European Forum*, v. 2, n. 2 (outubro), p. 17-48.

Blank, Stephen D., 1977. "Britain: the politics of foreign economic policy, the domestic economy and the problem of pluralistic stagnation." In "Between power and plenty: foreign economic policies of advanced industrial states," org. Peter J. Katzenstein. *International Organization*, edição especial, v. 31, n. 4 (outono), p. 673-723.

Block, Fred L., 1977. *The Origins of International Economic Disorder: A Study of United States International Monetary Policy from World War II to the Present.* Berkeley, CA: University of California Press.

Blum, John Morton, 1967. *From the Morgenthau Diaries: Years of War 1941-1945.* v. 3. Boston: Houghton Mifflin Company.

Bonn, Conferência Econômica de Cúpula, 1985. "Declaration Towards Sustained Growth and Higher Employment." *Complete Presidential Documents*, p. 791-795 (13 de maio).

Borrus, Michael e John Zysman, 1986. "Japan." In *National Policies for Developing High Technology Industries: International Comparisons*, orgs. Francis W. Rushing e Carole Ganz Brown, Boulder, CO: Westview Press, p. 111-43.

Boskin, Michael J., 1987. *Reagan and the Economy: The Successes, Failures and Unfinished Agenda.* São Francisco: ICS Press.

Bosworth, Barry P., 1984. *Tax Incentives and Economic Growth.* Washington, DC: The Brookings Institution.

Branson, William, 1987. "Discussion." *Economic Policy: A European Forum*, v. 2, n. 2 (outubro), p. 48-52.

Bressand, Albert, 1983. "Mastering the 'Worldeconomy'." *Foreign Affairs*, v. 61, n. 4 (primavera), p. 745-73.

Brock, William E., 1984. "Trade and Debt: The Vital Linkage." *Foreign Affairs*, v. 52, n. 5 (verão), p. 1.037-57.

Brown, William A. Jr., 1950. *The U.S. and the Restoration of World Trade.* Washington, DC: The Brookings Institution.

Bryant, Ralph C., Dale W. Henderson, Gerarld Holtman, Peter Hooper e Steven A. Symansky (orgs.), 1988. *Empirical Macroeconomics for Interdependent Economies.* 2 volumes. Washington, DC: The Brookings Institution.

Brzezinski, Zbigniew, 1983. *Power and Principle.* Nova York: Farrar, Straus and Giroux.

Buchanan, Allen, 1985. *Ethics, Efficiency and the Market.* Totowa, NJ: Rowman & Allanheld, Publishers.

Buchanan, James M. e Gordon Tullock, 1962. *The Calculus of Consent: Logical Foundations of Constitutional Democracy.* Ann Arbor: University of Michigan Press.

Burns, Arthur F., 1978. *Reflections of an Economic Policy Maker: Speeches and Congressional Statements: 1969-1978.* Washington, DC: American Enterprise Institute for Public Policy Research.

Bush, George (presidente), 1989. Comentários em Rheingoldhalle, Mainz, República Federal da Alemanha. Secretaria de Imprensa da Casa Branca (31 de maio).

Business Week (edições semanais).

Cagan, Phillip (org.), 1985. *Essays in Contemporary Economic Problems: The Economy in Deficit 1985.* Washington, DC: American Enterprise Institute.

Calingaert, Michael, 1988. *The 1992 Challenge from Europe: Development of the European Community's Internal Market.* Washington, DC: Associação Nacional de Planejamento.

Calleo, David P, 1987. *Beyond American Hegemony: The Future of the Western Alliance.* Nova York: Basic Books.

____, 1982. *The Imperious Economy.* Cambridge, MA: Harvard University Press.

____ e Benjamin M. Rowland, 1973. *America and the World Political Economy: Atlantic Dreams and National Realities.* Bloomington: Indiana University Press.

Câmara dos Deputados, Congresso dos EUA, 1945. *Bretton Woods Agreement Act.* Comissão sobre Transações Bancárias e Moeda, 79a. sessão, v. 1, março 7-9, 12-16, 19-23, 1945; v. 2, abril 19-20, 27, 30, maio 1-5, 7-11.

Caron, François, 1979. *An Economic History of Modern France.* Nova York: Columbia University Press.

Carr, Edward Hallett, 1964. *The Twenty Years' Crisis 1919-1939.* Nova York: Harper & Row, edição Torchback (edição original, 1939).

Castle, Eugene W., 1957. *The Great Giveaway: The Realities of Foreign Aid.* Chicago: Henry Regnery Company.

Central Intelligence Agency e Defense Intélligence Agency (CIA e DIA), 1989. "The Soviet Economy in 1988: Gorbachev Changes Course." Relatório à Subcomissão sobre Economia da Segurança Nacional da Comissão Econômica Conjunta, Congresso dos EUA, 14 de abril. Mimeo.

Chaote, Pat e Juyne Linger, 1988. "Tailored Trade: Dealing with the World as It Is." *Harvard Business Review* (janeiro-fevereiro), p. 86-93.

Cline, William R., 1989. "The Baker Plan: Progress, Shortcomings and Future Evolution." Documento preparado no Institute for International Economics janeiro.

_____ , 1987. *Mobilizing Bank Lending to Debtor Countries.*Policy Analysis in International Economics, n. 18. Washington, DC: Institute for International Economics, junho.

Cohen, Benjamin J., 1986. *In Whose Interest? Intenational Banking and American Foreign Policy.* New Haven, CT: Yale University Press.

Cohen, Stephen S., 1977. *Modern Capitalist Planning: The French Model.* 2 ed. Berkeley: University of California Press.

_____ e John Zysman, 1987. *Manufacturing Matters: The Myth of the Post-Industrial Economy.* Nova York: Basic Books.

Collins, Robert M., 1981. *The Business Response to Keynes: 1929-1964.* Nova York: Columbia University Press.

Comissão de Ajuda ao Exterior (Comissão Harriman), 1947. *European Recovery and American Aid.* Washington, DC: Government Printing Office (7 de novembro).

Comissão sobre a Organização do Governo para a Conduta da Política Externa (conhecida como Comissão Murphy devido a seu presidente, Robert D. Murphy), 1975. v. 1-7. Washington, DC: Government Printing Office, junho.

Comisso, Ellen e Laura D'Andrea Tyson, 1986. "Power, Purpose and Collective Choice: Economic Strategy in Socialist Countries." *International Organization*, edição especial, v. 40, n. 2 (primavera).

Congressional Record, 1945. v. 91, Parte 14, 79º Congresso, 1a. Sessão. 3 de janeiro, 1945-21 de dezembro, 1945.

_____ , 1940. v. 86, Parte 19, 76º Congresso, 3a. Sessão. 3 de janeiro, 1940-3 de janeiro, 1941.

Conybeare, John A. C., 1984. "Public Goods, Prisoners' Dilemmas and the International Political Economy." *International Studies Quarterly*, v. 28, n. 1 (março), p. 5-23.

Cooper, Richard N., 1984. "A Monetary System for the Future." *Foreign Affairs*, v. 53, n. 1 (outono), p. 166-85.

_____ , 1977. "A New International Economic Order for Mutual Gain." *Foreign Policy*, n. 26 (primavera), p. 65-140.

_____ , 1968. *The Economics of Interdependence: Economic Policy in the Atlantic Community.* Nova York: McGraw-Hill, publicado para o Conselho de Relações Exteriores.

Cox, Robert W., 1986. "Social Forces, States and World Orders: Beyond International Relations Theory." In *Neorealism and Its Critics*, org. Robert O. Keohane. Nova York: Columbia University Press, p. 204-55.

Day, Alan J. e Henry W. Degenhardt (orgs.), 1984. *Political Parties of the World.* 2. ed. Detroit, MI: Gale Research Company.

Deaver, Michael K. (com Mickey Herskowitz), 1987. *Behind the Scenes.* Nova York: William Morrow and Company.

de Larosière, Jacques, 1982. *Restoring Fiscal Discipline: A Vital Element for Economic Recovery.* Fundo Monetário Internacional, 16 de março.

de Menil, George, e Anthony M. Solomon, 1983. *Economic Summitry.* Nova York: Conselho de Relações Exteriores.

Denison, Edward F., 1962. *The Sources of Economic Growth in the United States.* Nova York: Comissão de Desenvolvimento Econômico.

Departamento de Defesa (DOD),1985. *The Technology Security Program.* Relatório por Caspar Weinberger, Secretário de Defesa, para o 99º Congresso, la. Sessão, fevereiro.

Departamento de Estado dos EUA, 1947. "European Initiative Essential to European Recovery." Observações do Secretário de Estado George C. Marshall na Formatura da Harvard University, 5 de junho, 1947. Publicação 2882, European Series 25. Washington, DC: Government Printing Office.

Dertouzos, Michael L., Richard K. Lester, Robert M. Solow e a Comissão do M.I.T. sobre Produtividade Industrial, 1989. *Made in America: Regaining the Productive Edge.* Cambridge, MA: The M.I.T. Press.

Destler, I.M., 1986. *American Trade Politics: System Under Stress.* Washington, DC: Institute for International Economics, e Nova York: The Twentieth Century Fund.

____ , 1980. *Making Foreign Economic Policy.* Washington, DC: The Brookings Institution.

____ , Haruhiro Fakui e Hideo Sato, 1979. *The Textile Wrangle: Conflict in Japanese-American Relations 1969-1971.* Ithaca, NY: Cornell University Press.

de Vries, Margaret Garritsen, 1986. *The IMF in a Changing World 1945-85.* Washington, DC: Fundo Monetário Internacional.

Domhoff, G. William, 1990. *The Power Elite and the State: How Policy Is Made in the Unitd States.* Nova York: Aldine.

Drouin, Marie-Josee, Maurice Ernst e Jimmy W. Wheeler, 1985. *Western European Adjustment to Structural Economic Problems.* Preparado para o Departamento de Estado dos EUA, Contrato n. 1722-420150 pelo Hudson Institute, 620 Union Drive, Indianapolis, IN 46206 (5 de setembro).

Drucker, Peter F., 1989. *The New Realities.* Nova York: Harper & Row.

____ , 1986. "The Changed World Economy." *Foreign Affairs*, v. 64, n. 4 (primavera), p. 768-92.

Eckes, Alfred E., Jr., 1975. *A Search for Solvency: Bretton Woods and the International Monetary System, 1941-1971.* Austin: University of Texas Press.

Economic Report of the President (ERP), vários anos. Transmitido para o Congresso, junto com o Relatório Anual do Conselho de Assessores Econômicos. Washington, DC: Government Printing Office.

Economist (edições semanais).

Etzioni, Amitai, 1988. *The Moral Dimension: Toward a New Economics.* Nova York: The Free Press.

____ , 1985. "Encapsulated Competition." *Journal of Post Keynesian Economics*, v. 7, n. 3 (primavera), p. 287-302.

Evans, John W., 1971. *The Kennedy Round in American Trade Policy: The Twilight of the GATT?* Cambridge, MA: Harvard University Press.

Evans, Peter B., Dietrich Rueschemeyer e Theda Skocpol (orgs.), 1985. *Bringing the State Back In.* Cambridge, England: Cambridge University Press.

Executive Office of the President (EOP), 1981. *America's New Beginning: A Program for Economic Recovery.* Washington, DC: Government Printing Office.

Fallows, James, 1989. *More Like Us: Making America Great Again.* Boston: Houghton Mifflin.

Feldstein, Martin, 1988. "Let the Market Decide." *The Economist* (3 de dezembro).

____ , 1987. "Budget Card Tricks and Dollar Levitation." *The Washington Post*, 1º de dezembro.

____ e Kathleen Feldstein, 1986. "Foreigners Can't Solve Our Trade Problem." *The Washington Post*, 8 de julho.

Financial Times (FT), edições diárias.

Finger, J. Michael e Andrzej Olechowski (orgs.), 1987. *The Uruguay Round: A Handbook on the Multilateral Trade Negotiations.* Washington, DC: Banco Mundial.

Flemming, J. S., 1978. "The Economic Explanation of Inflation." In *The Political Economy of Inflation*, orgs. Fred Hirsch e John H. Goldthorpe. Cambridge, MA.: Harvard University Press, p. 13-37.

Foa, Bruno, 1949. *Monetary Reconstruction in Italy.* Nova York: King's Crown Press.

Fortune (edições semanais).

Freedenberg, Paul, 1989. "U.S. Export Control Policy." In *The Allies and East-West Economic Relations*, orgs. Henry R. Nau e Kevin F.F. Quigley. Washington, DC:

Agenda Econômica EUA-Japão (projeto conjunto da Elliott School of International Affairs da George Washington University e o Conselho Carnegie sobre Ética e Assuntos Internacionais).

Frieden, Jeffrey A., 1988. "Sectoral conflict and foreign economic policy." *International Organization*, v. 42, n. 1 (inverno), p. 59-91.

_____ , 1987. *Banking on the World: The Politics of American International Finance*. Nova York: Harper & Row.

Friedman, Benjamin M., 1988. *Day of Reckoning: The Consequences of American Economic Policy Under Reagan and After*. Nova York: Random House.

Friedman, Milton, 1968. "The Role of Monetary Policy." *American Economic Review*, v. 58 (março), p. 1-17.

_____ e Rose Friedman, 1980. *Freedom to Choose*. Nova York: Harcourt Brace Jovanovich.

Frost, Ellen L., 1987. *For Richer, for Poorer: The New U.S.-Japan Relationship*. Nova York: Conselho de Relações Exteriores.

Fukuyama, Francis, 1989. "The End of History?" *The National Interest*, n. 16 (verão), p. 3-19.

Funabashi, Yoichi, 1988. *Managing the Dollar: From the Plaza to the Louvre*. Washington, DC: Institute for International Economics.

Fundo Monetário Internacional (FMIa), vários anos. *World Economic Outlook*. Washington, DC: Fundo Monetário Internacional.

_____ , (FMIb), vários anos. *Direction of Trade Statistics Yearbook*. Washington, DC: FMI.

_____ , (FMIc), vários números. *International Financial Statistics: Yearbook*. Washington, DC: FMI.

_____ , 1982. *Annual Report 1982*. Washington, DC: FMI.

Gaddis, John Lewis, 1987. *The Long Peace: Inquiries into the History of the Cold War*. Nova York: Oxford University Press.

_____ , 1972. *The United States and the Origins of the Cold War 1941-1947*. Nova York: Columbia University Press.

Galbraith, Evan G., 1987. *Ambassador in Paris: The Reagan Years*. Washington, DC: Regnery Gateway.

Gardner, Richard N., 1980. *Sterling-Dollar Diplomacy in Current Perspective: The Origins and the Prospects of Our International Economic Order*. Nova York: Columbia University Press. Edição ampliada com introdução revista (edição orig., 1956).

Garten, Jeffrey E., 1989-1990. "Japan and Germany: American Concerns," *Foreign Affairs*, v. 68, n.5 (inverno), p. 84-102.

Garthoff, Raymond L., 1985. *Detente and Confrontation*. Washington, DC: The Brookings Institution.

GATT (Acordo Geral sobre Tarifas e Comércio), vários anos. *International Trade*. Genebra, Suíça: GATT.

Gibbon, Edward, 1938. *Trade Rise and Fall of the Roman Empire*. 7 volumes. Londres: T. Cadell.

Gilpin, Robert, 1987. *The Political Economy of International Relations*. Princeton, NJ: Princeton University Press.

_____ , 1986. "The Richness of the Tradition of Political Realism." In *Neorealism and Its Critics*, org. Robert O. Keohane. Nova York: Columbia University Press, p. 301-21.

_____ , 1981. *War and Change in World Politics*. Cambridge, England: Cambridge University Press.

_____ , 1977. "Economic Interdependence and National Security in Historical Perspective." In *Economic Issues and National Security*, orgs. Klaus Knorr and Frank N. Trager. Lawrence, KA: Alllen Press (para o Programa de Educação de Segurança Nacional), p. 19-67.

_____ , 1975. *U.S. Power and the Multinational Cooperation: The Political Economy of Foreign Direct Investment.* Nova York: Basic Books.

_____ , 1972. "The Politics of Transnational Economic Relations." In *Transnational Relations and World Politics*, orgs. Robert O. Keohane e Joseph S. Nye, Jr. Cambridge, MA: Harvard University Press, p. 48-70.

Goldstein, Joshua S., 1988. *Long Cycles: Prosperity and War in the Modern Age.* New Haven, CT: Yale University Press.

Goldthorpe, John H., 1978. "The Current Inflation: Towards a Sociological Account." In *The Political Economy of Inflation*, orgs. Fred Hirsch e John H. Goldthorpe. Cambridge, MA: Harvard University Press, p. 186-214.

Gordon, Lincoln, 1984. "Lessons from the Marshall Plan: Successes and Limits." In *The Marshall Plan: A Retrospective*, orgs. Stanley Hoffmann e Charles Maier. Boulder, CO: Westview.

Gourevitch, Peter, 1986. *Politics in Hard Times: Comparative Responses to International Economic Crises.* Ithaca, NY: Cornell University Press.

Gowa, Joanne, 1986. "Anarchy, egoism and third images: *The Evolution of Cooperation* and international relations." *International Organization*, v. 40, n. 1 (inverno), p. 167-186.

_____ , 1983. *Closing the Gold Window: Domestic Politics and the End of Bretton Woods.* Ithaca, NY: Cornell University Press.

Greider, William, 1987. *Secrets of the Temple: How the Federal Reserve Runs the Country.* Nova York: Simon and Schuster.

_____ , 1981. "The Education of David Stockman." *The Atlantic Monthly* (dezembro), p. 27-54.

Haas, Ernst B., 1986. "What Is Nationalism and Why Should We Study It?" *International Organization*, v. 40, n. 3 (verão), p. 708-44.

_____ , 1983. "Words can hurt you; or who said what to whom about regimes." In *International Regimes*, org. Stephen D. Krasner. Ithaca, NY: Cornell University Press, p. 23-61.

_____ , 1975. *The Obsolescence of Regional Integration Theory.* Research Series n. 25, Institution of International Studies. Berkeley: University of California.

_____ , 1964. *Beyond the Nation-State.* Stanford, CA: Stanford University Press.

Haberler, Gottfried, 1985. "International Issues Raised by Criticisms of the U.S. Budget Deficit." In *Essays in Contemporary Economic Problems: The Economy in Deficit 1985*, org. Phillip Cagan. Washington, DC: American Enterprise Institute, p. 121-47.

Haggard, Stephan, 1988. "The Institutional Foundations of Hegemony: Explaining the Reciprocal Trade Agreements Act of 1934." *International Organization*, v. 42, n. 1 (inverno), p. 91-121.

_____ e Beth A. Simmons, 1987. "Theories of International Regimes." *International Organization*, v. 41, n. 3 (verão), p. 491-517.

Haig, Alexander, Jr., 1984. *Caveat: Realism, Reagan, and Foreign Policy.* Nova York: Macmillan Publishing Company.

Hall, Peter, 1987. "The Evolution of Economic Policy under Mitterrand." In *The Mitterrand Experiment*, orgs. George Ross, Stanley Hoffmann e Sylvia Malzacher. Nova York: Oxford University Press, p. 54-72.

_____ , 1986. *Governing the Economy: The Politics of State Intervention in Britain and France.* Nova York: Oxford University Press.

Halperin, Morton H., 1974. *Bureaucratic Politics and Foreign Policy.* Washington, DC: The Brookings Institution.

Harberger, Arnold C. (org.), 1984. *World Economic Growth: Case Studies of Developed and Developing Nations.* São Francisco: Institute for Contemporary Studies.

Harris, Seymour Edwin (org.), 1948. *Foreign Economic Policy for the United States.* Cambridge, MA: Harvard University Press.

Harrod, Roy F., 1971. *The Life of John Maynard Keynes.* Nova York: Aron.

Hartz, Louis, 1955. *The Liberal Tradition in America.* Nova York: Harcourt, Brace and World.

Havrylyshyn, Oli e Iradj Alikani, 1982. "Is There Cause for Export Optimism?" *Weltwirtschaftliches Archiv*, v. 118, n. 4. Kiel: Kiel Institute of World Economics, p. 651-62.

Hayek, Friedrich, 1944. *The Road to Serfdom.* Chicago: University Chicago Press.

Hellwig, Martin e Manfred J.M. Neumann, 1987. "Economic Policy in Germany: Was There a Turnaround?" *Economic Policy: A European Forum*, v. 2, n. 2 (outubro), p. 105-41.

Helpman, Elhanan e Paul R. Krugman, 1985. *Market Structure and Foreign Trade.* Cambridge, MA: M.I.T. Press.

Henning, C. Randall, 1987. *Macroeconomic Diplomacy in the 1980s.* Atlantic Paper, n. 65. Londres: Croom Helm para o Atlantic Institute for International Affairs.

____ , 1985. *The Politics of Macroeconomic Conflict and Coordination Among Advanced Capitalist States 1975-1985.* Dissertação de doutorado, The Fletcher School of Law and Diplomacy, Tufts University (abril).

Hibbs, Douglas A., Jr., 1987a. *The American Political Economy: Macroeconomics and Electoral Politics in the United States.* Cambridge, MA: Harvard University Press.

____ , 1987b. *The Political Economy of Industrial Democracies.* Cambridge, MA: Harvard University Press.

Hillenbrand, Martin J., 1988. "East-West Economic Relations, Export Controls, and Strains in the Alliance." In *Controlling East-West Trade and Technology Transfer: Power, Politics and Policies*, org. Gary K. Bertsch. Durham, NC: Duke University Press.

Hirsch, Fred e John H. Goldthorpe (orgs.), 1978. *The Political Economy of Inflation.* Cambridge, MA: Harvard University Press.

Hirschman, Albert O., 1980. *National Power and the Structure of Foreign Trade.* Edição ampliada. Berkeley: University of California Press (edição orig., 1945).

____ , 1970. *Exit, Voice and Loyalty: Responses to Decline in Firms, Organizations and States.* Cambridge, MA: Harvard University Press.

Hitchens, Harold L., 1968. "Influences in the Congressional Decision to Pass the Marshall Plan." *Western Political Quarterly*, v. 21, n. 1 (março), p. 51-68.

Hogan, Michael J., 1987. *The Marshall Plan: America, Britain and the Reconstruction of Western Europe, 1947-1952.* Cambridge, Inglaterra: Cambridge University Press.

Horrigan, Michael W. e Steven E. Haugen, 1988. "The declining middle-class thesis: a sensitivity analysis." *Monthly Labor Review* (maio), p. 3-13.

Horsefield, J. Keith (org.), 1969. *The International Monetary Fund 1945-1965: Twenty Years of International Monetary Cooperation.* Volume I: Chronicle; volume II: Analysis; volume III: Documents. Washington, DC: Fundo Monetário Internacional.

Hughes, Thomas L., 1975. "Liberals, Populists and Foreign Policy." *Foreign Policy*, n. 20 (outono), p. 97-138.

Hull, Cordell, 1948. *The Memoirs of Cordell Hull.* 2 volumes. Nova York: Macmillan Publishing Company.

Huntington, Samuel P., 1988-1989. "The U.S. — Decline or Renewal?", *Foreign Affairs*, v. 67, n. 2 (inverno), p. 76-97.

____ , 1978. "Trade, Technology and Leverage: Economic Diplomacy." *Foreign Policy*, n. 32 (outono), p. 63-80.

Hyland, William. G., 1986. *Mortal Rivals: Superpower Relations from Nixon to Reagan.* Nova York: Random House.

Ikenberry, G. John, 1988. *Reasons of State: Oil Politics and the Capacities of American Government.* Ithaca, NY: Cornell University Press.

____ , David A. Lake e Michael Mastanduno, 1988. "The State and American Foreign

Economic Policy." *International Organization*, edição especial, v. 42, n. 1 (inverno), p. 1-14.

Institute for International Economics (IIE), 1987. *Resolving the Global Economic Crisis: After Wall Street.* Uma declaração por 33 economistas de 13 países. Washington, DC: Institute for International Economics, dezembro.

____ , 1982. *Promoting World Recovery.* Uma declaração sobre a estratégia econômica global por 26 economistas de 14 países. Washington, DC: Institute for International Economics, dezembro.

International Herald Tribune (IHT), edições diárias.

Ingram, James C., 1983. *International Economics.* Nova York: John Wiley and Sons.

Isaacson, Walter e Evan Thomas, 1986. *The Wise Men: Six Friends and the World They Made.* Nova York: Simon and Schuster.

Jentleson, Bruce W., 1986. *Pipeline Politics: The Complex Political Economy of East-West Energy Trade.* Ithaca, NY: Cornell University Press.

Johnson, Chalmers, 1982. *MITI and the Japanese Miracle: The Growth of Industrial Policy, 1925-1975.* Stanford, CA: Stanford University Press.

Johnson, D. Gale (org.), 1988. *Agriculture Reform Efforts in Japan and the United States.* Nova York: New York University Press, publicado para a Agenda Econômica EUA-Japão (projeto conjunto da Elliott School of International Relations da George Washington University e o Conselho Carnegie sobre Ética e Assuntos Internacionais).

Katzenstein, Peter J., 1987. *Policy and Politics in West Germany.* Filadélfia: Temple University Press.

____ , 1985. *Small States in World Markets: Industrial Policy in Europe.* Ithaca, NY: Cornell University Press.

____ , (org.), 1977. "Between power and plenty: foreign economic policies of advanced industrial states." *International Organization*, edição especial, v. 31, n. 4 (outono). Também publicado como livro com mesmo título. Madison: University of Wisconsin Press, 1978.

____ , 1975. "International Interdependence: Some Long-term Trends and Recent Changes." *International Organization*, v. 29, n. 4 (outono), p. 1.021-34.

Kendrick, John W., 1989. "Policy Implications of the Slowdown in U.S. Productivity Growth." In *Productivity Growth and the Competitiveness of the U.S. Economy*, org. Stanley W. Black, Norwell, MA: Kluwer Academic Publications.

Kennedy, Paul, 1987. *The Rise and Fall of the Great Powers.* Nova York: Random House.

Keohane, Robert O., 1986. "Reciprocity in International Relations." *International Organization*, v. 40, n. 1 (inverno), p. 1-29.

____ , 1984. *After Hegemony: Cooperation and Discord in the World Political Economy.*

____ , Princeton, NJ: Princeton University Press.

____ , 1982. "Inflation and the Decline of American Power." In *Political Economy of International and Domestic Monetary Relations*, orgs. Raymond E. Lombra e Willard E. Witte. Ames: Iowa State University Press.

____ , 1980. "The Theory of Hegemonic Stability and Changes in International Economic Regimes, 1967-1977." In *Changes in the International System*, orgs. Ole R. Holsti, Randolph M. Siverson e Alexander L. George. Boulder, CO: Westview Press, p. 131-62.

____ , 1978. "Economics, Inflation and the Role of the State: Political Implications of the McCracken Report." *World Politics*, v. 31, n. 1 (outubro), p. 108-28.

____ e Joseph S. Nye, 1977. *Power and Interdependence.* Boston: Little, Brown.

Kettl,Donald F., 1986. *Leadership at the Fed.* New Haven, CT: Yale University Press.

Kihwan, Kim e Hwa Soo Chung, 1989. "Korea's Domestic Trade Politics and the Uruguay Round." In *Domestic Trade Politics and the Uruguay Round*, org. Henry R. Nau. Nova York: Columbia University Press, p. 135-67.

Kindleberger, Charles P., 1987. *Marshall Plan Days.* Boston: Allen and Unwin.

____ , 1984. "The American Origins of the Marshall Plan: A View from the State Department." In *The Marshall Plan: A Retrospective*, orgs. Stanley Hoffmann e Charles Maier. Boulder, CO: Westview, p. 7-13.

____ , 1981. "Dominance and Leadership in the International Economy." *International Studies Quarterly*, v. 25, n. 3 (junho), p. 242-54.

____ , 1973. *The World in Depression 1929-1939.* Berkeley: University of California Press.

Kissinger, Henry, 1984. *Report of the National Bipartisan Commission on Central America.* Nova York: Macmillan Publishing Company.

____ , 1982. *Years of Upheaval.* Boston: Little, Brown and Company.

____ , 1979. *White House Years.* Boston: Little, Brown and Company.

____ , 1976. Discurso no Encontro Ministerial da OCDE em 1976. *Department of State Bulletin* (19 de julho). Knorr, Klaus, e Frank N. Trager (orgs.) 1977. *Economic Issues and National Security.* Lawrence, KA: Allen Press, publicado para o Programa de Educação de Segurança Nacional.

Kolko, Joyce e Gabriel Kolko, 1972. *The Limits of Power.* Nova York: Harper & Row.

Korb, Larry, 1989. "Playing the Numbers on the Defense Budget," *The Washington Post,* Outlook Section (3 de dezembro).

Kosters, Marvin H., 1986. "Job Changes and Displaced Workers: An Examination of Employment Adjustment Experience." In *Essays in Contemporary Economic Problems: The Impact of the Reagan Program 1986*, org. Phillip Cagan. Washington, DC: The American Enterprise Institute, p. 275-306.

Kraft, Joseph, 1984. *The Mexican Rescue.* Nova York: Group of Thirty.

Krasner, Stephen D., 1987. *Asymmetries in Japanese-American Trade: The Case for Specific Reciprocity.* Policy Papers in International Affairs, n. 32, Institute of International Studies. Berkeley: University of California.

____ , 1985. *Structural Conflict: The Third World Against Global Liberalism.* Berkeley: University of California Press.

____ , (org.), 1983. *International Regimes.* Ithaca, NY: Cornell University Press.

____ , 1978. *Defending the National Interest.* Princeton, NJ: Princeton University Press.

____ , 1977. "U.S. commercial and monetary policy: unraveling the paradox of external strength and internal weakness." In "Between power and plenty: foreign economic policies of advanced industrial states." *International Organization,* org. Peter Katzenstein, edição especial, v. 31, n. 4 (outono), p. 635-73.

____ , 1976. "State Power and the Structure of International Trade." *World Politics*, v. 28, n. 3 (abril), p. 317-47.

Kratochwil, Friedrich e John Gerard Ruggie, 1986. "International Organization: A State of the Art or an Art of the State." *International Organization*, v. 40, n. 4 (outono), p. 753-77.

Krauthammer, Charles, 1984. "On Nuclear Morality." In *Nuclear Arms: Ethics, Strategy, Politics,* org. R. James Woolsey. São Francisco: Institute for Contemporary Studies.

Kreile, Michael, 1977. "West Germany: the dynamics of expansion." In "Between power and plenty: foreign economic policies of advanced industrial states," org. Peter J. Katzenstein. *International Organization,* edição especial, v. 31, n. 4 (outono), p. 775-808.

Krieger, Joel, 1986. *Reagan, Thatcher and the Politics of Decline.* Nova York: Oxford University Press.

Kreuger, Anne O., e Constantine Michalopoulos, 1985. "Developing-Country Trade Policies and the International Economic System." In *Hard Bargaining Ahead: U.S. Trade Policy and Developing Countries,* org. Ernest H. Preeg. New Brunswick, NJ: Transactions Books, p. 39-63.

____ , 1978. *Foreign Trade Regimes and Economic Development: Liberalization Attempts and Consequences.* Cambridge, MA: Ballinger.

Krugman, Paul R., 1987. "Is Free Trade Passé?" *Economic Perspectives*, v. 1, n. 2 (outono), p. 131-44.

——, (org.), 1986. *Strategic Trade Policy and the New International Economics*. Cambridge, MA: M.I.T. Press.

——, 1985. "U.S. Macro-Economic Policy and the Developing Countries." In *U.S. Foreign Policy and the Third World: Agenda 1985-86*, orgs. John W. Sewell, Richard E. Feinberg e Valerianna Kallab. New Brunswick, NJ e Oxford: Transaction Books.

Kuznets, Simon, 1966. *Modern Economic Growth: Rate Structure and Spread*. New Haven, CT: Yale University Press.

Laird, Sam e J. Michael Finger, 1986. "Protection in Developed and Developing Countries: An Overview" (21 de outrubro). Obtido pelos autores no Banco Mundial.

Lake, David, 1984. "Beneath the Commerce of Nations: A Theory of International Economic Structures." *International Studies Quarterly*, v. 28, p. 143-70.

Lande, Stephen L. e Craig VanGrasstek, 1986. *The Trade and Tariff Act of 1984: Trade Policy in the Reagan Administration*. Lexington, MA: Lexington Books.

Lawrence, Robert Z., 1984. *Can America Compete?* Washington, DC: The Brookings Institution.

—— e Charles L. Schultze (orgs.), 1987. *Barriers to European Growth: A Transatlantic View*. Washington, DC: The Brookings Institution.

Lawson, Fred H., 1983. "Hegemony and International Trade." *International Organization*, v. 37, n. 2 (primavera), p. 317-39.

Levy, Frank, 1988. *Dollars and Dreams: The Changing American Income Distribution*. Nova York: W. W. Norton.

Lewis, W. Arthur, 1984. *The Rate of Growth of the World Economy*. Taipei, ROC: The Institute of Economics, Academia Sinica.

Lieberman, Sima, 1977. *The Growth of European Mixed Economies 1945-1970: A Concise Study of the Economic Evolution of Six Countries*. Nova York: Schenkman Publishing Company.

Lindblom, Charles E., 1977. *Politics and Markets: The World's Political-Economic Systems*. Nova York: Basic Books.

Londres, Conferência Econômica de Cúpula, 1984. Declaração sobre Valores Democráticos (8 de junho), Declaração Econômica de Londres, Declaração sobre as Relações Leste-Oeste e o Controle de Armas, Declaração sobre o Terrorismo Internacional (9 de junho). *Complete Presidential Documents*, p. 574-8.

Lubar, Robert, 1981, "Reaganizing the Third World." In *Fortune* (16 de novembro), p. 83-90.

Maier, Charles S., 1981. "The Two Postwar Eras and the Conditions for Stability in Twentieth-Century Western Europe." *American Historical Review*, v. 86 (outono), p. 327-52.

——, 1978. "The Politics of Inflation in the Twentieth Century." In *The Political Economy of Inflation*, orgs. Fred Hirsch e John H. Goldthorpe. Cambridge, MA: Harvard University Press, p. 37-73.

——, 1977. "The politics of productivity: foundations of American international economic policy after World War II." In "Between power and plenty: foreign economic policies of advanced industrial states," org. Peter J. Katzenstein. *International Organization*, edição especial, v. 31, n. 4 (outono), p. 607-35.

Makin, John H., 1985. "The Effect of Government Deficits on Capital Formation." In *Essays in Contemporary Economic Problems: The Economy in Deficit 1985*, org. Phillip Cagan. Washington, DC: American Enterprise Institute, p. 163-95.

Mandelbaum, Michael, 1985. "The Luck of the President," *Foreign Affairs*, v. 64, n. 3, p. 393-413.

Marris, Stephen, 1985. *Deficits and the Dollar: The World Economy at Risk*. Policy Analyses in International Economics, n. 14, Washington, DC: Institute for International Economics (dezembro). Edição atualizada, 1987.

_____, 1984. "East-West Economic Relations: A Longer-Term Perspective," *OECD Observer*, n. 128 (maio), p. 11-8.

_____, 1978. "The Politics of Inflation in the Twentieth Century." In *The Political Economy of Inflation*, orgs. Fred Hirsch e John H. Goldthorpe. Cambridge, MA: Harvard University Press, p. 37-73.

Mastanduno, Michael, 1988. *Between Economics and National Security: CoCom and the Politics of Export Control Policy* (manuscrito não-publicado).

Matthews, Kent e Patrick Minford, 1987. "Mrs. Thatcher's Economic Policies 1979-1987." *Economic Policy: A European Forum*, v. 2, n. 2 (outubro), p. 59-93.

McKinnon, Ronald I., 1984. *An International Standard for Monetary Stabilization*. Policy Analysis in International Economics, n. 8. Washington, DC: Institute for International Economics (março).

Mee, Charles L., 1984. *The Marshall Plan: The Launching of the Pax Americana*. Nova York: Simon and Schuster.

Melton, William C., 1985. *Inside the Fed: Making Monetary Policy*. Homewood, IL: Dow Jones-Irwin.

Milner, Helen V., 1988. "Anarchy and Interdependence." (Manuscrito não-publicado, setembro).

_____, 1988. *Resisting Protectionism: Global Industries and the Politics of International Trade*. Princeton, NJ: Princeton University Press.

Milward, Alan S., 1984. *The Reconstruction of Western Europe 1945-51*. Berkeley: University of California Press.

Mitchell, B. R., 1983. *International Historical Statistics: The Americas and Australasia*. Detroit: Gale Research Company.

_____, 1982. *International Historical Statistics: Africa and Asia*. Nova York: New York University Press.

_____, 1981. *European Historical Statistics—1750-1975*. Segunda edição revista. Nova York: Facts on File, Inc.

Mitrany, David, 1943. *A Working Peace System*. Londres: Royal Institute of International Affairs.

Morgenthau, Henry, 1945. "Bretton Woods and International Cooperation." *Foreign Affairs*, v. 23, n. 2, p. 182-93.

Morse, Edward L., 1976. *Modernization and the Transformation of International Relations*. Nova York: The Free Press.

_____, 1973. *Foreign Policy and Interdependence in Gaullist France*. Princeton, NJ: Princeton University Press.

Morris, Robert J., 1989. Testemunho perante a Subcomissão sobre Desenvolvimento, Finanças, Comércio e Política Monetária Internacionais, Comissão da Câmara sobre Transações Bancárias e Assuntos Urbanos (16 de novembro).

Moynihan, Daniel Patrick, 1988a. *Came the Revolution: Argument the Reagan Era*. San Diego: Harcourt Brace Jovanovich.

_____, 1988b. "Debunking the Myth of Decline." *The New York Times Magazine* (19 de junho).

_____, 1983. "Reagan's Bankrupt Budget." *New Republic*, n. 189 (31 de dezembro), p. 18-21.

Murray, Charles, 1984. *Losing Ground: American Social Policy 1950-1980*. Nova York: Basic Books.

Myrdal, Gunnar, 1971. *Economic Theory and Underdeveloped Regions*, Nova York: Harper & Row.

_____, 1968. *Asian Drama. Inquiry into the Poverty of Nations*, v. I-III. Nova York: Pantheon.

Nas (Academia Nacional de Ciência), 1987. *Balancing the National Interest: U.S. National Security Export Controls and Global Economic Competition*. Painel sobre o impacto dos Controles de Segurança Nacional sobre Transparência de Tecnologia Internacional, Comissão sobre Ciência, Engenharia e Política Pública. Academia Nacional de Ciência, Academia Nacional de Engenharia, Instituto de Medicina, Washington, DC: National Academy Press.

Nau, Henry R., 1989a. "Conclusion. The Three Faces of Change and U.S. Policy." In *The Allies and East-West Economic Relations*, orgs. Henry R. Nau e Kevin F. F. Quigley. Washington, DC: Agenda Econômica EUA-Japão (projeto conjunto da Elliott School of International Affairs da George Washington University e o Conselho Carnegie sobre Ética e Assuntos Internacionais).

____, (org.) 1989b. *Domestic Trade Politics and the Uruguay Round,* Nova York: Columbia University Press.

____, 1988a. "Bargaining Barriers: U.S. Policies, the NICs and the Uruguay Round." In *Keeping Pace: U.S. Policies and Global Economic Change,* org. John Yochelson. Cambridge, MA: Ballinger.

____, 1988b. "Export Controls and Free Trade: Squaring the Circle in COCOM." In *Controlling East-West Trade and Technology Transfer: Power, Politics and Policies,* org. Gary K. Bertsch. Durham, NC: Duke University Press.

____, 1988c. "Policy Comes Before Finance,", in *The U.S. Approach to the Latin American Debt Crisis,* FPI Policy Study Groups. Washington, DC: Foreign Policy Institute, SAIS, The John Hopkins University (fevereiro).

____, 1986. "National Policies for High Technology Development and Trade: An International and Comparative Assessment." In *National Policies for Developing High Technology Industries*, orgs. Francis W. Rushing e Carole Ganz Brown. Boulder, CO: Westview, p. 9-31.

____, 1985a. "The State of the Debate: Reaganomics — The Solution?" *Foreign Policy,* n. 59 (verão), p. 144-53.

____, 1985b. "The NICs in a New Trade Round." In *Hard Bargaining Ahead: U.S. Trade Policy and Developing Countries,* org. Ernest H. Preeg. New Brunswick, NJ: Transaction Books.

____, 1984-1985. "Where Reaganomics Works." *Foreign Policy,* n. 57 (inverno), p. 14-38.

____, 1984. *International Reaganomics: A Domestic Approach to World Economy.* Significant Issues Series, v. VI, n. 18, Center for Strategic and International Studies, Georgetown University.

____, 1981a. "Economics, National Security and Arms Control." In *Arms Control II: A New Approach to International Security,* orgs. John H. Barton e Ryukichi Imai. Cambridge, MA: Oelgeschlager, Gunn, and Hain, Publishers, p. 113-59.

____, 1981b. "Securing Energy." *The Washington Quarterly,* v. 4, n. 3 (verão).

____, 1980. "The Evolution of U.S. Foreign Policy in Energy: 1973-77." In *International Energy Policy,* orgs. Robert Lawrence e Martin Heisler. Lexington, MA: Lexington Books, p. 37-65.

____, 1979. "From Integration to Interdependence: Gains, Losses, and Continuing Gaps." *International Organization* v. 33. n. 1 (inverno), p. 119-47.

____, 1977. "The International Political Economy of Food and Energy." *Journal of International Affairs*, v. 31, n. 2 (outono/inverno).

____, 1976. *Technology Transfer and U.S. Foreign Policy.* Nova York: Praeger.

____, 1974. *National Politics and International Technology: Nuclear Reactor Development in Western Europe.* Baltimore: Johns Hopkins Press.

The New York Times (NYT), edições diárias.

Newlon, Dan, 1986. "Replication in Empirical Economics." *American Economic Review* (verão).

Niskanen, William A., 1988. *Reaganomics: An Insider's Account of the Policies and the People.* Nova York: Oxford University Press.

Nye, Joseph S., Jr., 1988. "Understanding U.S. Strength." *Foreign Policy*, n. 72 (outono), p. 105-30.

_____ , 1976. "Independence and Interdependence." *Foreign Policy,* n. 22 (primavera), p. 129-62.

Odell, John S., 1982. *U.S. International Monetary Policy: Markets, Power and Ideas as Sources of Change.* Princeton, NJ: Princeton University Press.

Office of Management and Budget (OMB), 1989. *Mid-Session Review of the Budget.* Washington, DC: Executive Office of the President, 18 de julho.

Oliver, Robert W., 1975. *International Economic Co-operation and the World Bank.* Nova York: Holmes and Meier.

Olson, Mancur, 1982. *The Rise and Decline of Nations: Economic Growth, Stagflation and Social Rigidities.* New Haven, CT: Yale University Press.

Organização das Nações Unidas (ONU), *Yearbook of National Accounts Statistics,* vários números.

_____ , *Statistical Yearbook,* vários números.

_____ , *Yearbook of International Trade Statistics,* vários anos.

Organização de Cooperação e Desenvolvimento Econômico (OCDE), 1988, *Structural Adjustment and Economic Performance.* Paris: OCDE.

_____ , 1987a. *National Accounts: Main Aggregates 1970-85.* Paris: OCDE.

_____ , 1987b. *Economic Outlook,* Paris: OCDE (dezembro)

_____ , 1987c. *Economic Outlook: Historical Statistics 1960-1985* Paris: OCDE.

_____ , 1985a. *Costs and Benefits of Protection.* Paris: OCDE.

_____ , 1985b. *The Role of the Public Sector: Courses and Consequences of the Growth of Government,* OCDE Economic Studies, edição especial, n. 4 (primavera).

_____ , 1984. *Economic Outlook.* Paris: OCDE (julho).

_____ , 1978. *Public Expenditure Trends.* OECD Studies in Resource Allocation, n. 5. Paris: OCDE, junho.

_____ , 1977. *Towards Full Employment and Price Stability,* Paris: OCDE, junho.

Organização de Cooperação Econômica Européia (OEEC), 1961. *12th Annual Economic Review.* Paris: OEEC.

Osgood, Robert E., 1953. *Ideals and Self-interest in America's Foreign Relations.* Chicago: University of Chicago Press.

Ottawa, Conferência Econômica de Cúpula, 1981. Declaração Divulgada na Conclusão da Conferência. *Complete Presidential Documents,* pp. 574-8 (13 de maio).

Oye, Kenneth A., Robert J. Lieber, e Donald Rothchild, (orgs.), 1987. *Eagle Resurgent?: The Reagan Era in American Foreign Policy.* Boston: Little, Brown and Company.

_____ , (org.), 1986. *Cooperation Under Anarchy.* Princeton, NJ: Princeton University Press.

_____ , Robert J. Lieber e Donald Rothchild (orgs.), 1983. *Eagle Defiant: United States Foreign Policy in the 1980's.* Boston: Little, Brown and Company.

_____ , Donald Rothchild e Robert J. Lieber, (orgs.), 1979. *Eagle Entangled: U.S. Foreign Policy in a Complex World.* Nova York: Longman.

Paarlberg, Robert L., 1976. "Domesticating Global Management." *Foreign Affairs,* v. 54, n. 3 (abril), p. 563-77.

_____ , 1985. *Food Trade and Foreign Policy: India, the Soviet Union and the United States.* Ithaca, NY: Cornell University Press.

Packard, George R., 1987-1988. "The Coming U.S.-Japan Crisis." *Foreign Affairs,* v. 66, n. 2 (inverno), p. 348-68.

Panic, M., 1978. "The Origin of Increasing Inflationary Tendencies in Contemporary Society." In *The Political Economy of Inflation,* orgs. Fred Hirsch e John H. Goldthorpe. Cambridge, MA: Harvard University Press, p. 137-60.

Pastor, Robert A., 1980. *Congress and the Politics of U.S. Foreign Economic Policy, 1929-1976.* Berkeley: University of California Press.

Patterson, Gardner, 1966. *Discrimination in International Trade: The Policy Issues.* Princeton, NJ: Princeton University Press.

Peacock, Alan T. e Martin Ricketts, 1978. "The Growth of the Public Sector and Inflation."

In *The Political Economy of Inflation,* orgs. Fred Hirsch e John H. Goldthorpe. Cambridge, MA: Harvard University Press, p. 117-37.

Pempel, J. T., 1982. *Policy and Politics in Japan.* Filadélfia: Temple University Press.

____, 1977. "Japanese foreign economic policy: the domestic bases for international behavior." In "Between power and plenty: foreign economic policies of advanced industrial states," org. Peter J. Katzenstein. *International Organization,* edição especial, v. 31, n. 4 (outono), p. 723-75.

Peterson, Peter G., 1971. *The United States in the Changing World,* vs. I e II. Washington, DC: Government Printing Office (27 de dezembro).

Poehl, Karl Otto, 1987. "You Can't Robotize Policymaking," *International Economy,* v. 1, n. 1 (outubro/novembro), p. 20-8.

Pogue, Forrest C., 1987. *George C. Marshall: Statesman 1945-1959.* Nova York: Viking.

Pollard, Robert A., 1985. *Economic Security and the Origins of the Cold War, 1945-50.* Nova York: Columbia University Press.

Polanyi, Karl, 1944, *The Great Transformation.* Nova York: Ferrar and Rinehart.

Posner, Alan R., 1977. "Italy: dependence and political fragmentation." In "Between power and plenty: foreign economic policies of advanced industrial states." org. Peter J. Katzenstein. *International Organization,* edição especial, v. 31, n. 4 (outono), p. 809-39.

Prestowitz, Clyde V., Jr., 1988. *Tading Places: How We Allowed Japan to Take the Lead.* Nova York: Basic Books.

Price, Harry Bayard, 1955, *The Marshall Plan and Its Meaning.* Ithaca, NY: Cornell University Press.

Public Opinion Quarterly, 1947, v. 11, n. 3 (outono), p. 494-7; 1947-1948, v. 11, n. 4 (inverno), p. 674-76; 1948, v. 12, n. 1 (primavera), p. 172-3; 1948, v. 12, n. 2 (verão) p. 364-67.

Putnam, Robert D. e C. Randall Henning, 1989. "The Bonn Summit of 1978: A Case Study in Coordination." In *Can Nations Agree?: Issues in International Economic Cooperation.* orgs. Richard N. Cooper, Barry Eichengreen, C. Randall Henning, Gerald Holtman, e Robert D. Putnam. Washington, DC: The Brookings Institution.

____ e Nicholas Bayne, 1984. *Hanging Together: The Seven Power Summits.* Cambridge, MA: Harvard University Press. Edição revista e ampliada, 1987.

Rawls, John, 1971. *A Theory of Justice.* Cambridge, MA: Harvard University Press.

Reagan, Ronald (presidente), 1981a. Comentários ao Encontro do Grupo do Banco Mundial e do Fundo Monetário Internacional. *Complete Presidential Documents* (29 de setembro), p. 1.052-55.

____, 1981b. Comentários ao Conselho de Negócios Mundiais em Filadélfia, Bellevue Stratford Hotel, Filadélfia. *Complete Presidential Documents* (15 de outubro), p. 1.137-44.

____, 1981c. Declaração na Abertura do Encontro Internacional sobre Cooperação e Desenvolvimento, Cancun, México. *Complete Presidential Documents* (22 de outubro), p. 1.185-8.

____ (governador), 1980. "A Strategy of Peace for the 1980's." Discurso pela televisão (19 de outubro).

Rees, David, 1973. *Harry Dexter White: A Study in Paradox.* Nova York: Coward, McCann and Geoghegan.

Regan, Donald T., 1988. *For the Record: From Wall Street to Washington.* Nova York: Harcourt Brace Jovanovich.

Reich, Robert B., 1983. "Beyond Free Trade." *Foreign Affairs,* v. 61, n. 4 (primavera) p. 773-805.

Report of the National Bipartisan Commission on Central America. Washington, DC: Government Printing Office, janeiro de 1984.

Reynolds, Lloyd G., 1983. "The Spread of Economic Growth to the Third World: 1850-1980." *Journal of Economic Literature,* 21, p. 941-80.

Rhoads, Steven E., 1985. *The Economist's View of the World: Government, Markets, and Public Policy.* Cambridge, Inglaterra: Cambridge University Press.

Rielly, John, org. 1987. *American Public Opinion and U.S. Foreign Policy 1987.* Chicago: Conselho de Relações Exteriores de Chicago.

Roberts, Paul Craig, 1984. *The Supply-Side Revolution: An Insider's Account of Policy-making in Washington.* Cambridge, MA: Harvard University Press.

Robinson, Roger W., Jr., 1986. "Soviet Cash and Western Banks." *The National Interest,* n. 4 (verão), p. 37-45.

Rochester, J. Martin, 1986. "The Rise and Fall of International Organization as a Field of Study." *International Organization,* v. 40, n. 4 (outono), p. 777-813.

Rosecrance, Richard (org.), 1976. *America as an Ordinary Country: U.S. Foreign Policy and the Future.* Ithaca, NY: Cornell University Press.

Rosenau, James N., 1986, "Hegemons, Regimes, and Habit-Driven Actors." *International Organization,* v. 40, n. 4 (outono), p. 849-94.

Rosenberg, Nathan e Birdzell, L. E., Jr., 1986. *How the West Grew Rich: The Economic Transformation of the Industrial World.* Nova York; Basic Books.

Ross, George, Stanley Hoffman e Sylvia Malzacher, 1987. *The Mitterrand Experiment: Continuity and Change in Modern France.* Nova York: Oxford University Press.

Rostow, Walter W., 1978. *The World Economy: History and Prospect.* Austin: University of Texas Press.

Rothstein, Robert L., 1979. *Global Bargaining: UNCTAD and the Quest for a New International Economic Order.* Princeton, NJ: Princeton University Press.

____ , 1977. *The Weak in the World of the Strong: The Developing Countries in the International System.* Nova York: Columbia University Press.

Ruggie, John Gerard, 1986. "Continuity and Transformation in the World Polity: Toward a Neorealist Synthesis." In *Neorealism and Its Critics,* org. Robert O. Keohane. Nova York: Columbia University Press, p. 131-57.

____ , 1983a. *The Antinomies of Interdependence: National Welfare and the International Division of Labor.* Nova York: Columbia University Press.

____ , 1983b. "International Regimes, Transactions, and Change: Embedded Liberalism in the Postwar Economic Order." In *International Regimes,* org. Stephen D. Krasner. Ithaca, NY: Cornell University Press, p. 195-233.

Rushing, Francis W. e Carole Ganz Brown (orgs.), 1986. *National Policies for Developing High Technology Industries: International Comparisons.* Boulder, CO: Westview Press.

Russett, Bruce, 1985. "The mysterious case of vanishing hegemony; or, is Mark Twain realy dead?" *International Organization,* v. 39, n. 2 (primavera), p. 207-33.

Schell, Jonathan, 1982. *The Fate of the Earth.* Nova York: Knopf.

Schelling, Thomas C., 1978. *Micromotives and Macrobehavior.* Nova York: W. W. Norton.

Schneider, William, 1987, "'Rambo' and Reality: Having It Both Ways." In *Eagle Resurgent: The Reagan Era in American Foreign Policy,* orgs. Kenneth A. Oye, Robert J. Lieber e Donald Rothchild. Boston: Little, Brown and Company, p. 41-75.

Schott, Jeffrey J., 1989. *More Free Trade Areas?* Washington, DC: Institute for International Economics, maio.

Schriftgiesser, Karl, 1960, *Business Comes of Age: The Story of the Committee for Economic Development and its Impact upon the Economic Problems of the United States, 1942-1960.* Nova York: Harper and Brothers.

Schuker, Stephen A., 1981. "Comment on Charles S. Maier's 'The Two Postwar Eras and the Conditions of Stability in Twentieth-Century Western Europe.'" *American Historical Review,* v. 86 (abril), p. 353-8.

Shultz, George P., 1985. "National Policies and Global Prosperity." Discurso na Woodrow Wilson School of Public and International Affairs, Princeton University, Princeton, Nova Jersey, 11 de abril. Divulgado pelo Bureau of Public Affairs, Departamento de Estado, Washington, DC, Current Policy n. 684.

——, 1981. "Risk, Uncertainty and Foreign Economic Policy." David Davies Memorial Lecture, Londres (27 de outubro).

——, 1979. "Light Switch Diplomacy." *Business Week,* 28 de maio, p. 24-6.

—— e Kenneth W. Dam, 1977. *Economic Policy Beyond the Headlines.* Nova York: W. W. Norton.

Schultze, Charles L., 1986. *Other Times, Other Places: Macroeconomic Lessons from U.S. and European History.* Washington, DC: The Brookings Institution.

Senado, Congresso dos EUA, 1945. *Bretton Woods Agreements Act.* Comissão sobre Transações Bancárias e Moeda, 79a. Sessão, junho 12-16, 18-22, 25, 28.

Skocpol, Theda, 1985. "Bringing the State Back In: Strategies of Analysis in Current Research." In *Bringing the State Back In, orgs.* Peter Evans, B. Dietrich Rueschemeyer e Theda Skocpol. Cambridge, Inglaterra: Cambridge University Press, p. 3-37.

Slemrod, Joel, 1986. "Taxation and Business Investment." In *Essays in Contemporary Economic Problems: The Impact of the Reagan Program 1986,* org. Phillip Cagan. Washington, DC: American Enterprise Institute, p. 45-73.

Smith, Adam, 1976. *The Theory of Moral Sentiments,* D. D. Raphael e A. L. Macfie. Oxford, Inglaterra: Clarendon Press.

——, 1937. *The Wealth of Nations.* Nova York: Random House (Modern Library).

Snidal, Duncan, 1985. "The Limits of Hegemonic Stability Theory." *International Organization,* v. 39, n. 4 (outono), p. 579-615.

Solomon, Robert, 1982. *The International Monetary System 1945-1981.* Nova York: Harper & Row.

Somensatto, Eduardo, 1985. "Budget Deficits, Exchange Rates, International Capital Flows and Trade." In *Essays in Contemporary Economic Problems: The Economy in Deficit 1985,* org. Phillip Cagan. Washington, DC: American Enterprise Institute, p. 223-81.

Spengler, Oswald, 1932. *The Decline of the West.* Edição em 1 volume. Nova York: Alfred A. Knopf.

Spindler, J. Andrew, 1984. *The Politics of International Credit: Private Finance and Foreign Policy in Germany and Japan.* Washington, DC: The Brookings Institution.

Sprinkel, Beryl W., 1984. Comentários à Câmara de Comércio Suíço-Americana, Zurique, Suíça, 16 de fevereiro.

——, 1981. Testemunho no Congresso dos EUA, Comissão Econômica Conjunta, *International Economic Policy.* Audiência, 97º Congresso, 1ª sessão, 4 de maio.

Stein, Herbert, 1984. *Presidential Economics: The Making of Economic Policy from Roosevelt to Reagan and Beyond.* Nova York: Simon and Schuster.

——, 1969. *The Fiscal Revolution in America.* Chicago: University of Chicago Press.

Stockman, David A., 1986. *The Triumph of Politics: Why the Reagan Revolution Failed.* Nova York: Harper & Row.

Strange, Susan, 1982. "Still an Extraordinary Power: America's Role in a Global Monetary System." In *Political Economy of International and Domestic Monetary Relations,* orgs. Raymond E. Lombra e Willard E. Witte. Ames: Iowa State University Press.

Tanzi, Vito, 1985. "The Deficit Experience In Industrial Countries." In *Essays in Contemporary Economic Problems: The Economy in Deficit 1985,* org. Phillip Cagan. Washington, DC: American Enterprise Institute, p. 81-121.

Tatom, John A., 1989. "U.S. Investment in the 1980's The Real Story." Banco da Reserva Federal de St. Louis, *Review,* v. 71, n. 2 (março/abril), p. 3-15.

——, 1987. "Will a Weaker Dollar Mean a Stronger Economy?" *Journal of International Money and Finance*, v. 6, p. 433-47.

——, 1986. "Domestic vs. International Explanations of Recent U.S. Manufacturing Developments." Banco da Reserva Federal de St. Louis, *Review*, v. 68, n. 4 (abril), p. 5-19.

The Times (Londres), edições diárias.

Tolchin, Martin e Susan Tolchin, 1988. *Buying into America: How Foreign Money Is Changing the Face of Our Nation*. Nova York: Times Books.

Triffin, Robert, 1960. *Gold and the Dollar Crisis: The Future of Convertibility*. New Haven, CT: Yale University Press.

____ , 1957. *Europe and the Money Muddle: From Bilateralism to Near-Convertibility, 1947-1956*. New Haven, CT: Yale University Press.

Trilateral Commission Task Force Reports: 1-7, 1977. Nova York: New York University Press.

Truman, David, 1951. *The Governmental Process: Political Interests and Public Opinion*. Nova York: Alfred A. Knopf.

UNCTAD, 1987. *Handbook of International Trade and Development: Supplement 1986*. Nova York: ONU

Vance, Cyrus R., 1983. *Hard Choices: Four Critical Years in Managing America's Foreign Policy*. Nova York: Simon e Schuster.

Vandenberg, Arthur H., Jr. (org.), 1952. *The Private Papers of Senator Vandenberg*. Boston: Houghton Mifflin.

Van der Wee, Herman, 1986. *Prosperity and Upheaval: The World Economy, 1945-1980*. Middlesex: Viking.

Van Dormael, Armand, 1978. *Bretton Woods: Birth of a Monetary System*. Nova York: Holmes & Meier.

Van Hoozer, Terri T., 1988. "Postwar Policymaking: The Shaping of a Consensus in Support of the Marshall Plan." (Manuscrito não-publicado, 28 de abril).

Van Wolferen, Karel, 1989. *The Enigma of Japanese Power*. Nova York: Alfred A. Knopf.

Vernon, Raymond, 1966. "International Investment and International Trade in the Product Cycle." *Quarterly Journal of Economics* (maio), p. 190-207.

Volcker, Paul, A., 1986a. *Monetary Policy Objectives for 1986*. Testemunho de Paul A. Volcker, presidente, Junta de Diretores do Sistema da Reserva Federal (16 de fevereiro).

____ , 1986b. Testemunho perante a Subcomissão sobre Telecomunicações e Finanças, Comissão da Câmara sobre Energia e Comércio (23 de abril).

Walinsky, Louis J., 1982-1983. "Coherent Defense Strategy: The Case for Economic Denial." *Foreign Affairs*, v. 61, n. 2 (inverno), p. 272-92.

Wallich, Henry C., 1955. *Mainsprings of the German Revival*. New Haven, CT: Yale University Press.

The Wall Street Journal (WSJ), edições diárias.

Walters, Alan A., 1985. *Britain's Economic Renaissance: Margaret Thatcher's Reforms, 1979-1984*. Nova York: Oxford University Press.

Waltz, Kenneth N., 1979. *Theory of International Politics*. Nova York: Random House.

Wanniski, Jude, 1978. *The Way the World Works*. Nova York: Simon e Schuster.

The Washington Post (WP), edições diárias.

Wendt, Alexander E., 1987. "The Agent-Structure Problem." *International Organization*, v. 41, n. 3 (verão), p. 335-71.

Wexler, Imanuel, 1983. *The Marshall Plan Revisited: The European Recovery Program in Economic Perspective*. Westport, CT: Greenwood.

White, Harry Dexter, 1945. "The Monetary Fund: Some Criticisms Examined." *Foreign Affairs*, v. 23, n. 2, p. 193-210.

Wilcox, Clair, 1949. *A Charter for World Trade*. Nova York: Macmillan Publishing Company.

Williams, William Appleman, 1962. *The Tragedy of American Diplomacy*. Nova York: Dell.

Williamson, John, 1983. *The Exchange Rate System*. Policy Analyses in International Economics, N. 5. Washington, DC: Institute for International Economics, setembro.

Williamson, John e Marcus H. Miller, 1987. *Targets and Indicators: A Blueprint for the*

International Coordination of Economic Policy. Washington, DC: Institute for International Economics, setembro.

Williamson, Oliver, 1975. *Markets and Heirarchies*. Nova York: The Free Press.

Winham, Gilbert R., 1986. *International Trade and the Tokyo Round Negotiation*. Princeton, NJ: Princeton University Press.

Woolley, John T., 1984. *Monetary Politics: The Federal Reserve and the Politics of Monetary Policy*. Cambridge, Inglaterra: Cambridge University Press.

Working Group on Exchange Market Intervention, 1983. *Report on the Working Group on Exchange Market Intervention* (também conhecido como Relatório Jurgensen devido ao presidente do Grupo, Philippe Jurgensen, o *sherpa* financeiro francês. Washington, DC: Departamento do Tesouro dos EUA (29 de abril).

Yamamura, Kozo, 1967. *Economic Policy in Postwar Japan: Growth Versus Economic Democracy*. Berkeley: University of California Press.

Yntema, Theodore e membros da Equipe de Pesquisa da CED, 1946. *Jobs and Markets*. Trabalho de pesquisa para a Comissão de Desenvolvimento Econômico. Nova York: McGraw-Hill.

Zysman, John, 1983. *Governments, Markets and Growth: Financial Systems and the Politics of Industrial Change*. Ithaca, NY: Cornell University Press.

Índice de nomes e assuntos